Franz Xaver Remling

Die Rheinpfalz in der Revolutionszeit von 1792 bis 1798

Erster Band

Franz Xaver Remling

Die Rheinpfalz in der Revolutionszeit von 1792 bis 1798
Erster Band

ISBN/EAN: 9783741183393

Hergestellt in Europa, USA, Kanada, Australien, Japan

Cover: Foto ©Lupo / pixelio.de

Manufactured and distributed by brebook publishing software
(www.brebook.com)

Franz Xaver Remling

Die Rheinpfalz in der Revolutionszeit von 1792 bis 1798

Die
Rheinpfalz

in der

Revolutionszeit von 1792 bis 1798.

Ein urkundlicher Beitrag zur vaterländischen Geschichte.

Von

Dr. Franz Xaver Remling,

Domcapitular, geistlichem Rathe, bischöflichem Theologen und Historiographen zu Speyer,
correspondirendem Mitgliede der Akademie der Wissenschaften zu München,
und mehrerer geschichtlichen Vereine.

Erster Band.

Speyer.
Verlag von A. Bregenzer's Buchhandlung.
1865.

＊

＊ ＊ ＊ ＊ ＊ ＊ ＊ ＊ ＊ ＊

＊

„Vide, Domine, afflictionem meam,
quoniam erectus est inimicus."

Threni Jeremiae. I. 9.

＊

＊ ＊ ＊ ＊ ＊ ＊ ＊ ＊ ＊ ＊

＊

Druck von Georg Kranzbühler in Speyer.

Vorwort.

———

Wer sich nur einiger Maßen in den Jahrbüchern der vater=
ländischen Geschichte umgesehen, der hat aus zahlreichen Thatsachen
und Ereignissen nicht ohne Wehmuth und Schmerz und noch bitterere
Gefühle, die Ueberzeugung geschöpft, welche feindliche Stellung die
Beherrscher und Machthaber des westlichen Nachbarlandes seit
Jahrhunderten gegen das deutsche Reich eingenommen, welche schöne
und wichtige Provinzen sie von demselben losgerissen, welche be=
reitwillige Helfer sie zu dieser Beraubung auf deutschem Boden zu
finden gewußt, mit welchen blutigen Kriegen, Verwüstungen und
Drangsalen sie unsere Heimath heimgesucht, mit welcher Schonungs=
losigkeit, Ungerechtigkeit und Grausamkeit sie deren friedliche Be=
wohner mißhandelt und ausgesogen haben.

Dieß geschah nicht bloß in dem schreckensvollen Jahre 1689,
wo hier in Speyer, wie in vielen anderen Städten und Dörfern
der Rheinpfalz, der ruhige Bürger herzlos und höhnisch aus dem
reichen Erbe seiner Väter vertrieben und der Noth und dem Elende
preisgegeben; wo altehrwürdige Gotteshäuser, stattliche Patrizier=

höfe und friedliche Hütten von den Söhnen und Sölblingen des
Feindes deutscher Ehre und Größe in rauchende Trümmer und
wüste Schutthaufen verwandelt wurden: sondern es wiederholten
sich im Laufe des verflossenen Jahrhunderts noch öfters diese Ver=
gewaltigungen eines übermüthigen Feindes, in deren Gefolge un=
zählige Bedrängnisse und Verluste für die Unterbrückten waren,
wenn auch die Grausamkeit und Verwüstungslust nicht mehr gerade
jene entsetzliche Höhe des Orleans'schen Successionskrieges erreichte.

Namenlose Bedrückungen, Quälereien, Plünderungen und Ver=
wüstungen aller Art wurden aber vorzüglich in den letzten Jahren
des vorigen Jahrhunderts in unserer Heimath von den im allge=
meinen Aufruhre und in wilder Zügellosigkeit einherstürmenden
Nachbarn des Westens verübt. Nur Wenige der Jetztzeit in den
gesegneten Gauen des Rheines wissen, welche Opfer die damalige
französische Staatsumwälzung auch in unserem Lande forderte;
welche arge Täuschung der lockende Ruf von Freiheit, Gleichheit
und Bruderliebe in sich barg; welcher Lug und Betrug nöthig war,
um diesem Rufe auch nur einigen Vorschub zu verschaffen; wie
schmählich und grausam die hiebei von tönender Marktschreierei ver=
kündeten Menschenrechte mit Füßen getreten wurden; welche unzäh=
lige Truppenzüge und lästige Einquartirungen eine Reihe von Jahren
stattgefunden; wie viele Saatfelder von den Hufen zerstampft, wie
viele Weinberge schonungslos verwüstet; wie viele edle Obstbäume
muthwillig gefällt, wie viele Wälder gelichtet wurden; wie viel
Schweiß unserer Aeltern und Großältern bei hartem Frohndienste
und schmählicher Schanzarbeit floß, wozu man die geängstigte
Bevölkerung zwang, um das errichtete Bollwerk bald wieder zu
schleifen und abermals neues aufzuwerfen; wie viele blutige Kämpfe
in den verschiedenen Bezirken der Vorderpfalz und in den Thälern

und auf den Höhen des Westrichs getobt; wie viele tapfere Söhne
des Vaterlandes dort gefallen und ein unbekanntes Grab gefunden; wie viele als Kriegsgefangene abgeführt, wie viele der
angesehensten Bürger als Geißeln für unerschwingliche Brandschatzungen fortgeschleppt und Jahre lang in lästiger Gefangenschaft
schmachten mußten; wie viele Städte und Dörfer, Schlösser und
Höfe ausgeplündert und den Flammen preisgegeben; wie viele der
wohlhabendsten Familien an den Bettelstab gebracht; wie viele glau-
benseifrige Geistliche verjagt und verbannt; wie viele pflichttreue
Beamten sammt ihren Kindern in Armuth und Elend gestürzt wurden. Woher sollten auch die Meisten unserer Zeitgenossen dieses
Elend, diese Gräuel, deren Schauplatz ihre Heimath in jenen un-
heilvollen Tagen gewesen, kennen, da Aeltern und Verwandte,
welche jene Schreckenszeit durchlebten, lange schon im Grabe schlum-
mern; da aus jenen Tagen des Umsturzes und der Bedrängnisse
nur gar wenige schriftliche Nachrichten, welche natürlich der Fremd-
herrschaft allzu mißliebig waren, sich bei uns erhielten; da diese in
gedruckten Geschichtswerken in ihren Einzelnheiten gar nicht aufgenommen sind, sondern, in den Schreinen der Archive zerstreut, nur
kostspielig und mühesam können aufgesucht und gefunden werden.

Es dürfte daher schon Anerkennung und Unterstützung verdienen, wenn sich die Spezialgeschichte bemüht, die zerstreuten Nachrichten zu einem möglichst vollständigen und treuen Bilde jener
verhängnißvollen Jahre zusammen zu fügen, und dieses furchtbar
ernste Bild vor Allem dem heranwachsenden Geschlechte zur Belehrung
und Warnung, zur Erweckung, Pflege und Kräftigung vaterländischer
Gesinnung, zur tieferen Kenntniß und richtigeren Beurtheilung mancher politischen und socialen Verhältnisse vor die Augen zu halten.
So unangenehm und beschämend, so traurig und niederschlagend

dabei vielleicht einzelne Streiflichter dieses Gemäldes für gewisse
Orte und Personen seyn mögen, so sind dieselben nicht nur zur voll=
ständigen Beleuchtung und Sicherung der geschichtlichen Wahrheit
erforderlich, sondern wohl auch. ganz geeignet, die Gegenwart und
die Zukunft um so kräftiger vor trügerischen Vorspiegelungen zu
warnen und zu behüten.

Eindrücke der Kindheit bleiben unauslöschlich. So ergeht es
auch dem Verfasser dieser Blätter. Schon in seinen Knabenjahren
von seinen Aeltern, die nun im Frieden ruhen, über die Schreck=
nisse und Bedrängnisse jener sturmvollen Jahre oft und in plastischer
Schilderung belehrt, — entrann doch der Vater kaum dem Tode,
weil er sich dagegen sträubte, daß ein Sansculotte ihm die Schuhe
von den Füßen raube, — hat derselbe schon lange den Gedanken
zu diesem Werke gefaßt, und es als eine nicht unwichtige Aufgabe
erachtet, ein solches belehrendes und warnendes Bild jener Zeit in
möglichster Vollständigkeit zu entwerfen. Zu diesem Zwecke wur=
den vor Allem die gleichzeitigen Schriften, so wie die jüngeren
Werke, welche ihm Aufschlüsse und Beiträge zu bieten schienen, in
nahen und fernen Bibliotheken zu benutzen gesucht. Doch nur
wenige derselben konnten für den näheren Bereich der Aufgabe
erwünschte Einzelnheiten liefern. Auch die Nachforschungen in
verschiedenen Gemeinde= und Pfarrregistraturen gewährten nur
spärliche Ausbeute. Die Jahre, welche diese Arbeit begrenzt, waren
ja gerade die Jahre der Unordnung und Beraubung, sowohl der
meisten Gemeinden, als auch der Corporationen und Stiftungen
gewesen, weßhalb die wichtigsten Ereignisse und Veränderungen
ohne Aufzeichnung, und die etwaige Aufzeichnung ohne sicheren
Schutz verblieben, in Vergessenheit geriethen, und verloren gingen.
Eine seltene Ausnahme hiervon macht das reiche, wohlgeordnete

Archiv der Kreishauptstadt Speyer, welches uns mit freundlicher
Zuvorkommenheit geöffnet, und bestens benützt wurde. Noch reich-
licher und erfreulicher waren die Ergebnisse, welche wir aus den,
mit der dankenswerthesten Bereitwilligkeit und Theilnahme mitgetheilten Akten und Urkunden des Reichsarchives zu München,
des General-Landesarchives zu Karlsruhe, des großherzoglichen Ca-
binetsarchives zu Darmstadt, und des Kreisconservatoriums dahier,
schöpfen konnten. Diese allerdings sehr mühevoll erzielte Ausbeute
bildet die erste und vorzüglichste Grundlage unserer Arbeit, weßhalb dieselbe, von einer bedeutenden Anzahl Urkunden gestützt und
getragen, wohl mit vollstem Rechte als ein Quellenwerk für die
Geschichte unseres Vaterlandes darf bezeichnet und dargeboten werden. Sie erschließt neues Licht und allseitige Aufklärung über eine
der wichtigsten Perioden der deutschen Geschichte, welche man in
anderen Schriften vergeblich suchen dürfte.

Wir bezweifeln fast, ob es zur Beseitigung etwaigen Miß-
verständnisses unserer geschichtlichen Darstellung nothwendig sei,
beizufügen, daß wir keineswegs das Gute und Große verkennen,
welches aus den wilden Stürmen der französischen Staatsumwälzung, die auch unser Heimathland im vollsten Maße ergriffen
und erschütterten, hervorgegangen ist. Auch das verheerende Wetter
bringt nach der weisen Vorsehung des Allmächtigen und All-
wissenden, welcher, wie die Gesetze der Schöpfung, so auch die
Schicksale der Völker ordnet und lenket, der Landschaft, die in
banger Schwüle schmachtete, Erquickung und Segen. Aber nichts
desto weniger bleibt das Unwetter — ein Unwetter, und das wahre
Ziel der Geschichtsforschung darf wohl in dieser Beziehung kein
anderes seyn, als aus schuldvoller Vergangenheit heilsame Winke
und weise Belehrung für die schwarzumwölkte Zukunft zu ermöglichen.

Um die von dem Verleger gewünschte Bogenzahl des ersten Bandes nicht allzusehr zu überschreiten, werden die darin citirten Beilagen mit jenen des zweiten Bandes, gemeinsam in einem, diesem angefügten Urkundenbuche, erscheinen.

Speyer, am Feste der Kreuzerhöhung, den 14. Sept. 1866.

Der Verfasser.

Einleitung.

Es war der 5. Mai 1789, als König Ludwig XVI. zur erwünschten Neugestaltung Frankreichs den Reichstag in Versailles feierlich eröffnete. Er gab dabei seinem Volke das Versprechen, daß das allgemeine Wohl auf der geheiligten Grundfeste der Freiheit sollte erbaut werden. Die Abgeordneten des dritten Standes rissen aber, mißtrauisch gegen dieses Versprechen, im Widerspruche mit der Krone, die politische Wiedergeburt des unglücklichen Landes in ihre Hände. In der verhängnißvollen Stunde, in welcher diese Volksvertreter gegen die Beschlüsse des Königs ihre Versammlung fortsetzten und am 20. Juni den feierlichen Eid aussprachen, daß sie sich nicht eher trennen wollten, als bis die neue Verfassung Frankreichs vollendet sei, und der hiedurch geängstigte König sieben Tage später befehlen mußte, daß die Abgeordneten des Adels und der Geistlichkeit mit jenen des dritten Standes sich vereinigten, wurde die Bahn des Umsturzes aller bisherigen Verhältnisse eröffnet. Die Geschichte der Vorzeit kennt keine Staatsumwälzung, welche, für das Inland sowohl wie für das Ausland, so verhängnißreich und gräuelvoll gewesen, wie jene Frankreichs. Dieses schöne Reich schwamm im Blute seiner edelsten Bewohner, am Rande des schrecklichsten Elendes und sittlichen Unterganges. Alle europäische Staaten wurden durch jenen gewaltsamen Umsturz in Unruhe versetzt, tief in ihrer Grundverfassung erschüttert, in landesverderbliche Kriege verwickelt, mit allen Drangsalen und Verwüstungen derselben heimgesucht, in ihren alten Besitzungen gestört und geschmälert und durch Hinterlist und Uebermacht mißhandelt und herabgewürdiget.

Die mit Mißachtung aller historischen Rechte, nach philosophischen Grundsätzen im Sturme neugeschaffene Staatsverfassung

1

Frankreichs erregte bei allen benachbarten Königen und Fürsten ernstes Mißtrauen und schlimme Besorgnisse. Die französische Nation hatte zwar erklärt, keine Eroberungen im Auslande zu beabsichtigen, aber dabei nicht verschmäht, auf dem Wege künstlich hervorgerufener Bittgesuche einzelner Gesinnungsgenossen, die Insel Korsika sich anzueignen und später die päbstlichen Besitzungen von Avignon und Venaissin mit unmenschlichen Gräuelscenen zu beflecken und widerrechtlich sich einzuverleiben. Bei Bildung der neuen Eintheilung des ganzen Reiches in 83 Departemente und 249 Distrikte, und dieser wieder in einzelne Cantone, wurde keine Rücksicht auf fremdherrliche Besitzungen genommen. Diese wurden ohne Weiteres den betreffenden Departementen und nahgelegenen Distrikten beigezählt und der freien Verfassung unterworfen. Die neuen Verfassungsbeschlüsse vom 4., 6., 7., 8. und 11. August 1789, welche alle Standesbevorzugungen und alte Freiheiten vernichteten, alle aus dem Lehenverbande entspringende Rechte und Verpflichtungen, Frohndienste und Geldabgaben ohne Ersatz abschafften, alle herrschaftliche Gerichtsbarkeiten, alle Zehentgerechtigkeiten, in was sie immer bestanden und was immer dafür geleistet wurde, ohne Entschädigung aufhoben: wurden sofort auf alle Herrschaften, Aemter und Dörfer der deutschen Fürsten im Elsasse und Lothringen ausgedehnt, auf welche Frankreich nur eine durch Friedensschlüsse und Staatsverträge abgenöthigte Oberherrlichkeit besessen hatte. Die hiedurch in unserer Heimath bedrohten und in ihren Besitzungen und Rechten beeinträchtigten, deutschen Reichsstände waren unter Andern der Herzog von Zweibrücken, der Speyerer Fürstbischof, der Landgraf von Hessen-Darmstadt wegen der zur Grafschaft Hanau-Lichtenberg gehörigen zwölf Aemter, der Fürst von Leiningen-Hardenburg wegen der Grafschaft Dachsburg, die Fürsten von Nassau und noch viele Reichsgrafen, Freiherren und Ritter.

Der Geist der Eigenmächtigkeit und des Aufruhrs, welcher in Frankreich mit so vielem Jubel verkündet und mit so großer Rührigkeit genährt wurde, verbreitete sich bald auch über die Grenzen dieses Reiches. Dieß geschah namentlich in den Gemeinden oberhalb der Queich, welche bisher schon unter französischer Hoheit standen. Man glaubte sich berechtiget, die alten Abgaben und herrschaftlichen Gefälle zu versagen und vermeintliche Rechte auf Wälder und deren Nutzungen gewaltsam zu erkämpfen und zu sichern.

Hören wir hierüber einige Einzelheiten, aus welchen die damalige Gesinnung und Lage sich am Deutlichsten erkennen läßt.

Eine solche Eigenmächtigkeit erlaubten sich unter Anderen die Bewohner von Busenberg, welches Dorf damals, als Zugehörde der Burg Drachenfels, Lehen = Eigenthum des Freiherrn von Dürkheim war. Die Busenberger ließen am 6. Oktober 1789 die zur Leiningen= Hardenburger Schultheißerei Lindelbronn gehörigen Gemeinden Oberschlettenbach und Hinterweidenthal auf die Banngrenze laden, um schon früher erhobene Ansprüche auf dasiges fürstliches Gebiet, ohne vorheriges Benehmen mit dem Leininger Amtmanne, zu verhandeln. Die Vorstände der beiden genannten Leininger Dörfer wiesen dieses ordnungswidrige Begehren zurück. Dieß hielt die Busenberger nicht ab, in den Bann von Oberschlettenbach einzufallen, einige dort schon seit Jahrhunderten bestehende Grenzsteine zu zerschlagen, einen großen Bezirk des genannten Bannes, worin der Langwald, Löffelwald und die Eselshalt gelegen, als ihr Eigenthum zu erklären und mit neuen Marksteinen und Bannpfählen zu bezeichnen. Außerdem hatten die Busenberger sich bereits durch Vertreibung ihrer herrschaftlichen Rentbeamten und andere Thätlichkeiten ausgezeichnet und für die französische Freiheit erklärt. Kaum hatte der Leininger Amtmann, Philipp Ludwig Wild zu Hinterweidenthal, jene Besitzstörung vernommen, so ersuchte derselbe den kaiserlichen Notär Gröninger zu Bergzabern, am 10. desselben Monats in Weidenthal einzutreffen, um der Begehung der gestörten Banngrenze beizuwohnen und über dieses und das Weitere Urkunde aufzunehmen. Zu dieser Untersuchung waren die Busenberger eingeladen und auch 25 Mann der fürstlichen Leibjäger unter Anführung des Lieutenant Gauly und ein kurpfälzischer Wachtmeister mit drei Chevaurlegers zum nöthigen Schutze beigezogen. Die Busenberger erschienen nicht, sondern wendeten sich an den Landauer Festungscommandanten de Beaumanoir mit der falschen Angabe, sie seyen von der genannten Mannschaft feindlich umlagert und gedrängt. Dieß hinderte jedoch den Leininger Amtmann, welcher zuletzt noch den kurpfälzischen Amtskeller Orsilini und den Förster Gramlich von Pleisweiler beigezogen hatte, nicht, die von den Busenbergern gewaltsamer Weise eingehauenen und eingeschlagenen Grenzmerkmale zu beseitigen und die alten Zeichen und Steine wieder herzustellen. Dem Commandanten zu Landau wurde der wahre Sachverhalt berichtet, was ihn beruhigte.

Die Busenberger hielten sich jetzt eine Zeitlang ruhig. Kaum war aber der erlaufenden Kosten wegen die genannte Schutzmannschaft von Weidenthal abgezogen, so fielen sie wieder in jene Waldbezirke ein und fällten und fuhren die schönsten Bäume nach Belieben hinweg. Der Hauptträbelsführer, Theobald Korn, wurde inbeß bei einem wiederholten Einfalle am 17. Dezember 1789 von den Oberschlettenbachern ergriffen und mit seinem Wagen und sechs Ochsen gefänglich eingebracht. Es gelang jedoch dem Frevler, bald wieder aus dem Gefängnisse zu entweichen. Die Busenberger beschwerten sich jetzt bei der Provinzialversammlung zu Straßburg über diese Gefangennahme ihres Mitbürgers, gaben vor, dieselbe sei widerrechtlich auf französischem Boden geschehen und verlangten französischen Schutz und Unterstützung. Der Fürst von Leiningen wurde darob zur Verantwortung aufgefordert. Den Franzosen wurden die nöthigen Aufschlüsse gegeben, zugleich aber, um bedenklichen Weiterungen vorzubeugen, dem Frevler Korn sein Wagen sammt den Ochsen wieder zugestellt. Dabei bat man zugleich die französische Behörde, der Gemeinde Busenberg, welche die Leininger Dörfer Oberschlettenbach und Weidenthal mit Einfall und Brand bedroht hatte, alle fernere Thätlichkeiten nicht nur auf das Schärffte zu untersagen, sondern über diese eine nähere Untersuchung anzustellen und die Frevler zum Ersatze des Schadens anzuhalten. Vor der Hand mußte der genannte Fürst die verletzten Grenzen seines dortigen Besitzes durch Leininger Leibjäger hüten lassen. Auf sein Betreiben wurde auch die Pariser Nationalversammlung von der oberrheinischen Kreisversammlung um Beseitigung solcher gewaltthätigen Eingriffe in fremdes Eigenthum angegangen. [1]

In der Herrschaft Dahn und Berwartstein, von welcher drei Viertel zum Hochstifte Speyer gehörten und ein Viertel als pfälzisches Afterlehen zuletzt Karl Friedrich von Waldenburg, genannt Schenkern, besaß, und welche bisher unter französischer Oberherrlichkeit stand, zeigte sich ebenfalls schon im Jahre 1789 der Geist der Freiheit und Gleichheit, der Auflehnung und Widersetzlichkeit gegen die alte Obrigkeit und gegen wohl erworbene Rechte. Die neuen

---

[1] Denkschrift Hofmann's, Leiningischen Gesandten beim Oberrheinischen Kreistage zu Frankfurt vom 4. Januar 1790. Darmstädter Cabinets-Archiv. Hanau-Lichtenberger Abtheilung.

französischen Gesetze wurden rasch in Geltung gebracht. Die bisherigen Schultheißen verloren ihr Amt und statt ihrer wurden Maire
und Munizipale gewählt. [1]) Die herrschaftlichen Jäger und Wald-
hüter vertrieb man mit Gewalt und hieb nach Belieben die Forsten
nieder. Die Bethe, die Todesfälle, Zehnten und andere herrschaftliche Gefälle wurden verweigert. Bereits am 30. Juli 1789 rotteten sich die Bewohner von Fischbach zusammen, verdrängten den
dortigen Waldenburger Erbbeständer, Adam Schlick, von den ihm
übertragenen Gütern, theilten die Aecker und Wiesen unter sich aus
und nahmen willkührlichen Besitz von den herrschaftlichen Waldbe-
zirken Deckenberg und Kippenberg. Gleiche Eigenmächtigkeiten und Empörung erlaubten sich auch die Bewohner von Erlenbach und Lauterschwan. Sie fielen in die herrschaftlichen Waldungen und nahmen
einen dazu gehörigen Bezirk, den Grühnberg, als Eigenthum in
Anspruch. Im Vereine mit den Niederschlettenbachern bemächtigten
sie sich auch der zum Schlosse Berwartstein gehörigen Aecker und
Wiesen, verdrängten den dortigen Hofbeständer und drohten die
Hofgebäulichkeiten in Brand zu stecken. Ja in Dahn selbst wollten
sie die herrschaftliche Kellerei den Flammen preisgeben. Nur durch
die dringendsten Bitten des dortigen Pfarrers wurden sie davon abgehalten. Der genannte Freiherr von Waldenburg ersuchte seinen
Lehensherrn, den Kurfürsten von der Pfalz, in einer Bittvorstellung
vom 1. April 1790 um Beistand bei der Regensburger Reichsversammlung, oder in Paris bei der Nationalversammlung, und versprach sich denselben um so mehr, weil er der Letzte seines Stammes
war und die gefährdeten Besitzungen und Rechte nach seinem Tode
ja der Kurpfalz wieder anheimfallen. [2])

---

[1]) Im Februar 1790 wurden die neuen Munizipalitäten in Frankreich gewählt, jene von Landau am 27. desselben Monats feierlich eingesetzt. —
[2]) Original, datirt aus Coblenz den 1. April 1790. — Im Monate
Mai 1791 wurden die kurfürstlichpfälzischen Zollstätten zu Altenstadt, Schweighofen, Bobenthal und Bundenthal, welche vermöge eines Vertrages mit dem
Bischofe zu Speyer im Jahre 1709 errichtet wurden, durch das französische
Distrikts-Direktorium zu Weissenburg gemäß dem neuen französischen Gesetze
niedergeworfen. Kurpfalz konnte dagegen nichts thun, als durch den Amtmann von Reibeld zu Germersheim bei der Departementalverwaltung Einsprache erheben zu lassen. Karlsr. Archiv. Pfälzer Akten. Zur Herrschaft
Dahn gehörten außer diesem Flecken die Dörfer Bruchweiler, Erfweiler, Fischbach, Hauenstein, Schindharbt, zur Herrschaft Berwartstein aber die Dörfer

Auch in andern Gemeinden, wie namentlich zu Bergzabern und Annweiler, gaben damals die Waldrechte und deren Benützungen zu Unruhe und Zwiespalt mit den herrschaftlichen Aemtern Veranlassung, wie wir später hören werden.

Der Herzog Karl von Zweibrücken hatte schon bei der ersten Zusammenberufung der Stände in Frankreich vom Könige Ludwig die beruhigendsten Versicherungen erhalten, daß seine Rechte und Gerechtsame in den im Elsasse gelegenen Besitzungen unverletzt bleiben sollten. Um so befremdlicher war es für denselben, als die jene Rechte und Gerechtsame schmälernden und untergrabenden Beschlüsse der Pariser Nationalversammlung auch in den pfalzzweibrückischen Besitzungen des Elsasses, namentlich in der Herrschaft Bischweiler und Guttenberg, ohne alle Rücksicht vollzogen wurden. Man suchte diese Eingriffe durch Vorstellungen an den genannten König und öffentliche Einsprachen abzuweisen; allein ohne sonderlichen Erfolg. Mit Beginn des Jahres 1791 wurden auch in jenen Gebietestheilen ohne Weiteres die herzoglichen Beamten und Diener entlassen, neue Munizipalitäten errichtet und die Wahl der Richter vorgenommen. Dieß veranlaßte den Herzog, sich unterm 26. Januar des genannten Jahres an das Oberhaupt des deutschen Reiches zu wenden, damit die Schritte und Maßregeln in der Reichsversammlung zu Regensburg berathen würden, wie diese unbefugten Eingriffe in deutsche Rechte und Gerechtsame abgewendet, oder in gütlicher Uebereinkunft ausgeglichen werden dürften. *) Max, Graf von Seinsheim, Abgesandter des Herzogs zu Regensburg, mußte am 24. März desselben Jahres der dortigen Reichsversammlung eine ausführliche Denkschrift vorlegen, damit diese sehr wichtige Angelegenheit gemeinschaftlich unterstützt würde. Der genannte Co-

***

Erlenbach, Lauterschwan, Niederschlettenbach, Bobenthal und Bundenthal. Diese Ortschaften wurden zum Departement Niederrhein geschlagen, und daher auch durch das französische Concordat von dem alten Bisthume Speyer losgerissen und dem neuen Bisthume Straßburg einverleibt. — *) Zweibrücken, gedruckt bei Peter Hallanzy, Hofbuchdrucker, 1791. Darin heißt es wörtlich: „Man hat die bisherigen herzoglichen, alten Auflagen seit 18 Monaten nicht nur erschwert und vorenthalten, sondern man hat auch mich und meine betheiligten Mitstände durch Errichtung neuer Munizipalitäten und die Wahl neuer Richter aus dem Besitze aller Gerichtsbarkeit und der damit verknüpften Rechte verdrängt" ꝛc.

mitialgesandte erhielt unterm 18. Juni 1791 vom Herzoge die Wei=
sung, dahin zu stimmen und zu wirken, daß Alles, was Frankreich
gegen den bisherigen Besitzstand der deutschen Reichsfürsten und
ihrer Angehörigen im Elsasse und Lotharingen gewaltsam verhängt
hat, als nichtig und friedensschlußwidrig betrachtet und Frankreich
vom Kaiser aufgefordert werde, diese Beeinträchtigung zu heben und
zu sühnen, und wenn dieß nicht beliebt werden sollte, die sämmt=
lichen Gewährleister des westphälischen Friedens, wie namentlich die
Könige von England, Preußen, Schweden, Dänemark, Sardinien
gemeinsam mit dem Reiche zur Vertheidigung jener Besitzungen und
Rechte zu veranlassen.   Zugleich forderte Herzog Karl alle Reichs=
stände, welche gleiche Beeinträchtigungen im Elsasse und Lotharingen
zu beklagen hatten, zur Betreibung und Unterstützung dieser ge=
meinschaftlichen Angelegenheit bringlichst auf. [5])

Wie wir schon hörten, war der für deutsche Ehre und Größe
hochbegeisterte Speyerer Fürstbischof, August v. Styrum, Einer der
Reichsstände, welche durch die französische Staatsumwälzung in sei=
nen weltlichen und geistlichen Gerechtsamen besonders gefährdet und
hiedurch in lange und sorgenvolle Verhandlungen verwickelt wurde.
Nicht nur die reichsten und schönsten Besitzungen seines Hochstiftes
und der mit demselben vereinten Probstei Weissenburg, die Hälfte
der wohlhabendsten Dekanate seines Bisthums lagen auf der linken
Rheinseite, sondern sechs der einträglichsten Aemter bildeten die hoch=
stiftlichen Dörfer und Besitzungen oberhalb der Queich und standen
in Folge besonderer Friedensbeschlüsse und Verträge unter der Ober=
herrlichkeit der Krone Frankreichs.   Sonder Rücksicht auf diese Ver=
träge und Friedensbestimmungen wurden dieselben von der franzö=
sischen Nationalversammlung ohne Ausnahme der neuen Verfassung
und Verwaltungsweise unterworfen.

Den bereits oben genannten, im August 1789 erlassenen De=
kreten, folgte noch jenes vom 2. November gleichen Jahrs, wornach

---

[5]) Darmstädter Cabinetsarchiv.   H. L. — Es würde uns zu weit
führen, wenn wir die beßfallsigen Verhandlungen der übrigen durch die fran=
zösische Revolution beeinträchtigten, in unserer Heimath seßhaften und be=
güterten Reichsstände, deren Zahl bekanntlich nicht klein war, hier einreihen
wollten. Wir begnügen uns damit, die gleichen Verhandlungen und Be=
mühungen des Speyerer Fürstbischofes, welche uns auch in kirchengeschichtlicher
Beziehung wichtig erscheinen, theilweise vorzuführen.

alle geistliche Güter und Einkünfte der Nation zur Verfügung
gestellt wurden unter der Bedingung, für den Gottesdienst, den
Unterhalt der Kirchendiener und Armen Sorge zu tragen. *) Mit
Jubel wurden diese Neuerungen von Vielen begrüßt, von Andern
mit Schaudern betrachtet, je nach den Grundsätzen, die man vom
Natur= und Völkerrechte hatte, je nach den Begriffen, welche man
sich vom Eigenthume, von Wahrheit, Gerechtigkeit, Heiligkeit der
Verträge und Versprechungen, bildete.

      August v. Styrum konnte diesen Verlust uralten Besitzes, diese
Schmälerung wohlerworbener, weltlicher und geistlicher Rechte, nicht
ohne die kräftigsten Einsprachen und Verwahrungen geschehen lassen.
Allein diese fanden, wie jene seiner gleichbeeinträchtigten Mitstände,
wenig Beachtung. Er ließ deßhalb eine gründliche Denkschrift aus=
arbeiten und legte dieselbe schon unterm 20. Januar 1790 den
„unter ihrem allerhöchsten Oberhaupte versammelten Reichsständen
zu Regensburg zur weisesten Beherzigung mit dem dringendsten
Ansuchen vor, damit die der Reichsverfassung und Umständen an=
gemessenen Maßregeln schleunigst ergriffen werden, solche Beeinträch=
tigungen deutschen Besitzes und deutschen Rechtes mit vereinten
Kräften zurückzuweisen". 7) An demselben Tage erhob er auch bei dem
Grafen v. Montmarin, dem Minister der auswärtigen Angelegen=
heiten in Paris, gegen diese Schmälerung alter Besitzungen und
Rechte, welche nicht nur durch den Paragraphen 77 des westphäli=
schen Friedens, sondern auch durch einen besonderen Vertrag zwi=
schen dem Könige Ludwig XIV. und dem Fürstbischofe zu Speyer,
Philipp Christoph v. Sötern, im Jahre 1646, dem Hochstifte

---

*) Noch kurz vorher, am 24. September 1789, hatte August nach dem
Wunsche des Königs Ludwig XVI. einen kräftigen Hirtenbrief an die Geist=
lichen und Gläubigen oberhalb der Queich in deutscher und französischer Sprache
zur Warnung vor Widersetzlichkeit und Aufruhr gegen die rechtmäßige Obrig=
keit erlassen. Remling's Gesch. der Bisch. zu Speyer B. II. S. 777. —
7) Dieselbe ist in deutscher und französischer Sprache abgefaßt und zählt 51
Folio=Druckseiten. Nicht nur der Fürstbischof von Straßburg, das dortige
Domcapitel, sondern auch die Abgeordneten der Clerisei des untern Elsasses,
so wie schon früher der Bischof zu Basel, das Ritterstift Murbach, das Be=
nediktiner=Stift Münster im St. Georgien=Thal ꝛc. wendeten sich in gleicher
Bedrängniß, mit gleichen Gesuchen, an die Reichsversammlung zu Regensburg.
Darmstädter Cabinetsarchiv. H. L. Vergl. auch J. M. Schmidt's Gesch.
der Deutschen. B. XV. S. 230.

Speyer feierlich gewährleistet worden seyen, eine eben so kräftige als wohlerläuterte Einsprache.

Viele Stiftsangehörige verweigerten bereits den Zehnten und die herrschaftlichen Gefälle; die bisherigen Beamten und Stabhalter in den einzelnen Gemeinden mußten aufgestellten Mairen und Munizipalitäten die Verwaltung überlassen und neugewählte Richter übernahmen die Gerechtigkeitspflege.

Bei jener dem französischen Staatsminister übermachten Einsprache ließ es daher der Fürstbischof nicht bewenden. Er übersendete unterm 26. des folgenden Monats seinem geheimen Rathe und Bevollmächtigten, Bürger Dietrich in Straßburg, eine gleiche feierliche Verwahrung gegen jenes rechtswidrige Vorgehen, um sie dem dortigen höchsten Gerichtshofe des Departements vom Niederrheine zu behändigen und deren Veröffentlichung in den sechs Aemtern des Speyerer Hochstiftes oberhalb der Queich zu bewirken. Als dessen ungeachtet unterm 7. März 1790 die königliche Bestätigung der Dekrete bezüglich der neuen Organisation und Departementaleinrichtung erfolgte und zu deren Vollzuge die königlichen Commissäre am 15. desselben Monats eine bezügliche Bekanntmachung zu Straßburg veröffentlichten, ließ der für seine Rechte unermüdlich kämpfende Bischof durch den schon genannten Bevollmächtigten Dietrich bei jenen Commissären gegen die Wahl der Maire und Munizipalitäten in den zu seinem Hochstifte gehörigen, oberhalb der Queich gelegenen Dörfern, abermals Verwahrung einlegen, die auch am 15. Juli und 27. October bezüglich der anderen Beeinträchtigungen erneuert wurde. [6])

---

[6]) Diese Verwahrungen waren außerdem gerichtet: 1. gegen die Errichtung des Departementes und der Distrikte in hochstiftlichem Lande; 2. gegen die Aufhebung der Regalien und Lehenrechte; 3. gegen Einführung neuer Richter über hochstiftliche Unterthanen; 4. gegen die Zernichtung der bischöflichen und Diözesangerichtbarkeit in jenen Distrikten; 5. gegen die durch Beschluß der Departementalverwaltung zu Straßburg vom 13. October und durch Beschluß des Distriktsrathes zu Weissenburg vom 18. desselben Monats angeordnete und am 11. November 1790 erfolgte Beschlagnahme aller Urkunden, Briefschaften, Rechnungen ꝛc. ꝛc. der Probstei und des Stiftes zu Weissenburg. Schon am 22. September 1790 war auch das Stiftscapitel zu Weissenburg der allgemeinen Verwahrung des Fürstbischofes bezüglich der Probstei Weissenburg ausdrücklich beigetreten. — Am 28. Februar 1791 erhob August v. Styrum auch feierliche Einsprache gegen das Stempel- und Einschreibungsrecht der

Mittlerweile setzte sich August v. Styrum fast mit allen Reichs=
ständen, welche durch Frankreichs neue Verfassung in ihren Be=
sitzungen und Rechten ebenfalls beeinträchtigt waren, in schriftliche
Verhandlungen, wie die drohenden und bereits erlittenen Verluste
abzuwenden und zu vergleichen seyn dürften. Der französische Mi=
nister, Graf v. Montmarin, hatte den Chevalier de Ternand an die
einzelnen Höfe der betheiligten Stände in Deutschland gesendet, um
beßfallsige Anträge zu vernehmen und zu vermitteln. Der Fürst=
bischof zu Speyer war aber der Ansicht, da die Besitzungen und
Rechte, um welche es sich handelte, Lehen des deutschen Reiches
wären, daß der Schutz und die Vertretung derselben vom gemein=
samen Reichsverbande zu übernehmen sei, wozu er auch die Reichs=
versammlung durch seinen Comitialgesandten, Edlen v. Haimb, unterm
14. August 1790 auffordern ließ. Der Fürstbischof erklärte sich
namentlich dahin: „Frankreich müsse seine allenfallsigen Entschä=
digungs=Anträge an das Reich bringen, nicht aber, wie Einige
glauben, die betheiligten Reichsstände. Ihrer Würde, ihrem An=
sehen dürfte es gewiß nicht entsprechen, wenn sie ihre reichslehn=
baren Besitzungen und Hoheitsrechte gleichsam selbst auf den Markt
bringen wollten. Dieselben müssen vielmehr bei der Behauptung
ihrer Rechte und Besitzungen fest stehen bleiben und falls Frank=
reich mit Entschädigungsvorschlägen auftritt, geradezu erklären, daß
man sich in Nichts einlassen könne, wenn nicht vor allen Dingen
die betheiligten Reichsstände in den ruhigen Genuß aller denselben
entrissenen Rechte und Besitzungen vorläufig wieder eingesetzt werden.
Wird dieses verweigert, so hat man den deutlichsten Beweis, daß
man es mit einer Macht zu thun habe, die keineswegs nach Ver=
trägen und Völkerrecht, sondern lediglich nach Convenienz zu handeln
gedenke, daß man also auch auf ihre neuen Anerbietungen nicht
vertrauen könne". xc. xc. *) Lange und umständliche Verhandlungen

Civil= und Justizial=Akten, wie auch der Eigenthums=Urkunden aus den hoch=
stiftlichen Aemtern oberhalb der Queich, welche er am 20. März 1791 der
Reichsversammlung zu Regensburg zur Anzeige brachte. — Unterm 6. Dez.
1793 legte der Fürstbischof der Reichsversammlung zu Regensburg eine Denk=
schrift vor bezüglich der ihm zustehenden und von den Franzosen beeinträch=
tigten Rechte auf die Abtei St. Walburg, welche schon am 23. Jan. 1550 mit
der Probstei Weissenburg vereiniget worden war, um Schutz für dieselben und
Ersatz des erlittenen Verlustes zu erhalten. — *) Die ausführlichen Verhand=

wurden hierüber gepflogen, während die Franzosen sich deßhalb im
Vollzuge der Nationalbeschlüsse nicht im Mindesten behindern ließen
und somit sattsam bestätigten, daß sie nicht an Friedensschlüssen und
Verträgen festhalten, sondern nach eigenem Nutzen und Gutdünken
handeln. Ein Dekret der Nationalversammlung vom 28. Oktober
1790 bestimmte, daß, da im ganzen Umfange Frankreichs Niemand
die Herrschaft üben dürfe, als die Nation, auch in den Departementen des Niederrheins und Oberrheins alle Verfassungsbestim-
mungen bezüglich der herrschaftlichen und lehenrührigen Rechte in
Vollzug gesetzt werden sollen. Doch wurde hiebei der König, welcher
dieses Dekret am 5. des nächsten Monats bestätigte, gebeten, sich
hierüber mit den betheiligten, auswärtigen Fürsten, freundlich zu
verständigen. Die gegen jenes rücksichtslose und widerrechtliche Vorangehen erhobenen Einsprachen der Betheiligten wurden sohin einfach
zurückgewiesen oder blieben außer jeglicher Beachtung. So geschah
es bei der Beschlagnahme der Besitzungen und Gefälle des Chor-
stiftes zu Weissenburg. Unterm 2. November 1790 erhob der
Fürstbischof dagegen feierliche Einsprache. Er verbot zugleich seinen
Amtskellern zu Weissenburg, Hagenau, Lauterburg, Jockgrim, Dahn
und Madenburg, der gesammten Geistlichkeit oberhalb der Queich,
wie auch seinen Beamten, Vorgesetzten, Pächtern, Schuldnern und
Unterthanen, diese Beschlagnahme und die sie bestimmenden Dekrete

---

lungen des Fürstbischofes mit den betheiligten Reichsständen, namentlich auch
mit dem Landgrafen Ludwig von Hessen-Darmstadt und dessen Minister, Freiherrn
von Gatzert, an den August mehrere eigenhändige Briefe richtete, befinden sich
im großherzoglichen Cabinetsarchive zu Darmstadt. Bereits am 10. Aug.
1791 schrieb der darmstädtische Reichstaggesandte, Freiherr von Schwartzenau,
über den ungünstigen Erfolg der Entschädigungsverhandlungen der deutschen
Fürsten mit Frankreich also: „Die täglich mehr consolidirte französische Verfassung, die dem kaiserlichen Hofe noch stets abmangelnde, eigene, innere Sicherheit, der schwankende preußische Beistand, die offenbare Kälte von Chur-
sachsen, der deutliche Widerspruch von England, die in der Geschichte und
Erfahrung gegründeten, wenigen Erfolge deutscher Kriege, die kundige, schwache
Beschaffenheit einer Reichsarmee und die unsägliche Mühe, die es bisher gekostet, nur die jetzt vorliegenden Reichsschlüsse herauszuschnellen: machen mich
wenigstens groß zweifeln, daß durch Macht etwas Besseres erzwungen werden
dürfte, als was sich einzelne Stände durch Verträge mit Frankreich erreichen.
Gewiß aber wird das Reich sonst billige und thunliche Vergleiche lieber bestätigen, als lästige Kriege führen". Ebendaselbst.

der Nationalversammlung irgendwie zu beachten und zu unterstützen. Er sendete den Amtskeller Longatti zu Jockgrim mit dieser Ein- sprache nach Straßburg, um sie dem Präsidenten der Departemental- verwaltung Poirot zu übergeben. Dieser wies sie jedoch mit der Erklärung zurück, daß sich der Fürstbischof in dieser Angelegenheit unmittelbar an die Nationalversammlung zu wenden hätte. Als der Amtskeller hierauf die fragliche Einsprache durch einen Gerichts- boten in rechtlicher Ordnung übergeben wollte, getraute sich keiner, dieselbe gegen die Dekrete der Nationalversammlung anzunehmen und zu veröffentlichen. Der zur beßfallsigen Urkundenaufnahme ersuchte königliche Notär versagte ebenfalls diese Amtshandlung. Der Fürstbischof brachte daher unterm 4. Dezember 1790 der Reichsversammlung zu Regensburg zur Anzeige, daß Furcht, Will- kühr und Unordnung im untern Elsaße so weit eingerissen sei, daß kein öffentlicher Schreiber, Gerichtsbediensteter und Gerichtshof es wage, eine Erklärung, Einsprache, oder einen Vorbehalt gegen die Be- schlüsse der Nationalversammlung anzunehmen. Allein wer sollte dieser Unordnung und Rechtlosigkeit steuern? Die guten Katholiken im Elsaße sahen mit um so mehr Entrüstung und mit so größerem Schmerze den Raub ihres Stiftungsvermögens, der Kirchen- und Pfarrgüter, da den Protestanten diese Besitzungen bei gleichen Gesetzbestimmungen ungeschmälert belassen wurden, was zu manchen Kämpfen und Bit- terkeiten Veranlassung gab.

Indeß eröffnete der französische Botschafter am oberrheinischen Kreise, Baron v. Groschlag, in Mannheim am 16. Dezember 1790, unter Bezugnahme auf das oben bemeldete Dekret vom 28. Oktober, dem Speyerer Fürstbischofe, daß derselbe, um eine freundliche Ver- einbarung mit Frankreich zu erzielen, einen Bevollmächtigten nach Paris senden möge. Dabei erklärte der Baron, daß dieser Bevoll- mächtigte erstens alle Akten und Urkunden mitbringen müsse, welche erforderlich seyen, die Besitzungen des Fürstbischofes, ihre Beschaffen- heit und die damit verbundenen Rechte und Erträgnisse darzuthun, und daß zweitens derselbe bevollmächtigt werde, nicht nur den Be- trag, sondern auch die Art der zu leistenden Entschädigung festzu- setzen. Schon unter dem 23. desselben Monats gab August v. Styrum eine weitläufige Gegenerklärung dem genannten französischen Bevollmächtigten dahin ab, daß diese Angelegenheit eine gemein- schaftliche Reichsangelegenheit sei und daß er deßhalb dem an ihn

gestellten Ansinnen nicht einseitig entsprechen könne [10]). Seine aufha=
benden Pflichten fordern ihn vielmehr auf, zu verlangen, daß die ver=
letzten, geistlichen sowohl, als weltlichen Gerechtsame wieder in den
vorigen Stand gesetzt werden. Denn, fügte er bei, die französische Na=
tionalversammlung hat das Recht nicht, Verordnungen zu erlassen, die
ihren freien und unabhängigen Nachbarn alte Besitzungen und Ge=
rechtsame schmälern und hinwegnehmen; dieß hieße ja sich über das
Völkerrecht hinaussetzen, welches alle gesittete Nationen bisher als
das einzige und heilige Band unverletzt beobachtet haben. Der
französische Botschafter legte seinem Könige diese Erklärung vor,
erwiederte aber dem Speyerer Fürstbischofe unterm 1. Februar 1791,
daß jener gewünscht hätte, eine seinen Absichten angemessenere Er=
klärung zu erhalten. Weiter bemerkte Baron v. Groschlag, die
neue Einrichtung von Frankreich mache es einerseits unmöglich, die
aufgehobenen Rechte wiederherzustellen, anderseits haben dieselben
sammt den deßhalb geführten Beschwerden die verdiente Aufmerksam=
keit erweckt. Uebrigens werden wohl noch Mehrere mit ihm der
Meinung seyn, daß es unendlich besser ist, einen Zwist durch einen
annehmlichen Vergleich zu beenden, als solchen dem ungewissen
Schicksale zufälliger Ereignisse ausgesetzt zu lassen. Dieser Rück=
äußerung der Franzosen ließ es August v. Styrum an einer ent=
schiedenen Antwort nicht fehlen, welche zuletzt die Erklärung ent=
hielt, daß die fraglichen Beschwerden bei dem Kaiser und der Reichs=
versammlung zur Abhilfe und zum nöthigen Schutze bereits an=
hängig seyen und demnach der Ausgang der beßfälligen Reichstags=
Berathungen müsse abgewartet werden [11]).

---

[10]) Der Fürst von Leiningen-Hardenburg erklärte sich in einem Schreiben
vom 26. Dezember 1790 bereit, einen solchen Bevollmächtigten nach Paris
abzusenden. Der Minister von Vieregg zu München wies jene Anmuthung
in einer Note vom 31. Dezember 1790 für die Pfalz, aus denselben Gründen,
wie der Speyerer Fürstbischof, kräftig zurück. So auch der Minister des
Markgrafen von Baden, Freiherr von Edelsheim, in einem Schreiben vom
6. Januar 1791 und der Minister des Landgrafen von Hessen-Darmstadt in
einer Antwort vom 9. Jan. 1791. Karlsr. Archiv. Speyerer Akten. Kriegs=
sachen. — [11]) Bruchsal, am 3. Februar 1791. Reichstagsakten in der Bibli=
othel des Fürsten v. Thurn und Taxis in Regensburg. Am 31. desselben
Monats ließ der Fürstbischof diese Correspondenz der Reichsversammlung in
Regensburg vorlegen, mit dem Bemerken, daß zu Anfang dieses Monats
die fürstbischöfliche Gerichtsbarkeit in sieben Aemtern oberhalb der Queich wäre
vernichtet und anstatt dieser die sogenannten Friedensrichter eingeführt seyen.

Der obigen Erklärung vom 23. Dezember 1790, welche als=
bald den Ständen des Reichs in Regensburg zur Kenntniß und Un=
terstützung mitgetheilt wurde, folgte schon am anderen Tage ein eben
so gründlicher als entschiedener Hirtenbrief des Fürstbischofes an
die Geistlichkeit seiner Diözese oberhalb der Queich wegen der
von der Nationalversammlung erlassenen Beschlüsse vom 12. Juli
jüngsthin bezüglich der bürgerlichen Einrichtung der Geistlichen.
Darin verkündete der Oberhirte unter Anderem: .... „Wir haben
zur Vertheidigung der Rechte unserer Kirche und Clerisei Alles
erschöpft, was in diesen trübsalvollen Zeiten übrig blieb und wir
glaubten schon über den Erfolg uns beruhigen zu können, als die
fraglichen Beschlüsse unser Vaterherz mit neuen Sorgen erfüllten. —
Es betrifft hier die g e i s t l i c h e G e w a l t. Es ist hier die Rede
von einem Gesetze, welches die Verfassung der Kirche selbst angreift,
indem es die Gewalt des Oberhirtenamtes umstößt, worauf jenes
majestätische Gebäude schon so viele Jahrhunderte gestützt war.
Man will die Macht des kirchlichen Regiments in die Hände des
Volkes legen; — man will diesem die Priester und selbst die Bi=
schöfe unterthänig machen; — man zerreißt den nothwendigen Ver=
band zwischen der Geistlichkeit und dem sichtbaren Oberhaupte der
allgemeinen Kirche, ohne welchen keine Einheit mehr seyn würde; —
man verletzet die Grenze unseres Bisthums und die Bande, welche
solches mit dem Metropolitane und dem päbstlichen Stuhle ver=
einigen; — man verbietet allen Kirchen oder Pfarreien und über=
haupt einem jeden Theile unserer Heerde, welcher der Souverainität
des allerchristlichsten Königs unterworfen ist, die uns als Bischof und
unsern Delegirten im Elsaße zustehende Gewalt, in keinem Falle
und unter keinem Vorwande anzuerkennen. Die Folgen, welche
aus dieser Einrichtung nothwendig entstehen müssen, sind allzutrau=
rig, als daß wir versäumen könnten, solchen zuvorzukommen.“
.... „Wir erklären demnach: 1. Daß Wir fest entschlossen sind,
von dem uns von Christus anvertrauten Kirchensprengel ungetrennt
zu leben und zu sterben. 2. Daß Wir uns allzeit als alleiniger
Bischof und Ordinarius mit aller ausschließlichen Gewalt in dem
Bezirke der Landcapitel von A r z h e i m, D a h n, H e r x h e i m und
W e i s s e n b u r g und überhaupt in dem ganzen Umfange der un=
serer Diözese ursprünglich angewiesenen und durch eben dieselben
Friedensbeschlüsse, durch welche das Elsaß unter die Oberherrlichkeit

des Königs — von Frankreich — gekommen ist, garantirten Grenzen [12]) halten und betrachten werden. 3. Daß Wir nicht aufhören
werden, alle Sorgen des Oberhirtenamtes über diesen Theil unserer
Heerde zu erfüllen, bis die Kirche, die wegen künftiger Verwaltung
unserer Diöcese zu treffende Einrichtung, auf eine den Gesetzen
und Kirchensatzungen entsprechende Art wird bestätigt haben. 4. Daß
die in ermeldetem unserem Diözesantheile sich befindenden Pfarrer
und andere Priester außer Uns keinem anderen geistlichen Obern
sich unterwerfen, imgleichen auch fortfahren sollen, die Metropolitan-
gewalt des Herrn Erzbischofes zu Mainz, nach Maßgabe der allgemeinen Kirchengesetze und besonderer Verträge, anzuerkennen.
5. Daß kein Priester, welcher von einem anderen Bischofe, als von
Uns eingesetzt oder begewaltiget wäre, befugt seyn solle, in dem Bezirke unserer Diözese priesterliche Verrichtungen auszuüben und
daß überhaupt alle Lossprechungen und sonstige, priesterliche oder
pfarrliche Verrichtungen, welche im Gefolge der von einem andern
Bischofe ertheilten Gewalt unternommen werden wollten, außer im
äußersten Nothfalle, wegen Abgangs rechtmäßiger Jurisdiction, als
null und nichtig angesehen werden sollen. 6. Daß der Bürgereid
und jeder andere Schwur, wozu man im Gefolge der National-

---

[12]) Gegen das Collegiatstift zu Weissenburg wurde, ohne Rücksicht auf
die erhobenen Einsprachen, gewaltsam eingeschritten. Dieß veranlaßte die
dortigen Stiftsherren am 15. Dezember 1790, ihre letzte Erklärung abzugeben.
Sie beginnt also: „Umsonst haben bisher die vereinigten Chorherren von
Weissenburg ihre Stiftbriefe aufgewiesen und sich auf derselben handgreifliche
Billigkeit berufen. Man verurtheilte sie ohne vorläufige Untersuchung, und
wirklich schon hat man ihnen alle Rechte, Einkünfte, liegende und andere Güter
entrissen, so zwar, daß sie in Kurzem, so wie die ansehnliche und gedrückte
Geistlichkeit des ganzen Frankreichs, aller zum Unterhalte nothwendigen Mittel
beraubt, ihres geistlichen Amtes untersagt, zuletzt aus dem Heiligthume, wo
sie demselben oblagen, verstoßen werden"…. „Die Art, auf die man mit
dem Stifte von Weissenburg verfährt, streitet nicht nur wider alles Völkerrecht, den Hauptgrund aller öffentlichen Verträge, und wider die den garan-
tirenden Mächten gebührende Ehre, sondern auch wider die Gesetze der Kirche,
die sowohl denen, welche geistliche Güter rauben, als jenen, die zu solcher
Plünderung schweigen, Fluch gesprochen hat" ꝛc. Diese Erklärung wurde am
29. Januar 1791 der Reichsversammlung zu Regensburg vorgelegt. Unterm
16. Februar 1791 schilderte der Fürstbischof auch diese Beeinträchtigungen seiner
Kirche und des Reiches in einer ausführlichen Darstellung und bat um beßfallsige reichsväterliche Hilfe.

versammlungs = Dekrete die Mitglieder unserer Clerisei nöthigen dürfte [13]), keinesswegs auf solche Gegenstände ausgedehnt werden kann, welche die Religion und die geistliche Gewalt der Kirche betreffen, und daß aus solchem nichts kann gefolgert werden, welches den unserer Kirche und der Clerisei unserer Diözese friedenschlußmäßig zustehenden Rechten, Privilegien und Freiheiten nachtheilig wäre."

Bald nach der Veröffentlichung dieses Hirtenbriefes traten die sämmtlichen Pfarrer und Kapläne · der Speyerer, oberhalb der Queich gelegenen vier Landcapitel, zusammen und gaben eine in französischer und deutscher Sprache abgefaßte Erklärung dahin ab, daß sie zwar bereit seyen, einen Eid abzulegen, „womit sie sich verbinden, mit aller Sorgfalt auf die ihnen anvertrauten Pfarrkinder zu wachen, ihre Amtspflicht genauest zu erfüllen, wie auch der Nation, dem Könige und dem Gesetze treu zu seyn und jeder von der rechtmäßigen Gewalt bestimmten politischen Verfassung sich zu unterwerfen", allein den von der Nationalversammlung am 27. November jüngsthin verlangten Eid würden sie nie leisten, sondern nach dem Beispiele so vieler erlauchten Oberhirten und Priester in Frankreich, lieber Alles verlieren und ausstehen, als ihr heiliges Amt verletzen [14]). Nicht nur die Geistlichkeit oberhalb der Queich,

<hr>

[13]) Das Dekret über die Beeidigung der Bischöfe und der übrigen in Aemtern stehenden Geistlichen vom 27. Nov. 1790 wurde am 26. Dez. g. J. vom Könige bestätigt und am 10. Januar 1791 von dem Direktorium des Departements Niederrhein in Straßburg zum Vollzuge bekannt gemacht. — In einem Breve vom 13. April 1791 erklärte Pabst Pius VI. diesen Eid als unzulässig, und alle Priester, welche denselben abschwören, ihres Amtes verlustig. — [14]) Beilage 1. Original. Der Fürstbischof ließ diese Erklärung am 17. Februar 1791 der Reichsversammlung zu Regensburg mit dem inständigsten Gesuche um Abhilfe solcher Vergewaltigungen vorlegen. — Die Verdrängung der Geistlichen oberhalb der Queich aus ihren Pfarreien folgte einige Monate später. Am 30. Juli sollten alle Geistlichen in den unter französischer Oberherrlichkeit stehenden Dörfern, welche den geforderten Nationaleid nicht abschwören wollten, gewaltsam nach Straßburg abgeführt werden. Jetzt flüchteten sich dieselben nach allen Seiten hin in die kurpfälzischen und zweibrückischen Gemeinden. Der katholische Pfarrer Winterhalter von Queichheim zog nach dem kurpfälzischen Mörlheim und lud seine Pfarrkinder ein, dort dem von ihm für sie abzuhaltenden Gottesdienste beizuwohnen und die h. Sakramente zu empfangen. Ein Gleiches thaten die aus Landau geflüchteten Geistlichen für ihre Untergebenen zu Offenbach. Die kurpfälzische

sondern auch die Einwohner der dort gelegenen, fürstbischöflichen Dörfer schlossen sich getreu an die von ihrem Fürsten gegen die französischen Neuerungen und Eigenmächtigkeiten erhobenen Einsprachen an und erklärten sich auf das Entschiedenste gegen alle vertragswidrige und unberechtigte Veränderungen. Mehrere dieser Erklärungen liegen vor uns, namentlich jene von Rheinzabern, Jockgrim, Rülzheim und Hatzenbühl mit einer Menge von Unterschriften [18]).

Die Revolutions-Beamten im Elsaße ließen sich aber weder durch die oberhirtlichen Einsprachen, Ermahnungen und Bestimmungen, noch durch die Beitrittserklärungen der Geistlichkeit und der einzelnen Gemeinden abhalten, die fraglichen Dekrete zu vollziehen. In Straßburg selbst wurden von der dortigen Departementalverwaltung die Güter des Domstiftes und der Nebenstifter veräußert, mit bewaffneter Hand und unter den ungebührlichsten Auftritten die Urkunden und Briefschaften durchstöbert und hinweggenommen, die kirchlichen Gewänder und heiligen Gefäße unter Siegel gelegt, der Gottesdienst in der Kathedrale und in den Stiftskirchen

---

Regierung erklärte sich dagegen, um mit den Franzosen in keine Verlegenheit zu kommen. Karlsr. Archiv. P. A. Kriegssachen. In Landau wurde der ehemalige Kaplan zu Frankenthal, Peter Ackermann, zum constitutionellen Pfarrer gewählt. Er war ein Hauptwähler und Clubist, der sich die Tochter des Frankenthaler Schullehrers Leibfried zum Weibe beilegte und später als Vorstand der Secundärschule in Neustadt, unversöhnt mit der Kirche, starb. — [18]) Beilage 2. Karlsr. Archiv. S. A. Die Unterschriften sind abgetheilt in die der Notabeln, Munizipalen und gewöhnlicher Bürger. Doch nicht alle Gemeinden waren so wohlgesinnt. Von der Gemeinde Altenstadt wurde am 22. Okt. 1791 der Fürstbischof vor die „Friedens-Kammer des Weissenburger Distrikts" geladen, um seine Gerechtsamen auf die bortigen Almend-Wiesen darzuthun, über welche jene ein gerichtliches Urtheil verlangte. — Als die fürstbischöflichen, oberqueichischen Kellereien gedrängt wurden, die auf die hochstiftlichen Besitzungen aufgeschlagenen, neuen, französischen Steuern zu entrichten, stellte der Fürstbischof am 2. Juli 1792 die vertrauliche Anfrage an den Landgrafen von Hessen-Darmstadt, welches Verfahren dieser hiebei einhalte. Landgraf Ludwig erwiederte am 16. September 1792: „Zur Vermeidung unangenehmer Weitläufigkeiten und Kosten wegen der ebenwohl verhängt werden wollenden Erecutionen seyen diese Steuern entrichtet worden, jedoch unter der ausdrücklichen Protestation, daß die Zahlung derselben den landgräflichen Gerechtsamen keineswegs präjubicirlich, sondern vorbehalten sei, für die geleistete Summe späteren Rückersatz zu erwirken". Karlsr. Archiv. S. A.

2

eingestellt. Da der aus Straßburg geflüchtete Fürstbischof und Cardinal v. Rohan sich weigerte, den constitutionellen Eid zu leisten, so wurde dort zur Wahl eines anderen Bischofes, nach Vorschrift der deßfallsigen Nationaldekrete, geschritten. Diese Vorgänge veranlaßten den Fürstbischof zu Speyer unterm 16. März 1791, abermals eine feierliche Erklärung gegen die beschlossene bürgerliche Verfassung der französischen Geistlichkeit, gegen die Wahl eines Bischofes des niederrheinischen Departements, gegen dessen Anmaßung der bischöflichen Gewalt in dem oberhalb der Queich gelegenen Antheile der Diözese Speyer, wie auch gegen alle sonstige Neuerungen, bezüglich der geistlichen sowohl als weltlichen Rechte, Freiheiten und Besitzungen, in französischer und deutscher Sprache abzufassen, zu veröffentlichen und bei den versammelten Fürsten und Ständen zu Regensburg um reichsverfassungsmäßigen Schutz und Hilfe nachzusuchen. Dieser fürstbischöfliche Nothschrei verkündete unter Anderem:

„Sie ist vollbracht, die gewaltsame Entsetzung der im Elsaße Besitzungen habenden Reichsstände! Demagogen, die sich Repräsentanten der französischen Nation nennen, tragen kein Bedenken, Fürsten aus dieser Provinz zu verstoßen, deren Vorfahrer jedoch die erste Besetzung der Franzosen in derselben begünstigt haben. Als unversöhnliche Verletzer der feierlichsten Friedensschlüsse, nahmen dieselben eben so wenig Rücksicht auf die geheiligten Rechte der Kirche, als wenig sie für das Eigenthum so vieler getreuen Bundesgenossen Frankreichs einige Achtung bezeigt hatten". . . . „Etwa hundert Wahlmänner, Werkzeuge einer unkatholischen Kabale, entheiligen den Tempel des Herrn und proclamiren einen Bischof vom niederrheinischen Departement. Der Abbé Brendel [10] schwur, jene Verfassung zu handhaben, welche schon in ihrer Entstehung der alten Regierungs-

***

[10] Für das Departement des Oberrheins, in welchem 8 Ruralcapitel mit 231 katholischen Pfarr- und 17 Succursalkirchen zum Bisthume Basel gehörten, wurde am 27. März 1791 Arbogast Martin zum constitutionellen Bischofe gewählt, gegen den der wirkliche Bischof, Joseph von Basel, in gleicher Weise, wie August von Styrum, unterm 5. April 1791 sich erklärte. Am 29. April 1792 nahmen die Franzosen diesen Theil des Hochstiftes Basel in Besitz. Am 10. Nov. 1792 erklärte General Biron dem rechtmäßigen Bischofe und Domcapitel förmlich den Krieg. Die dortige Revolution und Errichtung der Republik Rauracien hatte der Afterbischof Gobel von Lydda nach dem Winke des Ministers Lebrun angezettelt. Gesch. der Revolutionszeit von Heinrich v. Sybel. B. II. S. 46.

form unserer Kirche den Umsturz bedroht, und schon erndtet er die Früchte und den Lohn von einem Eide, den zwar sein Gewissen vermuthlich verwirft und zu dessen Ablegung ihn nichts als Eitelkeit und listige Volksgefälligkeit bewegen konnte. Nicht allein bemächtiget sich derselbe des bischöflichen Stuhles, des Herrn Cardinals v. Rohan, seines Wohlthäters, seines rechtmäßigen Oberhirten, den nur der Tod oder ein gesetzmäßiges Urtheil seiner Gerichtsbarkeit berauben kann: — sondern er glaubt auch die von der Kirche gesetzten Grenzen umwerfen, — und die bischöfliche Gewalt in dem an dem rechten Ufer der Queichbach gelegenen Antheile unserer Diözese ausüben zu können. [17]) Vermögen die Beschlüsse der vorgeblichen

---

[17]) Franz Anton Brendel ward geboren zu Memelshofen, einem Filiale der gemischten Pfarrei Kesenach in der alten Speyerer Diözese, welche jetzt zum Cantone Sulz unterm Wald gehört. Als Professor des Kirchenrechtes an der Straßburger Hochschule huldigte er den Grundsätzen der Freiheit und Gleichheit und leistete am 20. Februar 1791 in der dortigen Kathedrale den durch Artikel 31. des Gesetzes vom 24. August 1790 vorgeschriebenen Eid bezüglich der Civilverfassung der Geistlichen, welchen sowohl sein Bischof, der Cardinal von Rohan, als wie auch das Oberhaupt der Kirche, für unzulässig erklärt hatten. Auf den Fastnacht-Sonntag, den 6. März 1791, ward er von den Wahlmännern des Departements Niederrhein zu Straßburg als constitutioneller Bischof dieses Departements gewählt, von dem Straßburger Maire Dietrich und dem Generalrathe Ehrmann, als solcher ausgerufen und unter Musik auf den Paradeplatz geleitet. Am Abende desselben Tages führten die drei Volksrepräsentanten Dumas, Herault und Forney, welche als königliche Commissäre in Straßburg weilten, den Gewählten in das große Seminar, um ihn dort dem Vorstande Hirn und den Seminaristen als Bischof vorzustellen, die ihn jedoch als solchen nicht anerkannten. Brendel verfügte sich alsbald nach Paris, wo er von dem ehemaligen Bischofe von Autun und Nationalconvents-Mitgliede, Karl Moriz Talleyrand, dem constitutionellen Bischofe des Departements der Saone und Loire, die Bestätigung und Institution erhielt. Auf dessen Weisung ertheilte der schismatische Bischof von Lydda, Joh. Baptist Gobel, welcher ebenfalls Mitglied des Nationalconvents war, dem Mehrgenannten die Weihe zu Paris. Am 12. März 1791 erhob zu Lichtenau, im Namen der Mehrzahl der Straßburger Domcapitulare, der Großscholaster, Joseph, Prinz von Hohenlohe, Bischof von Leros und Coadjutor des Fürstbischofes von Breslau, feierliche Einsprache gegen die Wahl des fraglichen Eindringlings. Freitags den 25. März, auf das Fest Mariä Verkündigung, wurde Brendel feierlich in sein Amt eingeführt. Ein großer Zug, der Maire der Stadt, die Generalräthe, die genannten königlichen Commissäre und die Generalität an der Spitze, geleitet von Linientruppen und Nationalgarden, verfügte sich vom Gemeindehause in das große Seminar, nahm dort den

Nationalversammlung ein so widerrechtliches Beginnen zu berechti=
gen? .. Die hierarchische Ordnung ist übern Haufen geworfen, eine
sogenannte bürgerliche Verfassung der Clerisei unterwirft die Kir=
chenämter der obersten Volksgewalt; im Weltlichen, wie im Geist=
lichen, überall ist Anarchie; der Grundstein der Christus=Kirche ist
erschüttert; der Geist der Spaltung, welcher die Zusammenver=
schwornen beseelt, hat alle Verbindung der Bischöfe und ihrer Diö=

---

neuen Bischof, von einigen constitutionellen Geistlichen, darunter der Stifts=
dechant v. Maß aus Weissenburg, Valentin, Pfarrer zu St. Louis und Rolin,
Domprediger zu Straßburg ꝛc., umgeben, in seine Mitte auf, um zur Kathe=
drale zu schreiten. Vor dem Hochaltare legte Brendel im bischöflichen Ornate
noch einmal den schon bemeldeten Eid ab, hielt ein Hochamt, nach dessen Be=
endigung der ganze Festzug sich wieder auf das Gemeindehaus verfügte, wo
man von allen Seiten dem Installirten zujauchzte, Urkunde über das Ge=
schehene aufgenommen und von den Anwesenden neben dem Bischofe „des De=
partements Niederrhein" unterzeichnet wurde. Unter den Unterschriften befinden
sich, außer jenen der schon genannten Autoritäten, die vom Präsidenten des Depar=
tements, Jakob Brunck, von Joseph Lambert, Philipp Rühl, Mitgliedern der De=
partementalverwaltung, von Jakob Mathieu, Syndik, und Hoffmann, General=
sekretär, und von zehn Geistlichen. An demselben Tage erklärte der recht=
mäßige Bischof von Straßburg, Cardinal v. Rohan, in einem zu Ettenheim=
münster ausgefertigten Rundschreiben, die Wahl und Amtseinführung des
Brendel als nichtig und unkirchlich. Letzterer erwiederte in seinem ersten
Hirtenbriefe vom 22. April 1791, worin er seine Wahl und sein Amt zu
rechtfertigen suchte. Als später der Nationalconvent den Beschluß faßte, daß
die Priester der Republik gänzlich auf ihre Amtsgewalt verzichten müßten,
zog sich Brendel in das Privatleben zurück und ward Archiv=Vorstand des Depar=
tements Niederrhein. Er starb, unausgesöhnt mit der Kirche, als ächter Re=
publikaner, zu Straßburg am 22. Mai 1799. Er wurde auf dem dortigen
Leichenhofe St. Helena beerdigt, wo ihm Bürger Bottin eine seinen Grund=
sätzen entsprechende Grabrede hielt. — Diese Nachrichten verdankt der Ver=
fasser der gütigen Vermittelung seines hochverehrten Lehrers, des hochwür=
digsten Bischofes Andreas zu Straßburg. — Einer der Generalvikare Bren=
del's war der im vierundachtzigsten Lebensjahre am 2. Nov. 1848 zu Speyer
bei seinem Tochtermanne, dem quieszirten protestantischen Pfarrer Mayer, un=
versöhnt mit der Kirche, als quieszirter k. b. Bezirksrichter von Frankenthal,
verstorbene Karl Franz Schwind, gebürtig aus Koblenz, Wittwer der M. Mag=
dalena Rodrian von Speyer. Seine Mutter hieß Margaretha Brendel. Sollte
sie eine Verwandte von Franz Anton Brendel gewesen seyn? Schwind war
im Jahre 1792 Professor der Theologie an der Universität zu Straßburg und
gab seine unkirchlichen, neologischen Grundsätze in einer Abhandlung: „Ueber
die Semitischen Denkmä!er", womit er seine Vorlesungen eröffnet hatte und
die zu Straßburg 1792 im Drucke erschienen ist, sattsam zu erkennen.

zesanen mit dem päbstlichen Stuhle zur leeren Ceremonie herabge=
setzt; die bischöfliche Gewalt ist umgestürzt und soll von einem
Haufen weltlicher Wahlmänner abhangen, unter welche nicht nur
Protestanten, sondern sogar auch — Juden, ohne Unterschied als
sogenannte Activ=Bürger zugelassen werden". Die kirchliche Lage
in Frankreich schilderte er hiebei also: „Die ihres Erbtheils beraubte
Kirche ist den abscheulichsten Verfolgungen ausgesetzt; die Altäre
sind entheiliget; die Stiftungen sind ohne Rücksicht auf ihre heilige
und verehrungswürdige Bestimmung vernichtet; die gottesdienstlichen
Gefäße sind dem Wucher preisgegeben; die Tempel des Herrn,
worin die Gläubigen stets versichert waren, eine heilsame Erbauung
zu finden, sind verlassen; dem Gottesdienste ist Stillschweigen gebo=
ten; die Diener des Altars sind zerstreuet; die Religion ist herab=
gewürdigt und das Volk schweigt, als ob es in einem dem Tode
ähnlichen Schlafe erstarrete. Und ihr, Gläubigen unseres Bisthums!
... wollet ihr an solchen Ausschweifungen Theil nehmen? Wäret
ihr fähig, das Eingeweide der Kirche, eurer Mutter, zerfleischen zu
helfen? ... Könnet ihr einen Eingedrungenen, der mit räuberi=
scher Sense fremde Erndte bestürmet, für euren Hirten, für euren
Bischof anerkennen? Die Wahl, womit sich dieser vorgebliche Bi=
schof brüstet, und die vielleicht seinen Anmaßungen ein rechtmäßiges
Ansehen geben soll, rechtfertiget seine Erhebung gar nicht, sie macht
vielmehr derselben Unregelmäßigkeit noch auffallender. Sie ist das
Werk einer ungerechten und nichtigen Macht; sie ist ohne Zuthun
der geistlichen Gewalt und wider den Willen der Kirche vorgenom=
men worden ꝛc. ꝛc." Nachdem der Fürstbischof aus der Gründung
der Kirche, aus ihrer Geschichte, aus den Concilienbeschlüssen, aus
Verträgen und Friedensbestimmungen das Verwerfliche eines solchen
Vorangehens erwiesen hatte, wiederholte er die besonderen Aussprüche,
welche er in seinem jüngsten Hirtenbriefe deßhalb verkündet hatte
und stellte an deren Spitze die weitere Erklärung: „daß Wir —
der Fürstbischof — unter Beziehung auf die von Uns geführten
und kundgewordenen Beschwerden und Protestationen und unter
Wiederholung Unserer dem Ritter v. Ternand und dem Freiherrn
v. Groschlag ertheilten Antworten, von welchen Wir nicht abgehen,
den von der anmaßlichen Nationalversammlung erlassenen Dekreten
Uns zu unterwerfen, keineswegs gedenken, noch weniger aber ge=
meint sind, den geistlichen und zeitlichen Rechten zu entsagen, welche

sowohl Unſerem Hochſtifte, als den dazu gehörigen Nebenſtiftern, Kirchen, Körperſchaften, Gemeinden, Inwohnern, Lehenleuten und Unterthanen zuſtehen" ꝛc. Die kräftige Erklärung ſchloß der Fürſtbiſchof mit den Worten: „Als Freund des Friedens beſchwören Wir das Volk und ſonderheitlich Unſere getreuen Diözeſanen im Elſaſſe, das Vertrauen auf Gott den Allmächtigen nicht zu verlieren. Wir ermahnen dieſelben zur Geduld, Unterwürfigkeit und Ruhe — bis die Kirche Mittel finden wird, ihre Rechte und ihre Gewalt wieder geltend zu machen, — bis kaiſerliche Majeſtät, vereint mit dem Reiche und ſämmtlichen Gewähr-Mächten der Friedensſchlüſſe, für die Wiederherſtellung der guten Ordnung und für den Sieg der Gerechtigkeit und der Religion die nöthige Vorſehung werden getroffen haben" ꝛc. ꝛc. [18])

Der Biſchof zu Speyer beeilte ſich dieſe ſeine feierliche Erklärung nicht nur in dem ganzen Umfange ſeiner Diözeſe zu verbreiten, ſondern legte dieſelbe auch ſeinem Erzbiſchofe, dem Kurfürſten von Mainz, mit der Bitte vor, wenn dieſer ſie billige und ſie den Verhältniſſen entſprechend fände, dieß durch ein beſonderes Mahnſchreiben an die Speyerer Geiſtlichkeit oberhalb der Queich zu erkennen zu geben, was auch unter dem 19. März 1791 wirklich geſchehen iſt. Dieſem erzbiſchöflichen Mahnſchreiben folgte ſchon unterm 7. des nächſten Monats eine nochmalige erzbiſchöfliche Beſtätigung der von dem Speyerer Fürſtbiſchofe in dieſer Angelegenheit erhobenen Einſprachen und Verwahrungen mit der beſonderen Warnung vor dem Ankaufe der geraubten Kirchengüter. Sie wurde alsbald der Geiſtlichkeit oberhalb der Queich zur tröſtlichen Kenntniß mitgetheilt, allein ſie konnte den verwüſtenden Sturm der Revolution nicht bannen. [19])

---

[18]) Die ſämmtlichen hiebei berührten Aktenſtücke finden ſich im Darmſtädter Cabinetsarchive. H. L. — Am 10. Februar 1791 erhielt unſer Fürſtbiſchof die Nachricht von Straßburg, daß dort ſeit 14 Tagen drei Commiſſäre von Paris, Dumas, Herault und Forney, weilten, welche den Auftrag hätten, die aufgeregten Gemüther im Elſaſſe zu beſchwichtigen und für die Neuerungen auch die angrenzenden deutſchen Landen zu gewinnen. Dieſe ſchickten die drei unten genannten Sendlinge zur beßfälligen Werbung aus. — Schon am 17. Mai 1790 hatte der Speyerer Fürſtbiſchof eine Verordnung erlaſſen, um auf die franzöſiſchen Emiſſäre und deren aufruhrerweckende Druckſchriften zu fahnden und auf die möglichſte Art ſie unſchädlich zu machen. — [19]) Beilagen 2. und 3. Am 19. März 1792 hatte Pius VI. eine weitere Erklärung

So suchte August v. Styrum nicht nur in öffentlichen Ver=
handlungen und Verwahrungen seine hochstiftlichen Besitzungen und
Rechte zu wahren, das Stiftungsvermögen der seiner Obhut unter=
stellten Kirchen und Pfarreien vor Verlust und Raub zu sichern,
seine Diözesangeistlichkeit und ihre Untergebenen vor Treulosigkeit,
Spaltung und Abfall zu warnen: sondern bemühete sich auch auf
andere Weise mit eben so vieler Umsicht als Klugheit seine sämmt=
lichen Unterthanen dießseits des Rheins vor jeglicher Verführung
zu aufrührerischen Grundsätzen und Austritten und vor schuldbarer
Feindseligkeit bezüglich der Franzosen möglichst zu schirmen. Bereits am
29. November 1791 hatte die französische Nationalversammlung vom
Könige Ludwig verlangt: „daß er den benachbarten Fürsten, welche
die Zusammenrottungen der Emigranten begünstigen, die den Regeln
einer guten Nachbarschaft und den Grundsätzen des Völkerrechtes
zuwider sind, wissen lasse, daß die französische Nation diesen Man=
gel an Achtung und diese geheimen Feindseligkeiten nicht länger
dulden könne" ꝛc. Der König gab hierauf am 14. des folgenden
Monats die Antwort: „Ich lasse dem Kurfürsten von Trier erklä=
ren, daß wenn er vor dem 15. Januar in seinen Staaten alle
Zusammenrottungen und feindliche Zurüstungen von Seiten der
Franzosen, die sich dahin geflüchtet haben, nicht wird aufhören ma=
chen, ich in ihm nichts als einen Feind Frankreichs erkennen
werde. Eine ähnliche Erklärung werde ich allen denjenigen machen
lassen, welche auf die nämliche Weise Zusammenrottungen begünsti=
gen" ꝛc. ꝛc. Diese Erklärung wurde auch in Weissenburg beson=
ders abgedruckt und mit dem Beginne des Jahres 1792 in allen
Gemeinden oberhalb der Queich emsig verbreitet. [9]) Der Herzog
von Zweibrücken bekümmerte sich, wie viele andere Fürsten und

im Betreffe der bürgerlichen Verfassung der französischen Geistlichkeit und des
beßfallsigen Eides erlassen. Unser Fürstbischof ließ dieselbe abdrucken und mit
einer besonderen oberhirtlichen Ermahnung vom 20. April 1792 auf allen
Kanzeln seines Bisthums verkündigen. Die Kurpfälzer Regierung zu Mann=
heim hielt dieß wegen der französischen Nachbarschaft für bedenklich und meinte,
es genüge, wenn die Pfarrer davon unterrichtet seyen. Karlsr. Archiv P. A.
Kriegssachen. — [10]) Münchener Reichsarchiv. Zweibrücker Akten. Nro. 2690.
Bereits am 22. Dez. 1791 droheten die Nationalgarden zu Weissenburg in
das dortige Souveränetäts=Gebiet einzufallen, wenn die Emigranten nicht
ausgewiesen würden.

Reichsstände, wenig um diese Erklärung. Schon in den jüngstver-
flossenen Monaten waren viele Franzosen, namentlich Soldaten,
später auch Geistliche — nach Zweibrücken und Bergzabern geflüchtet.
Zu Anfange des Jahres 1792 gestattete die herzogliche Regierung
etwa 400 französischen Flüchtlingen den Aufenthalt im Oberamte
Castellaun. Sie waren größtentheils aus der Provinz Poitou und
kamen, vom Marschall v. Broglio geleitet, erst im April dort an.[21])
    Viel vorsichtiger benahm sich der Speyerer Fürstbischof bezüg-
lich der Emigranten. Er gestattete ihnen keinen bleibenden Aufenthalt, wie auch die Stadt Speyer denselben nicht duldete. Unterm
18. April 1791 ertheilte August hierüber seinen Amtmännern besondere Verhaltungsbefehle. Diese sollten jene Flüchtlinge zur freiwilligen Räumung der hochstiftlichen Orte in freundlicher Weise
veranlassen und nöthigenfalls durch die Quartiergeber zum Abzuge
vermögen. So mußten mehrere französische Offiziere, die sich in
Maikammer, wie vorher in dem nahen kurpfälzischen Edenkoben
einlagern wollten, bereits am 21. April aus dieser Gemeinde sich
wieder entfernen. Von den Stabhaltern der Landau näher gelegenen, fürstbischöflichen Dörfer Edesheim, Roschbach, Hainfeld und
Weyher wurden daher über den Aufenthalt der Emigranten wiederholt amtliche Berichte abgefordert.[22]) Auf die beßfallsige Anzeige

----

[21]) Im Monate Mai 1792 wollte sich auch in Meisenheim eine neue
Schaar Flüchtlinge festsetzen, was ihr aber nicht gestattet wurde. Der französische Gesandte zu Zweibrücken bestand eben damals sehr ernst auf der Ausweisung der Emigranten, worauf auch jene zu Zweibrücken diese Stadt verlassen mußten. Zu Ende dieses Jahres kamen besonders viele flüchtige Geistliche nach Zweibrücken. Am 3. Nov. 1792 stellte die dortige Regierung das
bringendste Ersuchen an den Herzog, ihnen wegen der Rache der Franzosen
den Aufenthalt zu untersagen. Dieß geschah nicht. Da der Distriktsrath von
Saargemünd die Ausweisung mit Ungestümigkeit forderte, erneuerte die Regierung am 1. Januar 1793 ihre beßfallsige Vorstellung. Reichsarchiv. Z. A.
Nro. 893. — [22]) In Edenkoben waren die Emigranten längere Zeit von
dem dortigen kurpfälzischen Rathe und Oberschultheißen v. Täuffenbach geschützt und begünstiget. Namentlich stand derselbe mit einem Bevollmächtigten
des Prinzen v. Conbé, dem Marquis Aymer de la Chevallerie, der sich in Edenkoben und in der Umgegend über 5 Monate aufhielt, in Verbindung. Schon
am 13. April 1791 war v. Täuffenbach von dem Minister, Grafen v. Oberndorff, angewiesen, über die Unruhen der französischen Nachbarn und beßfallsige
erhebliche Vorfälle zu berichten, was dieser Beamte auch fleißig that. Der
Landauer Stadtcommandant, Kellermann, welcher am 25. April 1792 mit

der kurpfälzischen Regierung vom 12. März 1791 mußten die fürst-
bischöflichen, gleich den kurpfälzischen und herzoglich zweibrückischen
Amtleuten, auf drei aus Straßburg in die angrenzenden Lande entsendeten Wühler und Unruhestifter, den Bürger Laurant, den Nationalgardisten Rivage und den Licenzlaten der Rechte, Briller aus
Straßburg, fahnden.

Indeß konnte bei aller Vorsicht und Klugheit nicht jeglichem
bösen Einflusse der Zeit und Umgebung vorgebeugt werden. Die
zahlreichen Clubisten in Landau boten Alles auf, die ruhigen Bewohner der Umgegend für die Grundsätze der französischen Freiheit
und Gleichheit zu gewinnen. Es wurden deßhalb nicht nur viele
Besprechungen öffentlich und geheim abgehalten, sondern auch mancherlei aufreizende Schriften in Umlauf gesetzt. Eine der giftigsten
war jene, welche im August 1791 verbreitet wurde und den Titel
führte: „Ruf der freigewordenen Franken an die unterdrückten
Deutschen". Die pflichttreuen Reichsgenossen wurden darin als
verblendete Sclaven ihrer Fürsten erklärt und sie zur Zerreißung
dieser Sclavenketten aufgefordert. Ungeachtet der schlichte, fleißige
Landmann sich wenig um solche Schriften bekümmerte, so gab es
doch in jeder Gemeinde einzelne unruhige, mit diesem oder jenem
unzufriedene Köpfe, welche solche Schriften benützten, um auch pflichttreuere Mitbürger mit Bedenklichkeiten und mancherlei Wünschen zu
erfüllen. Dieß bewog den wachsamen Fürstbischof, unterm 30. April

---

den beiden Oberamtmännern von Germersheim und Neustadt wegen der umlaufenden Gerüchte eines französischen Ueberfalls eine Unterredung hatte, beschwerte sich deßhalb über das zweideutige Benehmen des Edenkobener Oberschultheißen und über den Schutz, welchen jener Marquis bei ihm hätte. Diesem zu Folge wurde dem Oberschultheißen größere Vorsicht anempfohlen. Die Emigranten mußten sich jetzt von Edenkoben entfernen. Der genannte Marquis
nahm hierauf seine Wohnung beim Ochsenwirthe Schädler zu Maikammer.
Dieser wurde jedoch genöthigt, nach mehreren oberamtlichen Strafandrohungen,
ihm das Quartier aufzukündigen. Dadurch war aber die Verbindung zwischen dem Marquis und dem Rath v. Täuffenbach nicht aufgehoben. — Ich
war in meiner Jugend oft bei diesem Greise, welcher, von den Seinigen getrennt, längere Zeit noch in Edenkoben lebte. Seine Tochter, Antonia, war
die Erzieherin der Prinzessinnen des Königs Ludwig I. von Bayern; sein
Sohn, Aloys, ward bayerischer Rittmeister, der zweite Sohn aber, Franz Ludwig, im Finanzministerium zu München angestellt; eine andere Tochter war
in Karlsruhe verheirathet.

und 7. Mai 1792 an die geistlichen sowohl als an die weltlichen Obrigkeiten Weisungen zu erlassen, wie dem Verbreiten dieser Schriften vorzubeugen, wie die gefährlichen Hetzer' auszukundschaften und nöthigenfalls in Haft zu bringen seyen. [23]) Jeglichem Schüren und Aufhetzen konnte jedoch nicht vorgebeugt werden. So fuhr am 13. Mai 1792 eine Chaise durch Diedesfeld, von Franzosen besetzt, welche allerlei Druckschriften auswarfen. [24]) Zur nämlichen Zeit wurden auch zwischen Venningen und Altdorf Werbebriefe aufgefunden, worin die beiden Wirthshäuser zur Blume und zum Schwanen in Edesheim als Werbeplätze für Freiheitsschaaren bezeichnet waren. Der Kirrweiler Amtmann Schoch verbot nicht nur den beiden Wirthen, sondern allen andern Bewohnern Edesheims bei Strafe von 20 Reichsthalern, solche französische Werbungen in ihren Häusern zu dulden. [25])

Am 31. Mai 1792 richtete die kurpfälzische Regierung ein Anschreiben an den Fürstbischof v. Styrum, laut dessen sich in den Ortschaften Kirrweiler, Edesheim, Roschbach und Diedesfeld ganze Haufen von bewaffneten französischen Nationalgarden herumtrieben, welche den Unterthanen viel Gefährliches von der neuen Constitution vorschwatzten, Schriften ausstreuten und arge Gährung veranlaßten. Der zum Berichte aufgeforderte Amtmann zu Kirrweiler erwiederte am 8. Juni seinem Gebieter, daß dieser Anzeige nur jene Thatsache zu Grunde liegen könnte, die wir oben gemeldet haben. Dem fügte der Amtmann wörtlich bei: „Gewerbe, Märkte, Nachbarschaft und die daraus fließenden Verbindungen veranlassen zwischen den fürstbischöflichen Unterthanen und den Bewohnern der kurpfälzischen Ober-

---

[23]) Bereits am 15. Okt. 1791 hatte das Oberamt zu Neustadt den Befehl erlassen, „daß Bösewichter, welche sich zur Einfuhr und Verbreitung der abscheulichsten Laster und zur Empörung reizender Druck- und anderer Schriften gebrauchen lassen, verhaftet, verhört und zur Bestrafung eingeliefert werden sollten" ꝛc. — [24]) Darunter die Rede: „Die Bürger von der Constitutions-Gesellschaft in dem Hörsale zu Straßburg an ihre Mitbürger im Niederrheinischen Departement". Dann: „Die Franken an die Offiziere und Soldaten der wider sie verbundenen Kriegsheere". — [25]) Im Juli 1792 zwang man alle Pfälzer Unterthanen und andere Fremde, welche nach Landau kamen, die Nationalcocarde sich zu kaufen. Ohne dieselbe auf dem Hute zu tragen, durfte Niemand die Stadt verlassen. So durfte auch Niemand bei oder in dem Lager, welches damals die Franzosen zwischen Herxheim und Rülzheim aufgeschlagen hatten, ohne dreifarbige Cocarde erscheinen.

ämter Germersheim und Neustadt unvermeidbare Zusammenkünfte, Unterhandlungen und Verträge. Zur Zeit, wo die französische Freiheit und Gleichheit den Bewohnern des Oberamtes Kirrweiler noch dunkle Worte waren, und von ihnen für das, was sie sind, für verwirrte Träumereien gehalten wurden, ergab sich doch, daß jene mit ihren kurpfälzischen Nachbarn, die mehr Druck und Un= zufriedenheit, wenigstens von ihren Beamten, fühlten, über Ver= schiedenes, was zur Erleichterung dienen sollte, zur Sprache brachten und sich wechselseitig unterhielten. (Manches blieb wohl haften.) Dieß bewiesen die von kurpfälzischen Unterthanen nachher aufgestellten Beschwerden, wodurch sie bewirkten, daß das ganze Personal des Oberamtes Germersheim aus seinem Platze gehoben wurde; dieß bewiesen die nach jener Versetzung noch weiter vorgenommenen Schritte mehrerer Gemeinden jenes Oberamtes, welche sich — später — als frei erklärten und Freiheitsbäume setzten. Klugheit war also in vorderen Zeiten schon nöthig, nämlich die Unterthanen mit Güte zu leiten, ihre Schritte zu bemessen, und nur jene, welche aus dem Geleise springen wollten, mit Schärfe zurückzuweisen, die Justiz nach Kräften zu pflegen, die polizeimäßige Wachsamkeit zu verdoppeln. Bei allem dem ist nichts gewisser, als daß für Ruhe liebende Un= terthanen des Kirrweiler Oberamtes das Benehmen und die Ge= spräche vieler ihrer Nachbarn weit gefährlicher waren, als jene der giftigsten französischen Sendlinge". [26])

Dieß ein flüchtiger Ueberblick der Vorgänge und Anfänge zu den gewaltsamen Erschütterungen, blutigen Kämpfen, unzähligen Opfern, harten Bedrückungen und mannigfaltigen Veränderungen, welche die französische Staatsumwälzung am Ende des vorigen Jahr= hunderts unserem friedlichen Heimathlande bereitete und dasselbe zu= letzt mit der „einen und untheilbaren Republik der Fran= ken" vereinte. Wir stellten diesen Ueberblick dem Werke als Ein= leitung voran, ohne jedoch deren möglichste Vollständigkeit in An= spruch zu nehmen.

[26]) Tagebuch des Amtmanns Schoch von Kirrweiler in 234 Para= graphen vom Jahre 1791 bis 22. Juli 1793, in verschiedenen Abtheilungen vom 13. April bis 23. Juli 1793, dem Fürstbischofe August v. Styrum über= sendet. Karlsr. Archiv. S. A. Kriegssachen. Diese Ueberschrift ohne bestimmte Nummern führen sämmtliche von uns benützte Speyerer, Pfälzer und Gräfensteiner Akten des Karlsruher Generallandesarchivs.

Erster Abschnitt.

Erste Besetzung Speyer's durch die Franzosen im Jahre 1792.

---

§. 1. **Beginn des Krieges zwischen den Deutschen und Franzosen.**

Schon lange hatten die Fürsten und Stände Deutschlands, insbesondere aber das Reichsoberhaupt, mit ernstem Bedenken und großer Besorgniß auf den Umsturz der bisherigen Verfassung Frankreichs, auf die tiefeingreifenden Beschlüsse und Uebergriffe der Nationalversammlung, ihre Blicke gerichtet. Tausende aus hohem und niederem, geistlichem und weltlichem Stande flohen jenes aufgewühlte, unglückliche Land, um jenseits des Aermelmeeres und an den Ufern des Rheines und der Mosel für ihre Sicherheit und Rechte, für Ehre und Gewissen eine schützende Zufluchtsstätte zu finden. Zur vermeintlichen Rettung ihres Vaterlandes und des von Verrath und Haß umlauerten, gutmüthigen Königs Ludwig XVI. suchten sie bei allen europäischen Mächten Theilnahme und Hilfe zu erwirken. An der Spitze dieser Flüchtlinge standen die Brüder des Königs und die Prinzen seines Hauses. Sie fanden vorzüglich bei dem wohlwollenden und befreundeten Kurfürsten von Trier, Clemens Wenzeslaus, Schutz und Unterstützung. Seit dem Mai 1791 sammelten sich in Coblenz ganze Schaaren derselben. Wie wir bereits in der Einleitung hörten, räumte auch der Herzog Karl von Zweibrücken Vielen eine Zufluchtsstätte auf dem Hundsrücken ein. Der Kurfürst zu Mainz, Friedrich Karl v. Erthal, gewährte ihnen ebenfalls gastfreundliche Aufnahme sowohl in Mainz als in Worms. Am letztern Orte ward dem Prinzen v. Condé der fürstbischöfliche Hof zur Verfügung gestellt bis der dortige Stadtrath, durch Drohungen der französischen Nationalversammlung eingeschüchtert, am

Schlusse des Jahres 1791 diesen Aufenthalt untersagte. Jene Prinzen hatten vorzüglich die Verabredungen und Bündnisse der europäischen Höfe zu Mantua, zu Padua und zuletzt am 27. August 1791 auf dem kursächsischen Schlosse Pillnitz gegen den gewaltsamen Umsturz der monarchischen Staatsverfassung in Frankreich hervorgerufen. Die Hoffnung, mit ihren Getreuen, an der Spitze eines mächtigen Heeres, in ihr Vaterland zurückzukehren, wurde durch die fortwährenden Eingriffe, welche sich das stürmende Frankreich auf die Besitzungen und Rechte vieler deutschen Fürsten und Reichsstände im Elsaß und Lothringen erlaubte, bestärkt. Noch mehr wurde diese Hoffnung gesteigert, als der Kaiser Leopold II. und König Friedrich Wilhelm II. von Preußen am 7. Februar 1792 ein Vertheidigungsbündniß zu Berlin abschlossen, welches, bei der fortwährenden Friedensliebe des Kaisers, zunächst den Zweck hatte, die Verfassung und die Rechte des deutschen Reiches, wie sie durch die Gesetze und Verträge festgestellt sind, unversehrt und sorgfältig aufrecht zu erhalten. Wenige Tage nach dem Abschlusse des Bündnisses, am 17. Februar, erklärte der österreichische Staatskanzler Fürst v. Kaunitz, die von Frankreich wegen der Bewaffnung französischer Flüchtlinge auf deutschem Boden erhobenen Beschwerden als unstichhaltig und stellte zugleich die bittersten Anklagen wider die republikanische Partei in der Nationalversammlung, welche mit den verderblichsten Grundsätzen auf den völligen Umsturz der am 13. September vorigen Jahres von Ludwig XVI. genehmigten Verfassung und aller gesetzlichen Ordnung hinarbeitete. Der preußische Gesandte in Paris gab ebenfalls kund, daß sein Hof gänzlich mit der Erklärung des Fürsten v. Kaunitz einverstanden sei. Vielen schien diese Erklärung von Seiten der Preußen ein höchst bedenkliches Wagniß zu Gunsten des französischen Thrones. [17]).

Am 1. März 1792, an welchem die bemeldete kaiserliche Botschaft der Nationalversammlung zu Paris vorgelegt ward, starb eben so rasch als unerwartet Leopold II. Mit ihm brach eine der letzten Stützen des Friedens. Nicht lange nachher wurde das bis-

---

[17]) Der Kriegsminister Dumouriez hatte den jungen Grafen Custine bereits früher nach Berlin gesendet, um den König von dieser Politik abzubringen. Mémoires sur les campagnes des armées du Rhin par le marechal Gouvion Saint-Cyr. Paris, 1829, tome 1. introd. p. IV.

herige Ministerium in Paris gestürzt. Das neue Ministerium, an
dessen Spitze General Dumouriez stand, erklärte am 20. April den
Krieg gegen Oesterreich in leichtfertiger Hast. Dumouriez entsprach
aus Ehrgeiz dem Plane der Jakobiner, den französischen Thron zu
stürzen und die Monarchie durch Blut und Verderben zur Republik
umzuschaffen. Indem Ludwig XVI. die Kriegserklärung gegen
Oesterreich unterzeichnete, fällte er das Verbannungsurtheil über
alle Bourbonen und, ohne es zu ahnen, das Todesurtheil über
sein eigenes Haupt.

Jetzt boten die Gesandten des Wiener und Brandenburger
Hofes in Regensburg Alles auf, um die übrigen Fürsten und
Reichsstände und namentlich auch die Reichsstädte für die Theil=
nahme an dem Kampfe gegen das gemeinschädliche, aufrührerische
Frankreich zu gewinnen. Sie erklärten am 12. Mai auch dem
Vertreter von Speyer sich mündlich und schriftlich in folgender Weise:

„Wenn die Reichsassociation bis zur Stunde als eine heilsame
Defensionsanstalt betrachtet werden mußte, so ist nun dieselbe bei
dem wirklichen Ausbruche eines Kriegs an den Rheingrenzen, als
eine dringende Nothwehr unumgänglich geworden, und wird die
instehende Gefahr keine verzögernde Berathschlagungen mehr ge=
statten, sondern jeder Reichsstand zu seiner eigenen Sicherheit eilen
müssen, mit Anstrengung aller seiner Kräfte sich in schleunige Ver=
fassung zu setzen und das zu thun, was ihm zu seiner Sicherheit
das Dienlichste scheinen wird. Beiderseits Majestäten lassen dem=
nach ihre schon öfters gemachten Erklärungen wiederholen, daß
Höchstdieselben allen Reichsständen in den vorliegenden Kreisen ohne
Unterschied ihren Schutz mit eben dem Nachdrucke, wie ihren eige=
nen dortigen Provinzen, angedeihen zu lassen, und nach ihren Kräf=
ten die Grenzen des Reiches gegen verheerende Einfälle zu verthei=
digen bereit sind. Jedoch erwarten Ihre Majestäten zuversichtlich,
daß die Reichsstände der vorliegenden Reichskreise in corpore, oder
jeder derselben einzeln, werkthätig und mit der nur immer möglichen
Schnelligkeit ihre Maßnehmungen zu unterstützen, — sich werden
angelegen sehn lassen.“

„Die Art der Unterstützung will man gar gerne Ihnen selbst,
nach Ihren Kräften und besseren Convenienz auszuwählen überlas=
sen und man hat aus den dießseitigen, ganz einverstandenen Er=
klärungen über den Associations=Antrag schon ersehen, daß man

auf keinen Modalitäten eigensinnig bestehen, sondern hierbei auf die
größere Erleichterung der Reichsstände Rücksicht nehmen will."

„Die Unterstützung mag nun in Stellung der Truppen, oder
in Gestattung der freien Werbung und in angemessenen Geldbeiträ=
gen geschehen, oder auch in Naturalien=Lieferungen, jede Proposition,
wenn sie ohne Verzögerung und redlich gemacht wird, soll
wohl aufgenommen und nach ihrem wahren Werthe, als eine ver=
hältnißmäßige Unterstützung der gemeinen Sache betrachtet werden
und Schutz und wirksamen Beistand zur unausbleiblichen Folge haben."

„Sollte man aber gegen alle Erwartung, — und was man
kaum als möglich denken kann, die Frage aufwerfen wollen: ob
es sich um Defensions=Anstalten für das ganze Reich, oder aber
nur um Sicherstellung der österreichischen Provinzen handle? und
würde ein Reichskreis oder ein Reichsstand sich berechtigt glauben,
eine solche Frage auf eine Art zu beantworten, durch die er sich der
Last einer mitwirkenden Unterstützung zu entziehen gedächte: so wäre
dieß allerdings bedauerlich. Beide höchste Höfe müßten es aber
geschehen lassen und würden dann billig Ihren Defensions=Anstalten
auf derselben eigene Provinzen und auf eine der mit Ihnen auf
eine oder die andere Art verbundenen Reichsstände einschränken.
Höchste wären dann nach dem strengsten Rechte und nach Allem,
was vorging, berechtigt, zu behaupten: „„Wer nicht für uns
ist, ist wider Uns"", und ihre Maßnehmungen nach diesem
Grundsatze zu bestimmen."

„Allein weit entfernt, die Verlegenheit dieser Stände zu ver=
mehren, werden Höchstsie in sich zurückgezogen sich herzlich freuen,
wenn die von Höchstihnen getrennten Reichsstände so glücklich sind
ein anderes Mittel zu finden, die bestehende Verfassung Ihrer Län=
der vor dem Untergange zu retten und sich gegen die unübersseh=
baren, unglücklichen Folgen eines an den Grenzen wirklich ausge=
brochenen Krieges sicher zu stellen."

„Höchstsie wünschen, daß diese freundschaftlichen Bemerkungen
überflüssig seyen und nicht späte Reue die Richtigkeit unserer beiden
königlichen Höfe redlicher und wohlmeinender Vorstellungen bekräf=
tigen möchte." [20])

---

[20]) Speyerer Stadtarchiv. Nro. 690. — Jeder Reichsstand hielt damals
so viel Truppen, als er für gut fand. Daher kam es, daß Einer viel hatte,

Dieſe offene und entſchiedene Erklärung der beiden mächtigſten Höfe Deutſchlands fand zum größten Schaden und Unheile deſſelben nur bei wenigen Ständen die verdiente Beachtung, ſo ſehr deßhalb auch ſpäter, bei der Kaiſerwahl in Frankfurt, der preußiſche Geſandte, Graf v. Görtz, für den ſchleunigſten Anſchluß zum Kampfe der Selbſterhaltung bemüht war. Der Speyerer Magiſtrat wendete ſich in dieſer Angelegenheit wiederholt, ſowohl an Herrn Gemeiner, ſeinen Vertreter bei der Reichsverſammlung in Regensburg, als an den aus Speyer gebürtigen geheimen Kriegsrath v. Hofmann in Wetzlar. Dieſer knüpfte hierüber mit dem Grafen v. Görtz einen beſonderen Briefwechſel an. Görtz erwiederte jenem: „Ich wünſche, daß — Speyer — dieſer mindermächtige Reichsſtand, ſowie andere größere niemals Urſache haben mögen, ihre indolente Politik zu bereuen. Dieſe Politik mag für den Augenblick ganz gut ſeyn, das Uebrige wird die Zeit lehren“. Deſſenungeachtet ſchrieb Hofmann am 17. Juni abmahnend mit dem Bemerken nach Speyer, daß „fünfzig Tauſend Preußen zu Coblenz Speyer gegen einen Ausfall der Franzoſen von Landau nicht decken können“. Sowohl der Karlsruher Miniſter v. Edelsheim, als wie jener von der Kurpfalz, Graf v. Oberndorff in Mannheim, wurde von den Rechtsconſulenten der Stadt im Namen dieſer über dieſe wichtige Angelegenheit mündlich zu Rathe gezogen. [19]) Letzterer erklärte aus-

---

der Andere wenig, der Dritte gar keine, wenigſtens keine brauchbare. Sollte nun die Reichsarmee in's Feld ziehen, ſo gebrach es oft an Mannſchaft; kam dieſe zuſammen, ſo hatte man doch keine gerüſtete Soldaten, indem es dem Einen an Einübung, dem Anderen an brauchbaren Waffen, dem Dritten am Gehorſame fehlte ꝛc. — [19]) „Kurpfalz bekannte ſich öffentlich zur Neutralität, ſo nachtheilig dem Reiche, ſo ſchädlich in der Folge dem Lande ſelbſt, da es nicht Kräfte genug hatte, ſie mit den Waffen in der Hand gegen eine Nation geltend zu machen, welche die Verletzung der feierlichen Verträge für gerecht hält, ſobald ſie eigene Vortheile fordern.“ Geſch. der franz. Eroberungen am Rheinſtrome. Frankfurt. 1794. Th. I. S. 6. Uebrigens erhoben ſich damals auch Stimmen, welche die Neutralität der Kurpfalz ſehr belobten. „Der franz. Freiheitskrieg am Rhein“. Th. I. S. 27. Graf v. Oberndorff, „ohne männliche Würde, innern Gehalt und Werth, ſtand ſchon ſeit dem Jahre 1792 mit der franzöſiſchen Regierung in geheimer Verbindung“. Siehe Alfred v. Vivenot's, Herzog Albrecht von Sachſen Teſchen. Wien, 1864. B. I. S. 388. Am 8. Februar 1792 wurden in Folge eines Vertrages vom Jahre 1766 die franzöſiſchen Linien im Oberamte Germersheim von den Stabsoffizieren aus Landau unterſucht. Auf Einladung des Ober-

drücklich: „Die Stadt Speyer, welche allenthalben von Kurpfalz umgeben sei, werde wohl thun, sich nach den Maßregeln dieses mächtigen Standes, der sich neutral halten wird, ebenfalls zu richten". Diese Erklärung fand den vollen Beifall des hiesigen Magistrats. [80] In demselben Sinne wurde daher auch unterm 1. Juni die Speyerer Antwort an die Gesandten des Wiener und Brandenburger Hofes nach Regensburg abgesendet. Sie lautete: „Die Reichsstadt Speyer verehrt mit tiefster Submission die vorsorgliche, großmüthige Entschließung der beiden königlichen Höfe, in den vorliegenden Reichskreisen Friede und Sicherheit zu erhalten. — Kein Mitstand kann diese Aussichten sehnlicher wünschen, als die Stadt Speyer, da sie den französischen Grenzen so ganz nahe liegt. Aber eben diese Lage verdient auch die gerechteste Rücksicht und die Einschlagung der vorsichtigsten Maßregeln. Diese, von allem Vertheidigungsstande entblößt, war in den Kriegen des vorigen und jetzigen Jahrhunderts immer das erste Ziel, worauf die französischen Kriegsheere unaufhaltsam losgingen. Ihre Hinwegnahme, die von Landau aus in wenigen Stunden vollführt werden kann, war stets mit dem traurigsten Kriegsungemache verknüpft. Ihre im Jahre 1689 erfolgte gänzliche Zerstörung ist reichskundig und die noch vorhandenen, vielen Brandstätten und Ruinen rechtfertigen sich durch die jetzigen, bekümmernißvollen Sorgen, die seit jenen unglücklichen Epochen nie so tief gefühlt wurden. — Hat die Stadt sich noch bei Weitem

---

amtmanns v. Reibeld nahmen sie bei diesem das Mittagsmahl zu Germersheim. Karlsr. Archiv. P. A. — [80]) Der Stadtvorstand hatte schon früher den französischen Flüchtlingen den Aufenthalt in Speyer nicht gestattet. Unterm 29. August 1791 stellte der Stadtadvokat, Wilh. Fried. Kuhlmann, den schriftlichen Antrag an den Magistrat: „Aus triftigen Bewegursachen doch wenigstens eine Art von Neutralität zu beobachten, und daher keinem Franzosen, der hierher kommt, zu erlauben, eine Cocarde zu tragen und insbesondere diesen den sogenannten Aristokraten, welche sich daher in den Gasthäusern zum Hirsch und Pflug aufhalten, ernsthaft zu untersagen. Wie sehr wünschten jetzo die Wormser in unserer Lage zu seyn und wir wollten uns in derselben nicht erhalten?" 2c. Stadtarchiv Nro. 693. In der Augsburger Ordinari-Postzeitung vom 10 Januar 1792 lesen wir: „Die Reichsstadt Speyer hat der französischen Nation anzeigen lassen, daß sich keine Emigranten in ihren Mauern aufhalten, und daß sie alle Hochachtung für die Constitution trage". Wir werden uns noch mehrmal auf dieses Blatt unter den Buchstaben A. O. P. beziehen. Die unglücklichen Flüchtlinge wurden damals von einem Orte zum andern verscheucht.

nicht von einem für Kaiser und Reich erlittenen, unermeßlichen
Schaden, der ihr doch nie ersetzt wurde, erholen können, so ist ihre
Besorgniß zu entschuldigen, daß, wenn die französische Nation in
irgend einer Theilnahme eine feindliche Gesinnung zu entdecken glaubt
und aus diesem Grunde über Speyer noch eher mit feindlicher Ge=
walt herfällt, als Hilfe zu ihrer Rettung herbeieilen kann, ihr ein
gleich trauriges Schicksal bevorstehen möchte. — Dieser auf Er=
fahrung und Beispiele voriger Zeiten gegründeten Betrachtung ohn=
geachtet, und der wenigen Kräfte ohngeachtet, die der Stadt Speyer
noch seit ihrer totalen Zernichtung übrig geblieben sind und deren
äußerste Anstrengung sich doch nur zu einer Beiwirkung erstrecken
könnte, die allemal für äußerst geringfügig anzusehen wäre, wird
diese Stadt dennoch jenen Reichspatriotismus nicht verleugnen, wo=
mit sie sich von jeher auszuzeichnen gewohnt gewesen ist. — Sie
wird demnach bei der bevorstehenden Kreisdeliberation in Absicht
auf die Erhaltung des Ruhestandes und einer dießfallsigen Asso=
ciation alles, was ihre Kräfte erlauben, aufbieten, um nach Ver=
hältniß das nämliche, was von ihren in gleicher oder ähnlicher Lage
sich befindenden Reichs= und Kreis=Mitständen beschlossen und geschehen
wird, auch ihrerseits mitwirkend zu leisten" rc. [31]) Der Rathsconsulent
Karl Anton v. St. Georgen, welcher diese Antwort entworfen hatte,
fügte seinem beßfallsigen Vortrage die in trauriger Weise sich später
rechtfertigenden Worte bei: „Wie Frankreich mit Speyer umge=
gangen sei, belehrt die Geschichte von 1689. Das Nämliche ist trotz
aller schönen Verheißungen der „paix aux chaumières, guerre aux
chateaux" von den Nationalgarden und dem Raubgesindel, das
sich in Avignon und selbst in Frankreich durch Mord, Brand und
Verheerung auszeichnet, zu erwarten, wenn man ihnen einen An=
laß zum Mißvergnügen gibt. Alle Politik hat in dem mirakel=
reichen letzten Zehende dieses Jahrhunderts ein Ende. Kein Mensch

---

[31]) Der französische Gesandte bei dem schwäbischen Kreise in Ulm hatte
schon im Mai 1792 von seinem Hofe Neutralitäts-Anträge an die verschiedenen Fürsten stellen lassen und deßhalb besondere Versprechungen gemacht.
Schreiben des Markgrafen Carl Friedrich aus Karlsruhe vom 18. Mai 1792
an den Speyerer Fürstbischof. Karlsr. Archiv. S. A. Dumouriez hatte
auch in trotzigem Tone vom Kurfürsten zu München die Erklärung verlangt,
ob derselbe der österreichischen-preußischen Coalition beigetreten sei, in welchem
Falle Frankreich die kurpfälzischen Lande, wie jene Oesterreichs, behandeln
würde. Häusser's Deutsche Geschichte. Th. I. S. 411.

kann wahrscheinlich berechnen, was diese Sache für eine Wendung, oder einen Ausgang nehmen werde.... Wenn die Franzosen in ihrem Enthusiasmus verharren, welches gegen ihre Natur wahrscheinlich ist, da er schon drei Jahre dauert, so können sie Legionen gleichsam aus der Erde wachsen lassen und ihre Züge dürften den Völkerwanderungen ähnlich seyn." [32])

Bereits unterm 23. Juni 1792 verkündete der König von Preußen öffentlich seinen Entschluß, als Bundesgenosse des Königs von Ungarn und Böhmen — der erst am 5. des folgenden Monats in Frankfurt zum deutschen Kaiser gewählt wurde — wie als mächtiger Stand des Reiches, die Waffen zu ergreifen, um sowohl den jenem verbündeten Monarchen angedrohten Angriff abwehren zu helfen und den im Elsaße und Lothringen angesessenen, von Frankreich unterdrückten und beraubten Fürsten Recht zu verschaffen, vorzüglich aber um den berechnungslosen Uebeln zuvorzukommen, die aus dem verderblichen Geiste allgemeiner Ungebundenheit und dem Umsturze aller Gewalten, für Frankreich, für Europa und für die ganze Menschheit entstehen müßten. [33]) Nicht lange nachher rückte eine preußische Armee von 50,000 Mann unter dem Oberbefehle des preußischen Feldmarschalls, des Herzogs Karl Wilhelm Ferdinand von Braunschweig, an den Niederrhein. Mit denselben vereinigten sich noch österreichische und hessische Truppen, wie auch eine beträchtliche Anzahl geflüchteter Franzosen. [34]) In einer per-

---

[32]) Stadtarchiv. Nro. 690. Das deutsche Reich, dessen Rechte am Meisten durch die Franzosen gekränkt, dessen vordere Kreise am Stärksten der Gefahr eines feindlichen Ueberfalls ausgesetzt waren, begnügte sich damals noch mit Berathschlagungen, wünschte Neutralität und gütliche Unterhandlung, wo nur Gewalt frommen konnte. — [33]) Neus deutsche Staatskanzlei. Th. XXXVI. S. 240. J. M. Schmidt's Gesch. der Deutsch. B. XVI. S. 9. K. A. Menzel Gesch. der Deutsch. B. XII. Abth. II. S. 93. Am 19. Juli 1792 berichtete der herzogliche Regierungsrath v. Klid aus Bergzabern: „Das französische Lager bei Weissenburg steht noch. Die Pferde werden nicht abgesattelt. Der Eingang zum Lager steht jedermann frei. Die Vorposten stehen bis Oberotterbach. Die Patrouillen kommen bis zur Grenze der Stadt. Vorgestern sind einige französische Dragoner, welche den lutherischen Feldprediger Weber von Lützelstein arretirt hatten, bis nach Bergzabern, um über ihn Auskunft zu erhalten. Man flüchtet bereits die besten Habschaften über den Rhein bis nach Frankfurt. Am 25. Juli hat der Marschall Luckner Landau, Lauterburg und Weissenburg visitirt und ist wieder nach Straßburg zurück." Reichsarchiv. Z. A. Nro. 2689. — [34]) Das Corps

sönlichen Zusammenkunft des neugewählten Kaisers Franz und des Kö=
nigs von Preußen in Mainz, am 19., 20. und 21. Juli [35]), wurde,
ungeachtet Letzterer mit mehreren Prinzen seines Hauses den Trup=
pen folgte, der genannte Herzog, der übrigens kein sonderlicher
Freund dieses Krieges war, zum Oberbefehlshaber der vereinigten
Armeen, zu welcher auch der Kurfürst von Mainz einen Zuzug in
Aussicht gestellt hatte, ernannt. Der Herzog erließ zu Coblenz, wo
auch sein Gebieter, Friedrich Wilhelm, in der Nacht vom 22. auf
den 23. Juli, angekommen war, am 25. Juli, eine Erklärung an
die Bewohner Frankreichs, worin er, arg getäuscht durch die Vor=
spiegelungen der geflüchteten Bourbonen, welche den Umsturz der
französischen Staatsverfassung verächtlich für das Werk einer kleinen
Partei ungezügelter Brauseköpfe ausgaben, den Bürgern Frankreichs
Verheerung und Untergang drohte, wenn sie sich unterstehen wür=
den, bewaffnet gegen die vereinten Armeen aufzutreten und seinen
bestimmt ausgesprochenen Befehlen sich zu widersetzen. Diese Droh=
ungen waren eben so gewagt als unbemessen. [36]) Sie brachten
für den zu befreienden König von Frankreich, wie für dessen wohl=
gesinnte Helfer nur Verluste, Unheil und Verderben!

---

der Emigranten unter der Anführung der beiden Brüder Ludwigs XVI. und
der Marschälle Broglio und Kastries betrug anfänglich etwa 14 bis 15 Tau=
send Mann. — [35]) Es war hier ein Fürstencongreß, dem überdieß der König
von Neapel, die Kurfürsten von Trier und Cöln, viele andere Fürsten und
Herren des deutschen Reiches, dann auch die beiden Brüder des Königs Lud=
wig XVI., der Graf von der Provence und der Graf von Artois, beiwohnten
und über den mit Frankreich zu beginnenden Krieg beriethen. Abgesandter
des Königs von Frankreich war Mallet du Pan. Am Abende des 19. Juli
war die Stadt herrlich beleuchtet. Nach aufgehobener Abendtafel fuhren die
Herrschaften in mehr als 200 Wägen durch die Stadt. Der Kaiser und
seine Gemahlin wohnten im kurfürstlichen Schlosse, der König von Preußen
in der Favorite. A. O. P. vom 26. Juli 1792. Siehe auch Gesch. der
Revolutionszeit von Heinr. v. Sybel. Düsseldorf. 1853. B. I. S. 423. —
[36]) Der Herzog unterzeichnete das in Mainz festgestellte Manifest ohne selbst
den geringsten Antheil daran gehabt zu haben. Posselt's Europäische Annalen.
Jahr 1798. B. II. S. 16. Schon am 24. Juni 1792 wurden in den Vor=
städten von Paris Plakate angeschlagen des Inhaltes: „Väter des Vater=
landes! Wir stehen zum zweiten Male auf. Wir klagen den König an, der
ein Verräther ist. Wir begehren, daß sein Kopf unter dem Schwerdt der
Gerechtigkeit falle, und wenn wir kein Gehör finden werden bei euch, so wer=
den wir kommen und die Verräther mitten unter euch strafen." A. O. P.
vom 5. Juli 1792.

§. 2. Damalige Stimmung und Rüstungen in Speyer.

Längst vor jener verhängnißvollen Verhandlung in Mainz und der bald darauf erfolgten, höchst langsamen Truppenbewegung gab es nicht nur in diesem uralten Kurfürsten-Sitze, sondern auch in manchen andern Städten an den gesegneten Ufern des Rheines, ja selbst in Dörfern, wie wir bereits in der Einleitung gehört haben, Einzelne, welche die Rechte und Freiheiten, die dem französischen Volke in der neuen Staatsverfassung im vollsten Maße gewährt wurden, mit Beifall und Jubel begrüßten. Auch in Mainz, Worms und Speyer fand die Aufhebung aller Gilten und Feudalrechte, die Beseitigung der Zehnten, die Veräußerung der geistlichen und herrschaftlichen Güter, welche jene Verfassung verkündete, stille Freunde und eigensüchtige Verehrer, wie sich später unläugbar kund gab. Die besondern Freiheiten und Gerechtsame der höheren Geistlichkeit, welche namentlich in den beiden letztgenannten Städten früher zu mancherlei Klagen und Streitigkeiten Veranlassung gegeben hatten, waren schon längstens Vielen ein Dorn im Auge.

Eine anzügliche Aeußerung in dieser Beziehung scheint auch jene Pasquille enthalten zu haben, welche in der Nacht vom 17. auf den 18. Juli 1792 sammt — dreifarbigen? — Cokarden an öffentlichen Stellen der Stadt Speyer angeheftet und ausgestreut wurde. Der Magistrat sah sich hiedurch ohne jegliche Aufforderung veranlaßt, noch an demselben Tage bekannt zu machen, daß derjenige, welcher den Urheber dieses Blattes — „worin sich gewisse äußerst freche und boshafte Ausdrücke befinden" — [37]), bei dem Bürgermeisteramte entdecken wird, eine Belohnung von 100 Reichsthalern erhalten, und sein, des Angebers Name, verschwiegen gehalten werden solle. — „Ein hochedler Rath gebietet zugleich jedermänniglich, bei unausbleiblicher schwerer Strafe, sich in den Wirthshäusern

---

[37]) Das Domcapitel nennt sie in amtlicher Zuschrift: „Laternen-Drohungen". Waren sie vielleicht an den Laternenposten angeheftet oder deuteten sie auf das Aufhängen an die Laternen-Posten? Auf der aufgesteckten Cokarde standen die Worte: „Vivat et pereat". In Speyer bei Buchhändler Hauth erschien schon im Jahre 1790: „Der Zöllbat ist aufgehoben", ein Lustspiel in 5 Aufzügen. Dann: „Die Rebellion", ein vaterländisches Original-Schauspiel in 4 Aufzügen, nebst Vorrede von demselben Verfasser. Germanien 1791.

und bei sonstigen Zusammenkünften aller und jeder solcher Reden
und Urtheile über die gegenwärtigen politischen Zeitumstände, wodurch irgend ein Anlaß zu Verdrüßlichkeiten gegeben werden könnte,
sorgfältig zu enthalten." Das Domkapitel war, eingedenk der früheren
Verfolgungen, nicht ganz mit dieser einfachen Bekanntmachung durch
die Schelle und das Wochenblatt der Stadt zufrieden. Es entspann
sich hierüber ein unerquicklicher Briefwechsel zwischen dem Domcapitel und dem Stadtmagistrate, welchen letzterer endlich mit der
Erklärung abbrach: „Wir sind dermalen mit anderen, viel wich-
tigeren Geschäften so sehr überhäuft, daß wir über diesen unnützen
Gegenstand keine Feder mehr ansetzen zu lassen gedenken." [38])

Noch dauerte dieser Federkrieg des Magistrats mit dem Domcapitel fort, als dieses mit dem Fürstbischofe Karl August v. Styrum eine neue Ursache der Unzufriedenheit bezüglich der städtischen Behörde darin fand, daß diese später auch die geräumigen Häuser der
Geistlichen zur Unterbringung der dort lagernden und durchziehenden
Truppen, namentlich jener des Prinzen Conde, in Anspruch nehmen
mußte. Nach der Verabredung, die, wie wir hörten, bei dem Fürsten-
congresse in Mainz über den zu beginnenden Feldzug gepflogen
wurde, sollten in Speyer für den Bedarf der kaiserlichen Truppen
die nöthigen Vorräthe zusammen gebracht und aufbewahrt werden.
Hierher ward demnach die Kriegskasse verbracht [39]), das Haupt-
lazareth für die Oesterreicher, so wie die Feldbäckerei eingerichtet. [40])

Unterm 29. Juli 1792 schrieben der kaiserliche Gesandte
v. Schlick und der preußische Minister v. Stein aus dem Lager bei

---

[38]) Orig. von St. Georgen entworfen Stadtarchiv. Nro. 147. —
[39]) Schon am 18. Juli 1792 war der Oberkriegs-Commissär v. Molitor mit
seinen Cassabeamten, dem Personale der Feldapotheke und einer Compagnie
Stabsinfanteristen von Freiburg nach Rheinhausen gekommen, im Ganzen
135 Mann mit 42 Pferden Am 8. August schrieb v. Molitor aus dem
Hauptquartier zu Neustadt an den Speyerer Magistrat, daß derselbe die Feld-
operationskasse in ein feuerfestes und sonst sicheres Gewölbe unterbringen
möge. Später wurde diese Casse auf 5 Wägen über Worms nach Mainz gebracht. — An demselben Tage und Orte ersuchte der Fürst v. Hohenlohe den
Speyerer Fürstbischof, ihm doch das Jesuiten-Collegium, die bischöfliche Pfalz
und den domcapitelschen Zehntenhof in Speyer zur Unterbringung kranker
Soldaten und Pferde einzuräumen. — [40]) Zum Spital wurde das vor dem
Wormser Thore gelegene Lazareth verwendet. Die acht Feldbäcker mit ihren
Weibern und Kindern mußten die Nonnen zu St. Clara aufnehmen. —

Rübennach an den Speyerer Fürstbischof, daß der Prinz Conde zum Aufbruche [41]) mit seinen emigrirten, französischen Truppen vom Herzog von Braunschweig aufgefordert worden sei, um bei Rheindürkheim den Rhein zu übersetzen und zu den vom Fürsten v. Hohenlohe-Kirchberg befehligten kaiserlichen Truppen zu stoßen. Dabei wurde der Bischof ersucht, „da der Marsch dieser Truppen äußerst dringend ist und mit dem übrigen Quartierplane des Herzogs von Braunschweig in der engsten Verbindung steht," denselben den Durchzug in seinem Hochstifte zu gestatten und bei diesem Durchmarsche ihnen die freie und unentgeltliche Einquartierung zu gewähren. August erhielt dieses Schreiben, als er eben im Begriffe war, wegen des in der Nähe von Philippsburg befindlichen kaiserlichen Lagers auf einige Tage nach Waghäusel überzusiedeln. Er erwiederte unterm 31. Juli auf die bemeldete Zuschrift: „daß, in Gemäßheit meiner anfangs der französischen Revolution unabänderlich festgesetzten Grundsätze, ich Keinem der emigrirten Franzosen einen Aufenthalt in meinem Lande, in Rücksicht meiner nahe an Frankreich gelegenen Landschaften, gestattet habe und dermalen solches weit weniger geschehen könnte, als bekanntlich der General Kellermann mit seiner Armee in meinen oberqueichischen Landen steht und nur zwei Stunden von den Ortschaften meines in Reichslanden unter der Queich, nur etwa anderthalb Stunden von Landau gelegenen Oberamts Kirrweiler entfernt, folglich für meine dortigen Landen und Unterthanen gar keine Sicherheit noch zur Zeit vorhanden ist, mithin auch der weiteste Anlaß sorgfältigst vermieden werden muß. Indessen wünsche ich in Rücksicht auf die mir zu erkennen gegebenen Umstände, in so weit es meine landesherrliche, pflichtmäßige Obsorge leidet, des Herrn Prinzen Conde Liebden mit ihren emigrirten, französischen Truppen den Durchzug durch meine Landen, den ich wenigstens nicht verhindern und der mithin mir auch nicht verdacht werden kann, so weit es solche betrifft, nicht zu

---

[41]) In der Berathung zu Mainz am 20. desselben Monats wurde beschlossen, die Emigranten nirgends in großer Anzahl auftreten zu lassen und daß Prinz v. Conde höchstens mit 5000 Mann sich den Oesterreichern im Breisgaue anzuschließen habe. Sybel a. a. O. S. 421. Nach einer andern Nachricht hatte sich der Prinz mit dem Commandanten der Festung Landau wegen Uebergabe derselben in Verbindung gesetzt und hiezu Hoffnung gehegt, was aber dadurch, daß Custine diese Commandantschaft erhielt, vereitelt wurde.

hindern..... Da übrigens zu gleicher Zeit der größte Theil der
Lebensmittel in meinen Landen bisher aufgekauft worden iſt: ſo
dürfte es räthlich ſeyn, wenn des Herrn Prinzen v. Conde Liebben
mittels abzuſchickender Commiſſäre wegen Verpflegung die Anſtalten
treffen würden, ſonſt aber den Durchziehenden die Verpflegung gegen
landläufigen Preis ohne Anſtand wird verreichet werden" ꝛc. ꝛc. ⁴²)

§. 3. Anzug und Abzug der Truppen bei Speyer und Landau.

Im Verlaufe mehrerer Monate hatte ſich bereits im Breisgaue eine bedeutende Truppenmacht aus Oeſterreichs verſchiedenen
Ländern angeſammelt. Am 1. Juli 1792 traf der Oberbefehlshaber
derſelben, Fürſt v. Hohenlohe-Kirchberg, in Freiburg ein. Vier
Tage ſpäter wurde auf ſeine Weiſung in aller Stille Kehl beſetzt
und die Kanonen dieſer Feſtung auf die dortige Rheinbrücke gerichtet.
Man glaubte, daß von hier aus die Oeſterreicher das Elſaß angreifen würden. Doch der Fürſt wählte bald Schwetzingen zu ſeinem
Hauptquartier. Ein bedeutender Theil ſeiner Truppen ſammelte ſich
dort in einem Feldlager. Am 20. Juli entſendete der Feldherr den
Fürſten v. Waldeck mit einer Reiterſchaar über den Rhein, um die
Umgegend bis nach Landau zu recognosciren. ⁴³) Waldeck ſtieß
auf keine Hinderniſſe. Dieß gab jedoch Veranlaſſung, daß die Truppen des franzöſiſchen Generals Kellermann, die damals bei Weiſſenburg ſtanden, vermehrt wurden und daß letzterer gegen die Queich
herabrückte, um die dortigen Linien zu decken. Erſt in der Nacht

Poſſelt's Europäiſche Annalen. Jahr 1797. B. IV. S. 317. Dieſe Hoffnung würde auch den Zug des Prinzen nach Ebesheim erklären. — ⁴²) Am
2. Auguſt hatte der Prinz von Conde aus Niederflörsheim in gleicher Angelegenheit an den Fürſtbiſchof geſchrieben. Dieſer erhielt dieſes Schreiben
am folgenden Tage zu Waghäuſel kurz nachher, als auch der Graf Mirabeau
ihm ſeine Ankunft bei Bruchſal für den folgenden Tag, den 4. Auguſt, an-
gemeldet hatte. Der Fürſtbiſchof erwiederte dem Prinzen alsbald. Später be-
klagte ſich derſelbe auch wegen Unordnungen, welche ſich die Conder am Gebirge
erlaubt hatten. Der Prinz ſchrieb ihm am 10. Auguſt aus Philippsburg und
verſprach deßhalb die ſtrengſte Weiſung ertheilen zu wollen. Den 4. Auguſt
hatte der Prinz Conde bereits ſein Hauptquartier zu Dürkheim an der
Haardt — Beilage 6 und 7. Karlsr. Archiv. P. A. — ⁴³) Am 10. Juli 1792
berichtete der Oberſchultheiß v Täuſſenbach aus Edenkoben, vernommen zu
haben, daß General Kellermann zwiſchen Rheinzabern und Herzheim ein
Lager ſchlagen werde. Etwa 2000 Mann arbeiteten damals bei Tag und
Nacht an der Feſtung Landau. Karlsruher Archiv. P. A.

vom ersten auf den zweiten August brachen die Oesterreicher aus
ihrem Lager bei Schwetzingen auf. Die Cavallerie nahm ihre Rich=
tung nach Mannheim und zog dort über die Rheinbrücke, während
die Infanterie in Schiffen bei Ketsch übersetzt wurde. [44]) Der Prinz
v. Waldeck führte die erste Colonne, der Graf von Alton die zweite
und der Oberbefehlshaber die dritte. Die kaiserliche Armee zählte
etwa 25,000 Mann. Die Rehhütte ward das Hauptquartier jenes
Tages. Am folgenden Tage wurde dasselbe nach Lingenfeld ver=
legt. Das fliegende Lazareth, die Kriegskasse und die nöthige Be=
gleitung derselben blieb in Speyer zurück. Schon am 3. August
schlug sich eine Schaar von etwa 200 Husaren des Regimentes
„Wurmser" mit einer ihr weit überlegenen Truppe französischer
Reiter in der Gegend von Essingen und jagte diese, welche mehrere
Todte, Verwundete und Gefangene hiebei verlor, bis unter die Kanonen
von Landau. An demselben Tage ritten mehrere österreichische Stabs=
offiziere mit einer starken Begleitung Husaren über die Queich nach
Rülzheim, um Spähe zu halten. In diesem Dorfe stießen sie auf
300 Mann feindlicher Infanterie und auf etwa 120 Jäger zu
Pferd. Diese wurden alsbald angegriffen und nach starker Gegen=
wehr in die Flucht geschlagen. Die Franzosen zogen sich gegen
Knittelsheim, Ottersheim und Offenbach zurück. [45]) Dort standen

---

[44]) Der kurpfälzische Generalmajor Graf v. Jsenburg erhob, im Auf=
trage des Mannheimer Commandanten v. Hohenhausen, Einsprache gegen die=
sen Durchmarsch — die Thoren Mannheims blieben dabei jedoch verschlossen —
allein die Kaiserlichen, welche 30 Sechspfünder mit sich führten, ließen sich
nicht zurückweisen. Karlsr. Archiv. P A. Nach Kausler, „Kriege von
1792 bis 1815", S. 28 I. war ihre Anzahl 17,700. Unrichtig ist dort die An=
gabe, daß der Fürst v. Hohenlohe bei Germersheim den Rhein übersetzt
habe. — [46]) Die damalige Mainzer Zeitung erzählt, daß am 3. August die
Oesterreicher bei Knittelsheim auf das Corps der Generale Broglio und
Custine gestoßen seyen, welches sich in größter Unordnung bis auf den Linien=
Damm bei Offenbach zurückzog und dann, durch den Morast geschützt, ça ira
sang. Kellermann hat dieß später dem Custine in der Nationalversammlung
als Feigheit vorgeworfen, welcher dazu schwieg. Geschichte der französischen
Eroberungen und Revolution am Rheinstrome. Frankfurt 1794. Th. I. S. 15.
Nach einer andern Nachricht zogen Custine und Broglio erst am Abende mit
400 Grenadieren und einer Reiter-Schaar von Landau nach Dammheim und
Queichheim, wo sie auf die Kaiserlichen stießen und sehr bedrängt wurden.
A. O. P. vom 11. August 1792. Beide Nachrichten sind wahr, wie aus der
Note 47. erhellen wird. — Am 3. August ritt eine Escadron kaiserlicher Husa-

die Generäle Cuſtine und Broglio. Dieſe Stellung war durch einen ſtarken Damm und Moraſt gedeckt, hinter dem ſie nicht gar muthig ihr Ça ira, ça ira ſangen. Bei Rülzheim blieben 25 Franzoſen auf dem Platze, 12 Mann wurden gefangen und ebenſo viele Pferde und eine Standarte erbeutet. Der Fürſt v. Hohenlohe, der General v. Einſiedel und der Obriſt v. Wagenheim waren bei jenem Gefechte gegenwärtig. Erſt Nachts 11 Uhr kehrten ſie wieder in das Lager bei Lingenfeld zurück. Am folgenden Tage entſtand unter den Land=leuten der dortigen Gegend der falſche Lärm, die Franzoſen, vom General Kellermann befehligt, ſeyen im vollen Anzuge. Dieß hatte die Folge, daß Alles, was ſich flüchten konnte, über Hals und Kopf, zu Fuß und zu Pferd, nach Speyer eilte, ſo daß der ganze Weg von Lingenfeld bis dahin von Menſchen, Pferden, Chaiſen und Wägen wimmelte. Statt der Franzoſen, welche theils in ein Lager bei Arzheim, theils bis hinter die Lauter ſich zurückgezogen hatten, rückten am 5. Auguſt fünf Bataillone Infanterie und ſechs Escadronen leichte Cavallerie von Philippsburg unter dem Befehle des Grafen v. Erbach in das kaiſerliche Lager bei Lingenfeld ein. Noch an demſelben Tage wurde auch Rheinzabern von den Oeſter=reichern beſetzt. [*] Damit dieſen der offene Bienwald nicht zum Schutze dienen möchte, trieben die Franzoſen die Bewohner der Um=gegend zuſammen, um jenen Wald durch ſtarke Verhaue abzuſchlie=ßen. Die Vorpoſten der Wurmſer Huſaren wieſen die Zimmerleute

---

ren gegen Abend über Großfiſchlingen, Edesheim nach Eſſingen, um Kund=ſchaft einzuziehen. Hier ſtieß ſie auf eine Abtheilung franzöſiſcher Reiter und hieb 11 derſelben nieder. Gegen 10 Uhr, an demſelben Abende, rückten etwa 600 Mann franzöſiſche Cavallerie in Edesheim ein, welche auch Kanonen und Pulverwägen mit ſich führten. Sie hielten in und um das Dorf her genaue Auskundſchaft, ob keine kaiſerliche Truppen vorhanden ſeyen und zogen am andern Morgen in der Frühe gegen 3 Uhr, ohne ſich Unordnungen zu erlau=ben, nach Landau zurück. Tagebuch von Schoch. § 10. — Am 3. Auguſt ſind die Franzoſen in Annweiler, Wilgartswieſen, Hinterweidenthal und auf der Kaltenbach eingerückt. Dieß verſetzte die Gräfenſteiner Waldbörfer in die größte Furcht und Beſtürzung. Es hielten ſich dort viele Emigranten, namentlich auch Geiſtliche aus dem nahen Elſaße auf. Karlsr. Archiv. G. A. — [**] Hier ſoll ein ſechszehnjähriger Trommelſchläger aus Straßburg, als er die Oeſterreicher nahen ſah, den Generalmarſch geſchlagen haben. Ein Uhlane ſprengte heran und hieb ihm eine Hand ab. Der feurige Jüngling fuhr dennoch fort, mit der andern Hand zu trommeln, bis er niedergehauen wurde. Berichte aus Speyer vom 6. und 7. Aug. 1792.

und Bauern mit blanken Säbeln von dieser Arbeit zurück, was
sich diese gerne gefallen ließen. Die genannten Reiter streiften bis
in die Umgegend von Lauterburg, ohne eine weitere Spur von den
Feinden gesehen zu haben. [47])

---

[47]) Unterm 30. Juli 1792 wurde der Vogteiverweser Weyland in Annweiler von der herzoglichen Regierung angewiesen, Einsprache zu erheben,
wenn die Franzosen eine Besatzung in Annweiler einlegen wollten. Schon
zuvor war der Regierungsrath Klid zu Bergzabern beschieden, Gleiches zu
thun, wenn für das Corps des Generals Kellermann ein Lager auf herzoglichem Gebiete zwischen Weissenburg und Landau wollte aufgeschlagen werden.
Das Lager wurde wirklich errichtet, aber nicht auf herzoglichem Boden, und
mit 8 bis 10 Tausend Mann belegt. Am Abende des 2. August erhielt der
genannte Regierungsrath die Zuschrift vom Oberbefehlshaber Biron aus
Weissenburg, daß dieser das Annweiler Thal werde mit französischen Truppen
besetzen lassen. Beilage 5. Reichsarchiv. J. A. Nro. 889. Hr. Klid erwiederte, daß dieß nur sein Gebieter, der Herzog von Zweibrücken, gestatten
könne und daher dessen Befehl abzuwarten sei. Ohne diesen Befehl abzuwarten, erschienen am 4. August 4 Offiziere mit 108 Infanteristen und 13
Husaren in Albersweiler und 1000 Mann in Annweiler, um ohne Weiteres
dort Quartier zu nehmen. — Schon am Abende vorher gegen 10 Uhr kamen
Kärche und Wägen mit Männern, Frauen, Kindern und allerlei Habseligkeiten auf hastiger Flucht nach Bergzabern. Sie gaben vor, daß zwischen den
Kaiserlichen und Franzosen bei Rülzheim ein blutiges Scharmützel stattgefunden und die nach Candel verbrachten Verwundeten sie aufgefordert hätten,
sich und das Ihrige zu retten. Sie thaten dieß mit vielen Bewohnern von
Minfeld und Freckenfeld, welche alsbald die dreifarbigen Cocarden hinweg-
warfen und Sicherheit in den herzoglichen Dörfern suchten. Am 4. August
in der Frühe gegen 6 Uhr kam ein großer Theil der französischen Rheinarmee
nach Bergzabern und zog eilends durch die Stadt nach Weissenburg. Es
verbreitete sich alsbald das Gerücht, daß auch bei Offenbach ein blutiger Zusammenstoß der Kaiserlichen mit den Franzosen stattgefunden und dabei 300
der Letzteren ihren Tod gefunden hätten. Ein französischer Jäger-Offizier
bekannte in Bergzabern, daß von seinem Regimente 180 Mann gefallen seyen.
Die in der Umgegend von Landau gelagerten Franzosen waren an diesem
Tage aufgebrochen, so daß die Straße über Barbelrodt nach Weissenburg von
denselben wimmelte. Am 6. August wurde die Stadt Bergzabern von einer
Abtheilung französischer Infanterie und Cavallerie besetzt. Klid erhob dagegen
Einsprache, welche jedoch ganz freundlich mit dem Gebote der Nothwendigkeit abgelehnt wurde. Diese Truppen wechselten mehrfach. Sie unterhielten
jedoch einen Cordon zwischen Bergzabern und Niederotterbach unter dem
Commando des Obristen d'Elbe vom Regiment „Piemont", welches zu Niederotterbach lagerte. Münchener Reichsarchiv. J. A. Nro. 2690. Berichte
von Klid aus Bergzabern.

In der Nacht vom 6. auf den 7. August brach der Kern der österreichischen Armee aus dem Lager von Lingenfeld auf und nahm das Hauptquartier in Essingen. Das ganze Queichgebiet war von den Franzosen unter Wasser gesetzt. Hier wollte sich ein Theil der französischen Ausgewanderten, mit dem Prinzen von Conde an der Spitze, an den Fürsten v. Hohenlohe, wie wir bereits gehört haben, anschließen. Am 6. August war die Vorhut der Condeer in Ebenkoben und Edesheim angekommen, während der Prinz selbst sein Hauptquartier in Neustadt hatte. Unterhalb und oberhalb Edesheim wurde ein Lager geschlagen. Dort schloß sich auch das Corps des Mirabeau, welches am Tage vorher bei Philippsburg den Rhein übersetzt hatte, an die Truppen des Prinzen von Conde an. In dem Lager bei Edesheim wurden nähere Berathungen gepflogen. Am 7. August erhielt der General Custine, welcher seit dem 2. August mit Biron den Oberbefehl über die niederrheinischen Truppen führte [48]), als Commandant der Festung Landau einen Brief angeblich von einem Offiziere des Prinzen v. Conde, worin derselbe aufgefordert ward, die Festung dem Prinzen zu übergeben, um hiedurch bei allen Leuten von Ehre bewundert und auch überdieß gehörig belohnt zu werden. In einem Beischreiben wurde bemerkt, daß 35,000 Mann mit der nöthigen Artillerie vor der Stadt stünden und Custine gebeten, seine beßfallsige Antwort noch an demselben Tage an Herrn Freibach im Gasthause zur Blume in Edesheim abgeben zu lassen. Als Antwort ließ Custine am folgenden Tage die beiden Zuschriften abdrucken und unter seine Truppen in Landau vertheilen. [49]) So scheiterte der Versuch der Ueberrumpelung dieser

---

[48]) Herzog v. Biron hatte seit Juli den Oberbefehl der Rheinarmee, welche 30,000 zählte, und sein Hauptquartier zu Straßburg. Die Truppen Custine's trugen den Namen Vogesenarmee, deren Hauptquartier später Mainz wurde. Biron war nicht für den kecken Zug Custine's. Seine Bedenken theilte anfänglich auch der Kriegsminister, bis ihn Custine für den Plan zu gewinnen wußte. Sybel a. a. O. S 575. Laut amtlichen Berichtes hatte der General Biron am 12 Aug in Weissenburg, Kellermann aber zu Lauterburg sein Hauptquartier. — [49]) Der Speyerer Fürstbischof erfuhr, daß der Sohn des Oberschultheißen v. Täuffenbach in Ebenkoben diese Schreiben durch Boten von Edesheim sollte vermittelt haben, und machte hierüber bei dem Minister v. Oberndorff in Mannheim beschwerende Anzeige. Rath v. Täuffenbach wurde nach Mannheim berufen und deßhalb am letzten August verhört. Derselbe erklärte, daß sein Sohn am 7. Aug. im Lager bei Edes-

Festung. . Vorgeblich lag es nicht in der Absicht des Fürsten von Hohenlohe, eine Belagerung der Stadt Landau zu eröffnen, sondern den Feind zu einer offenen Feldschlacht zu nöthigen und dabei das Neustadter Thal zu weiteren Operationen sich offen zu halten. Als er daher vor Landau gewahrte, daß die Franzosen bereits die Umgegend ziemlich geräumt und hinter die Lauter sich zurückgezogen haben und er einen Befehl über den andern erhielt, zur Unterstützung der verbündeten Hauptmacht nach Lothringen zu eilen, beschleunigte er seinen Abzug. Hohenlohe erklärte denselben in einem derben Schreiben, daß er in einer anderen Ehrensache — die Fran-

---

heim gewesen und auch dort einen Brief an den Marquis Aymer de la Chevallerie habe gegen gute Bezahlung besorgen lassen wollen, der aber keinen Berrath, sondern eine Geldsache betroffen habe. — Rath v. Täuffenbach war vom genannten Fürstbischofe weiter bezüchtiget: „Er sei am 9. August Mittags halb ein Uhr in aller Hast in Maikammer eingeritten, laut schreiend: „„Macht die Schlagbäume zu; stürmet, ergreift die Gewehre; die ganze Armee der Franzosen ist im Anzuge; sie ist schon in Edenkoben und plündert Alles aus.““ Als aber hierauf die Kundschaftsboten ausgeschickt wurden, habe sich ergeben, daß die gefürchtete Armee nur eine Patrouille von 8 Reitern gewesen, die auch wirklich durch Maikammer gesprengt seyen. Dieß wäre der zweite blinde Lärm gewesen, den der Rath in Maikammer gemacht habe und der zu großem Aufstande hätte gereichen können." — Täuffenbach mußte diese Geschichte in der Hauptsache bestätigen. Nur bemerkte er, daß nicht von der ganzen französischen Armee, sondern von 25 Reitern, welche mit blanken Säbeln und gespannten Hahnen alle Gassen zu Edenkoben durchsprengten, eben so auch nicht von Plündern und Stürmen von ihm gesprochen worden. Täuffenbach schrieb am 22. Aug. an den Kurfürsten von der Pfalz, er sei benachrichtiget und überzeugt, daß sich in Edenkoben Leute befänden, welche sehr patriotisch gesinnt und seine Todfeinde seyen, die auch die Patrioten aus Landau gegen ihn aufgehetzt haben; ferner daß ihn ein französisch gesinnter Pfarrer in der Nähe von Landau persönlich gewarnt habe, ja nicht mehr in seinem eigenen Hause zu übernachten, weil ihn jene mit Gewalt zu überfallen, fortzuschleppen und zu tödten gedächten. Täuffenbach hat deßwegen, nachdem er seine Familie, welche sich früher mehrmals in das Feld und in die Weinberge aus Angst flüchten mußte, von Edenkoben nach Heidelberg übersiedelt hatte, selbst während der Nachtzeit in Neustadt verweilen zu dürfen, was ihm auch, unter Verwarnung vor fremder Correspondenz, gestattet wurde. Originalverhandlung Karlsr. Archiv. P. A. — In der Nacht vom 23. auf den 24. Aug. 1792 ist das auf der Festung Bitsch gelegene Schweizer-Regiment ausgebrochen. Am 27. Aug. hatte dasselbe auf dem Rückzuge in die Heimath sein Nachtlager zu Dürkheim. Der Bitscher Distriktsrath war sehr königlich gesinnt, wie eine Adresse an den Nationalconvent vom 12. August 1792, die gedruckt vor uns liegt, ausweiset.

zosen hatten nämlich auf einen Trompeter, den der Fürst in die
Stadt abgeschickt hatte, geschossen — am 8. August aus seinem
Lager zu Dammheim an den Commandanten richtete, in welchem
er nebenbei bemerkte: „Uebrigens sollten Sie wissen, mein Herr, daß
ich hierher gekommen bin, um mich mit ihrer Armee zu schlagen,
und nicht um ihre Festung zu belagern. Meine Bewegungen und
mein Lager beweisen dieses. Da jedoch ihre Armee bei meiner Annäherung sich flüchtig gemacht hat und verschwunden ist, so arbeite
ich nun an der Ausführung eines andern Planes." Die Kaiserlichen mußten nämlich in Folge wiederholter Befehle die Preußen
an der Mosel unterstützen. Sie verließen noch an demselben Morgen 8 Uhr ihr Lager bei Dammheim und zogen über Essingen gen
Neustadt, wo sie Nachmittags 2 Uhr ankamen, ein Lager schlugen
und am folgenden Tage rasteten. Der Fürst hatte selbst die Nachhut geführt. Die Franzosen sandten eine Patrouille aus Landau
von 100 Reitern nach, die aber von den kaiserlichen Husaren bald
verscheucht wurde. Am 9. August kam das zusammengesetzte Slavonier Grenzbataillon über den Rhein und lagerte sich einstweilen
zu Heiligenstein. Graf v. Erbach bezog ein neues Lager auf den
Anhöhen hinter Lingenfeld und besetzte die Brücke bei Germersheim
mit einer Division Infanterie, einer halben Eskadron Cavallerie
und zwei Kanonen. [50] An ein kräftiges Vordringen über die Queich
und über die Lauter in das Elsaß war jetzt nicht mehr zu denken.

Der Weg durch das Neustadter Thal war damals äußerst
schlecht, besonders für die Artillerie und für die Munitionswägen.
Der Truppenzug durch dieses Thal bewegte sich daher sehr langsam.
Am 15. und 16. August hielt die kaiserliche Armee bei Kaiserslautern Rasttag. [51] Die Vorhut war schon einen Tag vorher in

---

[50] Aus dem Tagebuch der k. k. Armee. — In Landau lag damals auch das
Schweizerregiment von Steiner, welches bei der Nachricht, daß der französische
König am 10. August gefänglich eingezogen worden sei, seine Abberufung in die
Heimath verlangte. — [51] Die Schlagung eines Lagers für diese Truppen
brachte den Feldeigenthümern einen Schaden von 3860 fl. 33 kr. Freiherr
v. Wrede wurde als Landescommissär bei der kaiserlichen Armee am 17. Dezember 1792 von der kurpfälzischen Regierung angewiesen, für diesen Schaden
Ersatz zu erwirken. Am 20 August rückte die Legion des Generals Kellermann, 280 Reiter und 120 Fußgänger, unter dem Befehle des Obristen
Weber, eines Pfälzers, in Bergzabern ein. Sie besetzten alsbald die Thore
und wurden theils in der Stadt, theils in den Vorstädten einquartirt. Es

Homburg eingetroffen, wo sie ebenfalls ein Lager bezogen. Am 20. August zog Fürst v. Hohenlohe mit seiner Armee bei Saar=brücken vorüber nach Lothringen.

Schon unterm 4. August hatte der Prinz Conde von Dürk=heim aus dem Magistrat zu Speyer eröffnet, daß er bei dieser Stadt demnächst auf Weisung des Herzogs v. Braunschweig und des Fürsten v. Hohenlohe den Rhein übersetzen — um unter dem Befehle des Fürsten v. Estherhazy jenseits des Rheins ein Beobach=tungskorps zu bilden — und daselbst mit seinen Truppen einen Rasttag zu halten gedenke. Er bat um depfällige Unterstützung. ⁵²)

war eine ungezügelte und ungeschlachte, zusammengewürfelte Mannschaft, die sich in Trunksucht, welche durch die Bergzaberer Freiheitsmänner unterstützt wurde, vielfachen Ausschweifungen überließ, ungeachtet der Stadtthurm stets von Sträflingen aus ihrer Mitte angefüllt war. Sie blieb bis zum 26. Aug. in Bergzabern, wo sie über Weissenburg nach Bitsch abzog und von 300 Jägern zu Pferd des 10. Regiments abgelöst wurde. Diese zogen am 30. desselben Monats gen Metz. Dagegen waren Nationalgarden — du Bas-Rhin und du Donbs — eingerückt. Diese gewährten einen wunderlichen Anblick. Es waren alte Leute mit jungen Männern und Knaben vermischt. Sehr Wenige hatten Soldaten-Kleider. Die Meisten trugen Kittel von allerlei Farben. Viele hatten keine Flinten, sondern nur Stöcke, Aexte, Beile. Statt der Fahnen trugen sie Freiheitsmützen auf Stangen umher. Sie wurden theils in den Scheunen, theils auf öffentlichen Plätzen, theils in den benachbarten Dörfern und auf den Höfen untergebracht. Auch dieses Corps wurde gen Metz abgerufen und durch andere Truppen und Nationalgarden vom Jura ersetzt. Der Regierungsrath Klick erhob gegen diese Besatzung bei dem Generale Custine, der jetzt statt des abwesenden Biron in Weissenburg den Oberbefehl führte, abermal Einsprache. Custine kam am 1. September selbst nach Bergzabern, um sich in der Gegend umzusehen. Er betheuerte alle Freundschaft gegen den Herzog von Zweibrücken, den er am Hofe zu Mannheim habe persönlich kennen gelernt, zu hegen, und bedauerte, daß es die Kriegsumstände unthunlich machten, dessen Gebiet ganz zu verschonen. Doch schon am folgenden Tage zog er die meisten Truppen aus Bergzabern, um diese mit ihren Kanonen und Munition bei Niederotterbach aufzustellen. Reichsarchiv. Z. A. Nro. 2690. Berichte von Klick. — ⁵³) Beilage 7. und 8. Sp. Stadtarchiv Ueber den Aufenthalt der Conder zu Maikam-mer und Edesheim haben wir nachstehenden Bericht: „Die Truppen des Prinzen von Conde, etwa 3,000 Mann stark, quartirten sich — am 6. August? — in den Dörfern Diedesfeld, Maikammer, Alsterweiler und Edesheim ein. Ein Theil derselben lagerte unterhalb Edesheim. Dort traf auch das Corps von Mirabeau, etwa 1,600 Mann stark, ein, welches oberhalb Edesheim ein Lager schlug. Beide Anführer hielten mit dem Fürsten von Hohenlohe Berathung,

Die Väter der Stadt waren in großer Verlegenheit neben den bereits hier einlagernden, kaiserlichen Truppen jene noch unterzubringen, zumal da täglich ein neuer Zuzug von Artilleristen in Speyer erwartet wurde. Der Bürgermeister mit dem Rath bat daher — wohl nicht ohne Besorgniß wegen der ausgesprochenen Drohungen Frankreichs — den Prinzen, seine Truppen in den benachbarten Dörfern Berghausen, Dudenhofen, Otterstadt und Schifferstadt einzulagern, selbst aber mit der erforderlichen Bedeckung nach Speyer zu kommen. Conde ging auf diesen Vorschlag, laut eines Schreibens, welches unterm 7. August von Neustadt datirt und von einem Handbillet des Fürsten v. Hohenlohe unterstützt war, ein. [58]) Noch an demselben Tage, an welchem fragliches Handbillet mit Bleistift ausgefertiget war, Abends 10 Uhr, langte ein Quartiermeister des französischen Prinzen an und forderte, daß für das am kommenden Morgen in aller Frühe einrückende Corps seines Gebieters Quartier gemacht würde. Man wünschte lauter ansehnliche und bequeme Logis für

welche jedoch nicht zu Gunsten der gewünschten Unternehmungen sich endigten. Die Einquartierungen nahmen diese Flüchtlinge mit aller Willkühr vor und zeigten zur Genüge, daß sie ein zusammengerafftes Heer ohne Zucht und Ordnung bilden. Sie zehrten und zechten gerne und zahlten wenig. In Maikammer konnte der Stabhalter Rieth, welcher den schon genannten Emigranten, Marquis de Chevallerie, auf Befehl des Oberamtes dort weggebracht hatte, kaum ihrer Mißhandlungen sich entziehen. Ihren Muth und ihre Tapferkeit mußten sie nicht anders zu beweisen, als daß sie schaarenweise in den herrschaftlichen Haagwald bei Hambach einfielen und die schönsten jungen Stämmchen niederhieben mit dem Ausruf: „Voilà les patriotes!" In Alsterweiler fiel auf einen Offizier der Verdacht demokratischer Gesinnung. Er wurde deßhalb wegen einer früheren Entwendung von 11 Gulden angeklagt, verurtheilt und oberhalb Alsterweiler am Wäldchen erschossen. Der General Mirabeau arretirte mehrere Personen, die ihm nur im Mindesten verdächtig erschienen. So einen Maler aus Landau, der in Hainfeld in Arbeit war. Dieser wurde auf dem dortigen Kirchhofe in Fesseln gelegt und ohne Verhör mit fortgeschleppt. Der Hainfelder Pfarrer Molitor, der sich des armen Mannes annahm, wurde ebenfalls von den stolzen Emigranten mißhandelt. Mirabeau nahm seinen Rückzug über Großfischlingen, wo er noch Nachts 10 Uhr sein Corps einquartirte und das beste Futter und unausgedroschene Garben zur Streu für die Pferde wegnehmen ließ, ohne etwas zu zahlen." Tagebuch von Schoch. §. 11 und 12. — [58]) Beilage 9. Stadtarchiv. Am 2. August 1792 berichtete das Oberamt Neustadt, daß die auf den Grenzen verbliebenen Kurpfälzer Chevauxlegers Weisung erhalten haben, sich nach Neustadt zurückzuziehen.

die zahlreichen adeligen Stabsoffiziere. Da der Rath wie früher schriftlich jetzt mündlich erklärte, daß die Quartiere der Stadt bereits durch kaiserliche Truppenabtheilungen stark in Anspruch genommen seyen und derselbe außerdem über die Wohnungen der Geistlichkeit nicht willkührlich verfügen dürfe: so versetzte der Quartiermeister, daß auch die Häuser der Geistlichen mit seinen Gefährten belegt werden müßten. Der Quartiermeister begab sich sofort mit einem städtischen Rathschreiber, in Abwesenheit des Dombechanten, Freiherrn v. Hutten, zum damaligen Senior des Domcapitels, Freiherrn v. Mirbach, stellte ihm diese Noth vor und schrieb nachher selbst auf mehrere geistliche Häuser Quartier aus. Kaum hatte man für die Unterbringung des Generalstabes und der vornehmsten Offiziere, die meistens in der Nähe bei einander wohnen wollten, gesorgt, als auch schon das Truppencorps wenigstens 2,000 Mann stark in die Stadt einrückte. [54] Fast alle beriefen sich auf ihren Adel und auf ihren höheren militärischen Rang und verlangten aus dieser Rücksicht bequeme, mit Betten versehene Quartiere. Bei dem schnellen Ueberfalle war es nicht möglich, Ordnung zu halten. Viele der Offiziere brachten die Billete auf das Rathhaus zurück, weil ihnen die angewiesene Wohnung zu gering dünkte und verlangten eine bessere. Andere nahmen sich heraus, Wohnungen eigenmächtig auszuwählen. Das Billetenamt sah sich genöthiget, sämmtliche Häuser der Magistratspersonen, der geistlichen und weltlichen Beamten und der übrigen Angesehenen, sogar die Schulhäuser in Anspruch zu nehmen. In manchen derselben lagen vier bis sechs Offiziere. Als hiedurch noch viele nicht untergebracht waren, fing man an, auch auf die Häuser der katholischen Stiftsgeistlichen und auf die im bürgerlichen Verbande stehenden Mönchsklöster Billete auszugeben. Die Stallungen der bischöflichen Pfalz wurden von dem Quartiermeister eigenmächtig mit Pferden des Prinzen bestellt, weßhalb der Fürstbischof unterm 17. August eine besondere Beschwerde an den Stadtmagistrat richtete. Dieser rechtfertigte sich darob zu Genüge. Doch

---

[54] Unter den Stabsoffizieren waren: Monsieur de Crenolle, maréchal des logis; Mr. de Boutillie, général major d'infanterie; Mr. de Fumel, maréchal des logis de la Cavallerie etc. etc. Im Gefolge waren auch fünf Geistliche, welche im Dominikanerkloster einlogirt wurden. Die Pfarrer der Stadt erhielten jeder 3 Mann. Im deutschen Schulhause lagen 80 Mann. Stadtarchiv.

4

fand er überdieß für gut, an demselben Tage den ganzen Hergang an seinen Wiener Agenten, Hofrath v. Alt, zu berichten, um weiterer Verantwortlichkeit vorzubeugen.

Die Einwohner der Stadt wurden durch diese zweitägige Ein= lagerung des französischen Prinzen und seines adeligen Gefolges in nicht wenige Verlegenheit und Kosten versetzt, die schlecht vergütet wurden. [55])

---

[55]) Vernehmen wir hierüber den Beschwerdebericht des Hirschwirthes Phillpp Christian Plappert, bei welchem der Prinz mit hundert Personen und acht Pferden untergebracht war, worin derselbe den Magistrat um eine nachträgliche Entschädigung angeht.... „Und gewiß, schreibt er, wer gesehen hätte die zwei Tage und Nächte ununterbrochen fortgewährten, athemlosen Arbei= ten mit meiner Familie, Dienstbothen und Lohnleuten, der würde sich den tollen Gedanken nie beikommen laßen, daß ich nicht nebst vollständiger Zah= lung auch noch, in Anrechnung meiner außerordentlichen Bemühungen, eine meinem hohen Gaste angemeßene Belohnung erhalten würde. — Nicht nur alle Zimmer meines Hauses, außer einem einzigen Stübchen, welches ich mit genauer Noth für die Meinigen erhalten konnte, waren die Nacht hindurch mit Betten, sondern auch sogar die Gänge, Keller und Speicher mit Strohe belegt, und beleuchtet. Eben so waren des Tages hindurch die Küche und Keller mit Köchen und Conditern, und die Ställe von Pferden eingenommen. Wie viel mir bei solchen Unordnungen zerbrochen, ruiniret und weggekommen seyn mag, läßt sich von selbst leicht denken. Köche und Conditer holten sich den Wein aus dem Keller selbst mit Stützen, und zahlten, was ihnen gefällig war. Der in meiner Scheuer häufig dagelegene Abbruch verschwand; Porzellan, Küchengeschirre, Gläßer, Bouteillen wurden zerbrochen; Seßel und Weißzeug ruinirt. Bei der geringsten Wiederrede sahe ich mich sogleich von Mehreren umrungen und mit dem Säbel bedrohet. — So kam endlich nach tausend Schrecken und zweimaliger Gefahr des Brandes, indem man die brennenden Lichter in das Strohe hinwarf, der Tag der Abreise herbei, und Niemand fragte nach einem Conto. Auf meine Erinnerung wurde ich sogleich ange= fahren: Was ich wollte? Ob sie Logie — Holz — Licht — und Salz nicht frei hätten? Und so warf man mir endlich für meinen und in der ganzen Stadt aufgekauften Rahm und Milch, für das viele Holz, welches in der Küche und auf der Gaße verschwendet wurde, für mehr als 300 Lichter, für Bettung und Weißzeug, für die Menge zerbrochener Gläßer, Bouteillen und Küchengeschirre, für die ruinirten Seßel und das mit bei solcher Unord= nung weggekommene Weißzeug, statt einer Summe, die sich nach dem mäßig= sten Ansatze immerhin auf zweihundert fünfzig Gulden beläuft, 35 Gulden hin, welches kaum für Waschkosten des verbrauchten Weißzeuges ausreicht. Ich eilte daher auf der Stelle zu meinem hohen Gaste, um mich über eine so wenig verhältnißmäßige Zahlung zu beschweren; allein man ließ mir nach und die Wache stieß mich zurücke. — Um nun alles Mögliche zu thun, schickte

Außer den Conde'schen Truppen in der Stadt lagen noch etwa 400 Mann mit der Wagenburg des Prinzen, welche Fuhrleute von Frankenthal befördert hatten, diesseits der Rheinhäuser Ueberfahrt auf freiem Felde. Auch für diese mußte die Stadt die nöthigen Lebens=mittel auf Befehl des Quartiermeisters v. Crenolle herbeischaffen. [56]) Nebst den vielen Pferden, welche das Corps mit sich führte, sollte der Magistrat bei dem Abzuge derselben am 10. August Morgens drei Uhr noch 25 Reitpferde mit Sätteln und 7 zweispännige Wagen bereit halten. Man versäumte nicht, dieser Bitte zu ent=sprechen, um die lästigen, annußlichen Flüchtlinge bald möglich wieder los zu werden. [57])

§. 4. Weitere Mehrung und Minderung der Truppen in und um Speyer.

Die übrigen in und um Speyer unter dem Befehle des Grafen v. Erbach lagernden, kaiserlichen Truppen, für welche sich täglich die Vorräthe durch jenseitige Beifuhren mehrten, sollten auch von einem Mainzer Zuzuge verstärkt werden. So hatte der kurfürst=liche Canzler v. Albini es dem Kaiser in Mainz versprochen. Allein dieser Zuzug mußte erst noch gesammelt, ausgerüstet und einge=schult werden. Der Mainzer Obergeneral, Freiherr v. Gymnich, wurde mit dem deßfallsigen Plane betraut. Dieser fiel aber sehr

---

ich einen Reitenden mit einem Schreiben nach; aber auch dieses wußte man Sr. königlichen Hoheit entweder vorzuenthalten, oder man will es sich, wie es scheint, gefließentlich vorenthalten lassen." ꝛc. ꝛc. Auch in andern Städten, in welchen die Emigranten weilten, hinterließen sie viele Schulden, so nament=lich in Bingen, wo sie ein großes Magazin hatten, welches deßhalb in Be=schlag genommen wurde. A. O. P. vom 31. Aug. 1792. — [56]) Die Fran=kenthaler Fuhrleute wollten ihre Wägen hier vor dem Dome abladen, wurden aber, ungeachtet sie die große Hitze und lang ausgesetzte Fütterung ihrer Pferde vorschützten, durch die Condeer unter großem Lärm mit Gewalt an=gehalten, noch bis zur Rheinhäuser Ueberfahrt weiter zu fahren. — [57]) Wie die Franzosen hiedurch gegen die Speyerer konnten aufgereizt werden, was auch F. C. Schlosser in seiner Gesch. des achtzehnten Jahrhunderts B. V. S. 472 behauptet, ist nicht leicht einzusehen. — Mirabeau wollte sich in Philippsburg festsetzen, was aber der Speyerer Fürstbischof nicht duldete, worauf er weiter zog. Er starb bald nachher und wurde zu Freiburg be=graben. Prinz Conde nahm seinen Zug mit 6,000 Mann über Bruchsal, Karlsruhe nach Rastatt, wo ihn am 14. August der Markgraf von Baden begrüßte. A. O. P. vom 21. Aug. 1792.

ungeeignet aus. Die fähigsten Offiziere erklärten sich gegen denselben und zogen sich zurück. Der Obrist v. Winkelmann wurde
nicht wegen seiner besonderen kriegsmännischen Befähigung, sondern
mehr wegen seines bekannten Hasses gegen die Franzosen an die
Spitze dieser neugebildeten Truppen gestellt. Mit Scherz, Frohsinn
und Jubel, als gelte es einem Vergnügenszuge nach Paris, um
bald siegreich mit mancherlei Trophäen in die Heimath wieder zurückzukehren, zog das erste Bataillon mit 1,200 Mann am 31. August
unter dem Befehle des genannten Obristen von Mainz ab. Das
zweite Bataillon unter Obristlieutenant v. Fechenbach folgte am
8. September. Als die Mainzer nach Speyer kamen, ließ sie der
Graf v. Erbach gar nicht in sein Lager einrücken, weil ihnen die
nöthigen Schutzmittel zum Felddienste, Mäntel und Decken, an die
man in Mainz gar nicht gedacht hatte, fehlten. Sie mußten sonach in Dudenhofen Quartier nehmen. [58])

Diese ungeübten, mangelhaften Mainzer Truppen hätten wohl
in Verbindung mit den bereits bei Lingenfeld und in der Umgegend
lagernden Oesterreichern hingereicht, die in Speyer aufgehäuften Kriegsvorräthe zu decken und jeden Angriff von französischer Seite zurückzuschlagen. Allein ein unerwarteter Befehl des Herzogs v. Braunschweig,
welcher bereits am 19. August mit einer Armee von 90,000 Mann
an der Mosel in Frankreich eingerückt war und die Feinde siegreich
vor sich hergetrieben hatte, gebot, daß der Graf v. Erbach mit dem
größten Theil seiner Truppen bei Lingenfeld aufbreche und ihm damit
nach Lothringen nacheile, ohne Rücksicht, daß hiedurch den Franzosen,
die seit dem 10. August massenhaft zu den Waffen griffen, Speyer,
Worms ꝛc. freigegeben werde. Dieser Aufbruch geschah zur großen
Besorgniß der Speyerer Bürger am 10. September. Der Graf
ließ nur die Mainzer Truppen und ein kaiserliches Bataillon, welches Obristlieutenant v. Diebrich befehligte, in Lingenfeld zurück. Er

---

[19]) A. O. P. vom 5. und 14. Sept. 1792. Die Mainzer Truppen
waren im Ganzen 2,071 Mann, worunter 54 Kanoniere. Sie führten 4
sechspfündige Kanonen, 2 sechspfündige Haubitzen und 6 zweispännige Munitionswagen, sämmtlich neu zusammengebracht, mit sich. Die Munition für
das grobe Geschütze bestand für jede Kanone aus 105 Kugeln und 50 bis 60
Kartätschenpatronen; für jede Haubitze aber aus 60 Granaten und 20 Kar-
tätschen. Reservemunition wurde nachverlangt, aber keine nach Speyer nach-
geschickt, weil keine vorräthig war. K. Klein's Gesch. von Mainz. S. 29 u. ff.

nahm seinen Zug über Neustadt, Kaiserslautern und Homburg an
die Saar und an die Mosel. [59]) Um die Besorgniß und Furcht
eines Ueberfalls zu mindern, ließ die Mainzer Regierung in öffent=
lichen Blättern einrücken, daß der Obrist v. Winkelmann solche Vor=
kehrungen bei Speyer getroffen habe, welche ein allenfallsiges Unter=
nehmen der Franzosen auf die deutschen Truppen sicher vereiteln
würden. Am 12. September zog Winkelmann, wohl nach eigenem
Gutdünken, mit seinen Mainzern aus dem bisherigen Lager in die
Stadt Speyer. Der Obristlieutenant v. Diedrich scheint angewiesen
gewesen zu seyn, mit seinem Bataillon den Befehlen Winkelmanns
zu gehorchen. Die bemeldeten Vorkehrungen des Mainzer Obristen
waren höchst ungenügender Art. Sie beschränkten sich darauf den
Anmarsch der Franzosen möglichst frühzeitig zu erfahren. Er
stellte deßhalb rings um die Landseite der Stadt sechs Piquete von
12, 30 und 60 Mann auf. Nachts wurden sie theilweise verstärkt.
Außerdem besetzte er das bei Hanhofen gelegene fürstbischöfliche
Wasserschlößchen Marientraut mit einem starken Posten. Für einen
möglichen Rückzug über den Rhein, oder frühere Verbringung der
reichen Vorräthe über denselben, wurde nichts gethan. Da mit
dem Grafen v. Erbach sämmtliche Reiterei von Speyer abgegangen
war, so kamen auf wiederholte Vorstellung am 25. September noch
140 kaiserliche Dragoner von dem Regimente „Joseph von Toskana"
unter Anführung des Oberlieutenant Bukowsky, welche meistens
Rekruten und Rekonvaleszenten waren. An dem nämlichen Tage
schickte General v. Gymnich 17 Husaren mit einem Offiziere aus
Mainz, deren Ausrüstung jedoch in elendestem Zustande war. [60])
Die Dragoner wurden in Dudenhofen eingelagert, die Husaren an=
fangs in Speyer und nachher in Berghausen. Ihre Patrouillen
gingen bis nach Schwegenheim. [61]) Die Gesammtzahl der in und

---

[59]) A. O. P. vom 18. Sept. 1792. — Am 10. September ist Alexander
Beauharnais im Lager bei Weissenburg angekommen, um die Stelle des ab-
gegangenen Generals Broglio zu ersetzen. Das feindliche Lager füllte sich
mit ungeübten, aber muthigen Leuten. — [60]) Eine öffentliche Nachricht von
Mainz meldet, daß dort am 25. Sept. eine starke Abtheilung kurfürstlicher
Husaren in die Gegend von Speyer abgegangen sei, woselbst auch ein Commando kaiserlicher Dragoner bereits eingetroffen. A. O. P. vom 2. Okt.
1792. — [61]) „Der Untergang des Kurfürstenthums Mainz." Herausgegeben
von Dr. J. F. Neigebauer, k. p. Justizrath. Frankfurt a. M. 1839.

um Speyer lagernden Truppen belief sich sohin auf kaum 3,350
Mann.

Indeß liefen in Speyer bereits seit mehreren Tagen Nachrichten von dem Anmarsche der französischen Armee ein. Dieß erfüllte
den Magistrat und die Bürger mit neuen Besorgnissen für die
Stadt und das schwach geschützte kaiserliche Magazin in derselben.
Um Gefahr und Unheil möglichst abzuwenden, hielt der Bürgermeister eine geheime Conferenz, um zu berathen, welche Vorkehrungen
in dieser Beziehung zu treffen seyn dürften. Es wurde endlich am
21. September beschlossen, den eben so zuverläßigen als geschäfts-
gewandten Rechtskonsulenten v. St. Georgen schleunig in das kaiserliche Hauptquartier bei Thionville abzusenden, um dort die Verlegung des kaiserlichen Magazins in Speyer auf das rechte Rheinufer zu bewirken und nöthigenfalls deßhalb sich auch zu dem bei
Verdun stehenden Fürsten v. Hohenlohe zu verfügen. Hören wir
wie der Rechtskonsulent den Verlauf und den Erfolg seiner Sendung uns mittheilt: „Ich reiste am 22. September ab und ge-
langte am 24. desselben Abends in Luxenburg an. Am folgenden
Tag meldete ich mich bei dem dortigen Commandanten, General
v. Schröder, ließ mir den Paß von ihm unterschreiben und zog sonstige Erkundigungen ein. Den 26. begab ich mich in das Hauptquartier zu Hettange und trug mein Anliegen den beiden Generälen,
Grafen v. Erbach und v. Brentano vor. Diese sahen die gerechte
Besorgniß der Stadt Speyer wohl ein. Sie waren sehr unwillig
darüber, daß die hiesige Besatzung sich in die Stadt geworfen und
nicht draußen campiren mochte. Sie verwiesen mich jedoch an den
commandirenden General v. Wallis. Demselben übergab ich ein
Promemoria und drängte mündlich auf schleunige Hülfe. Der General lud mich zur Tafel ein und die beiden andern Generäle versammelten sich bei ihm, um über mein Anbringen einen Schluß zu
fassen. Solcher folgte auch dahin, daß das Magazin sogleich auf
die andere Seite des Rheins, wozu ich Ketsch in Vorschlag brachte,
transportirt werde und das Corps sogleich außerhalb der Stadt
campiren solle. Die Ordre hierzu an die beiden hiesigen Commandanten und die Verpflegsbeamten wurde mir verschlossen zu Händen

---

Der alte Kurmainzer General v. Hatzfeld soll der Verfasser dieser interessan-
ten Schrift seyn.

gestellt. Auf meine Bitte, zu meiner Legitimation mir etwas an
den Magistrat mitzugeben, fertigte man mir in der Kriegscanzlei
die anliegende Note aus. Jene Ordre an die Commandanten war
aber weit präciser. Man versicherte mich, daß das Magazin
unverweilt nach Ketsch abgehen soll. Ich ging erst, weil
die Kanzleiexpeditionen lange Zeit erforderten, des Abends von Hct-
tange ab und mußte des Nachts in einem Wirthshause vor den
schon zu Luxenburg geschlossenen Thoren liegen bleiben. Des andern Morgens reiste ich sogleich von Luxenburg ab und verfolgte
meine Reise Tag und Nacht, ungeachtet sie wegen des auf dem Hin-
und Herwege beständig anhaltenden starken Regenwetters und des
entsetzlichsten Weges über den Hundsrück und das Moselgebirge mit
der größten Beschwerlichkeit und Gefahr verknüpft war. Dennoch
langte ich schon am 29. Abends in Speyer an. Daß schon damals
die französische Armee im Anzuge war, ist bekannt. Die Herren
Bürgermeister und Consulenten waren im Begriffe, Sonntags Morgens den 30. September zu den Commandanten zu gehen und für
den Transport des Magazins zu sorgen. Auf einmal entstand der
Lärm von der Ankunft der Franzosen und es blieb also der wohlgemeinte und guteingeleitete Plan ohne Erfolg. Indessen dient es
heut' oder morgen zur Rechtfertigung vor der kaiserlichen Generalität, vor dem auswärtigen und hiesigen Publikum, daß der Magistrat seine Pflichten erfüllt und daß er mehrere Vorsicht, als von
den Commandanten geschahe, angewendet hat. Hätten diese noch in
Zeiten die nämliche Gefahr der Generalität vorgestellt; hätten sie
das Magazin nur 8 Tage vorher auf die andere Rheinseite gebracht; hätten sie einen besseren Plan zum Rückzuge, entweder nach
Mannheim, oder auf Fahrzeugen über den Rhein, gemacht und hätten sie nicht mitten in der Stadt eine unnütze Gegenwehr gebraucht;
oder hätten sie auch für die Stadt capitulirt: so wäre das Unglück
dem größten Theile nach gewiß nicht erfolgt." ꝛc. [62]

---

[62]) Stadtarchiv. Nro. 690. Original. Bereits am 24. Sept. 1792 hieß
es zu Bergzabern, daß die dort und zu Barbelrodt lagernden französischen
Truppen abziehen würden. Am 27. desselben verlangte Custine für weitere
zwei Escabronen Reiter Quartier zu Barbelrodt. Diese mußten stets gerüstet, wie zum Angriffe, bereit seyn. Die Armee bei Weissenburg war in
der Nacht vom 28. Sept. aufgebrochen. Der Zug durch Barbelrodt dauerte
mehrere Stunden. Auch die auf dem Gutleuthofe bei Bergzabern und in

§. 5. Eroberung der Stadt Speyer durch Custine.

Während der Magistrat zu Speyer durch die geheim bespro=
chene Absendung eines Bevollmächtigten in das Lager des Fürsten
v. Hohenlohe das Mögliche that, um die Stadt vor französischer
Ueberrumpelung und Raub zu sichern, rüstete sich Custine, welcher
hiezu die Einwilligung des Kriegsministers sich erwirkt hatte, Speyer,
nach einem mit dem Generale Biron verabredeten Plane, zu
überfallen und das dortige kaiserliche Magazin nach Landau zu
verbringen. Bereits am 9. September, sohin einen Tag vor dem

---

dieser Stadt rastenden Franzosen, bis auf zwei Compagnien Volontaire vom
Jura, brachen Morgens 2 Uhr am 29. Sept. dort auf. Erst am späten
Abende vorher hatten sie hiezu Befehl, mit 40 Patronen für jeden Soldaten,
erhalten. Der damalige Commandant derselben hieß Lamuré vom siebenten
Jägerregimente zu Pferd. Am 29. September rückte das zehnte Bataillon
der Freiwilligen aus den Vogesen als Nachhut in Barbelrodt ein, welches
von dem Lieutenant colonel Arlande geführt wurde. In der folgenden Nacht
sind noch alle Truppen, welche im Lager zu Weissenburg zurückgeblieben wa=
ren, wie auch jene Compagnien, welche noch in Bergzabern lagen, aufge=
brochen und abwärts gezogen. Nur in Barbelrodt blieb die alte Garnison
liegen. In der Nacht vom 29. auf den 30. Sept. brachen die französischen
Jäger, welche bisher zu Schönau lagen, nach Weissenburg auf. Berichte des
Regierungsrathes Klid aus Bergzabern. Reichsarchiv. Z. A. Nro. 2690. —
Am 29. Sept. wurde dem Oberamte Germersheim von Billigheim berichtet:
„Diesen Morgen gegen 4 Uhr sind von der bei Weissenburg aufgebrochenen
französischen Armee etwa 6,000 Mann hier durch gen Landau; über 130 Wa=
gen folgten mit Munition nach.“ Von Pleisweiler wurde am folgenden
Tage berichtet: „Gestern in aller Frühe sind die bisher in Bergzabern ge=
legenen Jäger zu Pferd und Infanteristen aufgebrochen. Dort blieben nur
einige Compagnien Nationalgarden vom Jura zurück, welche aber heute auch
aufgebrochen sind. Die Zelten des Lagers bei Weissenburg sind noch aufge=
schlagen und in jedem Zelte blieb ein Mann zurück. Die Soldaten sagten
aus, sie werden nur das kaiserliche Magazin in Speyer hinwegnehmen und
in 4 Tagen wiederkommen.“ Von Wollmesheim wurde am 30. Sept. be=
richtet: „Gestern gegen 10 Uhr kamen 4,000 Mann Franzosen hier an. Sie
konnten nicht alle untergebracht werden und lagerten sich auch in die Kirche.
Abends 9 Uhr brachen sie auf, um nach ihrer Aussage nach Speyer, Mainz
und Frankfurt zu ziehen.“ Aus Gödlingen wurde an demselben Tage be=
richtet: „Gestern durften die Landleute, welche den Landauer Wochenmarkt
besucht hatten, nicht mehr aus der Stadt bis heute in der Frühe, damit we=
gen der abgezogenen Truppen keine Verrätherei stattfindet. Aus Landau sollen
400 Bürger als Nationalgarden mit abgezogen seyn.“ Karlsr. Archiv. P. A.

Auszuge des Grafen v. Erbach aus Speyer, hatte der benelbete General Biron an den französischen Kriegsminister Dumouriez berichtet, „daß Custine etwas vorhabe; er werde ihm freie Hand lassen, doch Vorsicht empfehlen." Diese Vorsicht war weniger nöthig, nachdem fast alle kaiserliche Truppen von Speyer abgezogen waren. Custine meinte überdieß: „Die Pfaffenstraße" — so nannte er die rheinischen, bischöflichen Sitze — müßte heimgesucht werden; man müsse die deutschen Magazine zerstören, Adel, Geistliche und Beamte zu Contributionen zwingen, das Volk aber schonen." Um diesem Vorsatze mit Erfolg zu entsprechen, sammelte er jenseits der Lauter und bei Landau ein Heer aus Linien= und Nationaltruppen. Es soll nicht viel über 13,000 Mann zu Fuß, 4000 zu Pferd gezählt haben, mit 40 Kanonen und den nöthigen Munitionswagen. [63])

Noch ehe Custine sich mit dieser Armee gegen Abend am 29. September vor Landau, trotz der regnerischen Witterung und der schmutzigen Wege, in Marsch setzte, hielt er eine feurige Ansprache an dieselbe. Er leistete zum öffentlichen Beweise seiner treuen Anhänglichkeit an den Nationalconvent und die freie Verfassung der französischen Nation hiebei feierlich einen Eid unter der Betheuerung: „Ich will die Freiheit vertheidigen; ich will die Gleichheit handhaben; kein Gesetz will ich anerkennen, wenn es nicht von unsern erlauchten Stellvertretern herrührt; eher will ich auf dem Kampfplatze sterben, als nicht alle Despoten, welche in ihrer Tollkühnheit einer mächtigen Nation Gesetze vorzuschreiben wagen, zermalmen!" Weiter rief er den Truppen entgegen: „Alle Völker sind unsere Brüder; die Zeiten sind vorbei, wo wir Nationen bekriegten; die Stärke unserer Waffen treffe in Zukunft allein die Uebertreter der anvertrauten Gewalten, die Despoten und ihre Rechte! Ehren wir die Freiheit

---

[63]) Am 24. Sept. schrieb man aus Landau: „Die sämmtlichen Truppen, welche bisher in den Linien unserer Festung und in dem untern Elsaß gestanden, brechen Morgen oder Uebermorgen nach Speyer auf, um jener Gegend einen Besuch zu machen" A. O. P. vom 1. Okt. 1792. Custine, geboren zu Metz am 4. Febr 1740, stammte aus einer gräflichen Familie. Schon in seinem siebenten Jahre erhielt er eine Lieutenantstelle. Mit seinem Vater kämpfte er in der Schlacht bei Roßbach. Im Jahre 1780 nahm er an den Freiheitskämpfen in Amerika Theil. Nach seiner Rückkehr wurde er Gouverneur zu Toulon. Im Jahre 1789 wählte ihn der Adel zum Mitgliede der Generalstaaten. Eine Charakteristik desselben siehe bei Posselt — Europäische Annalen. Jahr. 1795. B. III. S. 196.

ber ruhigen Bürger, wenn wir die Flammen des Krieges in ihr
Land hinüberbringen! (Achten wir), daß keine unserer Waffen durch
das anklebende Blut des unschuldigen Bürgers verunehrt werde.
Die Ehrfurcht, mit der wir ihnen auf ihrem Eigenthume begegnen,
sei ein Beweis für sie, daß der für Freiheit kämpfende Franke,
auch wenn er gezwungen würde, mit Gewalt sich ihrer Städte zu
bemächtigen, ihnen mit der einen Hand die Freiheit darbietet, indem
er mit der andern das Schlachtschwert in den Busen der Unter=
brücker stößt." Diese Rede, welche sofort veröffentlicht wurde, sollte
nicht nur die Republikaner begeistern, sondern auch die Deutschen
für die Freiheitsmänner gewinnen und sie wegen der allgemein ge=
fürchteten Mißhandlungen der Neufranken beruhigen. [64])

Noch an demselben Abende, an welchem Custine mit seinen
Truppen vor Landau sich zum Aufbruche rüstete, brachte ein Bauer aus
Berghausen, welcher zum Ausspäher gebraucht wurde, dem Speyerer
Oberbefehlshaber die Nachricht, daß die Feinde im vollen Anzuge
seyen. [65]) Im Stillen wurde nun von Winkelmann der Befehl er=
theilt, daß sich die verschiedenen Truppenabtheilungen auf ihre be=
reits bestimmt bezeichneten Plätzen aufstellen sollten. Es geschah
dieß in aller Ordnung. [66]) Gegen 8 Uhr desselben Abends ward
die Kriegskasse, die Hospitaleinrichtung und das Gepäcke der Mainzer

---

[64]) Die ganze Rede siehe „Geschichte der französischen Eroberungen."
Th. I. Beilage I. Klein a. a. O. S. 33. Nach einer andern Nachricht sprach
Custine auch bezüglich seines einzigen Sohnes, der vor dem Ausbruche des Krie=
ges Gesandte in Berlin war, zu seinen Dragonern ehe er von Landau auf=
brach: „Mein Sohn, der mich noch allein an die Welt fesselt, hat seine Pflicht
verletzt, hat sich zu den Prinzen — Bourbonen — geschlagen, die ich verließ,
und meinem Rathe kein Gehör gegeben. Bürger! die Ehre, die mich an=
feuert, gebot mir, dem Hofe zu entsagen. Ihr könnt euch darauf verlassen,
daß ich ganz Republikaner bin. Folgt mir! Laßt uns zusammen siegen.
Ich bin euer Bruder und Freund. Ich bin mäßig und liege auf Stroh,
wie ihr. Wenn wir aber siegen, wird es angenehm seyn, unter dem Schatten
der Lorbeeren auf Myrthen zu liegen." A. D. P. vom 3. Dez. 1792. —
[65]) Unrichtig ist, wie anderswo — auch bei F. C. Schlosser Gesch. des 18.
Jahrh. B. V. S. 276 — angegeben wird, daß Speyer am 29. Sept. erobert
wurde. „Der Führer durch Speyer" von G. Lang, S. 29. meint sogar, es
sei dieß am 29. Juli 1792 geschehen. — [66]) Statt in aller Eile das Maga=
zin von Speyer hinwegzuschaffen oder, wenn man es nicht fortbringen konnte,
in Brand zu stecken, soll v. Winkelmann von Mainz den Befehl erhalten ge=
habt haben, sich bis auf den letzten Mann zu halten!?

unter einer Bedeckung, welche der Oberlieutenant Merz führte, rheinabwärts abgesendet. [67]) Die österreichischen Offiziere waren in dieser
Vorsicht etwas langsamer. Da sie ihre Packwagen erst am folgenden Morgen wegbringen ließen, fielen dieselben größtentheils in die
Hände der nacheilenden Feinde.

Die Anordnung, welche Obrist v. Winkelmann bezüglich der
Aufstellung seiner Truppen und der Geschütze getroffen hatte, war
folgende. Auf dem Galgenfelde standen drei Compagnien mit zwei
Kanonen und einer Haubitze. Etwas östlicher gegen die Wormser
Straße waren unter dem Befehle des genannten Obristen zwei
Divisionen mit zwei Kanonen aufgestellt. Rechts am Wege nach
Dudenhofen auf der Anhöhe erwarteten drei Compagnien unter dem
Commando des Obristlieutenant v. Fechenbach den Feind. Im un-
teren Kämmerer, wo sich der Weg gen Berghausen vor der Haupt-
straße nach Landau trennt, standen eine Grenadier- und eine Füselier-
Division mit einer Kanone. Die übrigen Compagnien waren von
der Landauer Straße auf dem Feldwege bis herab zum weißen
Thore vertheilt. Den rechten Flügel dieser Divisionen befehligte der
Major Cornelis, den linken Flügel aber der Major v. Fitzpatrik.
Dieser Abtheilung waren zwei Kanonen und eine Haubitze beigegeben. Die Zwischenräume einzelner Posten betrugen bei einigen
nur eine halbe Viertelstunde, bei andern sogar eine Viertelstunde.
Die Befehlshaber der verschiedenen Abtheilungen konnten sich einander nicht beobachten und um so weniger sich wechselseitig unterstützen, als einer von dem andern nichts wußte, der Vertheidigungs-
plan im Ganzen Keinem derselben bekannt war, und sohin im Nothfalle der feindlichen Uebermacht Keiner wußte, wie und auf welche
Art er sich zurückziehen sollte. Die kaiserliche Cavallerie war beordert
ihre Stellung gegen Schwegenheim hin zu nehmen und im Falle
eines heftigen Angriffes und bei etwaiger Uebermacht des Feindes
sich auf die Infanterie zu stützen. Der Rückzug des ganzen Corps
bei einem zu sehr überlegenen feindlichen Angriffe sollte, wie die
meisten im Kampfe erfahrenen Offiziere vermutheten, auf der Haupt-

---

[67]) Merz kam Nachts halb 12 Uhr vor Mannheim's Thore, wo die
Neutralität noch so fest gehalten wurde, daß er weder in Mannheim einrücken, noch durchziehen durfte. Erst am andern Morgen 7 Uhr wurde ihm
gegönnt über die Neckarbrücke nach Birnheim zu gehen. Er mußte überdieß
ein starkes Brückengeld zahlen. Gesch. der franz. Eroberungen. Th. I. S. 26.

straße nach Oggersheim geschehen, um sich von dort nach Worms
wenden zu können. Winkelmann hatte aber hierüber keine vorsorgliche Weisung ertheilt und auch während des Kampfes seine beßfallsige Absicht nicht kund gegeben. Deßhalb mußte denn auch
jeder Anführer bei eintretender Gefahr nach seinem eigenen Gutdünken handeln. [68])

Die ganze Nacht blieben die vor die Stadt ausgerückten Truppen in vorerklärter Ordnung und Stellung unter dem Gewehre.
Erst Morgens gegen 7 Uhr, da die bei Berghausen und Dudenhofen stehenden Vorposten meldeten, nichts vom Feinde wahrgenommen
zu haben, erhielten die verschiedenen Abtheilungen Befehl, mit Zurück-
lassung der gewöhnlichen Tagespiquete, in ihre Quartiere in der
Stadt einzurücken. Man befürchtete nunmehr an diesem Tage keinen
Angriff. Aber kaum hatten sich die Soldaten in ihren Quartieren
zerstreut, als schon von dem bei Dudenhofen stehenden Husaren-Lieute-
nant die Nachricht einlief, daß eine seiner Patrouillen auf die
feindliche Vorhut gestoßen sei; daß diese sogleich gefeuert und Einen
seiner Reiter getödtet und einen andern verwundet habe; daß
die übrige Mannschaft der Patrouille sich zurückgezogen und der
nachrückende Feind auf dieser Seite kaum noch eine gute halbe
Stunde entfernt sei. Augenblicklich wurde in der Stadt Generalmarsch geschlagen. Nur langsam sammelten sich die zerstreuten
Truppen. Die meisten Compagnien rückten mit der Hälfte ihrer
Leute aus; die Säumigeren kamen einzeln nach, wie sie konnten.
Erst nach halb neun Uhr standen sie vollzählig auf ihren angewiesenen Plätzen in Reihe und Gliedern. Sie erwarteten ruhig
den Feind und weitere Verhaltungsbefehle. Gegen 10 Uhr sah
man einige kleine Reiterabtheilungen in einer nicht geringen Ent-

---

[68]) Neigebaur a. a. O. S. 66. u. ff. Erst wenige Tage vor dem Ueberfalle hatte man zur Deckung der Geschütze zwei Pfeilschanzen aufgeworfen.
Die erste, welche vor dem Landauer Thore seitwärts angelegt war, sollte zugleich bei einem etwaigen Rückzuge dazu dienen, die ausgestellten Truppenabtheilungen zu decken. Die zweite, welche am Galgenfelde aufgeworfen war,
brachte mehr Schaden als Nutzen. Die Brustwehr hatte beim Anzuge der
Feinde noch nicht einmal die Höhe von drei Fuß erreicht. Man setzte, um
die erforderliche Höhe zu erzielen, einige ungeheure Schanzkörbe darauf,
welche bei ausgebrochenem Kampfe die sichere Zielscheibe der feindlichen Kanonen wurden.

fernung herbeischwärmen. Die Cavallerie in Speyer erhielt Befehl,
gegen die französischen Reiter vorzurücken. Es fiel jedoch hiebei
auf beiden Seiten nichts Erhebliches vor.

Gegen 11 Uhr rückte das ganze feindliche Corps auf der
Landauer Straße über Schwegenheim bis gegen Heiligenstein vor.
Dort theilte sich dasselbe in drei Colonnen. Die eine schritt gerade
vorwärts über Heiligenstein. Die andere schwenkte sich rechts an
Berghausen herunter. Die dritte, welche die stärkste war und an
deren Spitze Custine selber ritt, zog sich über Dudenhofen in den
Wald und in diesem hinab vor die Nordseite der Stadt und besetzte
den Rinkenberger Hof und die Hauptstraße, welche nach Oggers=
heim und Worms führt. [69])

Schon in der verflossenen Nacht und während des ganzen
Morgens verließen viele Bewohner, namentlich die Geistlichen und
Klosterfrauen, in größter Bestürzung und Angst die Stadt. Bereits
waren einige Kanonenschüsse gefallen, als immer noch Männer und
Frauen, mit ihren jammernden Kindern auf den Armen und an
der Hand, in Kähnen und Schiffen sich auf das rechte Rheinufer
flüchteten, um Sicherheit vor den gefürchteten Republikanern zu
finden. Ehevor das Feuer der feindlichen Kanonen begann, sendete
Custine einen Offizier in die Stadt mit einem Schreiben an den
Magistrat, in welchem er die volksfreundliche Absicht seines An=
rückens rühmte, den Bewohnern der Stadt Schutz ihrer Personen
und ihres Vermögens zusicherte und den Magistrat aufforderte,
den Commandanten der Stadt zu vermögen, von einer unnützen
und blutigen Vertheidigung abzustehen, weil beim begonnenen Kampfe
seine mutherglüheten und ruhmbegierigen Soldaten das Leben keines
Feindes der Freiheit schonen dürften. [70]) Der Magistrat ließ dieses

---

[69]) Rfg's Gesch. der Abteien. Th. II. S. 221. Memoires par Gouvion
St. Cyr. tomo I. p. 2. Nach dieser Quelle führte General Blou den rechten
Flügel unterstützt von Houchard und Meunier. Auf dem linken Flügel bei
Custine standen Neuvinger und Lasarelle. — Nach dem Tagesbericht Custine's
kam derselbe — auf mühesamen Wegen durch den Wald — erst Nachmittags
2 Uhr an dem Scheidewege der Speyerer Hauptstraße nach Worms und
Mannheim an. — Nach einer anderen Nachricht hatte sich Custine mit seiner
Colonne schon bei der Comthurei Heimbach links gegen die Speyerbach ge=
wendet. „Gesch. der franz. Eroberungen.“ Th. I. S. 31. — [70]) B e i l a g e 11.
O r i g i n a l im Stadtarchiv. Nach der Chronik des St. Magdalenen Klosters

Schreiben alsbald durch einen Hauptmann dem Obristen v. Winkel=
mann mit der inständigsten Bitte übermachen, ja doch die Stadt
durch einen unnützen Widerstand nicht zum Opfer zu bringen. Der
Magistrat setzte hievon den französischen Obergeneral alsbald einfach
in Kenntniß und empfahl sich in vollster Zuversicht den gerechten
und edeln Gesinnungen der französischen Nation und des Befehls=
habers ihrer Truppen. [71] Die Bitte des Stadtvorstandes, wie
das Anschreiben Custine's blieb bei dem Obristen v. Winkelmann
ohne Beachtung.

     Sobald die feindlichen Colonnen bis in eine beiläufige Ent=
fernung von 1,500 Schritten vor den rund um die Stadt aufge=
stellten Truppen gekommen waren, marschirten sie in einem großen

---

dahier und nach mehreren gleichzeitigen Nachrichten hatte die Schlacht schon
gegen 12 Uhr begonnen. „Zwischen 12 bis 1 Uhr hörte man eine heftige
Kanonade, die bis gegen 3 Uhr dauerte. Die Franzosen wurden anfangs
zurückgeschlagen und drei Viertelstunden verfolgt; das Gefecht hat gegen 4 Stun=
den gedauert." A. O. P. vom 9. und 10. Oct. 1792. — „Die in der Nacht
aufgebrochene, in größter Stille auf der sogenannten Hochstraße bei Eßingen
einhergezogene französische Armee ist Morgens — am 30. Sept. — gegen
9 Uhr bei Westheim, Schwegenheim und Lingenfeld erschienen und geraden
Weges gen Speyer marschirt. Alles war mit Kriegsvolk, Munition-Wagen ꝛc.
überzogen. Man berechnete die Armee auf 40,000 Mann. Die Vorposten
attaquirten sogleich. Um Viertel nach zwölf Uhr griffen die Franzosen die
bereits in Schlachtordnung stehenden Oestreicher und Mainzer in der Gegend
des kurpfälzischen Zollhauses vor Speyer an. Das Feuer war außerordent=
lich lebhaft und dauerte bis drei Viertel auf 3 Uhr. Die Deutschen mußten
der Uebermacht weichen und an den Rhein retiriren . . . . Um drei Uhr
rückten die Franzosen unter dem Zetergeschrei: Vive la nation! mit tür=
kischer Musik in Speyer ein . . . . Abends um sieben Uhr erhielt ich das
beigebogene Schreiben des Generals Custine — Beilage 10 — welches
sehr beruhigend ist und die Kurpfalz in der gegenwärtigen Lage rettet, denn
die weiteren Fortschritte dieses Heeres sind nicht zu berechnen. Heute Nacht
2 Uhr ist mir der gnädigste Befehl vom 30. Sept. behändigt worden. Ich
werde auf der Stelle mich zu dem General Custine nach Speyer begeben und
den mir ertheilten Auftrag pünktlich erfüllen" Bericht des Oberamtmanns
v. Reibeld zu Germersheim vom 1. Oft. 1792 an den Grafen v. Oberndorff.
Karlsr. Archiv. P. A. Welcher Auftrag dieß war, ist nicht bemerkt. —
[71] „Recevois, Monsieur, nos respects et hommages. Nous avons une con=
fiance absolue dans les sentimens justes et généreux de la nation fran=
çaise à notre égard et dans ceux de votre excellence." Der mit den
Franzosen einverstandene Rathsconsulent Petersen verfaßte diese Antwort.

Halbzirkel auf, wobei die Flügel der einzelnen Colonnen sich füg=
lich einander unterstützen konnten. Die Jäger zu Pferd mußten
das Aufführen der feindlichen Kanonen bergen und ihre Plänkler
ritten daher bis auf die Entfernung eines Musketenschusses vor
die Stirne der Mainzer. Die Franzosen erhoben bei ihrem Heran=
rücken ein gräßliches Geschrei, welches auch von den Mainzern er=
wiedert wurde. Der erste Kanonenschuß wurde von diesen am
Dudenhofer Wege abgefeuert. Darauf fing sogleich ein sehr leb=
haftes Kanonenfeuer der Franzosen zu blitzen und zu donnern an.
Es war auf den genannten Posten, wie auf die Truppen am Galgen=
felde und an der Wormser Straße gerichtet, verblieb jedoch ohne
sonderliche Wirkung. Dieses Feuer ward so viel wie möglich von
den Mainzern erwiedert. Allein die ungleiche Anzahl und Größe der
deutschen Geschütze gegen jene der Franzosen, machte einen erfolg=
reichen Widerstand fast unmöglich. Die feindliche Colonne, welche
über Berghausen vorgerückt war, hielt sich außerhalb der Schuß=
weite ruhig, so daß sich an der Südseite der Stadt kein besonderer
Kampf entwickelte. Die Franzosen hatten gleich anfänglich die
Straße, welche nach Worms führt, stark besetzt, wahrscheinlich, um
dort den etwaigen Rückzug der deutschen Besatzung zu verhindern.
Winkelmann glaubte, der Feind werde sich von dorther der Stadt
nahen und sofort einen ernsten Angriff auf das Wormser Thor
versuchen. Er ließ daher, noch ehe das feindliche Geschütz von
dieser Seite abblitzte, jene Truppenschaar, welche er selbst anführte,
im Angesichte des Feindes, mit allen Kanonen rückwärts ziehen,
um die Wormser Brücke zu vertheidigen. Dieser Rückzug war um
so unbegreiflicher, weil an der Brücke kaum für eine Compagnie
Platz war und die Kanonen dort eine hinter der andern aufgefahren
werden mußte. Es entstand hiedurch auch wirklich bei der Brücke
ein solches Gedränge, daß die eine Hälfte dieser Schaar sogleich ihre
vorige Stellung wieder aufsuchen mußte, während die andere Hälfte
an der Brücke zurückblieb. Die Franzosen hatten indessen Zeit ge=
wonnen, ihr Geschütz möglichst vortheilhaft aufzupflanzen. Ehevor
die Mainzer sich wieder vor den verlassenen Posten neu aufgestellt
hatten, spielten die feindlichen Kanonen auf sie mit der größten
Lebhaftigkeit und Wirksamkeit. Diesem Feuer wurde zwar ohne
Verzug erwiedert, allein ohne sonderlichen Erfolg, da es an Heftig=
keit und Größe mit dem feindlichen in keinem Verhältnisse stand.

Bald ergab sich hieburch auf diesem Punkte eine solche Verwirrung, daß nichts übrig blieb, als abermals den Rückzug gegen die Wormser Brücke zu nehmen. Die feindlichen Kugeln schlugen hier in die gedrängten Reihen um so mörderischer ein, daß sich Winkelmann mit seinen zwei Divisionen nicht mehr halten konnte. Nur mit höchster Anstrengung wurden noch die Kanonen gerettet. Man zog mit ihnen in Bestürzung durch die Stadt zum weißen Thore hinaus.

Dieser Rückzug brachte auch die übrigen Mainzer Truppen zum Wanken. Die rechts am Wege von Dudenhofen aufgestellten drei Compagnien, welche anfänglich Obristlieutenant v. Fechenbach anführte, später aber der kaiserliche Hauptmann Oppel befehligte, behaupteten ihren Posten bis Nachmittag gegen 3 Uhr, ohne daß sie die Franzosen mit ihrem starkanhaltenden, jedoch größtentheils schablosen Kanonenfeuer zum Weichen brachten. Als dieser wackere Hauptmann endlich erkannte, daß alle andere Truppenabtheilungen durch die ihnen nächstgelegenen Thore sich zurückgezogen hatten, mußte auch er sich zum Rückzuge entschließen, um nicht auf allen Seiten von den immer näher anrückenden Republikanern umringt zu werden. Er führte seine Mannschaft mit den zwei Kanonen gegen das Wormser Thor. Der Mainzer Hauptmann v. Wolfskeel wollte sich zu gleicher Zeit durch das Landauer Thor zurückziehen, fand es aber verschlossen. Sohin ward auch er genöthigt, das Wormser Thor zur Rettung aufzusuchen. Dort fanden sie den Freiherrn v. Fechenbach mit einigen Compagnien. Er nahm alsbald die zwei vom Hauptmann Oppel herbeigeführten Kanonen zu sich und flüchtete mit ihnen und seiner Mannschaft durch die Stadt ebenfalls zum weißen Thore hinaus. Die drei Hauptmänner v. Oppel, v. Wolfskeel, v. Aar mit ihren Compagnien waren es nunmehr, welche, ohne hiezu befehligt worden zu seyn und ohne es vorher zu wissen, den Rückzug decken mußten. In Eile ließ man das aus zwei schlechten Flügeln zusammengesetzte innere Wormser Thor mit Karren und Wägen verrammeln. Allein dieß war für die von allen Seiten zahlreich anstürmenden Franzosen ein unbedeutendes Hinderniß. Mit Beilen und mit Aerten ward von ihnen eilig das vordere Thor eingehauen. Die kühnen Stürmer stürzten heran und bald fiel auch das stärkere innere Thor. Alle sonstigen Hindernisse zum Durchmarsche waren leicht beseitigt. Die genannten deutschen Compagnien waren noch nicht bis in die Hälfte der Stadt gekommen, als die feindlichen Reiter bereits in den Straßen ihnen nachsprengten. Die Verfolgten machten in Mitte der Stadt Halt und trieben durch ein wohlangebrachtes Musketenfeuer die Reiter zurück. Die Franzosen richteten nun aber ihre Haubitzen und Achtpfünder auf die deutschen Straßenkämpfer. Von dem Wormser Thore bis zur Weinbrücke war kein Haus zu finden, das nicht durch kleine und große Kugeln durchlöchert, theils mehr, theils weniger beschädiget ward. Die tapfere Nachhut der Mainzer, welche nicht länger der anschwellenden Ueberzahl der Republikaner widerstehen konnte, nahm endlich ebenfalls den Rückzug durch das weiße Thor gegen Rheinhausen.

Der Feind hatte indessen ungefähr 1,500 bis 1,600 Reiter, vom Obristen Houchard befehligt, von der über Berghausen vorgerückten Colonne gegen das weiße Thor vorgeschoben, um den dortigen Ausweg zum Rheine den Flüchtigen abzusperren. Die tapfere deutsche Nachhut war daher kaum vor jenes Thor getreten, als sie von dieser Cavallerie angegriffen, von allen Seiten umringt wurde. Sie mußte sich, getrennt von ihren Waffenbrüdern, als Kriegsgefangene ergeben. Custine, welcher sofort als Sieger in die Stadt einzog, hatte wohl erfahren, wie wenig Vorbereitung die Fliehenden zum Uebersetzen des Rheines getroffen hatten und beschloß alsbald ihre weitere Verfolgung. Obrist v. Winkelmann war bereits über die Rheinhäuser Weide bis zur Rheinüberfahrt entkommen. Allein er fand dort unglücklicher Weise weder Fahrzeuge noch Schiffer, um den Strom zu übersetzen. Letztere waren, theils aus Angst, theils vielleicht auch auf anderweitigen Befehl, an das jenseitige Ufer abgefahren. Weder Rufen, weder Bitten und Versprechen konnte diese Leute bewegen, mit ihren Schiffen Rettung zu bringen. In dieser äußersten Verlegenheit zogen nun die Flüchtlinge am Ufer des Rheins herunter bis Lußheim gegenüber in der Hoffnung, dort vielleicht einige Fahrzeuge zu finden. Der Rhein war aber damals sehr stark ausgetreten. Die Flüchtlinge fielen zum Theile bis an die Kniee in den Morast. An einigen Stellen wateten Offiziere und Gemeine bis unter die Arme durch das Wasser. Mehrere suchten auf ihren Pferden den Rhein zu durchschwimmen. Einige vierzig Mann ertranken, ungefähr 300 Mann suchten Schutz im Walde und zerstreuten sich, um am folgenden Tage Rettung zu fin-

5

ben. [72]) Die übrigen Truppen zogen wieder an die Rheinhäuſer Ueber=
fahrt zurück. Höchſt traurig war hier ihre Lage. Offiziere und Gemeine
waren durch die Anſtrengung des Tages, durch die Flucht im Sumpfe
und Waſſer auf das Aeußerſte ermüdet. Die Patronen in den
Taſchen waren durch die eingedrungene Näſſe meiſtens unbrauchbar;
ſämmtliches Geſchütz und die Munitionswagen waren theils im
ſumpfigen Boden eingeſunken, theils weit zerſtreut. Vor dem Geſichte
ſchäumten die Wellen des Rheins, hinter dem Rücken drohte der

---

[72]) Drei Mainzer hatten ſich bei dem Jägerhauſe vor dem Wormſer
Thore gerettet und kamen Morgens drei Uhr am folgenden Tage nach Schiffer-
ſtadt, wo ſie eine franzöſiſche Patrouille antrafen. Sie gingen über Mutter-
ſtadt weiter und kamen am 2. Okt. Morgens 6 Uhr nach Mainz, um dort
die Hiobspoſt von Speyer zu verbreiten. Nach ihrer Ausſage begann der
Kampf bei Speyer Sonntags um halb 12 Uhr; die Kanonade aber währte
drei Stunden. Noch am 30. Sept. hatte der fürſtbiſchöfliche Rath Wolf in
Bruchſal wegen des Ueberfalls Hilfe beim Miniſter des Landgrafen von
Darmſtadt nachgeſucht, aber nachſtehende, abſchlägliche Antwort erhalten:
„Wohlgeborner Herr, hochgeehrteſter Herr geheimer Rath! Mit Schrecken und
Wehmuth habe ich Ew. Hochwohlgeboren gütige Znſchrift von Geſtern durch-
leſen und bin um ſo mehr darüber niedergeſchlagen, als unſere eigene Lage
jetzt unmöglich erlaubt, unſerm guten Willen eine Genüge zu leiſten. Die
Regierung hat noch vorgeſtern eine Bedrohung, in das Amt Lemberg in
dem erſten Augenblick einzufallen und Alles verheeren und verwüſten zu
wollen, einberichtet, ſobald Sereniſſimus meus die geringſte Bewegung gegen
Frankreich machen würde. Man ſoll dieß öffentlich und übrigens publicirt
haben, die Hanauiſchen Unterthanen bis dahin möglichſt gut und freundſchaft-
lich zu behandeln. Außerdem ſind wir wirklich kaum in vier Wochen zu
marſchiren im Stande, indem es uns zum Theil noch an Packpferden, Zelten
und anderen Bedürfniſſen fehlt, ohne die wir auch bei dem beſten Willen nicht
fortgehen können. Die Lage des Reiches auf der Rheinſeite iſt jetzt äußerſt
gefährlich. Aber der Grund alles Unglücks ſind die unrichtigen Vorſpiegelungen
der franzöſiſchen Prinzen, daß alles königlich geſinnt ſeyn werde, ſo wie man
über die Grenze käme. Meine einzige Beruhigung wegen der Speyeriſchen
Lande iſt, daß es mir mehr um das Magazin zu Speyer und um einen ver-
heerenden Beſuch in Worms und im Mainziſchen zu gelten ſcheint. Aber leider,
immer Unglück genug. Das Mainziſche Amt Starkenburg hat wegen der zu
Heppenheim heute angekommenen vielen Bleſſirten, Bagage und Kriegskaſſe,
uns um den ungehinderten Durch- und Rückzug nach Mainz wegen erlittener
Niederlage bereits wirklich erſucht. — Meine tiefe Submiſſionsbezeugung an
Seine fürſtlichen Gnaden und die Verſicherung der innigſten Hochachtung
mache den Beſchluß, mit der ich ſtets bin Eurer Hochwohlgeboren ꝛc.
v. Gatzert. — Darmſtadt den 1. Okt. Nachmittags 4 Uhr.“ Original
Karlsr. Archiv. S. A.

nahende Feind. Obrist v. Winkelmann sah sich hiedurch genöthiget, einige Offiziere, von einem Trommelschläger begleitet, an General Custine abzusenden, um vom Sieger eine ehrenvolle Capitulation zu erlangen, und sich nicht bis auf den letzten Mann vergeblich opfern zu müssen. Der Mainzer Lieutenant v. Spiegel erhielt von Custine die Rückantwort: „Er sei mit drei Colonnen im Anmarsche; er gebe nur 40 Minuten Bedenkzeit, um sich unbedingt zu über= geben, widrigenfalls werde ohne Weiteres die Kanonade beginnen." Winkelmann sendete jetzt die Oberlieutenants v. Diedrich und v. Fechen= bach zur weiteren Unterhandlung an Custine. Diese brachten fol= gende Capitulation mündlich zum Abschluße: „Die Offiziere sollen ihre Degen behalten; auch sei ihnen und den Gemeinen die Beibe= haltung ihrer ganzen Bagage gestattet. Die Mannschaft soll die Hähne ihrer Gewehre abschrauben, verkehrt schultern und so nach Speyer ziehen, wo Custine über ihr Schicksal weiter verfügen werde." Diese Capitulation ward angenommen. Die deutschen Truppen kehrten in Trauer und Kummer nach Speyer zurück. Unterwegs mußten sie an den feindlichen Colonnen vorüberziehen, welche ihnen entgegen schrieen: „Vive la nation!" und bei der Stadt das: Ça ira etc. anstimm= ten. Vor der Hauptwache wurden die Kriegsgefangenen entwaffnet und die Gemeinen theils in den Dom, theils in Klöster einge= sperrt. [13]) Die Offiziere erhielten Erlaubniß, sich nach Belieben Quartiere in der Stadt zu suchen. Am andern Tag versicherte man den Offizieren, Kadetten und Chirurgen auf ihr gegebenes schrift= liches und mündliches Versprechen, nicht weiter in diesem Kriege gegen die Sieger zu dienen, die Freiheit. Doch dieß geschah nicht ohne vorhergegangene Unordnungen. Mehrere Offiziere wurden nämlich in Mißachtung der abgeschlossenen Kapitulation schimpflich behandelt, theilweise ausgeplündert und gewaltsam ihrer Pferde be= raubt. Als sie daher am 2. Oktober Morgens gegen 10 Uhr von Speyer abzogen, mußte sie der französische General Blou bis an

---

[13]) Diese Schilderung ist größtentheils nach der Aufzeichnung eines alten Mainzer Generals. Neigebauer a. a. O. S. 66. u. ff. Dieser Schrift ist ein Plänchen der nächsten Umgebung Speyer's zur Verständigung der Züge beigegeben. In Speyer selbst erschien alsbald: „Plan des Angriffs der fran= zösischen Völker gegen die Mainzer und Kaiserlichen bei Speyer, gezeichnet und gestochen — in Kupfer — von Anland." Ein Folioblatt, welches 24 kr. kostete. Ob jenes nach diesem Kupferstiche entworfen ist, wissen wir nicht.

die Rheinhäuser Ueberfahrt geleitet. Die übrigen Gefangenen vom
Feldwebel abwärts, im Ganzen etwa noch 2,600 Mann, [74]) schickte
Custine alsbald nach Landau. Sie wurden von da nach Straßburg
gebracht. Einige Verheirathete erhielten dort auf Verwenden des
vormaligen Mainzer Vikarius und Professors, Joseph Dorsch, der jetzt
in Straßburg als Professor angestellt war, die Erlaubniß, in ihre
Heimath zurückzukehren. Die Mehrzahl führte man in das Innere
Frankreichs. Dort sollten sie für die Grundsätze der französischen Freiheit und Gleichheit gewonnen werden, weßhalb sie sich einer ziemlich
guten Behandlung zu erfreuen hatten. Bereits am 3. Oktober
gegen Mittag kam die ganze Bagage, das Lazareth und die Kriegskasse unter mäßiger Bedeckung von kaiserlichen und mainzischen
Truppen, wie auch die dort gestandene kurfürstliche Husarenschaar
bis auf acht Mann von Speyer in Mainz an. Nebst diesen fanden sich auch noch viele Andere von den bei Speyer im Gefechte
gewesenen und versprengten Mainzer Soldaten wieder in dieser
Festung ein. [75])

---

[74]) Diese Zahl nennt ein Bericht aus Straßburg vom 4. Okt., an welchem Tage Abends gegen 5 Uhr die Gefangenen dort ankamen. A. O. P.
Am 6. Okt. 1792 stellte der Bürgermeister in Speyer, auf mündliches Benehmen mit den Generalen Custine und Blou und anderen tapferen fränkischen Offizieren, Zeugnisse für zwei Gefangene aus. Das erste war für den
Premierlieutenant Bukowsky, Commandanten von 140 kaiserlichen Dragonern. Dieses bezeugt, daß derselbe beim Anfalle der Franzosen eine sehr geeignete Stellung eingenommen, wobei seine Mannschaft weit zahlreicher schien,
als sie wirklich gewesen; daß er beim Rückzuge gegen den Rhein wohl
vertheidigt und die Fliehenden geschützt habe; daß er sich am Rheine, wo er
weder Nachen noch Kähne vorgefunden habe, mit einigen seiner Dragoner in
die Fluthen desselben gestürzt; daß aber sein Pferd in der Mitte des Stromes
sich wieder zum linken Ufer unaufhaltsam gewendet habe, wodurch er in Gefangenschaft gerathen sei. Das zweite Zeugniß war für den Premierlieutenant der kaiserlichen leichten Cavallerie v. Lechi, welcher, eben im Begriffe
sich nach Thionville zu seinem Regimente zu begeben, hier sich als Freiwilliger
dem Kampfe angeschlossen und sich in Mitte eines Kugelregens, welcher sein
Pferd tödtete, worauf er das eines Dragoners bestieg, tapfer hielt und durch
den Morast gegen den Rhein sich durchschlug, um Rettung zu finden, ohne
daß ihm dieß gelungen wäre. Sp. Stadtarchiv. — [75]) A. O. P. vom 10.
und 11. Okt. 1792. Amtlicher Bericht über den Kampf bei Speyer. — Die
Altlußheimer meinten, die Franzosen übersetzen am 2. Okt. den Rhein, um
das rechte Ufer in Besitz zu nehmen und flüchteten sich schon nach Hockenheim.
Die heimkehrenden Mainzer übernachteten in Schwetzingen. Dort traf sie ein

§. 6. Benehmen der Franzosen in Speyer.

Noch bis Abends neun Uhr dauerte am bemeldeten Tage des Sieges der Einmarsch der Franzosen in Speyer. Während diese selbst in Jubel „Vive la nation" schrien, waren die meisten Bewohner, eingedenk der Grausamkeit und Räuberei, welche die Franzosen namentlich im Jahre 1689 dahier verübt hatten und wovon noch viele Spuren vorhanden waren, voll Angst und Besorgniß. Man fürchtete allgemein Mißhandlungen und Plünderung. Diese wurden zwar durch die strenge Mannszucht, welche Custine unter seinen Truppen zu handhaben suchte, um bei seinem ersten Eintritte auf deutschen Boden, ja den Schein der Freiheit, Milde und Gerechtigkeit zu erhalten, größtentheils verhindert. Allein auch die geschärftesten Befehle und Strafandrohungen vermochten die National-garden, welche meist aus armen Leuten und aus der Hefe des Volkes gebildet waren, nicht von allen Gewaltthaten, Einbrüchen und Räubereien abzuhalten. Zunächst mußten die Wirthe, Bäcker, Krämer und Andere, die ihre Häuser verlassen oder verschlossen hatten, dieß arg erfahren. Viele Häuser, Läden, Keller wurden nicht nur an jenem Abende, sondern auch an den folgenden Tagen erbrochen, aus-geplündert und verwüstet. [76]) Der Magistrat sah sich durch das Vorgeben der Franzosen, daß aller den einzelnen Bürgern bei Ein-

---

Courier des Fürsten v. Esterhazy, der jedoch noch in derselben Nacht zurückkehrte. Am 3. Okt. Morgens 10 Uhr rückten 150 französische Cürassiere vom Regiment „Prinzen Artois" in Germersheim ein. Es wurden ihren Pferden die Ställe der kurpfälzischen chevaux legers eingeräumt und 50 Mann der Letzteren nach Bellheim verlegt. Karlsr. Archiv. P. A. Am 20. Okt. 1792 übergab der Altermeister Trapp dahier dem Stadtrathe eine Beschreibung der Ueber-rumpelung Speyer's von Seiten der Franzosen. Sie wurde mit Bericht in die Reichstagsversammlung zu Regensburg, an den k. k. Feldzeugmeister Fürsten v. Hohenlohe und an den k. k. Generallieutenant Fürsten v. Esterhazy abge-sendet. Man hatte die Bürger beschuldigt, daß sie aus den Häusern auf die flüchtigen Soldaten geschossen hätten, was jedoch die sämmtlichen Zunftmeister mit dem Stadtrathe als Verläumdung zurückwiesen. Der Speyerer Ver-treter in Wien, geheimer Rath v. Alt, schrieb hierüber am 7. Nov. 1792 an den Rathsconsulenten Petersen und hielt für das Beste, wenn sich die Stadt von den kaiserlichen oder Mainzer Stabsoffizieren hiegegen ein Zeugniß ver-schaffen würde. Stadtarchiv. Nr. 147. — [76]) Nach einer Nachricht aus Mannheim vom 3. Okt. hätte Custine an jenem Tage einen Hauptmann und mehrere Gemeine in Speyer, weil sie geplündert hatten, aufhängen lassen.

nahme der Stadt durch sie verursachte Schäden werde ersetzt wer=
den, veranlaßt, am 7. Oktober die Bürger und Schutzgenossen der
Stadt aufzufordern, die Beschädigungen, Verluste und Entwendungen,
welche sie an jenen Tagen erlitten, im Einzelnen so genau und ge=
wissenhaft anzugeben, daß sie diese Angabe nöthigenfalls eidlich be=
kräftigen könnten. Es meldeten sich alsbald 116 Einwohner, welchen
laut vorgelegter Verzeichnisse ein Gesammtschaden von 24,924 Gul=
den 8 Kreuzern von den Franzosen zugefügt worden war. [77])

---

[77]) Die Originalverzeichnisse dieser Schäden liegen noch im Stadtarchive.
Ueber die Ueberrumpelung und Plünderung Speyer's am 30. Sept. 1792
enthält ein kundiger Bericht aus Mannheim vom 17. Oktober Nachstehendes:
. . . . . „Die Reichsstadt Speyer hat außerordentlich Vieles gelitten. Da
Graf v. Erbach hinwegzog, bat sie, daß man doch auf die Magazine Rücksicht
nehmen wolle, die nun ungedeckt dastehen. Es geschah nicht. Die Franzosen
kannten durch ihre Spione die ganze Lage von Speyer, das Magazin und
Alles, was in der Stadt vorging. Bald gefiel es den Mainzern nicht mehr
im Felde zu stehen. Sie zogen sich in die Stadt herein und die Oesterreicher
folgten ihnen obgleich ungern. Da es zum Gefechte kam, zogen sich die
Mainzer und Oesterreicher mitten durch die Stadt und die Franzosen folgten
ihnen; jeder Theil mit Kanonen und allen Kriegszugehörden. Die Straßen
der Stadt wurden also zum Schlachtfelde gemacht. Eine Folge war, daß die
Thore, welche die Teutschen hinter sich geschlossen hatten, und ein Theil der
Mauer von den Franzosen mit Gewalt erbrochen und zu Grunde gerichtet
wurden; daß auf der Straße vom Wormser Thore an bis zur Weinbrücke
kein Haus zu finden ist, das nicht durch Kanonen-, Kartätschen- und Flintenkugeln durchlöchert und theils stark, theils wenig beschädigt ist. Die Einwohner waren während des Gefechtes immer in Todesangst und verkrochen
sich in ihre Keller. Manche deutsche Soldaten versteckten sich hinter und oft
in den Häusern und feuerten auf die Franzosen. Von diesen machten es
Manche eben so gegen die Deutschen. Dadurch aber entstand bei jeder Partei
die Meinung, sie sei von den Bürgern der Stadt aus ihren Häusern beschossen
worden. -- Deßhalb fingen die Franzosen an, die Bürgerhäuser zu plündern.
General Custine, der alles Plündern verboten hatte, ließ die Schuldigen hängen
und erschießen. Er gebot alles Geplünderte wieder zurückzugeben. Man zeigte
ihm dann, daß sehr Vieles, aber noch nicht Alles zurückgegeben sei. Er
befahl seinen Leuten innerhalb 24 Stunden alles Geraubte vollends zurückzugeben und an einen bestimmten Ort hinzulegen. Wenn dieß geschieht, sagte
er, so werde ich dann die Thäter nicht weiter aufsuchen. Bei wem sich aber
nachher noch etwas findet — der muß es mit dem Leben bezahlen. Nun
wurde fast Alles an Betten, Weißzeug, Kleidern, Monstranzen, Kelchen, silbernen Löffeln ꝛc. ꝛc. zurückgegeben. Nur Manches von dem, was unkennbar ist,
z. B. baares Geld, blieb zurück. Custine befahl zwar, daß jeder Soldat Alles

Cuſtine gönnte ſich am Abende des Tages die Ruhe nicht, ehevor er einen ausführlichen Siegesbericht an den General Birou in Straßburg unterzeichnet hatte. Er rühmte in einer Nachſchrift beſonders die Kaltblütigkeit und Tapferkeit des „Maréchal de camp" Neuvinger bei Eroberung Speyer's. [78]) Er rief dabei freudig aus: „Welch' Glück für mich, lieber General! daß ich, nachdem ich Ge= legenheit gefunden habe, den Truppen, die ich commandirte, Ver= trauen einzuflößen, nachdem ich die Magazine der Feinde ausgeleert, ihre Kräfte zernichtet habe, mich nun mit Ihnen zur Rettung der rheiniſchen Departements vereinigen kann". [79]) Fünf in Speyer eroberte Fahnen ſchickte Cuſtine an den Nationalconvent in Paris, der ſie in den Gewölben ſeines Verſammlungsſaales zur Schau aufhängen ließ.

Seine Wohnung hatte der Obergeneral zu Speyer im Gaſt= hofe zum Hirſch gewählt. Dort empfing er die Huldigung der Vorſtände und Bedienſteten der Stadt. Es war ein harter Aus= ſpruch, als derſelben mit der Geiſtlichkeit, ungeachtet bisher Speyer mit Frankreich freundliche Nachbarſchaft gehalten und den Emigran=

bezahle, was er genieße. Allein mancher Bürger, welcher von den Offizieren gefragt wurde, ob der Soldat bis jetzt richtig bezahlt habe, antwortete, wenn auch die Bezahlung noch nicht erfolgt war, mit Ja und verlor hiedurch ſein Geld, wenn der einquartirte Soldat nicht redlich war. — Noch ehe die Fran= zoſen Speyer verließen ſchlugen ſie, nach Angabe öffentlicher Blätter, Alles was ſich von Schiffen in dieſer Gegend befand und von ihnen nicht gebraucht und abgeführt werden konnte, zuſammen und ließen es den Rhein hinabſchwim= men. Alles deſſen ungeachtet kommt nun noch hinten nach die Beſchuldigung, daß es die Stadt mit den Franzoſen gehalten habe. Anlaß dazu mag gegeben haben die Befreiung der Stadt von einer Brandſchatzung, während Biſchof, Domcapitel und die Stifter ſtarke Brandſteuern zahlen mußten; ferner der Umſtand, daß die Nationalcocarden der Franzoſen, welche während derer An= weſenheit von manchen Frauenzimmern getragen wurden, um nicht mißbandelt zu werden, bemerkt wurden. Der Magiſtrat von Speyer zeigte durch eine Anzeige in den Zeitungen von Mannheim, Frankfurt ꝛc. den Ungrund dieſer Beſchul= bigung." — [77]) Beilage 12. Klein's Geſch. von Mainz. S. 38. — [79]) Mehr als 1,000 Wagen wurden aufgeboten, die Vorräthe der Magazine von Speyer nach Landau zu ſchaffen. Dieſe waren theils in der fürſtbiſchöflichen „Pfalz", theils in den Klöſtern und gemietheten Bürgerhäuſern. — Auf Weiſung des Generals Cuſtine wurde am 6. Okt. an das kurpfälziſche Oberamt Neuſtadt der Befehl erlaſſen, ſämmtlichen Amtsuntergebenen zu gebieten, ungeſäumt mit ihren Fuhren in Speyer zu erſcheinen, um die dort befindlichen Magazine wegzuſchaffen. Karls. Archiv. P. A. Auch A. D. P. vom 8. Okt. 1792.

ten keine beſondere Zufluchtsſtätte gewährt hatte, eine Kriegsſteuer
von 500,000 Livres auferlegt wurde. Es warb der Stadt zum
Vorwurfe gemacht, daß ſie, was jedoch, wie wir gehört haben, nicht abzuwenden war, dem Prinzen v. Conbe Aufnahme in ihren Ringmauern
gewährt hatte. Die Stadt fand gleichwohl Wege und Mittel, daß der
ſie treffende Antheil an dieſer Kriegsſteuer ihr ganz erlaſſen wurde. [80])
Dieß war aber bei dem Antheile, welchen die Geiſtlichen zu entrichten hatten, nicht der Fall. Bereits am 1. Oktober wurde von dem
Fürſtbiſchofe burch ein eigenes nach Bruchſal geſendetes Schreiben
unter den härteſten Androhungen, eine innerhalb 24 Stunden zu
entrichtende Branbſteuer von 100,000 Reichsthalern gefordert und
in Speyer hiefür drei Geißeln unter Wache geſtellt. Dem Domcapitel wurden 50,000 Reichsthaler auferlegt. Die Statthalterſchaft
zu Bruchſal ſendete alsbald zwei Regierungsräthe nach Speyer, um
dieſe Erpreſſungen abzuwenden. Allein ſo viele triftige Gründe dieſe
auch vorzubringen wußten, ſo fanden ſie dennoch kein Gehör. [81]) In
den Chroniken der beiden hieſigen Frauenklöſter finden wir aufgezeichnet, mit welcher Rückſichtsloſigkeit ſelbſt bie armen Nonnen genöthigt wurden, für jedes der beiden Klöſter noch kurz vor dem
Abzuge bes Cuſtine 2,100 Gulden zu zahlen. Die letzte Aebtiſſin
des St. Claren-Kloſters, Maria Antonia Klotz, ſchrieb hierüber
Näheres auf. Wie alle übrige Mönche und Nonnen wurden auch
die Clariſſinen auf das Kriegscommiſſariat beſchieden, um bort zu
vernehmen, daß ſie bei Strafe militäriſcher Gewalt innerhalb 24
Stunden 2,100 Gulden Brandſchatzung zu erlegen hätten. Dieß
war ein um ſo niederſchlagenberer Befehl für die Nonnen, als ſie
ſelbſt wenig baares Geld hatten und die meiſten guten Freunde ver-

---

[80]) Auch ben benachbarten fürſtbiſchöflichen Gemeinben wurden von Cuſtine
Gelbcontributionen auferlegt, wie ein ſpäter von ihm burch Druck
veröffentlichter Beſchluß wegen Verrechnung dieſer Contributionen ausweiſet.
Original. Laut eines Berichtes waren der Stadt 60,000 Livres auferlegt
worden. Karlsr. Archiv a. a. O. — [81]) Beilage 13. Karlsr. Archiv. S.
A. Laut einer Vorſtellung der fürſtbiſchöflichen Statthalterſchaft an General
Deblou vom 22. Nov. 1792 beſchwert ſich dieſe, daß beſſen am 7. Okt. bei
Ablieferung der 300,000 Livres Brandſchatzung abgegebene ſchriftliche Zu-
ſagen wegen Sicherheit und Schonung der fürſtlichen Lande und Bewohner
nicht beachtet werden. So ſeyen noch jüngſt am 15. b. M. der fürſtliche
Zollſtock zu Hainfeld von Nationalgarben aus Landau niedergeworfen worben.
Man bat vergeblich um Abhilfe.

ſelben aus der Stadt geflüchtet waren. In dieſer Bedrängniß ver=
einten ſie ſich mit den übrigen Klöſtern, um Gnade vom Generale
zu erflehen. Nicht ohne Selbſtbeſchämung hefteten ſie die dreifarbige
Cocarde auf ihre Scapuliere und traten vor Cuſtine. Sie ſanken
vor ihm auf die Knice und baten um Verringerung der angeſeßten
Summe. Der General bedeutete ihnen durch ſeinen Dollmetſcher
aufzuſtehen, weil vor Gott allein die Knice zu beugen ſeyen. Auf
ihre Bitte bemerkte er, die Klöſter ſollten nur ihr verborgenes Geld
und ihre Schäße ausgraben, dann könnten ſie ſchon bezahlen. Es
hatte troß aller Gegenvorſtellung bei dem gegebenen Befehle ſein
Verbleiben. Mit niedergeſchlagenen Herzen kehrten die Ordensleute
in ihre Zellen zurück. Nicht lange darauf erſchienen franzöſiſche
Reiter im St. Claren=Kloſter, von denen die Aebtiſſin und Priorin
als Geißeln für die verlangte Summe im Speiſezimmer bewacht wur=
den. Dieſe ſchickten in Eile zu allen guten Bekannten, doch erſt
um Mitternacht konnten ſie, durch ein Darlehen des Kaufmanns
Uslaub und des Viehehofwirthes Freiburger unterſtüßt, die verlangte
Summe zuſammenbringen. Noch Nachts um zwei Uhr ſchaffte die
Priorin mit einer andern Schweſter das Geld auf das Commiſſariat,
und ſo entging unſere Aebtiſſin dem Schickſale ihres Beichtvaters
— eines Minoriten, des Berthold Zißlober — und einer Laien=
ſchweſter des St. Magdalenen=Kloſters, welche als Geißeln an dem=
ſelben Morgen um fünf Uhr nach Landau abgeführt und gefangen
blieben bis die ihren Klöſtern angeſeßte Brandſchaßung erlegt war. [82]

Die zehn Tage, welche Cuſtine in Speyer raſtete, verwendete
er außerdem, daß ein Freiheitsbaum mit jubelnden Geſängen geſeßt,
Cocarden ausgetheilt und auf jegliche Weiſe Freunde für die
franzöſiſche Freiheit, Brüderlichkeit geworben wurden, vorzüglich
darauf, die reichen Vorräthe der kaiſerlichen Armee nach Landau
zu verbringen. Es wurden hiezu die Fuhren in Speyer und aus den
benachbarten Dörfern in Anſpruch genommen. [83] Am 4. Oktober

---

[82] Rlg's. Geſch. der Abteien. Th. II. S. 262. — [83] Nach den ge=
nannten Mémoires par Gouv. St. Cyr. l. c. p. 4 hatte Cuſtine auch Philippe=
burg beſeßen und dort eine Brücke aufſchlagen laſſen, um dieſe Feſtung ver=
theidigen zu können. Am 28. Sept. wurde der Mainzer Lieutenant Pletten=
berg mit einem kleinen Commando nach Philippsburg geſchickt. Er hatte
am 1. Okt. einen Corporal und 6 Mann nach Rheinhauſen beordert, um die
Schiffer zu nöthigen, die an jenſeitigem Ufer zerſtreuten Soldaten abzuholen.

wendete er sich schriftlich an den kurpfälzischen Minister, Grafen
v. Oberndorff, um sich zu beschweren, daß die Magazine der Kaiserlichen Schutz in Mannheim gefunden hätten. [84] Custine erklärte
dieß als eine Verletzung der Neutralität, welche zu beobachten der
Kurfürst sich verbunden habe. Zugleich verlangte er, jene Anschul-
bigung durch Abgeordnete untersuchen zu dürfen, wenn der Minister
„nach der Redlichkeit, die zwischen alten Verbündeten herrschen soll,"
nicht selbst jene Vorräthe anzeigen wolle; damit das Getreide, das
Mehl, der Hafer, das Heu und Stroh entweder verbrannt oder in
den Rhein geworfen werde. Würde man dem gestellten Verlangen nicht
entsprechen, so sähe er sich, wie drohend beigefügt wurde, genöthiget,
Alles aufzubieten, diese Magazine dennoch zu verbrennen. [85] Dieß
war das erste Schreiben, welches Custine kurz nach seinem Erscheinen
auf dem deutschen Boden an den regierenden Minister eines der
mächtigsten und zwar neutralen Fürsten richtete, welches nicht ohne
Vorbedeutung der späteren französischen Anmaßungen und Gewaltthätigkeiten geblieben ist, wenn jene Drohung unter den damaligen
Verhältnissen auch nicht verwirklicht wurde. Die nach Landau verbrachten, in Speyer eroberten reichen Vorräthe genügten dem Generale
nicht, denn er erließ in Speyer unterm 4. Oktober noch die Verordnung, daß alle Gemeinden zwischen der Queich und dem Speyer-

---

— Nach einer Nachricht (aus Rastatt vom 8. Okt.) hatte Custine 200 Mann
nach Philippsburg übersetzt, um das dortige Magazin aufzuheben. Nach einem
amtlichen Berichte des Stadtschultheißen Hornstein zu Philippsburg war der
dortige Ueberfall der Franzosen am 6. Okt. nur eine Recognoscirung, wobei
20 Mann fürstbischöfliche Soldaten aufgehoben wurden. Eine Vorstellung der
Bruchsaler Statthalterschaft an den General Custine vom 15. Okt. begehrte
dieselben — 18 Mann — zurück, da sie nur im fürstlichen Polizeidienste in
Philippsburg waren. — [84] Schon am 1. Okt. war der Nekar gleichsam mit
Schiffen bedeckt, um das große kaiserliche Magazin von Heidelberg, wo nur
200 kaiserliche Reiter standen, nach Mannheim zu verbringen. A. O. P. —
[85] Siehe das beßfallsige Schreiben in der Gesch. der franz. Eroberungen Th. I.
Beilage 4. und Klein a. a. O. S. 41. Man glaubte, Custine werde sich mit
der Wegnahme des Speyerer Magazins begnügen und nach Landau zurückkeh-
kehren. Andere wähnten, er werde bei Ketsch über den Rhein dem Fürsten
v. Esterhazy entgegen gehen und ihn schlagen wollen, um sich der übrigen
Magazine zu bemächtigen. An einen Zug nach Mainz dachte man in Speyer
nicht. Damals muthete Custine Niemanden zu, sich für die französische Republik zu erklären, im Gegentheil schien er nicht ungeneigt zu seyn, die alte
Verfassung einstweilen bestehen zu lassen.

bache die von ihnen geforderten Früchte, Hafer, Heu und Stroh in die Magazine zu Landau abliefern müßten, wofür ihnen jedoch eine billige Bezahlung versprochen wurde. Wer sich diesem Befehle wider=setzen wollte, mußte gewärtig seyn, mit aller Strenge behandelt und aller Entschädigung verlustig zu werden. Dem zu Folge mußten sich alle Amtsleute und Gemeindevorsteher am Samstage den 6. des=selben in Speyer einfinden, um in Gegenwart des Magistrats und des Kriegscommissärs Blanchard über den von jeder Gemeinde und jedem Hauptorte zu liefernden Betrag und den deßhalb zu entrich=tenden Preis das Nöthige festzusetzen. [86]) Französische Reiter brach=ten diese Bekanntmachung in die einzelnen Gemeinden, so nament=lich auch nach Albersweiler. Landau sollte auf lange Zeit hin mit allen Festungsbedürfnissen versorgt werden.

Um einiger Maßen seinen oben angeführten Schwur in den Augen seiner Truppen zu rechtfertigen und sich im Ruf der Milde und Brüderlichkeit bei den ärmeren Bürgern gegenüber der erpreßten Braubschatzung zu wahren, richtete Custine am Vorabende seines Abzuges von Speyer ein Schreiben an den Magistrat, worin er demselben eröffnete, daß er im Hinblick auf die Hochherzigkeit der französischen Nation und den Schutz, welchen sie allen Unglücklichen gewährt, eine Summe von fünf Tausend Gulden auf die Kriegs=kasse zu Landau anweisen werde, damit dieselbe vorzüglich an arme Bürger, welche bei Eroberung der Stadt Schaden gelitten haben, ausgetheilt würde. Wirklich wurde später die fragliche Summe ausbezahlt. Der Magistrat überließ es dem französisch gesinnten Rechtsconsulenten Petersen, dieses Geld unter die beschädigten Bürger zu vertheilen. [87])

<hr>

[86]) Es fanden sich die Beamten von Germersheim, Neustadt, Marien=traut, Kirrweiler, Altdorf, Essingen, Heimbach, St. Johann, Burrweiler, Nobt, Freiherr v. Reibeld für Böchingen, mit den Stabhaltern in Speyer auf dem Rathhause ein. Blanchard „commissaire en chef de l'armée" hielt über die Großmuth des Generals Custine, der nur den nöthigen Unterhalt für die Truppen verlange, eine Lobrede. Das Oberamt Kirrweiler mußte 1,040 Cent=ner Heu und 2,250 Bosen Stroh liefern. — [87]) Beilage 14. Ein späterer Beschluß des Generals — ohne Datum — besagt: „Alle Lebensmittel, welche in der Pfalz vor dem Abmarsche der fränkischen Armee von Edesheim er=hoben und damals in die Magazine geliefert wurden, sollen zu dem Preise, welcher damals bestimmt wurde, bezahlt werden. Alles aber, was später er=hoben und eingeliefert wurde, muß nach der Verordnung vom 1. Januar be=

Vernehmen wir über das Betragen der Republikaner in Speyer und in dessen nächster Umgebung hier nachträglich noch einige Vorkommnisse, wie sie uns amtliche Berichte aufbewahrten. — Am Abende des Ueberfalles — den 30. September — lagerten sich 700 Mann nebst einem Obristen und dem Stabs-Marketender in dem Bischofshofe ein. Die dort wohnenden fürstbischöflichen Aufseher mußten unter den gröbsten Mißhandlungen alle Zimmer öffnen. Die Eindringenden bemächtigten sich alsbald aller Betten und Matrazen, und bereiteten sich, da nicht Bettstellen genug vorhanden waren, auf den Böden das Lager. Am folgenden Tage zog ein Theil dieser Mannschaft ab. Allein mit dem Obristen blieben noch 380 Landauer Nationalgarden in dem Bischofshofe zurück. Sie steckten dort einen mit Nationalbändern geschmückten Strauß auf. Am Montage wurden auch die kurmainzischen und kaiserlichen gefangenen Offiziere hier eingelegt. Ein Commando von 125 Mann zu Pferd bewachte dieselben. Gleich beim ersten Eindringen der Republikaner wurde von diesen Wein, Silbergeräthe und Zinn ꝛc. von den fürstbischöflichen Dienern verlangt und sie mit dem Tode bedroht, wenn sie das Abgeforderte verhehlen würden. Es war jedoch Nichts im Hause versteckt. Die Keller wurden genau untersucht, aber kein Wein vorgefunden. Was noch in den Schränken zerstreut war, erklärten die Diener als ihr Eigenthum. Die aufgefundenen Nahrungsvorräthe wurden mit Gewalt hinweggenommen; doch ließ der Obrist die besten Betten, Decken und Spiegel in seine Zimmer bringen, damit sie vor Verschleppung gesichert seyen. Das Küchengeschirr und verschiedenes Bettzeug der

---

stimmt und an den Kriegsminister geschickt werden, welcher darüber entscheiden wird. Die Gemeinden und Körperschaften, denen man Geldcontributionen auferlegt und nebenbei noch Lebensmittel abgefordert hat, werden deßwegen entschädiget werden, sobald sie den Betrag der Contributionen abgeliefert hätten; im Gegentheile aber wird der Betrag oder Werth dieser Lebensmitteln von dem Preise abgezogen werden, zu dem ihre respektiven Contributionen gestiegen sind." Orig. Stabtarchiv. Am 18. Okt. schrieb der schon genannte Klid an die Regierung zu Zweibrücken: „Die bischöflich-speyerischen Ortschaften werden sehr mitgenommen. Aus der Malteser Commende Helmbach werden die Früchte unaufgebrochen fortgeführt." . . . „Die vorgeschriebenen Lieferungen sind eine wahre Brandschatzung für die umliegenden Ortschaften, weil nur ein geringer Preis dafür bezahlt wird." Münchener Reichsarchiv. 3. A. Nr. 884. — Das kurpfälzische Ministerium hatte deßhalb schon am 18. Okt. 1792 eine Weisung erlassen. Beilage 15.

Diener wurde von den Republikanern benützt. Diese verlangten auch unter argen Drohungen und Mißhandlungen von den Pflichttreuen zu wissen, wo der Fürstbischof, den sie in Speyer wähnten, versteckt sei. Nach acht Tagen wurde mit der Plünderung und Verwüstung des Hauses neu gedroht und bereits waren die Wagen hiezu vor demselben aufgefahren. Die Diener baten fußfällig um Schonung. Diese wurde gewährt, da indeß die bischöflichen Statthalter die Brandschatzung entrichten ließen. Zum Danke mußten die fürst= lichen Diener dem im Bischofshofe einquartirten Obristen einen Lorbeerkranz flechten und aufsetzen. Dennoch wurden die Betten, das Weißzeug und das herrschaftliche Küchengeschirr sehr beschädiget und theilweise zu Grunde gerichtet. Die 169 Malter Korn, welche auf den Speichern lagerten, blieben unberührt.

In der Wohnung des fürstbischöflichen Pfalzkellers Kleiner wurde von den Republikanern Alles verwüstet. In einem gesperrten Zimmer schlugen die Stürmer die Thüren und Fenster ein. Alle Hausgeräthe, Bettungen, welche Kleiner nicht zuvor geflüchtet hatte, zerschlugen und zerhieben sie. Die Teppiche und Matratzen der Stallknechte und alle herrschaftliche Stallgeräthschaften wurden theils geraubt, theils verdorben. Den dort vorhandenen Hafer und das Heu nahmen die Reiter gewaltsam hinweg, ungeachtet der ge= nannte Keller diese Vorräthe als sein Eigenthum erklärt hatte.

Das ehemalige Jesuiten=Collegium wimmelte von eingelagerten Soldaten. Die darin befindlichen Möbel, Schränke und Bänke wurden zu Grunde gerichtet; die Bibliothek für arme Studenten ausgeleert und die Bücher verdorben. Die Geräthschaften der dor= tigen Kirche von Silber und sonstigem Metalle, welche noch vor= handen waren, raubten die Stürmer; doch ward später ein und das andere Stück wieder auf das Rathhaus zurückgebracht. Die im Jesuiten = Collegium aufbewahrten Früchte, welche zum Theil milden Stiftungen gehörten, wurden verschleppt und selbst die Schlüs= sel dieser Gebäulichkeiten verkauft.

Am Sonntage den 30. September blieb das fürstliche Schloß Marientraut ziemlich verschont, da die in Hanhofen eingerückten Re= publikaner alsbald nach Speyer zogen. Am Montage aber kam ein großer Haufe Volontäre vor das dortige Schloß. Diese warteten nicht bis man ihnen die Thore öffnete, sondern stießen alsbald Thore und Thüre gewaltsam ein. Sie verlangten Geld. Als man ihnen

sagte, daß keines hier verwahrt sei, fingen sie an, alle Behältnisse
zu durchsuchen, die Mauerschränke einzuhauen, die dort verwahrten
Papiere und Zollzeichen herauszuwerfen und zu verwüsten. Auch
die Speicher und Keller durchsuchten sie. Hastig fielen sie über den
Wein des geflüchteten Amtskellers Ries her. Was sie nicht trinken
konnten, ließen sie auslaufen zum Jammer der Diener des Schlosses,
die es nicht verhindern durften. Diesen rief ein Deutscher aus der
betrunkenen Rotte entgegen: „Sie sollten froh seyn, wenn nichts
Aergeres angerichtet würde, denn auf dieses Haus hätte man eine
besondere Weisung!" Doch als der Obrist diesen Unfug hörte,
ließ er die Unholden auseinander jagen und Einige der Unartig-
sten einsperren, die jedoch am anderen Tage wieder freigelassen wurden. Dem alten, kranken fürstbischöflichen Einspänniger Appel im
Schloße schnitten diese Stürmer die Silberborden von seinen Amts-
kleidern ab und raubten dem Wehrlosen drei Paar Hosen.

Aerger als diesem kranken Diener des Wasser-Schlosses Marientraut ging es an demselben Tage dem dortigen fürstbischöflichen
Amtsschreiber Satorius. Gegen Abend drangen mehrere Volontäre
in das im Dorfe Hanhofen gelegene Amthaus. Sie suchten, was
ihnen nützlich seyn könnte. Vom Amtschreiber verlangte Einer das
Hemd vom Leibe; er konnte den Drohungen nicht widerstehen und
überließ dem Räuber sein Hemd. Die That wurde ruchbar, und
eine Patrouille regulärer Soldaten fing den Presser auf und gab
ihm den Laufzettel. Dieses erbitterte die Volontäre. Sie rotteten
sich in der Nacht zusammen, erstiegen die Thore des Amthauses,
erbrachen die Thüre und suchten den Amtsschreiber, um ihn zu er-
morden. Dieser hatte sich noch rechtzeitig durch den im Amthause
angebrachten unterirdischen Gang in ein nahegelegenes Bauernhaus
geflüchtet und dort sich in den Kamin verkrochen, aus welchem er
erst nach drei Stunden halberstickt wieder zum Vorschein kam, um
sich mit seiner Familie — er hatte zehn Kinder — nach Neustadt
zu flüchten. Die Stürmer hatten in der Nacht sein Haus ausgeplündert und Alles verwüstet, was sie nicht fortschleppen konnten. [88])

---

[88]) Bericht des Amtskellers Ries aus Speyer vom 13. Okt. 1792. Nach
dem Rückzuge der Franzosen von Worms wurde nicht nur das Schloß
Marientraut, sondern ganz Hanhofen mit Soldaten überfüllt. Karlsr. Archiv.
S. A. Auch der fürstbischöfliche Zoller an der Landauer Straße bei Speyer,
Johannes Müller, wurde am 1. Okt. 1792 von einem Schwarme Volon-

Zweiter Abschnitt.

Weitere Eroberungen und Anordnungen der Franzosen 1792.

§. 1.   Besetzung von Worms und Brandschatzung daselbst.

Custine scheint in Speyer noch keine weitaussehende Plane
auf Eroberungen in Deutschland gehegt zu haben. Das nahe, von
Truppen entblößte Worms erachtete er jedoch für eine eben so lockende
als leichte Beute. Er beeilte sich daher, diese alte Reichsstadt, die
ja nur eine Tagreise von Speyer entlegen ist, um so schneller überrumpeln zu lassen, da er Kunde erhalten hatte, Graf v. Erbach sei
bereits angewiesen, Worms und Mainz mit 12,000 Mann zu
schützen. Custine, vom Wormser Professor Böhmer in Speyer begrüßt und von ihm eingeladen, die Ketten der Knechtschaft auch in
Worms zu brechen, schickte daher bereits in der Nacht vom 3. Oktober den Feldmarschall Neuvinger und den Obristen Huchard mit etwa

taire, die seine Frau mit bloßem Seitengewehre verfolgten, ausgeplündert.
Er schätzte seinen Verlust auf 231 fl. 4 kr. — Am 1. Oktober kam das Gerücht nach Bruchsal, daß die Franzosen nicht nur Speyer überrumpelt, sondern auch den Rhein überschritten hätten und bereits in Wiesenthal ständen.
Auf diesen Lärm zogen sich die fürstbischöflichen Wachposten daselbst zusammen.
Auch das Zuchthaus wurde von denselben verlassen. Die Züchtlinge merkten
dieß. Unter schrecklichem Geschrei ergriffen die 27 männlichen Zuchthäusler
einen 18 Schuh langen und 1 Schuh dicken Weberbaum ihrer Werkstätte,
stießen damit ein steinernes Fenstergesims sammt dem eisernen Gitter hinaus in
den Garten und gewannen hiedurch freien Boden. Sie sprengten auch die Saal-
thüren der 16 weiblichen Sträflinge und setzten diese, wie sich selbst, in Freiheit, um angeblich nicht von den stürmenden Franzosen ermordet zu werden.
Nur eine gichtbrüchige Frau, welche nicht entfliehen konnte, blieb zurück, ver-
kroch sich aber aus Angst unter die Bettlade. Auch der Lehrer Späth, welcher mit 60 Waisenkindern im Zuchthause wohnte, hatte sich mit denselben
aus Angst vor den gefürchteten Republikanern geflüchtet. Alle ausgerissene
Sträflinge erklärten, wieder in das Zuchthaus zurückzukehren, wenn sie dort
vor der Grausamkeit der Franzosen gesichert seyen. Amtliches Protokoll vom
2. Okt. 1792. A. a. O.

vier bis fünf Tausend Mann und 32 Kanonen rheinabwärts. [89]) Sie
zogen ohne weiteren Anstand durch die neutralen kurpfälzischen Städte
Frankenthal und Oggersheim. [90]) Morgens am 4. Oktober kamen
sie vor den Mauern der Stadt Worms an. Da die Thore nicht verschlossen und nicht besetzt waren, rückten sie in möglichster Stille
in Worms ein. Sie stellten sich, ohne irgend einen Widerstand zu erfahren, auf dem Marktplatze auf und nahmen die Stadt in Besitz. Die
Thore wurden mit französischen Wachen bestellt und Niemand durfte
bei Kettenstrafe die Stadt verlassen. Der Schrecken und die Angst,
welche bei dem Einmarsche der Franzosen die Bewohner erfüllte,
läßt sich nicht beschreiben. „Alles schrie und winselte durcheinander!"
Das erste und wichtigste Geschäft, was die Männer der Freiheit
und Gleichheit vorzunehmen hatten, war die Ausschreibung einer
unerschwinglichen Brandschatzung. Dem Kurfürsten von Mainz als
Fürstbischofe zu Worms, wurden 400,000 Livres, dem Domcapitel

---

[89]) Nämlich 4 Bataillone Grenadiere, 2 Bataillone Infanterie, ein Regiment Jäger und eine Eskadron schwere Cavallerie. Ein Bericht aus Mannheim vom 6. Okt. gibt die Zahl dieser Truppen auf etwa 8,000 Mann mit
16 Kanonen an und bemerkt hiebei: „Auf dem ganzen Wege bis dahin haben
die Franzosen Niemand beleidigt und nirgend etwas, ohne es baar zu bezahlen,
verlangt." — [90]) Erst am 30. Sept. Abends hatte die Kurfürstin der Pfalz
ihr freundliches Lustschloß in Oggersheim verlassen und sich nach Mannheim
verfügt. Am 5. Okt. Abends zwischen 10 und 11 Uhr kamen etwa 50 französische Jäger zu Pferd nach Dürkheim, welche am folgenden Morgen in aller
Frühe weiter zogen. Am 6. Okt. Nachmittags gegen fünf Uhr kam ein französischer Rittmeister mit etwa 50 Jägern zu Pferd bei Neustadt an und nahm
seine Stellung auf der nach Mannheim ziehenden Heerstraße. Dessen Vorposten ritten durch das Neustadter Thal bis nach Grävenhausen. Der feindliche Posten bei Neustadt hatte mehrere Truppen im Hinterhalte stehen. Den
Franzosen war auf das Schärfste verboten in die Stadt zu gehen oder zu
reiten. Der Obrist v. Zandt, welcher die Pfälzer Garnison daselbst befehligte,
begab sich zum französischen Rittmeister und nahm mit ihm Rücksprache, damit
seinen Patrouillen bei ihren Dienstverrichtungen kein Hinderniß in den Weg
gelegt werde. Die Kurpfälzer Mannschaft zu Fuß und zu Pferd war stets
gerüstet und marschbereit. An demselben Tage erhielt der genannte Obrist von
dem Freiherrn v. Loe, kurpfälzischen Rittmeister in Germersheim, die Nachricht, daß an jenem Morgen etwa 200 französische Nationalgarden dort durch-
marschirt und an der Germersheimer Fahrt den Rhein übersetzt und jenseits
alsbald das Feuern begonnen hätten. Der Rittmeister meldete auch von
großen Verlockungen und Versprechungen, womit die Franzosen die deutschen
Soldaten zur Fahnenflucht in Flugschriften ermuntern." Karlsr. Archiv. P. A.

200,000, der Stadt aber 600,000 Livres angesetzt. Auch dem
Mainzer Coadjutor, Karl Theodor v. Dalberg, welcher einen Hof
in Worms hatte, wurde eine beträchtliche Summe aufgelegt. [91])
Diese Forderung rief bei Allen Verlegenheit und Bestürzung her=
vor. Man machte von geistlicher und weltlicher Seite Vorstellung
gegen solche, unmöglich zu erschwingende Summen. Doch die Frei=
heitshelden drohten mit Feuer und Schwert die Stadt zu ver=
wüsten. Man suchte nun durch Zuschüsse der einzelnen Bürger die
Schatzung aufzubringen. Das verbreitete argen Unwillen bei allen
Classen der Bewohner gegen die fremden Eindringlinge. Der Com=
mandant Neuwinger erklärte daher am folgenden Tage — den 5. Okt.
— in einem Anschlagzettel, „daß der General Custine zu dieser Be=
steuerung und Strenge durch nichts anderes bewogen worden sei,
als um hiedurch auf die kräftigste Art die Empfindlichkeit der fran=
zösischen Nation über die Beleidigung an den Tag zu legen, welche
sie durch den allzu deutlichen Schutz erlitten hat, den der Fürst=
bischof und der Magistrat zu Worms den grausamsten Feinden Frank=
reichs — den Emigranten — angedeihen ließ." Dabei verfügte
er zugleich, daß die Summen, welche die einzelnen Bürger zu der
dem Magistrate auferlegten Brandsteuer beischößen, jenen von dem
Magistrate müßten gutgeschrieben werden. [92]) Diese Umstände und
Verfügungen wurden an den General Custine berichtet. Dieser
ließ aus dem Hauptquartier zu Speyer, am 7. Oktober, deßhalb
den Wormsern unter Anderem weiter eröffnen: „Der Krieg, den wir
heute führen, so ganz unterschieden von allen vorhergehenden, ist gegen
alle Uebertreter der anvertrauten Gewalten und nicht gegen die

---

[91]) A. D. P. vom 10. Okt. 1792. Wohl geschreckt durch diese Brandschatzungen schärfte die kurpfälzische Regierung zu Mannheim vom 21. Okt.
das bestehende Verbot des achtundvierzigstündigen Aufenthaltes der Emigranten dahin, daß fortan gar kein Franzose, er sei geistlichen oder weltlichen Standes,
in der Kurpfalz geduldet werden soll. Reichsarchiv. Z. A. Nr. 891 und 2690.
— [92]) Custine versicherte oft und überall, daß er allein die Oesterreicher,
Preußen und diejenigen deutschen Stände, deren Truppen sich jenen bereits
angeschlossen hätten, wie Mainz, Worms und Trier, oder die sonst sehr eifrig
daran arbeiten, einen Reichskrieg zu erregen, gemäß aufhabender Befehle ge-
willt sei, zu bekriegen. — Wie wenig die Bürger und der Stadtrath in Worms
deßhalb schuldbar waren, daß der Prinz Conde und andere Emigranten sich
dort aufhielten, ist klar nachgewiesen in der Schrift: „Die Franzosen am
Rheinstrome." 1794. Heft. I. S. 31. u. ff.

6

Völker gerichtet.   Euere Obrigkeit allein soll die Brandschatzung,
die Euer Stadt auferlegt worden, tragen.   Dieses ist der Wille der
französischen Nation.   Sollte es anders geschehen, so würde Euer
Magistrat seiner Gesetze Uebertretungen, die ihn bereits durch den
Schutz, welchen er den Emigranten in Worms vergönnte, schon
strafbar gemacht haben, noch mehr häufen."   Diesem fügte er noch
zuletzt bei: „Krieg den Palästen der Uebertreter der anvertrauten
Gewalten, Friede den ruhigen Hütten und den Gerechtigkeit lieben=
den Männern ist die Erklärung der französischen Nation." [93]) Da
die Collegialstifter beim Ansatze der Brandschatzung nicht genannt
waren und sohin die Stadt sowohl, als wie das Domcapitel ihnen
einen Antheil zuwenden wollten und konnten, so erbaten sich jene
hierüber eine Erklärung von dem General Custine. [94])   Die unliebe
Folge war, daß nunmehr auch den Collegialstiftern, sowie den Klö=
stern, besondere Brandsteuern auferlegt wurden.   Von den vier
Stiftern zu St. Martin, St. Andreas, St. Paul und zu unserer
lieben Frau forderte man jetzt noch 50,000 Livres, welche Summe
jedoch um 20,000 Livres ermäßiget ward.   Dem Kloster Marien=
münster wurden 400,000 Livres angesetzt, von den übrigen Klöstern
der Dominikaner, Carmeliten, Capuziner und Augustinerinnen aber
150,000 Livres gefordert.   Der Stadt selbst ward die Hälfte der
Auflage erlassen, weil sich Georg Wilhelm Böhmer, bisher Professor
am dortigen protestantischen Gymnasium, aus Göttingen gebürtig,
den Custine sich zu seinem Sekretär wählte, für sie kräftig ver=
wendet hatte. [95])

---

[93]) Klein a. a. O. S. 44. — [94]) Ausführlich in der Schrift: „Beitrag zur Re=
volution von Worms." 1793. — „Gesch. der Stadt Worms von P. A. Pauli."
Worms. 1825. S. 403. Sie meint irrig, daß Neuvinger schon den 20. Sept. 1792
in Worms und auch Custine am 5. Okt. 1792 daselbst gewesen sei. — Der kurpfälz.
Marschcommissär L e g e r in Mainz erwirkte dort für den Weihbischof Würdtwein
zu Worms eine „Sauve garde." Am 6. Nov. 1792 bat derselbe den General Custine
um die Befreiung der in Landau gefangenen Geißeln des Klosters Marien-Mün=
ster in Worms. Custine erwiederte, er habe jene zwar als Geißeln eingezogen,
aber er könne sie ohne Weisung des Nationalconvents nicht freigeben. Noch
im Monate Januar 1793 war Leger in Mainz. — [95]) K. O. P. vom 16. Okt.
1792. Ein Bericht vom 9. Okt. 1792 aus Worms meldet: „General Custine
erklärte, er würde die Kanonen in allen Straßen aufpflanzen und die Stadt
in Trümmer schießen lassen, wenn die ganze Summe, wovon ungefähr die
Hälfte beisammen war, um 12 Uhr nicht erlegt wäre. Der ganze Magistrat,

Indeß machte sich in Mainz, wo das Unglück bei Speyer und die Besetzung von Worms große Bestürzung und Angst verbreitet hatte, ein preußischer Werbefeldwebel aus Wiesbaden, Namens Riel, anheischig, mit zwei Freiwilligen die Franzosen aus Worms zu vertreiben. Ein Bedienter des preußischen Gesandten in Mainz, Freiherrn v. Stein, schloß sich dem Feldwebel an. Beide bestellten in den Dörfern Guntersblum und Osthofen bis gegen Worms hin Nachtquartier für 25,000 Preußen. Zu gleicher Zeit verbreitete sich das Gerücht, daß jenseits des Rheines Darmstädter Jäger eingetroffen seyen. Beides kam zu den Ohren der Franzosen in Worms. Dort hatten sie bereits Mehreres, namentlich 1,800 neue Zelte, welche dem Prinzen v. Conde gehörten, nach Landau geschafft. Sie waren aber durch jene Gerüchte so bestürzt, daß sie noch Anderes im Stiche ließen und in aller Eile am 7. Oktober über Mutterstadt nach Speyer zurückzogen. Die Nachhut blieb, von Houchard befehligt, auf der Rehhütte und Schifferstadt zurück. Da die in Worms verlangte Brandschatzung noch lange nicht entrichtet war, schleppten die Freiheitsmänner elf Geißeln mit sich fort, die nach Landau gebracht, erst am 22. des folgenden Monats auf Verwenden des schon genannten Sekretärs Böhmer wieder freigegeben wurden. [96] Die Gerüchte, welche die Fliehenden nach Speyer mitbrachten, erregten auch dem Oberbefehlshaber Custine Bedenken. Was aus dem kaiserlichen Magazine noch nicht fortgebracht war, gab man den Flammen preis. Außerdem wurden einige Schiffe am Rheine verbrannt, große Strecken der Ringmauer neben den Stadtthoren abgebrochen, ein Theil der Wallgräben mit Schutt ausgefüllt und

---

Weiber und Kinder fielen ihm zu Füßen und baten ihn um Gnade und Mitleid. Allein er erschien unerbittlich, bedauerte jedoch selbst, daß er einen solchen Auftrag hätte, den er aber befolgen müßte. Jeder brachte nun, was er an Geld auftreiben konnte und erbot sich das Uebrige in andern geldeswerthen Sachen herzugeben. Allein Custine sagte, er will diese Dinge nicht, sondern müßte Geld haben." 2c. 2c. A. O. P. vom 20. Okt. — Nach diesem Berichte wäre Custine an demselben Tage, an welchem er von Speyer aus nach Worms geschrieben — am 7. Okt. — auch in Worms gewesen, was nicht wahrscheinlich ist. — Am 11. Okt. schrieb der Regierungsrath Klick von Bergzabern nach Zweibrücken, daß Custine ein Lager bei Edesheim bezogen habe und ein zweites bei Arzheim in Aussicht stehe. — [**] Es waren vier Magistratspersonen, von denen einer in Landau starb, zwei fürstbischöfliche Beamten, drei Ordenspatres und zwei Nonnen.

die Stadtthore und Wachthäuser zerhauen. [97]) Was sich von
Nachen und Kähnen auf dem Rheine noch vorfand, wurde zerschlagen.
Die Trümmer trieben rheinabwärts und fügten der Rheinbrücke zu
Mannheim einigen Schaden zu. [98]) Am 10. Oktober zog Custine mit

---

[97]) Rlg's. Gesch. der Abteien. Th. II. S. 262. Man konnte nicht begreifen, was
Custine veranlaßt habe, in so großer Eile sich zurückzuziehen. Neigebauer a. a.
O. S. 112. Die bemeldeten Mémoires par Gouvion St. Cyr. sagen pag. 4:
„Custine fut trompé par le bruit repandu dans ce moment de l'approche
d'une armée autrichienne." — [98]) A. O. P. vom 16. Oft. 1792. — Aus
Rheinhausen den 10. Oft. Morgens 11 Uhr berichtet der Oberschultheiß A.
Hornstein: „So eben läuft die Nachricht hier ein, daß die Franzosen schon
zum Theile gestern Abend und zum Theile heute in der Frühe von Speyer
aufgebrochen und kein Mann zurückgeblieben sei." Karlsr. Archiv. S. A.
„Am 10. Oft. rückte Custine mit seinen Truppen von Speyer wieder an das
Gebirge. Er schlug bei Edesheim unterhalb und oberhalb des Dorfes Lager
und besetzte nebst Heimbach und Altdorf auch die hochstiftlichen Dörfer Freimersheim, Benningen und Großfischlingen. Neue Lieferungen wurden jetzt
im ganzen Oberamte Kirrweiler und in den umliegenden kurpfälzischen Ortschaften ausgeschrieben und dreimal wiederholt. Sehr stark war auch der
Holzbedarf. Die Gemeindewaldungen von Großfischlingen und Geinsheim
wurden auf das Traurigste gelichtet und verwüstet. Die Edenkobener und
Rhodter, welche den Franzosen ebenfalls Holz zu leisten hatten, fielen ohne
Weiteres in den hochstiftlichen Haagwald bei Weyher ein, um ihre Lieferungen
zu fällen, was jedoch vom französischen Commissäre Blanchard, auf erhobene
Beschwerde des Amtmanns zu Kirrweiler, strengstens untersagt wurde. Nebenbei fielen die gelagerten Soldaten ohne Rücksicht und Schonung in die Weinberge ein und nahmen Stiefeln und Balken zum Brande hinweg. Auch
hieben sie allein in der Gemarkung Edesheim mehr als 250 der schönsten Nuß-
bäume, die Zierden der Straßen und des Feldes, nieder. In dem Großfischlinger Gemeindewäldchen, das Büschchen genannt, fällten sie bei 300 Stämme
der schönsten Eichen; auch viele Obstbäume wurden in der dortigen Gemarkung niedergehauen. Außerdem litten jene Dörfer an den bestellten Aeckern,
am ausgelegten Hanse zc. zc. großen Schaden. Er wurde in mittelmäßigem
Ueberschlage berechnet, in Edesheim zu 8,327 fl., in Großfischlingen zu 2,208 fl.,
in Benningen zu 280 fl., in Freimersheim zu 250 fl., sohin auf den Betrag
von 11,065 fl. Der Amtmann von Kirrweiler wendete sich wegen deßfallsiger
Vergütung an den Commissär Barthelmy in Landau, ward aber als Unterthan des Fürstbischofes leer abgewiesen. Uebrigens wurde von Custine gute
Mannszucht im Lager gehalten. Den 17. Oft. in der Nacht rückten sämmtliche Truppen in zwei Colonnen wieder abwärts. Der Führer der einen
Coloune, welche durch Deidesheim zog, verlangte dort die Schlüssel zum
fürstbischöflichen Schlosse, zu den Kellern, Speichern und Scheunen. Er ließ
bei seinem Abzuge ein Commando zurück, welches die dortigen Vorräthe nach

ſeinen Truppen wieder ans Gebirge und nahm ſein Lager bei Ebesheim. Laut der an den Nationalconvent in Paris eingeſendeten
Berichte belief ſich die Beute, welche Cuſtine in jenen Tagen auf deut-
ſchem Boden gemacht hatte, außer den erpreßten Brandſchaßungen, auf
12,066 Säcke und 362 Fäſſer Mehl, 1,500 Zelte, 12 Ballen Hemden, 3,600 Flinten, 4 Kanonen, 2 Haubitzen und eine Maſſe
Hafer, Heu und Stroh ꝛc. [99])

§. 2. Uebergabe von Mainz und Streifzug nach Frankfurt.

Gerade an den Tagen, an welchen Speyer in die Hände der
Franzoſen gefallen, in der Nacht vom 29. September bis zum
1. Oktober, hob der Herzog von Braunſchweig ſein Lager bei La-
lune auf und nahm ganz unerwartet ſeinen Rückzug. Er hatte die
Feſtungen Longwy und Verdun ſchnell erobert und ſich hiedurch den
Weg nach der Champagne eröffnet. Hier knüpfte er mit Dumouriez
Verhandlungen an, die Ordnung in Frankreich friedlich wieder her-
zuſtellen. Allein der an die Stelle der geſetzgebenden Nationalver-
ſammlung getretene Nationalconvent, welcher am 21. September
die Königswürde in Frankreich aufgehoben und die Republik ausgerufen hatte, vereitelte die fraglichen Verhandlungen. Der Ober-

Landau ſchaffen mußte. Vier bis fünf Tage waren deßhalb die Straßen voll
Fuhren. Selbſt die unausgedroſchenen Früchte aus den hochſtiftlichen Zehnten-
Scheuern zu Böhl, zu Oggersheim wurden nach Landau gebracht. Wie die
Kellerei zu Deidesheim, ſo wurde von derſelben Schaar auch das domcapitel'ſche
Hofgut zu Herrheim am Berg ausgeplündert und deſſen Vorräthe an Wein
und Frucht, theils nach Landau, theils nach Mainz verbracht. Der dortige
Verluſt belief ſich auf Mindeſtens 15,000 fl. Am 24. Okt. wurden die
Lieferungen und der Schaden aufgenommen, welchen die Franzoſen im Ober-
amte Kirrweiler verurſacht hatten. Der Betrag belief ſich auf 18,003 fl. 21 kr.
Bei ihrem Abzuge hatten ſie 40 Mann mit 60 Stück Zugvieh nach Mainz
mitgenöthiget." Tagebuch von Schoch. §. 21—26. Die Statthalterſchaft
hatte die fürſtbiſchöflichen Räthe v. Asbeck und Oehl nach Mainz zum Generale
Cuſtine geſchickt, um wegen jener Schäden und Verluſte Vorſtellungen zu
machen Sie erhielten nach vielfältigen vergeblichen Schritten am 22. Okt.
eine „ſauve garde" für das Hochſtift. Beilage 15. — Schon damals erkannten dieſe Räthe die Abſicht der Franzoſen, Mainz zu einem Departement
zu erheben und die eroberten linksrheiniſchen Städte und Dörfer, ohne Rückſicht auf ihre bisherige Verfaſſung, mit dieſem Departement zu vereinen.
Bericht derſelben an den Fürſtbiſchof vom 25. Okt. 1792. Karlsr. Archiv. S. A.
[99]) Klein's Geſch. von Mainz. S. 47.

befehlshaber der vereinten deutschen Truppen hatte die Ueberzeugung
geschöpft, daß je tiefer er in das Land der nunmehrigen Freiheit
und Gleichheit vorrücken würde, desto verzweifelter der Kampf mit
den zügellosen Republikanern werden dürfte. Auch stellte sich sehr
schlimme Witterung ein; die Wege wurden bodenlos; Mangel an
den nöthigen Lebensmitteln und am Futter, überhandnehmende Krankheiten schwächten den Muth und die Kraft der verbündeten Armee.
Daher der unerwartete Rückzug, dem auch bald jener des Herzogs
Albrecht von Sachsen-Teschen, welcher seit mehreren Tagen die Festung Lille in Flandern kräftig beschossen hatte, am 4. Oktober
folgen mußte.

Die Nachricht von diesen Rückzügen der Deutschen; die Ueberzeugung, daß nur ein blinder Lärm seine Schaaren von Worms
und Speyer verscheucht habe; die Wahrnehmung, daß die bei Rastatt
aufgestellten Oesterreicher keine Miene machten, die genannten Städte
zu besetzen und den deutschen Boden gegen Landau zu decken; und endlich
die Gewißheit, daß er auf die Gesinnung und Unterstützung Vieler in
Mainz, welche Festung ohnehin in einem schwachen Vertheidigungszu-
stande war, rechnen konnte: bewog den General Custine, am Abende
des 17. Okt. sein Lager bei Edesheim zu verlassen und Mainz, dieses
wichtige Bollwerk Deutschlands, zu überfallen, und dessen Bewohner
für die Grundsätze der Gleichheit und Freiheit zu gewinnen. Allenthalben verbreitete der Aufbruch Custine's Besorgnisse und Schrecken.
Eine Schaar seiner Truppen schickte er über Deidesheim, Dürkheim,
Grünstadt und Alzei. [100]) Den Kern derselben führte er selbst über
Worms. Die Vorhut befehligte der Obrist Houchard, welcher am
18. Oktober bereits in Osthofen und Westhofen lagerte. Custine's
Hauptquartier war in Hernsheim. In Worms ward darauf ge-
drungen, daß der Rest der früher aufgelegten Brandschatzung bezahlt
werde. Aus dieser Stadt schrieb Custine am 19. Oktober an den
General Biron in Straßburg: „Ich habe die Hoffnung, mich der
Stadt Mainz zu bemeistern. Ich bin der Zahl der dortigen Trup-

---

[100]) Am 17. Okt. Morgens um 8 Uhr kam ein Corps Custine's durch
Dürkheim und zog sofort gen Mainz. Tagebuch des C. A. v. Beaufort in
Dürkheim. Nach amtlichem Berichte von Kaiserslautern trafen am 14. Okt.
150 franz. Reiter dort ein, welche von dort aus den Weg nach Alsenborn
und Fischbach einschlugen und sich allenthalben um die Häuser, Bewohner und
Vorräthe genau erkundigten. Karlsr. Archiv. P. A.

pen sicher und ich bin von allen Vertheidigungsmitteln derselben
unterrichtet. Dieß erfahre ich durch das Einverständniß,
welches ich mir in diesem Posten ausgewirkt habe." ...
„Mein Vorrücken setzt mich in die Leichtigkeit, unsere Dekrete und
Schriften, welche die Revolution hinter die Armee unserer Feinde
tragen werden, auszusäen 2c. 2c." [101] Seit dem Ueberfalle von Speyer
und Worms geschah in Mainz Vieles, um den gänzlich verwahr-
losten Vertheidigungszustand der Festung zu beseitigen. Man durfte
daher wohl hoffen, daß dieselben jetzt eine geraume Zeit, bis auswärtige Hilfe zum Ersatze sich nahen würde, dem drohenden Feinde
widerstehen könnte. Dieser zählte nach der höchsten Angabe etwa
20,000 Mann. [102] Cuftine brach am 18. Oktober Mittags 12 Uhr
in Worms mit der ganzen Armee nach Mainz auf. Schon in der
Nacht vom 18. auf 19. Oktober erschien der Vortrab der Franzosen vor Weisenau. Am folgenden Morgen lagerten sie sich auf den
Anhängen des Hechtsheimer Berges von Weisenau bis Mariaborn
und Mombach. Gegen 10 Uhr flogen bereits einige feindliche Kugeln
gegen die Wälle der Stadt. Sie wurden erwiedert. Kurz nach
12 Uhr erschien der französische General Houchard, [103] begleitet von
einem Trompeter mit einer Aufforderung Cuftine's vom 19. Oktober
an den Gouverneur v. Gymnich, die Stadt zu übergeben. Darin
hieß es: „Herr General! wenn Sie an der Wuth Ihres Kurfürsten
Theil nehmen und die Stadt, die Ihnen anvertraut ist, dem Greuel
eines gewaltsamen Angriffes aussetzen, so müßten Sie dafür mit
Ihrem Kopfe haften." Gymnich gab auf diese Aufforderung keine
Antwort. Die Franzosen ließen nunmehr eine Menge Leitern zum

---

[101] Klein a. a. O. S. 81. Ueber dieses Einverständniß mehrerer Mainzer
mit Cuftine siehe auch: „Gesch. der franz. Eroberungen." Th. I. S. 53.
General Cuftine machte es, wie ein junger Vogel, der aus dem Neste flieget:
anfangs hüpft er nur auf das nächste Aestchen, hüpft wieder zurück und wagt
sich dann immer weiter. „Die Franzosen am Rheinstrome." 1794. Heft I.
S. 11. — [102] Davon waren jedoch in Speyer und Worms etwa 500 Mann;
an der Oppenheimer Rheinbrücke blieben eben so viel. Von hier wurden
auch 1,500 Mann unter Neuvinger durch Starkenburg nach Frankfurt gesendet und eine Schaar von etwa 2,000 Mann nach Bingen und Kreuznach,
um den linken Flügel zu decken. — [103] Zu bemerken ist, daß dieser, wie
andere höhere Offiziere der französischen Truppen, in den Berichten bald
Obrist, bald General genannt wird, obgleich er erst später General dürfte geworden seyn. Auch in der Schreibweise der Namen herrscht große Verschiedenheit.

Sturme herbeifahren. Das Gerücht von dieser Zurüstung verbreitete sich in der Stadt und setzte viele Bewohner in Angst und Schrecken. In der Nacht von 10 bis 11 Uhr beunruhigte der Feind alle äußeren Werke durch lebhaftes Feuern mit Gewehren. Im Lager derselben brannten gar viele Wachtfeuer, wohl nur zu dem Zwecke, um über die Anzahl der Belagerer die Gegner zu täuschen. Am folgenden Morgen wurde wenig geschossen. Gegen Mittag am 20. Oktober erschien der schon genannte französische General am Raimundithor, um den Gouverneur zu sprechen. Er behändigte ihm zwei neue Aufforderungen Custine's, wovon die eine an Gymnich, die andere an den Magistrat gerichtet war. Beide enthielten die Mahnung, das Blut unschuldiger Schlachtopfer zu schonen, oder sich selbst die erfolgenden Greuel der Plünderung und Verwüstung der Stadt zuzuschreiben. Die beiden Schreiben kamen in der Wohnung des kurfürstlichen Statthalters, des Dombechanten Freiherrn v. Fechenbach, [104] zur Berathung. Dieser stimmte mit dem Minister v. Albini für die fernere kräftige Vertheidigung der Stadt. Der Gouverneur, unterstützt von dem preußischen Gesandten, Freiherrn v. Stein, war dagegen geneigt, die Festung ohne jeglichen Kampf zu übergeben. Herr v. Gymnich berief nunmehr den Kriegsrath und eröffnete ihnen das Ergebniß jener Berathung. Die Mitglieder desselben stimmten alle für eine sofortige billige Uebergabe, uneingedenk ihrer hohen Verpflichtung und der dem Vaterlande schuldigen Treue. Die beßfallsigen Bedingungen wurden festgestellt, von dem Statthalter genehmiget und noch am Abende in das feindliche Lager gesendet. Mit mehreren Veränderungen wurde die Capitulation am 21. Okt. in Mariaborn abgeschlossen und von beiden Seiten genehmiget. Laut der Hauptbestimmungen durften die Mainzer und die mit ihnen vereinigten Kreistruppen frei mit ihrer Kriegskasse, Artillerie und ihrem Gepäcke abziehen unter dem Versprechen, innerhalb eines Jahres nicht gegen die Franzosen und deren Verbündeten zu dienen. Alle zur Festung gehörige Geschütze, Kriegsvorräthe, Magazine und militärische Einrichtungen verblieben den Franzosen. [105] Alle Beamten und Bediensteten des Kurfürsten, sowie die hohe und niedere Geist-

---

[104] Er wurde am 12. März 1795 zum letzten Fürstbischofe von Würzburg gewählt. — [105] „Gesch. der franz. Eroberungen." Th. I. 60. u. ff. Klein a. a. O. S. 109. u. ff. ausführlich. So auch Werner's Dom von Mainz. Th. III. S. 323. u. ff.

lichkeit, ja jeder Einwohner der Stadt, durften sich mit ihrer Habe
nach Belieben daraus entfernen. Noch an demselben Abende eilte
Cuftine mit seinem Generalstabe in die Stadt, wo er seine Woh=
nung im turfürftlichen Schloße auffchlug und sich fürftlich be=
dienen ließ. Er verfügte sich an diesem Abende auf das Rathhaus,
wo die Vorftände der Stadt mit einigen Bürgern anwesend waren.
Er hielt an diese in französischer Sprache eine Rede, welche sein schon
genannter Sekretär Böhmer, dienftfertig ihm zur Seite, verdeutschte.
Darin erklärte Cuftine unter Anderem: „Er sei nur gekommen,
ihnen die Freundschaft der Republik anzubieten. Er werde ihnen
keine Verfassung geben, wozu er als Eroberer das Recht habe. Es
stehe daher in der unbeschränkten Gewalt der Bürger, entweder bei
ihrer alten Verfassung zu bleiben, oder sich selbst eine neue zu
wählen oder die französische Constitution anzunehmen." Es waren
dieß trugvolle Versprechungen, wie der weitere Erfolg der Ereignisse
bald zu Genüge lehren wird.

Erst am folgenden Nachmittage zog Cuftine an der Spitze von
5,000 Mann in feierlicher Weise unter dem Spiele der Marseillaise
durch das Gauthor in die Stadt. Scham und Ingrimm ergriff die
meisten Bewohner, weil ein so winziges Heer die militärischen Behörden
und den Kriegsrath in solchen Schrecken setzen konnte, daß sie ihm
sofort die Festung übergaben. Im Triumphe verkündete Cuftine an
demselben Tage dem Kriegsminister die durch schmählichen Verrath
und feigen Schrecken erzielte Einnahme der Festung. Die Uebergabe
derselben war für Deutschland ein empfindlicher Verluft. Jetzt hatte
man volle Ursache zu glauben, daß es den Franzosen nicht bloß
um Brandschatzungen zu thun, sondern daß es sicher darauf abgesehen
sei, außerhalb der Grenzen ihrer Republik festen Fuß zu fassen. Der
Nationalconvent ernannte Cuftine alsbald zum Generale der Rhein=
armee, und General Biron, bisher deren Oberbefehlshaber, rechnete
es sich zur Ehre, unter „Frankreichs großem Helden" zu stehen, wie
jetzt alle französischen und auch viele deutschen Zeitungen, den Sieger
bei Speyer und den Eroberer von Mainz benannten. Diesen Ruhm
verdiente Cuftine in keiner Beziehung. Was er bisher gethan hatte,
konnte derselbe weder seiner Kriegskunst, noch der Tapferkeit seiner
Armee zuschreiben. Es war bloß ein vom Verrathe unterstütztes, glück=
liches Wagniß. Statt jetzt den Schrecken seines Namens zu be=
nützen und nach der Aufforderung des Dumouriez rheinabwärts

zu ziehen, die schwachbesetzten Festungen Rheinfels und Ehrenbreitstein hinwegzunehmen, den Niederrhein zu unterwerfen und hiedurch
den aus der Champagne zurückkehrenden Preußen, Hessen und
Sachsen den Heimzug gänzlich abzuschneiden: blieb der gepriesene
Held, ungeachtet am 26. Oktober Abgeordnete der Stadt Coblenz
in aller deßfallsigen Besorgniß und Angst nach Mainz kamen, um
dem fremden Eroberer, zu ihrer ewigen Schmach und zur größten
Gefahr des deutschen Heeres, jene Stadt anzubieten, ruhig und be-
quem im kurfürstlichen Schlosse in Mainz liegen, um die Erfolge
abzuwarten, welche die bereits am 21. Oktober nach Frankfurt ab-
gesendete, starke Truppenabtheilung für seine leere Kriegskasse erkämpfen würde. General Neuwinger forderte vom Frankfurter
Senate im Namen Custine's 2,000,000 Gulden Kriegssteuer. Nach
langen Verhandlungen und vielen Drohungen, und nachdem Custine
endlich selbst in Frankfurt erschienen war und viele der angesehensten
Bürger als Geißeln fortgeschleppt hatte: erpreßte man von der reichen
Stadt eine Million Gulden. Auch in Kurhessen mußte General
Houchard mit einer Schaar Republikaner Brandschatzungen eintrei-
ben, [106] bis ihn die Preußen und Hessen verscheuchten.

§. 3. Einrichtungen und Aufrufe zur Verbreitung der neu-fränkischen Grundsätze.

Eines der Hauptmittel die Grundsätze der Gleichheit und Freiheit
zu begründen und zu verbreiten und den Feinden der deutschen Größe
und Ehre Werkzeuge und Anhänger zu gewinnen, war das Gründen
politischer Vereine zum fraglichen Ziele. Kaum war Mainz in den
Händen der Neufranken, als auch hier dieser Hebel der Unterwüh-
lung und des Umsturzes in Bewegung gesetzt wurde. Es war ein

---

[106] „Gesch. der franz. Eroberungen". Th. I. S. 259. u. ff. Klein a. a.
O. S. 199. u. ff. — General Biron hatte mittlerweile das linke Ufer des
Rheins in der Gegend von Mannheim mit etwa 8,000 Mann besetzt. Schon
damals soll Custine eingeladen worden seyn, Mannheim hinwegzunehmen. Er
lehnte es aber ab, was ihm bei seinem späteren Prozesse vorgeworfen wurde.
— Custine selbst schrieb damals an den Kriegsminister: „Die nächste bedeutende Regierung, die pfalzbayerische, dränge sich immer freundschaftlicher
zu Frankreich. Die Hauptfestung derselben, Mannheim, könne er jeden Tag
ohne Blutvergießen erhalten, wenn er hiefür 1,200,000 Livres zahlen wolle."
Sybel a. a. O. B. II. S. 31.

fruchtbarer Boden hiefür vorhanden. Viele bei der Universität an=
gestellte Lehrer und von diesen unterrichtete Schüler huldigten schon
lange im Stillen den in Frankreich verbreiteten Grundsätzen des Um=
sturzes und hatten kaum den Augenblick erwarten können, dieselben
ungestraft öffentlich verkünden und verfechten zu dürfen. Ihnen
schwebte der Gedanke vor, die gesegneten Gebietstheile zwischen dem
Rheine, der Nahe und Queich in einen eigenen Freistaat zu ver=
wandeln und mit dem mächtigen Frankreich zu vereinen. Um außer
dem Zuzuge der Fremdlinge noch recht viele Helfer in Mainz und in
anderen Städten für dieses Ziel zu gewinnen, versäumten die Grün=
der und Lenker jener Vereine nicht, die eindringlichsten Empfehlungen
durch Wort und Schrift zu verbreiten. Eine besondere Stütze hie=
bei war der uns schon bekannte Professor Böhmer, welchen sich
Custine zu seinem Geheimschreiber und Dollmetscher gewählt hatte
und der mit ihm in Mainz eingezogen war. Böhmer begründete
hier den 22. Oktober die Mainzer Zeitung und gab die erste öffent=
liche Anregung zur Errichtung des dortigen patriotischen Clubs.

Schon am folgenden Tage brachte diese Zeitung die Ankün=
digung: „Heute Abend um 6 Uhr wird eine Gesellschaft deutscher
Freunde der Freiheit und Gleichheit aus allen Ständen in dem
großen Akademiesaale auf dem hiesigen Schloße sich durch einen
feierlichen Eid verbinden, frei zu leben oder zu sterben. Der Bürger=
General Custine hat ihr versprochen, diese Scene im Namen der
Frankenrepublik durch seine Gegenwart zu verherrlichen. Der Zu=
tritt steht jedem Deutschen frei, dem das Glück seines Vaterlandes
und der an Sclavenketten seufzenden Menschheit ein heiliger Name
ist. Nur bemerke man, daß Niemand zugelassen werden kann, der
nicht zur Gesellschaft gehört, oder durch Ablegung des vorgeschrie=
benen Eides ihr beitreten will." Nicht 20 Männer trafen bei der
ersten Sitzung ein. Man nahm Anstand, sich sogleich für diese Ge=
sellschaft durch einen besonderen Eid zu verbinden. Böhmer hielt
bei der Versammlung eine Ansprache. Custine war jedoch dabei
nicht erschienen. [107] Man begnügte sich, einen Präsidenten, einen

[107] Der kurpfälzische Marschcommissär Leger schrieb am 22. Okt. 1792
an seinen Fürsten: „General Custine ist gestern in einem prächtigen Galla=
wagen des Hofes mit zwei Schimmeln bespannt, bedient von Hofreitern auf
das Rathhaus aufgefahren, wo er dem versammelten Rath und der Bürger=
schaft eine schöne Rede hielt. Am Abende war große Gesellschaft deutscher

Vicepräsidenten und einen Sekretär der Gesellschaft zu wählen. Zugleich ward beschlossen, zur Sitzung am folgenden Tage Jedem, auch wer nicht Mitglied der Gesellschaft werden wolle, den freien Zutritt zu gestatten. Selbst Frauen wurden auf den Gallerien zugelassen. [108]
Sohin erschienen am 24. Oktober wohl über 1000 Einwohner in dieser Sitzung. Auch General Custine stellte sich dabei ein und wurde mit dem Rufe: „Vive la nation!" empfangen. Er hielt eine Anrede in französischer Sprache. Er erklärte, sich zu freuen, hier Freunde der Constitution, Freunde des Volkes und der Menschheit versammelt zu sehen. Er bedauerte, daß sich die fränkische Nation genöthiget gesehen habe, zum Schwerte zu greifen, um den durch Ausgewanderte betrogenen deutschen Fürsten zu beweisen, daß es kein Kinderspiel sei, Frankreich mit 25 Millionen Menschen zu erobern. Er schloß seine Ansprache mit den Worten: „Feierlich verspreche ich Ihnen, meine Herren! allen nur möglichen Schutz zur Beförderung Ihrer so ruhmwürdigen Absicht, durch gegenwärtige Versammlungen ihre Mitbürger mit den heiligen Grundsätzen der Freiheit und Gleichheit bekannt zu machen. Aber ewige Schande brandmarke alle diejenigen, denen das Rasseln ihrer Ketten lieber ist, als die süßtönende Stimme der Freiheit." Ein lang anhaltender Sturm der Anerkennung folgte dem fremden Redner. [109]

Freunde der Freiheit und Gleichheit aus allen Ständen in dem großen Saale des Schlosses. Mainz wird sich also eine Constitution wählen und beschwören und Custine solche mit dreizehnmal hunderttausend Mann schützen." Karlsr. Archiv. P. A. — [108]) „Gesch. der franz. Eroberungen". Th. I. S. 112. Klein a. a. O. S 159. — Laut Berichtes des Freiherrn v. Reibeld aus Mainz vom 27. Okt. 1792 hatte sich Custine 6 Schimmel aus dem Marstall des Kurfürsten gewählt und auch dem Maire von Landau einen zum Geschenke gemacht. — Damals waren noch Transportfuhren von Mörzheim in Mainz, die ihren versprochenen Lohn nicht erhalten konnten. — [109]) Hierauf bestieg Hofrath und Professor Georg Wedekind die Bühne, um die guten und bösen Handlungen seines Herrn, des Kurfürsten, mit einander zu vergleichen, wobei die letzteren weit überwogen. Außer ihm waren es noch die Professoren Matthias Metternich, J. A. Hofmann, Forster und Dorsch, die am Meisten im Club für Freiheit und Gleichheit ihre Stimmen erhoben. So lohnten diese begünstigten Gelehrten die Huld und das Wohlwollen ihres greisen Fürsten. Nur Dorsch war ein Mainzer. Die Uebrigen waren undankbare Fremdlinge. „Gesch. der franz. Eroberungen". Th. I. S. 113. u. ff. 152. 207. Am 31. Okt. 1792 schrieb Custine von Mainz an den General Beauharnais: „Ich habe hier Redner nöthig, und zwar deutsche Redner. Ich

Doch mit dieser Ansprache an die Versammelten im Akademiesaale des Mainzer Schloßes ließ es Custine nicht bewenden. Noch
an demselben Tage erschien von ihm ein Aufruf in deutscher Sprache,
welcher in Tausenden von Abdrücken in alle eroberte Städte und
Dörfer zwischen der Queich und Nahe versendet und verbreitet
wurde. Wir lassen ihn hier in seinem ganzen Wortlaute folgen:

„Aufruf an die gedrückte Menschheit in Deutschland, im
Namen der Franken-Republik von Adam Philipp Custine, fränkischer
Bürger und General der Armeen der Republik. Als die Franken
sich zum Kriege entschloßen, wurden sie dazu aufgefordert, um den
ungerechten Angriff der Despoten, dieser in Vorurtheilen einge-
wiegten Menschen, zurückzutreiben, welche sich einbilden, daß die
Völker des Erdbodens aus keiner anderen Absicht da sind, als vor
ihren Unterdrückern zu knieen, und durch ihr Geld, wie durch ihren
blutigen Schweiß den Stolz, die Habsucht und die Wollust ihrer
pflichtvergessenen Vorsteher zu sättigen. — Die Nation der Franken
und ihre Repräsentanten werden nach ihrer Gerechtigkeit allzeit die
Völker unterscheiden, welche unglücklich genug sind, sich genöthiget
zu sehen, ihre Häupter unter das entehrende Joch des Despotismus
zu krümmen. — Eine Nation, welche zuerst allen Völkern das Beispiel gegeben hat, zu ihren Rechten zurückzukehren, bietet Verbrüderung — bietet Freiheit Euch an. — Euer eigener
ungezwungener Wille soll Euer Schicksal entscheiden. Selbst dann,
wenn ihr die Sclaverei den Wohlthaten vorziehen würdet, mit

_____

will die französische Revolution zu Speyer, zu Worms, zu Mainz, zu Frankfurt 2c. predigen lassen. Es ist also nicht darum zu thun, einen Kreuzzug
zu unternehmen, sondern eine Sendung politischer Apostel zu errichten.
Schicken Sie mir einige gute Republikaner, vernünftige, männliche Leute, die
mit Kraft reden und schreiben; aber ja keine Ehrsüchtige, denn diese verderben
und verwirren Alles. Da es indessen nicht billig ist, Bürger ihren Geschäften
zu entziehen, ohne ihnen einen Gehalt auszusetzen, so habe ich der Nationalconvention vorgeschlagen, mir die Befugniß zu geben, diesen einen Gehalt zu
bewilligen, den ich vorläufig auf 100 Thaler monatlich setzen werde" ....
„Unser Club in Mainz ist schon recht glänzend. Allein wir brauchen Männer
für Frankfurt, Worms und Speyer und um die Mainzer zu electrisiren", 2c. 2c.
A. D. P. vom 12. Nov. 1792. — Böhmer und Wedekind bezogen schon damals einen Monatsgehalt von 500 Livres. Der erstere erhielt bald nachher
ein Gnadengeschenk von 6,000 Livres aus Paris. Heinr. v. Sybel a. a. O.
B. II. S. 31.

welchen die Freiheit Euch winkt, bleibt es Euch überlassen, zu bestimmen, welcher Despot Euch Eure Fesseln zurückgeben soll. — Ich werde die alten Auflagen handhaben. Nur von jenen Menschen werde ich Brandschatzung fordern, welche Euch drückende Lasten auflegten, denen sie sich selbst zu entziehen wußten. Ich werde alle constituirten Gewalten bis dahin beschützen, wo ein freier Wunsch dem Willen der Bürger, Beisaßen und Bauern in den Städten und Ortschaften des Erzbisthums Mainz, der Bisthümer Worms und Speyer und in allen übrigen Gegenden von Deutschland, in welchen die Fahnen der Frankenrepublik aufgepflanzt werden sollen, bis, sage ich, ein freier Wunsch den Willen eines jeden dieser deutschen Völker mir bekannt gemacht haben. — Ich bin im Begriffe, diese Festung in den fürchterlichsten Vertheidigungszustand zu setzen und ob man gleich unter Euch hat verbreiten lassen wollen, daß ich die Absicht habe, sie zu verlassen, so schwöre ich doch: ich will sie behaupten! selbst dann noch behaupten, wenn das ganze Heer unserer Feinde sich gegen dieselbe verbinden sollte. — Möge sie zur Brustwehr der Freiheit aller Völker des deutschen Reiches gedeihen. Mögen aus ihrem Busen diese Grundsätze ewiger Wahrheiten hervorgehen. Möge die Klarheit dieser Grundsätze alle Menschen ergreifen, deren Nacken noch unter das Joch der Knechtschaft gebeugt ist! — Was mich betrifft, so habe ich, stolz auf den schönen Titel fränkischen Bürgers, allen jenen Unterscheidungszeichen abgeschworen, die der Stolz der Despoten erfand. Der einzige, eines vernünftigen Menschen würdige Ehrgeiz ist dieser: In den Herzen seiner Mitbürger zu leben! — Der Franken Bürger, General der Armeen der Republik. Custine. Dem Original gleichlautend, Dr. S. W. Böhmer." [110])

---

[110]) Stadtarchiv. Nr. 147 Orig. Im gleichen Geiste war auch der Aufruf abgefaßt, welchen Custine am 30. Okt. gleichen Jahres an die ausländischen Soldaten richtete, um sie zur Fahnenflucht und zum Anschlusse an die Franzosen zu verleiten. Sie lautet: „Im Hauptquartier zu Mainz den 30. Okt. 1792. Im ersten Jahre der Franken-Republik. Proclamation des Franken-Bürgers Custine, General der Armeen der Republik, an die auswärtigen Soldaten. — Der General der fränkischen Republik verkündet allen Soldaten aller gegen Frankreich kriegführenden Mächte an, daß die in's deutsche Reich eingedrungenen Franken weit davon entfernt sind, an den Einwohnern dieses Landes die Barbareien und Grausamkeiten rächen zu wollen, welche

Diesem Aufrufe folgte bald noch eine weit unbemessenere, rohe, aufreizende Bekanntmachung, welche besonders gegen die Treue und An= hänglichkeit der Bewohner von Mainz und der Untergebenen der Fürst= bisthümer Speyer und Worms an ihre geistliche Obrigkeit gerichtet war. Sie wurde von Böhmer in der Sitzung der Clubisten am 4. November verlesen und dann, wie die obige in unzähligen Ab= brücken verbreitet. [111]) Um diesen Proclamationen noch mehr An= lockung und Reiz zu verschaffen, suchte man die an die Spitze des neuen Staatsgrundgesetzes in Frankreich gestellte Erklärung der Menschenrechte in besonderen Abbrücken emsig zu verbreiten, was den beabsichtigten Zweck nicht ganz verfehlte. [112])

Die erste jener Proclamationen wurde in Speyer von dem ge= nannten Böhmer am 13. November feierlich verkündet und weit= läufig erläutert. Er hatte den Bürgermeister Petsch ersucht, an jenem Tage Morgens 11 Uhr die Bürgerschaft auf dem Rathhause zu versammeln. Nachdem jene Proclamation verlesen und erläutert war, brachte der Redner die Vereinigung der von den Franzosen besetzten Stadt mit der freien fränkischen Nation in Vorschlag. Dazu waren nun gar wenige Bürger geneigt. Allein unter den obwaltenden Verhältnissen getrauete sich Keiner, dem mächtigen Send= linge gerade zu widersprechen. [113]) Hören wir hierüber einen am 17. November aus Speyer veröffentlichten Bericht, welcher über dieses Werben noch Näheres und Weiteres enthält: „Am 12. Nov. Abends kam Dr. Böhmer, Custine's Sekretär, hier an und bestellte

---

gegen ihr unglückliches Vaterland verübt worden sind. — Ihre einzige Ab= sicht ist diese, den Deutschen die Freiheit zu geben und sie der Sklaverei zu entziehen, zu welcher ihre Despoten sie verdammt haben. — Er macht allen Soldaten bekannt, daß diejenigen, welche sich unter die Fahnen der Freiheit begeben und die Fahnen der Knechtschaft verlassen wollen, von den Franken als Brüder aufgenommen und geliebt werden sollen. — Sie sollen zeit Lebens fünfundvierzig Gulden jährliche Pension erhalten, außerdem fünfzehn Kreuzer täglichen Sold, gute Nahrung — keine Stockschläge. Sie sollen als Menschen, als Freunde, als Brüder behandelt werden und das Bürgerrecht unentgeldlich erhalten. Dieß, ihr Soldaten! verspricht euch im Namen der Republik, der General der Armeen der Republik, Custine. Dem Originale gleichlautend Dr. G. W. Böhmer". Karlsr. Archiv. P. A. — [111]) Sie ist abgedruckt bei Klein a. a. O. S. 172. — [112]) Sie wurden von dem Buchbinder Glöckner in Landau zu 2 Sols ausgegeben. Am 19. April 1793 erhielten sie in der neuen Constitution eine andere Fassung. — [113]) Rathsprotokoll. Stadtarchiv.

ein mit rothem Saffian eingebundenes Schreibbuch zum Einzeichnen
für die Mitglieder der Constitutionsgesellschaft, welche hier, so wie
in Mainz und Worms, errichtet werden sollte. Am folgenden Tage
ließ er durch die beiden Bürgermeister die Bürger auf das Rath=
haus berufen und kündete an, daß hier ein Freiheitsbaum errichtet
werden müßte. Er setzte jedoch bei, daß es der Bürgerschaft frei
stehe, bei der alten Verfassung zu bleiben. Abends wurde die Con=
stitutionsgesellschaft im Fürstenhause — dem jetzigen Lycealgebäude
— eröffnet. Allein nur wenige Bürger kamen und schrieben sich in
das rothe Buch ein. Noch Abends um 7 Uhr ward der Freiheits=
baum, an dessen Spitze die Freiheitsflagge prangte, mit Fackelzug
unter Musikbegleitung in der Stadt herumgetragen und dann vor
dem Napf — auf der Grenze der Domimmunität — nicht von Bür=
gern, sondern von bestellten Taglöhnern aufgepflanzt. Dieser Feier=
lichkeit wohnten 3,000 Nationalgarden bei, welche am Nachmittage in
Speyer eingerückt waren und am folgenden Morgen ihren Zug
nach Worms und Mainz fortsetzten. Seit jener Zeit berathschlag=
ten sich die Speyerer Bürger darüber, was dem General Custine,
oder den laut seiner Ankündigung bald ankommenden Commissarien
der französischen Nationalconvention zu antworten sei".[114] Bereits

---

[114] A. D. P. vom 26. Nov. 1792. In demselben Berichte heißt es:
„Wir haben fast täglich Einquartirung. Eine ungeheure Menge Franzosen
strömt hier durch nach Mainz. Heute sind wieder gegen tausend Mann Ca=
vallerie und Infanterie hier über Nacht geblieben." — Böhmer selbst be=
richtet über diese Reise in der Mainzer Zeitung vom 26. Nov. 1792 also:
„Der Fortgang der Freiheit am Rheinstrome ist trotz aller aristokratischen
Gegenbemühungen über alle Beschreibung schnell und groß." . . . . „In Speyer
hatte Böhmer das Vergnügen in einem einzigen Tage und zwar mit ungleich
geringerem Widerstande — als in Worms — sich eine Constitutionsgesellschaft
bilden, ein rotes Buch öffnen und im Glanze von Fakeln einen Freiheits=
baum mit einer purpurrothen Kappe und dem dreifarbigen Bande daran, er=
richten zu sehen, zu welchem Allen der biedere Magistrat und die Consulenten
dieser Stadt, statt wie die Bürgerbedrücker zu Worms zu verhindern, hilf=
reiche Hand barboten." . . . . „Das Ungeheuer, Despotismus, wankte — in
Worms — alle Kräfte an, um die Sclaverei zu erhalten. Deßungeachtet
wurde noch an dem nämlichen Abende — den 11. Nov. 1792 — Nachts
12 Uhr der Baum der Freiheit mit vielen Solenitäten an demselben Orte
gepflanzt, von wo herunter ehemals Diener des Priesterfürsten von Worms
dem Volke dieser Stadt alljährlich seine von ihnen ernannten Despoten
herabverkündigt hatten. Dr. Böhmer hielt unter diesem Baume in der

am 19. Nov. überreichte die ganze Bürgerschaft, vertreten durch
die zwölf Zunftmeister, dem Stadtrathe eine ausführliche Erklärung,
wornach sie mit ihrer alten, auf Freiheit und Gleichheit fußenden
Verfassung und mit ihrer selbstgewählten Obrigkeit ganz wohl zu=
frieden sei und in dieser Beziehung keine Veränderung wünsche.
Sie stellte zugleich die Bitte, diese Erklärung an Custine gelangen
zu lassen, was auch geschehen ist. ¹¹⁵) Uebrigens hatte doch der

---

Mitternachtstunde eine Anrede an seine ehemaligen Mitbürger, in welcher
er diese im Angesichte des Himmels und einer zahllosen Menge fränkischer
Zuschauer beschwor, sich ja nie in eine Capitulation einzulassen und einander
künftig ohne Rücksicht auf Geburt und Religion statt des bisherigen Hasses
als Brüder zu lieben. Es bildete sich noch an dem nämlichen Tage — am
12. Nov. Morgens halb 10 Uhr — in dieser Stadt eine Gesellschaft der
Freiheit und Gleichheit, deren erste öffentliche Versammlung im schönsten Saale
des Schloßes, demselben, wo noch vor weniger als einem Jahre der ehemalige
Prinz Conde gespeist hatte, gehalten wurde. Die Bürger Dorsch und Böhmer
hielten die ersten öffentlichen Reden in dieser Gesellschaft. Auch wurde an
demselben Tage in diesem Saale ein rothes und ein schwarzes Buch, jenes
für die Freien, dieses für die Sclaven, aufgelegt." 2c. 2c. „Gesch. der franz.
Eroberungen." Th. I. S. 246. Conrad v. Winkelmann, Stiftsherr zu St.
Martin in Worms, schrieb sich ebenfalls an demselben Tage als Mitglied
jener Gesellschaft in Worms ein. Er ward am 19. Nov. 1792 auch deßhalb
zur ersten obrigkeitlichen Person in Worms — zum Maire — von Custine
ernannt. — Doch schon im Monate Jan. 1793 schaffte v. Winkelmann jenes
Buch bei Seite und zwar in der zweifachen Absicht, um den Club dadurch zu
zerstreuen und um zu verhindern, daß nicht Mancher wegen eines unüberlegten
Federzuges in Verdrüßlichkeit käme. „Die Franzosen am Rheinstrome." 1794.
Heft I. S. 106. — ¹¹⁶) Rathsprotokoll. Am 16. November wurde der
Frau, welche im Bischofshofe oder Fürstenhause zu Speyer als Schaff=
nerin wohnte, von Petersen die Zumuthung gemacht, die „Proclamation"
und das „rothe Buch" an diesem Hause öffentlich anzukleben. (Dieß war
wohl die Proclamation des Generals Custine, welche am 13. November
bei Aufrichtung des Freiheitsbaums verlesen und an den öffentlichen Plätzen
angeschlagen wurde. So gab es ebenfalls ein gedrucktes Plakat unter dem
Titel: „Inhalt des rothen Buches, welches am 13. November 1792 bei Auf=
richtung des Freiheitsbaums in Speyer im Fürstenhaus vorgelegt wurde,"
das hier gemeint seyn dürfte.) Der geistliche Rath Mähler mißrieth ihr dieß.
Sie erklärte daher, wenn der Freiheitsclub, welcher dort seine Sitzungen ab=
halten wollte, jenes Anheften wirklich wünsche, möge er es selbst vornehmen.
Dagegen ließ Mähler an demselben Tage die „Sauve gardo" des Generals
Custine an dem Thore des Fürstenhauses ankleben, welche die Clubisten nicht
mißachten durften. Am Abende wurde der Saal für die Gesellschaft einge=
heizt und die Lichter angezündet. Allein es erschien Niemand außer dem

7

rührige Böhmer auch in Speyer gefügige Helfer gefunden, um den von ihm verkündeten Verfassungs=Umsturz einzuleiten und zu befördern, wie uns der weitere Verlauf seiner Bemühungen daselbst belehren wird.

Wie in Mainz, Speyer und Worms, so wurden auch allmählig in den übrigen Städten und Städtchen, welche von den Franzosen erobert und besetzt waren, Vereine der Freiheit und Gleichheit errichtet, welche sich unter einander in Verbindung setzten und nicht wenig dazu beitrugen, die Anordnungen, Befehle und Winke der fremden Bedränger allgemein zu verbreiten und in Vollzug zu setzen. Auch die Freiheitsbäume sollten nirgends fehlen.

§. 4. Umgestaltung der bisherigen Verwaltung.

Das von Custine in seiner Proclamation vom 24. Oktober gegebene Versprechen, daß er alle bestehende Behörden auch fortan noch beschützen werde, bis der freie Wille der Bewohner des Erzbisthums Mainz und der Fürstbisthümer Worms und Speyer bezüglich einer neuen Verfassung sich würden ausgesprochen haben, wurde bald außer Acht gelassen. Dazu drängten den General besonders die Clubisten und namentlich Böhmer, Custine's Geheimschreiber, unter dem Vorgeben, daß so lange die früheren Einrichtungen fortbestehen würden, die Grundsätze der fränkischen Freiheit und Gleichheit nicht dürften festen Boden gewinnen. Doch der Eroberer ging nur allmählich voran. Zuerst erfolgte an das Richterpersonal in Mainz, welches noch seine Ausfertigungen im Namen des Kurfürsten machte, am 30. Oktober der Befehl, daß da dasselbe nur die Erlaubniß erhalten habe, die Gerechtigkeitspflege im Namen der französischen Nation provisorisch fortzusetzen, dieß auch an der Spitze der bezfälligen Verfügungen müsse ausgedrückt werden. Die Beamten auf dem Lande wurden ebenfalls gemahnt, sich fernerhin nicht mehr als Bedienstete des Kurfürsten zu unterzeichnen. Custine's Freunde, der Allen auch Dorsch, früher Professor der Theologie in Mainz, (welcher vor einem Jahre wegen Zerwürfnisse mit seinen Vorgesetzten nach Straßburg geflohen war und mit seiner Haushälterin sich ehelich

Präsidenten Caspar Holzmann. Bald kam die Weisung von Petersen an jene Frau, sie könne die Lichter auslöschen und das Feuer bedürfe keine Unterhaltung. Bericht Mähler's an die Statthalterschaft in Bruchsal aus Speyer vom 17. Nov. 1792. Karlsr. Archiv. S. A.

verbunden hätte, jetzt aber von dem Strasburger Club nach Mainz
geſendet ward, damit er die Mainzer Jacobiner Geſellſchaft in Ueber-
einſtimmung mit jenem Muſter einrichte), beſtimmten den General,
eine ganz neue Verwaltung einzuführen. Bereits unterm 19. November ward dieſelbe in Mainz von Cuſtine feierlich verkündet.

An dieſem Tage waren die kurfürſtlichen, alten Räthe, die noch
in Mainz zurückgeblieben, auf den Verſammlungsſaal der bisherigen
Regierung beſchieden. Auch die vom Eroberer für die Stadt neu
ernannten Verwaltungsräthe, die aber noch nicht öffentlich bekannt
waren, fanden ſich dabei ein. Cuſtine hielt abermals eine Anſprache. Er
erklärte unter Anderem: „Die Armeen der Franken haben Mainz,
Worms und Speyer in Beſitz genommen. Es ſtand bei mir, als
Geſchäftsträger der franzöſiſchen Republik, ſogleich eine neue proviſoriſche Regierung in dieſen Gegenden zu errichten. Ich that es
nicht. Ich wollte mich zuvor überzeugen, ob es nicht möglich wäre,
Männer, die zuvor Werkzeuge des Despotismus waren, für die
heiligen Grundſätze der Freiheit und Gleichheit zu gewinnen. Mit
großem Schmerze ſehe ich mich in meiner Hoffnung getäuſcht! Mit
lebhaftem Unwillen vernehme ich, daß Räthe des Volkes ohne Scheu
den Sinn meiner Proclamationen verdrehen, oder dieſelben gar ihren
Mitbürgern vorenthalten, oder auch dieſe guten Menſchen durch
falſche Einflüsterungen, durch ſchädliche Vorſpiegelung über ihren
wahren Vortheil zu täuſchen ſuchen.“ . . . . . „Ich übergebe (daher) die Regierung nunmehr einer Anzahl von Männern, deren
erſte Pflicht es ſeyn wird, Gemeingeiſt unter ihren Mitbürgern zu
verbreiten, ſie mit den heiligen Rechten der Menſchheit immer bekannter zu machen und die Volksunterdrücker nach Verdienſt zu
beſtrafen.“ ꝛc. ꝛc. [116])

Noch an demſelben Tage verkündete eine Proclamation Cuſtine's
dieſe Veränderungen und die Namen der neuen Beamten, welche
bereits die Genehmigung des Pariſer Nationalconvents erhalten hatten. Die fränkiſchen Polizei-, Juſtiz- und Finanzgegenſtände

---

[116]) Klein a. a. O. S. 288. — Am Anfange Novembers wurde der nun-
mehrige franzöſiſche Obriſt Eickemayer von Mainz nach Kreuznach geſchickt,
um die Stadt und Umgegend aufzunehmen und ſie ſammt dem Schloſſe Kauzen-
berg befeſtigen zu laſſen. Der Kurfürſt von der Pfalz ließ am 12. November 1792 dagegen, weil ſein Gebiet neutral ſei, Einſprache erheben, welche
aber nicht beachtet wurde. Karlsr. Archiv. P. A.

wurden der hieburch neu aufgestellten „Allgemeinen Administration"
überwiesen und zu deren Vorstand der schon genannte Dorsch, der
Bürger Boost von Höchst zum Generalprocurator, der Bürger Bleß=
mann, Sprachlehrer zu Mainz und in Göttingen gebürtig, zum
Generalsekretär derselben ernannt. [117] Den Schluß dieser Procla=
mation bildete die Weisung an alle bürgerliche und geistliche Beamten
bei persönlicher Verantwortung, wie auch an alle übrige Einwohner,
Militärpersonen und Fremdlinge, jedem Befehle und jeder Verord=
nung jener Administration in Polizei=, Justiz= und Finanzsachen,
sobald dieselben durch den Generalcommissär in der fränkischen
Armee gutgeheißen und mit dem Siegel der Republik bestätigt seyn
werden, Gehorsam zu leisten. An demselben Tage ernannte Custine
auch die Maire und Gemeindeprocuratoren der Städte Mainz,
Worms und Speyer, mit dem Befehle an alle Genossenschaften,
Innungen und Einwohner jener Städte, sich gemäß den Verfügungen
und Verordnungen zu richten, welche diese neuen Beamten in ihrem
betreffenden Wirkungskreise zum Wohl der Gemeinde und Nutzen
der Einwohner zu erlassen für nöthig erachten werden. [118] Zu=
gleich ward der französische Kriegscommissär, Bürger Buhot, beauf=
tragt, diese Beamten in Worms und Speyer öffentlich vorzustellen
und einzusetzen.

Diese neue Einrichtungen Custine's wurden in Paris nicht
ganz gebilligt. Durch Berichte in Zeitungen und Meldungen der
Clubisten in Mainz bethört, glaubte man dort, alle Bewohner des
eroberten Gebiets seyen für den französischen Freistaat begeistert.
Man tadelte daher den General, daß er eigenmächtig eine Admini=
stration einsetzte, während er nach der französischen Verfassung das
Volk zur Wahl seiner Vorstände hätte berufen sollen. Doch er
wußte wohl und erklärte es ja deutlich, warum er dieses nicht be=

---

[117] Die übrigen Mitglieder waren: Joh. G. Reuter, kurfürstlicher Main=
zer Geheimrath; Georg Forster, Bibliothekar zu Mainz; Rathsschreiber
Kremer von Worms; Felix Blau, gewesener Regens des Clericalseminars
in Mainz; Carl Holzmann, Kaufmann von Speyer; Pfeiffenbring von Mainz,
der kaum seine Studien vollendet hatte; der Hofrath und domcapitel'sche
Syndikus Schraut und Wille von Worms. Beilage 22. Stadtarchiv. —
[118] Bereits unterm 7. Nov. 1792 schrieb Schaal von Worms an den Speyerer
Stadtrath, daß er vom General Custine zum „Commandant amovible" der
Städte Worms und Speyer und des dazu gehörigen Gebietes ernannt sei.
Orig. Speyerer Stadtarchiv.

achtet habe; die treugesinnte Mehrzahl der Bürger hätte sich zu einer solchen Wahl nicht mißbrauchen lassen.

Die neue Administration hielt noch an demselben 19. November eine Sitzung und machte im Namen der „Franken-Republik" ihr Dasehn allen Oberbeamten, Kellern, Cassenverwaltern, Amts-vögten, Schultheißen und sonstigen Gemeindevorstehern des Erzbis-thums Mainz und der Bisthümer Worms und Speyer bekannt, mit der Weisung, künftighin ihre Berichte einfach, ohne die sonst üblich gewesenen Unterthänigkeitsformeln, an den Präsidenten der Administration, den Bürger Dorsch, zu richten. Zugleich wurde den sämmtlichen Finanzverwaltern geboten, alle Staatsgelder getreu einzunehmen und an die Mainzer, provisorisch beibehaltene Finanz-kammer, einzuschicken. [119] Sofort folgte noch eine Reihe von an-deren Verordnungen, namentlich am 21. November über die Preß-freiheit, wornach keine Schrift ohne Beifügung des Namens des Druckers sollte veröffentlicht werden, an welchen man sich halten dürfte, wenn sie Grundsätze und Aeußerungen enthielte, welche der Ordnung, Sicherheit und dem Wohle des Staates und des Volkes zuwiderlaufen. Ferner erschien eine Verordnung von demselben Tage, worin der Briefwechsel mit auswärtigen Beamten oder mit Aus-gewanderten, durch welchen die fränkische Verfassung in einen üblen Ruf oder in Verachtung zu bringen beabsichtigt wird, unter exem-plarischer Strafe untersagt wurde. [120] Drei Tage später über-

[119] Diesen Erlaß unterzeichnete mit Dorsch J. M. Kissel als Sekretär. Es war dieß der kurfürstliche Regierungscanzlist Ignatz Marian Kissel aus Mainz. — Die Stadt Speyer war schon damals genöthigt, zur Wiederher-stellung der durch den Ueberfall der Franzosen angerichteten Schäden sich um ein auswärtiges Ansehen umzusehen. — Am 30. Okt. 1792 riefen der Speyerer Dompropst, Freiherr v. Weffenberg, der dortige Domsänger Christian v. Hacke und der Domcapitular v. Zurhein den kurpfälzischen Minister um Hilfe an, weil ungeachtet das Speyerer Domcapitel eine Brandsteuer von 150,000 Livres an Custine entrichtet hat, dennoch die unter kurpfälzischem Schutze gelegenen Zehnten und Gülten des Domcapitels, gegen das ausdrückliche Versprechen des genannten Generals, gewaltsam hinweggenommen werden. Karlsr. Archiv. P. A. — [120] Diese Verordnungen sind abgedruckt bei Klein a. a. O. S. 242. u. ff. — Eine Zuschrift der allgemeinen Administration vom 21. Nov. über-weiset dem Petersen die polizeiliche Verwaltung der diesseitigen fürstbischöf-lichen Oberämter. Karlsr. Archiv. S. A. Um die Bedenken zu beseitigen, daß die französische Verfassung sich nicht mit dem katholischen Glauben vereinbaren

fendete die Administration einen Auszug aus der französischen Staatsverfassung, welchen Friedrich Cotta aus Stuttgart, der schon früher
zu den Franzosen übergetreten und als getreuer Anhänger derselben
mit Dorsch von Straßburg nach Mainz übergesiedelt war, ver-
faßt hatte, in mehreren Abdrücken für jede Gemeinde des Verwal-
tungsgebietes, zum Unterrichte der Bürger und Bewohner. Bezüglich dieser Abdrücke wurde die Weisung ertheilt, daß jeder Seelsorger in der Gemeinde diesen Unterricht vor der Predigt auf der
Kanzel abzulesen habe, ein Exemplar aber in den Raths= und Ge-
richtshäusern angeheftet, die übrigen Exemplare aber unter die Bürger vertheilt werden sollten.

Dieser politische Unterricht, welcher alsbald auch nach Speyer
gesendet wurde, lautet also: [121])

„Liebe Leute! Ihr habt zeither so viel von der Staatsverfassung, oder von der Konstitution in Frankreich gehört; ein Theil
hat sie verachtet, der größere aber hat sie gelobt. Ihr müßt doch
einmal wissen, worin sie bestehet; ihr mögt dann selbst urtheilen,
ob sie gut, ob sie nicht besser sey, als eure zeitherige. — Ueberhaupt
heißt man die Konstitution von Frankreich diejenige Einrichtung,
wornach man in diesem gesegneten Lande lebt, und einander behandelt. Sie ist himmelweit verschieden von der Einrichtung anderer
Länder. Denn hört! in andern Landen sagt man den Leuten nur:
das sollst Du thun; jenes darfst Du nicht thun. Aber
in Frankreich hat man ihnen auch gesagt: das darfst Du verlangen, daß dir der Beamte dagegen thue; jenes kann
Dir der Beamte nicht zumuthen. Diese gerechte Einrichtung
ist in einem Buche, welches die Konstitutions=Akte genennt wird, in
vorigem Jahre beschrieben worden. Sie wird aber noch vortheil-

lasse, hielt Fried. Georg Pape am 25. Nov. einen eigenen Vortrag, welcher
alsbald gedruckt und eifrig verbreitet ward. — [121]) Ihre Ueberschrift lautet:
„Von der Staatsverfassung in Frankreich, zum Unterrichte für die Bürger
und Bewohner im Erzbisthum Mainz und den Bisthümern Worms und
Speyer.“ Stadtarchiv. Orig. Die französische neue Ordnung, besonders aber
die erste Verfassung sah auf dem Papiere, in den Zeitungen so glänzend aus,
daß man sich gar nicht wundern darf, wenn eine große Anzahl von Männern
derselben lauten Beifall zujauchzte. Indessen führte dieser Beifall die Sehnsucht nach französischer Herrschaft nur bei jenen mit sich, welche bereits Glieder
der geheimen Gesellschaft waren, oder sich in den Schulen von diesen hiezu
herangebildet hatten.

hafter für die Inwohner gemacht werden, und sobald man damit
fertig ist, druckt man das Buch wieder neu. Unterdessen will ich
aus dem vormjährigen Buche einen Auszug zum Berichte geben,
damit besonders ihr, liebe Handwerker und Landbauern, wisset, worin
die Einrichtung von Frankreich besser ist, als die von Mainz,
Worms, Speier, und von allen andern Ländern und Städten. —
In Frankreich sind alle Menschen frei. Also giebt es da
keine Leibeigene. Auch ist kein Mensch Herr des Andern, und sogar der Dienstherr hat vom Bedienten oder Knecht nur in Dienst-
sachen zu verlangen, was im Dienstkontrakte ausgemacht worden
ist. — In Frankreich sind alle Menschen gleich an Rechten. Der Sohn eines Landbauern kann also, wenn er geschickt
dazu ist, eben so gut Minister oder Erzbischof werden, als wie der
Sohn eines Königs, da man hingegen in manchen andern Ländern
eine solche Stelle nicht bekommen kann, wenn man nicht aus alt-
hochadelichem, gräflichem, oder fürstlichem Geblüte, wie sie es nennen,
ist. Auch hat in Frankreich ein so genannter Edelmann oder Graf
gar keinen Vorzug wegen seiner Geburt vor dem Handwerker; der
arme Bürger findet vor dem Richter eben so viel Recht, wie der
reichste, und dieser wird, wenn er Strafe verdient, eben so gestraft,
als der arme. Eben darum, weil alle Menschen gleich sind, ist in
Frankreich der Adel mit allen seinen Vorzügen auf ewig abgeschafft
worden. — Die Freiheit ist das Recht, alles das zu thun, was
nicht verboten ist. In Frankreich ist aber nur das verboten, was
jeder vernünftige Mensch sich selbst verbietet, nämlich das, was dem
Andern schadet. Solche Dinge, welche andern Menschen schaden,
sind durch die Gesetze verboten; in Frankreich macht aber nicht ein
König oder Kurfürst, oder ein Magistrat die Gesetze, sondern das
Volk selbst macht sie; es erwählet nämlich Männer aus allen Provinzen oder Departementern zu einer National-Konvention oder Zusammenkunft, welche untersuchen müssen, was für Gesetze nöthig
seyen, um das allgemeine Wohl zu befördern. Diese Gesetze werden
dann aufgeschrieben, und sind der Ausdruck vom allgemeinen Willen
des Volkes. — Die Gleichheit ist das Recht, von andern zu verlangen, daß sie das thun, was man selbst thun muß, und das
nicht thun, was man selbst nicht thun darf. Daher darf in Frankreich jeder reden, schreiben, drucken lassen, was er will, wenn er
nur Niemanden dadurch beleidiget. Auch muß wegen der Gleichheit

jeder Mensch in Frankreich nach seiner Einnahme Abgaben geben,
jeder dem Gesetze sich unterwerfen, er heiße sonst geistlich oder welt-
lich, er sei reich oder arm. — Außer den Abgaben an das Volk
selbst zahlt man keine andere an einen Edelmann, oder ein Domkapitel, keinen Zehenten, u. d. g. In Frankreich erziehet man verlassene Kinder auf Kosten der Republik. Gebrechliche Arme werden
da unterstüzt, und arbeitslosen Armen hilft man da zu Erwerbung
eines hinlänglichen Verdienstes. In Frankreich errichtet man jetzt
auch Schulen, wohin jeder Bürger seine Kinder unentgeltlich schicken
kann, und worin sie alles das lernen können, was jedem Menschen
zu wissen nöthig ist. — Mit einem Worte: In Frankreich ist alles
abgeschafft, was wider die Freiheit und wider Gleichheit der Rechte
noch in andern Ländern und Städten gilt; dagegen sind in Frankreich alle Anstalten dazu gemacht, daß die Leute alle immer zufrieden und glücklich leben können. — Dahin zielen auch noch folgende
besondere Einrichtungen, wodurch sich die Konstitution von Frankreich auszeichnet. — Ganz Frankreich ist in gewisse Bezirke, Departemente genannt, und diese sind wieder in Distrikte so abgetheilt,
daß jeder Bürger in den Hauptort seines Distrikts (Amts) in einem
Tage, und in den Hauptort des Departements (Landes) in längstens zween Tagen zu Fuß kommen kann. Im Hauptorte des Departements wohnen die, welche das Beßte des ganzen Departements
besorgen, und auf die Beamten der darin gelegenen Distrikte acht
geben müssen, damit diese ihre Schuldigkeit thun; sie heißen Departementsverwalter. Im Hauptorte des Distrikts sind eben so die
Distriktsverwalter, welche den Munizipalitäten vorgesezt sind. In
jeder Gemeinde nämlich sind einige Beamten, welche das Beßte der
Gemeinde besorgen; diese nennt man die Munizipalität, den ersten
unter ihnen aber den Maire der Gemeinde; jedoch in Sachen,
woran der ganzen Gemeinde besonders gelegen ist, darf auch die
Munizipalität nicht für sich handeln, sondern sie muß einen Ausschuß der Bürger, Notables genannt, darum fragen. Alle diese
Departementsverwalter, Distriktsverwalter, Maire's, Munizipalitäts-
glieder, Notables, auch die Richter, Postverwalter, und überhaupt
alle Beamten werden von den Bürgern, für welche sie da sind,
selbst gewählt; thun sie ihre Schuldigkeit nicht, so werden sie von
ihren Vorstehern abgesezt, und die Bürger wählen sich hernach
andere. — Alle Beamten müssen ihr Amt öffentlich versehen, so,

daß jeder, wer Lust hat, zuhören kann, wenn sie amtiren, ihre Rech=
nungen ablegen ꝛc. — Die Gerechtigkeit wird in Frankreich unent=
geltlich verwaltet, und weil Prozesse immer großen Unlust erregen,
so sind eigene Friedensgerichte ꝛc. angestellt, wo man erst versucht,
die Händel in der Güte abzumachen, ehe man es zu einem Pro=
zesse kommen läßt. Kein Mensch kann in Frankreich anders, als
nach Urtheil und Recht gerichtet werden. — Die Minister müssen
Sorge tragen, daß die Gesetze im ganzen Reiche vollzogen werden,
daß überall Friede, Ruhe und Ordnung herrschet, daß Handel und
Wandel nicht gestöret wird, besonders, daß die Lebensmittel überall
frei können hingeführt werden, auch daß die Beamten alle ihre
Schuldigkeit thun ꝛc. Auch die Minister werden in Frankreich von
den Bürgern aus sich selbst gewählt, und auch die Minister werden
in Frankreich gestraft, wenn sie ihr Amt nicht recht versehen. Sonst
war ober den Ministern in Frankreich noch ein König, aber auch
der wurde abgesetzt, weil er seinen Dienst nur zum Schaden des
Volkes versah, und das Volk schaffte ein so überflüssiges, theures,
und für die Freiheit gefährliches Amt, als das Amt eines Königs
oder Fürsten ist, ganz ab. Daher heißt Frankreich itzt eine Re=
publik, weil zu allen Aemtern nur Bürger auf eine Zeitlang ge=
wählt werden, um das Beßte ihrer Mitbürger zu besorgen, und
im Falle, daß sie das nicht thun, ohne Unterschied abgesetzt, und
gestraft werden können. — Das Militär ist in Frankreich nur zur
Vertheidigung gegen die Feinde, und zu Erhaltung der öffentlichen
Ruhe da; es darf sich in keine Civilsache mischen. Die Anwer=
bungen zum Soldatenstande geschehen freiwillig, und der Soldat
muß, wenn seine Kapitulationszeit aus ist, unentgeltlich entlassen
werden. Soldaten müssen von ihren Offizieren brüderlich behan=
delt werden, bekommen keine Stockschläge, aber guten Sold, gesundes
Brob und Fleisch, Kleidung ꝛc. und wenn sie brav dienen, oder im
Dienste alt werden, eine Pension. Aus den Soldaten wählt man
die Unteroffiziere, aus diesen die Lieutenants, und so gehts hinauf
bis zum General. — So ist in Frankreich alles dahin eingerichtet,
daß jeder Einwohner sicher, von andern unabhängig und in seinem
Gewerbe ungestört zufrieden und glücklich leben kann. — Eben so
leben die Franken auch mit ihren Nachbarn im Frieden, begehren
nicht, Eroberungen zu machen. Werden sie aber von Königen oder
Fürsten angegriffen: so züchtigen sie dafür nur diese, zu deren Völ=

kern aber kommen sie als Brüder, lehren sie die Freiheit und Gleich=
heit, laden sie ein, sich mit ihnen zu vereinigen, und beschützen sie
dann, wie sich selbst, mit all der Tapferkeit und Großmuth, deren
nur freie Männer fähig sind, und welche diesen den Sieg über
flavische Soldaten und den rühmlichsten Frieden zusichert. Diese
Erwartung wird durch die erstaunlichen Fortschritte bestärkt, welche
die Waffen der Franken in Deutschland machen, seitdem sie von
Königen, Fürsten und Edelleuten zu einem Kriege sind genöthiget
worden, welcher bei längerer Fortdauer alle Throne einstürzen,
jedem Volk Freiheit bringen, und besonders Euch, liebe Handwerker
und Landbauern am Rhein, langen Frieden und den größten Wohl=
stand versichern wird. Trauet auf Gott, welcher die Franken in
allen ihren Unternehmungen so sichtbar unterstützet! Denn umsonst
arbeiten diejenige, welche ein Haus bauen, wenn es Gott nicht
schützet. Lange schon hätten die Franken zu Grunde gehen müssen
bei ihrer itzigen Verfassung, wenn sie Gott nicht gefällig gewesen
wäre. Der Kaiser, der König von Preußen, das Reich, und so
viele Feinde in Frankreich selbst hatten sich vereiniget, dieselbe zu
Grunde zu richten; aber die Vorsehung hat sie alle zu Schanden
gemacht. — Es lebe das fränkische Volk! es lebe die Freiheit und
Gleichheit!"

Diese Belehrungen und Anlockungen waren zunächst nur an
die Bewohner des Erzbisthums Mainz und der Bisthümer Worms
und Speyer, aber auch an die beiden Reichsstädte Worms und Speyer
und deren Gebiete gerichtet, für welche die allgemeine Administration
eingesetzt worden ist. Diese begriff aber auch die Grafschaft Falken=
strein, welche dem Hause Oesterreich angehörte und wovon Winn=
weiler die Amtsstadt war. Dagegen erstreckte sich die Verwaltung
nicht auf die kurpfälzischen, herzoglichzweibrückischen Städte und Dörfer,
deren Fürsten sich in dem ausgebrochenen Kampfe neutral erklärt
hatten. [123]) Doch nahm man auch schon Bedacht, die Bewohner
dieser Städte und Dörfer mit den Grundsätzen der Freiheit und

---

[123]) Vom 17. bis 21. Nov. 1792 lagen 6,000 Mann Franzosen unter
dem General Beurnonville zu Homburg. Sie zogen an die Mosel. Am 24. Nov.
1792 verlangen der Keller Gassert und Commissär Dimroth eine herzogliche
Milizenwache für die Burg Lichtenberg wegen zu befürchtender Unfugen der
französischen Ausreißer. Sie wurde ihnen jedoch wegen der geringen Anzahl
dieser Milizen nicht gewährt. Reichsarchiv. J. A. Nr. 895.

Gleichheit vertraut zu machen, Freunde und Anhänger in denselben zu gewinnen, um sie für den Umsturz vorzubereiten, was auch bei Vielen nur gar zu leicht gelungen ist. Der Administration waren alle andere Behörden untergeordnet. Auch die geistliche Verwaltung sollte ihre Verordnungen annehmen und vollziehen. Allein dennoch war sie nicht die höchste Behörde des Landes; denn wie wir hörten, hatte Custine ja angeordnet, daß ihren Verfügungen nur alsdann Folge zu leisten sei, wenn dieselbe durch den General genehmigt und mit dem Siegel der Republik bekräftiget wären. Custine aber hatte weder Sinn noch Zeit, sich diesen Verwaltungsarbeiten zu unterziehen. Er überließ sie daher größtentheils seinem Sekretär Böhmer. Dieser legte aber wiederum nur das seinem Herrn vor, was ihm beliebte. Unter Böhmer stand sohin auch Dorsch. Dieser liebte aber, selbstständig zu gebieten und da alle Eingaben zunächst an ihn gerichtet werden mußten, entschied er Vieles, ohne daß es zuvor dem Generale oder dessen einflußreichem Geheimschreiber vorgelegt und von jenen genehmigt war. Dorsch nahm seine Wohnung im kurfürstlichen Schloße und räumte seiner ehemaligen Haushälterin nicht wenig Einfluß auf die Verwaltung ein. Karl Holzmann, Handelsmann von Speyer, scheint seine Stelle in der allgemeinen Verwaltung entweder nicht angenommen, oder nur kurze Zeit begleitet zu haben. [123] Im Allgemeinen entsprach die fragliche Administration nicht den auf sie gebauten Hoffnungen und nur wenige ihrer Mitglieder konnten sich in der erforderlichen Achtung erhalten. [124] ·

§. 5. Einsetzung der neuen Vorstände in Worms und Speyer.

Nach dem Befehle Custine's vom 19. Nov. 1792 reiste der Kriegskommissär Buhot alsbald gen Worms und Speyer, um dort die neuernannten Vorstände der Verwaltung feierlich in ihr Amt einzusetzen. Dieß geschah zu Worms am Mittwoche den 21. Nov.

[123] Am 8. Dez. 1792 übergab Holzmann dem versammelten Magistrate zu Speyer ein Promemoria wegen seiner Berufung zur allgemeinen Verwaltung in Mainz. Rathsprotokoll. — [124] Klein a. a. O. S. 249. Dort lesen wir die Nachricht, daß eigentlich nicht Custine, Böhmer und Dorsch, sondern drei Damen, nämlich die Mainzer Geliebte des Generals — Zitier, die Frau des Dr. Daniels — dann Kätchen, die Frau des Dorsch und die Frau Böhmer's regiert hätten. „An dieses Kleeblatt mußte man sich wenden, wer irgend etwas im Mainzer Staate erhalten wollte." So auch „Gesch. der franz. Eroberungen." Th. I. S. 231.

Buhot hatte zuvor dem Magistrate hievon Nachricht mit der Wei=
sung gegeben, daß behufs dieser Amtseinführung derselbe auf dem
Rathhause zu erscheinen, und auch die Innungen und Genossen=
schaften der Stadt und die fürstbischöflichen Beamten dazu einge=
laden werden sollten. Die beiden Verordnungen Custine's bezüglich
der Aufstellung einer allgemeinen Administration und der Maire's
und Gemeindeprocuratoren wurden verlesen, die neue Ordnung der
Dinge in einer Ansprache verherrlichet und die Feier mit jubelndem
Rufe auf die fränkische Nation geschlossen. Sofort ward dem an=
wesenden regierenden Städtemeister befohlen, die Register und Siegel
der Stadt in die Hände der neuen Munizipalität auszuliefern, was
auch augenblicklich geschah. Von den fürstbischöflichen Beamten ist
keiner auf dem Rathhause erschienen. Sie waren sämmtlich geflüchtet,
weßhalb der Commissär auch von ihnen das Verzeichniß der fürst=
bischöflichen Einkünfte und Gefälle nicht erhalten konnte. Die Re=
gister der Gefälle des dortigen Domcapitels wurden ermittelt, und
den neuen Munizipalitätsbeamten eingehändigt. Diese, welchen
nunmehr die Aufsicht, Polizei und Verwaltung der Stadt
Worms gänzlich übertragen war, wurden angewiesen, über jene Regi=
ster und deren Vervollständigung und Fortsetzung zu wachen und Alles
aufzubieten, auch jenen der fürstbischöflichen Regierung und Finanz=
kammer habhaft zu werden und die beßfallsigen weiteren Verwal=
tungsvorschriften von der neuen Verwaltung in Mainz zu gewär=
tigen. Auf die Anfrage, welche hier die Munizipalbeamten an Buhot
stellten, ob nämlich das gewöhnliche Gerichtsprotokoll in Klagsachen
in alter Weise — nämlich im Namen „der kaiserlichen freien
Reichsstadt Worms" — sollten fortgesetzt werden, erachtete er
für gut zu setzen: im Namen „des provisorisch beibehal=
tenen Gerichtes der Stadt Worms," jedoch mit Vorbehalt
der Genehmigung des Generals Custine. [126])

---

[126]) Auf der Bekanntmachung dieser Amtseinsetzung waren unterzeichnet
außer Buhot, Winkelmann und Löwer, der Commandant Berex; P. H.
Augustin, reg. Städtemeister; And. Jak. Rasor, reg. Bürgermeister; Joh.
Georg Hegerich, Weberzunftmeister; Joh. Nik. Vogeley, Schilderzunftmeister;
Cas. Ficht, — Namens der Zimmerleutezunft; Joh. Hein. Scherer, Namens
der Lauerzunft; Joh. Ad. Herold, Schmiedezunftmeister; Joh. Jak. Seib,
alter Schuhmacherzunftmeister; Ph. Con. Lattermann, Kürschnerzunftmeister.
Original im Stadtarchiv. Siehe auch Beiträge zur Revolutionsgesch. von
Worms. 1793. S. 67. u. ff.

Von Worms begab sich Buhot am 23. November nach Speyer, um am Sonntage den 25. deßselben in noch feierlicherer Weise wie dort die Amtseinführung der neuen Vorstände vorzunehmen. Da der von Custine [126]) ernannte Gemeindeprocurator, der bisherige domcapitel'sche Sekretär und Hofrath, Johann Anton Bauer, „seiner patriotischen Denkungsart unbeschadet, wegen seiner Familie und anderer Verhältnisse schriftlich und mündlich diese Stelle abgelehnt hatte," [127]) so wurde auf Vorschlag des Petersen der städtische Unteramtsaktuar, Friedrich Reissinger, von Buhot dazu ernannt.

Petersen übersendete alsbald dem fürstbischöflichen Oberamte Kirrweiler nachstehende Weisung: „Im Namen der Frankenrepublik. Auf Befehl des von dem General en chef der fränkischen Armee am Rheine anhero abgeschickten Bürgers Buhot und in Kraft der von der zu Mainz angestellten allgemeinen Administration mir Endesunterzeichnetem ertheilten provisorischen Commission, werden sämmtliche Oberbeamten der ehemaligen fürstlich speyerischen Aemter Marientraut, Kirrweiler und Deidesheim, dann die an diesen drei Oberamtsorten und zu Edesheim befindlichen Amtskeller vorgeladen zur Anhörung einer von dem General Custine unter dem 18. dieses erlassenen Proclamation, sich auf Sonntag, den 25. dieses Nachmittags präcis 2 Uhr, auf dem hiesigen Gemeindehause ohnfehlbar und bei Vermeidung der gegen ihre Personen vorzukehrenden schärfsten Maasregeln zu erscheinen; wie dann das Amt Marientraut für die schleunige und sichere Beförderung an die anderen Aemter durch Expresse verantwortlich ist. Speyer den 24. November 1792. Im ersten Jahr der Franken-Republik. Carl Ludwig Petersen, als bestellter provisorischer Commissaire. Reissinger, Sekretär." Gleiche Einladung erging auch an die übrigen Aemter dießseits der Queich. [128]) Dieser drohenden Einladung wurde, wenn auch ungern, Folge gegeben. Aus dem Zusammenlaufen des Volkes

---

[126]) Nach dem Berichte des kurpfälzischen Marschcommissärs Leger aus Mainz vom 20. Nov. 1792 wurde die Munizipalität in Speyer, wie jene in Mainz, im Club hierselbst bestimmt. — [127]) So schrieb Petersen am 27. Nov. nach Mainz. Von Reissinger bemerkte derselbe hiebei: „Ich bin von seiner Fähigkeit zu diesem Amte, von seinem Eifer für das gemeine Beste und standhafter Anhänglichkeit an die Franken-Republik überzeugt. Den Beweis davon hat er bereits . . . gegeben." Reissinger ward am 29. Nov. von dem Vizepräsidenten der allgemeinen Administration Forster, unter Belobung seines bisher bewiesenen Eifers, bestätigt. — [128]) Karlsr. Archiv, S. A.

und Aufstellung der Soldaten erkannten die Berufenen, daß etwas
Wichtiges müsse vorgenommen werden. Das Geläute der Glocken
rief die Bürger auf das Rathhaus. Der Magistrat von Speyer
und die gleichfalls vorgeladenen Beamten des Domcapitels und der
Geistlichkeit erschienen ebenfalls. Zuletzt trat der genannte Commissär Buhot ein, geleitet von Petersen und Reissinger, von dem
Canonikus Winkelmann, dem neuen Maire von Worms, von dem
dortigen reformirten Pfarrer Endemann und mehreren Abgeordneten
der Stadt Landau. Buhot eröffnete, daß er vom General Custine
beauftragt sei, der Stadt eine neue constitutionelle Verfassung zu
geben. Er verlas zu diesem Behufe die Proclamation des Generals
Custine vom 19. dieses in gleichem Betreffe. Als dieß geschehen,
erklärte er den Bürger Petersen als Maire, den Bürger Reissinger
als Procurator, hing ihnen die Nationalschärpe um und gab ihnen
den Friedenskuß. Sofort ermahnte Buhot auch die anwesenden Bürger-
ausschüsse, diesem von der Frankenrepublik ernannten Maire untergeben
zu seyn, deutete dem bisherigen Stadtrath an, daß derselbe hiermit
entlassen und sämmtliche Justiz, Polizei und Verwaltung dem Maire
und den von diesem zu ernennenden Personen übertragen sei. [129])

---

[129]) „Rede an die Speyerer Bürger bei öffentlicher Vorstellung ihres
Maire's Petersen und Gemeindeprocurators Reissinger den 25. Nov. 1792
gehalten in dem Gemeindehaus von Herrn Büot (sic), Commissär der
niederrheinischen Armee, nach dem französischen Original in's Deutsche übersetzt," erschien alsbald bei Ph. Wilh. Hauth in Speyer. Der Eingang dieser
Rede lautet also: „Wertheste Mitbürger! Kaum hatten die — unter den
Fahnen der Freiheit — so glücklichen Waffen der Franken-Republik die Bisthümer Speyer, Worms und das Erzbisthum Mainz als erobert in Besitz
genommen: so war auch das erste Bestreben unseres biederen Generals Custine, die schon seit Jahrhunderten — unter der Tyrannei und Herrschsucht
wollüstiger und despotischer Priester — schmachtenden Völker endlich von
ihrem Joche zu befreien und sie der lange gewünschten Freiheit und Gleichheit theilhaftig zu machen. Er will im Namen der fränkischen Nation an
allen Orten den Baum der Freiheit errichten, dessen Aeste sich von Tag zu
Tag in die ganze Welt ausbreiten und euch bei jedem Anblicke eure Freiheit
zusichern werden, in so ferne ihr ihren Werth einsehet und euch derselben
würdig machet. Er glaubte die vorzüglichste Art einem Volke seine Lasten zu
erleichtern, bestände darin, wenn man ihm nach eben den Grundsätzen, welche
sich die große Franken-Nation zum heiligsten Gesetze machte, den Weg zu
seiner Glückseligkeit bahnte. Er entschloß sich daher, alle alten Regie-
rungsarten, die der Freiheit der Völker in diesen Gegenden nachtheilig
seyn könnten, zu unterdrücken und an deren Stelle eine andere dem allge-

Nachdem Buhot seine französische Rede beendet hatte, ergriff Petersen das Wort. Er dankte für das große Vertrauen, das die Franken-Republik und General Custine auf ihn gesetzt und versprach auf alle mögliche Weise sich dieses Vertrauens durch getreue Verwaltung der ihm übertragenen Aemter stets würdig zu erweisen. Hierauf rief er die Bürger als seine Mitbrüder auf, mit ihm gemeinschaftlich das allgemeine Wohl befördern zu helfen. Zu den Magistratsmitgliedern gewendet erklärte Petersen, daß er dieselben sämmtlich in ihren bisherigen Stellen beibehalten wolle; daß er sich ihre Mithilfe und Unterstützung ausbitte und so lange dieselbe gebrauchen werde, als ihre Handlungen nicht dem Geiste und den Gesetzen der Franken-Republik zuwider laufen würden. Er versprach ferner, daß er in seiner den Bürgern schon seit einer Reihe von Jahren bekannten Redlichkeit sein neues Amt versehen werde. [130])

Nach Beendigung dieser Ansprache trat Pfarrer Endemann vor und erklärte, daß er von den Wormser Constitutionsfreunden und der Stadt abgeordnet sei, um diesem großen Feste beizuwohnen

---

meinen Besten zweckmäßigere Verwaltung nach fränkischer Verfassung einzuführen. Schon ist die Staatsverwaltung in Mainz solchen Männern übergeben worden, die durch ihre bekannte Rechtschaffenheit, durch ihre warme Vaterlandsliebe, durch ihren glühenden Eifer für Freiheit und Gleichheit, und besonders durch ihre ausgebreiteten Kenntnisse und Gelehrsamkeit das allgemeine Zutrauen ihrer Mitbürger besitzen. — Da aber die Glückseligkeit der Städte Worms und Speyer der Franken-Republik nicht minder am Herzen liegt, so hat der commandirende General und Stellvertreter der Republik am Rheinstrome sich entschlossen, daselbst ebenfalls eine Municipal-Verwaltung einzuführen." ꝛc. ꝛc. Karlsr. Archiv. S. A. — [131]) Nach dem uns vorliegenden Entwurfe von seiner Hand sprach er: „Ich will mich erklären. Ich will Sie mit den Grundsätzen, wornach ich mich in meinem neuen Amte richten werde, bekannt machen. Rechtschaffenheit, Gradheit und Menschenliebe sollen mich, wie bisher, in meinen Amtsverrichtungen leiten. Ich werde aber im Namen der Franken-Nation wachen, daß die öffentlichen und geheimen Feinde derselben, oder mit andern Worten die Feinde der Freiheit und Gleichheit, ihr Gift nicht weiter verbreiten. Ich werde in dieser Absicht mit unerbittlicher Strenge zu Werke gehen." ꝛc. ꝛc. Stadtarchiv. Nr. 147. Schon am 24. Nov., als Petersen seine Ernennung zum Maire schriftlich erhalten, legte er beim versammelten Stadtmagistrate seine Stelle als Rathsconsulent nieder, dankte demselben für seine bisherige Freundschaft und erklärte, daß er gemeinschaftlich mit dem noch bestehenden Magistrate für das Wohl der Stadt besorgt seyn werde. Rathsprotokoll.

und die hiesige Bürgerschaft zu einem Bunde mit der freien Stadt Worms und Mainz einzuladen, um mit vereinten Kräften das allgemeine Wohl befördern und festen zu können. Hierauf ermunterte er die Speyerer, sich durch die von Fürstenknechten ausgestreuten, irrigen Begriffe von der wahren constitutionellen Verfassung nicht täuschen zu lassen. Er betheuerte, daß man die Bürgerschaft nie zwingen werde, die Waffen zu ergreifen. Er suchte sie zu bereden, daß wenn je, wider Vermuthen, die kaiserlichen und preußischen Truppen in diese Gegend eindringen sollten, dennoch den Bürgern keine Gefahr daraus entstehen könnte, daß sie sich für die fränkische Nation — die Eroberer und Besitzer dieses Landes — erklärt hätten rc. Zuletzt trat Winkelmann vor Petersen, rief ebenfalls zum Schwesterbunde der freien Städte am Rhein auf, umarmte den Collegen zum Zeichen des Bündnisses, erklärend: „Es freue ihn sehr, bei Ungleichheit der Religion Gleichheit der Gesinnung bei ihm gefunden zu haben." Jetzt traten auch die Abgeordneten der Stadt Landau vor, schlossen sich im Namen dieser Stadt dem neuen Bündnisse an und beendeten das Schauspiel durch brüderliche Umarmung der Maire von Speyer und Worms.

Buhot führte nunmehr den Petersen auf die Altane des Hauses und stellte denselben auch den auf der Straße versammelten Bürgern als Maire der Stadt vor. Alles war still; nur die Clubisten klatschten Beifall zu. Sofort ordneten sie einen Festzug vom Rathhause durch die Stadt. Voran ritten etwa 60 Jäger zu Pferd. Ihnen folgten der Commissär und der Maire, begleitet von einer Musikbande. Diesen schlossen sich etwa 200 Nationalgarden an. Ein Schwarm schaulustigen Pöbels schloß den Zug. Dieser bewegte sich nach dem Dome, von da rechts gegen das weiße Thor, sodann die Heerdgasse heran zu dem Kaufhause und hier zurück vor das Rathhaus. „Petersen ließ hier dreimal der Bürgerschaft sagen, den in dem Rathhofe liegenden Freiheitsbaum abzuholen, allein Niemand verstand sich hiezu." Endlich schleppten ihn Nationalgarden, von Einigen aus dem Pöbel unterstützt, mühselig herbei. Er maß 50 Schuh in der Höhe. Er wurde mit Nationalbändern und einer rothen Jakobiner-Mütze geschmückt und unter Gesang und Militärmusik aufgerichtet. Am Abende war Freiball, wozu auch alle fürstbischöflliche Beamten eingeladen wurden. Auf demselben fanden sich mei-

stens ein, welche sich bereits im rothen Buche der Constitution ein=
gezeichnet hatten. Gutgesinnte Bürger ließen sich dabei keine sehen. [131])

Den vorgeladenen, fürstbischöflichen Beamten wie auch dem
Speyerer Magistrate war bedeutet, am folgenden Tage Morgens 9 Uhr
abermals auf dem Rathhause zu erscheinen. Sie fanden dort den fran=
zösischen Commissär Buhot, den Maire Petersen und den Gemeinde=
procurator Reissinger nebst Andern versammelt. Petersen eröffnete
ihnen den Beschluß der allgemeinen Verwaltung zu Mainz vom
21. desselben Monats folgenden Inhalts: „Dem Maire Petersen
zu Speyer wird als provisorischem Commissär der Auftrag ertheilt,
daß alle von der allgemeinen Administration an die ehemals fürst=
lich Speyerischen Aemter Marientraut, Kirrweiler und Deidesheim
ergehende Befehle und Beschlüße an dieselben richtig befördert und
in Vollzug gesetzt werden. Dann habe derselbe auch alle vorkom=
mende Polizeigegenstände, wobei Gefahr auf dem Vollzuge haftet,
oder sonstige schleunige Maßregeln erfordert werden, bestens zu er=
ledigen, demnächst solche in das gewöhnliche Protokoll einzutragen
und an die allgemeine Administration zur Uebersicht abzuschicken." [132])
Buhot befahl den Beamten die genaue Beachtung dieses höheren Be=
schlußes. Er wies dieselben an, nach wie vor ihre Aemter fortzu=
führen, jedoch dem Maire und provisorischen Commissäre Petersen
darüber Rechnung abzulegen; über keine Ausgaben zu verfügen,
als was zu den Besoldungen und zur Unterhaltung der Gebäude
unumgänglich nothwendig ist; aber auch diese Ausgaben ohne vor=
herige Anfrage bei Petersen nicht zu verwirklichen. Der Magistrat
der Stadt hat hierauf sich der an ihn gesonnenen Auslieferung
aller öffentlichen Akten und der Siegel in die Hände der neuen
Munizipalität gefügt. Die domkapitel'schen Beamten konnten die
abverlangten Rechnungen und sonstigen Papiere nicht ausliefern, da
sie schon vorher über den Rhein geflüchtet waren. [133]) Ueber den
ganzen Vorgang wurde hierauf ein Protokoll errichtet, von den

---

[131]) Promemoria vom 26. Nov. 1792 und Tagebuch von Schoch.
§. 40. Karlsr. Archiv. S. A. — [132]) Unterzeichnet: Dorsch, Präsident der allge=
meinen Administration zu Mainz. J. M. Kissel, Sekretär. Karlsr. Archiv. S. A.
— [133]) Am 22. Aug. 1793 verlangte der Fürstbischof zu Bruchsal vom Mainzer
Staatskanzler v. Albini die nach Mainz an die Administration verbrachten, hoch=
stiftlichen Papiere wieder zurück, die sich auch dort noch größtentheils vor=
fanden und ausgeliefert wurden. Karlsr. Archiv. S. A.

Anwesenden unterzeichnet, dem Drucke übergeben und veröffent=
licht. [134])

„Nun trat Petersen im Tone eines römischen Diktators auf
und erklärte den Judicialbeamten, daß dermalen ihre Obliegenheiten
erfordern, die Gerechtigkeit vor wie nach zu pflegen; jedoch hätten
sie alle Verbindung mit dem ehemaligen Hofgerichte, sowie auch mit
dem höchsten Reichsgerichte genau zu vermeiden; es werde ehestens
in Mainz ein provisorisches Hofgericht eröffnet werden, wohin dann
die Berufungen zu geschehen hätten." Er schloß mit dem Bemer=
ken, „er hoffe nicht in die Verlegenheit versetzt zu werden, von
seiner Gewalt, nöthigenfalls die Einzelnen ihres Amtes zu entsetzen,
Gebrauch machen zu müssen." [135])

---

[134]) Beilage 22. Stadtarchiv. Am 10. Dez. kamen die betreffenden
Abdrücke auch an den Amtmann zu Kirrweiler. Es mußten dafür 5 fl. 30 kr.
bezahlt werden. Dabei wurde verordnet, daß die einzelnen Gemeinden „das
National=Wochenblatt von Speyer" sich bestellen sollen, damit sie
mit der Verfassung der Munizipalität und den neuen Verordnungen bekannt
würden. Tagebuch von Schoch. §. 49. — Die fürstbischöflichen Aemter
wurden sofort angewiesen, ihre amtlichen Berichte anstatt nach Bruchsal an die
Mainzer Administration zu richten: „Im Namen der Franken=Republik. Das
Amt Marientraut wird ernstgemessenst angewiesen, in allen Gegenständen, wo
sich dasselbe vorhin an die ehemalige Bruchsaler Regierung gewendet hat,
seine Berichte dermal an die allgemeine Administration dahier einzuschicken
und die Befehle und Weisungen abzuwarten, wie auch die ehemals herrschaft=
lichen Gelder und sonstige Gefälle unter der strengsten Verantwortung an
Niemand anders, als an die in kurzem zu Worms provisorisch errichtet wer=
dende Finanzkammer abzuschicken. Mainz am 30. Nov. 1792. Im ersten
Jahr der Franken=Republik. Forster, Vicepräsident der allgemeinen Admini=
stration zu Mainz. J. M. Kissel, Sekretär." Karler. Archiv. S. A. Kriegs=
sachen. — [135]) Tagebuch von Schoch. §. 41 und 42. In einem bald nach=
her veröffentlichten Unterrichte über die Gemeindeversammlungen, über die
Munizipalitäten und ihre Verrichtungen und Verpflichtungen, welcher von
Forster in Mainz entworfen, auch in Speyer eigens gedruckt wurde, findet
sich die Erklärung der beiden neuen Aemter in folgender eigenthümlicher Weise:
„Was ist eigentlich der Maire? Das ist wieder ein fremdes Wort;
wir werdens aber wohl gewohnt werden, wenn wir erst die Sache haben und
finden, daß wir uns bei einer solchen Einrichtung besser als zuvor stehen.
Eine Sache ist nicht immer schlecht, weil sie neu oder fremd ist. Die Grund=
birnen sind gar weit her, aus Amerika zu uns gekommen, und wir haben sie
gut und gesund gefunden; vor ein Paar hundert Jahren kannte sie noch kein
Mensch. Es wird euch auch bald gut schmecken, wenn Ihr einen Maire und
Munizipalen habt. Der Maire ist nur der erste und oberste unter den Muni-

§. 6. Thätigkeit der neuen Speyerer Vorstände.

Sowohl Petersen als wie Reissinger suchten mit allem Eifer ihrem neufränkischen Amte zu entsprechen. Doch ließen sie den bisherigen Magistrat in allen städtischen Verwaltungszweigen, die Polizeisachen und die von der Mainzer Administration zum Vollzuge übersendeten Anordnungen abgerechnet, unbehindert, wie die vorliegenden Rathsprotokolle ausweisen. [136]) Da Petersen von seinen Amtsgeschäften oft auswärts gerufen wurde, so übertrug er am 1. Dez. 1792 dem Gemeinde-Procurator Reissinger, welcher untern 29. Nov. mit Belobung seines bisher erwiesenen Eifers von Forster, dem Vicepräsidenten der Mainzer Administration, in seinem Amte bestätiget ward, die Befugnisse des Maire's für den Fall seiner Abwesenheit, wie sie ohnehin in diesem Falle gemäß der fränkischen Verfassung dem Gemeindeprocurator zustanden.

zipalen; denn das Wort Maire selbst heißt so viel als der Oberste. Wenn die Munizipalität über etwas berathschlagt, so hat der Maire auch nur eine Stimme, wie jeder von den anderen Munizipalen. Wenn die anderen aber nicht da sind, so stellt er die ganze Munizipalität vor und kann sein Amt ohne sie verrichten." — „Was versteht man aber mit dem Gemeine-Procurator? Einen Procurator, wie Ihr wißt, pflegten wir sonst den Mann zu nennen, dem wir unsere Prozesse zu führen übergaben, also einen Mann, der für unsere Sache sorgte, als wenns seine eigene wäre und manchmal besser als wirs selbst konnten, weil ers besser verstand. Der Gemeine-Procurator ist demnach der Sachwalter der ganzen Gemeine und führt auch ihre Prozesse, wenn sie welche hat. Eigentlich wird er nicht zu den Munizipalen gerechnet. Er hat auch bei den Berathungen keine Stimme; aber obschon er nicht mitstimmt, so kann er doch seine Meinung sagen und sie auch zu Protokoll geben und unterschreiben. Daher soll die Municipalität den Gemeine-Procurator zuvor anhören, ehe sie über irgend eine Sache einen Schluß abfaßt." . . . . . „Wenn er findet, daß die Munizipalität irgend etwas vornimmt, oder beschließen will, was gegen die Gesetze ist, so ist es seine Schuldigkeit im Namen des Gesetzes dawider Einsprache zu erheben und wofern ihm die Munizipalität kein Gehör gibt, kann er die Sache den höheren Verwaltungen anzeigen." . . . . . „Endlich gehört zu seinem Amte noch, daß er die Beschlüsse der Munizipalität in Ausführung bringt und vollstrecken hilft." 2c. 2c. Original Stadtarchiv. Nr. 147. Siehe auch Klein a. a. O. S. 484. — [137]) Die Protokolle der Munizipalität beginnen: „Im Namen der Franken-Republik," mit dem 27. Nov. 1792. Sie sind jedoch nur noch bruchstückweise hier vorhanden. Die Rathsprotokolle dagegen sind vollständig. Greffier der Munizipalität war damals Georg Jakob Deimes.

Eines der ersten und wichtigsten Geschäfte der neuen Beamten
war, die einzelnen Besitzungen, Güter und Gefälle des Hochstiftes,
des Domcapitels, der drei Nebenstifter und der Klöster zu ermitteln
und die beßfallsigen Verzeichnisse und Register zu Handen zu bringen.
Der betreffende Befehl machte großes Aufsehen. Da man nicht wußte,
wohin er ziele, so stellte man sich das Schlimmste vor, indem be=
züglich der Franzosen überhaupt keine gute Meinung herrschte. Man
fürchtete, daß es schon darauf angesehen sei, alle geistliche Güter,
wie es jetzt in Frankreich geschehen war, einzuziehen. Vor Allem
wurde der schon genannte Sekretär Bauer vom Maire vorgeladen, um
die einzelnen Aemter, Würdenträger, Dörfer und Besitzungen des
Domcapitels anzugeben. [137] Nachdem dieses geschehen, beschied Peter=
sen auch die einzelnen hier seßhaften Verwalter und Rechner vor
sich und gebot ihnen die Anfertigung jener Register und Verzeich=
nisse innerhalb acht Tagen. Sie wurden einstweilen noch in ihrem
Amte belassen, allein verpflichtet, fortan dem Maire über ihre Ein=
nahmen und Ausgaben Rechenschaft abzulegen, bereit zu seyn. Auch
an die auswärtigen Oberämter richtete man dieselbe schriftliche Wei=
sung. Die übrigen auswärtigen fürstbischöflichen Beamten, welche
bei der Amtseinführung der neuen Vorstände nicht zugegen waren,
lud Petersen einzeln vor, um ihnen die nöthigen Belehrungen und Vor=
schriften zu ertheilen. [138] So wurden namentlich die fürstbischöflichen
Jäger zu Hanhofen angewiesen, kein Wildpret mehr an den Bischof
und die Mitglieder des Domcapitels ohne Wissen des Maire's ab=
zuliefern. Die drei Dechanten der Nebenstifter und die Prioren
und Guardiane der Klöster mußten ebenfalls vor Petersen erscheinen,
um dieselbe Weisung, wie die domcapitel'schen Beamten, entgegen
zu nehmen. Einem Jeden der Vorgerufenen wurde die bezüglich der
neuen Verwaltungsweise von Custine am 18., 19. und 20. November

---

[137] Bei der Kathedrale bestanden neun Rechnungsämter, nämlich: 1. Ob-
legienamt; 2. Kellerei oder Präbendenamt; 3. Präsenzamt; 4. Büchsenamt;
5. Fabrikamt; 6. Alumnatamt; 7. Collecturamt, worunter besonders begriffen
waren: a) die Muttergottes-Bruderschaft; b) die Sakraments-Bruderschaft;
c) Kreuzaltaramt; 8. Almosenamt; 9. Ornat- oder Kammeramt. — [138] Auf
den 6. Dez. wurden von Petersen aus den umliegenden Dörfern, namentlich
aus Berghausen und Dudenhofen je 20 Mann mit Aexten und Holzschlegeln
und Nahrung für 3 Tage bestellt, um in dem Walde des Domcapitels auf
dem jenseitigen Angelhofe Holz zu fällen.

ausgegebenen Verordnungen zugestellt und auch den auswärtigen Aemtern zugesendet, damit sie in den einzelnen Gemeinden verkündet und am Rathhause angeheftet würden. [139])

Doch auch mit andern Anordnungen und Geschäften befaßte sich Petersen und sein Gehilfe. So wurden am 28. November im Namen der Franken=Republik die hiesigen drei evangelisch=lutherischen Geistlichen Schulz, Spatz und Mayer, desgleichen der reformirte Geistliche, Tilemann, vorbeschieden und auf Erscheinen ihnen angedeutet: 1) künftig die Vorbitten für Kaiser und Reich und den Magistrat dahier, aus dem öffentlichen Kirchengebete aus=zulassen und nur im Allgemeinen für die Obrigkeit der Stadt Speyer zu bitten; 2) sich sowohl in ihren öffentlichen Vorträgen, als auch heimlich Alles dessen zu enthalten, was gegen die Grundsätze der fränkischen Freiheit und Constitution anstößig wäre; 3) in Allem und Jedem, was bei ihren Amtsverrichtungen vorkäme und Bezug auf die Polizei habe, nicht mehr bei dem Rathe zu Speyer, sondern bloß bei dem bürgerlichen Maire dahier, welcher nunmehr zu Pro=clamationen und Trauungen die Erlaubniß ertheilt, die erforderlichen Weisungen einzuholen; 4) in allen andern gerichtlichen Sachen aber, sowohl was ihre Person, als die etwa vorkommenden Ehescheidun=gen betreffe, verbleibe noch zur Zeit das geeignete Forum bei dem provisorischen Rathe der Stadt Speyer. — Zugleich wurde dem Pfarrer Schulz und Spatz die wechselweise Aufsicht über das hiesige Gymnasium, dem Pfarrer Mayer die fortzusetzende Aufsicht über die deutschen Schulen und dem reformirten Pfarrer Tilemann aber die Inspection über die Schulen seiner Gemeinde aufgetragen, mit dem Bedeuten, daß sie ihre jeweiligen Aufragen bezüglich der Schu=len bloß allein bei dem Maire zu machen hätten. [140])

---

[139]) Nach Bericht des Schultheißen Pet. Ellas Berthold geschah dieß zu Otterstadt den 29. Nov. 1792. Auch der Amtmann Stephani zu Deidesheim berichtet am 30. Nov., daß dieß in allen Gemeinden geschehen sei. — Nicht alle fürstbischöfliche Beamten entsprachen dem Wirken der neuen Verwaltung. Es ergab sich, daß solche sich vorfanden, welche die von der allgemeinen Ad=ministration erlassenen Weisungen, theils nachläßig besorgten, theils gar nicht beachteten, theils auch dagegen arbeiteten. Die angezogene Verordnung Custine's vom 18. Nov. ist fast gleichlautend mit jener des folgenden Tages, welche wir in Beilage 22 abdrucken lassen. Stadtarchiv. Nr. 147. — [140]) Munizipalitäts-

Am 30. November wurde ben sämmtlichen Lehrern an dem Gym=
nasium und an den deutschen Schulen zu Speyer bedeutet, daß sie fortan
unter der Aufsicht des bürgerlichen Maire's stehen und sich beim
Unterrichte alles Anstößigen gegen die fränkischen Freiheitsgrund=
sätze enthalten sollten. An demselben Tage erhielten sowohl die
beiden städtischen Aerzte Elwert und Köhler, als wie jener des
Domcapitels, Franz Siegel, die Weisung, daß sie fortan in politicis
unter dem Maire stünden, und daher in allen Vorkommnissen, welche
die öffentliche Gesundheitsanstalten, Hebammendienst, Criminalfälle rc.
beträfen, ihre Anzeigen und Befehle bei dem Maire zu machen, be=
ziehungsweise zu erholen haben. Dem domcapitel'schen Arzte wurde
überdieß der städtische Magistrat als sein nunmehriger Gerichtsstand
bezeichnet. Auch Dr. Roussi, fürstbischöflicher Physikus der Aemter
Deidesheim, Kirrweiler und Marientraut, wurde vorgeladen und
ihm eröffnet, daß er in allen das Sanitäts- und Medizinalwesen
betreffenden Fällen nunmehr unter dem provisorischen Commissariat
— dem Maire Petersen — stehe und daß er sonst von Niemanden Wei=
sungen anzunehmen habe. [141])

Unterm 4. Dezember erließ der Maire und die Munizipalität
eine Verordnung an das hiesige Bäckerhandwerk, wodurch der bisher
übliche Gebrauch, daß an den Sonntagen nur zwei Bäcker abwech=
selnd backen durften, aufgehoben wurde.

Bezüglich der geistlichen Güter und Gefälle hatte der Speyerer
Maire, beziehungsweise der Commissär, noch manche verdrießliche
Arbeiten. So erhielt derselbe vom Schultheißen und Gerichte zu Harb=
hausen die Anzeige, daß am 24. Nov. der Kriegscommissär Apfel mit
dem bevollmächtigten Bürger Stöpel von Landau, begleitet von einer
Abtheilung Nationalgarden, dort erschienen sei, um die fälligen Gült=

Protokolle. Unterm 19. Dez. 1792 erließ Dorsch den Befehl, daß alle Er=
lasse aus Bruchsal an die kath. Geistlichen an die allgemeine Verwaltung nach
Mainz sollen eingesendet werden. Kreisarchiv. S. A. Nr. 9 — An dem=
selben Tage erklärte er sämmtliche fürstbischöfliche Beamte als der fränkischen
Republik pflichtig und drohte den Säumigen mit Landesverweisung. Bei=
lage 24. und 25. Karlsr. Archiv. S. A. — [141]) Roussi bat hiebei um Ein=
schreitung gegen die schädlichen Pfuschereien des Geinsheimer Schinders, Jakob
Rhein. Er erhielt die Weisung, das Haus desselben mit Beiziehung des dor=
tigen Schultheißen und Gerichtes zu untersuchen, die vorfindlichen Heilmittel
hinwegzunehmen und weiter zu berichten.

früchte des Domcapitels und des St. Germans= und Allerheiligen=
Stiftes in Beschlag zu nehmen. Petersen suchte solchen Willkür=
lichkeiten durch Bericht an die allgemeine Administration vom 27. No=
vember in Mainz vorzubeugen. [142]

[142] Schon am 7. Nov. 1792 war der Commissär Apfel aus Landau,
von einer Reitertruppe begleitet, nach Kirrweiler gekommen, um sowohl die
dortigen herrschaftlichen Weine, als wie jene im Schlößchen zu Alsterweiler
abführen zu lassen. Der Amtmann wies den Schutzbrief des Generals Custine
für das Hochstift vor und erhob sonstige Einsprache. Sie fruchteten nichts.
Apfel bestellte Fuhrleute und ließ die Weine abfüllen. Statt des versproche=
nen Fuhrlohnes erhielten sie von dem Commissäre Probst in Landau den Be=
scheid, daß demnächst auch die Lagerfässer nach Landau verbracht oder versteigert
würden, wobei ihre Forderungen berichtiget werden sollten. Bald nachher erschien
Apfel mit derselben Reitertruppe, „welche aus verdorbenen Bürgern von Lan=
dau bestand,“ auch in Geinsheim und verkaufte dort auf Weisung des Gene=
rals Deplon (sic) die reichen Vorräthe der domcapitularischen Zehntenfrüchte
theils an einzelne Bürger, theils ließ er dieselben nach Landau abführen.
Gleiches that er auch zu — Harthausen und — Freimersheim. Indeß er=
hob der Commissär Petersen gegen solche Eigenmächtigkeiten in seinem Ver=
waltungsbezirke Einsprache bei der allgemeinen Administration in Mainz,
welche sich deßhalb an die Departementalverwaltung in Straßburg wandte.
Sohin wurde am 10. Dez. 1792 der Munizipalbeamte Grieß zu Landau von
der Weissenburger Distriktsverwaltung aufgefordert, Apfel's Verfahren zu
untersuchen und darüber zu berichten. Er bereiste deßhalb die fürstbischöflichen
Oberämter. Doch hatte die ganze Untersuchung keinen sonderlichen Erfolg. —
Derselbe Commissär und Nationaleinnehmer Apfel zu Landau trieb auch die
Gefälle, welche das Landauer Chorstift „Sanctae Mariae ad scalas“ zu Edes=
heim und Roßbach hatte, für die Republik gewaltsam ein, weil jenes Stift
gesetzlich aufgehoben und dessen Besitzungen dem Staate anheimgefallen seyen.
Tagebuch von Schoch, §. 31—36. — Noch am 22. Dez. 1792 berichtete
Petersen an die Administration: „Bürger Apfel von Landau habe einen großen
Theil der domcapitel'schen Gelder und Früchte eingezogen, wodurch eine große
Lücke in den Speyerer Kassen und auf den Speichern entstanden. Auch sei
der ganze Vorrath des Gutes zu Herxheim hinweggeführt worden.“ — Der
zu Harthausen aufgestellte Maire, Bernhard Mohr, zeigte sich als ein besonderer
Franzosenfreund und wurde daher später von der fürstbischöflichen Regierung
in Untersuchung gezogen. Kreisarchiv. S. A. Nr. 9. Am 29. Nov. 1792
erließ Petersen an alle Vorstände der Gemeinden der kurpfälzischen Ober=
ämter Germersheim und Neustadt die Weisung, den in ihren Gemeinden be=
findlichen Güter= und Zehntenbeständer des Domkapitels und der Nebenstifter
anzudeuten, an Niemanden, wer es auch sei, etwas von den rückständigen und
laufenden Pachtbeträgen, als an ihn, den provisorischen Commissär, entrichten
soll. Karlsr. Archiv a. a. O. — Auch aus Mühlhofen bei Billigheim woll-

Wie manche Aufgeklärte im Lande die neuen Grundsätze der Gleichheit und Freiheit auffaßten, bewiesen unter Anderem mehrere Bewohner von Oberlustadt, Andreas Becker an deren Spitze, welche nach kaum verkündeter neuer Ordnung alsbald Hand anlegten, die dortigen fürstbischöflichen und domcapitularischen Güter unter sich zu vertheilen und die bisherigen Bestäuder in deren Anbau zu stören. Petersen gab auf amtliche Anzeige des dortigen Schult=heißen, Peter Hofmann, dem Johanniter Amtmanne Dilg zu Heim=bach die Weisung, den Ruhestörern, unter Androhung von militä=rischer Execution, ihre Eigenmächtigkeit ernst zu rügen und sie zur Ordnung zu bringen. Beim Vollzuge dieses Auftrages erlaubten sich die Ruhestörer die gröbsten Mißhandlungen gegen den genann=ten Schultheißen und die übrigen Bestäuder der fraglichen Güter. Sie wollten sich auch noch persönlich vor dem Commissäre Petersen in Speyer „durch verschiedene sonderbare Grundsätze und falsche Freiheitsbegriffe rechtfertigen," allein dieser überwies sie zur ge=bührenden Bestrafung an den schon genannten Amtmann, zu dessen Gerichtsstande jene Aufrührer gehörten. [143])

Noch nicht war dieser Handel ausgetragen, als auf Befehl des „commissaire ordinateur de guerre Blanchard" zu Mainz auch in Speyer, und in den Amtsstädten Germersheim, Neustadt, Deides=heim, Kirrweiler, die am 15. Dezember in Mainz auf der Bleiche stattfindende öffentliche Versteigerung von kurfürstlichen Wagen, Kutschen, Pferdgeschirre und Sattelwerk rc. mußte bekannt gemacht werden. An demselben Tage, an welchem dieser Befehl dahier ein=traf, wurde dem fürstbischöflichen Pfalzkeller Kleiner dahier von Petersen die Weisung ertheilt, unter Aufsicht des Gemeinde=Pro=

---

ten die Landauer schon im Okt. den Fruchtzehnten des Speyerer Domkapitels abführen. Am 29. Okt. erschien ein Commissär mit vier Reitern in Barbel=roth, um dort den Zehntencanon des Speyerer Dombechanten im Betrage von 2,100 fl. abzuholen, weil er hiezu eine besondere Vollmacht aufweisen konnte. Reichsarchiv. J. A. Nr. 2690. — [144]) Stadtarchiv. Nr. 147. So kam es auch am 16. Nov. 1792 zu einem argen Kampfe zwischen den Lambs=heimer Bürgern und jenen von Dürkheim. Jene brachen mit Säbeln, Pistolen und Aexten bewaffnet, von etwa 300 Fuhren begleitet, frevelnd in den Dürk=heimer Wald. Die mit Holz beladenen Fuhren wurden ihnen aber wieder abgenommen. Es gab mehrere Verwundete und einer fand seinen Tod bei dem wilden Auflaufe. Tagebuch von Beaufort in Dürkheim.

curators Reissinger, alle im hiesigen Fürstenhause befindlichen Mo=
bilien und Fahrnisse in ein Verzeichniß zu bringen und einzuliefern.
Auch in Speyer leitete die allgemeine Administration eine öffent=
liche Versteigerung ein. Bereits am 22. Dezember hatte Petersen
an dieselbe berichtet, daß er die hier lagernden Weine des Domcapitels
aufgenommen und einen Vorrath von 350 Fuder gefunden habe.
Er betrachtete diesen Wein als eine Quelle, aus welcher in Kurzem
eine beträchtliche Geldsumme könnte geschöpft werden. Ein Fuder
in das andere wurde zu 200 Gulden angeschlagen, weßhalb leicht
hiervon, wenn auch nur ein Theil versteigert werden wollte, 100,000
Livres sich aufbringen ließen. Baares Geld war nicht viel in den
Amtskassen, ungeachtet jährlich bei 20,000 Gulden Zinsen fällig waren.
Davon hatte Petersen bereits 1,400 Gulden zur Bestreitung der
nöthigsten Bedürfnisse für die Armee erhoben. Am 26. desselben
Monats erhielt daher Petersen vom Präsidenten Dorsch nachstehende
Weisung: „Da die dringende Noth erfordert, von den allda vor=
räthig liegenden, ehemals domkapitel'schen Weinen mehrere hundert
Fuder verkäuflich abzugeben, so wird dem Bürger Maire zu Speyer
die unumschränkte Gewalt gegeben, zum Besten dasiger Stadt und
Inwohner, den Weinverkauf vorzunehmen und den Erlös auf das
Beste zu verwenden." Dieses angebliche Beste der Stadt war kein
anderes als Hafer und Heu jenseits des Rheines vor Ankunft der
kaiserlichen Truppen anzukaufen, um für die fränkische in Speyer
stehende und von Allem entblößte Armee Vorräthe zu gewinnen.
Kaum hatte „der bürgerliche Clerus des Speyerer Domes", dessen
Besoldungsbezüge theilweise in Wein bestanden, Winke von jener
Verfügung erhalten, so erhob derselbe dagegen Einsprache bei der
Mainzer Administration. Diese gebot auch schon am 27. Dezember,
andere als die erstbezeichneten Weine zu versteigern, da die Gegen=
vorstellung der Speyerer Domvikare ebenso dringend als berück=
sichtigenswerth erscheine. Es war auch in der That die Beschlag=
nahme und Veräußerung dieser Weine um so unerwarteter und un=
billiger, weil ja erst vor wenigen Wochen das Domcapitel sein
Eigenthum durch Bezahlung der hohen Brandschatzung an den
Sieger zu sichern glaubte und ehrlich hoffen durfte. Allein wer
wollte, wer konnte mit dem Commissäre rechten? Petersen hatte
Geld nöthig. Um dieses zu erhalten, verkaufte er bereits vor dem
Eintreffen jener Weisung 25 Fuder der besten Weine aus freier Hand.

Die fraglichen Geistlichen wendeten sich abermals mit Bittvorstel=
lungen nach Mainz. Diese erzielten um so weniger einen günstigen
Erfolg, als die am 31. Dezember auf ihrer Reise nach Mainz in
Speyer anwesenden, drei Abgeordneten des Pariser Nationalconvents
den Weinverkauf bereits gebilligt und den Maire zur Versteigerung der
noch übrigen, bis auf etwa 50 bis 60 Fuder, angewiesen hatten.
Zu dieser Versteigerung wurde daher der 9. und 15. Januar 1793
festgesetzt. ¹⁴⁴) Die Mainzer Administration ertheilte ihrem Speyerer
Commissäre hiezu am 7. Januar wiederholt die unumschränkte Ge=
walt, damit von dem Erlöse jenseits des Rheins Lebensmittel und
Futter für die Armee angekauft werden könnten. ¹⁴⁵)

Neben diesen Polizei= und Finanzangelegenheiten hatte Petersen
auch mehrere Sorgen wegen Unterbringung und Pflege der hier
liegenden und durchziehenden französischen Truppen. Auf Befehl
des Kriegscommissärs Buhot mußte schon am 1. Dezember in dem
sogenannten „Sakramentshause" von dem Gutleutalmosen=Pflegamte
ein Militärhospital für 50 Mann hergestellt werden. Das genannte
Almosen = Pflegamt sollte für Pflege eines jeden Kranken täglich
24 Sols erhalten. Am 5. desselben Monats beorderte der Com=
mandant Gillot von Landau ein Bataillon Volontaire hierher, die
aber wegen Mangels an Unterkunft nach Harbhausen verlegt wur=
den. Am folgenden Tage trafen drei weitere Bataillone derselben

---

¹⁴⁴) Auf den 9. Jan. waren 116 Fuder Ungsteiner und Edesheimer, auf
den 15. Jan. aber 86 Fuder, wobei 12 Fuder Hambacher 1781er, ausge=
schrieben. — ¹⁴⁵) Orig. Stadtarchiv. Nr. 693. Auf Ersuchen des kaiser=
lichen Commando mußten am 29. Mai 1793 bei den Speyerer Bürgern,
welche diese Weine ersteigert hatten, Hausuntersuchung angestellt und die noch
vorhandenen von dem domcapitel'schen Sekretär Bauer und dem Stadtheim=
burger, Conrad Lobauer, unter Siegel gelegt werden. — In Speyer gerieth
Petersen mit dem kurpfälzischen Administrationskeller Lievre wegen der Real=
und Personalfreiheiten des dortigen Eußerthaler Hofes in argen Conflikt.
Dieser Keller — seine Stelle hatte er für 13,000 fl. gekauft — wendete sich
hiebei nicht nur klagend an die Regierung zu Mannheim, sondern erwirkte
auch zu Mainz am 23. Jan. 1793 persönlich bei den Commissären Haußmann
und Reubel die Bestätigung einer von den Generalen Custine und Wimpfen
ausgestellten „sauve garde", worin befohlen wurde, „protéger de toutes les
forces le dit receveur de l'électeur palatin, notre bon allié et qui ne cesse
de nous donner journellement des preuves de sa parfaite neutralité." etc.
— Karlsr. Archiv. Am 17. desselben Monats war General Beauharnais
im Eußerthaler Hofe einquartiert.

Truppengattung zum Uebernachten ein, ble mit allen Lebensbedürf=
niffen mußten verforgt werden. Auch in anbern Gauen unferer
Heimath wurden bamals Lieferungen für bie Franzofen erzwungen. [146]

§. 7. Briefliche Auffchlüffe über bie damaligen Verhältniffe.

Ueber bie ftrategetifchen und politifchen Verhältniffe während
ber brei letzten Monate bes Jahres 1792 ftanb uns ein äußerft
intereffanter Briefwechfel zwifchen bem furpfälzifchen Hofgerichtsrathe
— fpäteren bayerifchen Felbmarfchalle unb Fürften — Karl Philipp
v. Wrebe, welcher als faiferlicher Kriegscommiffär bei ber Armee
bes Fürften v. Hohenlohe beftellt war, unb zwifchen bem Speyerer
Fürftbifchofe zu Gebote, welcher größtentheils unfere heimathliche
Gefchichte näher beleuchtet, wetzhalb wir uns nicht verfagen bürfen,
hier einige Auszüge folgen zu laffen. Aus bem erften biefer Briefe
bes Freiherrn entnehmen wir Folgenbes: .... „Der Herzog von
Braunfchweig, welcher fich beim Anfange bes Krieges noch fehr
lebhaft an feinen Felbzug gegen bie Holländer mag erinnert haben,
formirte fich einen Plan, ben er ohne bie nothwenbigen Mittel unb
Befchwerniffe zu überlegen, fich leicht auszuführen bachte. Sein
Vorhaben war, mit Umgehung aller Feftungen, ausgenommen Long=
wy unb Thionville ober Metz, gerabezu nach Paris zu marfchiren
unb bem Kriege in einem Felbzuge ein Enbe zu machen. In biefer
Hinficht unb zu feiner Unterftützung berief er ben Fürften v. Hohen=
lohe, welcher mit reifer Ueberlegung ben Krieg fyftematifch anfangen
unb in bas Elfaß einbringen wollte, zu fich. Fürft v. Hohenlohe,
mißtrauifch auf bie Ausführung bes herzoglichen Planes unb viel-

---

[146] Schon in ben Monaten Nov. unb Dez. mußten aus bem Zweibrücker
Oberamte Lichtenberg außerorbentliche Lieferungen an bie Armee ber Generale
Beurnonville unb Ligniville geleiftet werben. Reichsarchiv. Z. A. Nr. 889.
Am 18. Dez. 1792 erfchien zu Kirchheimbolanben ber Obrift Champeaux vom
10. Jägerregiment zu Pferb mit bem Proviantcommiffär unb 30 Reitern,
um auf Weifung bes Generals Cuftine alle Früchte unb alles Futter, welches bie Amtsunterthanen entbehren könnten, für bie franzöfifche Armee an-
zulaufen unb in bie Magazine abliefern zu laffen. Die Früchte unb Fourage
wurden abgeführt, allein eine Bezahlung folgte nicht. Kreisarchiv. Z. A.
Nr. 268. — Am 25. Dez. brachen bie Republikaner, welche von Cojet unb
Tarbé befehligt, in Kufel lagen, auf, um fich über Homburg unb Blieskaftel
nach Saargemünb zurückzuziehen. Die bortigen Bewohner hatten bebeuten-
ben Schäben mit Frohnben unb Lieferungen erlitten.

leicht auf deſſen Perſon ſelbſt, arbeitete dagegen, berichtete und ſtellte
Gründe vor, um nach eigenem Vorhaben ſeine Operation im Elſaße,
wozu er bereits ein Fundament gelegt hatte, anzufangen. Fünf
nacheinander vom Herzoge geſchickte Couriere riefen endlich den
Fürſten von Landau weg und das Elſaß verlor ſich aus dem Ge=
ſichtspunkte einer feindlichen Armee. Mit wahrem Unwillen und
die üblen Folgen nur zu ſehr ahnend, marſchirte der vortreffliche
Fürſt v. Hohenlohe gegen Lothringen und bitter klagte er mir oft
auf dem Marſche über ſeine vereitelten Pläne. Auf dem Marſche
ſchon mußte die Armee mit unendlichen Beſchwerniſſen ringen und
mit Mühe konnte ſie auch nur die nothwendigſten Bedürfniſſe be=
kommen. Dennoch folgte jeder Soldat gerne, weil ſein comman=
dirender, ſein geliebter General an der Spitze ritt. Die Armee
rückte in Feindesland und vereinigte ſich in wenigen Tagen mit
der preußiſchen, heſſencaſſel'ſchen und jener der franzöſiſchen Prinzen.
Ich übergehe eine faſt allgemeine Meinung, daß Preußen in dieſem
Kriege eine alte Rache unter dem Mantel der Freundſchaft an
Oeſterreich nehmen wollte. Genug, die preußiſche Armee war die
gebietende; ſie hatte einen Herzog zu ihrem Anführer; die öſter=
reichiſche wurde in kleine Corps zertheilt, um ſie zu jedem großen
Coup untauglich zu machen. Der gute Fürſt v. Hohenlohe mußte,
aller Gegenvorſtellungen ungeachtet — ewige Schande für einen
erfahrenen Kriegsmann! — Thionville bombardiren. — „„Die Pa=
trioten werden beim zweiten Schuße die Thore öffnen,"" ſagte der
Herzog. Ohne regelmäßige Batterien, Trancheen, ſchwere Geſchütze,
fing oder mußte v. Hohenlohe ein Bombardement anfangen, welches
die Patrioten weder ſchreckte, noch außer Faſſung brachte. Sie
feuerten lebhaft aus der Feſtung heraus, nöthigten den Fürſten,
wenn er nicht gar ſeine Kanonen verlieren wollte, zum Rückzuge.
Sie ſchoſſen dem vortrefflichen Prinzen v. Waldeck, welches ein un=
erſetzlicher Verluſt iſt, einen Arm ab und triumphirten über den
ſchandvollen, aber nothwendigen Rückmarſch der Oeſterreicher. Die
Preußen, die dieſem Bombardement ruhig zuſchauten und an ſich
dieſen Unſinn wohl auch einſehend, lachten über den Schimpf, den
die Oeſterreicher erlitten! [147]) Fürſt v. Hohenlohe beſchwerte ſich.

---

[147]) Schon damals wünſchte man in Paris, daß mit den Preußen wegen
eines Separatfriedens zur Sprengung der Coalition Unterhandlungen gepflogen

„„Die französischen Prinzen sind Ursache daran,"" war die Ant=
wort des Herzogs; wir wollen jetzt dafür nach Paris. Indessen
bleibt ein Corps hier und um dieses, da es einem feindlichen Aus=
falle zu widerstehen zu schwach ist, zu unterstützen, mußte das bei
Schwegenheim gestandene Erbach'sche Corps hierher — nach Het=
tange — marschiren, um ja dem Feinde im Elsaße freie Hand zu
lassen, und alles, was Oesterreich ist, seinem Raube auszusetzen.
Mit noch größerer Beschwerlichkeit marschirte das Erbach'sche Corps
bei der übelsten Witterung hierher, überstieg endlich alle, auch die
schlechtesten Wege, um hier vor Hunger und Noth zu Grunde zu
gehen" .... „Ich habe diesen Morgen Briefe vom Fürsten v. Hohen=
lohe bekommen, worin er mir seine Lage schrieb. So gerecht sein
Eifer ist, so wüthend ist derselbe! Die unglückliche Begebenheit zu
Speyer hat seine letzte Geduld gekostet. Ich erwarte ihn in weni=
gen Tagen hier. Indessen habe ich dem Herrn Herzoge v. Zwei=
brücken auf Befehl des Fürsten heute eine angenehme Nachricht ge=
schrieben. General Brentano marschirt diesen Abend mit zwei Ba=
taillonen und einer Division Cavallerie an die Grenze seines Lan=
des, um die mit einem Ausfalle dahin drohenden Franzosen im
Zaume zu halten." ¹⁴⁸)

Der Speyerer Fürstbischof hatte sich bereits am 1. Oktober
von Bruchsal nach Veitshöchheim bei Würzburg geflüchtet. ¹⁴⁹)

---

würden. Sybel a. a. O. S. 555. Diese wurden namentlich am Ende
Oktober's lebhaft fortgesetzt. Häußer's teutsche Gesch. Th. I. S. 464. u. ff.
¹⁴⁸) Aus dem k. k. Hauptquartier zu Hettange den 6. Okt. 1792. Orig.
Karlsr. Archiv. S. A. Dort auch alle folgende Originalbriefe. — ¹⁴⁹) Am
4. Okt. schrieb der Fürst aus Würzburg über seine Flucht an den Grafen
v. Schönborn in Wiesentheit, der ihm eine Zufluchtsstätte angeboten hatte,
Folgendes: . . . „Noch an demselben Abende — den 30. Sept. — zeigten
sich zahlreiche Corps von Franzosen mit Artillerie, Pontons und Reiterei en
den meiner Residenzstadt zunächst gelegenen Rheinfahrten und versuchten
herüberzusetzen, um auch dießseits Rheins ihr Verheerungswerk fortzusetzen.
Die Sorge für meine Unterthanen hieß mich auf die Rettung meiner Person
bedacht zu seyn und ich mußte noch in derselben Nacht meine Cassen, Silber,
Archive und sonstigen besten Effekten in Sicherheit bringen lassen, und selbst
noch die mit Ew. Hochwohlgeboren verabredete Reise hieher antreten. Vor=
gestern in der Nacht bin ich zwar gesund aber äußerst ermüdet hier angelangt,
in der Absicht den so freundschaftlich mir angebotenen Zufluchtsort zu be=
ziehen, um dort in stiller Ruhe den Ausgang des nun einmal so traurig an=
gefangenen Krieges abzuwarten. Meine Lage war so, daß ich vorher wieder

„Hier — antwortete er dem Freiherrn v. Wrede, — wohin ich nach dem
am 30. v. M. erfolgten Einfalle der Armee Custine's zu Speyer
und auf die Nachricht von einem mit den schändlichsten Drohungen
begleiteten Ueberfalle in meine dießseitigen Länder zu fliehen mich
genöthiget sah, werde ich in stiller Einsamkeit die Folgen dieser für
das deutsche Vaterland eben so schimpflichen, als wir und meinen
Unterthanen höchst nachtheiligen Feindseligkeit, abwarten. Wären
die Pläne des vortrefflichen Fürsten v. Hohenlohe befolgt worden,
so würden wir von allen den Gräuelthaten, wovon ich, meine Geistlichkeit und meine Unterthanen die ersten und die wesentlichsten
Opfer geworden sind, gewiß verschont geblieben und die kaiserlichen
Truppen mit Siegen erfreut in die Winterquartiere zu ziehen im
Stande seyn. Mir allein haben die Franzosen 100,000 Thaler
Brandsteuer angesetzt und meinen herrschaftlichen Gebäuden sowohl
als meinem ganzen Lande die gänzliche Verheerung angedroht, wenn
solche nicht in wenigen Tagen erlegt würde. Ich umgehe die übrigen Bedrückungen, welche Speyer, Worms und die umliegenden
Ortschaften zu erdulden hatten." .... „Selbst meine rechtsrhei-
nischen Lande sind von den Franzosen nicht verschont geblieben, denn
gegen 400 Mann sind bei Germersheim über den Rhein gesetzt, haben
zwei von meinen zur Abhaltung des Lumpengesindels ausgeschickten
Dragonern nebst 4 Pferden in Huttenheim, dann zu Philippsburg
einen Lieutenant von meiner Infanterie mit 18 Mann zu Gefangenen gemacht und nach Landau transportirt. Dort wurde zwar
der Offizier auf Parole wieder entlassen, die Gemeinen aber weiter
fortgeschleppt. Meine in Bruchsal zurückgelassene Statthalterschaft
befürchtete noch mehrere ähnliche Ueberfälle dießseits des Rheins,

---

Kräfte sammeln, folgsam einige Tage in stiller Einsamkeit auf einem Zimmer
im Gasthause eingeschlossen zu bleiben mich entschließen und selbst meine schuldige Aufwartung bei des hiesigen Herrn Fürsten Liebden auf einige Tage
verschieben mußte. In dieser Verfassung überraschte des Herrn Fürsten Liebden
mich gestern frühe mit einem Besuche und da ich das mir schon zum Voraus angebotene Quartier bei Hofe mir wiederholt verbeten und auf meinem
Entschlusse beharren wollte, das mir von Ew. Hochwohlgeboren zugedachte
Quartier auf dem Lande zu beziehen, so machte des Herrn Fürsten Liebden
mir den Antrag mit meiner ganzen Suite in das hiernächst gelegene fürstliche Landschloß Beitzscheim zu ziehen unter so freundschaftlichen Ausdrücken,
daß ich solchen auszuschlagen nicht mehr vermochte." ꝛc.

ungeachtet einige Hundert Dragoner vom Regimente „Kaiser" allda
bereits eingerückt sind" 2c. 2c. [150])

Noch nicht war diese Antwort an den Freiherrn v. Wrede abgegangen, als dieser ein weiteres Schreiben an den Fürstbischof richtete. „Ich glaube — heißt es unter Anderem darin — daß die
jüngsten Ausfälle der Franzosen das Augenmerk des ganzen deutschen
Reiches werden auf sich gezogen haben, und zweifle keineswegs, daß
die bisher an dem Worte Neutralität so großen Gefallen gefunden
habenden, deutschen Reichsfürsten allmählich die Gefahr einsehen werden, die ihren Personen und Würden drohen, wenn sie nicht den
dermaligen Krieg zur allgemeinen Reichsangelegenheit machen. Es
stehet dem ganzen Reiche, wenn der Name Republik Wurzel fasset,
und die Franzosen durch einige Jahre Ruhe, ihre Armee in Stand
setzen können, ein Haupteinfall und eine Ueberschwemmung von dem
ohnehin beliebten Worte Freiheitsgeist bevor. Ich bin daher der
festen Meinung, daß der Herr Fürst v. Hohenlohe ein besonderes
Gefallen haben werde, wenn Eure hochfürstlichen Gnaden durch denselben Gesandten in Regensburg die Sache abermal recht bringend
vorstellen, die Räubereien, welche die Republikaner jüngsthin verübt, lebhaft schildern und dadurch alle deutsche Reichsfürsten ernstlich auffordern ließen, zu den Waffen zu greifen." . . . . „Seit
einigen Tagen werden wir auch hier von feindlichen Ueberfällen bedroht. Kellermann zieht sich mit einem starken Corps gen Belle-
Croix bei Metz. Alle Bauern, die Waffen tragen können, sind aufgeboten und dahin beschieden worden. Es ist Alles hier in Bereitschaft und sogar hier im Hauptquartier sind unsere Pferde stets
gesattelt. Wenn der Feind mit sehr überlegener Macht käme, stünde
zu befürchten, daß wir weichen müßten. Indessen hoffet Alles auf
die Unterstützung des Fürsten v. Hohenlohe. Alles schwere Geschütz,
was zur Belagerung bestimmt war, wird seit Gestern zurück nach
Luxemburg geführt, ist aber so versunken, daß 20 bis 24 Pferde
an einen Zwölfpfünder müssen. Wie es mit den Achtundvierzig-
pfündern gehen wird, weiß Gott allein. So viel ist richtig: bringen wir sie nicht fort, so läßt sie der Feind auch stehen." [151])

Unterm 20. desselben Monats erwiederte der Fürstbischof auf

---

[150]) Original-Concept vom 16. Okt. 1792. — [151]) Aus dem k. k. Hauptquartier zu Hettange den 10. Okt. 1792.

diese Zuschrift: „Custine hat sein Hauptquartier in Edesheim ge=
nommen. Er wird vermuthlich der kaiserlichen Armee in's Neu=
stadter Thal entgegenziehen, oder bei Edesheim sich verschanzen, um
bei erfolgender Reichskriegserklärung um so leichter in Deutschland
vordringen zu können. Mein Hochstift und meine sämmtlichen
Unterthanen leiden dabei unsäglichen Schaden. Die gezahlte Con=
tribution ist das Geringste noch und ich würde mich gewißermaßen
glücklich schätzen, wenn es die Franzosen dabei belassen hätten. Allein
sie saugen meine, und dem Vernehmen nach jetzt auch die Pfälzer
Unterthanen, vollends aus, berauben sie alles dessen, was ihnen im
Winter Unterhalt geben und im Frühjahre Werkzeuge zur Bear=
beitung ihrer Felder seyn sollte. Die Lieferungen aller Art, welche
sie den Franzosen leisten müssen, übersteigen alle Kräfte. Man ver=
spricht ihnen zwar Zahlung, aber sie erfolgt nicht. Wirklich be=
läuft sich der Schaden meiner überrheinischen Unterthanen schon auf
viele Hunderttausende von Gulden. Die Franzosen suchen die ganze
Gegend arm zu machen, damit auf den Winter keine feindliche
Armee daselbst ihren Unterhalt finden könne. Ungewöhnliche Theuer=
ung und Hungersnoth sind unausbleiblich in jenen Gegenden, welche
durch viele Fehljahre im Weinwachs so unendlich viel gelitten haben.
Bei den obwaltenden Umständen ist es mir eben ganz unthunlich,
am Reichstage oder sonst irgendwo Schritte zu thun, welche gegen
Frankreich abzielten. Ich würde dadurch meine jetzt schon verheer=
ten Länder und die ganze Gegend der unausbleiblichen, grausamsten
Verwüstung aussetzen und Nichts würde vermögend seyn, meine
Unterthanen dagegen zu schützen. Denn sogar die bei Bruchsal seit
Kurzem eingerückte Eskadron kaiserlicher Dragoner ist wieder von
da weg den Rhein hinauf gerückt, mithin sind sogar die dießseitigen
Lande bis unterhalb Bruchsal dem Feinde offen. Sie dürften um
so eheuder einen Ueberfall zu gewarten haben, als General Custine
noch vor seiner Abreise in Speyer ganz deutlich zu erkennen ge=
geben: so wie ich nur wagen würde, dem Reiche die in meinen
Landen verübten Gewaltthätigkeiten anzuzeigen und Hilfe zu suchen,
oder an den von Reichswegen zu nehmenden Maßregeln Theil zu
nehmen, würde er an seine, bei Erlegung der Contribution gegebenen
Worte, sich nicht mehr gebunden halten und vorzüglich meine Lande
mit Feuer und Schwert verheeren. Ich bin daher auch bei dem
besten Willen vollkommen außer Stand, einige Vorkehrungen gegen

die Franzosen zu veranlassen. Noch weniger aber kann ich an den von Reichswegen etwa zu beschließenden Maßregeln einigen Antheil nehmen. Auch ist mir Solches in meiner Lage nicht zuzumuthen, denn ich habe an den seit vier Jahren mir entgehenden oberqueich'schen Revenüen, sodann durch die in meinem Bienwalde verübten Holzfällungen, erlegte Brandsteuer und sonstige mir und meinen Unterthanen zugefügten Bedrückungen, schon mehrere Millionen verloren, folglich unendlich mehr aufgeopfert, als die Haltung meines Contingents und aller Requisiten in zehn Feldzügen erforderte." ꝛc. ꝛc. [152])

Freiherr v. Wrede hatte indeß Nachricht erhalten, daß Fürst v. Hohenlohe am 10. Oktober zum Rückzuge unterhalb Verdun die Meuse übersetzen und über Longwy und Luxemburg nach Grevenmachern eilen werde, wo v. Wrede am 17. Oktober sich ebenfalls einfinden sollte. Auch General v. Wallis mußte am 15. desselben von Thionville aufbrechen, um seine Truppen dort mit jenen des Fürsten v. Hohenlohe zu vereinen. Am 22. Oktober traf Freiherr v. Wrede mit dem Fürsten in Luxemburg zusammen. Zwei Tage später schrieb er hierüber an den Fürstbischof August v. Styrum: „Wenige Stunden vor meiner Ankunft erhielt der Fürst v. Hohenlohe die Nachricht von der Gefahr, welche der Stadt Mainz drohe. Er schickte einen Courier an den zwei Stunden von Arlon mit der ganzen preußischen Armee stehenden Herzog v. Braunschweig und stellte ihm vor, wie nothwendig und unaufschieblich es sei, dem kurmainzischen Lande zu Hilfe zu eilen. Er erbat sich zugleich, da sein Corps um drei Märsche bereits vorwärts stehe, die Erlaubniß aus, dem deutschen Reiche selbst zu Hülfe eilen zu dürfen. Mit Sehnsucht sah er der Antwort des Herzogs entgegen. Der Gedanke, Deutschland's Beschützer zu seyn, schmeichelte seinem vortrefflichen Herzen. Allein Abends halb 8 Uhr kam der Courier mit der Antwort zurück, daß Seine Majestät der König selbst gesinnt seyen, mit ihrer Armee dem deutschen Reiche zu Hilfe zu eilen. „„So lebt denn der alte Gott nicht mehr!"" Dieß war der Ausruf des edlen, großen Fürsten beim Empfange jener Nachricht. Fast untröstlich wurde derselbe, als er auch diese seine letzte Hoffnung vereitelt sah. Seit gestern Abend, als die traurige Nach=

---

[152]) Original-Concept vom 20. Okt. 1792. A. a. D.

9

nicht wegen der Uebergabe von Mainz ankam, sieht man und hört
ihn nur seufzen; stumme Empfindungen beugen fast seine Mannheit!
Es ist traurig und man darf sich nicht schämen, wenn man beim
Anblicke des so kummervollen Helden Thränen vergießt. Fast dürfte
man glauben, unüberwindbare Verhängnisse hätten sich vereiniget,
um Deutschlands Untergang zu bereiten. Ich habe alle Vorstellun=
gen gesehen und gelesen, die der vortreffliche Fürst dem Herzoge
v. Braunschweig gemacht; nie ließ der deutsche Patriot, der Fürst,
das Wohl und die Sicherheit der deutschen Reichsfürsten außer
Acht. Stets verlangt er, daß man sie schützen und ihr Land decken
sollte. Wohl zwanzigmal erbot sich derselbe hiezu und verlangte
nur die Erlaubniß, die ihm aber der Herzog nicht gestattete. Oft
stellte der Fürst alle die nun leider zu sehr eingetroffenen Folgen
vor. Aber es half Nichts. Deutschland mußte von dem niedrig=
sten Volke verheert werden! — Ich geschweige jener Beschuldigungen,
die man dem Herzoge bei der Attaque und Retirade zu Clermont
zu Last legt. Ich übergehe alle Fehler, deren ihn der gemeine
Soldat beschuldiget und die vielleicht nie in den Kriegsregeln er=
höret wurden. Eben so übergehe ich die Verbrechen, welche man
seinen unterhabenden Generalen anschuldet. Genug, der unglückliche
Erfolg ist Beweis, daß man kühn und laut gegen einen Mann
reden darf, der seine alliirte Macht mißbraucht, dessen Generale sie
verrathen und der so viele Tausend Menschen auf die Schlachtbank
führte, der nur allein die Ursache an allen Verheerungen im deut=
schen Reiche ist. Ich würde zu weitwendig werden, wenn ich um=
ständlicher über Thathandlungen, die unglaublich sind, schreiben
wollte." . . . . . . "Der kurpfälzische Hof war bisher aller meiner
Vorstellungen und Berichte ungeachtet, eifrig der Neutralität zuge=
than und wollte nie den alliirten Mächten beitreten. Daß diese
Position dem deutschen Reiche höchst schädlich sei, stellte ich lange
vor, bis man mir einen Fingerzeig gab, daß ich schweigen sollte."
. . . "Ew. fürstbischöflichen Gnaden dürfen versichert seyn, daß man
dermalen bei meinem Hofe mit ganz anderen Gesinnungen hervor=
treten wird und endlich wohl einsieht, daß Kurpfalz eines von jenen
Ländern ist, welches zuerst den republikanischen Freiheitssinn wird
fühlen müssen." 2c. 2c. [148])

---

[148]) Aus dem k. k. Hauptquartier zu Arlon den 24. Okt. 1792.

Da der Speyerer Fürstbischof, nach der Eroberung von Mainz und Frankfurt am Maine, sich nicht mehr gesichert hielt, flüchtete er von Beitshöchheim nach Augsburg. Von dort aus erwiederte derselbe am Allerseelentage auf die letzte Zuschrift des kurpfälzischen Hofgerichtsrathes v. Wrede unter Anderm Folgendes: ... „General Custine soll zwar strenge Mannszucht halten, dessenungeachtet aber nicht im Stande seyn, die Lande, wo er durchzieht, vor Verheerungen zu schützen. So hat er z. B. für meine Lande die beigebogene Sauvegarde ertheilt, bis jetzt aber nicht nachgelassen, meinen Unterthanen die wenigen Ueberbleibsel von Fourage und Früchten abzupressen. Die ihm etwa entgegen kommenden, deutschen Armeen werden also aus Mangel an Lebensmitteln in unserer Gegend nicht bestehen und um so weniger ruhige Winterquartiere sich versprechen können, als selbst unter den Unterthanen der auf sie überpflanzte Empörungsgeist die abscheulichste Verrätherei drohet. Aller Orten wird der Freiheitsbaum aufgepflanzt; überall wird Empörung geprediget. Wenn nicht bald Hilfe herbeikommt, so erleben wir in Deutschland eben die Gräuelthaten, welche Frankreich verwüsten. Zu Mainz sollen wirklich schon Gesellschaften von Constitutions-Freunden errichtet seyn" .... „Was den meinigen diesseitigen Landen drohet, weiß ich zwar nicht. So viel aber ist gewiß, daß der Geist der Freiheit bei den Unterthanen jenseits des Rheins — oberhalb der Quelch? — schon so weit gekommen ist, daß sie ihre bei meinem Militäre stehenden Söhne zurückrufen und öffentlich behaupten, sie seyen nicht mehr schuldig, dem Reiche zu dienen, weil sie französische Bürger sind. Von Entrichtung der Abgaben ist ohnehin keine Frage mehr und ich sehe nicht, wie ich auch bei dem besten Willen im Stande wäre, zu den wegen Herstellung der Reichssicherheit erforderlichen Maßregeln Einiges beizutragen. Mein Contingent ist beinahe vernichtet; meine Unterthanen sind verhetzt und aller Vorrath in meinen Landen ist so sehr erschöpft, daß keine Armee mehr im Stande seyn wird, sich darin zu halten. Nur von den mächtigeren Ständen des Reiches und von kaiserlicher Majestät so zu sagen allein, können wir noch Rettung hoffen! Ich würde gewiß gerne Alles anwenden, die beßfallsige höchste Nothdurft nach den Absichten des verehrungswürdigsten Fürsten v. Hohenlohe mit Nachdruck vorzustellen, wenn nicht die bekannte Drohung der Franzosen und die daher entstehenden, gegründeten Besorgnisse für meine

eigenen, aller Hilfe beraubten Lande das unbeschränkteste Still=
schweigen mir geböten. Ich muß daher meinen mächtigeren Nach=
baren, vorzüglich aber der Kurpfalz es überlassen, die erforderliche
Einleitung zu treffen." ꝛc. [154])

Laut der Antwort des Freiherrn v. Wrede auf die bischöfliche Zu=
schrift vom 20. Oktober konnte der Fürst v. Hohenlohe den Entschluß des
Fürstbischofes nicht ganz mißbilligen. Ueber das ausgebrochene Zer=
würfniß des Fürsten v. Hohenlohe mit dem Herzoge v. Braunschweig
meldete diese Antwort noch Nachstehendes: . . . „Mit der Verbindung
der en chef commandirenden Generale der Armeen der höchsten
alliirten Mächte, scheint es täglich mehr zu Ende zu gehen, indem
der Fürst v. Hohenlohe wegen eines gestern von dem Herzoge er=
haltenen Schreibens, diesem alle seine Subordination zu verweigern
sich entschlossen haben. Hochderselbe haben auch diesen Morgen
dem ihm vom Herzoge beigegebenen Generale jenes Schreiben in
meiner Gegenwart vorgelesen und ihm gesagt: „„Schreiben Sie,
Herr General! dem Herzoge, daß ich allen Respect habe; allein seine Ab=
sicht sei, uns in's Verderben zu stürzen; ich habe alle Beweise davon
und der gestrige Brief ist mir der sicherste; ich werde ihm aber sein
Concept dennoch verrücken."" Diesen Mittag bei der Tafel hat
der Fürst demselben Generale fast das Nämliche wiederholt. Dieser
wird auch in den nächsten Tagen zu der preußischen Armee zurück=
kehren, so wie der derselben zugetheilte kaiserliche General v. Walsch
bereits zurückgerufen ist. — Fürst v. Hohenlohe haben vor drei
Tagen mit dem französischen Generale Kellermann einen Quasi=
Waffenstillstand für die hiesige Armee und das Luxemburger Land
abgeschlossen. Derselbe sei daher bereit, auf den ersten Befehl an
den Rhein zu marschiren." [155]) ꝛc. ꝛc. Schon am 1. November
folgte die weitere Mittheilung an den Fürstbischof: „Die Spannung
zwischen den beiden Oberbefehlshabern, von welcher ich jüngst Mel=
dung gethan, ist Seiner Majestät dem Könige von Preußen zu
Ohren gekommen. Höchstderselbe, wohl einsehend, wie gefährlich
in den Folgen ein solches Mißtrauen für die Absichten der alliirten
Mächte selbst sowohl, als des deutschen Reiches sei, haben eine sehr
schöne und dem Charakter des Monarchen Ehre machende Erklärung
gestern anher geschickt, worin Höchstdieselbe bestimmt, alle ihre be=

---

[154]) Original-Concept vom 2. Nov. 1792. — [155]) Arlon am 29. Okt. 1792.

reits genommenen Maßregeln für den zukünftigen Feldzug an Tag
geben und ein Gleiches von Seiner Majestät dem Kaiser gesinnen."
. . . . „Ich werde am 4. dieses von Arlon abreisen und hoffe am
12. oder 13. in Heidelberg einzutreffen. Ich werde meine Rück=
reise über Karlsberg nehmen. Von da weiß ich noch nicht, welchen
Weg ich werde wählen müssen, um dem republikanischen Raubge=
sindel nicht zu nahe zu kommen." ꝛc. ꝛc. 156)

Freiherr v. Wrede kam bald nach Heidelberg, mußte aber im
Verlaufe weniger Tage zur Rücksprache mit dem Fürsten v. Hohenlohe
nach Arlon zurückkehren. Er traf ihn am 22. November noch im dor=
tigen Hauptquartier. Schon am anderen Tage reiste v. Wrede
wieder nach Heidelberg zurück. Fürst v. Hohenlohe ließ noch am
gleichen Tage etwa 12 Bataillonen Infanterie und 2 Regimentern
Cavallerie Befehl zum Aufbruche nach Trier ertheilen, um dieses
Gebiet gegen den Andrang des französischen Generals Beurnonville,
welcher mit etwa 30,000 Republikanern von Saarburg bis nach
St. Wendel sich gelagert hatte, und im Plan zu haben schien, die
kaiserlichen Truppen von den preußischen abzuschneiden, zu schützen.
Freiherr v. Wrede setzte den Fürstbischof in einem ausführlichen
Schreiben aus Heidelberg vom 27. November über dieses und An=
deres in Kenntniß. Der Fürstbischof erwiederte aus Freising, wohin
er sich indessen zurückgezogen hatte, 157) unterm 4. Dezember: „Die
Besetzung des Rheins und der Speyerbach durch die vereinten
deutschen Truppen schienen ihm vor Allem das Wesentlichste. Dem
Feinde sowohl als den durch dessen Emissäre aufgewiegelten deutschen
Unterthanen dürfte hiedurch Schranken gesetzt und einem Aufstande
vorgebeugt werden, welcher durch allerlei Mittel begünstiget wird

---

156) Arlon am 1. Nov. 1792. Fürst v. Hohenlohe entwarf damals eben=
falls einen Plan für den nächsten Feldzug, den er dem Kaiser vorlegte und
den Freiherr v. Wrede dem Fürstbischofe v. Styrum am 1. Dez. 1792 aus Heidel=
berg zuschickte. Dabei meldete er auch: „In unsern kurpfälzischen, jenseits
des Rheins gelegenen Landen, besonders in dem Oberamte Germersheim,
glüht ein wenig das Feuer. Da aber der Verlaß dazu in Beschwerden gegen
das Oberamt und in verschiedenen sonstigen Mißbräuchen liegt: so ist eine Unter=
suchungs-Commission in der Person des Freiherrn v. Lamezan ernannt und
läßt sich von dessen bekannter Einsicht erwarten, daß er die Ruhe herstellen
werde." ꝛc. ꝛc. — 157) Montags den 12. Nov. 1792 war er von Augsburg
dahin aufgebrochen.

und nur durch schleunige Annäherung einer beträchtlichen Armee
verhindert werden kann. Die von Seiten Pfalzbayerns beßfalls getroffenen Vorkehrungen sind nicht zureichend und dürften die Sicherheit in unsriger Gegend wenigstens für einen Augenblick nur noch
mehr auf das Spiel setzen. Die 3,000 Mann, welche bereits —
von München — den Marsch angetreten haben, sind wohl hinreichend, Feindseligkeiten zu veranlassen, nicht aber vermögend, solche
zu verhindern. [158]) Der Geist der Truppen selbst soll beineben
nicht der beste seyn und, wie man sagt, sind sie mit den nöthigen
Requisiten nicht am Besten versehen. Ich war unlängst selbst in
München und fand an des Kurfürsten Gnaden und Liebden den
alten Freund und Gönner, den ich stets in ihm verehrte. Ich ward
mit ausgezeichneter Freundschaft empfangen, speiste mit dem gewiß
redlich denkenden Kurfürsten tête à tête und vergaß nicht, der
guten Sache manches Wort im Vertrauen zu sprechen. Da ich
Abends vorsätzlich nach Freising zurückgekehrt und außer meinem
Vetter, dem Grafen v. Tattenbach, bei welchem ich den päbstlichen
Nuntius und einige gute Freunde gesprochen habe, zu Niemanden
gekommen bin, so habe ich von den dasigen Conjunkturen nicht
sonderlich viel, doch aber en passant so viel bemerkt, daß die von
einigen verkündete Reise des Generals Tomson noch nicht ganz festgesetzt ist." ꝛc. ꝛc. [159])

---

[158]) Am 10. Dez. 1792 rückten diese 3,000 Bayern in Heidelberg und
den umliegenden Orten ein. Freiherr v. Wrede schrieb darüber am folgenden Tage an den Fürstbischof v. Spyrum: „Ich hoffe, dieselben werden zur
Schützung der Festung Mannheim hinlänglich seyn, ob ich zwar gleich mein
Vertrauen auf derselben Thätigkeit gegen einen Feind auf dem Felde ziemlich
einschränke." ꝛc. ꝛc. — [159]) Original-Concept vom 4. Dez. 1792. Unterm
10. Febr. 1793 wurde unserm Bischofe von Wien geschrieben: „Das Benehmen von Kurpfalz übertrifft wirklich Alles, was man Widriges erwarten
konnte und es ist die höchste Zeit, daß man diesem auffallenden Betragen mit
Ernst und Nachdruck begegne. Die beiden höchsten alliirten Mächte sind hierüber bereits einig und ich hoffe, daß ehestens solche gemeinschaftlichen Maßregeln werden genommen werden, welche der dringenden Nothwendigkeit vollkommen angemessen seyn werden." ꝛc. ꝛc. Karlsr. Archiv. S. A. Noch am
15. Jan. entschuldigte sich der Münchener Minister v. Hertling beim kaiserlichen Gesandten wegen Nichtveröffentlichung der kaiserlichen Drohungs-
patente in der Rheinpfalz, weil leichtlich vorauszusehen, daß hiedurch die
Franzosen dort zu Feindseligkeiten und Verheerungen dürften aufgereizt werden.

Am 11. Dezember meldete Freiherr v. Wrede dem Fürstbifchofe
nach Freifing: „Vor einigen Tagen fchon erhielt ich von ficherer
Hand Nachricht, daß General v. Wimpfen mit einem ftarken Corps
über den Rhein zu gehen befehligt fei. Ich fäumte nicht, fogleich
den Feldmarfchalllieutenant, Grafen v. Wallis und auch den Für=
ften v. Hohenlohe davon zu benachrichtigen. Ich eilte fogleich nach
Mannheim, um Ihre kurfürftliche Durchlaucht und auch den Pfalz=
grafen Maximilian zu beruhigen. Am Sonntage den 9. Dezember
gegen Mittag rückten 10,000 Mann Franzofen in der Gegend von
Speyer und Mannheim ein und ftellten ihre Vorpoften bis unter
die Wälle diefer Feftung. Einige Hufaren wagten es fogar, die
äußerften Schildwachen an der Barriere zu infultiren. Dieß ver=
anlaßte den Gouverneur v. Belderbufch, fogleich die Wache in der
Rheinfchanze mit zwei Compagnien Grenadieren zu verftärken und
den Obriftlieutenant Bothy zum Commandanten dafelbft zu erne=
nen. So geeignet diefe Maßregeln waren, fo fchnelle und unglaub=
liche Angft verbreiteten fie unter den Einwohnern. Diefe wurden
in ihrer Bangigkeit noch mehr beftärkt, da fie Abends gegen 5 Uhr
einen Adjutanten des Generals Cuftine in die Stadt einritten fahen.
Alles zitterte. Sogar die höchften Herrfchaften waren in der bang=
ften Verlegenheit und fchon entfchloffen, abzureifen, bis ihnen Graf
v. Oberndorff den Inhalt der Depefche mittheilte, die gar keine Be=
ziehung auf die Feftung Mannheim hatte.“ .... „Mir fcheint,
daß das Wimpfen'fche Corps in der Gegend von Speyer und Mann=
heim beftimmt fei, den endlichen Rückzug — der Franzofen — nach
Landau und in's Elfaß zu decken. In dem Oberamte Germers=
heim hat fich bis jetzt der Geift der Freiheit nicht aus der Gegend von
Klingenmünfter verbreitet. Gleichwohl ift der Oberamtmann v. Rei=
beld von da in die Regierung, — nach Mannheim — der Herr
v. Tautphöus nach Amberg verfetzt und dem Herrn Hofgerichtsrathe
Siegel die Verwaltung des Oberamtes übertragen worden.“ [160])

---

[160]) Heidelberg den 11. Dez. 1792. A. a. O. An diefem Tage nahmen
die Franzofen unter dem Commando des Generals Fall ihr Hauptquartier
in Mutterftadt und fingen an fich zu verfchanzen. Auf einem Umritt am
17. Dez. traf v. Wrede bei dem Walde nächft Altlußheim ein Commando von
12 Nationalgarden, die dort Holz abholten, an, die fich jedoch alsbald auf das
linke Rheinufer flüchteten.

Dritter Abschnitt.
Wirkliche Einverleibungen mit Frankreich.

§. 1. Bedenkliche Bewegungen in Bergzabern.

Die in dem letzten Paragraphen erwähnte, von der kurpfälzi=
schen Regierung im Oberamte Germersheim angeordnete Unter=
suchung, die dabei getroffenen Anordnungen, so wie auch anderwei=
tige Vorkehrungen konnten den Geist der Neuerung, der Freiheit
und Gleichheit, wie er namentlich im Elsaße und im Distrikte Weissen=
burg durch französische Sendlinge und revolutionäre Schriften ver=
kündet und verbreitet wurde, nicht nachhaltig bannen oder unter=
drücken. Ganze dort gelegene Herrschaften und Aemter, welche Lehen
des deutschen Reiches und Erbgüter deutscher Fürsten waren, wur=
ben mit Mißachtung der hierüber bestehenden Friedensbeschlüsse und
besonderer Verträge, weil sie der französischen Oberherrlichkeit unter=
stellt waren, ohne Rücksicht der deßfalls erhobenen Einsprache der
betreffenden Fürsten — wie wir bereits oben gehört haben, — der
neuen französischen Verfassung, Gesetzgebung und Verwaltungsweise
unterworfen. In andern benachbarten Gemeinden, welche nicht unter
jener Oberherrlichkeit standen, wurden einzelne Unzufriedene und
Schwindelköpfe nach gleicher Verfassung und Verwaltung lüstern
und wußten, von französischen Sendlingen aufgestachelt und unter=
stützt, bald mehrere ihrer Mitbürger für die Freiheitsbestrebungen
zu gewinnen.

So ging es namentlich auch in der herzoglich = zweibrückischen
Oberamtsstadt Bergzabern. Schon am 28. August und 8. Sep=
tember 1789 sammelte daselbst der Schlosser Niefal Unterschriften für
eine Reihe von Klagen, welche gegen den dortigen Stadtrath über=
haupt und einzelne Mitglieder desselben, gegen das dortige Gemeinde=
Gericht und den Förster Bopp, beziehungsweise wegen Beeinträch=
tigung der Stadtgerechtigkeiten und Waldrechte, geführt wurden. Es

kam hiebei zu höchst mißliebigen Auftritten. [161]) Die herzogliche
Regierung ließ es an der nöthigen Untersuchung dieser Klagen nicht
fehlen. Monate lang war damit eine eigene Commission beschäftigt.
Am 19. Juli 1791 wurde endlich das Ergebniß dieser Untersuchung
verkündet, über Manchen der Unzufriedenen die Strafe falscher Anklage verhängt, viele Beschwerden gehoben, andere aber als unbegründet zurückgewiesen. Dieß brachte keine Ruhe, sondern förderte
die Gährung noch weit mehr. Wir erkennen dieß aus einem Anschreiben des herzoglichen Staatsministers v. Esebeck vom 29. Juli
1791, in welchem er bemerkt, daß dem Vernehmen nach die Unzufriedenheit der Unterthanen im Oberamte Bergzabern noch nicht gehoben, sondern vielmehr zu befürchten sei, daß dieselbe sich vermehre
und unangenehme Folgen haben dürfte. Der Amtmann Sprenger
zu Bergzabern wurde daher beauftragt, genau hierüber zu wachen
und anzugeben, durch welche Mittel weiteren schädlichen Auftritten
vorzubeugen seyn könnte. Alle Schultheißen des Oberamtes wurden
deßhalb zum Berichte aufgefordert. Nur in der Stadt Bergzabern
zeigten sich Spuren der Unzufriedenheit. „Dort war allgemeines
Murren und Mißvergnügen über die oberamtliche Behandlungsart
der Geschäfte und der Untergebenen und dadurch der neufränkische Freiheitsschwindel mächtig genährt." [162]) Die Streitigkeiten wegen des
Rothenberger Gemeinde-Waldes gossen fortwährend Oel in das
Feuer. Von den früheren Hetzern wurden noch öfters Zusammenkünfte im Hause des Schlossers Riesal gehalten. Der Stadtrath
wünschte, daß eine oder mehrere Compagnien herzoglicher Soldaten in
die Stadt verlegt würden. [163]) Es hatte sich damals das Gerücht ver-

---

[161]) Am 19. Sept. 1789 wurde nämlich das Rathhaus von den unzufriedenen Bürgern besetzt, kein Rathsglied in dasselbe zugelassen, die Sturmglocke gezogen, die am Geraidewalde betheiligten Gemeinden beigerufen und
über die Beschwerden verhandelt, die vorzüglich die Waldrechte betrafen. Die
Mehrzahl der Bürger wollte den Herzog deßhalb um Nachsicht bitten, allein
das Bittgesuch wurde von Ulrich Daumüller, einem Rädelsführer der Unzufriedenen, unterschlagen. — Der Rothenberger Geraidewald gab zu beständ-
igen Klagen Veranlassung, die um so schwieriger zu schlichten waren, weil
französische, fürstbischöfliche, kurpfälzische und zweibrückische Unterthanen ihn
gemeinschaftlich besaßen. — [162]) Regierungsrath Klick fand beim Antritte seiner
Verwaltung 300 unerledigte Einläufe beim Oberamte vor. — [163]) Bericht
vom 8. Aug. 1791. Die Stadtvorstände waren: Lorch, Stadtschultheiß, Zinn-
graff, Bürgermeister, Umpfelbach, Goetz, Paull, Fleckstein, Hammer, Gauly,

breitet, daß sowohl das kurpfälzische Oberamt Germersheim, als wie auch das herzogliche Oberamt Bergzabern unter die Souverainetät

---

Engelhard u d Schwarz. — Joh. Ph. Schwebel, Rothgerber, ward damals schon von den Wühlern als Maire in Aussicht genommen. Am 14. und 15. Aug. 1791 wurde Sprenger vom Minister v. Esebeck aufgefordert sich zu verantworten, warum er dem ausgewiesenen Lieutenant Leuchsering bei sich Wohnung im Schloße gegeben, sich bei Tische, zum großen Aergerniße der Bewohner, mit demselben herumgeschlagen, seine eigene Ehegattin öfters mit Schlägen mißhandelt habe, die jetzt in Landau bei dem unter die Nationalgarden aufgenommenen Leichsering sich aufhalte und durch Gesinnungen und Thaten für die französische Freiheit und Gleichheit sich öffentlich auszeichne. Sprenger wurde bald suspendirt und noch im Aug. 1791 die einstweilige Verwaltung des Oberamtes dem Regierungsrathe Klick übertragen. — Schon im Jahre 1790 erhielten viele Emigranten vom Herzoge die Erlaubniß, sich in Bergzabern aufzuhalten. Im Jahre 1791 kamen viele Irländer vom Regimente Berwik, welches sich in Weissenburg aufgelehnt hatte, dahin. Auch viele Geistliche aus dem Elsaße, namentlich auch die Augustiner und Capuziner von Weissenburg, hielten sich dort auf, um den Verfolgungen wegen verweigerten Eides zu entgehen. Am 29. Juli 1791 verfügte der Minister v. Esebeck: „Jedem Franzosen, welcher eine Zufriedenheit und Anhänglichkeit an die jetzige französische Verfassung von sich merken läßt, wäre kein Aufenthalt außer einer Uebernachtung zu gestatten; hingegen wäre jenen, welche sich zur Aristokratie zu bekennen scheinen, der Aufenthalt nicht zu versagen, jedoch posttäglich davon die Anzeige zu machen." Diese Verfügung blieb den Patrioten zu Bergzabern nicht unbekannt. Sie benützten sie zur Aufreizung gegen die Regierung. General Kellermann berichtete sogar hierüber an die Nationalversammlung. Dieß bewog den herzoglichen Minister am 13. Aug. 1791 zu verfügen, daß jedem Franzosen, ohne Rücksicht auf dessen Gesinnung, nur ein Aufenthalt von zwei Tagen in Bergzabern gestattet werde. Am 25. desselben berichtete Klick, daß er zweien fast achtzigjährigen Capuzinern, dem Pater Lucian und Eucharius, welche früher länger in der Seelsorge zu Bergzabern gewirkt und hierher aus Furcht sich geflüchtet hätten, „sie möchten gezwungen werden, nicht mehr als ächte Capuziner leben und sterben zu dürfen," den Aufenthalt im hiesigen Kloster oder Pfarrhause gestattet habe. Dem Pater Elias, Stadtpfarrer zu Weissenburg, gab er jedoch das consilium abeundi. Auch dem Canonikus v. Neubeck aus Weissenburg und dessen Bruder wurde vom Herzoge am 4. Sept. 1791 der Aufenthalt in den Oberämtern Bergzabern und Lichtenberg oder Meisenheim untersagt. Reichsarchiv. Z. A. Nr. 2690. — Am 22. Okt. 1792 schrieb Klick aus Bergzabern nach Zweibrücken: „Der kath. Pfarrer zu Eschbach, welcher auf seiner Pfarrei geblieben und den Eid nicht geleistet, wurde gestern von 8 Reitern aus der Kirche und dem Beichtstuhle herausgeholt und gefänglich hier durch nach Weissenburg geführt. Ich kann bei dieser Gelegenheit nicht verschweigen, daß in Landau, Weissenburg und in der ganzen französischen Nachbarschaft sehr nachtheilig von dem Auf-

Frankreichs fallen werde. Letzteres erschien um so gewisser, weil der
Herzog dem Könige von Frankreich angeblich 6 Millionen schuldete,
die er nicht bezahlen konnte, weßhalb ihm hiefür Land hinweggenommen werden müßte. Viele Unzufriedene konnten über dieses
Gerücht ihre Freude nicht verbergen. Solcher Undank schmerzte den
Herzog sehr. Er ließ dieß den Bergzaberern eröffnen, die Grund-
losigkeit des fraglichen Gerüchtes ihnen bezeugen und über dessen
Verbreiter nähere Nachforschungen anstellen. Auch hatte v. Esebeck
die Anzeige erhalten, daß der Schlosser Niesal mehrere Gesellen,
welche unter die französische Nationalgarde eingereiht seyen und daher die dreifarbige Cocarde tragen, in Arbeit habe. Das Oberamt
wurde am 17. Juli 1791 angewiesen, diese Bursche ohne Verzug
fortzuweisen und die Aufnahme solcher Nationalgarden bei schwerer
Strafe im ganzen Bezirke zu verbieten. Nebenbei wurden auch
allerlei Hetzschriften in Bergzabern und in der Umgegend verbreitet,
die der Verbote ungeachtet zahlreiche Leser fanden. [164)

---

enthalte gesprochen wird, den die flüchtigen kath. Geistlichen in Zweibrücken
genießen." zc. zc. — [165)] Am 4. Sept. 1791 verbot der Minister v. Esebeck
namentlich folgende Schriften: „Letzter Ruf der freigewordenen Franken an die
unterdrückten Deutschen. Im Monat August 1791." und: „Allgemeiner Aufstand oder vertrauliches Sendschreiben an die benachbarten Völker, um sie zu
einer heiligen und heilsamen Empörung aufzumuntern." — Der reformirte Pfarrer
J. St. Huber in Straßburg bemühte sich über die Gesinnungen und Verhandlungen der Bergzaberer Erkundigungen und Anknüpfungspunkte einzuziehen. Er wendete sich deßhalb am 28. Jan. 1792 brieflich an seinen Amtsbruder Hepp daselbst, den er nur dem Namen nach kannte. „Gute und wahre
Patrioten, Männer, die Einfluß haben in's allgemeine Beste und thätig sind
dafür, — schrieb derselbe — wünschen sichere Nachrichten aus ihren Gegenden
zu erhalten. Sie haben vernommen, daß die Feinde unseres Vaterlandes
sich in die Gegend von Bergzabern ziehen. Sie wißen, daß es viele Reformirte in Bergzabern gibt, die alle gute Patrioten sind, deßwegen haben sie
mich gebeten, mit meinem Herrn Amtsbruder daselbst in eine Correspondenz
zu treten. Dürfte ich Sie also bitten, mein theuerster Herr Amtsbruder!
mir sobald es Ihnen Ihre Geschäfte erlauben, Nachrichten zu ertheilen, wie
die Sachen bei Ihnen stehen und in Sonderheit, was die Emigranten und ihr
Anhang bei Ihnen vorgenommen haben und dann auch in der Folge mit
Ihren Berichten fortzufahren, so oft Sie etwas Erhebliches mitzutheilen haben.
... Von Ihrem Namen soll ohne Ihren Willen kein Gebrauch gemacht
werden, um Sie auf keine Weise zu compromittiren. Schreiben Sie mir
ohne Ihre Unterschrift, um ganz sicher zu gehen." zc. zc. Hepp erwiederte
die Aufforderung in einer sehr ernsten Zuschrift, worin er dieselbe als frevel-

Um unter solchen Verhältnissen sowohl die äußere Sicherheit gegen allerlei herumziehendes Gesindel und Ueberläufer zu handhaben, [165]) als wie auch die innere Ruhe und Ordnung in der Stadt zu pflegen und zu unterstützen, erließ der jetzige Oberamtsverwalter Klick, nach vorhergängigem Benehmen mit dem Stadtrathe, unterm 18. Juli 1792 eine aus mehreren Punkten bestehende Verfügung. Vor Allem ward darin von jedem Bürger treue Pflichterfüllung gegen die Herrschaft und gegen die Stadt gefordert. Ferner wurden alle diese Pflichterfüllung beeinträchtigende Reden über auswärtige Verfassungen und Herrscher, über Religion und Staat, namentlich in Wirthshäusern, untersagt, wie auch die nur wechselseitiges Mißtrauen erregenden Benennungen „Aristokraten" und „Patrioten" verboten. Jeder Bürger ward aufgefordert, den Wachtdienst selbst zu thun. An jedem Thore sollte die Wache fortan auf sechs Mann erhöht werden. Jeden Abend um 10 Uhr sollten die Wirthshäuser und Straßen von Zechern, Handwerksburschen und Mägden gesäubert werden. Die Aeltern sollten ihren Kindern einschärfen, auf den Straßen sich ruhig zu halten und nicht durch ungeziemende Reden und unschickliche Gesänge die Leute zu beleidigen. ꝛc. ꝛc. [166]) Diese Verfügungen verkündete der Stadtschultheiß an einem der folgenden

----

haft zurückwies. Er übersendete auch seinem Fürsten die Abschrift von jenem Briefe und seiner Antwort. Huber entschuldigte sich später über diese Zurechtweisung. Der Herzog aber ließ genaue Nachforschungen anstellen, ob auch an andere reformirte Pfarrer solche Briefe gerichtet worden seyen. Schon damals wurde demselben der Pfarrer Lucius zu Candel als besonderer Anhänger und Verbündeter der Clubisten in Straßburg amtlich bezeichnet. Reichsarchiv. Z. A. Nr. 891 und 2690. — [166]) Schon im Juli 1789 erhielt das Oberamt Bergzabern Nachricht, daß eine Räuber- und Mordbrenner-Bande im nahen Elsaße herumziehe und Schrecken und Schaden verbreite. Am 4. Sept. 1791 wurde dasselbe aufgefordert zu wachen, daß das empörte und bewaffnete Gesindel aus Nancy, welches sich auf der Grenze herumtreibe, abgewiesen werde. — [166]) Unterm 18. Aug. legte auch der Vogteiverweser Weyland zu Annweiler für diesen Bezirk eine Sicherheitsordnung vor, die jedoch die Genehmigung der Regierung nicht erhielt. Der 10. Artikel lautet: „Wird bei 50 Prügel verboten, außerhalb der Ortschaften von Leuten, die nicht zur Wache beordert sind, einen Schuß zu thun." Dieß war wohl so hart bedroht, weil bei jedem solchen Schuße von der Dorfwache die Sturmglocke geläutet werden sollte. Schon am 7. Juni 1792 wurden auch von dem Gräfensteiner Amte zu Kobalden Vorsichtsmaßregeln gegen Ueberfälle gefährlichen Gesindels getroffen. Karlsr. Archiv. G. A.

Abende der versammelten Bürgerschaft. Manche befanden sich da=
bei, deren Köpfe durch den Wein sehr erhitzt waren. Einige der=
selben erhoben Klage, daß Mißbräuche mit Wache= und Frohnden=
Befreiungen von den Vorständen geduldet werden. Der Stadt=
schultheiß wies diese Klagen mit Drohungen zurück. Es entstand hier=
über ein arges Gemurmel und Gelärm; gefährliche Reden wurden laut.
Der Schultheiße befahl, den Hauptschreier, einen betrunkenen Kübler,
festzunehmen und in den Thurm abzuführen. Diesem Befehle wider=
sprachen andere Tumultuanten mit der Drohung, daß, wenn derselbe
vollzogen würde, sie die Thurmthüre aufhauen und den Gefangenen
befreien würden. Die Gutgesinnten getrauten sich nicht, für die Her=
stellung der Ruhe und Ordnung ein Wort zu sprechen. Der Schult=
heiß sah sich daher genöthiget, vom Vollzuge seines Befehles abzu=
stehen und die Versammlung aufzuheben. Der Oberamtsverweser
Klick war durch diese Auftritte in Bergzabern sehr entrüstet. Allein
es war keine leichte Aufgabe, die nöthigen Zeugen für die Schuld
Einzelner aufzufinden, indem die sogenannten Patrioten einander
nicht verriethen und die Gutgesinnten schwiegen, um von jenen nicht
verfolgt zu werden. Klick beschied die Vertreter der Bürgerschaft
vor sich. Er hielt ihnen vor, „wie sich der größte Theil der Bürger=
schaft schon durch den Vorgang im Jahre 1789 eine ewige Schand=
säule gesetzt und sich durch ihre bisherige Anhänglichkeit an die
französische, sogenannte Freiheit und Zügellosigkeit von allen andern
Orten des Herzogthums und Deutschlands garstig ausgezeichnet
hätten und daß die Bergzaberer nicht wüßten, was sie wünschten
und begehrten." 2c. 2c. Der Oberamtsverweser befahl den Abgeord=
neten, dieß der Bürgerschaft mitzutheilen, mit dem weiteren Bemer=
ken, daß er jenen Tumult näher untersuchen und die Schuldigen
bestrafen werde. Dieß geschah wirklich. Der Kübler Propheter
ward mit zwei Andern bei Wasser und Brod in das Stockhaus
eingesetzt, um den Frevel zu büßen. [167] Dieses Verfahren wurde
vom Herzoge ganz gebilligt und dem genannten Regierungsrathe
mit Wohlgefallen das besondere Vertrauen ausgesprochen, daß dessen
Klugheit und Thätigkeit alles weitere Unangenehme vermeiden
werde. [168] An demselben Tage schickten die rechtschaffenen und ge=

---

[167] Klick's Berichte vom 23. und 26. Juli 1792. Reichsarchiv. Z. A.
Nr. 2690. — [168] Zweibrücken den 30. Juli 1792. Ebendaselbst.

treuen Unterthanen Abgeordnete an Klick, um ihn in der Stille, um Gottes Willen und mit Thränen zu bitten, zu erwirken, daß etwa 100 Mann herzogliche Soldaten zur Handhabung der Ordnung nach Bergzabern verlegt würden. Sie erklärten, daß die Stadt von den kriegführenden Mächten und ordentlichen Truppen nichts zu fürchten hätte, wohl aber von Ausbrüchen und von dem in den benachbarten französischen Dörfern sich häufig befindlichen Lumpengesindel. „Gleiches sei von den bösen Buben in der Stadt zu befürchten, deren es viele gäbe, die nur auf die erste, beste Gelegenheit warteten, ihre Mitbürger mißhandeln und plündern zu dürfen und sich zu dem Ende mit anderem auswärtigen, oder herbeikommenden Lumpengesindel zu vereinigen. Auch wäre bekannt, daß über die Hälfte der Bürgerschaft mit dem abscheulichen, französischen Freiheitsschwindel behaftet sei, welche die geringere Anzahl besser denkender Bürger bei jeder Gelegenheit zu necken, zu drücken und Uneinigkeit zu stiften suche, auch sich bei Gelegenheit an ihnen rächen würde, weil sie nicht mit jenen Schwindlern in ein Horn geblasen hätten. Zudem habe ja auch Kurpfalz zur Abwendung des Gesindels und Erhaltung innerer Ordnung eine große Anzahl Chevauxlegers in das Oberamt Germersheim verlegt." ꝛc. In seinem betreffenden Beiberichte an den Herzog von gleichem Tage bestätigte Klick nicht nur diese Befürchtungen, sondern erhöhete sie noch durch die Bemerkung, daß bei einem Aufstande in Bergzabern, „der Stadtschultheiß Lorch, der Keller Hubmayer und vielleicht noch einige Andere gewiß laternisirt würden." Freiherr v. Esebeck erwiederte am 2. August: „Man könne diesem wohlgemeinten Gesuche besonders auch deßwegen nicht entsprechen, weil mit Grund zu befahren steht, daß ein solches Commando der Gefahr ausgesetzt wäre, aufgehoben zu werden." Die ungünstigen Ereignisse bei dem Feldzuge der deutschen Truppen gegen Frankreich, der Einfall der Republikaner in Savoyen und Flandern, das siegreiche Vorrücken Custine's am Rheine und Mainz, erhoben auf's Neue den Muth und steigerten die Ungebundenheit der Freunde der Freiheit und Gleichheit. Dieß ließ auch den Regierungsrath Klick Arges für Bergzabern befürchten. Ungeachtet derselbe vorgab, für sein eigenes Leben nichts zu fürchten, so glaubte er dennoch, daß bei einem etwaigen Sturme er der Beschimpfung, Mißhandlung und Plünderung dürfte preisgegeben seyn. In diesem Glauben wurde er bestärkt durch das Benehmen der Bergzaberer, als am 2. Oktober 1792 die Mainzer, welche bei Speyer gefangen worden waren, durch Barbelrodt geführt wurden. Die halbe Bevölkerung der Stadt, welche dorthin eilte, um die Unglücklichen zu schauen, konnte darob ihre verrätherische Freude nicht verbergen. Man stimmte auf dem Heimwege das „Ça ira" laut an und unterbrach es oft mit dem Rufe: „Vive la nation!" Ja noch zur Nachtszeit wurde dieser unwürdige Jubel auf den Straßen der Stadt vernommen. In einem Berichte vom 4. Oktober, in welchem Klick diese Vorfälle und Bedenklichkeiten für seine Person der herzoglichen Regierung schilderte, setzte er mit vollem Rechte bei, daß er sich an jedem anderen Orte des Ober= amtes weit sicherer als in Bergzabern glauben würde; allein er konnte seine ersehnte Abrufung von dort, die ihm auch schon ein Monat früher versagt worden war, nicht erwirken. [169])

§. 2. Anschluß der Bergzaberer und ihrer Umgebung an Frankreich.

Am 4. November 1792 begannen in der Stadt Bergzabern und im ganzen herzoglichen Amte Barbelrodt die aufrührischen Be= wegungen ohne Scheue. Die Bergzaberer Freiheitsgenossen, an deren Spitze der Schlosser Riesal, [170]) wendeten sich zuerst an die Distriktsverwaltung in Weissenburg, um Rath und Unterstützung zum Anschlusse an Frankreich zu erhalten. Sie fanden die er= wünschten Zusagen dort nicht. Daher begab sich Riesal am ge= nannten Tage mit zwölf andern Gesinnungsgenossen nach Landau, damit von der bortigen Munizipalität Abgeordnete gen Bergzabern, wie nach Mühlhofen, gesendet würden, um die Freiheit zu verkünden und den Eid der Treue auf die französische Verfassung abzunehmen. [171]) Die Landauer gaben die gewünschte Zusage, jedoch mit dem Be=

---

[169]) Reichsarchiv. Z. A. Nr. 2690. Noch am 15. Nov. 1792 hatte der Minister v. Esebeck dem Amtmann Rutschmann von Rodalben mündlich er= klärt, „daß die Zweibrücker Regierung von der französischen Nation nichts zu fürchten, sondern vielmehr von derselben die zuverläßigsten Versicherungen er= halten habe, daß sie niemals die mindesten Feindseligkeiten, sondern die freund= schaftlichste Behandlung von ihr gewärtigen solle." Karlsr. Archiv. G. A. — [170]) Er war früher Handwerksbursche in der Schweiz und konnte dort nur durch die Dazwischenkunft der herzoglichen Regierung vom Tode gerettet werden. — [171]) Bergzabern zählte damals 326 Haushaltungen, 29 Wittmänner und 56 Wittfrauen, Mühlhofen aber 75 Haushaltungen, 9 Wittmänner und 7 Wittfrauen.

merken, daß diese Gemeinden vor der Hand weder mit Landau, noch mit Weissenburg könnten vereinigt werden, sondern nebst den anderen gleichgesinnten Dörfern einen eigenen Freiheitsbund abschließen müßten. Mit Jubel wurden die bezüglichen Zurüstungen getroffen. Schon am folgenden Morgen in aller Frühe fuhren aus den umliegenden Dörfern Wagen ab, um Freiheitsbäume im Walde zu holen. Laut schrie man hiebei: „Vive la nation!" und in der Stadt und auf dem Felde wurden vielfach die Gewehre abgefeuert. In Bergzabern rief die Trommel die Bürgerschaft zusammen, um zu berathen, wie der 6. November, an welchem die Landauer Abgeordneten zu erscheinen versprochen hatten, gefeiert werden sollte. Der dortige Oberamtsverweser Klick hatte sich bereits heimlich nach Zweibrücken entfernt. Der herzogliche Commissär Hoffmann, welchem er die einstweilige Leitung der Oberamtsgeschäfte vorsorglich übertragen hatte, bemühte sich, den Aufruhr zu dämpfen, was ihm jedoch nicht gelingen wollte. Um die drohende Gefahr nicht zu steigern, wagte er es nicht, bei der benachbarten französischen Regierung Beistand zu verlangen, wie es ihm befohlen war. Die Patrioten gaben vor, man habe den gerechten Beschwerden der Bürger früher nicht abgeholfen und waren besonders gegen den geflüchteten Oberamtsverweser, wie gegen den bisherigen Stadtrath sehr erbittert. Schon im Jahre 1789 hatten sie sich gegen denselben aufgelehnt und sind deßhalb bestraft worden. Sie drohten laut, den Regierungsrath Klick zu köpfen und den Regierungsrath Lerse — welcher Mitglied der oben bemeldeten Untersuchungskommission gewesen — zu hängen, wenn diese es wagen sollten, die Stadt zu betreten. Noch an demselben Tage waren zwei Bauern von Dierbach mit Aexten bewaffnet in die Stube des herzoglichen Keller's Hubmayer gedrungen, um sieben Gulden bezahlte Forstfrevelgelder zu erzwingen. [172])

Am 6. November erschienen die erbetenen Freiheitsprediger von Landau im Triumphzuge zu Bergzabern. Man hatte ihnen von hier nicht nur die mit sechs Pferden bespannten 2 Chaisen zugeschickt, sondern es ritten ihnen auch acht Bürger entgegen, um sie in die Stadt zu geleiten. Schon um 10 Uhr erwartete man ihre An-

---

[172]) Am 5. Nov. flüchteten sich auch die bedrohten Capuziner aus Bergzabern. Der junge Steigelmann am unteren Thore hatte dem fliehenden Superior zwei Pistolenschüsse auf den Rücken abgefeuert, die ihn jedoch nicht beschädigten.

kunft. Die ganze Bürgerschaft wurde, mit Flinten und Säbeln bewaffnet, am unteren Thore zum Empfange der republikanischen Gäste aufgestellt. An ihrer Spitze standen 20 Mädchen, geschmückt mit dreifarbigen Bändern und rothen Schürzen, im weißen Anzuge. Die Landauer ließen von 10 bis nach 1 Uhr auf ihre Ankunft warten. Endlich erschienen sie und zwar sechs Civilpersonen [173]) und sechs Offiziere vom Regimente Anjou. Die genannten Mädchen begrüßten die Ankommenden und überreichten ihnen Blumensträuße. Dann ordnete sich der Festzug durch die Mitte der in zwei Reihen aufgestellten Bürger. Dem Zuge voraus ritt der ledige Georg Pracht mit bloßem Degen. Dann kam der Schlosser Niesal mit der dreifarbigen Nationalfahne und der Metzger Pistor, welcher die blecherne, rothangestrichene Freiheitskappe auf einem kurzen Stabe trug. Diese beiden Festzeichen hatten die Landauer auf einem eigenen Wagen mitgebracht. Jetzt folgten sechs andere Patrioten, je zwei und zwei, mit blanken Säbeln. An diese schloßen sich der Nationaltambour und die genannten Abgeordneten von Landau an, welche die Strauß-Mädchen umgaben. Hierauf kamen die Musik, dann die aufgestellte Bürgerschaft je zwei Mann und endlich die ledigen Bursche und Buben mit und ohne Gewehr. So bewegte sich unter Spiel und Jubel der Zug durch die von den einheimischen und fremden Zuschauern reich belebten Straßen bis zum Rathhause. [174])

Hier wurde Halt gemacht. Die bewaffneten Bürger bildeten einen weiten Kreis. Man bedeutete ihnen, vorerst die Rüstung zu Hause abzulegen und dann auf dem Rathhause ohne Waffen wieder zu erscheinen. Es geschah. Auf dem Rathhause nahm der Landauer Bäcker Groß das Wort und erklärte: „Wie er und seine Begleiter nicht als Abgeordnete der französischen Nation, sondern als Freunde der Bergzaberer Bürger gekommen seyen, um ihnen nöthigenfalls mit Rath an die Hand zu gehen. Nur die Nationalconvention in

---

[173]) Diese waren: Chillet, Blechschmied als Deputirter der Munizipalität; Groß, Bäcker, die Krämer Groh und Sprenger und zwei Brüder Arensperger. — [174]) Der in Bergzabern stationirte herzogliche Capitän Keßler schrieb die Gefahr am 5. Nov. an den Obristlieutenant v. Persdorf in Zweibrücken mit dem Bemerken, daß auch seine Unteroffiziere und der Tambour zum Festzuge eingeladen seyen. Der Fähnrich Leslé meldete, daß er in Lebensgefahr schwebe und noch Hunger leiden müsse, da man seinen Sold nicht zahle. Reichsarchiv. Z. A. Nr. 2689.

Paris könne diese als französische Mitbürger aufnehmen. Sie müßten aber vorerst eine besondere Republik bilden, was in Vereinigung mit den gleichgesinnten, kurpfälzischen Dörfern der Nachbarschaft wohl geschehen könnte. Groß erklärte sich bereit, die beßfallsigen Wünsche der Bürgerschaft sogleich an die genannte Nationalconvention zu melden und bei derselben zu vermitteln. Es sei jedoch dieses Vorhaben ein wichtiger Schritt; die Bürger sollten ihn daher gebührend überlegen. Jetzt wolle man das Mittagessen nehmen und nach demselben darüber weiter berathen." 2c. 2c.

Nach genommenem Mittagsmahle kamen die meisten Bürger wieder auf dem Rathhause zusammen. Groß ergriff abermals das Wort und fragte: Ob man die Sache wohl überlegt, und welche Beschwerden die Bürgerschaft eigentlich gegen ihren Landesfürsten zu führen hätte? Der Stadtfähnrich Stein rief laut auf: „Wir haben keine Beschwerden!" Dagegen erhob sich der Schlosser Riesal und sprach: „Er habe schon im Jahre 1789 dreiundzwanzig Beschwerden vorgebracht, allein die Stadt habe nicht nur keine Gerechtigkeit erlangt, sondern sei überdieß noch mit Strafe belegt worden." Der größere Haufe stimmte ihm entschieden bei. Die gutgesinnten Bürger aber schwiegen. Etwa 70 von den Letzteren waren gar nicht erschienen. Der Landauer Sprecher [175]) bemerkte weiter: „Da der Landesherr seine Pflichten gegen die Bürgerschaft nicht erfüllt habe, so sei auch diese ihren Verpflichtungen gegen jenen enthoben." Er fordert sofort die Versammelten zum Eid für die französische Freiheit und Gleichheit auf. Sie leisteten diesen Eid und versprachen mit Gut und Blut für denselben einzustehen. Hierauf wurde die Wahl des Maire's, des Gemeindeprocurators und der Munizipalen vorgenommen und die Munizipalität errichtet, welche nicht nur die städtische Verwaltung, sondern auch die obrigkeitliche Gewalt nach den französischen Gesetzen zu führen hatte. Zum Zeichen der neuen Ordnung wurde ein mächtiger Freiheitsbaum unter Musik, Gesang und Tanz an demselben Abende errichtet und laut betheuert, eher sich und ihre Familien unter dem Schutte ihrer Häuser begraben zu lassen, als wieder in das alte Elend zurückzufallen, in welches sie ihre bisherigen Bedrücker gestürzt hatten. [176]) Die herzoglichen Wappen

---

[175]) Nach späterer Angabe soll er nicht Groß, sondern Treiber geheißen und sich jenen Namen angemaßt haben. — [176]) Die neuen Vorstände waren:

und Plakate an den Straßen wurden weggerissen. Auf dem Thurme
wehete die dreifarbige Fahne. Ohne die National-Cocarde durfte sich
jetzt Niemand mehr sehen lassen. An allen Ecken und Enden erscholl der Ruf: „Vive la nation!" Abends war Freudenball auf
dem Rathhause und die ganze Stadt beleuchtet. Der Vorreiter
Pracht soll an jenem Abende ein halbes Fuder Wein zum Besten
gegeben haben. Auch aus dem Spitalkeller wurde reichlich Wein
unter die Bürger vertheilt.

Nachmittags 3 Uhr desselben Tages war auf besonderen Befehl des Herzogs der Regierungsrath Colson von Zweibrücken nach
Bergzabern gekommen, um die unruhige Bürgerschaft daselbst zu
begütigen, ihre etwaigen Beschwerden zu untersuchen und beizulegen.
Er stieg in dem Fleckensteiner Gasthause in der Vorstadt ab und
sah und hörte bald den lärmenden Freiheitsschwindel in allen Straßen der Stadt. Die Städter und Dorfbewohner trugen die Nationalcocarden. Junge und Alte liefen mit Flinten umher. Viele
hundert Schüsse verknallten mit dem jubelnden Rufe: „Vive la
nation!" Nachdem Colson mit den wenigen, noch anwesenden Beamten und gutgesinnten Bürgern Rücksprache gepflogen, erkannte
er zu Genüge, daß das ausgebrochene Feuer durch gütliche Zu-
sprache um so weniger zu dämpfen sei, als die Rädelsführer auch
die umliegenden, herzoglichen Dörfer zu gleicher Auflehnung und
gemeinschaftlichem Handeln verleitet hatten. Die pflichttreuen Bürger,
welche mit Colson sprachen und ihn um Hilfe und Beistand in ihrer
Noth baten, glaubten, es dürften etwa noch 100 Andere auf ihrer
Seite seyn. Auch Landbewohner kamen zum genannten Regierungsrathe und flehten um Hilfe. Er versprach das Mögliche zu thun,
mahnte sie jedoch von allen Thätlichkeiten ab. Als am folgenden
Morgen Colson von Bergzabern abreisen wollte, läuteten die Aufrührer die Sturmglocke und wollten ihn und seine Pferde gewaltsam zurückhalten. Sie besannen sich aber bald wieder eines Besseren. Noch am Abende des 7. Novembers stattete Colson in Zweibrücken sein Gutachten dahin ab, daß mit etwa 350 Mann Sol-

---

Adam Mayer, Wirth zum türkischen Kaiser, Maire; Pauli, Amtschirurg,
Procurator; Conrad Rothhaas, Conrad Schmitthenner, Hertle, Adlerwirth;
Balthasar Koch, Moritz Färber, Niesal, Fuchs, Munizipalen. Später wurde
der Candidat Lorenz Procurator und Pauli Sekretär. — Vor dem Hause des
Maire's wurde ebenfalls ein Freiheitsbaum aufgepflanzt.

baten die Aufrührer in Bergzabern und in den umliegenden Dörfern wieder zur Ordnung zurückgebracht werden könnten. Er fügte aber bei: „Sollten jedoch die benachbarten Franzosen und Nationalgarden den Rebellen zu Hilfe kommen, so wäre nach vielem Blutvergießen nicht nur das Oberamt Bergzabern verloren, sondern dieses böse Beispiel würde das ganze Land in die nämliche Gefahr stürzen." [177])

An demselben Morgen, an welchem Colson Bergzabern verließ, rief man dort abermals mit Trommelschlag die Bürger auf den Marktplatz zusammen. Es war hier ein Gerüste aufgeschlagen, auf welchem die neugewählten Stadtvorstände und Munizipalen feierlich den Eid ablegten, nach bestem Wissen und Gewissen ihr Amt zu erfüllen. Am Nachmittage fand auch die Wahl der Notabeln statt. Schon am Vormittage waren die Landauer Clubisten auf die übrigen Dörfer des Amtes Barbelrodt abgereist, um auch dort die Freiheit zu verkündigen und beschwören zu lassen. Sie thaten dieß namentlich in Niederhorbach, Kapellen, Oberhausen und Winden, wohin sie von Männern und Frauen aus Bergzabern begleitet wurden. In Barbelrodt war schon einige Tage vorher die Munizipalität gewählt worden.

Bereits in der freudentrunkenen Nacht vom 6. November verbreitete sich wegen Anwesenheit Colson's in Bergzabern das Gerücht, es seyen herzogliche Truppen von Zweibrücken im Anzuge. Die Bergzaberer Freiheitsmänner sendeten alsbald einen reitenden Boten nach Weissenburg, um bei einem etwaigen Ueberfalle von dort Hilfe zu erhalten, die ihnen jedoch nicht versprochen wurde. Auch von Niederhorbach begehrten sie einen Zuzug von 50 Mann mit Waffen, den man freudig zusagte. Doch erst am 9. November wurde auf weiteren ausführlichen Bericht des herzoglichen Commissärs Hoffmann der Regierungsrath Colson vom Kammerrath Sturz begleitet, mit einem Commando von 300 Infanteristen, 20 Reitern und 12 Jägern unter dem Befehle des Hauptmannes v. Stähl von Zweibrücken nach Bergzabern abgeschickt, um dort und auf den übrigen aufrührerischen Dörfern des Oberamtes die Auflehnung und Unordnung zu unterdrücken. An demselben Tage hatte man dem fran-

[177]) Reichsarchiv. Z. A. Nr. 2689. Bereits am 6. Nov. 1792 hatte die Zweibrücker Regierung dem Amte Gräfenstein zu Rodalben den etwaigen Durchzug dieser Truppen angezeigt und um deren gute Aufnahme gebeten.

zösischen Gesandten Desportes zu Zweibrücken die Ursache und den
Zweck dieser Truppenabsendung eröffnet und namentlich ihm erklärt,
daß dieselbe keine feindliche Absicht gegen die Franzosen im Schilde führe
und man daher erwarte, daß sie auch von diesen nicht behindert
werde. Die Zweibrückener Regierung unterstellte, daß der genannte
Gesandte alsbald die französischen Commandanten zu Landau und
Weissenburg hierüber verständigen würde. Am 10. November gegen
Abend kamen die Zweibrückener Soldaten in Vorderweidenthal an.

Gerade an diesem Tage hatten sich die Bergzaberer Freiheitsmänner in einer höchst feurigen und hochtrabenden Vorstellung an
den Nationalconvent in Paris gewendet, mit der Erklärung, daß
die Stadt Bergzabern mit mehr als zehn anderen Dörfern plötzlich
die Fesseln der bisherigen Knechtschaft gebrochen, daß die unterzeichneten Munizipalen im Namen ihrer Wähler der französischen Nation für die den Völkern zubereiteten großen Wohlthaten der Erlösung von Sklavenketten den innigsten Dank abstatten und daß sie
die Vereinigung mit der neuen Republik wünschen und begehren. [178]
Da indeß der Commissär Hoffmann Nachricht gegeben hatte, daß
die Bergzaberer durch keine gütliche Vorstellungen und Ermahnungen zur Ordnung könnten zurückgebracht und die Stadt von keinen
französischen Truppen und von keinen aufrührerischen Leuten besetzt
sei, so bestimmte Colson, daß das Zweibrücker Militär in der Mitternachtsstunde von Vorderweidenthal in aller Stille aufbreche und
die aufrührerische Stadt überrumpele. Kurz vor diesem bestimmten
Aufbruche lief jedoch ein Schreiben des Commissärs Hoffmann im
Lager ein, welches meldete, daß die Bergzaberer sich in wehrhafte
Verfassung gesetzt, Vorposten ausgestellt und sowohl aus dem Amte
Barbelrodt als auch aus den benachbarten, französischen Dörfern
Bauern zur Unterstützung beigezogen hätten. Namentlich legte Hoffmann seinem Schreiben die Abschrift eines Briefes vom Weissenbur-
ger Maire Lentz an den Bergzaberer Maire Mayer bei, in welchem
Lentz diesem ein Bataillon französischer Soldaten mit dem Beisatze ver-
sprochen hatte, „dieselben werden beweisen, was freie Franken gegen
besoldete Tyrannenknechte vermögen." [179] Diese Nachricht gebot den

---

[178] Beilage 17. Reichsarchiv. 3. A. Nr. 902. Bereits am 18. Nov.
wurde der Druck dieser Adresse vom Convente beschlossen. — [179] Es war dieß
ein Bataillon Pariser Freiwilliger, welches eben am 10. Nov. in Weissenburg angekommen war, dort übernachtete und am 11. Nov. gegen 9 Uhr in

Zweibrücker Truppen Halt. Doch sendete Colson alsbald den Kammerrath Sturz nach Weissenburg, um sich des Näheren jener Meldung zu vergewissern. [180] Lentz widersprach nicht, einen Brief am vorigen Tage an Mayer geschrieben zu haben, äußerte sich aber, wie auch der Commandant zu Weissenburg, General Wimpfen, nur zweideutig dahin: „daß man zwar den Bergzaberern keine Truppen zur Hilfe schicken würde, daß man aber nicht hindern könnte, wenn Truppen und Bauern selbst zur Hilfe hineilten; daß man nur Güte und keine Strenge gebrauchen möchte und daß, wenn Bergzabern mit herzoglichen Soldaten besetzt werden wollte, dieß höchstens nur mit 50 bis 60 Mann geschehen dürfte." [181]

Noch vor der Rückkehr des Kammerrathes Sturz hatte Colson in Vorderweidenthal erfahren, daß die von den Bergzaberern am vorigen Tage herbeigezogenen, deutschen und französischen Bauern mit Schießgewehren, Aexten, Heugabeln und anderen Mordinstrumenten bewaffnet, am 11. November bis nach der Zeit des vormittägigen Gottesdienstes, welcher an diesem Sonntage gar nicht abgehalten werden konnte, dort verweilten. Auch hegte derselbe wenig Vertrauen auf die zweideutigen Versicherungen der Franzosen. Er hielt daher in jeder Beziehung für räthlich, anstatt mit seiner kleinen Mannschaft Gewalt zu gebrauchen, eine gütliche Aussöhnung zu Stande zu bringen. Colson hatte deßhalb schon am 10. November den Commissär Hoffmann beauftragt, den Vorständen und der ganzen Bürgerschaft zu Bergzabern unter der Hand erkennen zu geben, daß die herzogliche Truppensendung gen die Stadt, keinen andern Endzweck habe, als die unglücklicher Weise in ihren Meinungen getheilte Bürgerschaft wieder in Güte zu einigen; ferner diejenigen Bürger, welche auf eine noch weit unglückseligere und wegen der Folgen schreckbarere Weise von ihrer Pflicht gegen ihren rechtmäßigen Landes-

---

Bergzabern eintreffen sollte. Der Sattler Koch, welcher nach Weissenburg geritten war, die Hilfe zu begehren, kam am Abende mit Jubel zurück und hielt den Brief als Rettungsbotschaft mit bloßem Säbel in die Höhe. — [180] Am 10. Nov. hatte der Commissär Hoffmann dem Regierungsrath Colson den Plan eröffnet, wie Bergzabern dürfte am Leichtesten überrumpelt werden. Colson ließ aber den Bergzaberern durch Hoffmann noch an demselben Tage Verzeihung zusichern, die sie aber zurückwiesen und Hilfe bei den Franzosen in Weissenburg suchten. — [181] Der sogenannte Treiber von Landau und der ledige Georg Pracht waren bereits am 11. Nov. nach Straßburg abgegangen, um dort Hilfe zu erbitten, jedoch ohne Erfolg.

herrn, gewiß ohne alle gegründete Ursache abzuweichen, sich haben
verführen laſſen, eben wohl nur in Güte und nicht in Strenge
wieder zu ihrer vorigen Pflicht und Ordnung zurückzuführen. Dabei ward Hoffmann beauftragt, das Versprechen zu geben, daß der
Bürgerschaft alles bis jetzt Verschuldete nachgesehen und die etwaigen
Beschwerden auf der Stelle untersucht und abgethan werden sollten.
Deſſen ungeachtet lief die Anzeige ein, daß die Bürgerschaft noch
immer in innerer Spaltung sich ſelbſt zu drängen fortfahre, ja
sogar sich stärker bewaffne und ihrer eigenen Ruhe und Zufriedenheit
entgegen arbeite. Dieß bewog Colſon am 11. November an den
Vorstand und die Bürgerschaft von Bergzabern die schriftliche Aufforderung zu richten, alle bisherige, gütliche Zuſprüche noch einmal wohl zu erwägen und zu ihrem Besten zu benützen. Dem
fügte er die weitere Mahnung bei, daß wenn die Bürger noch einiges Bedenken hegen und nähere Aufſchlüſſe wünschen sollten, ſie
Abgeordnete an ihn, den herzoglichen Bevollmächtigten, zur näheren
Bescheidung absenden möchten. Eine gleiche schriftliche Mahnung
und Aufforderung richtete Colſon am folgenden Tage an die Vorstände und Bürgerschaft der ſämmtlichen Gemeinden des Amts
Barbelrodt. [182]) Die Bergzaberer Aufrührer antworteten jedoch,
daß sie ohne Einvernehmen der verbündeten Landgemeinden keine
weitere Schritte in der Sache thun könnten. Die Vorstände der
Landgemeinden, welche eben in Bergzabern weilten, erwiederten aber,
vorderſamſt ihre Mitbürger hierüber vernehmen zu müſſen. Man
suchte sohin nur Zeit zu gewinnen, um indeß die Einverleibung
mit Frankreich zu erwirken.

Die letztbemeldete Aufforderung war noch nicht an die Gemeinden des Amtes Barbelrodt abgesendet, als der Schultheiß Theobald von Ilbesheim mit dem herzoglichen Kiefer daselbst, in Vorderweidenthal eintraf, um Rath und Hilfe gegen die Aufständischen in
Ilbesheim zu erbitten. Der Schultheiß schilderte die aufrührischen
Vorfälle in seiner Gemeinde äußerst bedenklich und erklärte, daß, wenn
nicht sogleich eingeschritten werde, das ganze Amt Neukastel sich im
Freiheitsschwindel erheben dürfte. Colſon glaubte, daß hier ohne
Verzug müſſe eingeschritten und die etwaige Gesinnung der Fran-

---

[182]) Dazu gehörten außer Barbelrodt die Dörfer: Kapellen mit Drußweiler, Niederhorbach, Mühlhofen, Winden, Hergersweiler, Dierbach und
Oberhausen.

zosen bezüglich ihrer Unterstützung der Aufrührer füglich könne ge-
prüft werden. Sohin forderte derselbe durch eine Zuschrift vom
10. November die Ilbesheimer Tumultuanten mit Zusicherung vollständiger Vergebung ihrer Frevel zur Unterwerfung innerhalb 24
Stunden auf, weil sonst gegen ihr Treiben mit bewaffneter Macht
müßte eingeschritten werden. Statt zum Gehorsame zurückzukehren,
riefen die Ilbesheimer französisches Militär aus Landau zu Hilfe,
welches die bereits eingeleitete herzogliche Untersuchung unterbrach
und die von Vorderweidenthal dahin gezogenen Soldaten zum Abzuge nöthigte, wie wir bald näher hören werden.

Nach diesem Vorgange war wohl am 14. und 15. November [188])
an eine militärische Ueberrumpelung der Stadt Bergzabern um so
weniger zu denken, als seit dem 14. November die Republikaner
sich mit den Bewohnern jener Stadt vereinigten und aus jeder ver-
brüderten Gemeinde des Elsaßes Abgeordnete in Bergzabern eintrafen.
Der Regierungsrath Colson war daher der Ansicht, daß die wenigen, ihm zu Gebote stehenden Truppen auf schickliche Weise sich zurückziehen müßten, um nicht mit den französischen Bauern und Soldaten in Kampf zu gerathen und hieburch das Unheil des Landes
zu vergrößern.

Indeß hatte der Herzog auf dem Karlsberge noch immer gewünscht, seine Unterthanen in Bergzabern mit Güte wieder zu gewinnen. Auch Colson hatte in einem Berichte vom 12. November
dem Herzoge zur Güte gerathen, da mit Gewalt unter den geschilderten Verhältnissen nichts auszurichten sei. An demselben Tage be-
nachrichtigte er auch den Herzog, daß auf dem Karlsberge ein Complott
bestehen sollte, dem zu Folge 200 Mann der dortigen Garnison
ausreißen und sich den Republikanern anschließen wollten. Um die
Güte zu erschöpfen, hatte der Herzog den geheimen Staatsrath
v. Pfeffel am 13. November mit einem äußerst versöhnlichen und
milden Gnadenbriefe abgeschickt, worin seine Unterthanen zur Rückkehr vom verderblichen Wege des Aufruhrs ermahnt und bei dieser

---

[188]) Noch am 12. Nov. ward Colson vom Minister v. Esebeck angewiesen,
vor Allem die Stadt Bergzabern zu Paaren zu treiben und ihm hiezu nöthigenfalls ein neuer Zuzug von Soldaten mit Kanonen angeboten. Als Haupt-
spione der Franzosen in Bergzabern galten der Oberamts-Accessist Christian
Heinrich Zink und dessen Vater.

Rückkehr allen volle Verzeihung angekündigt wurde. [184]) Dieser Gnadenbrief wurde mit angemessener Weisung dem Commissär Hoff= mann in Bergzabern zugestellt, um hievon schicklichen Gebrauch zu machen. Hoffmann begab sich damit am 14. November auf das Stadthaus, wo eben die Munizipalität mit vielen Bürgern versam= melt war. Er machte diesen noch größere Versprechungen, als in seiner Befugniß lag. Allein es war zu spät, die Aufrührer mit Güte zu gewinnen. Die Bergzaberer waren bereits mit den Franzosen zu enge verbunden und des Beistandes derselben versichert. Schon am vorhergehenden Tage hatten sämmtliche Bürger bis auf 14 derselben sich schriftlich verbunden, für die Freiheit und Gleichheit zu leben und zu sterben. Ihre Verbitterung und frevelhaften Pläne gingen so weit, daß sie bereits berathschlagten, die herzoglichen Truppen in Vorderweidenthal selbst mit Beihilfe der Franzosen zu überfallen und aufzuheben. [185]) Diese Nachricht und die Vorfälle in Ilbes= heim veranlaßten den Regierungsrath Colson, mit seiner militärischen Begleitung in aller Stille von Weidenthal aufzubrechen, und in Zweibrücken seine mißlungene Sendung und die gefährliche Lage des Oberamtes Bergzabern zu schildern. [186]) Er bemerkte hiebei ausdrücklich, die französischen Commandanten geben sich den Schein, sich nicht einmischen zu wollen, wenn die deutschen Fürsten ihre un= ruhigen Unterthanen zurechtweisen, während sie offen eingestehen,

---

[184]) Beilage 18 Reichsarchiv. Z. A. Nr. 902. — [185]) Die Bürger= schaft war damals Willens, die Ursache ihres Abfalls im Drucke zu veröffent= lichen, wobei — wie Commissär Hoffmann berichtete — einige Herren garstig mitgenommen werden sollten. Wegen des Gnadenbriefes erhielt Hoffmann am 23. Nov. den fürstlichen Bescheid: „Da man ersehen, wie diese ungetreuen Unterthanen, statt ihre begangenen, schweren Vergehen und Verletzung ihrer theuren Verpflichtungen gegen ihren gütigen Landesfürsten zu bereuen, in ihrem vor Gott pflichtwidrigen Benehmen nicht nur fortfahren, sondern vielmehr sich immer mehr zu unverantwortlichen Exzessen verleiten lassen und sohin dermalen eine freiwillige Rückkehr nicht zu erwarten steht: so sei der ausge= fertigte Gnadenbrief vorbersamst wieder zurückzuziehen." ꝛc. — [186]) Noch an demselben 14. Nov. schrieb Colson aus Vorderweidenthal nach Zweibrücken, „daß man jetzt bei den trotzigen Aufrührern kein Gehör finde und daß, um Kosten zu ersparen und neuen Verlegenheiten mit den Franzosen vorzubengen, die Soldaten dorthin zurückzuziehen seyen." Da während dieses Tages die Nachrichten von Bergzabern sich noch verschlimmerten und selbst ein gewalt= samer Ueberfall zu befürchten war, so zogen die Soldaten am andern Mor= gen in aller Frühe über Münchweiler nach Zweibrücken zurück.

daß sie ihre Soldaten, wenn sie jenen Unterthanen beispringen, nicht abzuhalten vermöchten. Dabei ward aber Alles aufgeboten, die französischen Grundsätze der Freiheit und Gleichheit zu verbreiten. Huldigte aber nur ein halbes Dutzend Bewohner eines Dorfes jenen Grundsätzen und es setzte sich mit den Republikanern in Verbindung, so erklärten diese, solche gesinnungstüchtige Bürger nicht ohne Hilfe und Schutz lassen zu dürfen. [187])

Mittlerweile steigerte sich der Freiheitsschwindel in Bergzabern immer höher. Die Munizipalität drohte mit schwerer Strafe, wenn sich Jemand ohne dreifarbige Cocarde würde sehen lassen. So mußten sich selbst die treugesinnten Geistlichen und herrschaftlichen Diener hiezu bequemen, die jedoch deßhalb bei der Zweibrücker Regierung um Entschuldigung gebeten hatten. Am Mittwoche den 14. November kamen etwa 20 von den eben in Weissenburg versammelten Wahlmännern nach Bergzabern zum Besuche der dortigen Patrioten, welche ein gemeinschaftliches Mittagsmahl veranstalteten. Dabei waren auch der Maire Lentz und der constitutionelle Bischof Brendel. [188]) Beide hielten auf dem Rathhause Ansprachen und versicherten der freigesinnten Bürgerschaft französische Hilfe und Unterstützung. Später drangen sie mit ihrer Soldaten-Begleitung, worunter auch herzogliche Ausreißer waren, in das dortige Schloß, schlugen die herzoglichen Wappen herunter, tanzten um die Freiheitskappe, nöthigten Einzelne mit Gewalt wie sie zu rufen: „Vive la nation!" und machten einen solchen Lärm im Schloßhofe, daß der dort wohnende, herzogliche Commissär Hoffmann alles Unglück für seine geängstigte, schwangere Gattin zu fürchten hatte. Die französischen Chasseure erlaubten sich, neuerschienene Gesetze anzuschlagen, darunter jenes über die Ehescheidung, wovon auch bald eine Ehehälfte in Bergzabern Gebrauch zu machen suchte. [189]) Zwei Tage später

[187]) Colson's Bericht vom 18. Nov. 1792. Reichsarchiv. J. A. — [188]) Brendel soll sich in Bergzabern auf der öffentlichen Straße ausgesprochen haben, daß man Allen, welche keine Cocarden trügen, den Hut vom Kopf schlagen, jenen zerreißen und dafür ihnen eine rothe Kappe aufsetzen sollte. Bericht Hoffmann's aus Bergzabern vom 19. Nov. 1792. Reichsarchiv. J. A. Nr. 2669. — [189]) Bericht des Commissärs Hoffmann aus Bergzabern vom 14. Nov. 1792. Reichsarchiv. J. A. Nr. 2669. — Diese Auftritte und die Anwesenheit Brendel's bestätiget auch ein Bericht des Amtmannes Rutschmann aus Kobalben vom 17. Nov. 1792. Karlsr. Archiv. G. A.

wurde in Bergzabern auch eine Nationalgarde errichtet. Jeder
waffenfähige Einwohner vom 16ten bis 60sten Lebensjahre mußte sich
hiezu einschreiben. Zugleich wurden drei Compagnien — nämlich
Grenadiere, Jäger und Musketiere — jede zu 50 Mann gebildet
und zu Offizieren größtentheils ledige Bursche gewählt. Die Gewehre und Grenadier-Mützen kaufte die Stadtkasse. Auch auf den
empörten Dörfern wurden Nationalgarden aufgezeichnet und bewaffnet. Dieser militärische Schwindelgeist ward um so mehr
entflammt, als fast täglich französische Truppen aus dem Elsaße und
Inneren Frankreichs am Gebirge herab gen Mainz zogen, und
andererseits die Aufständischen noch nicht von der Furcht eines Ueberfalls von Seiten der herzoglichen Soldaten befreit waren. So hatte
sich in der Nacht vom 17. auf den 18. November abermals das
Gerücht, das Zweibrücker-Commando in Vorderweidenthal sei im
Anzuge, in Bergzabern verbreitet. Alsbald wurde die Sturmglocke
geläutet. Die Bürgerschaft griff zu den Waffen und andern Kampf-
geräthschaften. Man schickte Boten nach Weissenburg und in die
umliegenden Dörfer, um Hilfe zu erlangen. Alles war zur Abwehr des Ueberfalls muthig und schnell bereit. Doch es zeigten sich
keine herzogliche Stürmer.

Am 17. November wurde in Bergzabern auch eine Gesellschaft
der Constitutionsfreunde feierlich eröffnet. Ein Jakobiner von Straßburg, der stets mit einer rothen Freiheitskappe in Bergzabern ein-
herstolzirte, gründete diesen Club und setzte ihn mit jenem in Straßburg in Verbindung. Bei der Eröffnungsrede suchte er alle Liebe
und Anhänglichkeit an den Herzog von Zweibrücken durch Schimpfen und Schelten noch mehr zu vertilgen. [190]) Ein und dreißig
Bergzaberer Mädchen streueten hiebei den Freiheitshelden Blumen.

[190]) In einer damals ebenfalls gehaltenen Freiheitsrede, welche vor uns
liegt, heißt es: „Wir haben zwar der allgemeinen Sage nach einen gnätigen
Landesvater, aber wer wagte es vor ihn zu kommen, oder wer dürfte es
wagen, Ihm seine Noth und Anliegen zu beklagen? Die Furcht vor Stockschlägen, Gefängniß und sonstiger Mißhandlung hielten den größten Theil der
Bürger und Unterthanen hievon ab, um so mehr, da bekannt war, daß ein
Jagdhund oder sonstiges unvernünftiges Thier eher Gnade fand, oder mehr
galt, als ein Bürger oder Unterthan. Der Weg an die Regierung war allerdings versperrt; es wurde durch die Schelle publizirt: Niemand soll an die
Regierung ohne einen Bericht vom Oberamte einkommen." ꝛc. ꝛc. — Auch die
mehrjährigen Schubkarren-Strafen waren ein großer Stein des Anstoßes.

In einer eigens gedruckten Zuschrift beschworen sie die Mitglieder der Gesellschaft, dem geleisteten Eide der Gleichheit und Freiheit mit Kraft und Muth bis in den Tod treulich nachzukommen. Dieser Zuschrift fügten sie die mehr als kühne Drohung bei: „Ihr werdet vergeblich eine Gattin unter uns suchen, wenn ihr nicht eurem Eide getreu die Freiheit behauptet." ꝛc. ꝛc. [191] Schon damals stellte man den Antrag, die Sitzungen dieser Gesellschaft im großen Saale des herzoglichen Schlosses abzuhalten, was jedoch nicht zur Ausführung kam. Auf Andringen der Clubisten wurde jetzt auch, zum Denkzeichen der neu errungenen Freiheit, der Galgen bei Bergzabern niedergerissen, die einzelnen Balken desselben auf den Marktplatz der Stadt gebracht und dort sammt den alten Foltergeräthschaften und der Leiter des Nachrichters unter Jubel den Flammen preisgegeben. Bei dieser erheblichen Festlichkeit wurde auch die neuerrichtete Nationalgarde aufgestellt und gemustert. [192]

Fortwährend hielten sich in Bergzabern und auf den umliegenden Dörfern Abgesandte der Jakobiner auf, welche den Geist des Aufruhrs namentlich dadurch zu schüren und zu vermehren suchten, daß sie den Bürgern die alsbaldige Vertheilung der herrschaftlichen und geistlichen Güter in Aussicht stellten. Die errichteten Munizipalitäten erlaubten sich bereits alle Eingriffe in die landesfürstlichen Gerechtsame, Zuständigkeiten und Gefälle. Sie drangen jetzt darauf, daß sowohl die Geistlichen als die herzoglichen Unterbeamten, welche in ihrem Dienste unangefochten bleiben wollten, der Freiheit zuschwören mußten. Schon unter dem 6. November 1792 hatte sich das reformirte Consistorium in Zweibrücken deßhalb an den Her=

---

[191] Beilage 19. Bericht des Commissärs Hoffmann aus Bergzabern vom 19. Nov. 1792. Reichsarchiv. 3. A. Nr. 2689. Am 16. Dez. errichteten die Jakobiner von Weissenburg auch einen Club in Mühlhofen. — [192] In der folgenden Nacht wurden dem Stadtschultheißen Lorch und dem Zinsschreiber Zinngraf die Läden und Fenster unter fürchterlichem Ungestüme eingeschlagen. — Am 21. Nov. 1792 kamen vier Mitglieder der Gesellschaft der Constitutionsfreunde zum herzoglichen Schloßkeller Hubmayer und verlangten die Schlüssel der hinteren Fallbrücke und zur hinteren Thüre des Marstalls am Schlosse. Bei dem Schlosse wurde eine Wache aufgestellt, um den genannten Beamten vor Injurien der Forstfrevler, welche die Strafgelder zurückverlangten und mit ihren Aexten drohten, zu sichern. Auch die Bauern, welche an den Herzog Pferde verkauft und noch keine Bezahlung erhalten hatten, verlangten unter Drohungen ihr Geld.

zog gewendet. „Unseres Bedenkens nach — erklärte dasselbe —
wird man nicht gegen den Strom schwimmen können und es wird
besser seyn, die Pfarrer und Schuldiener, unter Berufung auf die
dem Hause Zweibrücken geleisteten, heiligen Pflichten und daß sie
denselben nach Möglichkeit gemäß leben wollten, der Nation, oder
vielmehr dem revolvirenden Volke schwören zu lassen, als ansehen
und leiden zu müssen, daß solche von Haus und Hof gejagt und
dem aerario principis zu Last fallen werden." 2c. [192]) Erst auf
wiederholtes Ansuchen erfolgte hierüber am 3. des folgenden Monats der herzogliche Bescheid, „daß bei solchen Umständen nichts übrig
bleibe, als, im Falle darauf hartnäckig bestanden werde und keine
Vorstellungen mehr Platz greifen wollen, hierunter nachzugeben und
die Ablegung dieses Eides, mit Vorbehalt jedoch der dem Herzoge
geleisteten Dienstpflichten, zu gestatten." 2c. Die Pfarrer suchten
sich jedoch größtentheils diesem Eide mit dem Vorgeben zu entziehen,
daß die Einverleibung der einzelnen Gemeinden mit Frankreich noch
nicht wirklich stattgefunden habe. Ein ähnlicher herzoglicher Bescheid wurde am 8. Dezember sowohl dem reformirten als lutherischen Oberconsistorium bezüglich des Tragens der dreifarbigen Cocarden gegeben. [194])

Am 14. Dezember wendete sich die Bergzaberer Municipalität
abermals in einer dringenden Vorstellung an den Pariser Nationalconvent, damit die Einverleibung der bereits der Freiheit zugeschwor-
nen Gemeinden mit Frankreich möchte beschleuniget und diese der
Distriktsverwaltung zu Weissenburg möchten unterstellt werden. Man
wollte anfänglich eigene Abgeordnete in die französische Hauptstadt
schicken, scheute jedoch die Kosten und überließ es dem Volksvertreter Rühl, diese Angelegenheit zu beschleunigen. [195]) Als daher

---

[192]) Unterzeichnet sind: Sturtz, Richter, Hepp, Faber und Wernher.
Reichsarchiv a. a. O. — [194]) Noch am 17. Jan. 1793 gaben die Pfarrer
Reichard, Wecker, Schmelzer, Hepp und Hänchen zu Bergzabern gegen den
geforderten Eid eine ausführliche, schriftliche Erklärung an die dortige
Munizipalität ab. Ebendaselbst. — [195]) Bericht des Commissärs Hoffmann
vom 17. Dez. 1792. Am 10. Dez. hatte Hoffmann an die Regierung geschrieben: „Schon zeigten sich i.e. Bergzabern die bösen Früchte der Unordnung. Manche früher untadelhafte Bürger verlegen sich stark auf's Trinken,
was immer stärker wird. Die Bäcker backen ihre Waare nach Belieben,
schwer oder leicht. Die Metzger gehen zurück, weil die Juden frei schlachten
dürfen Die Waldfrevler werden nur zur Hälfte bestraft." 2c. 2c. In der

nach wenigen Tagen die Clubisten von Weissenburg, an ihrer Spitze die Mitglieder des dortigen Distriktsrathes, Uhrmacher Sehler und der geschworne Pfarrer Eisinger von Sulz, — in den umher liegenden kurpfälzischen Dörfern den Freiheitseid feierlich abnahmen, so ermahnten sie die Geschwornen, sich an Bergzabern fest anzuschließen, dasselbe als die Mutterstadt ihres neuen Freiheitsstaates zu betrachten. Den Endzweck dieses Umzuges erleichterte und begünstigte besonders der Beschluß des Pariser Nationalconvents vom 15. Dezember, welcher nunmehr in allen diesen Gemeinden verkündigt und von den Freiheitsmännern mit Jubel begrüßt wurde. [196])

Den Jahreswechsel benützten die Bergzaberer Freiheitsmänner, die dortige Nationalgarde zum Schutze des neuen Freiheitsstaates neu zu ordnen und durch ein besonderes Fest mit der Nationalgarde von Weissenburg zu verbrüdern. Die Füsilier-Compagnie löste sich auf, um die beiden anderen der Grenadiere und Jäger zu vermehren. Michael Schweitzer ward zum Commandanten der ge-

---

Nacht vom 13. auf den 14. Dez. wurden dem Stadtschultheißen Lorch und Rathsverwandten Zinngraf abermals die Läden und Fenster eingeschlagen und dem Ersteren bedeutet, wenn er seinen Kramladen beibehalten und solchen Verfolgungen entgehen wollte, er den verweigerten Eid leisten müßte. Schlosser Miesal herrschte in städtischen Angelegenheiten fast nach Willkühr. So errichtete er eine eigene Schule, die er dem Candidaten Eisenmenger übertrug. rc. rc. — An demselben 10. Dez. kamen 30 Fuhren, welche die Franzosen aus dem Oberamte Bergzabern mitgenommen hatten und die bei Höchst in die Hände der Verbündeten gefallen waren, wieder zurück. — [197]) Am 20. Dez. 1792 stellte Graf Carl v. Leiningen, im herzoglichen Dienste zu Bergzabern, die Anfrage: ob er sich dort von den Insurgenten beeidigen lassen dürfte? Er erhielt den Bescheid, bei dieser Gelegenheit sich von dort zu entfernen. Reichsarchiv. B. A. Nr. 902. Der Freiheitssinn der Municipalität ging bald in Bergzabern so weit, daß der Freiheit und Gleichheit wegen die Gitter an den Stühlen und an der Orgel der reformirten Kirche gewaltsam unter Aufstellung der Nationalgarden entfernt wurden. Am 15. Jan. 1793 hatte der Hauptmann Pracht mit einigen Offizieren den Inspektor Reichard hiezu in Güte aufgefordert. Als sie keine Zusage erhielten, rückten sie mit den beiden Compagnien Nationalgarden vor die Kirche. Die Gewehre wurden geladen, ein Kreis um das Gotteshaus geschlossen, die Thüre desselben von einem Schlosser erbrochen, die fragliche Gitter von einem Schreiner abgerissen und entfernt. Starke Patrouillen zogen hierbei durch die Straßen der Stadt, weil man sich vor der lutherischen Gemeinde fürchtete, die jedoch auf Anrathen ihrer Geistlichen gar keine Bewegung machte." Bericht des Commissärs Hoffmann vom 17. Jan. 1793.

sammten Mannschaft, Georg Pracht zum Hauptmanne der Grenadiere und Johann Lorch zum Hauptmanne der Jäger gewählt und
der versammelten Bürgerschaft auf dem Marktplatze vom Maire
Mayer in Amtstracht vorgestellt. Als Bestimmung dieser Garde
ward nicht der Feldbienst gegen äußere Feinde, sondern der Schutz
zum Vollzuge der neuen Gesetze erklärt. Auf den Neujahrstag
selbst wurden 100 Grenadiere von Weissenburg sammt ihren Offizieren und die Distrikts- und Munizipalitäts-Räthe zur Verbrüderung eingeladen und für deren festlichen Empfang, Bewirthung und
Unterhaltung auf Kosten der Stadt die nöthigen Anordnungen getroffen. Morgens 7 Uhr rückten die Bergzaberer aus, um die
Weissenburger holden Gäste in Empfang zu nehmen. Diese kamen im
Festzuge heran. Der damalige Tribunalrichter zu Weissenburg, der
schon genannte Bürger Treiber aus Landau, den auch der Färber
und Friedensrichter Hofmann und viele andere Clubisten begleiteten,
hielt eine Ansprache an die unter Gewehre aufgestellten Bergzaberer
Nationalgarde. Er erläuterte ihnen ihre Pflichten und beeidigte die
Offiziere, welche dann die Beeidigung der übrigen Mannschaft vornahmen. Nachdem dieses geschehen, bewegte sich der ganze Zug mit
Musik durch die Straßen der Stadt, und vertheilte sich unter schal-
lendem Rufe: „Vive la nation!" in die verschiedenen Gasthöfe, wo
das Brudermahl bereitet und in Fröhlichkeit genossen ward. Gegen
ein Uhr Nachmittags zogen die Weissenburger wieder heim, während
die Bergzaberer die Nacht hindurch auf dem Rathhause und in
den Gasthöfen bei Spiel und Tanz zechten, lärmten und Freiheitslieder sangen. [107])

Am 22. Januar kamen die Munizipalitäten der herzoglichen
und kurpfälzischen, aufständischen Dörfer in Bergzabern zusammen,
um über den von ihnen zu bildenden Freistaat das Nähere zu berathen. [108]) Nur die Gemeinden Niederhorbach und Winden schlos-

---

[107]) Commissär Hoffmann, der dieses berichtet, bemerkt hiebei: „Die Wirthe
tragen überall zur Fortpflanzung des Freiheitsschwindels viel bei. Sie zahlen
kein Ohmgeld mehr und lassen sich den Wein doch noch eben so theuer bezahlen; auch nimmt mit der Freiheit der Durst immer mehr zu." — Am
25. Jan. 1793 wurde der Marstall, die Remisen und sämmtliche Keller im
Bergzaberer Schlosse mit französischer Cavallerie belegt. Der herzogliche Keller-
hubmayer hatte die Weisung, dagegen Einsprache zu erheben, welche jedoch
nicht beachtet wurde. — [108]) Bereits am 7. Jan. 1793 hatte die Mehrheit

ſen ſich aus, um ſelbſtſtändig zu verbleiben. Jene wählten einen
Präſidenten und ſetzten feſt, immer am erſten Sonntage des Monats
(abwechſelnd zu Bergzabern, zu Billigheim und zu Klingenmünſter)
eine Verſammlung abzuhalten, um die gemeinſchaftlichen Angelegenheiten zu erledigen, bis die wirkliche Einverleibung mit Frankreich erfolgen werde. [199] Als am 5. Februar 1793 der Volksvertreter
Georg Fried. Denzel, lutheriſcher Pfarrer in Landau, [200] mit Cou-
tourier von Paris nach Landau kam, wurde er am folgenden Tage
von Abgeſandten der aufrühreriſchen Dörfer begrüßt und wegen
Neugeſtaltung des Bergzaberer Freiheitsſtaates berathen. Es ward
dieſem Volksvertreter einige Tage ſpäter, als man ihm zu Ehre
große Feſtlichkeiten mit glänzendem Balle in Weiſſenburg bereitet
hatte, vom Maire Mayer und dem Commandanten der Nationalgarde zu Bergzabern dort abermals eine Adreſſe an den Nationalconvent überreicht, mit der dringenden Bitte, die gewünſchte Einverleibung zu beſchleunigen. Beim Beginne des folgenden Monats
beriefen die Munizipalitäten jeden einzelnen Einwohner der auf-
ſtändiſchen Gemeinde, um in vorgelegten, gedruckten Protokollen
ſeine deßfallſige Erklärung ſchriftlich abzugeben. [201] Hierauf erſt

---

derſelben den Beſchluß gefaßt, keine Abgaben mehr an die dortige Kirchen-
ſchaffnerei zu entrichten, ſondern ihre Kirchen- und Schulbiener ſelbſt zu unterhalten. Fortan verkündete der Maire an jedem Sonntage die neuerlaſſenen
Geſetze und ſuchte ſie auch zu erklären. — [199] Laut Berichtes des Commiſſärs
Hoffmann vom 28. Jan. 1793 hatte ſich dieſe Verſammlung auf Antrag des
Schloſſers Nießal den Namen „Schweizeriſcher Landtag“ beigelegt. Reichs-
archiv. Z. A. — [200] Geſch. der Stadt Landau von Birnbaum. 2. Aufl.
S. 351. — [201] Dieſe Erklärung lautete wörtlich: „daß die Unterzeichneten
ihrem bisherigen Landesherrn und deſſen Blutſaugern abſchwören und um die
Einverleibung in die fränkiſche Republik bitten.“ Laut Berichtes des Bergzaberer Amtmannes Sprenger vom 8. März 1793 verlangte die dortige
Munizipalität am 5. März von ihm, wie von allen herzoglichen Dienern, dieſe
Erklärung, welche auch die meiſten, wie der Amtsſchreiber Kempf, der Hauptmann Keßler, der Kirchenſchaffner Hahn ꝛc. abgaben. Am 23. März wurde
dem genannten Amtmanne bedeutet, daß er als eidſcheuer Beamter innerhalb
2 Tage abziehen müßte. Er ſuchte ſich eine Wohnung zu Annweiler, wurde
aber, als er am 25. d. M. nach Bergzabern zurückkehrte, um ſeine Fahrniß und
Frau dort abzuholen, auf das Scheußlichſte von dem Maire Mayer und dem
Weiſſenburger Clubiſten Eiſinger verhöhnt, geängſtiget und verfolgt. Sprenger
war vom Herzoge ſeines Amtes enthoben, verlangte aber ſpäter ſeine Wieder-
anſtellung. Reichsarchiv. Z. A. Nr. 2689.

erfolgten am 14. und 15. deßfelben die Beschlüße des Parifer Na=
tionalconvents, durch welche die 32 aufständischen Gemeinden an
und oberhalb der Queich mit der französischen Republik vereinigt
wurden. Sie bildeten den fünften Distrikt des niederrheinischen
Departements mit der Distriktsstadt Landau. Die Commissäre des
Nationalconvents in den Departementen der Meurthe, der Mosel
und des Niederrheins wurden durch das bemeldete Dekret beauf=
tragt, die Gesetze der Republik in diesen Dörfern einzuführen, zu
vollziehen und zu deren bestimmten Organisation die nöthigen Vor=
schläge einzubringen. Am Sonntage den 25. März wurde das
fragliche Dekret in den betreffenden Gemeinden bekannt gemacht mit
der weiteren Verfügung, daß nunmehr jeder Einwohner dieser Ge=
meinden innerhalb 48 Stunden den französischen Bürgereid schwören,
oder das Land räumen müßte. Diese Verfügung wurde in man=
chen Gemeinden mit Ungestümigkeit ausgeführt. Wegen des bald
erfolgten Einrückens der verbündeten Truppen blieb die weitere Or=
ganisation dieses neuen Distrikts bis zum Jahre 1795 ausgesetzt. [201])

[201]) Collection complète des Lois etc. par J. B. Duvergier. Paris, 1825.
tome V. p. 246. In der Ueberschrift des Dekrets ist von 32 Gemeinden die
Rede, in Wirklichkeit aber werden nur 31 aufgeführt, wahrscheinlich weil
Drußweiler mit Kapellen nur eine Gemeinde bildete. Von diesen Gemeinden
gehörten zwölf zum Oberamte Bergzabern, nämlich: 1. Bergzabern; 2. Bar=
belrobt; 3. Dierbach; 4. Drußweiler mit Kapellen; 5. Jlbesheim; 6. Her=
gersweiler; 7. Kapellen mit Drußweiler; 8. Mühlhofen; 9. Niederhorbach;
10. Oberhausen; 11. Bolmersweiler; 12. Winden. Fünfzehn Gemeinden
zählten zum kurpfälzischen Oberamte Germersheim, nämlich: 1. Appenhofen;
2. Billigheim; 3. Erlenbach; 4. Gleishorbach; 5. Gleiszellen; 6. Heuchelheim;
7. Klingen; 8. Klingenmünster; 9. Mörzheim; 10. Oberhochstadt; 11. Ober=
hofen; 12. Pleisweiler; 13. Rohrbach; 14. Steinweiler und 15. Wollmes=
heim. Drei gehörten zur Herrschaft Degenfeld, nämlich Altdorf, Freisbach
und Gommersheim; Niederhochstadt gehörte dem Johanniter-Orden; Eßlingen
dem Herrn v. Dalberg. Das unter dem Namen Bolsfisheim aufgeführte
Dorf halten wir für Bolmersweiler. Dabei fehlt Ingenheim, welches dem
Freiherrn v. Gemmingen gehörte und zu den aufständischen zählten. Auch
noch mehrere andere Ortsnamen sind fehlerhaft bezeichnet — Der kurpfäl=
zische Keller Frey zu Birkenhördt, welcher bisher bei seinem Schwiegervater,
dem Hofgerichtsrathe Orsolini, in Pleisweiler wohnte, wurde ebenfalls von
dem dortigen Maire, Adam Jung, von jener Verfügung in Kenntniß gesetzt.
Auch der genannte Hofgerichtsrath wurde am 26. März von Jung schriftlich
aufgefordert, den französischen Bürgereid zu leisten, oder sich als schutzlos zu
betrachten. Orsolini flüchtete sich nach Offenbach. Um diesem Eide zu ent=

§. 3. Aufſtände zu Mühlhofen, zu Ilbesheim und in der Voglei Wegelnburg.

Noch ehevor der Aufſtand in der Oberamtsſtadt Bergzabern ſich öffentlich kund gab, war derſelbe ſchon in dem zweibrückiſchen

gehen, entſchloß ſich Frey, nach Birkenhördt überzuſiedeln. Dort fand er aber am 26. März bereits alle kurpfälziſche Zollſtöcke und Plakate abgeriſſen und weggeſchleppt. Der Maire Mayer von Bergzabern und deſſen Sohn, der unter die franzöſiſchen Truppen eingereiht war, hatten mit zwei Dragonern und einigen Rekruten dieſen Unfug ausgeübt. Frey ging nach Pleisweiler zurück, um auch ſeine Habſeligkeiten nach Birkenhördt zu ſchaffen. Die Fuhren nahmen ihren Weg über Bergzabern. Allein dort wurden ſie vom Maire arretirt und ihre Fracht an dem Rathhauſe abgeladen. Der treue Kurpfälzer eilte auf die beßfallſige Nachricht nach Bergzabern, um ſich zu erkundigen, was dieſe Gewaltſamkeit bedeute und wer ſie veranlaßt habe? Mayer erklärte, daß Frey als Emigrant betrachtet und ſeine Fahrniß unterſucht und mit Beſchlag belegt wurde. Unter den ſchrecklichſten Beſchimpfungen und Drohungen herbeieilender Soldaten und Bauern von Pleisweiler und Oberhofen mußte Frey die Schlüſſel zu ſeinen Kiſten und Verſchlägen hergeben. Er ſelbſt wurde von Soldaten und Bauern, die mit Aexten bewaffnet waren, unter Schimpfen und Drohen in den Stockthurm abgeführt. Nur der Stockmeiſter Lapp hatte Mitleiden mit dem Unglücklichen und rettete ihn aus ſichtlicher Todesgefahr. Er ließ den Gefangenen nicht in der angewieſenen, düſteren Keuche, ſondern bettete ihn auf eigene Gefahr in ſeiner Wohnſtube auf Stroh. Am folgenden Morgen ward Frey vor die Munizipalität auf das Rathhaus gebracht, wo auch der ſchon genannte Maire von Pleisweiler und jener von Oberhofen, David Silbernagel, zugegen waren. Frey erfuhr jetzt, daß die Letzteren den Verdacht gegen ihn erregt, als verbringe er die Amtspapiere ſeines Schwiegervaters, und ſohin auch ſeine Gefangennehmung veranlaßt hatten. Man fand in den geöffneten Kiſten und Kaſten nicht das Mindeſte, was den Verdacht begründen konnte. Frey erläuterte, daß er in keiner Beziehung als Emigrant dürfe betrachtet werden und daß ihn Niemand, als Beamter des neutralen Kürfürſten von der Pfalz, zu einem Eide zwingen dürfe. Er erhielt den Beſcheid, die Sache müſſe dem Diſtrikts-Direktorium in Weiſſenburg vorgelegt werden und wurde ſofort in das Stockhaus zurückgeführt. Erſt am 27. März erhielt der Stockmeiſter die Weiſung, den Gefangenen zu entlaſſen. Frey verfügte ſich zum Maire, um nun auch ſeine Habſeligkeiten frei zu erhalten. Allein er erhielt die Antwort, dazu müſſe der Befehl von Straßburg abgewartet werden. Frey kehrte nach Pleisweiler zurück, fand aber die Zimmer, welche er dort bewohnt hatte, unter Siegel. Auch die Fuhrleute und der Amtsbote, welcher den kurpfälziſchen Keller begleitet hatte, wurden drei Tage in Bergzabern gefangen gehalten. In Pleisweiler vernahm Frey neue Drohungen wegen der verheimlichten Amtspapiere

Dorfe Mühlhofen ausgebrochen. Hier war es besonders der reformirte Schullehrer Schüller, welcher denselben förderte, zum großen
Verdruße des pflichttreuen Schultheißen Matern. Die dortigen
Freiheitsmänner hatten die Landauer Clubisten auf den 2. November 1792 eingeladen, zu Mühlhofen die republikanischen Grundsätze
zu verkündigen und die Einwohner in den Bruderbund der Freiheit
und Gleichheit feierlich aufzunehmen. In der vorhergehenden Nacht
ward ein hoher Freiheitsbaum im Walde gefällt und herbeigeschafft.
Auch war eine Abtheilung der zu Barbelrodt einlagernden, französischen Truppen zum Schutze der Festlichkeit herbeigezogen. Alles geschah mit solcher Verschwiegenheit, daß der Regierungsrath Klick in
Bergzabern davon gar keinen Wink erhalten hatte und sohin auch
das Unternehmen nicht verhindern konnte. Die Landauer Freiheitsprediger erschienen am bemeldeten Tage in Mühlhofen. Die Bürgerschaft wurde zusammenberufen, ihr die Vorzüge und Vortheile der
französischen Verfassung angerühmt und sie zum Anschluße an dieselbe
ermuntert. Zuletzt stellte man an die Versammelten die Fragen:
Ob sie der französischen Nation treu seyn und ob sie der Freiheit
und Gleichheit zuschwören und dafür ihr Leben, Gut und Blut
einsetzen wollten? Den Schwörenden wurde hinwieder aller Schutz
gegen ihren Fürsten und gegen das bisher getragene Joch der
Tyrannei zugesichert. Etwa zehn Bürger leisteten den Eid, nachdem
sie die bemeldeten Fragen bejahet hatten. Die pflichttreuen Bürger
waren theils bei dem Aufzuge nicht erschienen, theils entfernten
sie sich ohne zu schwören. Man unterließ nicht, die härtesten Drohungen gegen dieselben auszustoßen. Die Beeidigten schritten sofort
zur Wahl einer Munizipalität. Zu dieser Wahl wurden auch ledige Bursche, welche den Eid geleistet hatten, zugelassen. Als Maire

seines Schwiegervaters. Seiner Frau hatte man dort bereits unzählige Grobheiten
zugefügt und er fand daher für räthlich, um neuen Gefahren zu entrinnen, sich zu
seinem Schwiegervater nach Offenbach zu flüchten, von wo aus er am 29. März
die erduldeten Mißhandlungen an den Oberamtmann Siegel in Germersheim
berichtete. Karlsr. Archiv. B. A. Die Regierung zu Mannheim wies am
15. April 1793 den genannten Amtmann an, bei der kaiserlichen Generalität
zu erwirken, daß bei deren Vorrücken Frey wieder seine Habseligkeiten er-
halte. Noch andere pflichttreue Beamten hatten, wie Frey, von den Bergzaberern Verfolgungen und Mißhandlungen zu erdulden. Wegen des geforderten Eides haben sich damals auch die Capuziner und der Pfarrer zu Pleisweiler geflüchtet.

erhielt der Gerichtsschöff Schwarz die meisten Stimmen. Den folgenden Tag, an welchem unter Jubel der Freiheitsbaum aufgepflanzt wurde, feierte man als besonderen Festtag, an welchem Niemand arbeiten durfte. Der reformirte Pfarrer Erter zu Winden war eingeladen, die Festpredigt zu halten. Er wußte sich jedoch dieser unangenehmen Zumuthung zu entziehen. Die jubelnden Schwörer hegten hier den Wahn, sie hätten fortan als Mitglieder der französischen Republik keine Abgaben mehr zu leisten, ja sie dürften die in ihrer Gemarkung liegenden herrschaftlichen und geistlichen Güter unter sich vertheilen. [203]) Am 19. des folgenden Monats errichteten die Jakobiner von Weissenburg auch in diesem Dorfe einen politischen Club.

Wie in Mühlhofen und Bergzabern zeigte sich auch in dem zum herzoglichen Amte Neukastel gehörigen Dorfe Ilbesheim arge Unruhe und Meuterei, welchen, wie wir schon oben hörten, ernstlich aber vergeblich entgegen getreten wurde. Montags den 5. November Abends 6 Uhr wurde in diesem Dorfe durch einen Schuß aus dem Wirthshause zum Schwanen das erste Zeichen des Aufstandes gegeben. Diesem Schusse folgte bald ein zweiter aus dem gegenüber liegenden Hause. Jetzt traten zwei Bursche vor die Wohnung des Schultheißen Nikolaus Theobald und feuerten ihre Gewehre ab mit dem Rufe: „Vive la nation!“ Hierauf rannten sie lärmend durch die Straße; Große und Kleine gesellten sich ihnen bei und schrien: „Vive la nation!“ Nachdem sich in solcher Weise ein großer Haufe Tumultuanten gesammelt hatte, zogen diese insgesammt vor das Haus des Schultheißen. Dort feuerten sie wohl dreißig Schüsse ab, klopften hiebei gewaltsam an die Thüren, was den angsterfüllten Vorstand veranlaßte, sich zu flüchten. Am folgenden Tage kehrte Theobald jedoch wieder in sein Haus zurück. Am 6. November gegen

<hr>

[202]) So besannen sich die Mühlhofener wirklich nicht lange, das dortige Hofgut des Speyerer Domcapitels unter sich zu vertheilen. Gleiches führten die Freiheitsmänner von Barbelrott und Niederhorbach bezüglich des dortigen Erbbestandgutes der Grafen v. Leiningen im Schilde. Der neugewählte Maire zu Niederhorbach wurde abgesetzt, weil er sich diesem Vorhaben widersetzt hatte. Reichsarchiv J. A. Nr. 902. — Bericht des Klick aus Bergzabern vom 3. Nov. 1792. Reichsarchiv. J. A. Nr. 2659. Bericht des Germersheimer Amtmannes v. Reibeld vom 3. Nov. 1792. Karlsr. Archiv. P. A.

Abend 4 Uhr kam ein Zug Ilbesheimer von etwa 16 bis 20 Mann aus Landau her in das Dorf mit einer dreifarbigen Fahne, die mit einer großen rothen Freiheitskappe geziert war. Ein Trommel= schläger von Landau war an der Spitze des Zuges, den auch Mu= sikanten von Wollmesheim begleiteten. Die Anführer kehrten im Wirthshause zum Schwanen ein. Die Bürgerglocke ward alsbald geläutet. Die Einwohner liefen zusammen. Es wurde ihnen verkün= det, daß 300 Mann aus Landau zu Hilfe kämen und wer sich ihnen nicht beigeselle, als Aristokrat betrachtet und behandelt werde. Nach dieser Bekanntmachung bildete sich ein langer Zug gegen den herrschaftlichen Keller. Die Thüre ward geöffnet, eines der Fässer angestochen und etwa ein halbes Fuder Wein auf das Rathhaus ver= bracht, auf welchem nun die ganze Nacht hindurch getrunken, gelärmt und getobt wurde. Es waren im ganzen Dorfe kaum 20 Mann, welche nicht an diesem nächtlichen Saufgelage Antheil nahmen. Am Mitt= woche den 7. November schafften die Hauptschreier einen Freiheits= baum aus dem Gemeindewalde herbei. Am folgenden Tage war wieder ein Zechgelage auf dem Rathhause, wozu der Wein aus dem Gemeindekeller geholt wurde. Aller Gegenvorstellungen und aller Versprechungen ungeachtet, welche der Schultheiß den empörten Bürgern machte, wurde am Freitage den 9. November der Freiheits= baum, welcher mit der aus Landau gebrachten Fahne und auf seiner Spitze mit der Freiheitskappe geschmückt war, feierlich errichtet. Mehrere der Aufständischen meinten, daß nunmehr nicht nur der herr= schaftliche Wein, sondern auch der herrschaftliche Wald ihnen gehöre.[204])

Kaum hatte der Regierungsrath Colson zu Weidenthal durch den Schultheißen diese Auflehnung vernommen, so sendete derselbe den Kammerrath Sturtz mit der nachstehenden, aus Wilgartswiesen am 10. November 1792 datirten Bekanntmachung, nach Ilbesheim: „Ganz unverhofft ist bei der höchsten landesherrlichen Stelle die Anzeige geschehen, daß sich mehrere Bürger von Ilbesheim haben verleiten lassen, von ihren Unterthanen=Pflichten abzuweichen, und sogar einen Freiheitsbaum zu errichten. — Unter der Ueberzeugung, daß die auf solche Art ausgetretenen Unterthanen zu diesem mein= eidigen Schritte aus Uebereilung verführt worden seyn mögen, wird denselben hiemit bedeutet, daß insoferne dieselben binnen 24 Stun-

---

[204]) Münchener Reichsarchiv. Z. A. Nr. 2689.

ben wieder in ihre vorigen Unterthanen-Pflichten zurückkehren, den
Freiheitsbaum wieder abwerfen, und wie das geschehen durch Deputirte die Anzeige darüber machen werden, alle solche geschehene,
obgleich schwere Verbrechen gegen ihre rechtmäßige Landesherrschaft,
hiermit nachgesehen und vergessen seyn, auch wofern sie einige Beschwerde haben wollten, wovon jedoch gnädigster Herrschaft nicht
das Mindeste bekannt ist, dieselbe auf der Stelle untersucht und
abgethan werden sollen. — In dem Falle aber sie, welche sich sothanen
Verbrechens bereits schuldig gemacht haben, wider Vermuthen darin beharren würden; so sollen dieselben alsbald durch ein militärisches Commando abgeholt und der Criminaljustiz überliefert und nach der peinlichen Halsgerichtsordnung zum Beispiele Anderer abgestraft werden."

Diese Bekanntmachung brachte die Verirrten nicht zur besseren Gesinnung. Sie wurde in Ilbesheim, wo sie angeschlagen
ward, in der Nacht vom 11. auf 12. November losgerissen. Auf
die beßfallsige Anzeige und auf dringendes Ansuchen des Schultheißen Theobald sendete jetzt Colson den Kammerrath mit einem
militärischen Geleite von 50 Mann Infanterie, 3 Jägern und 7
leichten Reitern ab. Sturz traf mit dem Zweibrücker Stadtschultheißen Erben und den Soldaten am Montage den 12. November bei
einbrechender Nacht zu Ilbesheim ein. Alsbald wurden die Wohnungen der 5 Haupträdelsführer, — darunter Georg Mebbarth und
der Schwanenwirth, Johann Georg Keller — von den Soldaten
umstellt. Allein es glückte nicht, auch nur Einen derselben aufzufinden. Es wurden jetzt Mehrere der minder Schuldigen festgenommen, wobei mitunter Gewalt gebraucht werden mußte, da die
Ilbesheimer größtentheils mit Gewehren versehen waren. Man
verhörte die Aufgefangenen. Alle suchten sich möglichst zu entschuldigen. Zuletzt ward die ganze Bürgerschaft auf dem Rathhause
versammelt, ihnen die vorgefallenen Unordnungen und Fehler ernstlich verwiesen und sie vor ähnlichen Verirrungen verwarnt. Die
Zweibrücker Soldaten umstellten den Freiheitsbaum, den jetzt die
Ilbesheimer niederlegen und in Stücke zerhauen mußten. Die dreifarbige Fahne sammt der Freiheitskappe wurde in Beschlag genommen.

Die Haupträdelsführer, denen durch eine besondere Zuschrift
der Abgeordneten Sturz und Erben noch am 13. November Vergebung zugesichert war, eilten indeß nach Landau, um bei den dortigen Republikanern Hilfe zu suchen. Noch an demselben Abende

gegen eilf Uhr kamen 600 Mann Nationalgarden zu Fuß mit 30
Reitern, geführt von dem Schwanenwirthe Keller, nach Ilbesheim.
Sie brachten von dem Generale Wimpfen, Commandanten zu Weissenburg, ein Schreiben an den Anführer der Zweibrücker Soldaten,
Hauptmann v. Strähl, von demselben 13. November, worin dieser
aufgefordert wurde, sich mit seiner Mannschaft in das Innere des
Landes zurückzuziehen und die politischen Gesinnungen und Grundsätze der einzelnen Bürger nicht zu behindern und zu stören, wie
dieß bereits zu Ilbesheim durch Verhaftungen und Beseitigung des
Freiheitsbaumes geschehen sei. [205]) Die Commissäre zogen sich
daher noch in derselben Nacht nach Annweiler zurück, denen auch
am folgenden Morgen ihre militärische Begleitschaft ohne weiteren
Unfall folgte, um sich alsbald zu dem in Vorderweidenthal rastenden Regierungscommissäre Colson zu verfügen. Der französische
Commandant ließ die Vorfallenheiten in Ilbesheim während der
herzoglichen Untersuchung, näher aufzeichnen. Uebrigens wurde bei
dessen Anwesenheit mit großem Jubel ein zweiter Freiheitsbaum dort
aufgepflanzt, wobei die früheren Rädelsführer laut und wiederholt
erklärten, als Republikaner und Patrioten leben und sterben zu
wollen. [206])

Auch in Schönau fehlte es um die Mitte Novembers gar
wenig, daß die dortigen Einwohner nicht auch das böse Beispiel der
Mühlhofener und Ilbesheimer nachgeahmt hätten. Doch die Re-
gierungsverfügung vom 10. desselben Monats, worin ihnen eine
billige Beilegung der Schatzungsbeschwerden in Aussicht gestellt

---

[205]) Am 26. Nov. 1792 führte die Zweibrücker Regierung wegen dieser
Einmischung der Franzosen bei dem Geschäftsträger der Republik in Zweibrücken Beschwerde, welche jedoch ohne Erfolg blieb. So achtete man die zugesicherte Neutralität. — [206]) Am 15. Nov. 1792 forderten die Ilbesheimer
sowohl ihren lutherischen Pfarrer Schmitt zu Albersweiler als den reformirten
Inspektor Helmes zu Leinsweiler auf, der feierlichen Aufpflanzung des Freiheitsbaumes anzuwohnen und den Eid der Freiheit und Gleichheit abzulegen,
was jedoch Beide ablehnten. — Unterm 4. Jan. 1793 sprach der Präsident
der Pariser Nationalconvention den „digues Citoyens d'Ilbesheim" den
Dank für die der Armee überlassenen 128 Hemden, 39 Paar Schuhe und 30
Paar Strümpfe aus. Orig. Reichsarchiv. Die Clubisten und Gebrüder
Edelmann in der Allerheiligen-Gasse zu Straßburg waren die Hauptsammler
dieser Gaben. Auch die Bergzaberer haben ihnen 90 Paar Schuhe und
Strümpfe für die baarfüßigen Freiheitskämpfer übersendet.

und die rückständigen Forstfrevelstrafen erlassen wurden, beruhigte
viele Gemüther. Jene aber, welche bereits diese Strafen bezahlt
hatten, wurden nun um so ungehaltener. Man beschwichtigte sie
mit dem Vorgeben, daß wenn Regierungsrath Colson in die Vogtei
Wegelnburg kommen werde, um alle obschwebenden Irrungen näher
zu untersuchen, auch diese Beschwerde dürfte ausgeglichen werden. [207])
Statt Colson hatte am 26. November der Kammerrath Thiel den Auf=
trag erhalten, die Mißstände und Beschwerden in der Vogtei Wegeln=
burg, wozu die Gemeinden Schönau, Rumbach, Nothweiler und
Hirschthal gehörten, näher zu untersuchen. Sie betrafen größten=
theils das Schatzungswesen, die Wald= und Holzrechte. Als Schürer
der Unzufriedenheit wurde der Amtsschultheiß Schneider, welcher
dem Amtvogte Lorch nicht hold war, und der katholische Pfarrer
Weihn, welcher den Amtsschultheißen unterstützte, betrachtet. Die
Gemeinden wählten einzelne Vertreter aus ihrer Mitte, welche die
Beschwerden dem herzoglichen Commissäre vorbrachten. Die Unter=
suchung dauerte vom 28. November bis 10. Dezember 1792. Es
wurde Vieles verlangt, was die Regierung auch beim besten Willen
nicht gewähren konnte. [208]) Kammerrath Thiel suchte die Unzu=
friedenen möglichst zu beruhigen. Kaum hatte Thiel aber Schönau
verlassen, so wurden die Gemüther durch eine Ansprache des Amts=
schultheißen Schneider wieder auf's Neue sehr aufgeregt und eine
nochmalige Untersuchung veranlaßt, welche vom 9. bis 17. Januar
1793 andauerte. Die Abhilfe der als begründet erachteten Be=
schwerden vereitelten die Franzosen, welche im nächsten Monate die
dortigen Ortschaften besetzten. [209])

Die Bewohner von Nothweiler setzten einen Freiheitsbaum,
errichteten eine Munizipalität, nahmen die herrschaftlichen Güter
und einen Theil der Waldungen in Besitz. Sie verlangten die Ein=
verleibung mit Frankreich, weil sie angeblich den Amtsschulzen
Schneider von Schönau anstatt des alten Vogten Lorch zu ihrem
Vorgesetzten nicht haben wollten. Am 21. Februar ergriff der
Schönauer Amtsschreiber Krufft aus Furcht vor den Franzosen die

---

[207]) Amtlicher Bericht des Vogtes Lorch aus Schönau vom 19. Nov. 1792
Reichsarchiv. Z. A. Nr. 2689. — [208]) So war es auch in den Gemeinden
Leinsweiler, Albersweiler, Wilgartswiesen rc., wo der Herzog ebenfalls damals
eine genaue Untersuchung über die erhobenen Beschwerden anstellen ließ. —
[209]) Reichsarchiv. Z. A. Nr. 3467. und 1468.

Flucht, nachdem er das auf dem herzoglichen Speicher vorhandene Korn auf Befehl der Rentkammer unter die Untergebenen vertheilt hatte. Während die Franzosen nunmehr die Vogtei besetzt hielten, schalteten und walteten sie nach Gutdünken und ungeachtet der herzogliche Vogt und Amtsschulz Schönau nicht verlassen hatten, nahmen die aufrührerischen Bewohner dennoch keinen Befehl von ihnen an, sondern beschimpften und verspotteten dieselben. Auch die im Gebüg wohnenden Holzhauer von dem Eisenwerke pflanzten einen Freiheitsbaum, erklärten sich für Frankreich und stachelten das Distrikts-Direktorium von Bisch in der Weise gegen Schönau auf, daß hier 140 Mann zur Execution eingelagert und aus den Vorräthen der Eisenschmelz wenigstens für 50,000 Gulden Waaren verschleppt wurden.

§. 4. Unruhen in Annweiler und Zweibrücken und Beilegung derselben.

Während in Bergzabern und in anderen Gemeinden des Herzogthums Zweibrücken und der Kurpfalz der Aufruhr sich in mancherlei Auftritten kund gab, schildert uns eine amtliche Feder die Verhältnisse von Annweiler und der Umgebung dieser Stadt in folgender Weise: „Noch immer ist es hier ruhig. Wohl darf man auch auf fortdauernde Treue der Bürger rechnen, wenn nur ihren Beschwerden ohne Verzug abgeholfen wird. Ich wünsche daher recht sehr, daß ohne Verzug eine Regierungs-Commission mit ausgedehnter Vollmacht anher geschickt werde. Dann erst dürfte der Gehorsam und die nöthige Achtung gesichert werden. Rund umher rüttelt sich Alles, wie wenn ein elektrischer Aufruhrsfunke die Luft durchzöge. Auch in der Pfalz scheint das Feuer aufzulodern. Billigheim macht Miene, den Freiheitsbaum aufzupflanzen und ich zweifle schon, ob die 150 Mann leichter Reiterei, welche dahin geschickt wurden, kräftig genug seyn dürften, den Brauseköpfen ihre Tollheit einzustellen. Das Gift wirkt auf eine sonderbare Art. In Ortschaften, wo am Morgen Ruhe und Ordnung herrscht und jeder schwört, seinem Herrn bis in den Tod treu zu bleiben, bewirkt ein Glas Wein, daß irgend ein Schreier zu viel nimmt, die fürchterlichsten Ausbrüche. Gemeinlich sind diejenigen, welchen man am Meisten traut, die größten Verräther. Wird dem Unwesen nicht schleunigst vorgebeugt, so ist zu befürchten, daß die Unruhe noch allgemeiner wird und sich auch dem Soldatenstande mittheilt und dann am Ende sich gar nicht mehr heben läßt. Mit Annweiler und der Vogtei sind nur noch die Ortschaften Leinsweiler, Queichhambach und Albersweiler der alten Verfassung treu. [210]) An letzterem Orte hat sich der größere Theil der Einwohner das Wort gegeben, jedem Halunken, der es wagen würde, von Neuerungen zu reden, den Buckel derb abzusetzen und ihn dann zum Ort hinauszuwerfen. Das erste Dorf wankt schon, — will keine Schatzung mehr bezahlen — und ich fürchte aller guten Vorsätze ungeachtet dürften die beiden andern bald nach= folgen." [211])

Schon am 12. August 1789 kam es bei der öffentlichen Ver= steigerung der Gemeindegüter in Annweiler zu einem argen Tumulte. Viele Bürger verlangten, daß dieselben, zur Minderung der Steig= gebühren, nicht auf ein, sondern auf mehrere Jahre, versteigert oder vielmehr unter die Bürger gegen eine bestimmte Abgabe vertheilt würden. Dagegen waren die Rathsglieder, welche die beßfallsigen Sporteln unter sich zu theilen hatten und dieselben nicht geschmälert wissen wollten. Die begonnene Versteigerung dieser Güter wurde durch den Ruf: „Ein Hundsfott, der weiter steigt!" unterbrochen. Der frohe Schreier sollte festgenommen werden, worüber aber ein solcher Tumult im Rathsaale entstand, daß der Stadtrath zu seiner Sicherheit für nöthig fand, die Versteigerung aufzuheben. Beim Weggehen desselben rief der Haufe laut auf: „Cocarden her!" und erlaubte sich noch andere Ungebührlichkeiten. Obgleich der Minister v. Esebeck den Bürgern von Annweiler in der Hauptsache nicht Unrecht gab, so beauftragte er dennoch, auf den Bericht des Vogtei= verwesers Weyland, den Regierungsrath Klick mit der näheren Unter= suchung, welche auch im Beisehn des genannten Vogteiverwesers und des Stadtsyndikus Engelbach vorgenommen wurde. Das Er= gebniß war, daß am 27. August, um für die ganze Umgegend ein warnendes Beispiel aufzustellen, Peter Silber zu einer dreiwochent= lichen Stockhausstrafe, Jakob Kraft zu einer vierzehntägigen und Ambros Kolb zu einer achttägigen verurtheilt wurden. Das Ober=

---

[210]) Diese Dörfer bildeten mit Ilbesheim das herzogliche Amt Neukastel. — [211]) Bericht des Vogteiverwesers Weyland zu Annweiler vom 9. Nov. 1792. Reichsarchiv. Z. A. Nr. 2689. Erst durch Verfügung vom 20. desselben wurde dem bisherigen Assessor Weyland die Verwaltung der treugebliebenen Dörfer des Amtes Neukastel überwiesen.

amt Bergzabern hatte den Schuldigen diese Strafe zu verkünden. Allein dieselben wurden von ihren Freunden und Gesinnungsgenossen unterstützt und entzogen sich der über sie verhängten Strafe. Die Gährung steigerte sich hiedurch in Annweiler. Der Vogteiverweser fürchtete stündlich den bedenklichsten Ausbruch und die weitere Verbreitung derselben und verlangte am 23. September eine Abtheilung Husaren mit einem herzoglichen Commissäre, um dieselbe zu unterdrücken. Die drei Verurtheilten, zum zweiten Male zur Erstehung ihrer Strafe nach Bergzabern geladen, verfügten sich am 26. September auf den Karlsberg, um sich wegen ungenügender Untersuchung in fraglicher Angelegenheit beim Herzoge zu beschweren. Sie thaten's, wurden aber auf Antrag des Vogts Weyland und auf Befehl der herzoglichen Regierung in Homburg gefänglich eingezogen, und mußten nunmehr im Strafthurme zu Zweibrücken die über sie verhängte Strafe abbüßen. In Annweiler sammelte man jetzt eine Reihe von Beschwerden gegen die städtische Verwaltung, welche jedoch nach näherer Prüfung am 12. Dezember 1789 theils als unerheblich, theils als unbegründet, zurückgewiesen wurden. [212]

In den zwei folgenden Jahren blieb es um so ruhiger in Annweiler, weil die meisten Bürger wohl einsahen, daß sie bei den mehrfachen Freiheiten, welche die Stadt auf Grund älterer Privilegien genoß, durch Anschluß an die neufränkische Freiheit und Gleichheit nur verlieren und Nichts gewinnen könnten. Dennoch hegte man diese Wünsche bezüglich der städtischen Verwaltung [213] und herrschaftlichen Beaufsichtigung. Die Bürgerschaft sendete daher, als mit Beginne des Monats November 1792 die Gährung im Oberamte Bergzabern sich immer mehr steigerte, Abgeordnete an den Herzog auf den Karlsberg, um ihm die Anliegen und Beschwerden der Stadt, 26 an der Zahl, vorzutragen. [214] Dieser bestellte eine eigene Commission, dieselben an Ort und Stelle zu untersuchen,

---

[212] Reichsarchiv. Z. A. Nr. 2674. — [213] Dazu gehörten: 1. Vertheilung der Gemeindegüter; 2. Abschluß rückständiger Rechnungen; 3. Wiedereinräumung des sogenannten Bürgerwaldes; 4. Einschränkung der Bürgeraufnahme; 5. Freiheit der Wirthschaften ꝛc. ꝛc.; 6. Abstellung des Neujahr-Ims. ꝛc. ꝛc. — [214] Dazu gehörten: 1. Verlegung des Wehrzolles von Annweiler; 2. Wiedereinführung des alten Maßes und Gewichtes; 3. Freiheit in fremde Kriegsdienste zu treten; 4. Abstellung des Salzlastens; 5. Aufhebung des Mühlbannes. ꝛc. ꝛc. Reichsarchiv. Z. A. Nr. 2675.

was auch vom 10. bis 16. November geschah. Die meisten Miß=
stände wurden sogleich gehoben, die anderen schon unterm 12. De=
zember 1792 beschieden. [215]) Bezüglich der käuflichen Ueberlassung
des herrschaftlichen Antheils des sogenannten Bürgerwaldes ließ der
Minister v. Esebeck unterm 30. November 1792 noch eine forst=
amtliche Untersuchung anstellen, welche zuletzt auf besondere Befür=
wortung des Vogtes Weyland damit endete, daß der Stadt dieser
Waldantheil für die Summe von 30,000 Gulden überlassen wurde. [216])

Noch nicht war dieser Gegenstand bereiniget, als sich schon
wieder neue Spuren der Unzufriedenheit und des Aufstandes in
Annweiler zeigten. Besonders waren es die Müller und Gebrüder
Mink, welche mit etwa 30 bis 40 Gesinnungsgenossen die Unzu=
friedenheit schürten. [217]) In der Nacht vom 29. November sollte

---

[214]) Die Commission bildete der Stadtschultheiß Erden, Weyland und Engel=
bach. Diehl war Bürgermeister, Artopoeus, Christoph Stock, Müller, Daniel
Brumm, Sebast. Breitling, Ludwig Pasquay und Heß, Rathsleute. Reichs=
archiv. Z. A. Nr. 2191. Die städtische Verwaltung bestand aus dem älteren
Rathe, welcher lebenslänglich war, aus dem jüngeren Rathe, dann aus dem
engeren und weiteren Bürgerausschusse, welcher letzterer auf vier Jahre ge=
wählt wurde. Zu diesem zählten auch die vier jüngeren Rathsglieder, die
acht jüngere Räthe des vorigen Jahres, und die vier Viertelmeister der
Stadt. Der jüngere Rath wurde jedes Jahr von dem Ausschusse der Bürger=
schaft neu gewählt und dem Stadtrathe vor dem Schwörtage vorgestellt. Der
Bürgermeister wurde jedes Jahr aus den alten Rathsgliedern von dem Bür=
gerausschusse erkoren. Zur Ergänzung des älteren Rathes wählte die gesammte
Bürgerschaft drei Bürger, aus denen der Herzog den ihm beliebigen zum
Stadtrathe ernannte. Der Stadtrath erhielt aus jeder der drei christlichen
Religionsgenossenschaften eine bestimmte Zahl, nämlich 4 Reformirte, 3 Luthe=
raner und 1 Katholiken. War demnach ein verstorbene oder freiwillig ausge=
tretene Stadtrath ein Katholik, so mußte für ihn auch wieder ein Katholik
gewählt werden. — [215]) Noch am 15. Nov. 1792 schrieb Colson aus Wil=
gartswiesen nach Zweibrücken, daß es gut seyn dürfte, etwa 100 Mann Sol=
daten in Annweiler zurückzulassen, sofort aber auch die Beschwerden der treu=
gebliebenen Gemeinden näher zu untersuchen. Letzteres geschah, Ersteres aber
unterblieb. Die Beschwerden in dem Amte Neukastel und in der Vogtei
Falkenburg wurden bereits am 28. Nov. 1792 beschieden. Reichsarchiv. Z.
A. Nr. 902. Colson hatte den herzoglichen Gnadenbrief vom 13. Nov., wel=
chen er durch die Zweibrücker Bürger Theyson und Theobald nach Bergzabern
verbringen ließ, auch in Annweiler und im Amte Neukastel veröffentlicht. —
[217]) Dabei ein Schreinergeselle Rothenbusch von Gutenhausen, welcher bei der
Meuterei zu Bergzabern eine Rolle gespielt hatte. — Er wurde mehrmals
aus Annweiler verwiesen, kam aber immer dahin zurück, bis ihn endlich Wey=

von ihnen ein Freiheitsbaum in die Stadt gebracht und aufgepflanzt werden. Die gutgesinnten Bürger geriethen hierüber in große Entrüstung. Sie griffen zu den Waffen und stellten 70 Mann Wache auf, um jenes Vorhaben zu vereiteln. Man hatte gefürchtet, die Unruhestifter, welche ausgesprengt hatten, es würde ihr Vorhaben von 200 französischen Reitern aus Landau unterstützt werden, wären wirklich mit diesen in Verbindung getreten. Wußte man doch aus vielen Vorfällen in den benachbarten Dörfern, wie gerne die Republikaner den Aufständischen zur brüderlichen Hilfe bereit seyen. Jene Furcht war unbegründet. Am folgenden Morgen versammelte der Vogt Weyland den Stadtrath nebst dem von der Bürgerschaft unlängst gewählten Ausschuße, um mit den Unruhestiftern ein Verhör anzustellen. Einem derselben kündete man den sicheren Aufenthalt in der Stadt auf. Andere waren nach Landau geeilt, um dort Hilfe zu suchen, darunter Mink der Müller und Heim, ein Leinenweber. Da auch der Bürgerausschuß zu Annweiler drei aus seiner Mitte nach Landau gesendet hatte, um die von jenen gewünschte Unterstützung zu hintertreiben, so fanden die Wühler weder bei dem Commandanten, noch bei der Munizipalität, noch bei den Clubisten sonderliches Gehör. Sie suchten hierauf zu Bergzabern und zu Weissenburg Hilfe. Doch auch dort wurde ihre Absicht vereitelt. Dadurch kamen sie keineswegs auf bessere Gesinnungen, sondern ihre Verbissenheit und ihr Groll steigerte sich um so mehr. Sie liefen mit den dreifarbigen Cocarden wie Rasende in der Stadt umher. Die bewaffneten, bessergesinnten Bürger wollten Sonntags den 2. Dezember die Mink'sche Mühle stürmen und die dort versammelten Patrioten, welche sich eidlich verbunden hatten, nicht zu ruhen bis ein Freiheitsbaum gesetzt sei, gefangen nehmen. Der Amtsvorstand suchte jedoch Gewaltthätigkeiten zu verhindern. Allein fast wäre der schon genannte Leinenweber hiebei von einem Bewohner aus Sarnstall, weil er mit der dreifarbigen Cocarde herumlief, mit einem Stricke aufgehängt worden. Am folgenden Dienstage und Mittwoche wurden die Ruhestörer abermals von dem Bürgerausschuße auf das Rathhaus berufen, und nochmal ernstlich verwarnt. Den Gebrüdern Mink aber ward bedeutet, wenn sie

lund am 27. Jan. 1793, selbst mit Beihilfe der damals in der Stadt liegenden französischen Garnison, einfangen und nach Zweibrücken abführen ließ.

ihre Wühlerei nicht unterließen, man zur Strafe ihre freiliegende
Mühle an vier Ecken anstecken und schreckliche Rache an ihnen und
ihrem Anhange nehmen würde. Einer derselben lief abermals zu
den Jakobinern nach Landau, um Schutz zu erflehen. Diese erließen
auch am 5. Dezember ein drohendes Mahnschreiben an Weyland.
Darin stand ausdrücklich: „Wir werden Mittel ergreifen, die Nationalconvention und den Bürger General Wimpfen zu bewegen
nicht nur auf die Beleidiger, sondern auch auf die, welche solche
Beleidigungen begünstiget haben, diejenigen Strafen zu bringen,
welche solcher Thaten und solcher Tyrannei würdig sind." ²¹⁸) Hiedurch ward die Gährung in neue Bewegung gesetzt. Auch unter
den Gutgesinnten bestanden in Annweiler, wie in den meisten Gemeinden, zwei Parteien, wovon die eine mit steigendem Ungestüme
eine Neuwahl des Stadtrathes verlangte, während die andere die
alten Vorstände beibehalten wissen wollte. ²¹⁹) Ueberdieß wußten
sie noch manche andere Beschwerden vorzubringen, zu deren näheren
Untersuchung Weyland einen Regierungscommissär wünschte, der
auch später abgeordnet wurde.

Der Vogt Weyland hatte bereits beim Beginne der ersten
Untersuchung mit dem Stadtschultheißen Erben unter Zustimmung
der gesammten Bürgerschaft den Entwurf einer verbesserten städtischen Verfassung der herzoglichen Regierung eingesendet und um
deren Genehmigung gebeten. „Deßungeachtet aber ist — wie Weyland am 13. Dezember an dieselbe Stelle schrieb — seitdem nicht
das Mindeste über diesen Gegenstand beschlossen worden. Dieser
Verzug kann den herrschaftlichen Gerechtsamen zum außerordentlichen
Nachtheile werden, da die hiesige Bürgerschaft, des langen Verzuges
überdrüssig, sich von Neuem zu regen anfängt. Schon habe ich ein
dumpfes Gemurmel gehört, daß man sich selbst eine Verfassung
geben werde, wenn man höheren Orts nicht bald dazu thun wolle.
Darneben fängt der Faktionsgeist an, Zwiespalt unter die Bürgerschaft zu pflanzen. Ein großer Haufe besteht darauf, den alten
Stadtrath abzuschaffen und einen neuen zu wählen; ein anderer
Theil dagegen, worunter freilich die besten Bürger sich befinden, die

---

²¹⁸) Die Unterschrift lautete: Die Freunde der Freiheit und Gleichheit:
Prion, Präsident; Joh. Jak. Frieb, Sekretär. — ²¹⁹) Bericht des Weyland.
Reichsarchiv. Z. A. Nr. 902.

aber bei der gegenwärtigen Lage wenig wirken können, besteht auf
der Beibehaltung des alten Rathes. Jene Partei wird um so mehr
über Hand nehmen als bei dem Stadtrath mehrere zwar ehrliche,
aber untaugliche Mitglieder sitzen." [220]) . . . „Bei diesen Umständen
und da überdieß noch bis künftigen Montag der Schwörtag heran=
nahet, an welchem die Bürgerschaft nach ihren alten Privilegien
dem Magistrat aufs Neue Gehorsam zu schwören pflegt und den
ich, ohne einen Anstand zu befürchten, lange hinaus nicht verschie=
ben darf, so wiederhole ich meine früheren Anträge, dringendst einen
Regierungs = Commissär ohne Verzug anherzusenden mit der unbe=
schränkten Vollmacht, die städtische Verfassung zu ordnen und die
noch schwebenden Beschwerden zu erledigen." An demselben 13. De=
zember ward jener Verfassungs = Entwurf vom Herzoge genehmiget
und unterm 18. desselben dem Vogte zur sofortigen Bekanntmachung
in Annweiler zugestellt. Auch wurde der Kammerrath Thiel an
demselben Tage beauftragt, auf Zuschrift des genannten Annweiler
Vogtes sich in diese Stadt zu begeben, um Ruhe und Ordnung
herzustellen, die jetzt in Albersweiler ebenfalls sehr wankte. [221])
Auf wiederholtes dringendes Schreiben des Vogtes ging Thiel am
22. Dezember wirklich nach Annweiler ab. Er sah bald ein, daß
die Befürchtungen des Vogtes übertrieben seyen, und daß es sich
eigentlich nur um die Verdrängung des bisherigen Stadtrathes
handle. Dieß stellte sich auch bei den weiteren Verhandlungen,
welche am 24. Dezember schon begonnen und nach dem Weihnachts=
feste fortgesetzt wurden, deutlich heraus. Der unruhige Theil der
Bürgerschaft wünschte, daß der bisherige Stadtrath aufgelöst und
ein neuer, aber nur auf die Dauer von acht Jahren gewählt werde.
Dem stand entgegen, daß vier Mitglieder des alten Rathes, nament=
lich der Bürgermeister Diehl, erklärten, nur dann auszutreten, wenn
sie einer Schuld würden überführt werden. Vier andere waren be=
reit, um die Ruhe herzustellen, freiwillig ihre Stellen niederzulegen.

---

[220]) Eben hatte der Vogt eine schmähliche Pasquille in Kittelversen von
30 Strophen auf die einzelnen Rathsglieder und den engeren Ausschuß er=
halten. Die dritte Strophe derselben lautete:

„Und Herr Bürgermeister Diehl
Sagt zum Ausschuß: „Redet nicht viel!"
Wenn wir ihm die Stadtkasse ausleeren,
Wollt ihr euch über uns beschweren?" 2c. 2c.

— [221]) Bericht des Vogtes Weyland vom 20. Dez. 1792.

Der Bürgerausschuß faßte endlich, in besonderer Berathung mit dem Regierungscommissäre, den Beschluß, daß nur an die Stelle der freiwillig abgetretenen Stadträthe neue Mitglieder und zwar nicht auf 8 Jahre, sondern wie bisher auf Lebenszeit gewählt werden sollten, allein erst nachdem der ganzen Bürgerschaft die herzoglichen Entschließungen über die 26 Beschwerden, welche eingereicht waren, bekannt gegeben seyen, was bisher aus allzu großer Bedenklichkeit des Vogtes noch nicht geschehen war. Diese Kundmachung geschah am 28. Dezember. Es wurde zugleich eröffnet, daß hinsichtlich des Rechnungswesens der Stadt keine Schuld die bisherigen Mitglieder des Rathes belaste und demnach alle beßfallsige Vorurtheile und Verdächtigungen als unbegründet schwinden müßten. Jetzt wurde die ganze Bürgerschaft befragt: ob sie nach dieser Rechtfertigung des Stadtrathes wieder mit demselben zufrieden sei, oder ob sie wünsche, daß dennoch eine Neuwahl vorgenommen werde? Die Stimmenmehrheit erklärte sich für eine neue Wahl, welche jedoch nur auf 8 Jahre gelten sollte. Hierauf nahmen auch Pasquay [113]) und Heß ihre Entlassung aus dem alten Rathe. Nur Diehl und Artopoeus behaupteten ihre Stellen. Der Commissär suchte auch den Ausschuß zu überzeugen, daß es höchst bedenklich sei, einen ganzen neuen Stadtrath unter solchen Verhältnissen zu wählen. Es wurde sohin am folgenden Tage eine Ergänzungswahl von sechs Mitgliedern vorgenommen, wobei von reformirter Seite außer Peter Röthling und Ludwig Foltz, der alte Rathsverwandte Stock, von lutherischer Seite aber der abgetretene Brumm nebst Karl Huber und von katholischer Seite Sebastian Breitling die Stimmenmehrheit erhielten. Diese wollten anfänglich die auf sie gefallene Wahl zurückweisen. Sie ließen sich aber zuletzt durch Zuspruch dennoch bewegen, einstweilen wenigstens bis das Rechnungswesen der Stadt über das laufende Jahr bereinigt seyn würde, ihr Amt beizubehalten. Dieses Wahlergebniß wurde der Bürgerschaft eröffnet und dieselbe ernstlich ermahnt, das Gemüth des Landesfürsten, welcher ihnen durch die günstigen Beschlüsse, bezüglich ihrer Anliegen und Beschwerden, so

---

[113]) War wohl Phil. Jak. Pasquay, welcher nach einer Nachricht, die wir der Güte des Hrn. Subrektor Frank in Annweiler verdanken, begonnen hatte, eine Geschichte der damaligen Vorfälle in Annweiler zu schreiben, der Sohn desselben?

viele Gnaden erzeigt habe, nicht wieder durch Unordnungen und
Unzufriedenheit zu kränken und zu betrüben.

Diese Mahnung fand wenig Beachtung. Die ganze Verhand=
lung des Kammerrathes Thiel wurde auf dessen Bericht am 8. Ja=
nuar 1793 vom Herzoge bestätiget. Allein schon am letzten Tage
des vorigen Jahrs, an welchem der Bürgermeister Diehl das Er=
gebniß jener Verhandlungen mit der Beschlußnahme in einer eigenen
Ansprache der Bürgerschaft eröffnet hatte, folgten laute Widersprüche
und gehäßige Aufstachelungen. Davon in Kenntniß gesetzt, eilte
Thiel von Schönau, wo er ebenfalls amtliche Untersuchung hatte,
abermal nach Annweiler, um die Unruhe zu dämpfen. Dieß konnte
nur durch ein außerordentliches Zugeständniß geschehen. Die auf=
gestachelte Mehrheit der Bürger, durch bisheriges Nachgeben ver=
wöhnt, verlangte den Rücktritt des ganzen Stadtrathes und die
Neuwahl eines anderen auf acht Jahre und zwar durch die Stimmen=
mehrheit aller Bürger. Der Commissär bot alle Beredsamkeit auf,
um die acht Stadträthe der gestörten Ruhe wegen zum Rücktritte
zu bestimmen. Sie thaten es am 5. Januar jedoch mit ausdrück=
licher Verwahrung gegen dieses unherkömmliche, gewaltsame Verfah=
ren, welches alle Freiheiten der Stadt und alle Zusicherungen der
Herzoge verletze. Sofort ward am folgenden Tage die Neuwahl
des älteren und jüngeren Rathes vorgenommen. Die Häuptlinge
der bisherigen Bewegung erhielten, wie sie es gewünscht hatten, die
Mehrheit der Stimmen. Die guten, friedlichen Bürger schickten sich
in die gefahrdrohenden Umstände ohne besondere Umtriebe. So ward
auf Kosten ihrer Nachgiebigkeit und Geduld die Ruhe hergestellt.
Am 7. Januar wählte der neue Stadtrath den Valentin Scholler
zum Bürgermeister. Er wurde von dem vorigen Bürgermeister,
welcher mit den alten Mitgliedern des Stadtrathes zugegen war,
verpflichtet. Gleiches that der neue Bürgermeister mit den jungen
Rathgliedern. Die versammelte Bürgerschaft ward hierauf aufge=
fordert, den neuen Stadtvorständen zu gehorchen und deßhalb dem
neuen Bürgermeister Handtreue zu leisten. Die herzogliche Regie=
rung ertheilte dieser von Unbotmäßigkeit und Gewalt ertrotzten
Wahl ihre Zustimmung nicht, ließ sie jedoch unter den damaligen
schwierigen Verhältnissen thatsächlich fortbestehen. [223] Zwei Tage

---

[223] Reichsarchiv. 3. A. Nr. 2675. Die Neugewählten waren: die Refor=

später, als sich die herzogliche Regierung zu diesem Schweigen
entschloß, schrieb der Vogt von Annweiler an dieselbe: „Der neue
Stadtrath übt wirklich mehr Gewalt, als der alte in den ruhigsten
Zeiten hatte. Ich staunte gestern über den Gehorsam dreier Bürger, die im Bürgerwalde den Wein verfälscht und mit Wasser auf-
gefüllt hatten. Es wurde ihnen deßhalb eine Thurmstrafe von 24
Stunden zuerkannt. Keiner zuckte und jeder stellte sich selbst zur
Erstehung der genannten Strafe. Alle die Brausköpfe, die noch
vor 14 Tagen vom Laternenpfahle, Freiheitsbaume sprachen ꝛc. ꝛc.
sind wie umgewandelt." ꝛc. [224])

mirten Nikol. Folz, Georg Kechel, Jakob Rink, Valentin Schoder; die Lutheraner
David Benzkam, Karl Huber, Adam Diez; der Katholik aber Philipp Brekling.
Die jungen Rathsherrn waren: Lorenz Cordier, Jakob Spies, Jakob Kremer
und Friedrich Clundt. — Der neue Stadtrath erwirkte vom Generale Custine
eine „Sauve garde" für Annweiler, welche im Hauptquartier zu Mainz am
22. Jan. 1793 ausgefertigt wurde. — Am 26. Jan. d. J. rückten 14 Offiziere mit 186 Gemeinen aus Landau in Annweiler ein. Ihr Commandant
hieß Demorue. Weyland schrieb an die Zweibrücker Regierung, er könne nicht
bürgen, daß diese den kaum gestillten Freiheitsschwindel nicht wieder neu anfachen
werden. — [224]) Bericht vom 19. Jan. 1793. A. a. O. Als ein Beschluß
des Generals Custine aus Mainz vom 30. Dez. 1792 die Ausfuhr der Früchte
über den Rhein und in den Westrich streng untersagte, sahen sich die Annweiler in ihrem Handel mit Früchten in den Westrich sehr bedroht und schickten
deßhalb mit Empfehlung aus Landau Abgeordnete an den genannten General,
welche ihre Verdienste um Verpflegung der französischen Armee anrühmen
und Schutz für jenen Handel erwirken sollten. Jener Beschluß an General
Gillot, Commandanten in Landau, gerichtet lautet: „Bürger General! Ich muß
mit großem Schmerze vernehmen, daß in der Gegend Landau und mehreren
Grenzen die Ausfahrt von aller Gattung Früchte, sowohl über den Rhein,
als auch in das Westricher Gebirge und in das Zweibrückische ungehindert geschieht. Ich befehle euch ausdrücklich, alle Ausfahrt von Lebensmitteln nach
ermeldeten Grenzen nicht allein zu hemmen, sondern von dem Augenblick nach
erhaltener meiner Ordre alle Ausfahrt von Früchten, wem sie auch zugehören
mögen, gänzlich zu verhindern. Meine bekannte Bürgerliebe verbindt mich,
nicht sowohl für meine Armee, welche hinlänglich mit Lebensmittel versehen
ist, als vielmehr und vorzüglich für den in eurer Gegend wohnenden Landmann und dessen Familien zu sorgen. Es soll deßwegen jedem Bürger eurer
Gegend meine Ordre bekannt gemacht werden, daß, wenn er Früchte auf dem
Wege nach gedachten Grenzen fahrend anhält und sie in das nächstgelegene
französische Magazin ein- und zurückbringen wird, er von jedem Sack schwerer
und Hülsenfrucht fünf Livres, und von leichter Frucht halb so viel in Assignaten für seine Belohnung sogleich von dem Kriegscommissär erhalten wird.

Wie in Annweiler so herrschte auch in Zweibrücken während des Aufruhrs in Bergzabern eine dumpfe Gährung unter der Bürgerschaft. Offenkundig waren dort allerlei Mißstände bei der herzoglichen Regierungsweise, welche von einzelnen Uebelgesinnten besonders aufgegriffen und zur Aufstachelung des besseren Theiles der Bevölkerung öffentlich besprochen und ausgebeutet wurden. [223] An der Spitze der Unzufriedenen stand der Bäcker Blumenauer. [226] Das von ihm und seinem Anhange geschürte Mißvergnügen erreichte in der Stadt und in ihrer Umgebung ein so hohes Maß, daß die Mitglieder der Zweibrücker Regierung den Ausbruch einer gewaltsamen Auflehnung und den Umsturz der bestehenden Verfassung befürchteten. Um dieser drohenden Gefahr vorzubeugen, traten sie zur ernsten Berathung zusammen und scheuten sich nicht, in einer offenen Vorstellung an den Herzog vom 24. November 1792 die Mittel und Wege anzugeben, wie die herrschende Unzufriedenheit in Zweibrücken gehoben und einem Aufstande begegnet werden dürfte.

Die als sehr räthlich erachteten Vorschläge waren nachstehende:

Ich befehle, daß gegenwärtige Ordre sogleich bekannt gemacht, und aufs Genauste vollzogen werde. Custine, General der Fränkischen Rhein-Armee". Reichsarchiv. Z. A. — Am 26. Jan. 1793 rückten 200 Bolontaire — lauter Bürger aus Paris — in Annweiler ein. Sie zahlten Alles, betrugen sich gut und versicherten, in einem neutralen Lande nur zu seyn, um die feindlichen Unternehmungen zu beobachten. Bericht des Amtmannes Rutschmann aus Rodalben vom 30. Jan. 1793. Karlsr. Archiv. G. A. — [229] Am 9. Nov. 1792 hat der Vollziehungsrath dem Herzoge von Zweibrücken die Neutralität seines Landes in folgender Weise zugesichert: „Les états de ce Prince doient être traités comme neutres par les armées françaises à la condition, que lui même observera réellement la plus intime neutralité; qu'en conséquence ni lui, ni les Princes de sa maison ne donneront sur les dits états ni secours ni passage aux troupes ennemies." Der französische Gesandte Des Portes eröffnete dieß am 21. Nov. 1792. Reichsarchiv. Z. A. Nr. 892. — [230] Derselbe ward später französischer Commissär und mit einem anderen Zweibrücker Namens Weyrich im Sept. 1794 von einer preußischen Patrouille auf dem Oßweiler Hofe aufgefangen, der Stadt Zweibrücken aber von den Franzosen Rache gedroht, wenn jenen etwas zu Leide geschehe. Ein Haupkrawaller zu Meisenheim war Christoph Gerlach, Sohn des Schultheißen zu Offenbach. Er wurde in Zweibrücken eingesperrt. Sein Vater flehete am 10. Jan. 1793 um Gnade für ihn, die er auch erhielt, um bald wieder für die Republik zu werben. Unterm 28. Dez. 1792 hatten auch viele Bürger zu Zweibrücken wegen der Armenstiftung des Abbé Grinsard zu Zweibrücken eingereicht, welche ihnen nicht gut verwaltet schien.

1. Wiederverlegung der herzoglichen Residenz vom Karlsberge nach Zweibrücken. 2. Alsbaldige Flüßigmachung des gehemmten Geldes und die Bezahlung der vielen, unberichtigten Rechnungen der Bürger von Seiten der herzoglichen Verwaltung und ihrer Diener und hiezu nöthigenfalls der Verkauf der entbehrlichsten Pferde, Mobilien, [227]) die ohnehin bei einem Aufstande nicht geborgen sind. 3. Die Verbesserung des Nahrungsstandes der mittleren und geringeren Bürger durch Beschränkung der bevorzugten Handwerker und durch Ermittelung neuer Arbeitsgelegenheit. 4. Vierteljähriger Nachlaß der Nahrungsschätzung und des Kopfgeldes bei dem gesteigerten Preise aller Lebensmittel, welcher Nachlaß sich auf 3,756 Gulden entzifferte. 5. Verminderung der theilweise uneinbringlichen Steuern und hiedurch gebotene Verminderung der herzoglichen Ausgaben. [228]) Letztere sollte erzielt werden : a. Durch Abschaffung sämmtlicher Hofjägereien mit Hunden und des bisherigen, die Unterthanen so bedrückenden Hegstandes des kleinen und großen Wildes. b. Durch Verminderung des Militärs auf 500 Mann. c. Durch Verringerung des Marstalls und dessen Aufseher. d. Durch Aufhebung der Menagerie, der Fasanerie und Falkenerie. e. Durch Beschränkung der Gärtnerei. f. Durch Verpachtung der bisher selbst bebauten herzoglichen Höfe. g. Durch Einziehung der Gestüte und Weiden zu Holzhausen und Allenbach, wodurch die bortigen Einwohner in ihrem Weidrechte gekränkt wurden. h. Durch Beschränkung des Bauwesens auf das Nothwendige. i. Durch Verminderung des Hofpersonals. k. Durch Verminderung der Besoldungen und Gnadengehalte. l. Durch allmählige Freigebung der Züchtlinge und Schubkärcher, in so weit sie ungefährlich ist, der Kosten wegen. [229])

Der Herzog erklärte schon in einer auf dem Karlsberge erlassenen

---

[227]) Die Summe dieser Vorsorgungen belief sich auf 300,000 fl. Im Nov. 1793 waren viele werthvolle Möbeln auf den Schlößern von Karlsberg und Zweibrücken nach Kaiserslautern geflüchtet, namentlich 64 Verschläge mit Kronleuchtern und 23 Verschläge mit Spiegeln. Verbringungskosten betrugen 3,007 fl. 25 kr. Reichsarchiv. Z. A. Nr. 903. — [228]) Die Nettoeinnahmen des Herzogs würden sich hiedurch um ein Viertheil vermindern und noch etwa 230,000 fl. betragen, während sich dessen Ausgaben bisher auf 781,000 fl. beliefen, wodurch sich eine Schuldenlast von 1,400,000 fl. angehäuft hatte. — [229]) Die Unterzeichner von der Regierungskammer waren: Schmib, v. Fürstenwärther, Colson, Horstmann, Klick, Fiserius; jene der Rentkammern waren: Wernher, Lehmann, Thiel, Simon, Sturz und Bender.

Rückantwort vom 27. November 1792, daß ihm kein Opfer zu schwer sei, sich als liebreichen Vater seiner treuen Unterthanen zu erweisen. Dem entsprechend verfügte er Nachstehendes auf die an ihn gestellten Anträge: 1. Die Jägerei sei mit der Hundsküche abzuschaffen, sobald das überlästige Wild weggeschossen seyn wird. 2. Der Soldatenstand soll nach Möglichkeit der Umstände vermindert werden. 3. Der Marstall wird auf 110 Pferde herabgesetzt. Nur 80 Beschäler bleiben bei der Landstutterei. Die herzoglichen Gestütte gehen ein. 4. Die Menagerie, Fasanerie und Gärtnerei sollen auf das Nothwendigste für die herzogliche Küche beschränkt werden. 5. Eben so sollen auch das herzogliche Bauwesen, das Hoflagerpersonal, die Besoldungen und Gnadengehalte beschränkt, beziehungsweise neu geordnet werden. 6. Alle Baugefangene, welche nicht wegen schwerer Verbrechen sitzen, sollen nach und nach ihre Freiheit erhalten. 7. Der Verkauf von Juwelen, Möbeln und Silbergeräthe erschien dem Herzoge weder räthlich noch erkleklich. Bezüglich des Silbergeschirres bemerkte derselbe besonders: „Nach einer genauen Schätzung beläuft sich dasselbe auf 2,157 Mark oder im Werthe auf 41,826 Gulden, womit freilich wenig ausgerichtet wäre, wenn sich auch Seine herzogliche Durchlaucht mit frohem Herzen entschlößen, auf irdenem Geschirre zu speisen." [330]) In letzter Beziehung wollte der Herzog eine genügendere Hilfe verschaffen, denn er wies seine Regierung an, auf seine eigenen, mit dem Herzogthume in keiner Verbindung stehenden Güter in Böhmen ein Anlehen von 300,000 Gulden baldmöglich einzuleiten und zu erwirken. Solche wohlwollende Entschließungen mußten dem Gebieter neues Vertrauen seiner Unterthanen erwerben und feindlichen Aufstachelungen vorbeugen. Das sofortige Benehmen der Zweibrücker Bürgerschaft und der von ihnen in ihren Gemeinde-Angelegenheiten aufgestellten Bevollmächtigten war auch der Art, daß die herzogliche Regierung sich am 17. Februar 1793 bewogen fand, denselben die besondere Anerkennung zur wohlverdienten Ermunterung bekannt zu geben. [331])

---

[330]) Reichsarchiv. Z. A. Nr. 897. — [331]) Ebendaselbst. — In den besonderen Klagen, welche die Zweibrücker gegen die Regierung führten, zählten folgende: 1. Sie müßten jetzt Zoll bezahlen, wenn sie ihre Waare ausfahren. 2. Die Amtsgebühr auf dem Rathhause habe früher 14 kr. betragen, jetzt aber 32 kr. 3. Die bürgerliche Viehweide wäre verkauft worden, ohne daß man wisse, wohin das Geld gekommen sei. 4. Die herzoglichen Diener treiben

Bereits am 9. Februar 1793 Nachmittags halb zwei Uhr war eine französische Patrouille von 7 bis 8 Reitern in Zweibrücken eingetroffen und hatte sich am dortigen Rathhause aufgestellt. [232]) Eine Stunde später folgten jener Patrouille etwa 300 Mann, von denen aber die Hälfte alsbald nach Homburg aufbrachen. Am folgenden Tage, als die Bewohner eben den sonntäglichen Gottesdienst besuchen wollten, rückten abermals 1,500 Mann Infanterie in Zweibrücken ein. Ihre erste Handlung bestand darin, daß sie nach Wegweisung der herzoglichen Soldaten am Nachmittage die Gefängnisse erbrachen und die darin befindlichen Sträflinge in Freiheit setzten. Am folgenden Tage kam der Rest der Truppen, welcher zur Besetzung des Herzogthums bestimmt war, sammt der Artillerie und den Munitions= wagen. Am Nachmittage um 4 Uhr war bereits unter Musik, Gesang und Tanz von den Volontären, ohne Betheiligung der Bürger, auf dem Markte neben der Schloßbrücke ein Freiheitsbaum, mit dreifarbigen Bändern und der Jakobinermütze geziert, aufge= pflanzt. [233]) Eine öffentliche Bekanntmachung sicherte die Achtung und den Schutz des Eigenthums den Bürgern zu. Dieser folgte jedoch am 21. Februar eine zweite Bekanntmachung, welche unter Trommelschlag in allen Straßen der Stadt das Dekret vom 15. De= zember v. J. sammt den neuen Wahlverordnungen verkündete und

---

Handel und kaufen Güter zum Nachtheile der Bürger. 5. Die Stadt habe die Caserne bauen lassen und die Bürger müßten dennoch Quartiergelder be= zahlen. 6. Man stelle jetzt lauter studirte Schulzen auf, die nicht verständen, was die Bauern pflanzen und bezahlen können 2c. 2c. — [231]) Schon am 8. Febr. hatte der Herzog auf dem Karlsberge die offizielle Erklärung abge= geben, daß in den ebesten Tagen etwa 7,000 Mann Franzosen nach Zwei= brücken, Homburg und Kaiserslautern kommen dürften, um beide letztgenannte Städte zu besetzen und zu befestigen und daß er hiedurch der Sicherheit wegen genöthiget seyn könnte, seine Residenz zu verlegen. In der Nacht vom 9. Febr. überbrachte Nikolaus Pfeiffer von Rohrbach dem Herzoge mit Ge= fahr seines Lebens die Nachricht vom Herannahen der Feinde, was den Her= zog bestimmte, noch in derselben Stunde mit seiner Gemahlin die Flucht zu ergreifen, was ihn auch von der Gefangennehmung befreite. Schon um 11 Uhr in derselben Nacht bemächtigte sich der General Landremont mit einer starken Schaar Cavallerie des Karlsberges. Reichsarchiv. Z. A. Nr. 884. und 892. — [233]) Er trug zwei Inschriften. Die lateinische lautete: „Deposuit potentes de sede et exaltavit humiles.“ Die französische bestand aus den vier Ver= sen: „Ouvrez les yeux braves Pontais! — Osez briver vos fers, — Imitez les Français, — Eclairez l'universel.“

die bisherige Verfassung und Ordnung als aufgehoben erklärte. Der herzogliche Staatsminister v. Esebeck erhob hiegegen feierliche Einsprache. Diese hatte aber keinen anderen Erfolg, als daß der Minister deßhalb am 25. Februar gefänglich eingezogen und zunächst nach Saarlouis, dann nach Metz und endlich nach Paris abgeführt wurde. Am 28. Februar nahmen die Urwahlen in der Karlskirche ihren Anfang und Kaufmann Cetto ward zum Maire und Consistorialrath und Stadtsyndikus Ege zum Procurator gewählt. An diese Wahl schloß sich jene der Munizipalen und Notabeln an, welche ausschließlich auf biedere Männer fiel. [114]) Später ließen sich die Zweibrücker doch wohl zu Manchem verleiten, was nicht ganz zu rechtfertigen gewesen seyn dürfte, denn in einer Vorstellung an den Herzog vom 10. September 1793 bittet eine große Anzahl Zweibrücker Bürger „huldreichst zu vergessen, daß sie einst — obgleich aufgefordert — dreist genug waren, durch unsern Bürgerausschuß mehrfache Wünsche unterthänigst vorzutragen und die verschiedenen Wege selbst vorzuzeichnen, auf denen wir zu unserem künftigen Glücke zu gelangen hofften." [115])

***

[114]) Nämlich auf die früheren Rathsverwandten, den Gerber Georg Berseveanz, Handelsmann Schäfer, Pflanzwirth Theobald, Lilier, Zorn ꝛc. ꝛc. Am 9. März wurde zur Feier dieser Wahl ein glänzender Ball im großen Schloße abgehalten. Reichsarchiv. J. A. Nr. 612. Auch H. Finger's Altes und Neues. ꝛc. S. 99. u. ff. — Nach einem Berichte des Amtmannes Rutschmann aus Rosbalsen wurden am Sonntage den 3. März 1793 die Munizipalen in Zweibrücken gewählt. Karlsr. Archiv. G. A. Am 9. April 1793 richtete eine große Anzahl Zweibrücker die Bitte an den Herzog, doch dahin zu wirken, daß der Conferenzminister v. Esebeck auf freien Fuß gesetzt und seinem Amte wieder gegeben werde. — [115]) Reichsarchiv zu München. J. A. Nr. 897. Diese Wünsche bezogen sich zunächst auf die städtische Verfassung. Die Verwaltung der Stadt bestand aus sieben älteren und sieben jüngeren Rathsgliedern, aus dem Stadtschultheißen, welchen der Herzog ernannte und der den Vorsitz führte, aus dem Bürgermeister, welcher aus den älteren Rathsgliedern gewählt wurde und aus dem Syndikus, der städtischer Rechtsbeistand und Stadtschreiber war und seit dem Jahre 1753 ebenfalls vom Herzoge seine Bestellung erhielt, während er früher vom Stadtrathe erkoren und von jenem nur bestätiget wurde. Die sieben Mitglieder des alten oder inneren Rathes — Schöffen — ergänzten sich durch Wahl aus dem jüngeren Rathe, den früher die Bürgerschaft wählte, während in letzterer Zeit die Schöffen auch diese Wahl an sich rißen. Dieß gab Veranlassung zu Beschwerden, weil bei dieser Bildung des Stadtrathes der Nepotismus zu sehr begünstigt wurde. Auch waren die Bürger unzufrieden, weil sie in die Verwaltung der städti-

§. 5.　Aufſtände im Kurpfälziſchen oberhalb der Queich.

Obgleich der Kirchenrath zu Heidelberg eine beſondere Verord=
nung an die Pfarrer ſeiner Confeſſion erlaſſen hatte, die Herzen
der Unterthanen in der Treue gegen die rechtmäßige Obrigkeit zu
beſtärken und den Geiſt des Friedens und der Einigkeit neu zu
erwecken; obgleich die kurpfälziſche Regierung Alles aufbot, die ein=
zelnen Beſchwerden der Gemeinden zu erfahren und nach Möglich=
keit ſie zu heben ²³⁶) und um der Unruhe vorzubeugen, in die
Hauptorte Soldaten einlagerte: ſo ward doch der Freiheitsgeiſt in
einzelnen Gemeinden ſo ſehr geweckt und durch das Beiſpiel der
zweibrückiſchen Nachbarn ſo ſehr unterſtützt, daß dem endlichen Un=
ſchluſſe der obengenannten fünfzehn kurpfälziſchen Gemeinden an die
franzöſiſche Republik nicht konnte vorgebeugt werden. Billigheim
war für die kurpfälziſchen Dörfer oberhalb der Queich der Haupt=
ſitz der republikaniſchen Bewegung. Der dortige reformirte Pfarr=
vikar Hofmeiſter war es vorzüglich, welcher den Aufruhr durch die
frevelhafteſten Reden gegen die kurpfälziſchen Beamten ſchürte, bis
derſelbe zum vollen Ausbruche kam. Ihm arbeitete treulich in die
Hand „der berüchtigte ſogenannte Pfarrer“ Bopp in Ingenheim.
Hier wurde ſchon am 25. Oktober unter dem Geläute aller Glocken,
im feſtlichen Aufzuge der Bürger unter Jubel, Muſik und Schießen der
Freiheitsbaum, mit der Republikaner Mütze geſchmückt, aufgepflanzt,
nachdem bereits einige Tage zuvor die Wappen des Freiherrn v. Gem=
mingen, des Beſitzers dieſes Dorfes, zertrümmert und die Theilung
der herrſchaftlichen Grundſtücke beſprochen war. ²³⁷) In vielen

---

ſchen Gerechtſame, in die Einnahmen und Ausgaben faſt gar keine Einſicht
hatten. — Erſt am 5. März 1794 befahl der Herzog der Regierung, über
beßfallſige Verbeſſerungs Vorſchläge zu machen. — ²³⁶) Die hiezu abgeord=
neten Regierungsräthe v. Lamezan und v. Schmitz verfuhren ſehr ſtreng mit
den fehligen Beamten. Mehrere derſelben wurden beſtraft und andere ver=
ſetzt. Unter dieſen war auch, wie wir ſchon gehört haben, der Oberamtmann
zu Germersheim, welcher ſeine Stelle für 3,000 fl. erkauft hatte. Sie trug
ihm jedoch jährlich, laut eigener Angabe, 8,500 fl. ein. — Die Verkäuflich=
keit der Beamtenſtellen in der Kurpfalz war von verderblichſten Folgen für
jegliche Verwaltung. — ²³⁷) Bericht des Oberamtmanns v. Reibeld aus Ger=
mersheim vom 3. Dez. 1792. Der katholiſche Schullehrer zu Ingenheim
ward zum Gemeindeprocurator gewählt, welcher in Abweſenheit des Pfarrers
„die vorkommenden Pfarrgeſchäfte beſorgte.“ Karlsr. Archiv. P. A.

Orten ward eine sehr aufreizende Proclamation, aus der Straß-
burger Zeitung besonders abgedruckt, öffentlich angeschlagen und
vielfach verbreitet. Darin hieß es unter Anderem: „Von dem Heile
Frankreichs hängt ab das Heil der Welt. Wenn es ja wieder in
Knechtschaft gerathen sollte, so müssen alle Völker ewig Fesseln tragen.
Feinde der Tyrannen sammelt euch! Ergreifet die Waffen; ziehet
mit uns in den Streit. Zittert! Ihr sollet euer Verbrechen büßen!
Freiheit, dir huldige ein Jeder. Eher der Tod als Sclaverei!" [238])

Dieß zündete nicht wenig; noch mehr aber schürten die Vorgänge
in Mühlhofen, Ilbesheim und Bergzabern. Am 8. November waren
einige Hundert Pfälzer Unterthanen, wie die Ilbesheimer, nach
Landau gekommen, um dort Schutz und Hilfe für die zu erringende
Freiheit zu erhalten. Der Landauer Club erklärte, er könnte diese Unter-
stützung nicht gewähren und schickte sie mit ihrem Gesuche an den
Stadtcommandanten Gillot. Dieser sendete deßhalb einen eigenen
Courier nach Mainz an Custine und nach Straßburg an das dor-
tige Obercommando, um Weisung zu erhalten, welcher zu Folge er
wohl auch die Truppenabtheilung nach Ilbesheim beorderte. [239])
An demselben 8. November sollten zu Billigheim, Steinweiler und
Erlenbach Freiheitsbäume gepflanzt werden. Es wurde jedoch eine
Abtheilung kurpfälzischer Soldaten dahin abgeschickt, welche die
Ruhestörer verscheuchte, die theils nach Landau, theils nach Mühlhofen sich flüchteten. Mehr als in Landau fanden die Aufständischen
Unterstützung an den aus dem Elsaße gen Mainz ziehenden republikanischen Truppen. Als diesen am 9. November die Thore von
Billigheim von dem dortigen kurpfälzischen Commando auf ihr Begehren nicht wollten geöffnet werden, drangen sie gewaltsam ein, nahmen
die kurpfälzischen Offiziere gefangen und schleppten sie, der Neutralität
des kurpfälzischen Gebietes ungeachtet, nach Landau. Der kurpfälzische Obrist v. Zandt erhob dagegen Einsprache bei dem Festungs-
kommandanten in Landau, welcher ihm deßhalb augenblickliche Ge-
nugthuung versprach und die gefangenen Pfälzer unter sicherem Geleite wieder aus dieser Festung abziehen ließ.

---

[238]) Diese Proclamation wurde auch schon am 25. Okt. 1792 von den
in Kreuznach einrückenden Franzosen an das Rathhaus angeschlagen, was sie
wohl auch in anderen Städten und Dörfern, welche sie durchzogen, thaten.
— [239]) Bericht des Commissärs Hoffmann aus Bergzabern vom 9. Nov. 1792.
Reichsarchiv. J. A. Nr. 2689.

Der genannte Obrist, welcher das Obercommando in Neustadt führte, hatte Weisung erhalten, sich mit seinen Chevauxlegers nach Billigheim zu verfügen, um den glimmenden Aufruhr zu unterdrücken und die republikanischgesinnten Rädelsführer dort aufzufangen. Er brach deßhalb am 10. November Morgens 4 Uhr in Neustadt auf, zog in Edenkoben noch den Rittmeister v. Bommel mit 25 Reitern an sich und kam gegen 12 Uhr mit seiner Mannschaft in Billigheim an. Dort marschirte eben ein Bataillon französischer Nationalgarden mit gezogenem Gewehre und klingendem Spiele abwärts vorbei. Mehrere Nachzügler derselben waren noch in den Wirthshäusern des Städtchens und in den Straßen zerstreut, ohne daß sich Anstände ergaben. Der Obrist v. Zandt stellte seine Mannschaft vor dem Rathhause auf und ließ die Bürgerschaft vor sich versammeln. Die drei oder vier Hauptwühler erschienen jedoch hiebei nicht. Der den Obristen auf das Rathhaus begleitende Commissär Gerlein bemerkte dieses und jener meinte, daß man deßhalb auch gegen die Minderschuldigen nicht mit Strenge einschreiten dürfte. Gerlein hielt dieß auch für das Räthlichste. Auf dem Rathhause hielt Freiherr v. Zandt an die Versammelten, „welche still und todtenbleich umherstanden," folgende Ansprache: „Ich habe den Auftrag, alle treuen Unterthanen meines gnädigsten Fürsten auf das Kräftigste zu unterstützen, dagegen die Meineidigen sogleich gefänglich einzuziehen. Doch will ich es auf die Fürsprache des kurfürstlichen Commissärs und in Anbetracht, daß Seine kurfürstliche Durchlaucht immerhin, auch sogar bei seinen pflichtvergessenen Unterthanen, die Milde der Schärfe vorwalten lassen, auf mich nehmen, mit der Gefangennahme der Schuldigen noch einzuhalten, wenn die Versammelten es auf ihre Seligkeit versprechen wollen, sich forthin ruhig zu betragen und niemals mehr ihrem Eide untreu zu werden." ꝛc. ꝛc. Die Bürger betheuerten, dieß niemals gewesen zu seyn und nur Beschwerden vorgebracht zu haben, welche wirkliche Bedrückungen berühren. Sie reichten hierauf dem Obristen die Hand, versprachen nie meineidig zu werden und riefen zum Schlusse wiederholt aus: „Es lebe unser theuerster Kurfürst Karl Theodor!" Freiherr v. Zandt fügte seinem bezüglichen Berichte noch bei, daß es in der Umgegend ziemlich ruhig geworden, außer daß in Steinweiler und Erlenbach wegen des Freiheitsbaumes noch immer Gährung glimme. [240])

---

[240]) Bericht des Freiherrn v. Zandt aus Billigheim vom 10. Nov. 1792.

Diese Ruhe war jedoch von kurzer Dauer. Mehrere pfälzische
Dörfer ließen sich durch das militärische Einschreiten in Billigheim
nicht einschüchtern. Die Bewohner von Pleisweiler und Oberhofen,
durch die Bergzaberer aufgestachelt, versuchten es zuerst, Freiheitsbäume in ihren Dörfern aufzupflanzen. Sie wurden aber an diesem Vorhaben durch die kurpfälzischen Chevaurlegers verhindert.
Der schon genannte constitutionelle Pfarrer Bopp von Jugenheim
trug Vieles zur Aufregung bei. Er zog von anderen Freiheitsmännern begleitet in den einzelnen kurpfälzischen Gemeinden umher,
um sie zum Anschlusse an die große Nation zu vermögen, mit dem
Vorgeben, daß er von dem Distriktsrathe zu Weissenburg den Auftrag erhalten habe, die kurpfälzischen Dörfer oberhalb der Queich
auf Befehl des Pariser Nationalconvents in den Schutz der Republik aufzunehmen. In Klingenmünster ward die Aufregung so
drohend, daß in der Nacht vom 27. auf den 28. November beim
Anzuge der kurpfälzischen Reiter die Sturmglocke geläutet wurde.
Diese unterdrückten dort den Aufstand der besonders mit dem Amtmanne unzufriedenen Einwohner. Doch in der folgenden Nacht
rückten die freiwilligen Nationalgarden aus Bergzabern und aus
den benachbarten Guttenberger Dorfschaften den Freiheitsbrüdern in
Klingenmünster zu Hilfe und verjagten die kurpfälzischen Reiter. [841)]
Ein schuldloser Bauer wurde hiebei erschossen. Dem kurpfälzischen
Einspänniger in Klingenmünster wurden alle seine Habseligkeiten
zertrümmert und verwüstet. Der junge trotzige Amtmann und der
Schulz ergriffen die Flucht. [842)] Es ward noch an demselben Tage
unter Siegesjubel ein Freiheitsbaum dort aufgepflanzt und der Eid
auf die republikanische Freiheit geleistet. Abgeordnete Clubisten,
namentlich der Pfarrer Eisinger von Sulz und der Uhrmacher
Seyler von Weissenburg, welche Mitglieder des dortigen Distrikts-
Directoriums waren, nahmen die Beeidigung vor und stärkten die
Aufständischen in ihrer Widersetzlichkeit. An demselben Tage hatten

---

Karlsr. Archiv. P. A. — [841)] Am 16. Dez. 1792 beschloß das Provinzial-
Commando der pfälzischen Truppen zu Mannheim, daß die auf dem linken
Rheinufer aufgestellten Cordons auf das rechte Ufer zurückgezogen werden
sollten, was auch allmählig geschah Am 19. desselben kamen 90 Dragoner
des ersten Leibregiments der Frau Kurfürstin nach Schwetzingen, welche bis
zum Anzuge der Franzosen daselbst am 24. Sept. 1796 dort verblieben. —
[842)] August Becker — „Die Pfalz und die Pfälzer." S. 453.

ſich auch die Gemeinden Pleißweiler, Oberhofen und Gleißzellen erhoben und Freiheitsbäume aufgepflanzt.²⁴³) Konnte doch bei dem beſten
Willen der Regierung allen Wünſchen dieſer Gemeinden nicht entſpro-
chen, allen Beſchwerden derſelben nicht abgeholfen werden. Die Unzufriedenheit wurde ſtets durch republikaniſche Sendlinge genährt und
durch Hilfe der Nationalgarden unterſtützt. So kamen am 5. Dezember 500 franzöſiſche Huſaren aus Lauterburg nach Erlenbach,
unter deren Schutze dort der Freiheitsbaum aufgerichtet wurde. Dem
Setzen der Freiheitsbäume folgte, oft ſchon an demſelben Tage, die
Wahl der Gemeindevorſtände nach dem beßfälligen franzöſiſchen Geſetze. Die alten Beamten und Diener, welche ſich dem widerſetzten,
wurden ohne Weiteres entlaſſen. Die proteſtantiſchen Pfarrer und
Schuldiener, welche deßhalb bei der kurpfälziſchen Regierung um
Verhaltungsmaßregeln anfragten, erhielten die Weiſung, ſich einſtweilen in treuergebene Pfälzer Orte zu flüchten und den Drohungen
der Commiſſäre ausweichend, dort das Weitere abzuwarten.²⁴⁴)

Dieſes Verhetzen und Unterſtützen der pfälziſchen Unterthanen
gegen ihre rechtmäßige Obrigkeit von Seiten der Franzoſen gab mitunter
dem Miniſter, Grafen v. Oberndorff Veranlaſſung, durch ſeinen
Geſchäftsträger Hermann in Paris bei dem dortigen Miniſter des
Aeußern, Bürger Lebrun, Beſchwerde erheben zu laſſen. In der
deßfälligen Zuſchrift, worin auch über die Bedrückungen der Franzoſen in dem kurpfälziſchen Gebiete durch Wegnahme von Früchten,
Fuhren, über läſtige Einquartierungen ꝛc. Klage geführt ward, heißt
es wörtlich: „Noch befremdlicher iſt es, daß hin und wieder die
Unterthanen auf verſchiedene Art zur Widerſpenſtigkeit und Empörung wider ihre hohe Landesherrſchaft, beſonders von den Einwohnern der Stadt Landau, gereizt werden und wenn jene durch
kurpfälziſche Mannſchaft in die Schranken der Ordnung und Unter-

---

²⁴³) Bericht des Commiſſärs Hoffmann aus Bergzabern vom 29. Nov.
1792. Reichsarchiv. Z. A. Nr. 2689. — ²⁴⁴) Karlsr. Archiv. P. A. Beſonders pflichttreu erwieſen ſich der Pfarrer Balde und der Schullehrer Waß-
manach zu Heuchelheim, wo am 19 Dez. die Beeidigung vorgenommen wurde.
Dieß geſchah damals in 13 kurpfälziſchen Dörfern; am 17. Dez. zu Steinweiler und Rohrbach, am 18. Dez. zu Klingen ꝛc. Zu den treugebliebenen
Pfälzer Dörfern jenſeits der Queich gehörten Birkenhördt ſammt Bellenborn
und Blankenborn; die Dörfer des Goßersweiler Thales, dann Gödlingen,
Insheim, Birlweiler, Leimersheim, Neupfotz, Hördt, Kuhardt. ꝛc.

würfigkeit wollen gebracht werden, Widerstand durch beispringende französische Souveränitäts-Ortschaften, Nationalgardisten und Linientruppen sogar geleistet werde, um nichts davon zu melden, daß kurpfälzische Zollstöcke, Placate und Wappen niedergerissen und eine Menge anderer Frevel verübt werden." x. x. [245])

Diese Beschwerdeführung hatte keinen Erfolg. Noch im März 1793 wurde auch zu Kuhardt von den dort liegenden französischen Volontairen ein Freiheitsbaum aufgepflanzt. Die Bürger nahmen daran keinen Antheil. Der kurpfälzische Hauptmann und Marsch-Commissär Leger, der damals in Leimersheim wohnte, machte die Offiziere der auch am 19. desselben Monats dorthin verlegten Volontaire auf dieses vertragwidrige Benehmen in Dörfern der neutralen Kurpfalz aufmerksam. Sie verboten daher ihrer Mannschaft nicht nur solche Eigenmächtigkeit, sondern versprachen auch den Commandanten zu Kuhardt über dieses Verhältniß zu verständigen. In Leimersheim und in den benachbarten Gemeinden trafen dessen ungeachtet französische Commissäre ein, welche theils durch Versprechungen, theils durch Drohungen, unter den schimpflichsten Reden gegen den Kurfürsten von der Pfalz und andere Machthaber, die Einwohner verleiten wollten, die französische Verfassung anzunehmen und den Eid der Freiheit und Gleichheit abzulegen. Allein die Wühler fanden nur bei der verkommensten Classe Gehör und Beifall. Die pflichttreuen Bürger, bei Weitem die Mehrzahl der Bevölkerung, wollten von Meineid und Abfall nichts wissen und wurden bei solchen Zumuthungen gegen diese Sendlinge nur um so erbitterter. Mehrere Beamte und Geistliche geriethen ob den ausgestoßenen Drohungen in die größte Furcht, geplündert, mißhandelt, verjagt, ja gar umgebracht zu werden. Nach Abzug der genannten Commissäre war der Pfarrer Glöckle zu Leimersheim in solcher Angst,

---

[245]) Mannheim den 27. Jan. 1792. Karlsr. Archiv. P. A. Die Franzosen waren über den Kurfürsten von der Pfalz ungehalten, weil er 3,000 Mann Soldaten an den Rhein gesendet hatte. Der Kaiser wollte, daß der genannte kurpfälzische Geschäftsträger in Paris vom Kurfürsten entlassen werde. Er wurde jedoch in jenem Schreiben des Grafen von Oberndorff nur angewiesen, sich in seinen Noten an das französische Ministerium bezüglich der Kurpfalz der Wörter: „Neutralité" und „un allié de la nation française" zu enthalten und sich dafür der Ausdrücke: „Freundschaft" und „guter Nachbarschaft" zu bedienen. A. a. O.

daß er alles Hausgeräthe und sonstige Fahrnisse unter seine Pfarrkinder vertheilte und verschenkte. Dadurch mehrte sich bei diesen
die Verlegenheit und Furcht, was den dort lagernden Volontären zu
noch größeren Unfugen Veranlassung gab. ***)

Ueber den Hang vieler Pfälzer zur französischen Freiheit und
Gleichheit bemerkt ein umsichtiger Zeitgenosse im Allgemeinen Nachstehendes: „Die pfälzische Regierung ist sehr gelinde und beinahe
erschlafft. Die Abgaben sind, nach Maß der Fruchtbarkeit des
Landes, sehr geringe, die Strafen auf Vergehungen aller Art sehr
gelinde. Man weiß von keiner Militärkonscription, an deren Stelle
ein leidentliches Milizengeld eingeführt ist. Es wird wenig Wild
gehegt, das dem Landmanne schaden könnte. Bei diesen Vortheilen
würde sich manches andere Volk glücklich preisen und den Fürsten
vergöttern, der sie ihm gewährte. Unter den Pfälzern gibt es aber
dessen ungeachtet viele mißvergnügte Leute und ihr Mißvergnügen
hat Ursachen, die sie zum Theile öffentlich sagen, zum Theile geheim halten. Von der ersten Gattung ist die zu nachlässige Verwaltung der Justiz und die Schupperei, welche sich die Beamten
hie und da ungeahndet erlauben; — die gehässigen Monopolien, die
mehr den Handelsstand als andere drücken, weil in einem so zer-
trennten Lande jeder bei seinem Nachbar kaufen kann, was in
seinem Orte nicht verkauft werden darf; — der Zwang, die Maul-
beerbäume ohne Maß und Ziel in einem sehr hohen Preise und
meistens in schlechter Qualität kaufen und die erzielte Seide in
niedrigem Preise verkaufen zu müssen; — der Diensthandel, vermöge dessen nur selten ein Stück Brod erhält, das er nicht zum
Voraus bezahlt, und manches Landeskind, das kein Geld hat, einem
Ausländer, der damit versehen ist, nachstehen muß. — Unter die
Ursachen des Mißvergnügens, die man nicht so ganz laut saget,
gehört die Entfernung des Hofes von Mannheim, wodurch erstlich
nicht nur diese Stadt, sondern auch das Land vieles verliert und
zweitens die Pfalz einem anderen Lande nachgesetzt wird; — die
Irrungen im Religionsunterschiede, vermöge dessen die Protestanten
beinahe von allen öffentlichen Aemtern ausgeschlossen sind. — Ueber
diese Ursachen vergißt der Pfälzer die Vortheile, welche ihm die Re-

***) Schreiben des genannten Hauptmannes aus Leimersheim vom
24. März 1793. Karlsr. Archiv P. A.

gierung sonst gewährt und da er von Natur ein wenig leichtsinnig
ist, so wünscht er eine Veränderung in der alten Ordnung der
Dinge, ohne eben sehr genau zu berechnen, was er dabei gewinnen
werde. — Das Wort Freiheit ist ein gar verführerisches Wort, besonders für Leibeigene, die unter ihren Mitbürgern freie Leute zählen, in deren Wohnorten sie sich nicht niederlassen dürfen, ohne sich
zuvor freigekauft zu haben. Dieß Alles naget Vielen tief an der
Seele." [247]

§. 6. Aufstände im Amte Lemberg und Altdorf.

Auch das Amt Lemberg, zu welchem eilf Amtsschultheißereien
gehörten, welche jetzt den größten Theil des Bezirksamtes Pirmasens
bilden und ehedem zur Grafschaft Hanau-Lichtenberg zählten, in deren
Besitz bis zum Anfange dieses Jahrhunderts der Landgraf von
Hessen-Darmstadt gewesen, wurde schon sehr frühe von dem Sturme
der französischen Revolution berührt und theilweise schon im Jahre
1793 mit dem neuen Freistaate vereiniget. [248]

[247] „Die Franzosen am Rheinstrome." 1794. Heft III. S. 35. Am
4. Okt. 1792 schrieb der Zweibrücker Regierungsrath Klick von Bergzabern
hierüber an seinen Gebieter: „Die benachbarten Kurpfälzer Unterthanen sind
bei ihrem leibenden Drucke, bei ihrer feilen und noch dazu schlechten Justiz
ꝛc. ꝛc., wozu auch bei den Protestanten der noch mehr ansachende Religions-
druck kommt, zum allergrößten Theile Patrioten und selbst ein kurpfälzischer
Beamter sagte mir, daß die Unterthanen des Oberamtes Germersheim die
erste günstige Gelegenheit benützen würden, sich nach französischem Sinne frei
zu machen." Reichsarchiv. Z. A. Nr. 2690. — Am 22. Nov. 1792 schrieb
der kurpfälzische Marschcommissär Leger aus Mainz an seinen Fürsten über
dessen Unterthanen, die bei den Franzosen Hilfe suchten: „Die Bauern schlagen
über nichts los, als über Zahlung allerhand Gelder, die sie nicht mehr aufzutreiben wußten, über Justizmangel und den Druck ihrer Beamten. Ew.
kurfürstlicher Durchlaucht nehmen nicht zur Ungnade; ich schreibe, so wie ich
denke, ohne Zierlichkeit und so wie ich es selbst gar oft und viel mit Ohren
höre." Karlsr. Archiv. P. A. — [248] Bereits am 3. Sept. 1790 hatte der
Minister v. Gatzert ein Promemoria bezüglich der Beschwerden der deutschen
Reichsstände im Elsaße — beziehungsweise der Grafschaft Hanau-Lichtenberg —
dem kurfürstlichen Collegium in Frankfurt überreichen lassen. Am 27. Okt.
desselben Jahrs legte die landgräfliche Regierung in Buchsweiler einen Plan
zur Uebersiedelung derselben nach Pirmasens ihrem Gebieter vor, weil Frankreich ohne alle Rücksicht auf die erhobenen Beschwerden fortfuhr, diese unter
seiner Oberherrlichkeit stehenden, deutschen Besitzungen, gemäß der neuen Gesetze, zu organisiren, Munizipalitäten und Richter aufzustellen. ꝛc. ꝛc. Am.

Am Mittwoche den 31. Oktober 1792 zeigten sich zu Bären=
thal die ersten Unordnungen. Unter Anführung einiger Bewohner
dieses Dorfes kamen etwa 25 Nationalgarden von Bitsch dahin,
um die dortigen herrschaftlichen Fischweiher zu leeren. Sie um=
stellten das Haus des landgräflichen Oberförsters Brennemann.
Ein Theil derselben drang mit blanken Säbeln und gespannten
Pistolen in dessen Zimmer, nahm die dort vorfindlichen Gewehre in
Beschlag und nöthigte den Förster, mit hinaus an die Fischweiher
zu ziehen. Heinrich Schwarz, herrschaftlicher Gerichtsschöff, mit
anderen Freunden und Anhängern der Freiheit und Gleichheit, ihre
Hüte mit dreifarbigen Cocarden geziert, führten den bunten Zug und
schrieen: „Vive la nation", in welchen Ruf Große und Kleine,
welche mitliefen, einstimmten. Mitunter hörte man auch die
Drohung: „Die Spitzbuben waren lange genug oben; sie müssen
aufgehenkt werden; jetzt sind die Bauern Herrn!" ꝛc. Nur drei
dieser Nationalgarden konnten deutsch sprechen. Sie unterstützten die
ausgestoßenen Drohungen und erklärten, bald in größerer Anzahl
wieder zu kommen, um einen Freiheitsbaum im Dorfe zu setzen.
Die Fischweiher wurden abgeschlagen und eine ansehnliche Beute
an Karpfen und Hechten unter Beihilfe einzelner Bürger wegge=
fahren. An demselben Nachmittage kamen auch drei Offiziere der
Nationalgarden von Oberbronn zu dem Pfarrer Spoor in Bären=
thal Sie erklärten diesem, daß die Einwohner sich an die fran=
zösische Republik anschließen und deßhalb einen Freiheitsbaum setzen
wollten, was man ihnen nicht wehren könnte und dürfte. Am
nächsten Freitage den 2. November Morgens 11 Uhr kamen wirk=
lich aus den elsäßischen Dörfern Oberbronn und Ofweiler etwa
400 Mann, darunter viele in Nationalgarden=Uniform mit Trom=
meln und Pfeifen nach Bärenthal, um den Freiheitsbaum dort auf=
zupflanzen. Zu den Anführern gehörte der Pfarrer Vierling von

---

27. und 28. Dez. 1790 wurde in Buchsweiler wirklich der dortige Hofsattler
Culmann zum Friedensrichter gewählt, das Hagenauer Distrikts=Gericht zu
Zabern installirt und am 30. desselben von dem Maire und der Munizipalität
die landgräflichen Amtsstuben zu Buchsweiler unter Siegel gelegt und die dortige
Darmstädter Regierung, dessen Präsident Freiherr v. Rathsamhausen war, bezüg=
lich der gerichtlichen Verhandlungen außer Wirksamkeit gesetzt. Der Landgraf
ließ hierüber bei der Reichsversammlung in Regensburg am 2. Febr. 1791
Beschwerde erheben. Reichstagsakten zu Regensburg a. a. O.

Oberbronn. [349]) Es wurde ein mächtiger Tannenbaum dazu ge=
wählt und vor dem herrschaftlichen Stalle aufgerichtet. Vierling
hielt dabei eine Rede, erklärte darin die Vorzüge der französischen Ver=
fassung und forderte hierauf die Einwohner auf, der Republik den
Eid zu schwören, welches auch fast alle thaten. Der Oberförster, der
Pfarrer Spoor und der Zolleinnehmer waren ebenfalls zugegen, ohne
jedoch dem Aufstande beizupflichten. Die landgräflichen Wappen wur=
den abgerissen und durch Anspeien verhöhnt. Unter dem Rufe: „Vive la
nation!" zog man mit der Musik von einem Wirthshause zum
andern im Dorfe umher. Es wurde gezecht und getanzt, gesungen
und gesprungen. Gegen fünf Uhr Abends zog der ganze Haufe mit klin=
gendem Spiele nach Philippsburg, einem anderen zu der Oberschult=
heißerei Bärenthal gehörigen Dorfe, wo ebenfalls ein Freiheitsbaum
gesetzt wurde. Erst gegen 10 Uhr kehrte der freiheitslustige Schwarm
wieder nach Bärenthal zurück, um dort die ganze Nacht hindurch
zu schmausen und zu saufen, zu tollen und zu tanzen.

Am Sonntage Abends den 4. November wurde in Obersteinbach der Aufruhr angefacht und geschürt. Auch hier beriefen und
stützten sich die Hetzer, wie in vielen anderen Gemeinden, auf an=
geblich verletzte alte Waldrechte. Man steckte die Cocarden auf,
sammelte Unterschriften zum Anschlusse an Frankreich und schickte
am folgenden Tage nach Oberbronn, um die dortigen Soldaten zur
Unterstützung einzuladen und dann vor Allem die alten Schriften
und Urkunden über ihre Waldgerechtigkeiten in Pirmasens auszu=
spähen und zu erzwingen. [350])

Am 8. November kamen etwa 12 Mann französische National=

---

[349]) Die Herrschaft Oberbronn war damals im Besitze des Fürsten Ludwig v. Hohenlohe-Bartenstein. Schon im Juli 1789 erhob sich dort der Aufruhr von etwa 1,500 theils mit Prügeln, theils mit Waffen versehenen Bauern,
welche sich des fürstlichen Archives bemeisterten, um ihre alten Rechte zu untersuchen und die Rückzahlung der erhobenen Gefälle zu erpressen. Am 14. Okt.
1792 legte der Pfarrer Vierling als Sequestrations-Commissär alle Zimmer
des dortigen fürstlichen Schlosses unter Siegel. rc. Am 1. Sept. 1795 reichte
der genannte Fürst eine Darstellung der erlittenen Verluste beim Reichstage
in Regensburg ein. Reichstagsakten a. a. O. in Regensburg. — [350]) Am
5. Nov. 1792 wendete sich Freiherr v. Kaltsambausen wegen dieser Vorfälle
an die Distrikts-Verwaltung zu Weissenburg, sowie an die Departemental-
Verwaltung zu Straßburg. Letztere erwiederte am 7. desselben, die Sache
dem Nationalconvente in Paris eingesendet zu haben. Darmst. Cabinetsarchiv.

garben, unter Anführung des Oberförsters Weiß von Rockweiler
und mehrerer Freunde der Freiheit und Gleichheit von Eppenbrunn
nach Trulben, um auch hier, wie es bereits im letzteren Dorfe an
demselben Tage und zu Steinbach ebenfalls geschehen, einen Frei=
heitsbaum zu pflanzen. Mehrere Einwohner schloßen sich alsbald
diesem Zuge beifällig an, so daß der dortige landgräfliche Ober=
schultheiß es nicht mehr wagte, sich jenem Beginnen zu widersetzen.
Noch an demselben Abende erhob sich ein mächtiger Freiheitsbaum
in der Mitte des Dorfes. Am folgenden Morgen zogen dieselben
Freiheitsprediger auch nach Kröppen, Schweix und Hilst, um auch
dort die Bewohner für den Anschluß an Frankreich zu gewinnen. [251]
Da diese, erst im Jahre 1606 von Lothringen an die Grafschaft
Hanau=Lichtenberg abgetretenen Dörfer, bereits dem Oberamte zu Pir=
masens erklärt hatten, kein Salzgeld mehr bezahlen zu wollen, so fand
der Aufruf zur Freiheit um so willigeres Gehör. Die Aufständischen er=
klärten bald weiter, keinen Pfennig mehr an die darmstädtischen Re=
cepturen zu entrichten. Der Jagdgerechtsamen des Fürsten hatten sie
sich ebenfalls bemeistert. Sie ließen die vom Landgrafen an Zwei=
brücker Holzhändler verkauften, zum Einwerfen bereit liegenden
1,000 Klafter Holz nicht verabfolgen, sondern wählten sich davon
ihren eigenen Bedarf. Allen diesen Eigenmächtigkeiten geschah kein
Widerstand und konnte keiner geschehen, „da die Regierung zu Pir=
masens jeden Tag in banger Erwartung stand, ob nicht Gleiches in
dieser Amtsstadt unternommen werde."

Die genannte Regierung versäumte nicht, [252] ihrem Gebieter
von diesen bedenklichen Vorfällen Kenntniß zu geben. Sie war der
Ansicht, es möchte von dem französischen Minister Lebrun, ziehungs=
weise von dem Obergenerale Kellermann und von dem Obergenerale

---

[251] „Am 8. und 9. Nov. sind in diesen Dörfern unter gewöhnlichem
Jubeln und Tanzen von den Predigern der Freiheit die neumodischen Frei=
heitsbäume errichtet und diese Unterthanen in freie Franken umgewandelt
worden." Amtlicher Bericht aus Rodalben vom 17. Nov. 1792. Karler.
Archiv. S. A. — [252] Freiherr v. Rathsamhausen war damals Präsident der
hanaulichtenbergischen Regierung zu Pirmasens. Räthe waren Bornagius,
Gerhardi, rc. Am 11. Nov. schrieb der genannte Freiherr, daß seit neun
Tagen die ganze Schultheißerei Bärenthal und 6 andere Dörfer im Amte
Lemberg, welche letztere kaum 2 Stunden von Pirmasens entfernt seyen, ab=
trünnig geworden wären.

Biron eine „Sauve garde" für diesen Theil der Grafschaft als neutrales Gebiet erwirkt werden, zu welchem Behufe sie die gefertigten Anschreiben zur Unterschrift in Darmstadt ihrem Berichte beifügte. Der Landgraf Ludwig gab hierüber aus Giesen am 11. November die Weisung: „So schmerzhaft und höchst unangenehm ihm diese Auftritte seyn müssen und so äußerst ansteckend und gefährlich sie in der Folge leider noch seyn können: so wenig vermag ich mich doch zu überzeugen, wie eine von mir gegen Frankreich geschehende Neutralitätserklärung mich wider den Empörungsgeist meiner Unterthanen schützen und retten kann. Hätte man jüngsthin meinen Befehl befolgt und den Schwarz in Bärenthal, allenfalls unter Requisition fremder, benachbarter, militärischer Hilfe ins Zuchthaus liefern lassen, so wäre das jetzige Unheil sicherlich nie entstanden. So aber fürchtete sich die Regierung vor ihm und seinem Anhange. Man merkte dieses, mißbrauchte die Schwäche derselben und steigt ihr nun über den Kopf. Eine zu weit getriebene Furcht und Nachgiebigkeit gegen wenige Schurken zu Buchsweiler vergrößerte dort das Uebel und läßt mich nur allzusehr ahnen, was bei ähnlichen Burschen im Amte Lemberg vielleicht besorglich ist. Ich hätte der Regierung, wenn sie anders auf die entworfenen Schreiben im Ernste einiges Vertrauen setzt, so viel Einsicht und Selbstentschlossenheit zugetraut und der ihren Abgeordneten neulich hierüber gegebene Fingerzeig war so deutlich, daß sie die gutfindende Sache und pflichtgemäße Maßregeln, ohne mich erst lange zu befragen, oder gar zu compromittiren, von selbst ergreifen würde. Hätte sie dieses gethan und nichts ausgerichtet, dann war es erst Zeit und Ort zu überlegen, ob und welchermaßen ich in die Mitte zu treten für räthlich finde. Nachdrückliche Exempel müssen statt haben; dieß ist ein für allemal nothwendig. Und wenn die Regierung es geschelt anfängt, so kann sie sich vielleicht selbst mittels französischer Assistenz der Rädelsführer bemächtigen. Ich bemesse mein Betragen mit so vieler Vorsicht und Mäßigung gegen die Franzosen, daß selbst in diesem Augenblicke meine hiesigen Staaten weder von Casselern, weder noch von Preußen dürfen betreten werden." [263])

---

[263]) Schon am 29. Aug. 1789 hatte der Landgraf Ludwig 400 Mann mit zwei Kanonen in die Reichsämter Willstett und Lichtenau unter dem Befehle des Obristen Pfaff einrücken lassen, um den Geist der dort ausgebroche

Diese Zuschrift, in welcher der Regierung in Pirmasens zu
weit getriebene Nachgiebigkeit und Furcht zum Vorwurfe gemacht
wurde, erfüllte dieselbe bei ihrer kritischen Lage mit doppeltem Miß=
muthe. Sie suchte sich in einer ausführlichen Denkschrift vom
19. November über diesen Vorwurf zu rechtfertigen. Sie zeigte an
dem Beispiele der militärischen Einschreitung der Zweibrücker Re=
gierung im Oberamte Bergzabern, namentlich im Dorfe Ilbesheim,
daß gewaltsame Maßregeln das Uebel des Aufruhrs nur beschleu=
nigten und vergrößerten und die Franzosen zur höchst bedenklichen
Einmischung herbeizogen. Daher erklärte sich die Regierung jetzt auch
gegen die Verlegung des Leibgarden=Bataillons nach Pirmasens. Sie
bemerkte hiebei, „die abtrünnigen Unterthanen würden diese Ver=
legung als eine Vorkehrung, sie wieder zum Gehorsame zu zwingen,
ansehen; sie würden Hilfe von den Franzosen verlangen und daß
sie dieselbe auch erhalten dürften, daran läßt das, was zu Bergzabern
geschehen ist, nicht zweifeln. Daß die Aufrührer wirklich Hilfe verlangen
würden, sind wir dadurch versichert, daß die Trulbener bereits 40
Mann Nationalgarden begehrt haben, welchem Begehren jedoch, wie
wir guten Grund haben zu glauben, nicht entsprochen wird, so
lange von Seiten der Regierung keine Anstalten getroffen werden,
welche gewaltsames Vorgehen gegen die treulosen Unterthanen be=
sorgen lassen". Daß die Regierung ihren Landesherrn zum unmittel=
baren Eingreifen in diese Angelegenheit aufgefordert habe, entschul=
bigte diese damit, daß auch der Herzog von Zweibrücken und der
Fürst von Nassau=Saarbrücken dasselbige gethan, in deren Gebieten,
so wie zu Saargemünde und im Rheingräflichen, da wo dieses an
Frankreich angrenzt, ungefähr zur nämlichen Zeit, wie im Amte Lem=
berg, Freiheitsbäume aufgerichtet wurden. [254])

Die republikanisch gesinnten Bewohner von Trulben, Kröppen,

---

nen Empörung zu dämpfen, die herrschaftlichen Gerechtsamen und das Eigen=
thum der pflichttreuen Einwohner zu schützen. — [254]) Nach den Originalver=
handlungen. Darmstädter Cabinets=Archiv. H. L. — Am 17. Febr. 1792
schrieb Amtmann Kulschmann von Rodalben an den Markgrafen von Baden:
„Schon tragen die meisten Pfälzischen, Leiningischen, Leyischen und Sickingi=
schen Unterthanen die Freiheits=Cocarden in der Tasche und der glückliche
Fortgang des Bergzaberer Unwesens scheint ihren Muth sehr anzufeuern.
Oefters lassen sich auch hier bald deutsche, bald französische Wanderer mit
solchen Freiheitszeichen blicken." 2c. 2c. Karlsr. Archiv. G. A.

Schweix, Hilst, Eppenbrunn und Obersteinbach ließen es bei dem Setzen der Freiheitsbäume nicht bewenden, sondern richteten auch ihre Gemeindeverwaltung gemäß der neuen französischen Gesetzgebung ein, wobei sie ja von der landgräflichen Regierung nicht durften gewaltsam verhindert werden. Sofort entwarfen sie auch ein Bitt= gesuch an den Pariser Nationalconvent und sammelten Unterschriften, um die Einverleibung mit der Republik zu erzielen. Wirklich wur= den auch diese sechs Dörfer durch Beschluß des genannten Convents vom 14. und 15. Februar 1793, gleich dem Fürstenthume Monaco in Italien und der Grafschaft Saarwerden, mit Frankreich vereiniget und dem Departemente der Mosel zugetheilt. [255]) Sie bildeten daher den ersten Gebietstheil, welcher sich vom deutschen Vaterlande los= trennte und von der französischen Revolution brüderlich umarmt wurde.

Kaum war der Beschluß bezüglich der Einverleibung der ge= nannten sechs Dörfer von dem Nationalconvente gefaßt, als am Samstag den 16. Februar etwa 400 der aufständischen Bauern mit dem Commissäre des Bitscher Distrikts, Bürger Knöpfler und 8 Mann Cheveauxlegers in lärmendem Aufzuge nach Pirmasens kamen, um dort auch am folgenden Sonntage einen Freiheitsbaum aufzupflanzen. Sie drangen in die Häuser ein, um sich mit Gewalt die vorfindlichen Schießgewehre anzueignen. Die eingeschüchterten landgräflichen Regierungsbeamten konnten sich dem Unfuge mit Ge= walt nicht widersetzen. Sie dachten vielmehr daran, sich im äußersten Falle in das angrenzende badische Amt Grävenstein zu flüchten, wo die Bewohner ihrem verehrten, milden Markgrafen und dessen Be= amten sehr ergeben waren. [256]) Am folgenden Sonntage in der Frühe wurde wirklich der Freiheitsbaum in Pirmasens, jedoch ohne Theilnahme der dortigen Bürgerschaft, errichtet. Zum Schutze dessel= ben stellten die Wühler eine republikanische Garnison in Aussicht. [257])

---

[255]) Collection complète des lois etc. par J. B. Duvergier. tome V. p. 194. Diese Einverleibung der genannten Dörfer gab Veranlassung, daß dieselben später zum Bisthume Metz zählten. — [256]) Diese Beamten waren Freiherr v. Jenfau, Oberjägermeister; Rutschmann, Amtmann zu Rodalben; J. B. Renzler, Forstverwalter. Nach dem Einrücken der Franzosen in Zwei= brücken am 9. Febr. 1793 hatten sich bei 100 französische Geistliche in das Gräfensteiner Amt geflüchtet. — [257]) Bericht der genannten drei Beamten aus Rodalben an den Markgrafen zu Baden vom 24. Febr. 1793. Karlsr. Archiv. G. A. Bezüglich des von den Franzosen von den Beamten abzu= fordernden Eides bedeutete ihnen der markgräfliche Minister v. Edelsheim

Unter den 32 Gemeinden, welche bereits am 14. und 15. März 1793, wie wir oben hörten, mit der französischen Republik vereint wurden, zählten auch die drei Dörfer des gräflich degenfeldischen Amtes Altdorf, nämlich Altdorf, Gommersheim und Freisbach dießseits der Queich. In den zwei letztgenannten Orten wurden im Beginne des November 1792 Freiheitsbäume aufgepflanzt. Es kam dabei, wie in gar vielen andern Gemeinden, zwischen den Freunden der Freiheit und Gleichheit und den ihrer bisherigen Obrigkeit treuergebenen Unterthanen zu argem Zwiespalte und Haber. Erstere an deren Spitze der lutherische Pfarrer Hierthes stand, wählten eine Munizipalität und versagten dem bisherigen Amtsschultheißen den Gehorsam. Sie befürchteten jedoch den gewaltsamen Umsturz der neuen Verwaltungsweise und wendeten sich daher an die Clubisten in Landau und Weissenburg, um beßfallsige Unterstützung. Diese erwirkten sie bei dem Generale Wimpfen, welcher damals das Obercommando über die französischen Truppen von Pfalzburg bis Landau führte. [258] Der General erließ am 19. Nov. eine gedruckte Bekanntmachung, worin er dem degenfeldischen Amtmanne — Cramer — drohete, wenn derselbe sich erdreisten sollte, die in Gommersheim und Freisbach aufgepflanzten Freiheitsbäume niederwerfen zu lassen, es gar leicht geschehen könnte, daß die französischen Soldaten aus der Garnison zu Landau, ungeachtet des Gebotes, laut dessen sie allen fremden Grund und Boden schonen und beachten sollten, ja dennoch bis zu dem gedachten Amtmanne und dessen untergebenen Beamten vordringen könnten, um sie die Strafe einer verletzten Nation empfinden zu lassen. Eine zweite Zuschrift desselben Tages, „von den freien Bürgern versammelt in Weissenburg", stieß noch stärkere Drohungen gegen den pflichttreuen Amtsschultheißen in Gommersheim aus. [259] Es kam dessen ungeachtet in den beiden Dörfern bald zu blutigen Auftritten, bei welchen die Sturmglocke geläutet

---

am 2. März 1793: „Daß sie diesen ihrem freien Willen zuwider laufenden Eid so lange von sich ablehnen würden, als nicht alle dagegen angewandten Mittel fruchtlos seyn würden. Jedoch überließe man bloß dem Gewissen eines Jeden und der Ueberzeugung des mehr oder weniger bösen Beispiels, welches er hiedurch den Unterthanen geben würde, was jeder hiebei zu thun gedächte." — [258] Derselbe Freiherr Franz v. Wimpfen stand früher in dem Regimente Royal Deuxponts und dann in Wirtembergischen Diensten. — [259] Beilage 20. und 21. Reichsarchiv. Z. A. Nr. 902.

und mehrere Anhänger der neufränkischen Grundsätze mißhandelt wurden. General Wimpfen fertigte daher am 29. November zu Landau den Befehl an die dortige Gendarmerie aus, fünf als schuldig bezeichnete Bürger in Gommersheim und Freisbach gefänglich einzuziehen, damit der Nationalconvent über das Loos derselben entscheide. Ob und wie dieser Befehl in Vollzug gesetzt wurde, darüber fanden wir keine weitere Nachricht. Indeß fuhren jedoch die Jakobiner zu Landau fort, in den umliegenden Dörfern gedruckte Placate zu verbreiten, in welchen die Einwohner ermuntert wurden, sich an die neufränkische Freiheit anzuschließen. [260]) Noch lange rangen die pflichttreuen Bewohner des Amtes Altdorf mit den dortigen Freunden der Republik um die Oberhand. Am Samstage den 6. Januar 1793 kam Petersen von Speyer mit einigen andern französischen Commissären nach Gommersheim, um dort die Beeidigung auf die Freiheit und Gleichheit vorzunehmen. Dieser Versuch scheiterte jedoch an dem Widerwillen der meisten Bewohner. Man läutete dreimal die Gemeindeglocke, um die Bürger zu versammeln, allein diese erschienen nicht. [261]) Später sammelte man jedoch in den fraglichen Ortschaften, so wie auch in den ihnen nahegelegenen, ebenfalls auf der linken Seite der Queich befindlichen Dörfern Essingen und Niederhochstadt Unterschriften für die Einverleibung mit Frankreich, welchem Wunsche auch bald durch das schon bemeldete Dekret des Nationalconvents vom 14. und 15. März 1793 willig entsprochen wurde.

---

[260]) Ein solches Placat liegt in Original vor uns. Es lautet: „Die National-Convention erklärt im Namen der französischen Nation, daß sie Bruderliebe und Hilfe allen Völkern zusage, die ihre Freiheit erringen wollen, und trägt der ausübenden Gewalt auf, den Generälen die nöthigen Befehle zu ertheilen, um diesen Völkern Hilfe zu leisten und diejenigen Bürger, die wegen der Sache der Freiheit gequält würden, oder noch werden könnten, zu vertheidigen. — Brüder! Dieses muß euch entzückende Freude erwecken. Nur Muth, euer Glück ist für euch bereitet. — Landau den 25. Nov. 1792. Im ersten Jahre der Franken-Republik. Die Glieder der Freiheit und Gleichheit. Gerhardt, Präsident. Fried, Sekretär". — [261]) Amtlicher Bericht vom 9. Jan. 1793. Karlsr. Archiv. S. A.

Vierter Abschnitt.

Weiteres Vorgehen zur Vereinigung des besetzten Rheingebietes mit Frankreich.

§. 1. Neue Versuche, Städte und Dörfer für den Anschluß an Frankreich zu gewinnen.

Während die Aufwiegelung und Anschließung der zweibrückischen, kurpfälzischen, hessendarmstädtischen Unterthanen oberhalb der Queich und längs der nördlichen Grenze Frankreichs an die neu errichtete Republik auf die verschiedenste Weise versucht, unterstützt und, wie wir gehört, theilweise erzielt und in dem von den Republikanern besetzten Gebiete zwischen Landau und Bingen die geschilderten neuen Verwaltungseinrichtungen getroffen wurden, war Custine mit seiner täglich wachsenden Rheinarmee nicht ohne Gefahr, bald wieder aus diesem Gebiete verdrängt zu werden. [162]) Trotz der großen Verluste, welche die verbündeten Armeen bei ihrem Rückzuge aus Frankreich mehr durch üble Witterung, Seuchen und Noth, als durch die Waffen der Republikaner erlitten hatten, rückten sie über Coblenz die Lahn herauf, um das arg mißhandelte Frankfurt zu entsetzen. Die Franzosen, welche in der Gegend von Königstein, Oberursel und Homburg vor der Höhe starke Verschanzungen angelegt und Limburg, Jdstein und Weilburg, Nauenheim, Selters rc. ausgeraubt und gebrandschatzt hatten, zogen sich in ein verschanztes Lager bei Höchst zurück. Nur etwa 1,800 Mann, von dem französischen Generale van Helden befehligt, blieben in Frankfurt. Diese wurden am 28. November vergeblich zur Uebergabe der Stadt auf

---

[162]) Der damalige Plan Custine's, laut dessen gerichtlicher Erklärung, war, nachdem Mainz und Frankfurt hinweggenommen und hier Geld und Lebensmittel gewonnen worden wären, bei Frankfurt den Main zu übersetzen und sich der Stadt und Festung Mannheim zu bemächtigen, wo er bereits Verräther geworden hatte. Allein dieser Plan wurde wegen der Neutralität der Pfalz von den Ministern in Paris nicht genehmigt. Gesch. der franz. Eroberungen. Th. I. S. 253.

gefordert. Am 2. Dezember stürmten die Hessen die Stadt. Custine war
zu deren Vertheidigung bis nach Bockenheim herangeeilt. Er wagte
es aber nicht, sie zu schützen, sondern kehrte am Abende desselben
Tages nach Höchst muthlos und verlegen zurück, während der König
von Preußen mit freudigem Jubel in Frankfurt begrüßt wurde. In
gleicher Zeit vertrieb der Prinz v. Hohenlohe die Franzosen aus
ihrem Nebenlager bei Oberursel. Auch bei Höchst wagte Custine
keine Schlacht, sondern suchte schon am folgenden Tage den 3. Dezember Sicherheit hinter den Mauern von Mainz. Die deutschen
Truppen rückten bald den Main herab bis vor Castel und Kostheim, um dann von ihren bisherigen vielen Strapazen während
der Wintermonate auszuruhen. [103])

Bei dieser nahenden Gefahr wurde von den Clubisten in Mainz
Alles aufgeboten, um diese Stadt sammt dem übrigen von den
Franzosen auf dem linken Rheinufer besetzten Gebiete inniger mit
der großen Republik zu verbinden. Dazu benützte man das am
19. November 1792 erlassene Dekret des Nationalconvents, worin
dieser im Namen der französischen Nation erklärte, „daß er Bruderschaft und Hilfe allen den Völkern zusichere, welche sich den Besitz der
Freiheit wiedergeben wollen und der vollziehenden Gewalt auftrage, alle
nöthige Befehle den Generälen der Armeen zu ertheilen und den Völkern
beizustehen und die Bürger in Schutz zu nehmen, welche wegen ihrer Frei-
heitsliebe gemißhandelt worden wären oder mißhandelt zu werden Gefahr
liefen." Um die Bewohner des Erzbisthums Mainz und der Bisthümer
Speyer und Worms zu bewegen, sich für die neufränkische Freiheit und
Gleichheit zu erklären, hatte die allgemeine Administration schon unterm
24. November die Vorzüge und Wohlthaten der Staatsverfassung
von Frankreich in allen Städten und Dörfern öffentlich verkündigen
und anrühmen lassen, wie wir bereits gehört haben. Dieses führte
jedoch nicht zum erwünschten Ziele. Deßwegen beschloß dieselbe mit
dem Beginne des Monats Dezember einen entschiedenen Schritt
weiter in der Sache zu thun. Die deßfallsigen Bestimmungen

---

[103]) Klein a. a. O. S. 271. und ff. — Am 2. Dez. 1792 speiste Cu-
stine mit den Generälen Biron, Beauharnais, Houchard, dem Generaladjutanten
Scherb und mit dem in französische Dienste übergetretenen Mainzer Ingenieur
Eickemeyer bei den Antonitern zu Höchst zu Abend. Siehe Ausführliches
über Eickemeyer und die Uebergabe von Mainz in Fried. Lehne's Schriften.
B. III. S. 149. u. ff.

waren folgende: 1. Die Generaladministration zu Mainz schickt Commissäre in alle Städte, Dörfer und Flecken, welche von Landau bis unterhalb Bingen gelegen sind, wie auch in die in diesem Bezirke befindlichen, sogenannten ritterschaftlichen Orte und in die Grafschaft Falkenstein, um die Stimmen der Bewohner über die Beibehaltung ihrer alten Verfassung, oder über die Annahme der fränkischen zu sammeln. 2. Die Commissäre, welche Männer von gesundem Menschenverstande, geprüfter Redlichkeit und natürlicher Beredsamkeit — Clubisten? — seyn müssen, erhalten die Vollmacht, die Gemeinde jeden Ortes öffentlich versammeln zu lassen, derselben einen gedruckten Auszug aus der fränkischen Verfassung, nach den zwei bereits im Drucke erschienenen Erklärungen vorzulegen und dann die Namen derjenigen, welche sich zu der fränkischen Verfassung bekennen wollen, in einem Protokolle aufzunehmen, welches vom Schultheißen und Gerichte zu beglaubigen ist, wenn hiegegen nicht wichtige Gründe streiten sollten. 3. Die Commissäre erläutern dem Volke, daß die höchste Gewalt ihm zustehe und daß es also von ihm allein abhänge, seine Verfassung abzuändern und sich eine andere, seinem Wohle zuträgliche, zu geben. 4. Zu dieser Abstimmung sollen alle Ortseinwohner, welche einundzwanzig Jahre alt sind und nicht um Lieblohn als Knechte im Dienste stehen, eingeladen werden. Wer nicht erscheint, wird als solcher angesehen, der sich seines beßfallsigen Rechtes vergeben habe. 5. Um berechnen zu können, wie Viele die fränkische Verfassung annehmen oder die bisherige beibehalten wollen, so haben sich die Commissäre von der Anzahl der Einwohner überhaupt und der Abstimmenden insbesondere zu vergewissern. 6. Die Schultheißen und Gerichte sind verbunden, die Commissäre als Abgeordnete der obersten Landesregierung zu erkennen und ihr gemeinnütziges Geschäft zu erleichtern. 7. Die Commissäre sollen sich nur von der Liebe zur Wahrheit und zum Wohle ihrer Mitbürger leiten lassen und in keiner Weise die Freiheit der Stimmen beeinträchtigen. 8. Das Protokoll, in welchem die Unterschriften gesammelt werden, enthält Folgendes:

„Im Namen des Allmächtigen erklären wir Bewohner des Ortes N., daß wir der seitherigen, drückenden Verfassung müde, Erleichterung und gänzliche Umänderung derselben wollen. Zu schwach, um uns bei dieser so nothwendigen Verbesserung unseres Zustandes vertheidigen zu können, flehen wir den Schutz unserer

Nachbarn, der Franken, an, wollen mit ihnen in Zukunft nur Eine
Familie ausmachen und uns all' ihren Gesetzen, soweit sie immer
auf unsere Lage und unser Klima anwendbar sind, unterwerfen.
Es sollen beßwegen Abgeordnete an die Gesetzgeber Frankreichs geschickt werden, welche denselben unsere Gesinnungen bekannt machen,
sie von der Wichtigkeit dieser Verbindung überzeugen und uns von
ihnen Commissäre erwirken sollen, die gemeinschaftlich mit uns an
der Verbesserung unserer alten Constitution nach der fränkischen
arbeiten werden. Die Wahl dieser nach Paris abzuschickenden Deputirten überlassen wir unsern Brüdern zu Mainz, wenn wir anders keine Glieder aus unserer Mitte in kurzer Zeit nach Mainz
schicken, die mit denselben wirken sollen."

Die Commissäre hatten dieses Protokoll sogleich an die allgemeine Administration zu Mainz einzuschicken, welche nicht unterlassen sollte, den Willen des Volkes öffentlich bekannt zu machen
und die zweckmäßigsten Mittel zur Erleichterung desselben anzuwenden. ²⁶⁴)

Gemäß dieser Verfügung der allgemeinen Administration, welche
den ganzen Fortgang zum Anschluße der eroberten Rheinlande an
Frankreich in ihre und ihrer Helfershelfer Hände legte, wurde nun
die fragliche Abstimmung in den einzelnen Städten und Dörfern
eingeleitet und allmählig vorgenommen. Allein sie fiel keineswegs
zu Gunsten des beabsichtigten Umsturzes aus. Selbst in Mainz,
wo diese Abstimmung am 17. und 18. Dezember abgehalten wurde,
unterzeichneten nur sehr wenige Bürger, trotz des Schürens und
Tobens der Clubisten in ihren damaligen Vereinsversammlungen. Die

---

²⁶⁴) Klein a. a. O. S. 306. In unserm rheinpfälzischen Gebiete scheinen
diese Werbungen zum Anschlusse an Frankreich nur an wenigen Orten, wie
z. B. in Schifferstadt, Sommersheim ꝛc. versucht worden zu seyn. Sie wurden
bald durch die Wahlverordnung vom 10. Febr. 1793 überholt. Am 19. Nov.
1792 forderte ein junger Mainzer also zum Danke und zur Freiheit auf:

„Auf ihr Brüder! laßt uns danken   „Auf zur Freiheit! meine Brüder
C u st i n e , dem erhabenen Franken-   Nehmet eure Rechte wieder,
Und der großen Nation."   Schüttelt eure Fesseln los.-

„Ha! den göttlichen Befreiern   „Nehmet, was die Franken geben,
Laßt uns Dankesfeste feiern   Freiheit nur macht glücklich leben,
Mit Gesang und Jubelton."   Sie allein macht gut und groß." ꝛc.

Ein junger Frankfurter erwiederte am 24. Nov. in 10 volksthümlichen Gegen-
strophen derb diesem undeutschen Freiheitsschwindel. Orig.

bei Weitem größere Mehrzahl der Bewohner erklärte offen und
unumwunden, daß sie die alte, mit dem deutschen Reiche verbundene,
monarchische Verfassung beibehalten wollte. Auch in den meisten
einzelnen Gemeinden war der Erfolg dieser Wühlerei ein äußerst
geringer. In manchen Dörfern erschienen die Bewohner, aller
Mühe ungeachtet, gar nicht zur Abstimmung. In vielen anderen
Ortschaften, selbst in der Nähe von Mainz, wurden die deßhalb
ausgesendeten Commissäre fortgejagt, wie dieß in Finthen und Gou-
senheim, dem Hauptwühler und Clubisten Metternich, geschehen ist.
Während dieses Abstimmungsgeschäftes suchte man durch Briefe,
Zeitungsartikel und Flugschriften, die meistentheils von den bezahlten
Helfershelfern Custine's in Mainz ausgingen, den friedlichen Bewohnern des eroberten Landes die bisherige Verfassung mit den
gehässigsten Farben zu schildern und die neuen Aussichten und Hoffnungen in dem reizendsten Lichte darzustellen. Dazu gehörte eine
in Mainz zum Weihnachtsgeschenke, am 21. Dezember 1792 ausgegebene Bekanntmachung, welche in Tausenden von Abdrücken verbreitet und an öffentlichen Plätzen angeheftet wurde. Sie trägt die
Ueberschrift: „Auch die Wormser und Speyerer können es
jetzt besser haben." Ihr Inhalt ist folgender:

„Lieben Freunde! Ihr seyd nun durch öffentlichen Anschlag
über die Staatsverfassung von Frankreich belehrt worden, und
in einer andern Nachricht wurde gezeigt, wie gut es die Leute
jetzt haben können, wenn sie Frankreichs Verfassung oder Konstitution annehmen. Beidemale dachte ich auch an Euch und Euren
zeitherigen Zustand, und wie auch Ihr glücklicher als freie Franken-
bürger, denn als sogenannte teutsche Reichsbürger seyn würdet.
Jezt will ich aber mit Euch noch ein Paar Worte darüber allein
sprechen.

Zuerst mit Euch, lieben Wormser! Ihr wohl seyd schon
voraus durch Erfahrung überzeugt, daß Euere reichsstädtische Verfassung bei Weitem nicht das Ziel menschlicher Vollkommenheit erreicht gehabt habe. Woher wären sonst Euere langen und verwickel-
ten Prozesse mit Eueren Beamten? Woher wären sonst die Ausbrüche
tiefen Schmerzes über ihr Verfahren gegen Euch gekommen?

Worms hatte nur den Namen einer freien Reichs-
stadt. Denn es fehlte da am ersten Kennzeichen eines freien Staats,
als welches darin besteht, daß sich die Bürger ihre Beamten, in welche

ſie Vertrauen ſetzen, ſelbſt wählen. Dieſes Recht hatte ſich in
Worms ein Biſchof angemaßt; er wußte die Wahlen durch Kabalen
und Beſtechungen zu leiten. Er brauchte Leute, welche zur Erreichung ſeiner feindlichen Abſichten gegen die Gemeinde taugten, und
ſeine Diener verkauften ihre Beiſtimmung den Meiſtbietenden. Kein
Wunder war es alſo, daß das Regiment der Stadt meiſt in die
Hände ſolcher Leute kam, welche keine Vernunft, keinen Sinn für
das allgemeine Beßte hatten, welche nur ihr Privatintereſſe kannten,
welche ihr Amt mißbrauchten, um ſich für das, was ſie ihre Stelle
gekoſtet hatte, zu entſchädigen. Bei Frankreichs Konſtitution fällt
dieſes hinweg; die Bürger wählen ſich ihre Beamten ſelbſt, und
dieſe werden, wenn ſie ihr Amt nicht recht verſehen, abgeſezt, geſtraft.

Erbärmliche Juſtizpflege war eine natürliche Folge von
jener Einrichtung in Worms. Advokaten und Richter, Richter und
Partei trafen häufig in Einer Perſon zuſammen; noch öfter hatte
der Gemeingeiſt gewiſſer Familien den ſichtbarſten Einfluß in die
Verwaltung der Gerechtigkeit. Die Rathsglieder glaubten ſich pri-
vilegirt, dieſe wichtige Verwaltung ihren Rathgebern, den Konſu-
lenten allein zu überlaſſen, und dieſe richteten ſo, daß ihnen der
Fluch der Bürgerſchaft in das Grab folgte. Noch ärgerlicher und
für die Juſtiz nachtheiliger war dabei ein Gebrechen, welches in
der ſchlechten Verfaſſung ſelbſt ſeinen Grund hatte, nämlich die
Kolliſion der richterlichen Inſtanzen. Denn die Berufungen oder
Appellationen ſollten an das biſchöfliche Hofgericht ergehen, und
das war dem Magiſtrate ein Dorn in den Augen. Alſo ſuchte er,
dieſem Gerichtshofe auszuweichen, und er glaubte, das Mittel dazu
darin gefunden zu haben, daß er mehrere ihm ſubordinirte Inſtanzen
anordnete und vervielfältigte. Allein die Parteien wollten und konnten ſolche nicht immer für einen kompetenten Richterſtuhl anſehen.
Daher eröffnete ſich ein weites Feld für die Chikanen der Advokaten, und für die Neckereien eines leidenſchaftlichen Richters; den
Aufenthalt aber, und den Schaden, welcher daraus entſtand, mußten
die Parteien entgelten. Mit Recht hielt die proviſoriſche Adminiſtration dieſe Umſtände für ſo wichtig, daß ſie durch vorläufige
Anordnung eines eigenen Gerichtes den Einwohnern der Stadt Worms
einſtweilen zu Hilfe kam.

Die Reichsgerichte, vor welchen der Bürger Hilfe gegen
die Bedrückungen der Obrigkeit finden ſollte, ſind es grade, welche

den Despotismus und die Aristokratie in Deutschland aufrecht erhalten, sie aufrecht zu erhalten sogar verpflichtet sind. Der gewöhnliche Erfolg aller solcher Beschwerden war also, daß die Advokaten
den Bürger aussaugten, der Agent beim Reichsgerichte ihn mit leeren
Versprechungen täuschte, der Richter aber, wofern es noch gut gieng,
nur zweideutige Urtheile sprach, welche gleich bei der geringen Ausbeute eines ungiebigen Bergwerks den Harrenden zu Hoffnungen
reizten, wovon das Ende der Bettelstab war.

Vergleichet doch damit den Gang der Justiz bei den Franken,
die Hilfe, welche da jeder Bürger schnell und thätig gegen Ungerechtigkeiten der Beamten findet, und Ihr werdet gestehen müssen,
daß Ihr nur bei der Franken-Konstitution Sicherheit Eurer Personen, Eurer Rechte, Euers Eigenthums findet.

Schwere Akcise und Konsumtionsgelder mußtet Ihr
zahlen, und doch war

Niederlage des Handels und des Gewerbes Euer
Loos, und

Die Nachbarn drückten Euch nach Gelüste. Nicht genug,
daß die kurpfälzischen Beamten alle Zufuhr des Holzes hemmten,
trieben sie ihre Gewaltthätigkeit und Eigennützigkeit in Betracht des
Handels von Worms soweit, daß sie keinem wormser Schiffer den
Rhein hinaufzufahren gestatteten, daß sie den Kaufleuten alle Spe-
dition fremder Waaren untersagten, daß sie denselben die Versendung
eigenthümlicher Waaren in das Oberland nur gegen schwere Zoll-
abgaben erlaubten. Es war also ganz unmöglich, daß die Stadt
Worms, isolirt in ihrer kleinen Gemarkung, von übermüthigen Nachbarn umgeben, welche das Aufblühen derselben mit eifersüchtigen
Augen beobachteten, im drückenden Zinse der Geistlichkeit, das werden konnte, wozu sie ihre Lage und der milde Himmelsstrich, welcher sie beherrscht, zu gelangen fähig macht, — das werden konnte,
was sie bald seyn wird, wenn sie ein Glied der mächtigen, reichen,
glücklichen Frankenrepublik ausmacht.

Schutz hatte Worms keinen, gar keinen. Selbst die
Erhaltung ihrer übrig gebliebenen Freiheiten hat sie nicht dem
teutschen Reiche, welches doch zu ihrem Schutze verbunden gewesen
ist, sondern nur der wechselseitigen Eifersucht ihrer Nachbarn zu
danken. Als vor hundert Jahren die Stadt Worms mit Speyer
ein Aschenhaufe ward, dachte das Reich an keine Entschädigung;

und wenn die Franken jezt weniger edle Gesinnungen bewiesen hät=
ten, als wirklich geschahe, wer würde diese Städte gegen Raub,
Plünderung und Mord geschützt, und wer sie dafür entschädigt
haben? Wahrlich weder Kaiser noch Reich, kein Kurfürst zu Mainz,
keiner von der Pfalz! Die Frankenrepublik aber gewährt Euch, mit
ihr vereint, mächtigen Schutz, entschädigt jeden, welcher als ihr
Glied leidet.

So waret Ihr also, lieben Wormser, bei Euerer bisherigen
angeblich freien Verfassung nur das Spiel Euerer Beamten, der
Spott der Nachbarn, die Beute Euerer Feinde!

Und Ihr, lieben Speyerer! Wenn ihr einigermassen zum
Theile besser daran waret, war das Folge Eurer Verfassung, oder
nicht vielmehr Folge der persönlichen Eigenschaften Eurer Beamten?
Fandet Ihr Hülfe bei Reichs=Gerichten? War Euer Handel frei?
Drückten Euch nicht Zoll, Akzise ec.? Nekte Euch kein Nachbar?
Schützte Euch das teutsche Reich gegen fremde Truppen, gegen ein=
heimische Uebermacht? Waret nicht auch Ihr im Zinse der Geist=
lichkeit?

Mit einem Worte: Konnte Euere vermeintlich freie Verfassung
einer einigen Euerer Beschwerden abhelfen, und werden sie nicht
alle durch Annahme der Franken=Konstitution gehoben?

Speyerer und Wormser! Diese Annahme macht Euch ganz
und auf immer glücklich. Denn alsdann helfet Ihr mit die Geseze
für Euch selbst machen; dann wählt Ihr Eure Gemeinde=Beamten,
alle Eure Verwalter, Eure Unter= und Ober=Richter selbst; diese
sind dann dem Volke verantwortlich; dann werden die Abgaben nicht
nach Willkühr, sondern nach den allgemeinen Bedürfnissen angesezt,
keiner ist davon ausgenommen, alle müssen dazu nach Verhältniß
beitragen, die Rechnung darüber muß Euch vorgelegt werden; dann
kommt Handlung und Gewerbe in vollen Flor; dann schützt Euch
die große Franken=Republik, entschädigt Euch, falls die gemeinschaft=
lichen Feinde sich an Euch dafür rächen wollten, daß Ihr wahr=
haft frei geworden seyd. Aber im umgekehrten Falle, wenn Ihr
nämlich Reichsstädter bleibet, oder wenn Worms und Speyer eigene
Republiken bilden wollen, während daß rings um sie alles, ja
alles, zur Franken=Fahne schwört, welch eine jämmerliche Lage wäre
dann die der Wormser und Speyerer! Ohne allen Schutz von dem
jezt zu Grund gehenden so genannten Heil. Röm. Teutschen=Reiche,

und nicht theilhaftig der Rechte der Franken, selbst verachtet von ihnen als After=Politiker, was wäre der Speyerer und Wormser Schicksal? Kein anders als — das Hinsterben der Gemeinden von Worms und Speyer durch — politischen Hungerstod. Bedenkt das wohl, so lang es noch Zeit zu wählen ist!

Gewiß hättet Ihr euch schon dahin entschieden, der Franken= Republik einverleibt seyn zu wollen, wenn Euch nicht die National= Garde=Einrichtung und die Zünfte=Aufhebung Sorge verursachten. Aber darüber seyd Ihr in einem Mißverständnisse. Seht, Freunde! Nationalgardendienst heißt in Frankreich nichts anders, als die Pflicht eines Bürgers, im Nothfalle die Ruhe und Ordnung in seiner Gemeinde mit erhalten zu helfen, entweder selbst oder durch einen Mitbürger, welchen er darum angesprochen hat; aber in das Feld zu ziehen ist darum keiner verbunden, sondern es steht ganz in jedes Speyerers oder Wormsers freiem Belieben, ob er sich unter Truppen will anwerben lassen oder nicht. Und wenn Ihr glaubt, die Zunft=Einrichtung sei für Euren Wohlstand im Gewerbe nöthig, so dürfet Ihr begehren, daß man sie Euch so lang lasse, bis der durch Annahme der Franken=Konstitution beförderte allgemeine Wohl= stand Euch mit der Zeit veranlassen wird, selbst jene Einrichtung abzuschaffen.

Wählet jezt, Freunde, wählet bald, unter Euerer bisherigen Ver= fassung, welche Euch nie ganz glücklich machen konnte, und unter der der Franken=Republik, mit welcher Ihr alle Vortheile des dauer= haftesten Glücks theilen dürfet. Wählet unter dem Vorbedacht, daß Ihr für Euch und Euere Kinder wählet, und ich bin überzeugt, daß Ihr bald mit mir Mitbürger aller Franken seyn werdet." [265])

Dieß waren wohl lockende Stimmen der Versuchung. Allein die= jenigen, welche noch Vaterlandsliebe kannten, ihr Gewissen befragten und der Sache auf den Kern sahen, ließen sich durch solchen Zauber nicht be= thören. Der Vicepräsident der allgemeinen Administration, Forster, wel= cher sich schon am 8. Dezember als Abgeordneter nach Paris in Aussicht stellte, um dem Convente die Einverleibung der eroberten Rheinlande

---

[265]) Orig. im Stadtarchiv. Damit wurde auch die Schrift verbreitet: „Wie gut es die Leute am Rhein und an der Mosel jetzt haben können." Am 30. Dez. 1792 trafen diese Druckschriften bei dem Amtmanne zu Kirr= weiler ein. Tagebuch von Schoch.

als „département des bouches du Main", in die französische Republik anzubieten, schrieb zwar zwanzig Tage später über jene versuchte Abstimmung: „Von Speyer bis Bingen haben sich fast alle Stimmen einmüthig für die Annahme der französischen Verfassung und Einverleibung mit Frankreich erklärt." Allein diese Behauptung ruhete sicher auf Unwahrheit und Täuschung, oder war mindestens auf Letztere berechnet. [266]) Mainz wurde nicht, wie Forster es sehnlichst wünschte, noch vor dem Jahresschluße mit Frankreich vereiniget. Dieß sollte noch größere Anstrengungen und Wühlereien kosten. Wie die Vorspiegelung einer besseren Verfassung in jener Bekanntmachung vom 21. Dez. zu Speyer nicht sonderlich verfangen wollte, so war dieß auch der Fall mit der in Aussicht gestellten neuen Justizpflege. Bereits am 30. November hatte deßhalb der Präsident Dorsch an den Commissär Petersen geschrieben. Er forderte von ihm ein Gutachten, welche Verbesserungen etwa in dieser Beziehung dürften eingeführt und ob nicht das zweitinstanzliche Gericht für Speyer in Worms sollte errichtet werden? Petersen, welcher seit 14 Jahren in Speyer das Justizwesen besorgen half, ertheilte unterm 6. Dezember die nöthigen Aufschlüße, beziehungsweise Rathschläge. [267]) Aus diesen Rathschlägen erhellet zu Genüge, daß die Rechtspflege in Speyer nichts weniger als erbärmlich bestellt war und daß selbst der Hauptvertrauensmann der fränkischen Neuerungen in dieser Stadt bezüglich des Justizwesens keinen anderen Wunsch hatte, als daß ein zweitinstanzliches Gericht für Speyer und die fürstbischöflichen, eroberten Aemter dort möchte errichtet werden. Die allgemeine Administration berücksichtigte beide Vorschläge. Sie beschloß nämlich unterm 19. deßelben Monats, daß in und für die Stadt Speyer ein besonderes Stadtgericht, welches in erster Instanz ur-

---

[266]) Klein a. a. O. S. 309. und 310. — [267]) Beilage 23. Stadtarchiv. — Am 23. Jan. 1793 bestätigte Custine einstweilen die bisherigen Postbeamten in dem Gebiete zwischen dem Rheine und der Mosel, ordnete dieselbe jedoch unter die Generalpostdirektion in Mainz. Dem zu Folge verfügte zu Mainz am 27. Jan. 1793 der hiefür angestellte Commissär Friedrich Cotta, daß alle Postbedienstete die Adler an den Röcken abtrennen und an der Stelle derselben Binden von der französischen Nationalfarbe und an den Hüten die Cocarde von gleicher Farbe zu tragen hätten. Orig. Mainzer Nationalzeitung vom 28. Jan. 1793. — Unterm 18. Aug. 179C nahm derselbe Cotta in Stuttgart auch das jenseitige Postwesen in französische Verwaltung.

14

theile, für die Stadt und das Land aber ein gemeinschaftliches Ap-
pellationsgericht in Speyer aufgerichtet werde, von welchem die
weiteren Berufungen sodann, beim Abgange und bei Erlöschung der
ehemaligen Reichsgerichte, an das hier — in Mainz — bestehende
Revisorium zu weisen wären." Sie ließ sich auch ferner gefallen,
„daß für den dasigen — Speyerer — Landesdistrikt eine besondere
Finanzkammer in der Stadt Speyer aufgestellt werde." Petersen wurde
zugleich angewiesen, für die bezüglichen Gerichts= und Finanzstellen die
tauglichsten und zwar solche Glieder vorzuschlagen, „die nach dem
Geiste der fränkischen Constitution denken und arbeiten." [266]) Doch
weder für ein höheres Gericht, noch für eine Finanzkammer in
Speyer fanden wir weitere Anordnungen und Vollzüge.

§. 2. Weitere Dekrete und Proclamationen zu gleichem Behufe.

Nicht ohne besonderes Drängen der Mainzer Clubisten und
sonstiger Anhänger der fränkischen Freiheit und Gleichheit war bereits am 15. und 17. Dezember 1792 das berüchtigte Dekret vom
Nationalconvente in Paris erlassen, „durch welches die fränkische
Republik die Freiheit und Souveränetät allen denjenigen Völkern
verkündete, zu denen sie ihre Waffen bereits gebracht hat oder noch
bringen wird." Da dieses Dekret die Grundlage und die Richt-
schnur der weiteren Vorgänge und Einrichtungen in unserer Heimath
bildete, so dürfte wohl dessen vollständiger Abdruck hier geboten seyn.
Es lautet mit seinen zwölf Artikeln also:

„Nachdem die National = Convention den Bericht ihrer vereinigten Finanz=, Kriegs= und diplomatischen Ausschüsse angehört hat,
so beschließt sie, getreu ihren Grundsätzen von der Volks=Souverä-
netät, die ihr nicht erlauben, irgend eine mit denselben streitende
Einrichtung anzuerkennen, in der Absicht, für die Generale der
republikanischen Armeen die Regeln ihres Verhaltens in den von
ihnen besetzten Ländern zu bestimmen — Folgendes: Art. 1. Die
Generale sollen in den Ländern, welche von den Armeen der Republik besetzt sind oder es seyn werden, im Namen der fränkischen
Nation die Souveränetät des Volkes, die Aufhebung aller einge-
sezten Gewalten, Steuern, und Abgaben, die A b s c h a f f u n g des

---

[266]) Orig. Speyerer Stadtarchiv. Nr. 147.

Zehnten, der Lehns-Verfassung, der herrschaftlichen Rechte sowohl
auf Lehn- als Erbzins-Gütern, der firen und zufälligen herrschaft=
lichen Gebühren, der Zwangsrechte, der Leibeigenschaft so wie der
auf Gütern haftenden Dienstbarkeiten, der ausschließlichen Jagd=
und Fischfangs-Rechte, der Frohnen, des Adels und überhaupt
aller Privilegien augenblicklich bekannt machen. — Art. 2. Sie
sollen dem Volke verkündigen, daß sie ihm Frieden, Hülfe, Bruder=
liebe, Freiheit und Gleichheit bringen. Gleich hernach sollen sie
dasselbe in Ur= oder Gemeinde-Versammlungen zusammen berufen,
damit es sich eine provisorische Verwaltung und Justiz wähle und
einrichte. Sie sollen über die Sicherheit der Personen und
des Eigenthums wachen; sie sollen gegenwärtiges Dekret, und
die ihm angehängte Proklamation in der Landessprache drucken, in
allen Gemeinden anschlagen und ohne Aufschub vollziehen lassen. —
Art. 3. Alle bürgerliche und Militärbeamten der alten Regierung,
so wie auch die ehemaligen Adeligen, oder die Mitglieder irgend
einer ehemals privilegirten Körperschaft sollen, jedoch nur für dieß=
mal, keinen Siz und Stimme in den Ur= und Gemeinde-Versamm=
lungen haben, auch nicht zu den provisorischen Verwaltungs= und Ju=
stizstellen ernannt werden. — Art. 4. Unverzüglich sollen auch die Ge=
nerale alle beweglichen und unbeweglichen Güter, welche dem öffentlichen
Schaze, dem Fürsten, seinen Günstlingen, Anhängern, und freiwilligen
Trabanten, den öffentlichen Anstalten, wie auch weltlichen, und geistlichen
Corps und Gemeinheiten gehören, in den Schuz der Frankenrepublik
nehmen, und ohne Aufschub ein genaues Verzeichniß darüber verfertigen
lassen, welches sie an den Vollziehungsrath einzuschicken haben. Auch
sollen sie alle nur immer in ihrer Gewalt stehenden Maßregeln
ergreifen, um das Eigenthum dieser Güter zu sichern. — Art. 5.
Die vom Volke ernannte provisorische Administration hat die Auf=
sicht und Verwaltung über die in den Schuz der fränkischen Re=
publik genommenen Gegenstände; sie hat für die Sicherheit der
Personen und des Eigenthums zu wachen, die eingeführten bürger=
lichen, peinlichen und Polizeigeseze vollziehen zu lassen, die besondern
und die zur gemeinschaftlichen Vertheidigung nöthigen Ausgaben zu
bestimmen und einzutreiben. Sie darf Steuern erheben, jedoch alle=
zeit mit der Vorsicht, daß nicht die dürftige und arbeitende Volks=
klasse dieselben trage. — Art. 6. Sobald die provisorische Verwal=
tung eingesezt ist, wird die National=Convention aus ihrer Mitte

Commiſſarien ernennen, um ſich brüderlich mit ihr zu vereinigen.
— Art. 7. Auch der Vollziehungs-Rath hat National-Commiſſarien
zu ernennen, welche ſich unverzüglich an Ort und Stelle begeben
ſollen, um ſich mit den Generalen und der vom Volke proviſoriſch
ernannten Verwaltung über die Maßregeln zur gemeinen Sicher=
heit und über die Mittel zu berathſchlagen, welche anzuwenden ſind,
um den Armeen die nöthigen Kleidungsſtücke und Lebensmittel zu
verſchaffen, und die Koſten des bisherigen und künftigen Aufent=
haltes derſelben in dieſem Lande zu beſtreiten. — Art. 8. Die von
dem vollziehenden Rathe ernannten National-Commiſſarien ſollen ihm
alle 14 Tage Rechenſchaft von ihren Verrichtungen geben.   Der
Vollziehungs-Rath kann ſie billigen, abändern, oder verwerfen, und
hat ſodann der Convention darüber Bericht zu erſtatten. — Art. 9.
Die vom Volke proviſoriſch ernannte Adminiſtration und die Ver=
richtungen der National = Commiſſarien ſollen in dem Augenblicke
aufhören, wo die Einwohner, nachdem ſie ſich für die Souveränetät
und Unabhängigkeit des Volkes, für Freiheit, und Gleichheit erkläret
haben, eine freie Volks-Regierung einführen werden. — Art. 10.
Es ſoll Rechnung über die Ausgaben geführt werden, welche die
Frankenrepublik auf gemeinſchaftliche Vertheidigungs-Anſtalten ver=
wendet, ſo wie über die Summen, welche ſie bereits könnte empfan=
gen haben.   Die fränkiſche Nation wird mit der zu ernennenden
Regierung alle nöthige Anſtalten in Anſehung der etwa noch zu
zahlenden Rückſtände treffen; und im Falle das gemeine Wohl es
erforderte, daß die Truppen der Republik noch nach dieſer Epoche
auf fremdem Boden bleiben, wird ſie die zur Unterhaltung derſelben
nöthigen Maßregeln treffen. — Art. 11. Die fränkiſche Nation
erklärt, daß ſie dasjenige Volk als ihren Feind behandeln wird,
welches die ihm angebotene Freiheit und Gleichheit nicht annehmen,
oder beiden entſagen, und ſeinen Fürſten, und die privilegirten Fa=
milien behalten, zurückrufen, oder mit ihnen in Unterhandlungen
treten würde.   Sie verſpricht, nicht eher einen Friedensſchluß zu
unterzeichnen, oder die Waffen niederzulegen, als bis die Souveränetät
und Unabhängigkeit des Volkes geſichert iſt, auf deſſen Gebiete ſich
die Truppen der Republik befinden, als bis es die Grundſätze der
Gleichheit angenommen, und eine freie Volksregierung errichtet hat.
— Art. 12. Der Vollziehungs-Rath ſoll gegenwärtiges Dekret

durch außerordentliche Couriere an alle Generale schicken, und die
zur Vollziehung derselben nöthigen Maßregeln treffen". [269])

Noch an demselben Tage entsprach der Vollziehungsrath der
im letzten Artikel gegebenen Weisung und sendete das Dekret auch dem
General Custine nach Mainz. Dem Dekrete war noch ein besonderer
Aufruf der französischen Nation an die zu gewinnenden Bürger beigefügt. [270]) Der dritte Artikel dieses Dekrets schloß die früheren Be-

***

[269]) Collection complète etc. tome V. p. 105. und 106. Deutscher
Abdruck im Stadtarchiv. In der genannten Collection ist als Datum angegeben: 17. (15. et) Décembre 1792. — [270]) Derselbe lautet also: „Brüder
und Freunde! Wir haben die Freiheit errungen, und wir werden sie aufrecht
erhalten. Wir bieten Euch den Genuß dieses kostbaren Gutes an, welches
von jeher Euch zugehörte, und das Eure Unterdrücker Euch nicht rauben
konnten, ohne ein Verbrechen zu begehen. Wir haben Eure Tyrannen verjagt. Zeigt Euch als freie Menschen, und wir werden vor ihrer Rache, vor
ihren Anschlägen und vor ihrer Rückkehr Euch schützen. Von diesem Augenblicke an verkündigt die Nation der Franken die Souveränetät des Volkes,
die Unterdrückung aller bürgerlichen und militärischen Gewalten, welche Euch
bis auf diesen Tag beherrscht haben, aller Auflagen, welche Euch drücken,
unter welcher Gestalt sie immer bestehen mögen, die Abschaffung des
Zehnten, der Lehensverfassung, der herrschaftlichen Rechte sowohl auf
Lehn- als Erbzins-Gütern, der fixen so wie der zufälligen herrschaftlichen,
Gebühren, der Zwangsrechte, der Leibeigenschaft und der auf Gütern,
haftenden Dienstbarkeiten, der ausschließlichen Jagd- und Fischfangs-Rechte,
der Frohnen, der Salzsteuer, der Weg- und Brückenzölle und überhaupt aller Arten von Auflagen, mit welchen Euch Eure Unterdrücker
belegt haben. Auch verkündigt sie bei Euch die Abschaffung aller adeliger
priesterlicher und anderer Corporationen, aller Vorrechte und Privilegien, welche der Gleichheit zuwider laufen. Brüder und Freunde!
Ihr seyd von diesem Augenblicke an alle Bürger, alle an Rechten einander
gleich, werdet einer wie der andere berufen, Euer Vaterland zu regieren, ihm
zu dienen und es zu vertheidigen. Bildet Euch auf der Stelle in Ur- oder
Gemeinde-Versammlungen. Eilet, Eure provisorischen Administrationen und
Justizcollegien zu ernennen. Die Geschäftsträger der Franken-Republik werden sich mit ihnen einverstehen, um Euer Glück und die Brüderschaft, welche
künftig zwischen uns herrschen soll, sicher zu stellen. Im Namen der Republik befiehlt der provisorische Vollziehungsrath allen Verwaltungskörpern
und Tribunalen, gegenwärtiges Gesetz einregistriren, lesen, bekanntmachen,
öffentlich anschlagen und in ihren respectiven Departementen und Gerichts-
Bezirken vollstrecken zu lassen. Zu Urkunde dessen haben wir unsere Unterschrift und das Siegel der Republik beigefügt. Paris, den fünfzehnten Dezember 1792, im ersten Jahre der Franken-Republik. Unterzeichnet Garat,
Präsident des provisorischen Vollziehungs-Rathes. Contrasignirt: Garat; und
gesiegelt mit dem Siegel der Republik. Dem Orig. entsprechend, G. W. Böhmer".

amtes für das erſte Mal von der Stimmenabgabe und Uebernahme
eines Amtes aus. Dieſe Beſtimmung berührte auch mehrere Mit=
glieder der allgemeinen Adminiſtration und manche Mainzer Clubiſten,
die ein Amt wollten und überhaupt nicht gerne auf die Wahl ver=
zichteten. Daher erregte jener Artikel namentlich in Mainz vielen
Unmuth und Widerwillen. Den dortigen Bemühungen dürfte es
daher vorzüglich zuzuſchreiben ſeyn, daß bereits am 22. Dezember,
alſo noch vor der öffentlichen Bekanntmachung des fraglichen De=
krets in Mainz, jener verfängliche Artikel von dem Nationalcon=
vente abgeändert wurde. Dieſe Abänderung beſtimmte: „Keiner
kann zur Stimmung in den Ur= und Gemeindeverſammlungen zu=
gelaſſen, noch auch zu einer proviſoriſchen Verwaltungs= und Juſtiz=
ſtelle ernannt werden, ohne zuvor den Eid der Freiheit und Gleich=
heit abgelegt und ſchriftlich den Privilegien und Vorrechten ent=
ſagt zu haben, deren Abſchaffung durch das Dekret vom 15. und
17. bekannt gemacht iſt und die er bis dahin könnte genoſſen
haben“. [271] Die Clubiſten in Mainz konnten nichts Eiligeres thun,
als für dieſe verhängnißvolle Weihnachtsbeſcheerung dem National=
convente am hohen Weihnachtsfeſte ihren Dank mit den Worten
auszuſprechen: „Bürger Geſetzgeber! Ihr habt uns frei und an
Rechten gleich gemacht. Wir danken Euch und werden in Zukunft
beweiſen, daß wir der Wohlthat, woran Ihr uns Theil nehmen laßt,
nicht unwürdig ſind.“ [272] Die ruhigen, pflichttreuen Bürger
und aufrichtigen Freunde des deutſchen Vaterlandes wurden durch
dieſe Beſcheerung tief beſtürzt und durch den eilften Artikel des De=
krets mit vieler Beſorgniß und Angſt erfüllt. Noch in der Weihnachts=
woche verkündete Cuſtine das fragliche Geſchenk der Republik mit
einer Proclamation an die Bewohner der Länder Mainz, Worms
Speyer und Falkenſtein, die alſo lautet:

„Liebe Mitbürger und Freunde! Endlich habe ich das Dekret
von der National=Convention erhalten, welches ich euch angekündigt
habe. Dieſes Decret, welches den anhaltenden Ungerechtigkeiten ein
Ende macht, die durch hochmüthige und unrechtmäßige Beſitzer ſind
ausgeübt worden; dieſes Decret, welches alle Rechte aufhebt, die
der Geiz erſand, und die nur eine erdrückende Macht bis hieher

---

[271] Collection complète etc. tome V. pag. 117. Die fragliche Ab=
änderung des Dekrets vom 15. Dezember war in dem Mainzer Abdrucke des=
ſelben als Art. 3 wirklich eingerückt. — [272] Klein a. a. O. S. 305.

aufrecht erhalten konnte. — „Ueberall, wo die Waffen der Republik
werden aufgepflanzt werden; überall, wo es Freunde der Menschheit gibt: wird die Freiheit der Völker und die Gleichheit unter den
Menschen aufblühen. Sie werden zernichtet werden, jene eitlen
Titel des Adels, diese Geburten eines thörichten Stolzes. — Die
National=Convention hat so eben über die Aufhebung der Knecht=
schaft in euren Ländern entschieden. Wie stolz waren nicht diese
Menschen, die sich einbilden konnten, daß ihre Brüder, ihre Mit=
menschen, an ein Stückchen Erde gebunden und nur darum da
wären, um ihnen zum Eigenthum zu dienen, gleich den Heerden,
welche ihre Felder düngten, oder den Lastthieren, welche sie pflügten.
Alle Rechte, welche ihren Ursprung in jener unreinen, die Mensch=
heit entehrenden Quelle haben, sind ebenfalls und bleiben ohne Wider=
ruf abgeschafft, wenn, wie gar nicht zu zweifeln ist, der Ewige, der
das Schicksal der Völker regiert, die edlen Bemühungen einer Nation,
deren einziger Zweck die Freiheit der Völker ist, mit seinem Segen
beglückt. Eure Sache ist es, ihr unglücklichen Landleute, welche
wir vertheidigen; eure Sache, ihr gedrückten Professionisten der
Städte; eure Sache, ihr Menschen, deren Kinder bei ihrer Geburt
die Welt mit Thränen, diesen traurigen Vorboten der Uebel begrü=
ßen, mit welchen ihre künftige Laufbahn besäet ist. Sie sollen
künftig nichts weiter besitzen, diese Adeligen, diese Reichen, als das
wirkliche, in beweglichen und liegenden Gütern bestehende Eigenthum
und die aus demselben fließenden Rechte. — Ihr Wildpret soll
nicht mehr eure Felder verwüsten, nicht mehr eure Erndten ver=
zehren, die künftig nur euch allein angehören werden. — Tugend=
hafte und friedliebende Deutsche! größer als alle eure Unterbrücker,
bescheiden bei dem Triumphe der Menschheit, werdet ihr euch nicht
an den Urhebern eures vorigen Unglücks zu rächen suchen. — Eure
Mäßigung und Liebe zur gesetzlichen Ordnung werden euerem Vater=
lande beweisen, daß ihr für die Freiheit reif und im Stande seyd,
dieses kostbare Gut von der Zügellosigkeit zu unterscheiden. Durch
die Vorsicht, welche ihr bei euern Wahlen beobachtet, werdet ihr
einen Beweis eurer Ueberzeugung ablegen, daß ohne feste öffentliche
Ordnung kein wahres Glück möglich ist. Jene weiland Adeligen,
jene Privilegirten, welche der gesunde Menschenverstand nicht zur
Liebe jener Ordnung der Dinge wird erheben können, die der Wille
und das so lange mit Füßen getretene Gesetz der Natur ist, werde

ihr euch begnügen, derjenigen Strafe zu übergeben, die für stolze
Menschen die empfindlichste ist: der Verachtung und Schande. —
Wollen sie Ansprüche auf eure Achtung machen, dann mögen sie
suchen, dieselbe durch ausgebreitete Talente, durch Geschicklichkeit,
durch Eifer für das Beste ihrer Mitbürger zu verdienen und ihr
werdet ihnen alsdann beweisen, wie weit schmeichelhafter für sie die
Wahl des Volkes ist, als jeder eitle Vorzug, welcher auf Geburt
und Zufall sich gründet. Vor Allem aber mögen sie bedenken,
diese Adeligen, daß sie unwiderruflich ihren Lieblingsgötzen, der
Herrschaft, der unumschränkten Gewalt, entsagen, und die Oberherrschaft des Volkes anerkennen müssen. — Wir befehlen daher
der provisorischen Administration, die Art der Wahlen und die Ver-
sammlungsorte gemäß den Decreten der constituirenden National-
Versammlung, jedoch mit der Ausnahme festzusetzen und zu bestimmen, daß jeder männliche Einwohner, welcher an einem Orte an-
gesessen oder wohnhaft ist, seine Stimme geben kann. — Wir tragen
ferner der besagten Administration auf, die Bezirke und die Ver-
einigungsorte der Wahlmänner zu bestimmen und überdieß alle zur
Vollziehung gegenwärtiger Proclamation nöthigen Unterweisungen
zu geben". [273]

Mit diesen Dekreten und Bekanntmachungen waren neue, tief-
eingreifende Umgestaltungen des eroberten schönen Landes vorge-
zeichnet und angerühmt. Ueber den fünften Artikel des ersten Dekrets, wornach vom Volke und nicht vom Generale Custine eine
einstweilige Administration ernannt werden sollte, sah man hinweg
und ließ die bisher bestandene auch noch ferner gelten. Sonach war
die ganze Neugestaltung der Verhältnisse in den Händen derjenigen
geblieben, welche durch die Verbreitung und Befestigung der neufränkischen Grundsätze die Unterstützung und Befriedigung ihres
Freiheitsschwindels, ihres Ehrgeizes, ihrer Aemtersucht und Hab-
gierde vorzüglich suchten und theilweise auch fanden.

---

[273] Ohne Datum. Unterzeichnet: Custine, Hauptgeneral der Armeen
der Republik. Dem Original entsprechend. G. W. Böhmer. Diese Akten-
stücke veröffentlichte die Mainzer National-Zeitung vom 27. und 29. Dez 1792.
Klein a. a. O. S. 317. Am 29. Dez. übersendete Präsident Dorsch diese
Dekrete und Ansprachen nach Speyer, mit der Weisung, solche einzuregistriren,
sie ungesäumt sowohl in den Städten als in den Dörfern bekannt zu machen,
mit dem weiteren Bemerken, daß die Instruktion für die Zusammenberufung
der Ur- und Gemeindeversammlungen bald nachfolgen werde.

§. 3. Abſendung dreier Mitglieder des Nationalconvents nach Mainz.

Da die von Cuſtine ernannte, allgemeine Abminiſtration in den Rheinlanden fortbeſtehen blieb, ſo erforderte es keine lange Zwiſchen= zeit, bis die in Artikel 6 des Dekrets vom 15., beziehungsweiſe 17. Dezember in Ausſicht geſtellten Commiſſäre von dem Nationalconvente, aus ſeiner Mitte gewählt, nach Mainz abgeordnet wurden, um ſich mit der aufgeſtellten allgemeinen Abminiſtration brüderlich zu vereinen, die weiteren Maßregeln zum Anſchluſſe an die Republik zu treffen und für den Unterhalt und die ſonſtigen Bedürfniſſe der Rheinarmee das Nöthige anzuordnen. [274] Noch nicht waren die fraglichen Dekrete verkündet, ſo befanden ſich ſchon drei Commiſſäre des National= convents — Reubel aus Colmar, Haußmann aus Straßburg und Merlin aus Thionville — auf dem Wege von Paris nach Mainz, wobei, wie wir ſchon gehört haben, ſie auch Speyer berührten. Sie trafen am 1. Januar in Mainz ein. Hier ward, wohl zum Trotze der neuen Dekrete, in der Nacht vom 28. auf den 29. De= zember, der am 3. November auf dem Marktplatze aufgepflanzte Freiheitsbaum niedergeworfen und nicht wenig entehrt. [275] Um ſo feierlicher ſollten die Commiſſäre von Cuſtine empfangen werden. Gegen ¹⁄₂ 12 Uhr wirbelte der Generalmarſch in der Feſtung. Sofort wurden die Truppen vom Neuthore bis zum kurfürſtlichen Schloſſe aufgeſtellt. Doch erſt um halb fünf Uhr kamen die drei genannten Volksrepräſentanten. Unter dem Donner der Kanonen und dem Ge= läute der Glocken fuhren dieſelben am Schloſſe an, wo ſie von Cuſtine und ſeinem Stabe, von den Mitgliedern der allgemeinen Abmini= ſtration, der Munizipalität und anderen Abgeordneten feierlich be= grüßt und in die kurfürſtlichen Gemächer, welche Cuſtine kurz vor= her geräumt hatte, eingeführt wurden.

Da dieſe Commiſſäre zu der Jakobiner = Geſellſchaft in Paris gehörten, beeilte ſich der Mainzer Club, deſſen Präſident damals

---

[274] Ein gleichzeitiger, wohlunterrichteter Schriftſteller ſagt: „Die Haupt= abſicht bei der Sendung dieſer Männer nach Deutſchland war wohl keine andere, als über die Lage der Armee am Rheinſtrome und über das Betragen ihres Generals genaue Kundſchaft einzuziehen, allenfalls auch über die Möglichkeit einer näheren Vereinigung dieſer Gegenden mit Frankreich ihr Gutachten zu geben. Es iſt nicht wohl anders möglich, als daß der Nationalconvent einige Nachrichten erhalten hat, die nicht zum Vortheile Cuſtine's lauteten". ꝛc. Die Franzoſen am Rheinſtrome. 1794. Heft 1. S. 63. — [275] Klein a. a. O. S. 320.

Forster war, sie zur Sitzung einzuladen. Am 6. Jan. hielt Reubel darin eine feurige Rede, in welcher er im Namen der französischen Nation versprach, „daß nicht nur alle Contributionen bis auf den letzten Heller wieder ersetzt, sondern auch jeder Schaden, den die einzelnen Bürger im jetzigen Kriege erlitten, oder noch erleiden würden, vergütet werden solle". [276]) Schon damals hatte man im Club den Beschluß gefaßt, statt des abgesägten Freiheitsbaumes mit besonderer erhebender Festlichkeit am 13. Januar einen größeren, 70 Fuß hohen, auf dem Marktplatze aufzupflanzen. Allein es kam zuvor in den Sitzungen der Clubisten deßhalb noch zu argem Sturme und Zwiespalte. So namentlich am 10. Januar, an welchem Hofmann eine

---

[276]) Klein a. a. O. S. 334. Da fortwährend viele Klagen über drückende Lieferungen und Beschädigung der Bewohner, denen man beglückende Freiheit und Gleichheit versprochen hatte, laut wurden, sah sich die allgemeine Administration am 20. Jan 1793 veranlaßt, folgende, beruhigende Bekanntmachung zu veröffentlichen: „Mitbürger! Die allgemeine Administration hat mit innigster Rührung und Theilnahme den Schaden vernommen, welchen sowohl ganze Gemeinden, als auch mehrere einzelne Bürger seit dem Einzuge der siegreichen Franken in unserem Lande erlitten haben. Sie hegt zwar auf eure Einsicht das gerechte Zutrauen, daß ihr diese Uebel als unzertrennliche Folgen des Kriegs ansehen und überzeugt seyn werdet, daß kein Preis zu hoch sei, die Freiheit zu erlangen, welche euch die menschenfreundlichen Franken anbieten. Indeß hält sie es doch für Pflicht, euch auf die Großmuth der fränkischen Nation aufmerksam zu machen, von der ihr, wenn ihr immer nicht zu Folge des Dekrets vom 15. Dezember 1792 als Feinde derselben anzusehen seyd, eine Art von Schadloshaltung zu erwarten habt. Die Deputirten der Nationalconvention, welche wir das Glück haben in unsern Mauern zu besitzen, haben dieses bereits öffentlich versprochen. Um nun dieselben in Stand zu setzen, den Gemeinden und Individuen, welche durch die Franken-Armee Schaden erlitten haben, einen verhältnißmäßigen Ersatz anweisen zu lassen, wünscht die allgemeine Administration ein genaues und richtiges Verzeichniß von dem erlittenen Schaden zu besitzen, um es der Einsicht dieser Gesetzgeber vorlegen zu können". Gemäß Zuschrift des Commissärs Petersen vom 3. Februar ward diese Aufforderung auch in den hochstiftlichen Aemtern bekannt gemacht. Die Bewohner wurden jedoch hierdurch nicht beruhiget: „Ihnen war ja nicht verborgen, daß selbst von hochfürstlicher Regierung lange zuvor der bis zum 30. Okt. erlittene Schaden verzeichnet und deßhalb ein Entschädigungsgesuch dem General Custine vergebens zugestellt worden sei. Sie erkannten klar, daß in diesem neuen Wörterprunk nichts als täuschende Vertröstungen, eigennütziges Mitleid und neue ungerechte Habsucht verborgen liege". Dennoch schickten die meisten Gemeinden wiederholt Verzeichnisse ihrer Beschädigungen ein. Tagebuch von Schoch. §. 65.

Rede über die Ursachen hielt, warum die Grundsätze der Freiheit und Gleichheit bei den Mainzern keinen sonderlichen Beifall gefunden, in welcher Rede die Koryphäen der Gesellschaft, Forster, Wedekind, Dorsch und Pape gar arg bloßgestellt wurden. Man suchte diesen Zwiespalt wieder zu dämpfen, damit das bevorstehende Fest nicht gestört werde. Alle Bürger und Bürgerinnen wurden zur Festtheilnahme öffentlich eingeladen. [277])

Sonntags, den 13. Januar, Nachmittags 2 Uhr versammelten sich die Freunde der Freiheit und Gleichheit im Sitzungssaale des Clubs. Ein Ausschuß desselben holte den General Custine und die französischen Commissäre dahin ab. Der Präsident Forster hielt an diese eine Ansprache. Ihm antwortete zuerst Merlin und schwur den Mainzern, die jetzt ihre Mitbürger seyen, Schutz und Vertheidigung gegen ihre Feinde. Dann ermahnte Custine seine Soldaten, die Mainzer von jetzt an als Brüder zu betrachten. Die Musik ertönte, 500 Kanonenschüsse wurden gelöst und unter dem Freudenrufe: „Vive la nation"! bewegte sich der Festzug über die große Bleiche, den Flachsmarkt, die Schustergasse zum Speisemarkte. Den Zug eröffneten 12 Trommelschläger mit ihrem Führer. Ihnen folgten 3 Clubisten, von denen der in der Mitte den für den Freiheitsbaum bestimmten Schild trug mit der Aufschrift: „Vorübergehende! Dieses Land ist frei! Tod demjenigen, der es anzugreifen wagt!" Diesem schloß sich die Musikbande an. Hierauf kamen die Commissäre und Clubisten, begleitet von zwei Pikenträgern, dem Hafner Weishaupt und dem Schriftführer Melzer, und flankirt von einem Theile der Leibwache des Generals zu Pferd. Jetzt schritten düster einher fünf Sclaven, gefesselt mit blechernen Ketten, tragend Krone, Scepter, Reichsapfel, Kurhut und einen Adelsbrief — „die

---

[277]) Näheres hierüber bei Klein a a. O. S. 327 u. ff. — Am 19. Dezember 1792 hatte Custine auf den 4 Hauptplätzen zu Mainz ganz eigenthümliche Denksäulen der Freiheit — Galgen — aufrichten lassen, an welche sollte aufgeknüpft werden, wer von Uebergabe der Stadt an die Preußen sprechen wollte. Am 9. Januar Morgens fand man den Schattenriß Custine's an dem Galgen am Leichhofe mit der Aufschrift hängen: „Der Hauptspitzbube gehört mitten in die Stadt und diesem leisten Dorsch, als Präsident der allgemeinen Administration und Page als unverschämter Autor Gesellschaft". Näheres über Dorsch und seinen Freund Blau siehe bei Dr. H. Brück, die rationalistischen Bestrebungen. Mainz. 1865. S. 67. u. ff.

Insignien des Despotismus" — aus leichter Papparbeit mit Goldpapier geschmückt. Diese Sclavengruppe war von einer Wache gehütet. Hinter dieser kam der Freiheitsbaum, von Schiffsleuten getragen, von den Clubisten umgeben, welche den Bänderschmuck des Baumes in Händen hielten. Dem Baume zunächst folgte der Pikenträger des Freiheitsclubs. Nachher kamen die Mitglieder der allgemeinen Administration, der Municipalität und eine Schaar Offiziere. Den Schluß bildete die andere Hälfte von Custine's Leibwache und die Nationalgarde mit entblößten Degen. Als der Zug auf dem genannten Markte angekommen war, errichtete man den mit den Nationalfarben bemalten und mit Bändern geschmückten Freiheitsbaum, was jedoch nicht ohne bedenkliche Beschädigung desselben geschehen ist. Unter Jubel ward dann auf dem an der Seite des Baumes errichteten Altare der Freiheit ein Feuer angezündet. General Custine warf zuerst den bemeldeten Adelsbrief in das Feuer; dann gab der Maire Ratzen die übrigen „scheußlichen" Insignien des Despotismus den Flammen preis. Jetzt wurden die vermummten Sclaven freigelassen. Hierauf hielt Professor Hofmann die Festrede, worin er die Freiheit als Wohlthat Gottes verherrlichte. Zum Schluße wurde ein besonderes Lied, das Te Deum laudamus der Franken, für dieses Fest gedichtet, unter Musik abgesungen. Zum Schutze des Baumes, an welchem Nachts zwei Laternen brannten, ward eine eigene Wache aufgestellt. Doch auch diese pomphaften Aufzüge, deren Theilnehmer am Abende ein Ball bei Musik und Tanz versammelte, und die vielen Reden, welche bei und nach dieser Festlichkeit gehalten wurden, konnten nur wenige neue Freunde in Mainz für den Umsturz gewinnen. Selbst während der Baum aufgepflanzt wurde, forderte ein in den Häusern und auf den Straßen der Stadt verbreiteter Aufruf die Mainzer Bürger und Einwohner des Landes zur Treue und Ausdauer mit dem Versprechen auf, daß trotz aller Bestrebungen der Ruhestörer gesetzliche Ordnung, Sicherheit und Wohlstand wieder zurückkehren werden. [278])

Während in geschilderter Weise von den Republikanern Alles

---

[278]) Sehr ausführlich bei Klein a. a. O. S. 332. — Als Gegenstück zu dem Feste fand man am andern Morgen an einem der vier Galgen eine todte Katze hängen, die mit den republikanischen Insignien der Freiheits-Kappe, Cocarde ꝛc. verziert war.

aufgeboten wurde, die eroberten Rheinlande mit Frankreich zu ver=
einigen, hatten die deutschen Stände am 23. November 1792 den
vom Kaiser beantragten und von dem Könige von Preußen eifrigst
empfohlenen Reichskrieg beschlossen. Das deßfallsige Reichsgutach=
ten wurde am 19. Dezember 1792 vom Reichsoberhaupte bestätiget.
An demselben Tage ergingen die Aufforderungen an die sämmtlichen
kreisausschreibenden Fürsten, worin ihnen die Weisung ertheilt
wurde, ihre betreffende Truppenschaar schon mit Ende des künftigen
Februar an den bestimmten Versammlungsorten einrücken zu lassen.
Man begnügte sich nicht damit, zahlreiche Armeen dem gemeinschaft=
lichen Feinde entgegenzustellen: sondern man wollte auch demselben
alle nöthige Unterstützung in den unentbehrlichsten Bedürfnissen ab=
schneiden. Daher wurde am bemeldeten 19. Dez. nicht nur die Aus=
fuhr aller Gattungen Getreides und Hülsenfrüchte, des Hornviehes und
der Pferde, des Hafers und Heues, sondern auch aller Waffen
und sonstiger Gegenstände der Truppenausrüstung und Pflege auf
das Strengste verboten. Außerdem wurde den deutschen Unterthanen
jeden Standes und Landes der Dienst bei den Feinden des Vater=
landes und jegliche Unterstützung derselben mit Strafandrohung
untersagt. Diese Maßregeln waren durch das Dekret der National·
versammlung vom 15. Dezember doppelt gerechtfertiget worden, aber
nicht von allen Reichsständen pflichttreu beachtet. „Frankreichs Frei=
heit, sagt ein gleichzeitiger Schriftsteller, erschien in diesem Dekrete
als eine Despotin gegen die unveräußerlichen Rechte der Menschen
und als eine Furie, welche den Frieden der Völker und die schöne
Eintracht zwischen ihnen und ihren Fürsten auflösen wollte. Eben
die Nation, welche Frieden den ruhigen Hütten zu bringen versprach,
drohte nun alle diejenigen auf das Grausamste zu mißhandeln,
welche ihrem Willen entgegen eine andere als die französische Con=
stitution verlangten." [379] Neben jenem Dekrete gab auch die Art
und Weise, wie die Franzosen mit ihrem unglücklichen Könige ver=
fuhren, den europäischen Mächten die gegründetste Veranlassung, das
Schlimmste für ihre eigenen Staaten zu fürchten. Der Tod Lud=
wigs XVI. war von den Jakobinern beschlossen ehevor man seine
Anklagen gehört, ehevor man seine Vertheidigung vernommen hatte.
Am 21. Jan. 1793 fiel sein schuldloses Haupt auf dem Revolutionsplatze

---

[379] Der französische Freiheitskrieg. Th. 1. S. 67.

zu Paris unter dem Fallbeile. Die meisten europäischen Mächte, namentlich England und Spanien, verabscheueten wie Oestreich und Preußen dieses ruchlose Verfahren des Nationalconvents, und schlossen Verträge zur wechselseitigen Unterstützung gegen die unabsehbaren Gefahren, welche allen Völkern von Frankreich aus droheten. Dieses erklärte bereits am 1. Februar 1793 den Krieg den Engländern und dem Erbstatthalter der vereinigten Niederlande und einige Wochen später auch den Spaniern. Ein so kühnes Vorangehen der Republikaner drängte auch das deutsche Reich zum entschiedenen Kampfe; am 22. März 1793 erfolgte von ihm die förmliche Kriegserklärung gegen Frankreich. [280])

§. 4. Allgemeine Einleitung zu den Wahlen und Beeidigungen.

Je langsamer und schwerfälliger die Schritte der deutschen Stände waren, ihre gefährdeten und theilweise von den Republikanern eroberten und bedrängten Reichsgebiete zu schirmen und wieder zu erkämpfen, desto rascher und kühner war der Pariser Nationalconvent in seinen Beschlüssen und Unternehmungen. Noch berieth man über die Anstalten, wie die wichtige Festung Mainz wieder zu gewinnen und das schöne Land am Rheine dem Generale Custine zu entreißen sei, als der Nationalconvent bereits seine Commissäre nach Mainz gesendet hatte, diese Festung sammt dem Gebiete zwischen der Queich und der Nahe, beziehungsweise der Mosel und dem Rheine, in möglichster Eile mit der Republik zu vereinen. Kaum hatten diese drei Mitglieder des Nationalconvents in Mainz zu jenem Behufe die ersten und nöthigsten Einleitungen getroffen, so sendete der Vollziehungsrath in Paris, zu Folge des siebenten Artikels des Dekrets vom 15. Dezember, zwei weitere Nationalcommissäre, die Bürger Simon und Gregoire, nach Mainz, um das eifrig begonnene Werk der Vereinigung mit der großen Republik, gemäß dem heißesten Wunsche der dortigen Clubisten, seinem Abschlusse rasch entgegen zu führen. Sie trafen am letzten Januar in Mainz ein. Am folgenden Tage wurden sie von Merlin von Thionville der Mainzer allgemeinen Administration und der Munizipalität vorgestellt. Hiebei legten sie ihre Vollmacht vom 31. Dezember 1792 mit der nö=

---

[280]) Vergleiche M. J. Schmidt's Gesch. der Deutschen. B. XVI. S. 45. u. ff. Ulmer Ausgabe, wonach wir zitiren.

thigen Erläuterung vor. Die Munizipalität beschloß, dieselbe sammt den hiebei gehaltenen Reden ihrer Wichtigkeit wegen alsbald durch den Druck öffentlich bekannt zu machen. Die Hauptaufgabe derselben war die Einleitung und den Vollzug der Wahlen der Gemeinde-Vorstände und der Abgeordneten für einen in Mainz abzuhaltenden rheinisch-deutschen Nationalconvent zu beschleunigen und die Leistung des hiezu erforderlichen Eides zu erzielen. [281])

Zu diesem Behufe erließen die beiden genannten Commissäre des Vollziehungsrathes, mit Zuziehung eines aus der allgemeinen Administration und der Munizipalität zu Mainz gewählten Ausschusses, am 10. Februar 1793 eine ausführliche Vorschrift und Belehrung über die am Sonntage den 24. Februar in allen Gemeinden diesseits des Rheins, von der Queich bis an die Mosel, — also nicht mehr bis an die Nahe — abzuhaltenden Munizipalitäts- und Convents-Wahlen und über den deßhalb abzulegenden Eid. [282])

[281]) Auf Befehl der allgemeinen Administration hatte Petersen zu Speyer am 10. Januar 1793 allen ihm untergeordneten Aemtern die Weisung ertheilt, innerhalb 4 Tage ein genaues Verzeichniß aller Männer der einzelnen Dörfer vorzulegen, welche 21 volle Jahre zählen, nicht als Dienstboten im Lohne stehen und keine bekannten Falliten oder Schuldner sind, welche sich außer Stand befinden, ihre Schulden zu zahlen. Die meisten Stabhalter glaubten, es geschähe dieß zum Behufe Soldaten auszuwählen. Die allgemeine Administration erließ deßhalb ein besonderes Beruhigungsschreiben, also lautend: „Im Namen der Franken-Republik. — Die allgemeine Administration erklärt hiedurch zur Beruhigung aller ihrer Mitbürger in den Städten und auf dem Lande, welche bei der neulich geforderten Conscription aller Bürger vom 21. Jahre an Gelegenheit nahmen, zu glauben, als geschähe dieß, um Soldaten zu erheben, daß ihre Absicht bei dieser Conscription einzig und allein diese gewesen sei, die Anzahl der bei den bevorstehenden Gemeinde-Versammlungen Stimm- und Wahlfähigen kennen zu lernen. Mainz, am 25. Januar 1793. Im zweiten Jahre der Franken-Republik. Dorsch, Präsident der allgemeinen Administration daselbst. J. M. Kiffel, Sekretär." Karls. Archiv S. A. — [282]) Die Hauptbestimmungen dieser Wahlvorschrift waren folgende: „Jede Gemeinde wählt, nachdem unter dem Vorsitze der drei ältesten anwesenden Bürger ein Wahlvorstand, drei Stimmensammler und ein Schreiber erkoren sind, in der Pfarrkirche aus ihrer Mitte einen Maire, einen Gemeinde-Procurator, und wenn die Seelenzahl unter Tausend steht, zwei Munizipalen; zählt sie über tausend Seelen, so wird für jedes Tausend ein Munizipal mehr gewählt. Wahlberechtigt ist, ohne Unterschied des Standes und der Religion, wer das 21. Jahr zurückgelegt, seit einem Jahre in dem Bezirke von Landau

Diese Wahlvorschrift brachte abermals Freude und Jubel für die Anhänger und Freunde der fränkischen Republik, aber neue Ver=

bis an die Mosel wohnte und sich der willkührlichen Gewalt entzogen hat. Dienstboten, Knechte, fremde Handwerksbursche und wer zu einer ent=ehrenden Strafe verurtheilt wurde, sind nicht wahlberechtigt. Wer früher gewisse, ausschließliche Vorrechte und Freiheiten genossen hat, wie Geistliche, Edelleute nebst ihren Beamten, der muß nach dem gegebenen Formulare schrift=lich auf jene Privilegien verzichten und diese Verzichtleistung dem Präsidenten der Wahlversammlung vor der Wahl einhändigen. Die Wahlstimme wird schriftlich abgegeben. Bei Niederlegung derselben in die Wahlurne muß jeder Stimmende folgenden Eid laut aussprechen: „Ich schwöre, treu zu seyn dem Volke und den Grundsätzen der Freiheit und Gleichheit". Die zuerst zu wählenden Maire und Gemeinde=Procuratoren müssen die unbedingte Stim=menmehrheit besitzen; bei den Munizipalen ist dieselbe nicht erforderlich. Jeder Wahlberechtigte ist auch passiv wahlfähig, wenn er das 25. Jahr zurückgelegt hat. Die also gewählten Maire, Gemeinde-Procuratoren und Munizipalen haben die Verwaltung des Gemeindevermögens, der Polizei und des provi=sorischen Friedensgerichtes in ihrer Gemeinde. — Außer dieser Munizipalität in jeder Gemeinde soll auch für die fragliche Landschaft ein Nationalconvent in Mainz aufgestellt und dazu sogleich nach beendigter Munizipalitätswahl Abgeordnete in jeder Gemeinde gewählt werden. Diesen Convents-Abgeord=neten, welche sich am 10. März 1793 in Mainz versammeln, obliegt, sich über die Verfassung und das Wohl des Landes zu berathschlagen und darüber zu entscheiden, gemeinschaftliche Maßregeln zu dessen Beförderung zu nehmen und eine allgemeine, vollstredende Verwaltung einzuweisen zu ernennen. Jede Gemeinde hat einen Abgeordneten, in der Weise, wie die Munizipalvorstände, zu wählen, jedoch muß derselbe nicht in der Gemeinde, in welcher er gewählt wird, seßhaft seyn. Die beglaubigte Abschrift des Wahlprotocolls dient dem Gewählten als Bevollmächtigung zum Eintritt in den Convent, um daselbst über eine auf Freiheit und Gleichheit gegründete Verfassung zu berathen und zu entscheiden. Gegen diejenigen Gemeinden und Gemeindemitglieder, welche sich zu dieser Wahl nicht versammeln wollen und die folglich so angesehen werden müssen, daß sie hierdurch ihre Feindschaft gegen die fränkische Republik erklärt haben, wird das Dekret des Nationalconvents vom 15. Dez. d. J., welches sie für Feinde der Republik bezeichnet und als solche zu behandeln befiehlt, in ungesäumten Vollzug gebracht wer=den. — In den Städten, welche mehr als 5000 Einwohner zählen, wurden mehrere Urversammlungen, von welchen keine über die eben genannte Seelen=zahl umfassen soll, vorgeschrieben. Sie mußten ebenfalls in den Pfarrkirchen, in der Weise, wie in dem Vorstehenden bereits erläutert ist, vorgenommen werden. Mainz ward in sieben, Worms und Speyer aber in zwei Urver=sammlungs=Bezirke getheilt. Diese Städte hatten das Recht, in jedem Be=zirke einen eigenen Abgeordneten für den neuen Convent zu wählen." Siehe Unterricht für die Gemeindeversammlung. ꝛc. ꝛc. Auch in Speyer mit En=deres'schen Schriften besonders abgedruckt. Stadtarchiv.

legenheiten und Bedrängniſſe für alle pflichttreue Unterthanen der
alten Obrigkeit und gewiſſenhafte Prüfer der aufhabenden Obliegenheiten und Gelöbniſſe.   Eine der erſten Folgen dieſer Wahlanord-
nung war eine Proclamation des Generals Cuſtine vom 16. Februar, in welcher der in der Wahlvorſchrift näher bezeichnete Eid
jetzt ſchon von den Adeligen, Geiſtlichen [168]) und deren Beamten
bei Strafe der Landesverweiſung gefordert wurde.   Sie lautete alſo:

„Da die Dekrete des National=Convents vom 15., 17. und
25. (sic) Dezember v. J. den Befehlshabern der Armeen der Franken-
Republik die Pflicht auferlegen, für ihre Vollſtreckung Sorge zu
tragen, und der Artikel III. des Dekretes vom 25. Dezember ausdrücklich lautet: „„Es ſolle niemand zum Stimmen in den Ur= und
„Gemeine=Verſammlungen zugelaſſen, noch zum Verwaltungs=Mit=
„gliede oder proviſoriſchen Richter ernannt werden können, der nicht
„zuvor den Eid der Freiheit und Gleichheit geleiſtet, und allen Pri-
„vilegien und Vorrechten, deren Aufhebung in dem Dekrete vom
„15. und 17. dieſes Monats ausgeſprochen iſt, und die er bis da-
„hin genoſſen haben mag, ſchriftlich entſagt haben wird““; und da
ferner die Nähe des zum Anfange der Volkswahlen beſtimmten
24. Februars es unumgänglich nothwendig macht, dieſe Entſagung
von den ehemals Privilegirten und ihren Anhängern, welche den
Vortheil ausſchließender Privilegien genoſſen, ungeſäumt zu fordern:
ſo erklärt der General en Chef der Vogeſiſchen Armee, daß alle in
Mainz, Worms, Speyer, Bingen, Winnweiler und überhaupt in
allen zwiſchen Landau, der Moſel und dem Rheine gelegenen Ortſchaften annoch ſich aufhaltende Adelige, Geiſtliche und deren Beamten, weſſen Standes und weſſen Ranges ſie zuvor geweſen ſeyn
mögen, imgleichen alle Mitglieder der Univerſität zu Mainz, die Regenten der Seminarien, wie nicht minder alle in Dienſten des ehemaligen Fürſten geſtandenen Civilbedienten, welche noch nicht zur
Freiheit und Gleichheit geſchworen haben, binnen heutigem Tage
und dem 20. Februar in der Stadt Mainz und im übrigen Lande

---

[168]) Bereits am 10. Jan. 1793 wurde von der allgemeinen Adminiſtration erklärt, daß das ſogenannte Privilegium fori für die Geiſtlichen nicht
mehr beſtehe. Dabei wurden auch die Klagen wegen Eheverlöbniſſe und Ehe-
ſtreitigkeiten dem weltlichen Gerichte überwieſen. Das Kirchenrechnungsweſen
wurde der Munizipalität mit Zuziehung des Pfarrers überlaſſen. Orig. im
Stadtarchiv.

15

bis zum 26. Februar eine schriftliche Erklärung folgenden Inhaltes von sich zu stellen, mit ihrem Namen eigenhändig zu unterschreiben und der provisorisch beibehaltenen Munizipalität oder Verwaltung des Ortes ihres Aufenthaltes einzusenden haben: „„Ich N. N. schwöre „treu zu seyn dem Volke und den Grundsätzen der Freiheit und „Gleichheit und entsage hierdurch feierlichst sowohl dem Kurfürsten (oder, wenn es in andern Gegenden ist, dem Bischofe zu Worms oder zu Speyer, dem Kaiser, als Grafen von Falkenstein, dem Für- sten von Nassau-Weilburg ꝛc. ꝛc.) und seinem Anhange, als auch „meinen bisher genossenen Privilegien und Vorrechten"" (meinem Adel, ꝛc.) N. N. den —— Februar 1793 . . . . . N. N. Wenn das ausdrückliche Gesetz des National-Convents und die Sorge für die Unabhängigkeit der Völker, denen die Waffen der Franken-Re- publik die Freiheit zugeführt haben, mit Eifer zu wachen, dem Ge- nerale en Chef der Armee eine strenge Pflicht auferlegt, so scheint ihm die gelindeste Auslegung, die er sich jetzt erlauben darf, wo es darauf ankommt, die Freiheit der Volkswahlen durch jede allgemeine Polizeivorkehrung, die in seinem Vermögen steht, zu sichern, darin zu bestehen, alle diejenigen Feinde der Republik, welche sich durch Verweigerung oder Unterlassung der oben vorgeschriebenen Ent- sagung, als solche zu erkennen geben werden, und deren längerer Aufenthalt folglich nicht für die Freiheit der Einwohner dieses Lan- des, sondern auch für die Franken-Republik selbst mit augenschein- lichem Nachtheile verbunden ist, augenblicklich aus unseren Grenzen zu entfernen und dem Feinde, dessen verrätherische Helfershelfer sie sind, zuzuschicken. Im Hauptquartier zu Mainz, den 16. Fe- bruar 1793, im 2. Jahre der Republik. Der General en Chef der Vogesischen Armee, Custine. Daß gegenwärtige Uebersetzung mit dem nebenstehenden Originale übereinstimmt, bezeugen die frän- kischen National-Commissarien der vollstreckenden Gewalt. Simon. Gregoire." [284])

Diese Verordnung wurde alsbald in Tausenden von Exemplaren durch eigene Boten den Mairen in Worms und Speyer zur Bekannt- machung und Einschärfung zugestellt. Schon am 19. und 20. desselben Monats hat Petersen die in Speyer verweilenden Stifts- und Kloster- geistlichen sammt ihren Bediensteten auf das Rathhaus beschieden, um im

---

[284]) Orig. im Sp. Stadtarchiv. Statt Dekret vom 25. Dez. sollte es wohl richtiger heißen, Dekret vom 22. Dez. Siehe oben die Note 271.

Beiseyn des Procurators Reissinger und des Aktuars Grether ihnen diese Verordnung zu verkünden und zur Befolgung zuzustellen. Viele der Vorgerufenen waren abwesend, andere krank, alle aber bestürzt über die gewissensverletzende Zumuthung. [185])

---

[185]) Erschienen waren: A. Aus dem St. German's-Stifte: Franz G. Kalt, Dechant; J. Nep. Kalt; Fr. X. Linz; Joh. Ant. Fleischütz; Heinr. Lennig; N. Helferich; Joh. Bap. Freibott, Pfarrcurat; Joh. Bapt. Mock, Stiftskeller und Joh. Batteicher, Glöckner und Sakristan. Der Chorherr K. H. v. Wagner war wegen Amtsgeschäfte, Joh. Ph. Kraus, Custos, und Moriz Thalläus wegen Krankheit in Heidelberg. B. Aus dem St. Guido-Stifte: Fr. Ant. Wagner, Dechant; Kraus; G. Ant. Catti; J. Bapt. Delbono; Christof. Deimbling, Stiftsherrn; Mich. Scherer und Mich. Ant. Martin, Vikare; Mag. Florentius Roeder, Augustiner-Eremit als Pfarrvikar; Fried. Tussing, Stiftskeller; Franz Klein, Glöckner. Abwesend waren die Stiftsherrn K. Joh. Orsolini; Joh. Fried. Rothensee; K. Feüser und der kranke Hartmann. C. Aus dem Stifte Allerheiligen: Nik. Köhler, Dechant; Mart. Bartholomäi; Joh. Christ. Mähler; Leop. Rister, Stiftsherrn; Christ. Amadey, Pfarrcurat; Joh. Bapt. Hillebrand, Keller und Glöckner. Der Stiftsherr und Weihbischof Anton Schmidt war in Bruchsal. D. Aus dem Domstifte: Serpräbendare: J. Ant. Lautern; Engelb. Hepp; Joh. Damian Moßbach. Vikare: Ph. Lanzet; Fr. Ruch, Erzpriester; Jak. Fried. Reibelt; Fr. X. Aufmuth; Fried. Schwarz, Dompfarrer; Pet. Ant. Ott; Fr. Jäger; Heinr. Rößler; Joh. Val. Baumann; Haagen; Jos. Jak. Karl; Ignaz Sauer; Ch. Th. Jung; Fr. Ant. Hippler; Joh. Bapt. Edel. Semipräbendare: Joh. Bapt. Engel; Joh. Cos. Hepp; Dietler, und Domcaplan J. Ant. Lederle. Abwesend waren sämmtliche Dignitäre und Domcapitulare; die Serpräbendare Joh. Meich. Götz; Nikolaus Heller; die Vikare: Franz v. Tudorowich; Jos. Hofmann; Jos. Ant. Sdemann; Sim. Megele; Fr. Wilh. Rothensee und der Semipräbendar G. Jak. Schneider, theils in Geschäften, theils wegen Krankheit. E. Domcapitel. Beamten: Joh. Ant. Baur, Sekretär; Joh. Mich. Pfeiffer, Fabrikmeister; Joh. Franz Held, Domkeller; Joh. Adam Walter, Oberschaffner; Franz Siegel, Arzt; Jak. Schmitt, Rechnungsrevisor; Casp. Hammer, Dormentar; Fried. Zink, desgl.; Matth. Volz, Domschulmeister; Joh. Leibert, Kammerknecht; Nik. Hemmes, Domglöckner. Abwesend waren theils wegen Krankheit, theils wegen Geschäfte: Joh. Nep. Tschamerhell, Domsyndik; die Archivare Ant. Loebel, und Johann Hugo Büchler; Präsenzmeister Preiß und Alumnatsverwalter Fr. Wilh. Hartmann. F. Aus dem Dominikaner-Kloster: Balth. Kaiser, Prior; Thomas Schmitt, Prediger. Im Kirchendienste waren abwesend auf dem Lande: Condesalv Franzmathes; Aug. Kappler; Leop. Hornberger; Pius Franzmathes. G. Aus dem Augustinerkloster: Emmerich Stangenberger, Prior; Constantin Scheiblein, Domprediger; Raimund Weidenbusch, Professor der Rhetorik; Adam Krazmayer; Cornel Schmitt; Angelin Auth, Professor der Syntax; Jos. Gernert, Professor der ersten und zweiten Classe. H. Aus dem Carmeliter-Kloster: Isidor Hellmeister, Prior; Philipp Duttenhoffer; Carl Mennig.

In die beiden Nonnenklöster verfügte sich Reissinger am 21. Februar allein, um Gleiches zu vollziehen, wozu er ohne eigene Weisung wohl nicht befugt war.

Da die beiden Pariser Commissäre der vollziehenden Gewalt Winke erhalten hatten, daß der in mehreren deutschen Zeitungsblättern veröffentlichte und in besonderen Abdrücken verbreitete kaiserliche Befehl, wodurch allen Deutschen unter Androhung schwerer Reichsstrafen verboten wurde, in den Kriegsdienst, oder in ein Civilamt des französischen Freistaates zu treten, oder darin zu verbleiben, Manchen von dem abgeforderten Revolutionseide abschrecken dürfte, so erließen sie am 17. Februar eine übermüthige und wohlgeharnischte Bekanntmachung an die Bewohner der Gegenden zwischen Landau, der Mosel und dem Rheine. Darin heißt es unter Anderem: „Wenn deutsch geborene Männer, in deren Adern altdeutsches, nach Freiheit ringendes Blut rollt, der deutschen Despoterei müde, lieber einem freien Volke dienen wollen, welche menschliche Macht hat das Recht, sie davon abzuhalten? Wollen deutsche Despoten die Güter solcher Bürger, die in dem noch unterdrückten Deutschlande liegen, einziehen, so hat die fränkische Nation sie reichlich darüber zu entschädigen". 2c. 2c. [266])

Diese neufränkischen Erklärungen und Versicherungen, welche die wohlgesinnten Bewohner ohnehin verachteten, konnten keine Beruhigung geben. Da die Oesterreicher immer mehr Truppen sammelten und an den Rhein anrücken ließen, die Preußen aber Mainz auf dem rechten Rheinufer immer enger umzingelten: so glaubte und hoffte man,

---

Abwesend auf dem Lande zur Aushilfe waren: Matth. Gampel; Patrizius Kaiser; Rud. Faulhaber; Cyrill Rütschen war krank. I. Aus dem Minoritenkloster: Mart. Kirsch; Fried. Hofmann. Zur Aushilfe auf dem Lande waren: Bernh. Qued; Nil. Hauß. K. Aus dem Capuziner-Kloster: Die Patres: Servatius Therbu; Cosmas; Leutfribus Leibfriedt; Johannes a Deo; Othmarus; Henricus Josephus; Bertinus; Celsus, Hugo. Krank waren: Chrinus und Salvator. Zum gleichen Zwecke, wie die Geistlichen, wurden vorgerufen: der Wirtenberger Rath und Stabspfleger Deschler; der Verwalter der Deutsch-Ordens-Commende, Schmitt; der fürstb. Pfalzkeller Kleiner; der Postverwalter Kuhn und sein Sekretär Clesla. Orig. im Stadtarchiv. Noch am 6. März 1798 ward Christoph Mähler wegen Deportation und Emigration vor das „Tribunal correctionel" gestellt, aber in Kraft des Art. 253 der Constitution des Jahrs III freigesprochen. — [266]) Orig. Stadtarchiv. Abgedruckt bei Klein a. a. O. S. 393.

daß den fremden Eroberern ihr Plan nicht gelingen dürfte, daß schöne Rheinland bleibend mit der in furchtbaren Kämpfen und Wehen ringenden Republik zu verbinden und zu behaupten.

Indessen hatte die Proclamation Custine's, besonders wegen der darin enthaltenen Ausdrücke, „feierlichst dem Kurfürsten — Erz= bischofe von Mainz, oder dem Bischofe von Worms und Speyer — zu entsagen", bei vielen gewissenhaften Katholiken großes Bedenken erregt. Denn es konnten jene Worte auch dahin gedeutet werden und wurden wirklich so gedeutet, daß man zugleich der katholischen Religion, oder vielmehr einer wesentlichen Einrichtung derselben, entsagen müßte, wenn man die Verbindung mit dem Bischofe brechen würde, welcher ja der von Gott gesetzte Oberhirte seiner Diözesangenossen sei. Um dieses Bedenken zu beseitigen, erließen die zwei schon genannten Commissäre des Vollziehungsrathes, im Einverständnisse und im Namen des Generals Custine, der eben im Begriffe stand, eine Musterung der abwärts des Rheins lagernden fränkischen Truppen vorzunehmen und im Namen der ganzen fränkischen Nation eine nähere Erklärung des fraglichen Satzes schon am 18. Februar. Darin heißt es unter Anderem: „Die fränkische Nation ist weit entfernt, die Religion irgend eines Bürgers antasten zu wollen; denn in der allgemeinen Freiheit, die sie ihren Nachbarn errungen, ist auch die Gewissens= freiheit mit einbegriffen. Wenn also der General kraft des Gesetzes vom 15. Dezember 1792 begehrt, daß die erwähnten Personen schriftlich ihren Verhältnissen mit dem Bischofe von Worms und Speyer z. B. entsagen sollen, so ist dieß so zu verstehen, insoferne diese Bischöfe zugleich weltliche Fürsten sind. Was die geistliche Gerichtsbarkeit gedachter Bischöfe betrifft, so ist es die Meinung des Generals nicht, sie auf der Stelle aufzuheben. Da= rüber wird der Mainzer Nationalconvent, welcher am 10. künftigen Monats seine Sitzungen eröffnet, entscheiden. — Indessen aber dürfen weder der General, noch wir zulassen, daß gedachte Bischöfe sich unter dem Vorwande der Religion irgend einen Einfluß erlauben, welcher den Grundsätzen der Freiheit und Gleichheit zuwider wäre, — Grundsätzen, welche mit der reinen Christusreligion vollkommen übereinkommen. — Um also allen Mißverständnissen vorzubeugen, kann die von den ehemals Privilegirten begehrte schriftliche Er= klärung folgendermaßen in's Kurze gefaßt werden: „„Ich N. N. ent=

sage allen Privilegien und schwöre den Grundsätzen
der Freiheit und Gleichheit treu zu seyn."" [287])

---

[287]) Vollständig bei Klein a. a. O. S. 398. Um jedes Bedenken gegen
die Vornahme der Wahlen und das Leisten des Eides zu beschwichtigen, wurde
am 16. Februar eine besondere Schrift: „Beruhigungsgründe bei den
bevorstehenden Wahlen", in Mainz erlassen und allseitig verbreitet. Sie lautet:
„Mitbürger! Ihr wisset, daß der fränkische Freistaat auf keine Eroberungen aus-
geht; er will keine Nation unterjochen; er will vielmehr alle Völker, zu denen
sein Waffenglück vordringt, wenn es ihr allgemeiner Wille ist, frei und glücklich machen. Diese erhabene Nation, die sich selbst durch die Grundsätze der
Freiheit und Gleichheit groß und glücklich fühlt, will nicht die strengen Gesetze des Eroberers an uns ausüben; sie will uns vielmehr in die ursprüng-
lichen Rechte des Menschen, in den Besitz der dem ganzen Volke zukommen-
den Oberherrschaft, einsetzen; sie will allen Gemeinden den ersten Genuß der
Volks-Souveränetät, die erste Ausübung der Selbstgewalt, durch die Wahlen
der Volksbeamten verstatten. Diese erhabene und großmüthige Republik fordert nicht, daß wir ihr huldigen; sie fordert nur, daß wir die drückenden
Verbindungen mit unsern vorigen Herrn aufheben; daß wir keine Privilegien
mehr anerkennen; daß wir die höchste Gewalt bei dem Volke annehmen; daß
wir Treue dem Volke, den Grundsätzen der Freiheit und Gleichheit zuschwören
sollen. Diese große Nation will uns nicht als Sklaven, sondern als ihre
frei gemachten Brüder betrachten; sie reicht uns gerne die Bruderhand; sie
verspricht uns Hilfe, Schutz und Beistand, wenn sie sich nur unserer brüderlichen Zuneigung versichern kann. Diese Versicherung sollen wir ihr durch
den Eid der Freiheit und Gleichheit geben. — Mitbürger! ich kann unmöglich glauben, daß ihr das Edle und Große dieses Schwures, daß ihr nicht
Dank gegen dies Anerbieten der Franken fühlen, daß ihr diesen Eid nicht
ganz von Herzen schwören könntet! Nur schwache, nur irrgeführte, nur durch
Sklavensinn gebeugte Gemüther können vor diesem Eide zurückbeben. — Die
Bürger von dieser niedern Klasse, — denn nur Weisheit und Tugend wird
fernerhin die Bürger unterscheiden, — müssen bedenken, daß 1) die Franken-
Republik einmal berechtigt sei, sich auf eine mit ihren Grundsätzen überein-
stimmende Weise, nach einer ihr beliebigen Form, huldigen zu lassen; 2) daß
sie ausdrücklich erklärt habe, diejenigen, die diesen Eid nicht leisten wollen,
als ihre Feinde zu behandeln. Diese hält sie für verdächtige, ungehorsame,
unruhstiftende, aufrührerische Einwohner. Mitbürger! ein Eid, dessen Verweigerung Verbrechen wider den Eroberer, wider die Ruhe und Wohlfahrt
des Staates, wider die persönliche Sicherheit ist, kann unmöglich das Gewissen beschweren, oder eine vernünftige Verantwortlichkeit nach sich ziehen.
3) Dieser Eid ist zur Bedingung bei den Wahlen der Volksbeamten und Deputirten zur Nationalkonvention gemacht. Welchem Bürger muß es nicht
eine ernstliche Angelegenheit seyn, tugendhafte, eifrige, einsichtsvolle Männer
zu Beamten zu haben? Nur dem Schurken, nur dem Feinde der Ruhe, der
Ordnung und des allgemeinen Wohls kann gleichgiltig seyn, was für Leute

Dieser Erklärung ungeachtet, gab es in Mainz noch viele und große Anstände, sich der ausgeschriebenen Eidleistung und Wahl zu unterziehen. Am 19. Februar versammelten sich die Stände, Zünfte, die Geistlichkeit, das Gerichtspersonal und die Mehrheit der Stimmen

an der Spitze stehen, wie die Gesetze und die Verwaltung der öffentlichen Güter gehandhabt werden. Der rechtschaffene Bürger sieht auf sein eigenes und auf das allgemeine Wohl; er hält es für seine heiligste Pflicht, den Wahlen beizuwohnen und den dabei vorgeschriebenen Eid abzulegen. — Nun will ich euch, Mitbürger! noch einmal sprechen lassen. Ihr wendet gegen den aufgelegten Schwur ein: „„Wenn Cüstine zu uns sagte: „„„ Mainzer, Wormser, Speyrer! schwört mir Treue und Gehorsam, schwört, daß ihr euch ruhig und friedlich gegen meine Truppen benehmen, daß ihr meine Kriegspläne durch keine Verrätherei stören wollet!"""" Diesen Schwur kann der General mit Recht von uns fordern; diesen Schwur würde Keiner von uns verweigern. Aber der Eid der Freiheit und Gleichheit ist in unserer Lage bedenklich; er kann uns gefährlich werden, weil er die Feinde der Franken wider uns aufbringen, und bei einem möglichen Wechsel des Kriegsglückes ihre Rache uns und unserm Eigenthume zuziehen könnte. Wünschten wir, daß wir in französischen Händen blieben, so wollten wir der Herrschaft unsers ehemaligen Kurfürsten gerne ab, und einer freien Verfassung gerne zuschwören."" Mitbürger! ich habe eure Reden getreu nachgeschrieben; hört mich nun auch gelassen und unbefangen an. Cüstine kann und darf euch keinen andern Eid auflegen, als den, welcher der Frankenrepublik eigen, welcher von dem Nationalkonvente vorgeschrieben ist. Der Nationalkonvent schrieb aber den von den Franken in Besitz genommenen Völkern diese Eidesformel aus ganz menschenfreundlichen Absichten, wie wir gehört haben, vor; hierin kann nun nichts mehr geändert werden. — Die Wirkungen und die Folgen dieses Eides in Rücksicht auf euch und eure vormaligen Herrn, sind auch ganz dieselbigen, ob er auf diese oder eine andere Art abgefaßt ist. Ihr müßt bei jedem Eide der Herrschaft eures ehemaligen Kurfürsten, Fürsten oder Grafen, wenigstens solange diese Lage der Sachen dauert, entsagen. Könnt ihr es aber wegen eurer jetzigen Lage vor eurem ehemaligen Herrn verantworten, wenn ihr eurem Eroberer huldiget, warum sollet ihr es nicht verantworten können, wenn ihr die von demselben vorgeschriebene Eidesformel unterzeichnet, die sich von der sonst gewöhnlichen nur dadurch unterscheidet, daß ihr die Oberherrschaft in dem gesammten Volke anerkennt? Ihr verlanget, daß man euch bis zu dem künftigen Friedensschlusse mit diesem Eide verschonen solle! Aber ihr gestehet doch selbst ein, daß euer Eroberer jetzt schon berechtigt sei, sich von euch huldigen zu lassen, und daß ihr jetzt schon schuldig seyd, ihm Treue zuzuschwören. Die Verbindlichkeit dieses Eides ist in der gegenwärtigen Lage unstreitig; die Dauer derselben hängt freilich von künftigen Umständen, und, wenn ihr wollt, von dem Friedensschlusse ab. — „„Wir werden aber, sagt ihr, die Feinde jenseit des Rheines noch mehr reizen, wenn wir den Eid der Freiheit und Gleichheit schwören. Die Feinde der Franken werden auch unsere Feinde

fiel insgesammt dahin aus, daß der verlangte Eid nicht geleistet
werden und kein noch deutsch gesinnter Bürger in den Urversammlungen erscheinen sollte. Man beschloß deßhalb, einen eigenen Curier
nach Paris zu senden, um den Nationalconvent für eine beßfallsige
Nachsicht zu gewinnen, obgleich die Clubisten wegen dieser Verzögerung sehr erbittert waren. Noch am Tage, an welchem der
Curier abgehen sollte — den 21. Februar — kamen die drei Commissäre des Convents, Reubel, Haußmann und Merlin, von ihrer
fünfzehntägigen Rundreise an der Mosel nach Mainz zurück. Alsbald wurden sie von 12 Abgeordneten der Bürgerschaft begrüßt und
ihnen die Bittvorstellung der Stadt eröffnet. Reubel antwortete
voll Unwillen: „daß den 24. Februar die Urversammlungen zu
Stande kommen müßten, und wenn auch die Stadt in Trümmer

werden, wenn wir uns auf Seite der Franken schlagen.‟" — Die Feinde der
Franken, die unsere Gegenden bedrohen, fordern ja auch von den Einwohnern
der Länder, die sie in Besitz nehmen, den Eid der Treue. Mitbürger! ihr
müßtet von den Oesterreichern und Preußen befürchten, daß sie von dem Kriegs-
rechte und den unter gesitteten Völkern angenommenen Kriegsregeln abweichen
werden, wenn ihr glaubt, sie bestrafen an euch das, was sie von den bezwun-
genen Völkern selbst fordern. Sind sie solche Barbaren, so sollet ihr euch
schon aus diesem Grunde näher an die Franken anschließen und sie aufmun-
tern, diese Despoten-Miethlinge von euern Grenzen zurückzuschlagen; ihr
sollet von ganzem Herzen den Eid der Treue schwören. Sind sie aber nicht
so grausam, halten sie die Völkerrechte in Ehren, so kann euch auch die Furcht
vor denselben nicht zum Vorwande eurer Weigerung dienen. — Zudem glaubt
nicht, daß euer Betragen gegen die Franzosen einen Einfluß auf den Kriegsplan der streitenden Mächte haben werde. Die Feinde jenseit des Rheines
werden nicht früher und nicht später, als sie können, sie werden nicht stärker
und nicht schwächer, als sie Kräfte besitzen, eurem Gebiete sich nähern. —
Noch habe ich, Mitbürger, denjenigen unter euch, die fürchten, durch diesen
Schwur in die Reichsacht erklärt zu seyn, nur ein Wort zu sagen, dieß nämlich,
daß diese Erklärung in die Reichsacht nicht uns, die wir bereits erobert sind,
sondern nur diejenigen Einwohner des deutschen Reiches, die von den nicht
eroberten deutschen Provinzen auswandern, und französische Dienste nehmen,
betreffen könnt. — Mitbürger! ich beschwöre euch nun durch das Wohl eurer
Familien und des Vaterlandes, euch den unabänderlichen Gesetzen der Franken-
republik zu unterwerfen, den Wahlen beizuwohnen und den vorgeschriebenen
Eid abzulegen. Ich beschwöre euch, diejenigen als eure Feinde zu betrachten,
die in den gegenwärtigen Umständen euch zum Ungehorsame, den ihr vor eurem
Gewissen, vor eurem Vaterlande, vor eurem Eroberer nicht verantworten
könnt, anzuhetzen suchen! Mainz, den 16. Hornung 1793. — Gedruckt im
St. Rochushospital durch Johann Wirth". Speyerer Stadtarchiv.

gehen müßte; die Kanonen würden gegen die Stadt gerichtet, um
solche elende Sclaven zu vernichten; es sei lächerlich, ein unbedeutendes Interesse vorzuschützen, da die großmüthige, fränkische Nation
es hundertfach ersetzen könnte." ꝛc. ꝛc. Eine Proclamation dieser Commissäre an das Mainzer Volk von demselben Tage erklärte weiter:
„Der Tag ist gekommen, wo man zwischen Freundschaft der Franken-
republik und dem Hasse wählen muß, den sie den Tyrannen und
ihren Anhängern geschworen; wo man zwischen Freiheit und Sclaverei wählen muß. Wenn ihr euch frei erklärt, so behaltet ihr
unsere Freundschaft. Wollt ihr Sklaven seyn, dann sollt ihr auch
als solche behandelt werden." ꝛc. ꝛc. [288]) Am folgenden Tage veröffentlichten die Commissäre ein weiteres Dekret des Nationalconvents
vom 31. Januar 1793, worin, bei der feindlichen Kundgebung gegen
die Eidesleistung und Wahlen, den in den eroberten Gebieten commandirenden Generälen geboten wird, alle Maßregeln zu ergreifen,
die für die Abhaltung der Ur- und Gemeindeversammlung laut Vorschrift nothwendig sind. Den fraglichen Commissären wurde hiebei
die Befugniß eingeräumt, über die bei den Wahlen etwa sich kundgeben-
den Anstände zu entscheiden. Die Völker der Städte und Ortschaften, welche nicht längstens 14 Tage nach der Bekanntmachung
dieses Dekretes demselben gehorchen würden, sollen als solche erklärt
und behandelt werden, die nicht Freunde des fränkischen Volkes
seyn wollen. [289])

Dieß war die gerühmte Freiheit, in welcher die Bewohner von
der Queich bis an die Mosel die Ketten ihrer bisherigen Knechtschaft brechen und in den Vollgenuß der brüderlichen Gleichheit
der alten Feinde deutscher Ehre und Größe treten sollten. Die
Mainzer stimmten am 24. Februar über ihre künftige Freiheit, allein von etwa 14,000 Wahlberechtigten hatten sich kaum
260 in den zur Wahl bezeichneten sechs Kirchen eingefunden, ungeachtet die Zahl der dortigen Clubisten allein weit höher als diese
Gesammtzahl der Wähler angeschlagen werden konnte. [290])

---

[288]) Klein a. a. O. S. 406. und 408. — [289]) Collection complète etc.
tôme V. p. 105. Deutsch bei Klein a. a. O. S. 407. An demselben Tage
wurde die Grafschaft Nizza in Savoien mit der französischen Republik vereinigt. — [290]) Ausführlich bei Klein a. a. O. S. 423. u. ff. Die Wahl
wurde mit einem feierlichen Hochamte in jeder der Wahlkirchen eröffnet, dem
aber wenige Pfarrgenossen beiwohnten.

§. 5. Die Wahlverhandlungen in Speyer.

Von jeher wurden am Dreikönigsfeste die nöthigen Raths=
wahlen in Speyer vorgenommen, an dem folgenden Morgen des
sogenannten Rolltages aber die einzelnen städtischen Aemter bestellt
und die hierzu Erkorenen feierlich in dieselben eingeführt. Jede der
zwölf Zünfte hatte für sich einen Rathsherrn zu wählen, welcher
erst bei seinem Absterben oder freiwilligen Austritte durch die Wahl
derselben Zunft einen Nachfolger erhielt. Die zwei regierenden, von
dem gesammten Stadtrathe gewählten Bürgermeister wechselten von
Jahr zu Jahr in der Regierung und dem von ihnen begleiteten
Bauamte je zwei und zwei ab. Die zurückgetretenen Bürgermeister
führten den Namen Altermeister. Im Jahre 1793 wurde jedoch
wegen der äußerst kritischen, politischen Lage an dem genannten
6. Jan. keine Wahl der Aemter vorgenommen. Johann Caspar Petsch
blieb daher auch jetzt noch erster und Friedrich Christoph Freitag
zweiter Bürgermeister. Johann Michael Weiß und Joh. Friedrich
Trapp waren die Altermeister. [291] Dieselben hielten treu und un=
erschütterlich an der alten Verfassung der Stadt und suchten auch,
so viel an ihnen gelegen war, die übrigen Mitglieder des Raths, ja
alle Einwohner der Stadt, in der Anhänglichkeit und Liebe für das
deutsche Vaterland zu bestärken. Kaum hatte man daher in Speyer
vernommen, daß die drei oft genannten Commissäre des Pariser
Nationalkonvents in Mainz zu dem sofortigen Vollzuge des Dekrets
vom 15. December Einleitungen treffen, so vereinigte sich hier die ganze
Bürgerschaft, um, wie bereits am 19. November 1792 dem General
Custine gegenüber geschehen war, in einer Adresse an jene Com=
missäre eben so freimüthig als nachdrucksam ihre Zufriedenheit mit
der alten Verfassung auszusprechen und entschieden um deren ruhigen
Fortbestand zu bitten. [292] Zur Ehre der Speyerer Bürgerschaft dürfen
wir nicht unterlassen, diese Bittvorstellung hier vollständig einzu=
rücken. Sie lautet also: „An die verehrungswürdigen Abgesandten
der fränkischen Nation! Unter den vielen vortrefflichen Tugenden der

---

[291] Joh. Barth. Deines war am 7. Januar 1792 neu berufen, für
die Weberzunft zu Rath zu gehen. Major v. Coller war Obristwachtmeister
des Speyerer Reichscontingents. — [292] Stadtarchiv Nr. 691. Auf dem
Concepte steht: Speyer, den ... Januar 1793, was allerdings den Zweifel zu=
läßt, ob diese Adresse auch wirklich abgesendet wurde.

fränkischen Nation verehren wir vorzüglich ihre Gerechtigkeitsliebe.
Diese Nation ist vor der ganzen Welt aufgetreten und hat durch
ihre Repräsentanten bei dem National-Convente öffentlich erklären
lassen, daß sie auch das geringste Individuum nicht kränken, sondern jedem Menschen sein Glück gönnen wollte. — Um so viel
mehr, darf ein ganzes, wiewohl kleines Volk hoffen, daß eine so
edelmüthige Nation auch ihm werde Gerechtigkeit widerfahren lassen.
Ja wir sämmtlichen Bewohner der Stadt Speyer hoffen und glauben
dieß mit der innersten Ueberzeugung, indem wir Ihnen, verehrungswürdige Männer! in beiliegender getreuen Abschrift eine Vorstellung
überreichen, die wir durch die bürgerlichen Zunftmeister am 19. Nov.
v. J. unserer Obrigkeit übergeben ließen, um solche, wie es denn
auch wirklich geschehen ist, an den fränkischen Bürger Custine gelangen zu lassen. — Alles dasjenige, was wir in gedachter Vorstellung von unserer glücklichen, alten Verfassung, von dem so wohl
eingerichteten Verhältnisse zwischen Uns und unserer, von Uns selbst
erwählten, mithin aus Mitbürgern bestehenden Obrigkeit, gesagt haben,
ist die lautere Wahrheit, und wir können, als freie Republikaner
nicht heucheln. Alles was darin enthalten, ist unser einstimmiger
Wunsch und Verlangen, unsere einstimmige Gesinnung, wobei wir
standhaft verbleiben. Wir wiederholen nochmals, daß wir mit unserer bisherigen Verfassung und mit unserem Magistrate vollkommen
zufrieden sind. Wir erklären mit Mund' und Herzen aufrichtig, daß
uns keine andere Verfassung glücklicher machen könne, als wir es
wirklich bis daher gewesen sind. Unsere Bedürfnisse sind von keinem
ganz großen Umfange und wir leben vergnügt. — Glauben Sie,
verehrungswürdige Abgesandte der fränkischen Nation! glauben Sie
doch ja nicht, daß die Stimme einer blinden, an veralteten Vorurtheilen klebenden Leidenschaft aus Uns spreche. Nein, es ist die
Güte unserer schon ein halbes Jahrtausend fortgedauerten Verfassung, welche Uns mit dem lebhaftesten Gefühle überzeugt, daß wir
uns dabei gar wohl befinden. — Diese unsere Verfassung ist so
demokratisch frei, unbedrückt und rein, als nur eine gedacht werden
kann. Wir kennen in derselben keinen feudalistischen Zwang. Wir
haben keine Zölle, keine Leibeigenschaft, keine drückende Auflagen.
Bei uns kann jagen und fischen, wer will, so weit das Gebiet der
Stadt reichet. Die Abgaben, welche wir zur nothwendigen Unterhaltung des Staats entrichten, sind gering und sehr gemäßigt und

deren Bestimmung hängt von Uns ab. Wir bleiben und schätzen
unsern Magistrat, der bloß freiwillig von Uns erwählt worden ist,
als unsere rechtschaffene Obrigkeit, und wir können, wenn wir auch
zur Wahl genöthigt werden sollten, keine bessere wählen, als wir
sie schon haben. — Was wollen wir nun noch mehr verlangen?
Wir können keines größeren Glückes uns theilhaftig machen, als wir
schon genießen. Sie, sämmtliche Stellvertreter der fränkischen Nation
bei dem Nationalkonvente! Sie bitten wir bei Allem was Ihren
Herzen lieb und theuer ist, auf das Inständigste, Uns bei unserer
bißherigen Staatsverfassung, bei unsern bißherigen Verhältnissen zu
lassen. Denken Sie gegen Uns gerecht und billig. Was kann einer
Nation von so weitläufigen Besitzungen mit dem Beitritte eines
so kleinen, nicht einmal unmittelbar angrenzenden Staates, wie die
freie Reichsstadt Speyer ist, gedient seyn? Eine gänzliche Umfor=
mung würde Uns in tausendfältige Verwirrung stürzen. Die
Nationaldekrete, so schätzbar solche auch sind, passen nicht auf Uns,
eben weil wir so demokratisch frei und mit keinen derjenigen Ge=
brechen beladen sind, wovon jene Dekrete die Völker befreien wollen.
Zerreißen Sie also das Band zwischen Uns und dem Magistrate
unserer bißherigen Obrigkeit nicht, sondern lassen Sie uns noch
ferner bei der alten Form unserer Verfassung glücklich seyn. — Wir
haben uns stets nachbarlich und dienstbeflissen bezeigt, so klein auch
der Zirkel unserer Dienste ist. Wir werden in Zukunft mit der
eifrigsten Begierde stets darauf den Bedacht nehmen, und es wird
Uns die heiligste, angenehmste Pflicht seyn, jedem rechtschaffenen
Franken zu dienen, da jeder Mensch unser Bruder ist. Stellen Sie
dieß, verehrungswürdige fränkische Abgesandte, dem Nationalkonvente
vor, und wir hoffen gewiß erhört zu werden. Mit dem wärmsten
Danke wollen wir dann eine Nation segnen, die ein kleines, nicht
weit von ihren Grenzen wohnendes Volk, im Stillen sein Glück un=
gestört genießen läßt."

Diese offene Erklärung der Speyerer Bürgerschaft konnte eben
so wenig, als die dringendsten Vorstellungen der deutschgesinnten
Mainzer die ausgeschriebenen Wahlen verhindern. [293])

---

[293]) Nach einer Nachricht aus Mainz vom 28. Februar 1793 traten die
Urversammlungen in Worms zwar am 24. Februar zusammen, allein die
Zahl der Wähler war so gering, daß damit nichts ausgerichtet war. Es er-

Bereits am 20. Februar waren die Bürgercommissäre der voll=
streckenden Gewalt, dabei der Präsident Dorsch, der Sekretär Wil=
helm Eyrer, Adam Lux, ein junger Jurist und Gutsbesitzer von
Kostheim, Joh. Adam Caprano, J. A. Becker und Joseph Schlemmer,
hier eingetroffen. Sie fanden wegen des von den Bürgern zu leisten=
den Eides mehrere Anstände. Der Präsident Dorsch suchte dieselben in
einer Anrede, welche derselbe am 21. Februar vor dem versammelten
Magistrate und den Zunftmeistern der Stadt abhielt, zu zerstreuen. [394])

schienen nur 20 Bürger. S. M. 1793. S. 113. Man stellte daher die An=
frage an die zu Mainz weilenden drei Mitglieder des Pariser Nationalcon=
vents, ob diese Zahl zur Wahl genüge? Sie antworteten: „Gleichviel! Die
Versammelten sollen ihre Munizipalität und Deputirten zur Nationalconven=
tion wählen; kommen die Aristokraten nicht zu den Wahlen, so werden sie
um so besser ausfallen“. Beitrag zur Revolutionsgesch. von Worms. S. 81.
Es wurde den pflichttreuen Bürgern deßhalb mit den schwersten Schanzarbeiten
gedroht. — Winkelmann hatte am 26. Februar 1793 ebenfalls einen eigenen
Aufruf an die Wormser erlassen, sich der Wahl und dem dazu erforderlichen
Eide nicht zu entziehen. A. a. O. S. 83. — [394]) Diese Anrede, welche als=
bald zu Speyer dem Drucke übergeben wurde, lautete also: „Würdige Vor=
steher der Stadt Speyer, liebe Mitbürger! Der fränkische Vollziehungsrath
(französisches Ministerium) hat in die von den fränkischen Heeren besetzten
Länder Bürger = Commissäre geschickt, welche vorzüglich auf die Vollstreckung
der von dem Nationalconvente unterm 15., 17. und 22. Dezember 1792 ge=
gebenen Dekrete wachen sollen. Die in die Rheingegenden gesandten Com=
missäre haben uns einen Theil dieses Auftrages anvertrauet, indem sie uns
zur Vollstreckung dieser Gesetze in der Stadt, dem Bisthume Speyer und
den angränzenden Oertern verpflichtet haben. Sie sehen hieraus, liebe Mit=
bürger, die Absicht unserer Sendung zu ihnen. Ihre Einsicht und Klugheit,
würdige Vorsteher dieser Stadt! läßt uns hoffen, daß sie uns unser Geschäft
erleichtern werden. Lassen sie uns zu dem Zwecke 1. untersuchen, mit
welchem Rechte die fränkische Nation diesen Bewohnern und
Bürgern dieser Stadt den vorgeschriebenen Eid auferlegt,
und 2. die Einwürfe und Zweifel lösen, welche verschiedene, gute
Bürger hiesiger Stadt noch unentschlossen machen, den angezeigten Dekreten
die schuldige Folge zu leisten. Was den ersten Punkt angeht, so ist dieses
das Recht, welches der Sieger über den Besiegten, der Eroberer über den
Eroberten hat. Der Eroberer kann dem Eroberten den Eid der Huldigung
anlegen, das heißt, von ihm fordern, daß er ihm, dem Eroberer, Treue, Er=
gebenheit und Gehorsam schwöre, und es ist Pflicht des Eroberten, sich zu
unterwerfen. Speyer und diese umliegende Gegend sind von der Franken=
Republik erobert. Sie kann also auch nach allem Völkerrechte von diesen
Bewohnern fordern, daß sie ihr Treue und Gehorsam schwören. Allein, die
Franken = Republik, ihrem Grundsatze getreu, keine Eroberungen zu machen,

Es gelang ihm dieß keineswegs. Noch an demselben Tage ließ der Magistrat über dieses Drängen und Treiben, über die entgegengesetzte gute Haltung der Bürgerschaft und die Schritte, welche er selbst gegen diesen Umsturz bereits gethan hatte, von den Notären

---

oder die Grenzen ihres Gebietes zu erweitern, fordert nur von ihnen, daß sie den ewigen Wahrheiten von Freiheit und Gleichheit der Völker, diesen nothwendigen Grundsäulen einer jeden guten Staatseinrichtung, huldigen. Es läßt sich kaum erwarten, daß nicht das Volk von Speyer den Grundsätzen von Freiheit und Gleichheit huldigen werde, indem seine seitherige Verfassung darauf beruhte. Der weise Magistrat drang nicht seinen Eigensinn den hiesigen Bewohnern als Gesetz auf, sondern seine Befehle gingen nur auf das Wohl derselben. Das Volk von Speyer vermehrte schon vor Jahrhunderten die Rechte der Gleichheit, indem es die unwürdige Menschenklasse aus seiner Mitte ausstieß, welche auf den Zufall der Geburt, oder auf den Adel stolz war. Um so mehr traut man ihnen also zu, daß sie mit so größerer Willfährigkeit den ihnen vorgelegten Eid der Freiheit und Gleichheit leisten werden. Indeß habe ich gestern aus dem Munde zweier verdienstvoller Bürgermeister, der Sprecher der hiesigen Bürgerschaft, einige Einwürfe wider den vorgeschriebenen Eid gehört, welche wir nun einer nähern Prüfung unterwerfen wollen. — Die Stadt Speyer, sagten sie, ist so ein ganz kleiner Punkt in den von den Franken eroberten Ländern, was kann also dessen Gesetzgebern daran liegen, ob dieser Punkt sich erkläre, oder nicht? Aeußerst nachtheilig wäre es aber für unsere Stadt, sich jetzt zu erklären, wo der Feind vor unsern Thoren steht; es ist leicht möglich, daß er in unsere Stadt einbringt, und wehe dann uns, wenn wir den geforderten Eid abgelegt hätten. Uebrigens fürchten auch unsere Bürger, daß sie durch Ablegung dieses Schwures sich anheischig machten, die Waffen zu tragen und in's Feld zu ziehen. Liebe Mitbürger! laßt uns diese Einwürfe genau prüfen. — Ihr nennt die Stadt Speyer einen Punkt in den von den Franken eroberten Provinzen. Denkt nicht so klein von euerm Aufenthaltsorte. Nach Grundsätzen der Gleichheit ist das kleinste Dorf so gut wie das größte. Das Gesetz vom 15., 17. und 22. Dezember ist allgemein und erstreckt sich über alle eroberte Städte und Dörfer; wie sollte auch Speyer davon Ausnahme machen? Es ist wahr, der Feind ist in euerm Angesichte. Aber trennt ihn nicht noch ein großer Fluß von euch, der euch mehr beschützt als Wälle und Mauern? Und war er nicht auch vor den Thoren von Brüssel und Lüttich, und doch ward von den beiden Völkern der Eid gefordert? Der Feind ist in euerer Nähe; aber eben deßwegen ist für die Republik um so nothwendiger, zu wissen, in welchem Verhältnisse sie mit den Bewohnern dieser Gegenden stehe. Schon seit 4 Monaten sind die fränkischen Truppen in dieser Stadt und noch keine Erklärung von Seiten der letzteren! Es ist endlich Zeit, daß die Republik wisse, ob sie an den Bewohnern dieser Stadt Freunde oder Feinde habe. Setzen sie auch den Fall, der Feind setze über den Rhein und dränge in diese Stadt, so sehe ich nicht ein, welche nachtheilige Folgen sie dann zu erwarten hätten, wenn

Fabricius und Deines Urkunden aufnehmen, um für die Ehre und
Treue der Stadt später Zeugnisse zu besitzen. [295]) Für die an dem nächs-
sten Sonntage am 24. desselben Monats, in der Frühe um 8 Uhr von
dem Commissäre festgesetzten Urversammlungen wurden zur Bequemlichkeit zwei Wahlabtheilungen bestimmt. Die erste Abtheilung umschloß
alle Bürger und Bewohner vom Dome an auf der nördlichen Seite
der Stadt bis an den Altpörtel sammt dem Hasenpfuhle. Wahl-
local derselben war die lutherische Kirche. Die zweite Abtheilung
begriff die südliche Hälfte der Stadt sammt der Altenburger Vorstadt.
Als Wahlort derselben diente die Minoritenkirche. Ein gedruckter
Anschlagzettel, ausgefertigt am 22. Februar und von dem Com-

sie jetzt den geforderten Eid leisten. Im Gegentheile, mir scheint es, als wenn
ihnen der Feind dafür noch Dank wissen müßte: denn, wenn sie den Eid nicht
leisten, so sollen sie als Feinde behandelt werden. Wie traurig solch eine
Behandlung sei, davon sind noch die Ruinen dieser Stadt redende Beweise!
Zwar würden die nunmehr frei und dadurch menschlicher gewordenen Franken
ihre Mauern und Häuser schonen; aber, wer steht ihnen für die Erhaltung
ihres Vermögens? Muß es also dem Feinde nicht erwünschter seyn, wenn
er wieder zu ihnen kommen sollte, welches doch äußerst unwahrscheinlich ist,
wenn sie sich jetzt dem Gesetze der siegenden Franken unterwerfen und dadurch
ihre Güter und ihr Vermögen erhalten? Fürchten sie nicht, daß sie durch
Leistung dieses Eides selbst in den Krieg gezogen werden und etwa die Waffen
tragen müßten. Dieses wäre freilich ein harter Zustand für diejenigen, deren
Arme zum Waffentragen noch nicht geübt sind, und welche seither ruhig im
Schooße ihrer Familie am friedlichen Heerde lebten. Aber man hat ihnen
unrichtige Begriffe von den fränkischen Nationalgarden beigebracht. Der Zweck
dieser Bürger ist nicht, die äußeren Feinde zu bekämpfen, sondern bloß die
inneren, das heißt die Ruhestörer und Aufwiegler. Haben sie doch selbst in
dieser Stadt Bürger, welche das Gewehr tragen, ohne dadurch verbunden zu
seyn, in das Feld zu ziehen. — Mitbürger! es war unsere Pflicht, ihnen
diese Wahrheiten an's Herz zu legen. Wir haben sie erfüllt! Die Reihe ist
nun an ihnen, auch die ihrige zu thun. Wir fordern sie auf, bei ihrer Liebe
zum Wohle dieser Stadt, bei dem Zutrauen, welches sie sich bei den hiesigen
Bewohnern erworben haben, den letzteren einen getreuen Auszug von dem
vorzulegen, was wir ihnen im Namen der Franken-Republik vorgetragen
haben, um sie der guten Sache zu gewinnen und sie dahin zu leiten, daß sie
ihr eigenes Interesse einsehen und darnach handeln mögen". Karlsr. Archiv.
S. A. — [298]) Rathsprotocoll der Stadt. — „Am 23. und 24. Febr. 1793
wurden auch die Bewohner zu Dürkheim, Kirchheimbolanden, Zweibrücken,
Blieskastel, Pirmasens und aller dazu gehörigen Ortschaften aufgefordert, den
Eid der Freiheit und Gleichheit zu leisten. Beinahe überall verweigerte man
dieß." Sch. M. 1793. S. 104.

missäre und Sekretäre Wilhelm Cyrer unterzeichnet, brachte dieß zur
allgemeinen Kenntniß. Die noch in Speyer anwesenden katholischen
Geistlichen gaben am 23. Februar den Commissären die Erklärung
ab: „Sie haben sich gemäß ihrem Berufe zum Dienste des Altars
und gemäß den kanonischen Vorschriften gar nicht in die Civilverfassung zu mischen; sie können also auch nicht an den Wahlen Antheil nehmen, noch weniger aber wünschen sie durch Leistung des
verlangten Eides sich die Wahlfähigkeit zu erwerben. Man müsse
und werde sich zwar den Weisungen der die Obergewalt habenden
Macht fügen, könne aber den geforderten Eid nicht schwören." [296])
Der damalige geistliche Rath und Stiftsherr, Christoph Mähler,
nachmaliger Stadtpfarrer dahier, hatte sich dabei so freimüthig geäußert, daß er deßhalb gefänglich nach Mainz geschleppt wurde, wo
er sich jedoch zu rechtfertigen wußte. Wie die Commissäre des Convents und der vollstreckenden Gewalt in Mainz, erklärte auch der
genannte Cyrer am 23. Februar in Speyer in einer eigens gedruckten
Bekanntmachung, daß die Leistung des geforderten Wahleides keineswegs die Folge habe, den Fahnen der fränkischen Republik mit den
Waffen in der Hand folgen zu müssen. [297])

---

[296]) Rmg's. Gesch. der Bischöfe. B. II. S. 784. Schon im vorigen
Jahre eilten viele Katholiken aus den französischen Dörfern, welche von
ihren geschworenen Geistlichen keine Amtsverrichtungen vornehmen lassen wollten,
besonders auf der Grenze nach Bergzabern zu den Capuzinern, um sich und ihren
Kindern die heiligen Sakramente spenden zu lassen, was ihnen jedoch am
Anfange November 1792 von der weltlichen Obrigkeit untersagt wurde. Als
man im Januar 1793 die beiden Capuziner zu Bergzabern, Pater Joachim,
katholischer Pfarrer daselbst, und Pater Philipp, Vikar, anhalten wollte, den
republikanischen Eid zu leisten, wendeten sich dieselben an den Zweibrücker
Herzog, ihnen Zweibrücken als Aufenthaltsort zu gestatten, um jener Eidleistung zu entgehen, welche Bitte ihnen auch am 28. Jan. 1793 gewährt
wurde. Reichsarchiv Z. A. Nr. 891. Der französische Obrist Demarne lag
damals in Annweiler, welcher von dem General Gillot gemessensten Befehl
hatte, Ruhe und Ordnung daselbst zu erhalten. — [297]) Diese lautet: „Wir
haben zwar bereits dem hiesigen versammelten Rathe und den Zunftmeistern
mündlich betheuert, daß kein Bürger, welcher den vorgeschriebenen Eid leistet,
gezwungen werden solle, die Waffen zu tragen. Wir wiederholen hiedurch,
und zwar schriftlich, diese Versicherung und finden zur größeren Beruhigung
der hiesigen Bewohner noch nothwendig, hinzuzusetzen, daß selbst, im Falle
der Feind sich ihren Mauern nähern sollte, welches doch äußerst unwahrscheinlich
ist, sie dann nicht einmal gezwungen werden sollen, ihre Stadt zu vertheidigen.
Diejenigen hingegen, welche sich dem Gesetze ungehorsam bezeigen, mögen

Indeß war die Angst vor dem Soldatendienste bei den Wenigsten die Ursache, aus welcher sie den geforderten Eid verabscheuten. Sie wollten überhaupt mit der neufränkischen Freiheit und Gleichheit, die in Frankreich selbst laut täglicher Ereignisse so übel und blut= gierig verstanden wurde, nichts zu thun haben. Daher richteten die wohlgesinnten hiesigen Bürger mit dem gesammten Magistrate noch am Vortage der Wahl ein eigenes Gesuch an die hier weilenden Commissäre, worin sie um Verschonung mit den bereits durch An= schlagzettel ausgeschriebenen Wahlen dringend baten. Der Alter= meister Trapp wurde vom Rathe beauftragt, mit noch drei anderen Senatoren das Bittgesuch den Wahlcommissären zu überbringen und durch mündliche Vorstellungen es kräftigst zu unterstützen. Die Commissäre gestatteten nur einen viertägigen Verschub der Wahlen, damit deßhalb Abgeordnete zur weiteren Verhandlung nach Mainz gesendet werden könnten. Noch an demselben Abende erhielten die Bürger Johann Adam Weiß und Johann Adam Freitag vom Bürgermeister und Rathe der Stadt die Vollmacht, sich in Betreff des angesonnenen Eides nach Mainz zu verfügen. Dort sollten sie sowohl den drei Abgeordneten des Nationalconvents, als wie auch den beiden Commissären des Vollziehungsrathes, Alles vorstellen, was ihnen von dem Magistrate und der Bürgerschaft bezüglich des Eides aufgetragen worden war, und sich bei jenen Gewalthabern nach ihrem besten Vermögen dahin verwenden, daß die Speyerer von dem fraglichen Eide verschont blieben. [208]) Nach der obengemeldeten Erklärung, welche Reubel den Abgeordneten der Mainzer Bürger= schaft in gleichem Betreffe gegeben hatte, die doch wegen einzelner

---

sich dann selbst die traurigen Folgen ihrer Widersetzlichkeit und ihres Unge= horsams zuschreiben. Wilhelm Cyrer, Commissär und Sekretär." Karlsr. Archiv. S. A. — [208]) Orig. im Stadtarchiv. Nr. 147. — Am 23. Februar 1793 überreichten die oben genannten Geistlichen eine gemeinsame Erklärung auch „der provisorischen Munizipalität", worin sie die Enthebung vom Eide verlangten. Darin heißt es unter Anderem: „Da wir an der öffentlichen Verwaltung der Stadt Speyer nie einigen Antheil zu nehmen hatten und nie wählten, oder gewählt wurden: so fällt bei uns die Vor= und Grundbe= dingung des geforderten Eides, welcher zur Wahl befähigen soll, gänzlich hinweg. Wir dürfen daher auch von der Liebe zur Gerechtigkeit der frän= kischen Nation ganz ruhig erwarten, es werden auch alle die leidigen Folgen über uns vor der Hand nicht ausgebreitet werden wollen, womit die Feinde der Franken-Republik bedroht sind." ꝛc. ꝛc. Karlsr. Archiv. S. A.

Bestimmungen der Uebergabe der Stadt an Cûstine noch mehr Ansprüche auf Nachsicht erheben durften, läßt sich leicht ermessen, daß das aufrichtige Bemühen der Speyerer ohne beruhigenden Erfolg geblieben ist. Die Speyerer Urwahlen wurden sofort unwiderruflich auf Montag den 4. März 1793 festgesetzt. Am 27. Februar schärfte man den Befehl der Eidleistung den Geistlichen katholischer Religion wiederholt ein. Doch sie ergriffen in der folgenden Nacht größtentheils verkleidet die Flucht und entgingen sohin jetzt den angedrohten Verfolgungen.

Mittlerweile gab es in der Stadt Speyer höchst unliebe Auftritte. Einzelne Bürger empörten sich gegen die quälenden Soldaten und so kam bei Mord und Todtschlag die Verwirrung so weit, daß mehrere Kanonen in den Straßen aufgepflanzt wurden.[299]) Vielleicht hing es mit diesen Unruhen zusammen, daß der Commandant der Stadt, Bürger Devrigny, welcher eben zum Dragoner Oberst ernannt worden war, am 25. Februar sich ein Zeugniß seines hiesigen Verhaltens vom Magistrate erbeten hat.[300]) Der Ort, der Tag und die Stunde der Wahl wurde abermals von Cyrer, „dem Bürgercommissär der vollstreckenden Gewalt," durch gedruckte Anschlagzettel den Bewohnern der Stadt verkündet. Der Schluß dieser Bekanntmachung lautete: „Nach dem, was wir bereits euren Vorständen und Abgeordneten mündlich an's Herz gelegt haben, bleibt uns nichts mehr übrig, euch weiter vorzutragen. Ihr werdet dem Gesetze euch unterwerfen und euch nicht den fürchterlichen Folgen aussetzen, welche von dem Ungehorsame unzertrennlich sind. Ihr werdet euern Nutzen und den Nutzen der Eurigen besser einsehen, als euch der Gefahr aussetzen, als Feinde der Republik behandelt zu werden."[301]) Doch es gab noch weitere Hindernisse, denn nicht am vierten, sondern erst am achten und neunten März wurden die Wahlen wirklich vorgenommen.

Freitags den 8. März Morgens 8 Uhr versammelten sich beim Geläute der Glocken die zur Wahl entschlossenen Bürger, je nach der Lage ihrer Wohnung, in den hierzu bestimmten Wahllocalen. In der

---

[299]) Rlg's. Gesch. der Abteien. Th. II. S. 264. — [300]) Stadtraths-Protokoll. — [301]) Orig. im Stadtarchiv. Nr. 147. — In einer Nachricht aus Speyer vom 11. März 1793 heißt es: „Endlich mußten auch die Bewohner von Speyer nachgeben. Es wurde ihnen in der vorigen Woche der Eid durch die zahlreiche, französische Garnison und 8 Kanonen mit Gewalt abgedrungen. Seit dieß vorbei ist, lebt man hier wieder ruhiger und sicherer." Sch. M. S. 123.

Minoritenkirche hielt der Bürgercommissär Lux eine kleine Ansprache an die versammelten Wähler. Es waren hier etwa 248 stimmberechtigte Bürger und Beisaßen erschienen. [302] Wahlcommissär war der Gemeindeprocurator Reissinger. Die beiden Bürgercommissäre Lux und Caprano erklärten noch einmal, daß Keiner, welcher den Eid leistet, deßhalb zum Militärdienste eingezogen werde. Zur Bekräftigung dieser Aussage legten sie eine deßfallsige Erklärung des Nationalkonvents=Mitgliedes Haußmann vor, welche von ihnen unterzeichnet den Wahlakten angeschlossen wurde. [303] Hierauf leisteten die Stimmberechtigten den vorgeschriebenen Eid. Auf Einladung des Wahlcommissärs Reissinger wurde der Altermeister Joh. Friedrich Trapp, 73 Jahre zählend, zum einstweiligen Vorsitzenden, die Bürger Georg Friedrich Ußlaub, Joh. Heinrich Welker und Ludwig Wilhelm Sonntag aber als Stimmensammler aufgestellt. Diese Bürger erhielten auch bei der alsbald vorgenommenen Wahl wieder die meisten Stimmen als Wahlvorstände. Der Rathschreiber Johann Jakob Ohlenschlager ward Wahlsekretär. Jeder Stimmfähige hatte die Namen der von ihm hierzu gewählten auf einen Zettel zu schreiben, oder schreiben zu lassen und dann in die Wahlurne auf dem Tische, um welche der Wahlausschuß saß, niederzulegen. Gleiches geschah in derselben Stunde, in Gegenwart der Commissäre Schlemmer und Becker, in der lutherischen Kirche, wo der Maire Petersen die Wahlverhandlung leitete. Hier waren Georg Boll, 80 Jahre alt, Vorsitzender, und die über 70 Jahre zählenden Bürger Phil. Freiburger, Friedr. Leonh. Ehrlicher und Ph. Christian Adam Stimmensammler. Bei der alsbald erfolgten wirklichen Wahl erhielten die meisten Stimmen als Präsident der lutherische Pfarrer Joh. Georg Schultz, als Stimmensammler die drei übrigen protestantischen Geistlichen, Joh. Friedr. Wilh. Spatz, Ernst Tilemann genannt Schrenk und Joh. Adam Mayer, als Sekretär Georg Jakob Deines. [304] Am ersten Tage wurde die Wahl des Maire und Gemeindeprocurators,

---

[302]) Darunter waren auch die domcapitularischen Beamten Pfeiffer, Collektor; Held, Domkeller; Bolz, Domschulmeister. — Der kurpfälzische Keller in Speyer, wie jener zu Worms, Hauck, verweigerten den geforderten Eid. — [303]) Orig. im Stadtarchiv. Nr. 690. — [304]) Aus dieser Sektion leisteten den Eid noch nach der Wahl die Stuhlbrüder Christoph Dorsel, Jakob Düpree Fried. Brödlein und Joh. Melchior Hammer. Kein katholischer Geistlicher in Speyer konnte zu dem geforderten Eide vermocht werden. Auch ist sehr

am zweiten Tage jene der acht Munizipalen und vier Ersatzmänner
vorgenommen. Die Wahlprotokolle und die Wahlzettel beider Sektionen wurden verschlossen auf das Rathhaus gebracht und das
Gesammtergebniß in Beisein der Wahlvorstände und Commissäre
festgestellt. Die Stimmen vereinigten sich fast ausschließlich auf die
bisherigen wohlgesinnten Vorstände der Stadt. Durch weit über-
wiegende Stimmenzahl ward Johann Becker Maire und v. St.
Georgen Gemeindeprocurator. Petersen und Reissinger erhielten nur
wenige Stimmen. [305])

Die öffentliche Verpflichtung und Vorstellung der neugewählten
Stadtvorstände ward im Beisein der vier Mainzer Commissäre,
der Wahlvorstände, Gewählten und der hierzu eingeladenen Bürgerschaft, Sonntags den 10. März vorgenommen. Der Commissär
Lux hielt dabei eine Rede. Hierauf las der eine Wahlvorsteher,
Pfarrer Schulz, jedem der gewählten Vorstände, Munizipalen und
den vier Ersatzmännern nachstehenden Eid vor, der auch von sämmtlichen geleistet wurde:

„Ich N. N. schwöre treu zu seyn dem Volke und den Grund-
„sätzen der Freiheit und Gleichheit und das mir anvertraute Amt
„mit Eifer und Gewissenhaftigkeit zu verrichten.“

In der Franziskanerkirche ist man bereits am 9. März nach
Beendigung der Munizipal-Wahlen, sogleich auch zur Wahl eines
Abgeordneten zum Nationalconvente in Mainz geschritten. Zuvor
hatte der Bürgercommissär Lux wieder eine Ansprache gehalten und
darin die Wichtigkeit dieser Wahlhandlung näher erläutert. Es
waren nur noch 140 Wahlberechtigte anwesend. Friedrich Reissinger
erhielt 72, Max Arnold Fabricius und Jakob Ohlenschlager jeder
23, Petersen aber nur 6 Stimmen. In der lutherischen Kirche

---

ehrenhaft für die Speyerer Geistlichkeit, daß wir jetzt und in den folgenden
Jahren keinen finden, welcher sich der Revolution in die Arme geworfen hätte,
wie so viele aus Mainz thaten. — [306]) Bei dieser Wahl stimmten 479, wovon
Becker 305 als Maire, v. St. Georgen aber 403 Stimmen als Procurator erhielt. Die Stadt zählte damals, ohne die Beisassen, kaum 550 Bürger.
Die Gesammtzahl der Einwohner war 5,129. Als Munizipalen erhielten die
beigefügte Stimmenzahl: Trapp 369, Weiß 345, Ußlaub 277, Pallant 274,
Mentzer 244, Rilbsamen 222, Geiger 203. Ersatzmänner: Staub 186, Lobauer 175, Schwankhardt 169, Billmann 158. Gewiß ein schönes Zeugniß für
die gute Gesinnung und Eintracht der Bürgerschaft.

wurde diese Wahl erst am Sonntag den 10. März Nachmittags
2 Uhr vorgenommen. Pfarrer Schultz hielt dabei in Anwesenheit
der Commissäre Schlemmer und Becker über die Wichtigkeit dieses
Geschäftes eine Ansprache. Es waren 202 stimmberechtigte Bürger
zugegen. Von diesen wählten 182 den obengenannten Fabricius.
Petersen erhielt nur eine Stimme. Sohin waren Reissinger und Fabricius die Speyerer Abgeordneten für den Mainzer Nationalconvent.[306])

Am 17. März setzte die neue Munizipalität die allgemeine
Administration zu Mainz von dem Ergebniß der hiesigen Wahlen
in Kenntniß mit der Versicherung, daß deren eifriges Bestreben auf
die treue Erfüllung der übernommenen Pflichten gerichtet seyn werde,
wie dieß bereits schon den hieher gesendeten Commissären der vollstreckenden Gewalt durch mehrere Handlungen, über welche diese dürften Bericht erstattet haben, dargethan worden ist.

§. 6. Damaliges Bemühen der Clubisten in Speyer.

Wir finden hier die schicklichste Stelle, um Einiges in der
überschriftlichen Beziehung einzufügen.

Wie in Frankreich selbst das Bestehen und Bemühen der Jakobiner-Clubs ein Haupthebel zum Umsturze der alten Verfassung
und zur Verbreitung und Pflege der neuen Grundsätze der Freiheit
und Gleichheit gewesen, so bemüheten sich auch die Häuptlinge dieser
Grundsätze in den eroberten Ländern durch Gründung solcher politischen Vereine für dieselben Gönner und Freunde zu werben.
Wir haben schon oben gehört, daß bald nach der Uebergabe der
Stadt Mainz an den General Custine dort eine „Gesellschaft deutscher Freunde der Freiheit und Gleichheit aus allen Ständen" gebildet wurde, und wie sich die Mitglieder derselben in Kürze der
Zügel der Neugestaltung zu bemächtigen wußten. Auch in Speyer
hatte Böhmer am 13. November 1792, wie wir gleichfalls schon ver-

---

[306]) In Worms kam es bei diesen erpreßten Wahlen so weit, daß der
dortige französische Commandant die Kanonen mit brennenden Lunden aufführen ließ. Es entspann sich hier zwischen dem reformirten Pfarrer und
dem Commissäre Betz, welche beide in den Mainzer Convent gewählt zu
werden wünschten, ein arger Kampf und Hader. Siehe das Nähere: „Die
Franzosen am Rheinstrome". Heft II. S. 228. u ff. Clausius, ein wohl-
gesinnter Bürger, von Worms, ward zum Mitgliede des genannten Convents
gewählt mußte es aber später hart büßen.

nommen, einen solchen Verein gegründet. Der Präsident Dorsch
rühmte in einer öffentlichen Bekanntmachung vom 15. Dezember
1792 deren wohlthätiges Wirken, versicherte sie des besonderen
Schutzes der Administration, empfahl ihnen aber Vorsicht bezüglich
der Gesinnung der aufzunehmenden Mitglieder. [307])

Petersen war in Speyer die Hauptperson des Clubs, Caspar Holz=
mann anfänglich Präsident desselben. Aus der Bürgerschaft sind nur
wenige Mitglieder demselben beigetreten, wie sich aus dem erläuterten
Wahlergebniß leicht erkennen läßt. Die Mainzer Commissäre, welche
die Wahlen leiteten, scheinen auch den Speyerer Club wieder neu belebt
und vermehrt zu haben. Jetzt erst sehen wir denselben wieder öffentlich
auftreten und handeln. Der Präsident desselben war damals Charles
Salles, der Sekretär aber F. Falgeres, beide, nach den noch vor=
handenen Zuschriften, Franzosen, die sich in jenen ihrer Muttersprache
bedienten. Am 12. März begehrte die Gesellschaft von den neu=
erwählten Vorständen der Stadt ein eigenes und schickliches Local,
wo sie ihre Sitzungen abhalten könnten. Ob ihnen schon damals
die reformirte Kirche, die sie später für ihre Zusammenkünfte be=
nutzten, eingeräumt wurde, fanden wir nicht aufgezeichnet. [308])

Bereits am 9. März hatte einer der Bürgercommissäre der
vollstreckenden Gewalt an den neugewählten Maire Becker geschrieben:
„Es wird Ihnen bekannt seyn, daß in Mainz alle Insignien der

---

[307]) Diese Bekanntmachung lautete: „Ueberzeugt von dem wohlthätigen
Einflusse, welchen gut eingerichtete Volksgesellschaften auf Bildung des Ge=
meingeistes und Verbreitung patriotischer Gesinnungen haben können, freut
sich die allgemeine Administration zu Mainz über das Daseyn und den Fort=
gang der in hiesiger Stadt, in Worms und in S p e y e r existirenden Gesell=
schaften, in denen sich die guten Bürger ruhig und ohne Waffen versammlen,
um über ihre wichtigsten Gegenstände zu berathschlagen. In der Hoffnung,
daß dieselben das wahre Interesse des Volkes zu ihrem Zwecke machen, daß
sie die Bemühungen der Ruhestörer und Feinde des allgemeinen Wohles ver=
eiteln und die Grundsätze einer richtig verstandenen Freiheit und Gleichheit
so weit verbreiten werden, als immer ihr Wirkungskreis reicht: verspricht die
allgemeine Administration diesen aufblühenden Gesellschaften ihren besonderen
Schutz, empfiehlt ihnen aber, in der Wahl ihrer Mitglieder vorzüglich auf
diejenigen zu sehen, welche das Zutrauen der Bürger besitzen, oder dessen
würdig sind und in Allem Gehorsam gegen die Gesetze und Unterwerfung
gegen die bestehenden Obrigkeiten beweisen." ꝛc. Klein a. a. O. S. 298. —
[308]) Außer dem genannten Präsidenten und Sekretäre unterzeichneten diesen
Antrag: Petersen, Walther, Demestre, Thiellay, Raingure.

privilegirten Stände an den Gebäulichkeiten weggemacht werden
mußten. Das Nämliche soll auch hier geschehen. Verfügen Sie
also, daß Morgen der Anfang mit Herunterschaffung der Wappen
an adeligen Häusern und anderen Gebäulichkeiten gemacht werde,
und dieses zwar im Gefolge des Dekrets vom 15. (Dezember?),
welches alle Reste des Despotismus vernichtet wissen will." ³⁰⁹)
Da der folgende Tag ein Sonntag war und schon deßhalb diesem
Ansinnen nicht entsprochen wurde, so beantragte noch an demselben
Sonntagsabende eine Deputation aus dem hiesigen Club, der Kriegscommissär Laport mit einigen Offizieren, bei der Munizipalität nicht nur
die Beseitigung aller hier befindlichen Wappen, sondern auch die Wegschaffung des Lastersteines und Halseisens, auf dem Markte. ³¹⁰)
Bereits am Montage den 11. März ward auf Weisung der Muniзi-
palität durch den Bauschaffner Friedrich Gotthard Rauch das Halseisen und der Lasterstein ausgebrochen, ausgegraben und weggeschafft. Am Dienstage beseitigte derselbe die Wappen an der
lutherischen Kirche; am Mittwoche jenen am Wirtemberger Hofe;
am Donnerstage aber jene an der Dombechanei und an dem Hause
des Domcapitulars Freiherrn v. Mirbach. Um die schönen Wappen
am Dome zu retten, verfügte sich der wohlgesinnte Gemeindeprocurator v. St. Georgen am 14. März eigens zu den noch hier weilenden Commissären der vollstreckenden Gewalt. Er stellte vor, daß
die Hinwegnahme dieser Wappen nicht nur mit vielen Beschwerden
und Kosten verknüpft sei, sondern solche auch der Kathedrale zur
wahren Zierde gereichen. Er bemerkte weiters, daß durch die Wegnahme derselben die Stirnseite des Domes gänzlich verstört und das
herrliche Gebäude sehr verunstaltet würde; auch seyen diese Wappen
wegen ihrer trefflichen Ausführung als ein Werk der Kunst zu betrachten und zu ehren. Die Commissäre würdigten dem Scheine

---

³⁰⁹) Orig. im Stadtarchiv. Nr. 174. Dieser Zuschrift ist der Name nicht
beigesetzt. Der Siegel aber A. L. weiset auf Lux. — ³¹⁰) Die Letzten, welche hier
am 16. Okt. 1792 standen, waren: der Speyerer Bürger Johann Fischer und
der Schifferknecht Georg Baldauf von Gemmingen. Sie waren wegen die-
bischer Entwendung anvertrauter Kaufmannsgüter verurtheilt, an drei Markt-
tagen, mit angeheftetem Placate ihres Namens und Vergehens, jedesmal eine
halbe Stunde an das Halseisen gestellt zu werden. Der Erstgenannte erhielt
dabei jedesmal 25 Prügel, der zweite aber 10 zur Warnung für Andere.
Nach vollzogener Strafe wurden beide aus der Stadt verwiesen. Rathsprotokoll

nach alle diese Gründe. Sie gaben zu, daß bei solchen Kunstwerken
in Frankreich eine Ausnahme gemacht zu werden pflege, fügten aber
bei, daß sie die Erhaltung dieser Wappen nicht gebieten könnten,
weil deren Kunstwerth nicht zur Genüge bezeugt sei. Sie riethen
nur nebenbei an, die Hinwegnahme derselben noch einige Zeit an-
stehen zu lassen. Sollte aber, bemerkten sie ferner, von dem hiesigen Club der Constitutionsfreunde eine nochmalige Anforderung
der Beseitigung dieser Wappen gestellt werden, so wollten sie gerathen haben, ja nicht länger damit zurückzuhalten, weil dieß sonst
der Stadt zu großem Verdruße gereichen und zuletzt die Forderung
doch nicht abgelehnt werden könnte. Die Klugheit erfordere durchaus in diesen Sachen sich keine Weigerung zu Schulden kommen zu
lassen, um sich nicht einem schädlichen Verdachte und der Unzufriedenheit der Militärs, wovon sich ein großer Theil in dem
Club befindet, bloßzustellen. [311]) Am 18. März wiederholte der
Club sein Ansinnen wegen Wegschaffung der Wappensteine, wenn
das Gesetz dieselben nicht ausdrücklich schütze. [312]) Auch jetzt gab
die Munizipalität diesem Ansinnen keine Folge. Sie wendete sich
vielmehr unterm 21. desselben an die allgemeine Administration zu
Mainz und bat um Mittheilung des fraglichen Gesetzes und um
Weisung, wie sich im gegebenen Falle zu verhalten sei, da, wie man
vernommen habe, auch am Mainzer Dome dergleichen Zerstörungen
nicht stattgefunden hätten. Dorsch antwortete drei Tage später:
„Im Namen des souverainen Volkes," daß mit der fraglichen Abnehmung der Wappen am äußern Domgebäude so lange
an sich zu halten sei, „bis der rheinisch-deutsche Nationalkonvent den
Sinn des Gesetzes näher bestimmt haben wird." So blieben diese
Wappen jetzt noch erhalten. [313])

Ein weiteres Zeichen der Thätigkeit des Speyerer Clubs gab
sich kund, als derselbe am 18. März das Ansinnen an die Muniz-
palität stellte, es mögen Listen bei den Bürgern in Umlauf gesetzt
werden, um in dieselben freiwillige Beiträge zur Ausrüstung eines
Kriegsschiffs, der Jakobiner genannt, einzuzeichnen. Es wurden

---

[311]) Bericht des Procurators. Stadtarchiv. Nr. 147. — [312]) „Supposé,
que la loi ne soit pas éxplicative à ce sujet, tous les membres composant
la ditte société desirent la suivre et ne rien faire contre." etc. etc. A. a. O.
— [313]) Orig. a a. O.

hiefür 545 Livres und 12 Sols gesammelt und jener Gesellschaft übergeben.

Am 23. März sandte dieselbe drei ihrer Mitglieder — Aillaud, Denis und Fevre — an die Munizipalität mit dem Ersuchen, alle hier befindliche, fürstliche Portraits, Feudalurkunden, Adelsbriefe und sonstige, die alte Feudalherrschaft betreffenden Papiere, zu sammeln und auszuliefern, damit dieselben am folgenden Tage — es war dieß der Palmsonntag — bei einem deßhalb anzustellenden Volksfeste öffentlich verbrannt werden könnten. Mit großem Jubel ward diese Festlichkeit der neu errungenen Volksherrlichkeit abgehalten, wobei auch der neue Gemeindeprocurator eine schickliche Rede abzuhalten ungern veranlaßt wurde. [314])

Am 30. März mußte auch noch das letzte Zeichen der alten Knechtschaft in Speyer der neuen Freiheit weichen. Mit der größten Zügellosigkeit wurde der Galgen gestürmt, gänzlich niedergeworfen und zerstört. [315])

Der frühere Maire und provisorische Commissär, dem bei den Speyerer Wahlen von seinen alten Mitbürgern so wenig Vertrauen geschenkt wurde, hatte doch noch im Club, sowohl zu Speyer, als wie in jenem zu Mainz, seine Gönner und Freunde. Diese brachten es dahin, daß demselben schon unterm 14. März von den „abgeordneten Commissären des Nationalkonvents bei den Armeen des Rheins, des Wasgaues und der Mosel," Reubel und Haußmann zu Mainz, durch ein eigenes Dekret, einstweilen bis auf weitern Befehl die Funktionen eines Nationalcommissärs übertragen wurden. In dieser Eigenschaft sollte er in der Stadt Speyer und in der Umgegend, wo kein Nationalcommissär abgeordnet ist, auf alles Eigenthum, das in die Hände der Nation gelegt ist oder noch gelegt werden wird, ein wachsames Auge halten und Siegel darauf legen in Gegenwart eines Munizipalbeamten, alle Personen festnehmen lassen, die der Verrätherei oder Gemeinschaft mit den Feinden der fränkischen Republik verdächtig sind, wie auch alle diejenigen, welche die öffentliche Ruhe stören oder einen Versuch dazu machen würden. Ferner sollte er sich über Alles, was die Republik berühren dürfte, mit der Munizipalität ins Benehmen setzen, um über deren Vortheil zu wachen und zu verhindern, daß nichts zu deren Nachtheile irgendwie geschehe, und

---

[314]) Rathsprotocoll. — [315]) Rlg's Gesch. der Abteien. Th. II. S. 264.

zu diesem Ende in einem jeden geeigneten Falle an die Munizipalität die nöthigen Anträge stellen, an die genannten Nationalcommissäre aber darüber innerhalb 24 Stunden Nachricht abgeben.   Schließlich wurden die Commandanten der Truppen zu Speyer angewiesen, dem besagten Bürger Petersen zur Vollstreckung der vorgemeldeten Aufträge mit bewaffneter Hilfe an Handen zu gehen. [310])

Schon am 12. März hatte Petersen von der Munizipalität verlangt, daß auch am Rathhause der alte Wappenstein entfernt und statt deßelben die Aufschrift: „Maison commune" angebracht werde.

---

[310]) Orig. im Stadtarchiv. — Da durch die Auswanderung und Flucht vieler Verwalter und Pächter der geistlichen Güter diese nicht mehr gepflegt, bebaut und besamt wurden, fand sich die allgemeine Administration veranlaßt, deßhalb vorsorgliche Verfügung zu treffen. Sämmtlichen Munizipalitäten ward daher unterm 10. März aufgegeben, eine allgemeine Untersuchung vorzunehmen, in welchem Zustande sich die Güter der Stifter, Klöster und der ehemaligen Herrschaften in ihren Bezirken befinden. Namentlich sollten sie Kunde einziehen: 1. Ob diese Güter von angestellten Verwaltern besorgt und bestellt werden? 2. Oder ob sie in Pacht, und zwar auf wie viele Jahre übergeben sind? 3. Ob sie wirklich im Baue stehen, oder ob sie annoch, oder zum Theile unbebaut da liegen? Weiter wurde verfügt: Da es gegen alle Regeln der Oeconomie und Landwirthschaft streitet, Güter und Felder unbenützt liegen zu lassen und es bei den dermaligen Umständen um so nothwendiger seyn dürfte, Güter und Felder in Bau zu stellen, als auf alle mögliche Art gegen allenfalls zu befürchtenden Mangel an Getreide für die Zukunft gesorgt werden müßte, so haben sämmtliche Munizipalitäten, im Falle eines oder das andere der fraglichen Güter oder Felder, welches weder von einem Pächter, noch einem Verwalter besorgt würde und also noch unbestellt sich vorfinden sollte, sogleich die Anstalten zu treffen, daß dieselben einstweilen auf ein Jahr in einem Pachte auf einer öffentlichen Versteigerung an den Meistbietenden begeben werden. An welche Stelle der Pachtpreis seiner Zeit zu entrichten ist, wird auf späteren Bericht erfolgen. Gezeichnet: Blau, Degenhard, Sekretär. Sohin wurden alle geistlichen Cameralverwalter in Speyer von dem Maire Becker auf das Rathhaus beschieden, um die beßfälligen Erklärungen abzugeben. Die hiesigen geistlichen Güter, worunter auch viele Gärten, waren alle verpachtet und wohl bestellt. Das St. Germansstift hatte 69 Morgen, 11 Ruthen Feld im Speyerer Bann, welches zu 493 fl. 28 kr. verpachtet war. Der Dom hatte hier 90 Morgen Aecker, von denen der Morgen zu 7 fl. 30 kr. verpachtet war. Die Domkellerei hatte 17 Morgen, 18 Ruthen und 42 Schuh Aecker und 3 Viertel, 37 Ruthen Wiesen. Die Wiesen waren zu 90 fl. an den Domcapitular Joh. Ant. Sig. v. Berolbingen verpachtet. ꝛc. ꝛc.   Die Stuhlbruder-Mühle bei St. Georgen war für 40 M. Korn verpachtet. Stadtarchiv. Nr. 693.

Der Maire Becker ließ diesem Verlangen alsbald entsprechen. Der Maler Johann Ruland besorgte die fragliche Inschrift.

Noch am 25. März stellte Petersen das Ansinnen an die Munizipalität, die in dem Präsenz-Keller lagernden 15 Fuder Wein des Domcapitels öffentlich versteigern zu lassen, wozu sich dieselbe jedoch nicht verstand. Der Nationalcommissär ließ daher die Versteigerung auf eigene Verantwortlichkeit auf den Osterdienstag öffentlich ausschreiben, wo sie jedoch nicht vorgenommen wurde, weil vier Tage früher, auf den Charfreitag, als bereits die Preußen von Kreuznach heranrückten und die Oesterreicher im Begriffe standen, den Rhein zu übersetzen, sich Petersen zur Flucht rüstete, um bei den Franzosen Sicherheit zu finden. [317])

§. 7. Vereidigungs- und Wahlversuche in den fürstbischöflichen speyerischen Aemtern.

Weit mehr Ungefügigkeit und Widerstand als in der Stadt Speyer fanden die republikanischen Werber für die Einverleibung des schönen Landes mit Frankreich in den hochstiftlichen Ortschaften diesseits der Queich. Der betreffende Aufruf des Generals Custine vom 16. Februar 1793 wurde vier Tage später den dortigen fürstbischöflichen Aemtern zugestellt. [318]) Ihm folgte ein Tag später die

---

[317]) Laut einer Vorstellung des Joh. Becker (Maire's?) vom 7. Mai 1793 an den Magistrat hatte dieser seit dem 17. Juli 1792 an Petersen 200 fl. zu fordern. Wie Becker berichtet, wäre Petersen in der Nacht vom 31. März 1793 „mit dem Rückzuge der französischen Völker von Speyer entflohen". Schon am 7. Jan. 1793 hatte derselbe sein Haus, das nordwestliche Eckhaus an der kleinen Pfaffen- und Judengasse, dem Gutleutolmosen, dem er darauf 1000 fl. schuldete, für 2500 fl. feilgeboten und käuflich überlassen. Petersen bezog das freistehende Haus des Domcapitulars, Freiherrn v. Lerpen, die jetzige Domdechanei, wo auch seine Papiere und Möbeln unter Siegel gelegt wurden. Nach einer städtischen Rechnung vom 18. Februar 1793 hatte derselbe von 42,916 fl. 30 kr. Einnahmen 14,969 fl. 29 kr. für sich bezogen. Auch im dem Wirtemberger Pfleghofe hatte Petersen Möbeln zurückgelassen, die aber ein Handelsmann für Schulden in Anspruch nahm und die theilweise der Schwester des flüchtigen gehörten. — Nach „Triumph der Philosophie", B. II. S. 487. gehörte Petersen zu den Illuminaten, wie Böhmer, Winkelmann, Dorsch, Blau, Nimis, Forster. ꝛc. —
[318]) Schon am 3. Jan. 1793 erschienen zwei Commissäre in Schifferstadt, übergaben dem dortigen Schultheißen das Dekret der Nationalversammlung vom 15. Dez. 1792, um es bei Leibes- und Lebensstrafe öffentlich anzuschlagen und die Bürgerschaft vorzubereiten, daß sie bei baldiger Ankunft der Beeidigungscommissäre sich zur neuen Verfassung der Freiheit und Gleichheit be-

weitere Erklärung der französischen Commissäre des Vollziehungsrathes vom 18. deßselben Monats, daß jener Eid die Religion unberührt lasse und den Bischöfen zu Speyer und Worms nur hiebei
als weltlichen Fürsten entsagt werden solle. Auf die beßfallsige
amtliche Mittheilung an die Pfarrer versammelten sich am 21. Febr.
die Mitglieder des Hambacher Landcapitels bei dem geistlichen
Rathe und Pfarrer Lett zu Kirrweiler, um über diese so wichtige
Angelegenheit zu berathschlagen. Sie unterzeichneten hierbei eine
gemeinschaftliche Erklärung an den Commissär Petersen zu Speyer,
worin sie sowohl der activen, als passiven Wahlfähigkeit entsagten
und daher baten, mit dem angesonnenen Eide verschont zu bleiben.
An demselben Tage hatten sich auch die fürstbischöflichen Beamten
von Deidesheim, Kirrweiler und Marientraut im Pfarrhause zu
Geinsheim versammelt, um gleiche Berathung zu pflegen. Diese erklärten dem genannten Commissäre einstimmig, daß sie außer Stand
seyen, den fraglichen Eid zu leisten, denn sie würden sonst, bei dem
wandelbaren Kriegsglücke und etwaigen Ueberfalle der Bekämpfer
der französischen Nation, sich den größten Gefahren, selbst jener ihr

-----

kennen und somit den übrigen Gemeinden mit einem guten Beispiele vorgehen.
Der Amtsschreiber Satorius in Hanhofen wußte dieß zu vereiteln. Der 11. Artikel des fraglichen Dekrets beängstigte nicht Wenige. Beim wiederholten
Drängen der Commissäre zur Eidleistung flüchteten sich viele Einwohner aus
Anhänglichkeit an den Glauben und aus Liebe zu ihrem Fürsten nach Bruchsal.
Sie wendeten sich, da ihre Flucht länger andauerte, als sie vermuthet hatten
und sie hiedurch in Verlegenheit und Noth geriethen, um Unterstützung an
ihren Gebieter und Oberhirten. Dieser war ebenfalls auf der Flucht und
in nicht geringer Verlegenheit. Er vertröstete sie daher in einem Schreiben
aus Freising vom 20. März auf bessere Zeiten, wo er helfen könne. Zugleich
bemerkte er jedoch: „Wir versehen uns indessen zu unseren dießseits des Rheins
gelegenen Hochstiftsgemeinden, welche durch bisherige gute Haushaltung einigen
Cassenvorrath sich erspart haben, sie werden die Lage ihrer Ueberrheiner Mitbürger beherzigen, solche als die nächsten Gegenstände vaterländischer Großmuth betrachten, sohin nicht abgeneigt seyn, denselben aus gemeinen Mitteln
einige Unterstützung angedeihen zu lassen, bis wir im Stande seyn werden,
die für's Allgemeine dienlichen Vorkehrungen zu treffen und nach Möglichkeit
zu befördern. Dieses ist den Schifferstadtern sowohl, als den sich ferner mel-
denden Ueberrheinern zu eröffnen, damit sie ihre Dorfschaften nicht verlassen,
sondern bei ihrem Hauswesen verbleiben und so lange sich gedulden, bis die
nicht mehr entfernte Hilfe ihnen zu Theil werden und sie von den feindlichen
Vergewaltigungen befreien wird". &c. Karlsr. Archiv. S. A.

Leben zu verlieren, ausſetzen und ſich den Fluch ihrer Untergebenen zuziehen. Sie hofften um ſo mehr Berückſichtigung in dieſer Angelegenheit zu finden, da ſie ja bisher allen Anforderungen, welche die Franzoſen an ſie geſtellt hatten, ohne Zögerung zu entſprechen ſuchten. Zugleich ſendeten ſie Eilboten nach Bruchſal an die fürſtbiſchöfliche Regierung, welche die fragliche Erklärung billigte und bemerkte, daß in keinem Falle die Beamten vor der Eidesleiſtung der Unterthanen, den geforderten Schwur ablegen ſollten.

Dieß hinderte die indeſſen aus Mainz und Speyer angekommenen Wahlkommiſſäre, Dorſch, Eyrer, Lur, Caprano, Becker nicht, unter militäriſcher Begleitung ſich in die einzelnen fürſtbiſchöflichen Dorfſchaften zu vertheilen, um dort die Einwohner zu verſammeln und ſie zum Eide und zur Vornahme der Wahlen zu bereden und zu beſtimmen. Den erſten Verſuch machten ſie in den Dörfern des Amtes Marientraut. Doch ſowohl die fürſtbiſchöflichen Beamten, wie deren Untergebenen, ſchenkten den desfallſigen Vorſtellungen und Drohungen kein Gehör.

Am 27. Februar Nachmittags 3 Uhr erſchienen daher die vom Präſidenten Dorſch aus Speyer abgeordneten Commiſſäre, Procurator Reiſſinger und Rathsſchreiber Ohlenſchlager, von ſechs Reitern begleitet, in Hanhofen, um, weil die dortigen Beamten den Eid verweigert hatten, die Amts- und Kellerei-Akten unter Siegel zu legen, nachdem zuvor der Caſſenbeſtand und die Rechnungen in Empfang genommen waren. Hierauf wurde ſowohl der Amtskeller Rieß, als wie der Amtsſchreiber Satorius, unter Weinen und Wehklagen ihrer Frauen und Kinder, gefänglich nach Speyer abgeführt. In der Wachtſtube feſtgehalten, verbrachten ſie die Nacht in angſtvoller Erwartung, was denn Weiteres mit ihnen geſchehen dürfte. Reiſſinger hatte ihnen die Verſicherung gegeben, dem Präſidenten Dorſch ſolchen Bericht abzuſtatten, daß ſie keine Mißhandlung zu befürchten hätten. Am folgenden Morgen erſchien Reiſſinger bei den Gefangenen, eröffnete ihnen, ſie würden bei beharrlicher Weigerung des Eides noch heute bis an die Grenze bei Mannheim abgeführt werden. Er bemerkte dabei, daß er ſich ſogleich nach Deidesheim verfügen müſſe, um ein ähnliches Commiſſorium gegen die dortigen fürſtbiſchöflichen Beamten in Vollzug zu ſetzen. Nachmittags um 2 Uhr ſendete Peterſen einen Stadtdiener zu den Gefangenen mit dem Vermelden, daß bereits die Chaiſe zur Abfahrt bespannt und die Bedeckung an der Pfaffenstube eintreffen werde, um die beiden Beamten weiter zu verbringen. Wirklich kamen auch etwa 50 Mann Dragoner und Husaren dort angeritten. Mit entblößten Säbeln umringten sie die Chaise, auf deren Bock zwei Stadtdiener ihren Sitz genommen hatten, während Ries und Satorius wie Verbrecher einzusteigen genöthigt wurden. Der Zug ging über den Domplatz, die Marktstraße hinan bis zum Kaufhause, dann rechts hinab in die Johannis Gasse nach dem Wormser Thore „zur Schau jedermänniglich." Erst bei dem Rabenstein stiegen die Stadtdiener ab mit dem Bemerken, daß hier ihr Geleite zu Ende sei. Die Reiter begleiteten die Chaise weiter über Rheingönheim, Mundenheim bis eine halbe Stunde vor Mannheim, wo die letzten französischen Wachtposten standen. Dort wurden die Gefangenen ihrem Schicksale überlassen. Diese übernachteten zu Mannheim, verfügten sich über Schwetzingen nach Heidelberg, um dort dem Feldmarschall v. Wurmser die bedrängte Lage der Bewohner des linken Rheinufers zu schildern und um baldige Rettung derselben zu flehen. Der edle Feldherr beherzigte wohl die geschilderten Bedrängnisse, erklärte aber, daß man sich bei den vorwaltenden Umständen noch gedulden müsse. Doch versprach er, am nächsten Sonntage, an welchem die Beeidigung in Speyer angeblich sollte vorgenommen werden, durch Alarmschüsse den Muth und die Treue der dortigen Bürger anfeuern lassen zu wollen. Am 1. März trafen Ries und Satorius in Bruchsal ein. [119])

Am 26. Februar kamen die republikanischen Wahlcommissäre nach Geinsheim. Der brave Schultheiß Adam Mohr zeigte hier den Commissären die vom General Custine für das Hochstift und dessen Unterthanen erwirkte „Sauve garde" vor mit dem Bemerken: „Entweder habe dieselbe einen Werth oder nicht. Im ersten Falle müßte man ihn und seine Gemeinde mit solcherlei Behelligungen in Ruhe lassen; im zweiten Falle würde man seinen Fürstbischof für das hiefür bezahlte Geld zum Besten gehalten haben, und Custine als ein unredlicher Erpresser erscheinen." Die Commissäre fanden bei dieser Erklärung für gut, Geinsheim ohne weiteres Drängen zu verlassen.

Noch am nämlichen Tage begaben sich dieselben Wahlcommissäre

---

[119]) Originalbericht derselben vom 1. März 1793. Karlsr. Archiv. S. A.

nach Freimersheim. Auch hier konnten sie ihren Zweck nicht erreichen. Der Stabhalter Leibig machte gegen ihr Vorhaben allerlei
Gegenvorstellungen. Man übergab ihm mehrere Druckschriften, zur
Belehrung des Volkes über den Eid und die neuen Wahlen sammt
den Formalien, wie dieselben einzutragen seyen, und stellte spätere
Vornahme dieser Wahlen in Aussicht. Der Stabhalter überbrachte
diese Schriftstücke dem Amtmanne zu Kirrweiler und äußerte mit
Verlegenheit, wie sehr er die Wiederkunft dieser fränkischen Geschäftsträger fürchte, ohne sie verhindern zu können.

Am 27. Februar traf eine ähnliche Wahlkommission in Edesheim ein. Sie versammelte die Bewohner und hielt weitschweifige
Reden über die neufränkische Volksbeglückung, schimpfte weidlich über
die alte Verfassung und bisherige Verwaltung, empfahl den neuen
Eid der Freiheit und Gleichheit und die vorzunehmenden Wahlen.
Die Bürgerschaft erklärte, den Eid nicht zu leisten und die bisherigen
Beamten und Vorstände als die rechtmäßigen zu achten und beizubehalten.. Jetzt verlangten die Commissäre, daß die Bürger wenigstens den Eid leisten und ihre Beamten neu bestätigen sollten.
Die Bürger verweigerten wiederholt den Eid mit dem weiteren Bemerken, daß ihre Beamten von der rechtmäßigen Regierung bestellt
seyen und daher keiner Bestätigung von ihrer Seite bedürften. Die
Mehrzahl der Versammelten erklärte, bei dem schönen Wetter und
bei der drängenden Arbeit keine längere Zeit vergeuden zu können
und entfernten sich, so daß die noch Zurückgebliebenen alle Mühe
hatten, den hierüber ausbrechenden Unwillen und Zorn der Commissäre
zu beschwichtigen. Diese erkannten zu Genüge, daß sie auf diesem ge-
linderen Wege ihren Zweck nicht erreichen dürften. Nach den Meldungen, welche sie aus den übrigen Gebirgsgemeinden des Hochstiftes
erhalten hatten, getrauten sie sich nicht zu Hainfeld, Weyher, St.
Martin, Maikammer, Diedesfeld und Hambach jetzt ähnliche Versuche
zu machen. Sie beschlossen daher vorerst die hochstiftlichen Beamten,
welche sie als die Rathgeber und Stützer der widerspenstigen Einwohner betrachteten, zu verdrängen, und dann die Bürger nöthigenfalls mit Gewalt zur neuen Verfassung anzutreiben.

Zur Ausführung dieses Planes rückte der Commissär Eyrer
noch Abends 7 Uhr an demselben Tage mit 8 Dragonern vor die
Wohnung des Amtskellers Freiberg zu Edesheim und forderte diesen
zur Leistung des vorgeschriebenen Eides auf. Freiberg verweigerte

den Eid. Der Commissär nahm hierauf seine Heblisten und Rech=
nungen hinweg, legte die übrigen Amtspapiere unter Siegel und
meldete dem Amtskeller, daß er am folgenden Tage unter sicherer
Begleitung nach Speyer gebracht werden würde, um dort das Wei=
tere zu vernehmen. Zur gleichen Maßnahme rückte Ewer auch vor
die Wohnung des Provis=Kellers Molitor. Der alte, gebrechliche
Mann erklärte unter Thränen, er könne wegen Alters seine Dienste
nicht mehr zur Genüge dem Domcapitel besorgen, noch weniger aber
neue Verpflichtungen übernehmen. Aus Rücksicht auf die Schwäche
des Greises ließ man ihn ruhig bei den Seinigen.

Am folgenden Morgen gegen 9 Uhr traf dieselbe Commission
mit 2 Dragonern in Kirrweiler ein. Sie verfügte sich vorerst zu
dem Amts=Keller Neubeck, mit dem sie, wie in Edesheim mit Freiberg,
verfuhr. Hierauf verfügte sich die Commission in das Amthaus zu
dem Amtmanne Schoch und ließ den Ausfauthei=Director und Hof=
rath Krauß und den Amtsschreiber Guhmann dahin rufen, um sie
zum Eide zu bereden. Sie verweigerten mit Festigkeit denselben.
Sohin wurde unter Beiziehung des Ortsstabhalters Ernst die Amts=
stube und Registratur verschlossen und den genannten Beamten das
Versprechen abgenommen, Nachmittags 1 Uhr in Edesheim einzu=
treffen, um von dort nach Speyer geleitet zu werden.

Kaum war die Commission aus Kirrweiler entfernt, so suchte
der Oberamtsschreiber sein Heil in der Flucht. Er wählte Heidel=
berg zum Aufenthalte. Die übrigen Beamten beriethen sich, was
unter diesen Verhältnissen zu thun sei. Sie einigten sich dahin,
vorerst einen Boten nach Edesheim mit der Meldung zu schicken,
daß sie statt über Edesheim geraden Weges von Kirrweiler nach
Speyer ziehen wollten. So gewannen sie Zeit noch Manches in
Kirrweiler zu ordnen und zu sichern. Nachdem dieses geschehen,
brachen sie gen Speyer auf. In Geinsheim fand jedoch der Amt=
mann Schoch für gut, nicht nach Speyer, sondern, von dem Bürger
Friedrich Tirolf geleitet, über Haßloch nach Mannheim zu fliehen.
Die beiden andern Beamten verfügten sich, gemäß gegebenem Ver=
sprechen, gen Speyer, wo auch der Amtskeller Freiberg mit den
Commissären von Edesheim eintraf. Am folgenden Morgen
wurden sie in das Gasthaus zum Hirsch vor die versammelten, schon
genannten Commissäre, denen sich auch der Bürger Petersen bei=
gesellt hatte, vorgeladen. Die Commissäre wendeten alle ihre Be=

redsamkeit auf, diese Beamten zum Eide zu bewegen. Dieß sei ja, wie sie erklärten, der Weg, auf dem ihnen die Hoffnung zu einem besseren Dienste zu gelangen und als Abgeordnete bei dem Nationalconvente in Mainz aufzutreten, entgegen schimmere. Man wies sie auf das Beispiel anderer hochstiftlichen Beamten, wie des Hofrathes Bauer, des Archivars Loebel und des Altdorfer Amtmannes Cramer hin, welche den Eid nicht verweigert hätten. Zuletzt drohete man, die Widerstrebenden mit Soldaten über Mainz zu den Preußen führen zu lassen. Da alle diese Vorstellungen nichts fruchteten, fällte der Präsident-Dorsch endlich das Urtheil dahin, daß die Eidesverweigerer unter Bedeckung von 4 Husaren gen Mannheim über die Grenze gebracht werden sollten. Es geschah dieß noch an demselben Tage. Die treuen Beamten mußten unterwegs den Spott und Hohn der ihnen begegnenden Republikaner vielfach ertragen. Ueber das Nicht-erscheinen des Kirrweiler Amtmannes und Amtsschreibers vor der Commission in Speyer war diese sehr ungehalten. Sie glaubte, jene wären auf ihren Amtsposten zurückgeblieben, um die Untergebenen in ihrer Abneigung gegen die neufränkischen Einrichtungen zu stärken und zu stützen. Es wurde daher alsbald eine nochmalige schrift-liche Vorladung an dieselben nach Kirrweiler gesendet. [320]

In Kirrweiler blieb der Ausfauthei-Schreiber Holzmeister und der Gehilfe des Oberamtsschreibers Namens Damm zurück, die als-bald den verlangten Eid leisteten. Dem Holzmeister wurde so-fort die einstweilige Verwaltung der Ausfauthei übertragen und er zog mit einer großen dreifarbigen Cocarde umher, um noch andere Mißvergnügte für die republikanische Einrichtung zu gewinnen. [321]

---

[320] Dieselbe war ohne Datum und lautete: „Da der Bürger Amtmann Schoch und der Amtschreiber Guhmann ihrem von sich gegebenen Ehrenworte, sich nach Speyer an die Commission zu verfügen, nicht nachgelebet und die Discretion des an sie geschickten Commissärs äußerst beleidiget haben: so wird selben ernstlich, und zwar zum letzten Male, befohlen, sich unverzüglich noch nach Speyer zu verfügen, widrigenfalls Sie die daraus entspringenden, nach-theiligen und unvermeidlichen Folgen bloß Ihrer Widerspenstigkeit zuzuschreiben haben. Guillaume Eyrer, Commissär der vollziehenden Gewalt". — Eyrer war aus Norwegen, stand als Registrator in Oesterreichs Diensten, wurde aber von Kaiser Leopold ausgewiesen und fand nun Unterkommen bei den Franzosen. — [321] Am 7. März wurden sämmtliche fürstbischöstliche Stabhalter auf Sonntag, den 3. März, Nachmittags 4 Uhr vor die Commission beschieden. Sie ließen sich durch einen Boten entschuldigen. — Holzmeister zählte kaum 25

Damm schloß sich an Holzmeister brüderlich an. Beide folgten, um den nöthigen Unterhalt zu gewinnen, ganz dem Winke der Franzosen. Schon am 2. März begaben sich Schoch, Krauß und Freiberg von Mannheim nach Bruchsal. Der Amtskeller Reubeck faßte jedoch den Entschluß, heimlich nach Kirrweiler zurückzukehren, um seine Habschaften zu retten und in dienstlicher Beziehung das Nöthige zu ordnen. In Mußbach hüllte er sich in Frauenkleider und schlich sich in denselben nach Kirrweiler zu seinem treuen Schreiber Lorenz und ordnete dort das Einpacken und Verbringen seiner besten Fahrnisse. In der Nacht kehrte er wieder nach Mußbach zurück. Am 4. März hüllte er sich dort in Bauernkleidung, setzte eine schwarze Perücke auf und ging nach Geinsheim, um mit dem dortigen fürstbischöf-lichen Zoller abzurechnen, was er gleichfalls noch an demselben Tage mit dem Zoller in Kirrweiler that, um in der Nacht mit den Fuh-ren, welche auch die besten, herrschaftlichen Möbel aufgeladen hatten, nach Mannheim zu kommen. Es gelang ihm dieß ganz glücklich. Er eilte am 7. März nach Bruchsal, um die von ihm getroffene Fürsorge den fürstbischöflichen Statthaltern zu verkünden.

Nachdem die hochstiftlichen Beamten also von ihren Amtssitzen entfernt waren, begann das Drängen der Decidigungs-Commission auf's Neue mit größerer Härte gegen die fürstbischöflichen Unter-thanen. So rückte am 8. März der bemeldete Ehrer mit 260 Sol-daten zu Fuß und 40 zu Pferd und 2 Kanonen in Edesheim ein. Unter dieser Begleitschaft befanden sich wenigstens 100 Landauer Bürger, „meistens Lutheraner." Der Zug ging zuerst nach dem Rath-hause und dann nach der Kirche. Dem Commissäre mußten alsbald die Schlüssel zu den beiden Gebäuden zugestellt werden. Die Glocken-seile wurden aufgezogen, um Sturmgeläute zu verhindern, und die Kanonen gegen die Hauptstraße, um Schrecken einzuflößen, aufge-pflanzt. Sofort rief man die Gemeinde zusammen. Sie erschien. Alsbald wurden die beiden Bürger, Georg Dienß und Georg Ritzler, als angebliche Verwickler und Hetzer in der Gemeinde in

---

Jahre. Er stammte aus Aschaffenburg, war früher Hauslehrer bei dem Stadt-schreiber Leger in Neustadt und wurde vom Pfarrer Lett in Kirrweiler dem Hofrathe Kranß zum Schreiber empfohlen. Damm stammte aus Würzburg, ward von dem dortigen Hofrathe Sambaber unter den dürftigsten Verhält-nissen dem Oberamtsschreiber zu Kirrweiler zugewiesen und kam sohin, etwa 24 Jahre zählend, in dessen Dienste. Tagebuch von Schoch.

Haft genommen. Der Commissär hielt eine längere Ansprache an
die Versammelten und erklärte zuletzt, daß wenn sie nunmehr den ge=
forderten Eid nicht ablegen würden, die Mannschaft hier zum Zwange
eingelegt und noch härtere Maßregeln getroffen werden dürften.
Der Sprecher der Gemeinde erklärte hierauf, daß diese noch nichts
Widriges gegen die französische Nation unternommen habe und daß
man sie um so weniger zu einem Eide zuerst drängen sollte, da sie ja
so nahe bei Landau gelegen und von dort aus gar leicht nöthigenfalls
Einschreitungen gegen sie stattfinden könnten. Chyrer achtete nicht auf
diese Erwiederung, sondern bestimmte, daß bei dieser Widerspenstig=
keit 70 Mann zu Fuß und 5 Mann zu Pferd mit einer Kanone
in Edesheim zur Execution verbleiben, daß jedoch die Kosten für das
ganze Corps von 300 Mann täglich bezahlt werden müßten. Diese
Kosten betragen, wie er bemerkte, bei guter Kost und einem Schoppen
Wein zu jedem Imbs täglich 15 Sols für jeden Mann. Sollten die
Bürger hierdurch nicht bewogen werden, den vorgeschriebenen Eid
zu leisten, so würde Plünderung, Sengen und Brennen das Loos
seyn, welches Edesheim treffen würde. Die Executions=Mannschaft
lag vier Tage in Edesheim, ohne den treuen Sinn der Einwohner
zu erschüttern.

Die Gemeinde nahm diesen Schreckensausspruch in treuer An=
hänglichkeit an ihren Fürsten ruhig hin, und die Franzosen schritten
nun unter Lärmen und Gesang zur Aufpflanzung eines Freiheits=
baumes. Sie nöthigten den Schultheißen Schmitt, die rothe Frei=
heits=Mütze zu küssen, welche am Gipfel jenes Baumes befestigt
wurde, und jubelten und tanzten um dieses Zeichen ihres vermeint=
lichen Sieges. Sofort wurde die bestimmte Mannschaft in Edes=
heim einquartiert. Täglich mußten die Executions=Gebühren, welche
über 20 Louisd'or betrugen, an den Commissär Chyrer abgeliefert
werden. Die beiden in Verhaft genommenen Bürger wurden, unter
der von der Gemeinde geleisteten Gewährschaft, daß sie sich auf jede
Aufforderung wieder stellen müßten, wieder freigegeben. [112])

---

[112]) Die Edesheimer schickten alsbald den Johann Ritzler nach Bruchsal,
damit er der fürstbischöflichen Statthalterschaft die Lage der Gemeinde schildere
und weitere Weisung erbitte. Die Statthalterschaft schickte den Ritzler mit seinem
Berichte nach Heidelberg zum Grafen v. Wurmser. Er wurde, in Begleitschaft
des dort weilenden Oberamtschreibers von Kirweiler, von diesem gnädig
aufgenommen und die Gemeinde zur standhaften Verweigerung des Eides

Am folgenden Tage zog Eyrer mit seiner Mannschaft nach Rodt, wo er, so wenig ausrichtete, wie in Edesheim. Der dortige burlachische Beamte Rebenius wurde daher gefänglich nach Speyer abgeführt und 10 Mann Republikaner zur Execution in Rodt, wie in Edesheim und in andern Gemeinden eingelegt. [323])

Am Sonntage den 10. März rückte Eyrer mit seinen noch übrigen Soldaten in Kirrweiler ein, um dieselben Pressungen, wie in Edesheim, vorzunehmen. Um die ungefügigen Einwohner besto mehr zu schrecken, ließ er die in Edesheim aufgepflanzte Kanone abholen und vorführen. Dessen ungeachtet fügten sich die dortigen Bürger nicht seinem Wunsche. Er konnte ihnen nur Geld, aber nicht den republikanischen Freiheitseid abgewinnen. [324])

Bei diesem Einrücken der Franzosen in Kirrweiler konnte sich Jakob Anstätt, ein durch Lüderlichkeit in tiefste Armuth gesunkener Benninger Einwohner, der frohen Aeußerung nicht enthalten, daß er Gott danke, weil sich die Zeit nahe, in welcher dort der Freiheitsbaum aufgepflanzt werde. Zum Lohne dieser Aeußerung wurde Anstätt von einigen seiner Mitbürger so derb abgeprügelt, daß derselbe mehrere Tage das Bett hüten mußte. Dieß gab Veranlassung, daß der französische Wahlcommissär mit seiner militärischen Begleitung sofort auch nach Benningen eilte, um diesen Frevel zu strafen und die Einwohner zum Schwören zu bewegen. Er konnte jedoch auch hier seinen Zweck nicht erreichen, wohl aber zwei Bürger, welche er als besondere Urheber des Widerstrebens betrachtete, Johann Hund und Michael Rebel, gefänglich mit sich abführen und vielfältig mißhandeln.

Am 14. März erschien die fragliche Commission zu Maikammer. Hier hatte sich auch der Präsident Dorsch eingefunden. Er ergriff das Wort, um die dortigen Einwohner für die Leistung des Eides und die Vornahme der Wahlen zu gewinnen. Seine theils schmeichelnde, theils drohende Ansprache fand kein Gehör. Während dieser Wahl-

---

freundlich ermuntert, wie der genannte Oberamtsschreiber am 14. März nach Bruchsal berichtete. — [323]) In den Kurpfälzer Dörfern unterhalb der Queich wurden bezüglich der Beeidigung keine besondere Versuche gemacht. — [324]) So wurde von der Commission den nachstehenden Gemeinden für Executionskosten abgenöthiget: 1. Kirrweiler 500 fl.; 2. Maikammer 275 fl.; 3. Benningen 150 fl.; 4. Weyher 99 fl.; 5. St. Martin 100 fl.; 6. Grevenhausen 55 fl.; 7. Roschbach 99 fl.; 8. Edesheim binnen 4 Tage 1078 fl. = 2356 fl.

verhandlungen in Malkammer verbreitete sich das Gerücht, die kaiserlichen Truppen seyen im Anzuge. Dorsch und sein Gefolge hielten sich nicht mehr sicher und eilten der Festung Landau zu. Auch die jungen Republikaner in Kirrweiler, Holzmeister und Damm, ergriffen auf jenes Gerücht hin die Flucht, wurden aber auf Veranstaltung des dortigen Schultheißen Ernst von dem fürstlichen Einspänniger Bühler eingefangen und unter großem Zulaufe der Gemeinde in Kirrweiler eingebracht, auf dem Rathhause gefangen gehalten. Als sich jenes Gerücht als unbegründet erwiesen hatte, erschien zwei Tage später ein drohender Befehl aus Landau, dieselben frei zu geben. Dagegen mußte jetzt aus Angst vor Verfolgung der genannte Einspänniger die Flucht ergreifen. Dorsch erprobte einige Tage später die republikanischen Gesinnungen des Holzmeister zu Großfischlingen, indem bei dem dortigen Versuche die Einwohner zu beeidigen, dieser die Ansprache an die Großfischlinger abhalten mußte, die jedoch wenig fruchtete. Die pflichttreuen Einwohner verweigerten standhaft den verlangten Eid. [333])

Am 25. März richtete der Commissär Eyrer abermals einen schriftlichen Befehl an die Edesheimer, wornach unter allerlei Verlockungen und Drohungen die Vornahme der Beeidigung auf den folgenden Tag festgestellt wurde. Die Bürger kehrten sich aber weder an die glänzenden Versprechungen, noch an die harten Drohungen. Sie verweigerten abermals den Eid. Am 27. März traf daselbst auch der Commissär Petersen ein, der alle Beredsamkeit aufbot, die Bürger zur Nachgiebigkeit zu bewegen. Ihn unterstützte hiebei der fanatische Jakobiner Treiber von Landau, jedoch ohne Erfolg. Sohin wurden abermals 350 Mann auf Execution eingelegt. An dem Charfreitage hielten diese eine lärmende Kirchenparade. Die Bewoh=

---

[333]) Am 20. März erhielt der Schultheiß zu Kirrweiler von dem Commissär Eyrer die Weisung, mit dem dortigen Möbelgardisten Simon Brodschläger und dem Bürger Leonhard Hund alle Möbel und Geräthschaften im fürstbischöflichen Schlosse Marienburg aufzunehmen und abzuschätzen. Es geschah dieß am folgenden Tage. Diese Gegenstände, tarirt zu 1086 fl. 50 kr., sollten auf Ostermontag versteigert werden. Allein der Sonnenwirth zu Edesheim entwendete dem mit der Versteigerung beauftragten Holzmeister das Inventar, wodurch jene verhindert ward. Doch wurde bis zum Anzuge der Franzosen verschiedenes Eisenwerk, als Schlaudern, Stangen, Schlösser, Riegel ꝛc., aus dem Schlosse und der Amtskellerei entwendet. Bericht des Amtskellers Neubed aus Kirrweiler vom 9. April 1793. Karlsr. Archiv. S. A.

ner des fürstbischöflichen Oberamtes hatten sich verabredet, wenn die
gedrohte Plünderung sollte versucht werden, Gewalt der Gewalt
entgegenzusetzen, von welcher Selbsthilfe sie jedoch die Statthalterschaft in Bruchsal ernstlich abzumahnen suchte. Zum Glücke übersetzten die kaiserlichen Truppen am Charsamstage den Rhein. Bis
zum 2. April blieben die Franzosen noch in Edesheim. Auf das
Gerücht, daß sie diese Gemeinde beim Abzuge ausplündern wollten,
hatten sich an jenem Tage mehr als 2,000 fürstbischöfliche Unterthanen mit allerlei Wehrgeräthen bewaffnet in Edesheim eingefunden,
weßhalb die Republikaner dort ruhig abzogen. In Flemlingen,
Roschbach und Burrweiler haben dieselben einiges Vieh gewaltsam
weggeführt. Am 4. April traf der Amtmann Schoch wieder in
Kirrweiler ein und hatte die Freude, seinem Fürstbischofe schreiben
zu können, daß aller Drangsale ungeachtet sämmtliche Gemeinden seines Bezirkes den republikanischen Eid standhaft verweigert hätten. [110])
Seine Amtsstube war noch versiegelt und unversehrt. Im fürstbischöflichen Schlosse und auf den herrschaftlichen Speichern fehlten
viele Früchte und sämmtliches Eisenwerk. In der Kellerei-Wohnung
waren die Thüren aufgesprengt, die Oefen abgerissen, die noch zurückgelassenen Papiere umher gestreut, die Holzbehälter geleert. In dem
dazu gehörigen Garten hatte man alle junge Obstbäume geraubt
und ausgerissen. Holzmeister und Damm waren geflüchtet.

  Am 28. Febr. kamen Reissinger und der Schreiber Deines von
Speyer nach Deidesheim, um dort die Beeidigung der fürstbischöflichen
Beamten abermals zu betreiben. Schon am 23. Februar waren
dort Commissäre des vollziehenden Rathes der fränkischen Nation
eingetroffen, um am folgenden Tage den Bürgern den Eid der Freiheit und Gleichheit abzunehmen und die ausgeschriebenen Wahlen
abzuhalten. Ihre beßfallsigen Bemühungen blieben jedoch ohne Erfolg.
Auch der Versuch, wenigstens die Beamten zum Eide zu vermögen,

---

[110]) Tagebuch von Schoch. §. 74—104. Am 25. März war die Be-
eidigungscommission zum zweiten Male in Königsbach; doch die Einwohner,
an deren Spitze der Bürgermeister, Sebastian Klamm, verweigerten standhaft
den Eid, ungeachtet die Commissäre Petersen und Herrer 60 Soldaten zur
Bedeckung hatten. Die Gemeinde mußte für diese 90 fl., dem Petersen aber
für Reisekosten noch 11 fl. zahlen. Gemeinderechnung daselbst. — Die
fürstbischöflichen Oberämter hatten bezüglich des Schwörens einen geheimen
Cabinetsbefehl mit besonderen Vorschriften erhalten.

scheiterte am 28. des genannten Monats. In der folgenden Nacht ergriff der dortige Amtskeller Müller die Flucht. Der Amtmann Stephani und der Oberschultheiß Henrici behaupteten dagegen ihren Posten. Reissinger versiegelte alsbald alle Thüren des Schlosses und stellte Wachtposten vor die Thüren der genannten Beamten, die Tag und Nacht, selbst in der Kirche, von ihnen gehütet wurden. Die Wachtmannschaft hatte das Wachthaus im Schlosse eingenommen. Dennoch wurde durch ein unvergittertes Fenster in das untere Eckzimmer des Schlosses eingebrochen, die Thüren und Schränke im Innern eröffnet und alle Früchte und alles Hausgeräthe entwendet, ohne daß man den Dieben auf die Spur kommen konnte. Die Beamten und Bürger drängte man mit Vorstellungen und Drohungen, mit militärischer Einlagerung und Strafgeldern, die sich auf mehr als 6,000 Gulden beliefen, in jeglicher Weise, um den Eid zu erzwingen. Dreimal kamen die Beeidigungscommissäre nach Deidesheim. Während 14 Tagen lagen dort Soldaten, bis endlich am 21. März die Commissäre Petersen und Reissinger der Bürgerschaft gewisse Bedingungen verbrieften, unter welchen sich diese zum Schwören herbeiließen. [327] Am folgenden Tage schafften die dort lagernden Nationalgarden einen Freiheitsbaum aus dem Walde herbei, den sie mit einer rothen Mütze geziert, ohne Beihilfe der Bürger, vor dem Rathhause aufpflanzten. Jetzt wurden zwei Compagnien vom 96. Infanterie-Regiment „Nassau" in das Schloß eingelagert, während eine dritte Compagnie von dem Regiment „Piemont", nebst 200 Mann Nationalgarden — sogenannte Ohnehosen — und eine Escadron Gendarmen bei den Bürgern im Quartier blieben. Die Ohnehosen erlaubten sich, bis sie nach 4 Tagen mit den übrigen Truppen gen Worms abziehen mußten, die abgeschmacktesten und zügellosesten Ausschweifungen, ohne daß ihnen die Commissäre und

---

[327] Diese Bedingungen waren die Bescheinigungen: 1. daß die Gemeinde nur durch Gewalt der Execution gedrängt, den Eid leistete; 2. daß deßhalb weder die Bürger, noch ihre Söhne oder Dienstboten zum Soldatenstande gezwungen werden dürfen; 3. daß der geleistete Eid mit der Religion in keiner Verbindung stehe und daher der bisherige Gottesdienst von dem bisherigen Pfarrer ohne die geringste Abänderung abgehalten werde; 4. daß das Krankenhaus der barmherzigen Brüder fortbestehe zum Besten der Gemeinde und Umgegend; 5. daß die Gemeinde an den geleisteten Eid nicht gebunden sei, wenn diese Bedingungen nicht sollten treu beachtet werden.

der Obrist der Linientruppen Einhalt thun konnten. Sie waren es
auch, welche jetzt die fürstbischöflichen Wappen herabgeschlagen und
vor denen selbst der Amtmann sein noch übriges Hausgeräth durch
Geld sichern und von ihnen rückkaufen mußte. Im Schlosse waren bei
dem Abzuge der Truppen auch im obern Stocke die Zimmer gewaltsam
erbrochen, die Vorhänge herabgerissen und abgeschnitten, die Amts=
stuben eingesprengt und alle Papiere und Akten durchstöbert, herum=
gestreut und theilweise zerrissen und verwüstet. [328])

§. 8.　Eides- und Wahlbedrängnisse im Leiningischen.

Die Residenzstadt der Fürsten von Leiningen = Dachsburg=
Hartenburg war bekanntlich das schön und freundlich gelegene
Dürkheim, jene der Grafen von Leiningen-Westerburg das mehr
ländliche Grünstadt, der Wohnsitz der Grafen von Leiningen=Dachs=
burg = Heidesheim aber war das Schloß zu Heidesheim an der Eiß.
Das ganze reiche Gebiet der Fürsten und Grafen von Leiningen
vereinigten die Republikaner mit Frankreich. Die Anfänge dieser
Vereinigung schildern die nachstehenden Ergebnisse unserer deßfall=
sigen Nachforschungen.

Nach dem Einfalle der französischen Truppen in das deutsche
Gebiet; bei der thatsächlichen Feindseligkeit derselben in den dieß=
seitigen Besitzungen der Fürstbischöfe von Speyer und Worms; bei
den vorgenommenen Plünderungen der herrschaftlichen Schlösser und
gewaltsamen Hinwegführung der vorhandenen Früchte, Weine, Füt=
terung ꝛc., wozu durch militärisches Commando aus dem fürstlichen
Marstalle zu Dürkheim die Pferde abgeholt wurden: sah sich der Fürst
Karl, aller seiner bisherigen freundlichen Beziehungen zu Frank=
reich ungeachtet, genöthiget, seine schöne Residenz daselbst zu ver=
lassen und auf dem rechten Rheinufer in der Stadt Mannheim
Sicherheit zu suchen. Bald darauf — am ersten Tage des Jahres

---

[328]) Dienstags, den 2. April 1793 rückte ein Commando von 32 preußischen Husaren in Deidesheim ein, welche alsbald den Freiheitsbaum niederhauen und die republikanischen Placate abreißen ließen. Am 5. April marschirten
diese Husaren in Masse vor und um die besetzten Forst, Niederkirchen, Ruppertsberg,
Königsbach, Lindenberg und Deidesheim. General v. Wolfrath hatte hier
sein Quartier im Ketschau'schen Hofe; General v. Köhler lag im Dalberger
Schlößchen zu Rupertsberg. Bericht des Amtmanns Stephani aus Deidesheim vom 5. April 1793. Karlsr. Archiv. S. A.

1793 — wurde Dürkheim mit französischen Truppen — einem Bataillon Volontaire und etwa 100 Reitern vom 22. Regimente — besetzt. Ihre Führer warben, wie allenthalben, für die Grundsätze der Freiheit und Gleichheit, und fanden auch bei manchen mit ihrer bisherigen Lage und Stellung Unzufriedenen um so willigeres Gehör, da unter der Hand die Dekrete und Proclamationen des National-convents, des Generals Custine und der französischen Commissäre auch hier verbreitet und vielfach zum Anschlusse an Frankreich er-muntert wurde. [329]) Doch kam es nicht zu besonderen, bedenklichen Auftritten und Gewaltthaten. Anders verhielt es sich, als am 19. Februar 1793 die französischen Commissäre von Mainz dort ein-trafen, um, in Folge der Dekrete vom 15., 17. und 22. December v. J. und des besonderen Befehls des Generals Custine vom 16. Februar 1793, die Beeidigung in dem Fürstenthume und die Wahlen der Munizipalitäten und der Abgeordneten für den rheinisch-deut-schen Nationalconvent vorzunehmen. Allen Anzeichen nach war es der Commissär des Pariser Nationalconvents, Merlin von Thionville selbst und sein damaliger Begleiter Hofmann von Mainz, welche in Dürkheim die fraglichen Befehle zu vollziehen suchten. Auf Anordnung und unter Leitung derselben rückten die daselbst lagernden franzö-sischen Truppen mit Kanonen und brennenden Lunten in den Hof des fürstlichen Schlosses, entwaffneten das fürstliche Jäger-Corps und Kreiscontingent und besetzten das Schloß und die gegenüber stehende Caserne. Sofort versiegelten die Commissäre die Gemächer des Schlosses, die Dikasterialzimmer und Registraturen, und er-klärten Alles, was sich darin vorfand, als Nationaleigenthum. An den folgenden Tagen schritt man in bekannter Weise zur Beeidigung. Die sämmtlichen Glieder der Regierung, des Consistoriums, der Rent- und Forstkammer, die sich zum Eide nicht verstehen wollten, wurden der Ausübung ihrer Amtsverrichtungen enthoben und ihrer Stellen entsetzt. Keiner derselben ließ sich bei diesem gewaltsamen Umsturze der bisherigen Verfassung, die auch in den einzelnen, zu diesem Fürstenthume gehörigen Dörfern der Umgegend der Reihe nach vorgenommen wurde, gebrauchen. Viele Beamten verlangten vielmehr Pässe nach Mannheim, um in der Nähe ihres Fürsten zu

---

[329]) Am 1. Februar 1793 war Custine in Dürkheim. Am 26. Januar reiste derselbe mit mehreren Offizieren an der Rheinschanze bei Mannheim vorüber.

weilen. [336]) Wohl wurde auch bei dieser Gelegenheit ein Freiheitsbaum festlich aufgepflanzt, wenn wir hiervon auch keine nähere Aufzeichnung fanden. Umfassender sind die Nachrichten, welche wir von
diesen französischen Vergewaltigungen aus Grünstadt besitzen.

Die republikanischen Ideen und Grundsätze erfreuten sich hier
eifriger und entschlossener Freunde und Verbreiter. An deren Spitze
standen der Altleiningische Landgerichtsschreiber (August?) Moßdorf,
dessen Schwager, der vormalige Advokat (Karl?) Parcus, „ein be-
rüchtigter Erzbösewicht," und deren Schwiegervater, der Kronewirth
Jacobi in Grünstadt. Diese wußten bald noch andere Bürger für den
Umsturz zu gewinnen. Sie sprachen bei jeder Gelegenheit von Freiheit
und Gleichheit, von der nöthigen Verbrüderung mit den Franzosen und
von Abschaffung der alten Tyrannei, ihrer Herrschaft und Obrigkeit, und kehrten sich nicht an wohlgemeinte Abmahnung und Verwarnung. Sie setzten sich mit den Mainzer Clubisten in engere Verbindung. Vermöge dieser Verbindung und in Folge der bekannten
Wahlordnung kamen am Donnerstage, den 21. Februar 1793, die
von dem französischen Vollziehungsrathe beauftragten Wahlcommissäre
Forster und Bleßmann von Mainz nach Grünstadt und stiegen hier
im Gasthofe zur Krone ab. Die bemeldeten Freiheits- und Gleich-
heitsbrüder mit ihren Freunden und Anhängern versammelten sich
alsbald um sie herum, um das Weitere zu hören und zu berathen.
Am folgenden Tage rückte eine Abtheilung französischer Infanteristen
und Reiter, etwa 60 Mann stark, in die Stadt. Sie wurden von
den Freiheitsmännern ohne Vorwissen und Beiziehung der gräflichen
Beamten und Stadtgerichtspersonen, ausschließlich in die Häuser und
Wohnungen der herrschaftlichen Beamten und Bedienten, einquartirt.

---

[336]) „Fürstlich Leiningische kurze, vorläufige Darstellung der im gegenwärtigen Reichskriege von den Franzosen erlittenen Vergewaltigungen und
Schäden. Der Reichsversammlung zu Regensburg vom Fürsten Carl aus
Mannheim am 17. März 1795 geschildert". — Die Beeidigung dürfte in Dürkheim am Sonntage den 24. Februar, wie vorgeschrieben war, vorgenommen
worden seyn. Am 20. März 1793 traf der französische Commissär Zimmermann von Dürkheim in Haßloch ein, um von den Leininger Gefällen und
Waldungen ꝛc. daselbst Besitz zu nehmen und einen Maire aufzustellen. Der
dortige kurpfälzische Fauth Rheineder erhob dagegen Einsprache, weil der Fürst
Carl von Leiningen daselbst nur Lehen-, aber keine Herrschaftsrechte besitze.
Karlsr. Archiv. P. A. Zum Fürstenthume Leiningen gehörten damals 26 Dörfer
der jetzigen Rheinpfalz.

Am folgenden Tage, den 23. Februar, ließen die genannten Commissäre, sowohl die drei anwesenden Grafen, Karl Woldemar, dessen ältesten Sohn, Karl Wilhelm Leopold und Friedrich Ludwig Christian, den Bruder des mitregierenden Grafen Karl Christian, als wie auch die gesammte geistliche und weltliche Dienerschaft mittels eines Rundschreibens auffordern, den in angefügter Bekanntmachung des Generals Custine vom 16. gleichen Monats vorgeschriebenen Eid, längstens Abends 8 Uhr schriftlich einzuliefern, oder widrigenfalls zu gewärtigen, daß sie augenblicklich über die Grenze gebracht und ihre Besitzungen in Beschlag genommen würden. Die genannten Grafen mit den geistlichen und weltlichen Dienern, Räthen und Beamten versammelten sich in Eile und begaben sich nach kurzer Berathung in das Gasthaus zur Krone, um dort den Commissären Gegenvorstellungen zu machen. Da Forster abwesend war und Bleßmann für sich allein sie nicht bescheiden wollte, wurde ihnen bedeutet, um 8 Uhr wieder vorzusprechen. Die Grafen und ihre geistlichen und weltlichen Diener und Räthe erschienen in jener Stunde und machten den Commissären die triftigsten und dringendsten Vorstellungen. Namentlich erklärten sie: „Die Grafschaft Leiningen-Westerburg könne keineswegs als ein erobertes Gebiet angesehen werden, weil deren Besitzer sammt den Einwohnern nicht den geringsten Schein einer Feindseligkeit gegen die Neufranken kund gaben, vielmehr die strengste Neutralität bisher beobachteten. Von ihnen wurden niemals französische Emigranten aufgenommen und geduldet. Sie haben überdieß die durchziehenden französischen Truppen bestens und unentgeltlich verpflegt, Frohnfuhren willig gestellt und beträchtliche Fourageansätze größtentheils ohne Bezahlung herbeigeschafft. Die kaiserlichen Abmahnsschreiben vom 19. December 1792 verbieten ohnehin das gestellte Ansinnen unter Androhung der strengsten Strafen. Es streite endlich wider alles Natur- und Völkerrecht, wider alle göttlichen und menschlichen Gesetze, die Grafen und ihre Diener, sie mögen schwören oder nicht schwören, ihrer rechtmäßigen Ehren, Würden und Besitzungen gewaltsam zu berauben und sie ohne Rücksicht auf Alter und Verdienste, Treue und Redlichkeit sammt Frauen und Kindern broblos zu machen und in's Elend zu stürzen". Alle diese Vorstellungen waren fruchtlos. Forster erwiederte erhitzt und zornentflammt: „Daß man alle diese üblen Folgen und freilich an sich traurigen Schicksale ganz allein den Wüthrichen, ben Tyrannen, den Despoten — dem Kaiser von Oesterreich und dem Könige von Preußen, welche in jedem Augenblicke umzubringen kein Verbrechen, sondern die edelste Tugend sei, — zu verdanken habe und von diesen sich schadlos halten lassen müsse."

Die Grafen und ihre Beamten bebten vor diesen argen Läsierungen zurück. Der „neugebungene französische Aftercommissär" Parcus war bei dieser Unterredung zugegen. Mit dem Ellenbogen frech auf eine Commode gelehnt, verspottete er durch höhnische Mienen die Vorstellungen der Bedrängten, während er den Läsierungen Forsters Beifall zulächelte. Als jene Vorstellungen nichts fruchteten, wurde gegen das rechtswidrige Vorangehen der Commissäre feierliche Einsprache erhoben und eine Frist erbeten, um einen eigenen Courier nach Paris zu senden und die Entscheidung des Nationalconvents zu erholen. Die deßfallsige schriftliche Vorstellung wurde am folgenden Tage den Commissären übergeben, um sie nach Paris abgehen zu lassen. Doch diese überschickten sie nach Mainz an die Vollziehungscommissäre Simon und Gregoire, mit dem Versprechen, das Weitere einfach abzuwarten.

Diesem Versprechen zuwider ließen die Commissäre noch an demselben Sonntage Abends weitere 150 Mann, theils Infanterie, theils Cavallerie, in die Stadt einrücken. Diese nahmen, von den Grünstadter Freiheitsmännern geleitet, Besitz von den beiden herrschaftlichen Schlössern. Die gräflichen Contingentsoldaten wurden entwaffnet und arretirt. Die bestürzten Grafen behandelte man mit Schimpf und Hohn. Ein republikanischer Offizier zog gegen den regierenden Grafen Karl Woldemar, als dieser nach den Ursachen solcher gewaltsamen Behandlung fragte, sein Seitengewehr, und würde ihm wohl den Kopf gespalten haben, wenn der Graf ihm nicht den Arm ergriffen und so den Hieb abgehalten hätte. Das zahlreich versammelte Volk ward durch diese Mißhandlung des Landesherrn so aufgebracht, daß schon von Sturmläuten und Gegenwehr gesprochen wurde. Doch der mißhandelte Graf gebot Mäßigung und Ruhe. Am folgenden Mittage wurde durch die Schelle und den öffentlichen Aufruf geboten, daß die Einwohnerschaft alle Waffen, Schieß- und Seitengewehre sogleich auf das Rathhaus abzuliefern habe. Diesem Gebote fügten sich nur die Anhänger der Franzosen. Derselbe Befehl ward daher am Dienstage, den 26. Februar, bei Ausrückung und Aufstellung der Truppen auf dem Marktplatze, unter Androhung der schwersten Leibes- und Lebensstrafe wiederholt, und sohin die Ablieferung der Waffen bewerkstelligt. Noch an demselben Tage gegen 4 Uhr eröffnete man den Grafen die von Mainz angelangte Antwort der dortigen Commissäre. Sie lautete: „Da das deutsche Reich der Franken-Republik den Krieg erklärt hat, so sind die Grafen von Leiningen als Feinde zu betrachten und zu behandeln". Sohin wurde den Grafen zum Schwören oder Auswandern die Zeitfrist bis 8 Uhr desselben Abends festgesetzt mit der Androhung, daß sie widrigenfalls über die Grenzen und den Feinden der fränkischen Nation zugeführt werden sollten. Sie erbaten und erhielten eine Frist für ihre Erklärung bis zum kommenden Morgen.

An diesem Morgen, Mittwochs den 27. Februar, überschickten die Grafen die schriftliche Erklärung, daß sie den Eid nicht leisten und das Weitere abwarten wollten. Sofort wurden dieselben festgenommen, in eine Chaise zusammengesetzt und unter starker militärischer Begleitschaft abgeführt. Doch gegen alles Erwarten ging das Gefährte nicht dem Rheine entgegen, sondern nach Landau, von da nach Straßburg und endlich sogar nach Paris. [331]) Schrecklich war diese Kunde für die noch in Grünstadt weilende Mutter und für die Gemahlin des abgeführten Grafen Friedrich Ludwig Leopold. Sie verlangten von den Commissären Erlaubniß, sich von Grünstadt entfernen zu dürfen. Sie erhielten dieselbe und zogen am 28. Februar mit Hinterlassung ihrer meisten und besten Fahrnisse nach Mannheim. Dort hatten sie den Schmerz, nicht nur das harte Schicksal der abgeführten Grafen, sondern auch den Raub ihrer zu Grünstadt entdeckten und von dem Aftercommissäre Parcus und dessen Helfershelfern mit Beschlag belegten Habschaften zu erfahren.

An demselben Mittage, an welchem die Grafen gefänglich von Grünstadt abgeführt wurden, erhielt die dortige französische Besatzung eine Verstärkung von 200 Infanteristen und 50 Reitern. Diese führten zwei Kanonen und Munitionswagen mit sich, die auf dem

---

[331]) Erst am 20. Febr. 1796 sind die genannten Grafen aus der Gefangenschaft zu Paris, wo sie alle Mißseligkeiten, Schrecken, Entbehrungen und Gefahren zu bestehen hatten, wieder nach Grünstadt zurückgekommen, um ihre Verluste, die Beraubung ihrer Schlösser, Höfe und Güter, zu schauen. Sie erhielten mit der Fürstin von Nassau-Saarbrücken gegen Auslieferung des französischen Deputirten und Ministers Beurnonville ihre Freiheit wieder.

Marktplatze aufgestellt wurden. Unter diesem erschreckenden Aufzuge ward bald darauf die ganze Bürgerschaft zum Erscheinen auf dem Rathhause und zur Ablegung des vorgeschriebenen Eides aufgeboten. Den geistlichen und weltlichen Dienern und Beamten räumte man die Frist einer Stunde zur Ableistung desselben Eides, oder Ausstellung eines eidlichen Reverses mit der Bedrohung ein, daß widrigenfalls ihr Vermögen mit Beschlag belegt und versteigert, sie selbst aber gefänglich abgeführt werden sollten. Hiezu waren bereits sechs Chaisen mit den erforderlichen Pferden in Bereitschaft aufgestellt. Die genannten Beamten versammelten sich sofort in dem Hause des Superintendenten Wolf und beschlossen bei obschwebender Gewalt und äußerster Gefahr, den geforderten Revers auszustellen und denselben mit der Bitte um Befreiung der gefangenen Grafen, den Commissären zu übergeben. Dieß geschah bei der Beeidigung der Bürgerschaft auf dem Rathhause. Forster versprach, sich für die Freigebung der Grafen möglichst verwenden zu wollen. Noch an demselben Abende setzten die Franzosen und Franzosenfreunde einen Freiheitsbaum an dem Neumarkte, den sie im gräflichen Lustgarten hinter dem Schlosse abgehauen hatten. Auch der Commissär des Nationalconvents, Merlin von Thionville, war jetzt in Grünstadt eingetroffen. Er erließ mit seinem amtlichen Begleiter Hofmann am 27. Februar an die sämmtlichen Bewohner der Grafschaft Leiningen-Westerburg die Bekanntmachung, daß, wenn von Mißvergnügten ein guter Patriot und eifriger Anhänger und Vertheidiger der Grundsätze der Freiheit und Gleichheit wörtlich oder thätlich beleidigt werden würde, deßhalb an den in französischer Gefangenschaft befindlichen Grafen von Leiningen-Westerburg Rache genommen, ja sogar, daß in dem Falle, wenn feindliche Truppen sich vordrängen möchten und Jemand unter den Patrioten an Leib, Leben, Ehre und Vermögen gekränkt werden könnte, dafür die bemeldeten drei Grafen mit ihrem Leben büßen sollten. [332])

---

[332]) Dieselbe lautet wörtlich: „Als die fränkische Nation Euch, liebe Mitbürger, in ihren Bruderbund, in den Bund der Freiheit und Gleichheit, aufnahm, so erzeigte sie Euch eine Wohlthat, die der größte Theil von Euch (deß sind wir überzeugt) dafür erkennt und schätzt, und die gewiß die übrigen, durch nachtheilige Einflüsterungen zeither dagegen eingenommenen Bürger, bald dankbar schätzen lernen werden. Allein ungeachtet dieser Voraussetzung wissen wir, daß noch viele unter Euch sind, die, mißvergnügt über den Verlust so

Vom 28. Febr. bis 4. März wurden die verschiedenen Wahlen
auf dem Rathhause vorgenommen. Durch allerlei Einwirkungen
und Einschüchterungen erhielten die Freunde der Republikaner die
Mehrheit der Stimmen. Der Landamtmann Fabricius ward zum
Maire, der Kaufmann Karl Schmidt zum Gemeindeprocurator,
Moßdorf und der Polizeirath Ernst wurden als Abgeordnete zum
Mainzer Nationalconvente gewählt. [335])

---

mancher zur Bedrückung auf Kosten ihrer Mitbürger sich angemaßten Vorrechte, welche mit den Grundsätzen der Freiheit und Gleichheit nicht bestehen
können, eben diese Grundsätze als gefährlich für Sittlichkeit und Wohlstand
Euch zu schildern sich bemühen; die, aufgebracht, mit ihren Despoten und
deren Helfern ihre einzige Stütze verschwinden sehen zu müssen, mit Gesetz-
losigkeit und Unordnung im Staate Euch zu schrecken sich erfrechen; die endlich alle redlichen Patrioten und Freunde der Freiheit und Gleichheit anzu-
feinden, zu lästern und zu verfolgen sich nicht schämen. — Diesen nur von
Eigennutz beseelten Menschen unter Euch, Mitbürger, erklären wir hiemit im
Namen der Frankenrepublik, daß wir, falls einige von ihnen sich unterfangen
sollten, einen guten Patrioten und eifrigen Anhänger und Vertheidiger der
Grundsätze der Freiheit und Gleichheit unter Euch wörtlich oder thätlich zu
beleidigen, nicht allein dieselben nach der Strenge der Gesetze bestrafen, sondern auch deßhalb an den in unserer Gefangenschaft befindlichen vormaligen
Grafen von Leiningen-Westerburg, namentlich Karl Woldemar, Friedrich und
Karl Leopold, gerechte Rache werden nehmen lassen, wer wir wissen, daß
einzig um dieser Männer willen Complots gegen die gute Sache gemacht
worden sind und noch unter Euch angezettelt werden. — Und weil endlich
das sogenannte kaiserliche Aufrufungsmandat viele gute Bürger zeither schüchtern gemacht hat, ihre Gesinnungen über ihre menschenfreundlichen Grundsätze
öffentlich zu bekennen und ihre warme Anhänglichkeit daran an den Tag zu
legen, solche auch wohl noch eine geheime Furcht vor den ihnen angedrohten
Mißhandlungen abseiten der feindlichen Truppen, wenn diese, wie man Euch
so gern glauben machen möchte, bis zu Euch hervordrängen, hegen: so erklären
wir weiter im Namen der Frankenrepublik, daß uns, falls je wider alles
Vermuthen Jemand unter Euch, wer es auch sei, von jenen feindlichen Mächten
an Leib, Leben, Ehre und Vermögen sollte gekränkt werden können, dafür
die eben genannten, vormaligen Grafen von Leiningen-Westerburg, welche deßwegen bis zum geschlossenen Frieden als Geißeln in unserer Verwahrung
bleiben werden, mit ihrem Leben büßen sollen. Grünstadt, den 27. Februar
1793, im zweiten Jahre der Frankenrepublik. Merlin von Thionville. A. D.
Hofmann, commissaire delegué par le pouvoir exécutif de la république
de France. Kreisarchiv. B. A. Nr. 268. — [336]) Die gewählten Munizipalen
waren: Heinrich Claus; Georg Heusel; Friedrich Jäger; Gottlob Kelchner;
Fried. Gräser und Wilh. Kugelmann. Die Wahl der beiden Abgeordneten
nach Mainz scheint erst später vorgenommen worden zu seyn. Dorsch befahl näm-

Nach beendigtem Wahlgeschäfte bestimmten die Freiheitsprediger die Nachmittagsstunde 4 Uhr des Sonntags Lätare, den 10. März, zur feierlichen Aufpflanzung eines noch größeren Freiheitsbaumes. Der Löwenwirth Friedrich Becker fällte ihn während der vorhergehenden Nacht im Bischofswalde bei Neuleiningen. Er wurde in den Schloß= hof gebracht, dort dreifarbig angestrichen, oder, laut der Patrioten= sprache, mit dem heiligen Zeichen der Freiheit geschmückt und her= gerichtet. Zur bestimmten Stunde rückten die Truppen aus. Die Commissäre, der Maire und die Munizipalen sammt ihren Gesin= nungsgenossen verfügten sich im festlichen Zuge zum Schloßhofe. Von dort trugen Burschen den Baum auf Hebeln zum Neumarkte. Die Grünstädter Musiker bliesen das Ça ira und das Marseiller Kriegslied. An Ort und Stelle ward der Baum von Frauen, Töchtern und Mägden der Patrioten mit Kränzen und dreifarbigen Bändern geziert und auf seinem Wipfel eine große Freiheits=Kappe befestiget. Der Maire und die Munizipalen legten zuerst Hand an, die Grube für den Baum aufzuwerfen. Die Feldschützen und Nachtwächter besorgten das Weitere. Tausend Gaffer, mehr aus den Landgemeinden, als aus der Stadt, umstanden neugierig den Markt. Der Conrektor Karl Christian Heubach war zum Festredner bestellt. Er bestieg einen Lehnstuhl vor dem Freiheitsbaume und hielt eine Schmährede auf seine alten Wohlthäter und Gebieter, die Grafen, über ihre Beamten und Diener, über das kaiserliche Hof= und Reichskammer= Gericht. Der Commissär Bleßmann wiederholte und erweiterte diese Schmährede in französischer Sprache. Die französischen Offiziere und die Commissäre, die „Aftercommissäre" Moßdorf und Parcus, die neuen Gemeindevorstände und andere Patrioten, tanzten in einem Zirkel, Hand in Hand unter Jubel, Musik und Gesang um den Baum herum. Im Gasthofe zur Krone und in der Wohnung Kelchner's wurde das Fest bei vollen Bechern und Gläsern, wozu der Wein von Parcus und seinen Gehilfen aus den Kellern der Grafen beigeschafft war, die Nacht hindurch in Wein= und Frei= heits=Taumel gepriesen und verherrlicht.

---

sich in einem Schreiben vom 20. März der Munizipalität in Grünstadt, die Wahl bei Strafe eines Guldens für jeden Bürger alsbald vorzunehmen. Der Ge= wählte, welcher sich nicht nach Mainz verfügen wollte, wurde mit einer Strafe von 5 fl. bedroht. Kreisarchiv J. A. Nr. 268. Oder sollten damit etwa die Abgeordneten der einzelnen Leininger Dörfer gemeint gewesen seyn?

Sogleich nach der gefänglichen Fortschleppung der Grafen ging es in Grünstadt an's Rauben und Plündern. Der zum Verwalter der Staatsgüter und zum einstweiligen Richter in der Grafschaft von den Franzosen aufgestellte Parcus beschäftigte sich seitdem täglich mit der Aufnahme, Versiegelung und Versteigerung der Mobilien, Geräthschaften, Weine, Früchte, Hölzer ꝛc. in den beiden Schlössern zu Grünstadt, in den gräflichen Hof- und Jagdhäusern zu Hönningen und Neuenbau, in den Wohnungen der geflüchteten Grafen von Wartensleben, des Freiherrn von Bolltegg, im dortigen Kapuzinerkloster, im gräflichen Schlosse zu Heidesheim, im Hause des Freiherrn von Vogelius zu Wattenheim ꝛc. ꝛc. Er leerte sämmtliche herrschaftliche Kassen, jene der Kirchenschaffnerei, des Klosters Hönningen, versilberte deren Früchte und Weine und versteigerte hundert Klafter herrschaftliches Holz im Hönninger Walde. Parcus zog im neuen Dienste noch Andere seiner Gesinnungsgenossen zu Hilfe bei, um recht bald aufzuräumen. Er versteigerte sogar die herrschaftlichen und andere Gärten und Feldfrüchte auf längere Zeitpächte. Er beraubte das Archiv, die Kanzleiregistraturen und nahm die dort hinterlegten Gelder hinweg. So hauste er bis gegen Ende des Monats März 1793, wo die Preußen die Republikaner aus Grünstadt zurückdrängten. Auch Parcus mußte hierbei mit dem zusammengebrachten Raube von vielen Tausenden, belastet von den Verwünschungen gar Vieler, entfliehen. [***])

Hören wir nun noch aus dem Hausbuche eines biedern Zeitgenossen, des Müllers Joh. Wilhelm Koch zu Kirchheim an der Eck, einem zur Grafschaft Leiningen-Westerburg gehörenden Dorfe, wie auch dort die Beeidigung und die vorgeschriebenen Wahlen vorgenommen wurden. Am 6. März 1793 erschienen in Kirchheim die Commissäre des fraglichen Geschäftes von zehn Reitern begleitet. Die Einwohner wurden auf sofortiges Gebot durch die Ortsschelle zusammen-

***) Siehe „Zuverlässige Nachricht von den Drangsalen, welche im Jahre 1793 der Samtgrafschaft Leiningen zugefügt wurden"; dann „Schreiben des Grafen Christian Carl an den Kaiser" im gleichen Betreffe. Grünstadt, den 31. Okt. 1793. Darin bittet der Graf um die Befreiung seines Bruders und seiner Vettern aus der französischen Gefangenschaft durch Auswechselung anderer Staats- oder Kriegsgefangenen und um Nachlaß der dem Kaiser bewilligten Kriegsbeiträge. — Am 25. Nov. 1793 wendete sich der Graf Christian Carl aus Grünstadt an die Regensburger Reichsversammlung mit gleicher Bitte und wünschte Erleichterung in den Reichs-Beiträgen wegen der Bedrängnisse, in denen er sich befindet. Reichstagsakten a. a. O. zu Regensburg.

gerufen. Der Freiheits-Prediger zählte vorerst eine ganze Reihe von
vermeintlichen Wohlthaten auf, welche die französische Nation den Rheinbewohnern bringe, indem sie dieselben namentlich als freie Bürger in
ihre Bruderschaft aufnehme und sie von allen Abgaben befreie. Die
Kirchheimer erklärten dagegen, daß sie ihren Grafen mit Eidespflichten
verbunden; daß sie keineswegs leibeigen wären und daher mit der
Freiheit nicht neu beschenkt werden könnten; daß sie mit ihrer Herrschaft zufrieden seyen und deßhalb nicht schwören wollten. Außerdem
bemerkten sie, daß die Franzosen, die jetzo eine so große Freiheit
versprächen, noch zu keiner Zeit das gegebene Wort gehalten hätten.
Noch jetzt strecken ja Worms, Speyer und andere Städte am Rheine
ihre schwarzen Arme zum Himmel — ihre Brandstätten und Trümmer — und beweisen und bezeugen die Redlichkeit und Barmherzigkeit der Franzosen; es schaudere einem die Haut, wenn man die
Nachrichten lese, wie Ludwig XIV. mit den armen Bürgern um-
gegangen sei. Was kann man also, fragten sie weiter, von einer
Nation Gutes hoffen, die schon soviel Böses der deutschen Nation
zugefügt hat? Weil es jedoch nicht anders ist, fügten sie zuletzt bei,
so wollen wir auch nach Kriegesgebrauch huldigen.

Dagegen versetzten die Freiheitsmänner, daß solches die französische Nation gar nicht von den Einwohnern begehre, sondern jene
wolle diese nur in ihren Bruderbund aufnehmen. Es sei allerdings
wahr, daß der genannte König und die Priester solche Unbarm-
herzigkeit in vorigen Zeiten den Rheinbewohnern erwiesen hätten;
aber sie — die Freiheitsprediger — seyen keine Franzosen; sie
schämten sich dieses Namens. Franken heißen wir, riefen sie aus.
Die Priester, die all' jenes Böse gethan, haben wir aus dem Lande
gejagt!

Dessen ungeachtet blieb die ganze Gemeinde auf ihrer Antwort:
Wir können nicht schwören, weil wir sonst als pflichtvergessene
Männer anzusehen wären. Jetzt wurden die Sendlinge ganz böse
und sagten: Morgen wollen wir euch den Arm der Franken fühlen
lassen! — Den andern Tag — den 7. März — kamen sie auch
wirklich mit 100 Mann Voluntairen und 10 Reitern. Sie besetzten
sogleich alle Eingänge des Dorfes und ließen die Gemeinde durch
die Schelle und das Läuten aller Glocken auf das Rathhaus berufen. Der Freiheitsprediger stellte jetzt den versammelten Einwohnern vor, daß diese aus Großmuth der edlen Neufranken noch

eine Stunde Zeit hätten; binnen dieser Stunde müßten sich dieselben erklären den geforderten Eid zu leisten, oder sie würden als Rebellen behandelt werden. Was war da zu thun? Die Versammelten besannen sich hin und her; aber es half nichts. Um das Uebel nicht größer zu machen, bequemten sie sich noch an demselben Tage auf die Freiheit und Gleichheit zu schwören.

Den 10. März kam der lutherische Pfarrer von Battenberg, entsetzte das bisherige Dorfgericht zu Kirchheim und ließ die Neuwahl eines Maire, Gemeindeprocurators und zweier Munizipalen vornehmen. Unser wackerer Erzähler Koch ward Maire. Am 16. März mußte diese Gemeinde auch einen Deputirten zum rheinbentschen Convente in Mainz wählen. Diese Wahl fiel auf den Revisor Germann in Dürkheim. Derselbe ist am 27. desselben Monats nach Mainz abgereist, nachdem die Gemeinde zuvor noch von dort den scharfen Befehl erhalten hatte, daß, wenn der Deputirte nicht in Zeit von zweimal 24 Stunden in Mainz seyn werde, so viele Gulden Strafe müßten erlegt werden, als Bürger im Dorfe seyen. [185])

§. 9. Eides- und Wahlbedrängnisse im Nassauer Gebiete.

Am 20. Februar 1793 wurde auch zu Kirchheimbolanden, in der zeitweiligen Residenzstadt des Fürsten von Nassau-Weilburg, welchem 24 Dörfer unserer jetzigen Rheinpfalz gehörten, die Einführung der neufränkischen Freiheit und Gleichheit, die Aufhebung der bisherigen Verfassung und die Vereinigung mit Frankreich eingeleitet. Es trafen daselbst die von den Pariser Commissären des vollstreckenden Rathes Simon und Gregoire aus Mainz gesendeten Bevollmächtigten Forster, Häselin, Bleßmann und Stumme, ein. Sie ersuchten alsbald den dortigen Stadtschultheißen Draut, den bürgerlichen Magistrat Nachmittags 2 Uhr auf dem Rathhause zu versammeln, um diesem ihre Vollmachten vorzulegen und ihre Aufträge an das Volk bekannt zu machen. Als demnach die Abgeordneten unter dem Geleite des schon seit dem 11. Februar mit 12 Reitern in Kirchheim weilenden französischen Capitaine Margin beim Rathhause ankamen, wurden zwei dieser Reiter mit ihren Pferden vor der Thüre desselben aufgestellt und die übrigen 10 Mann mit

---

[185]) Palatina. Beiblatt zur Pfälzer Zeitung. 1861. S. 91 u. ff. Zur Grafschaft Leiningen-Westerburg gehörten damal 14 Dörfer der jetzigen Rheinpfalz.

gezogenem Seitengewehre in die Rathsstube selbst vertheilt, ver=
muthlich um die neue Freiheit um so augenscheinlicher und leuch=
tender zu machen. Die fraglichen Vollmachten wurden dem ver=
sammelten Magistrate verlesen. Forster hielt hierbei eine lange
Einleitungs= und Vorbereitungsrede, verlas dann die Proclamation
Custine's vom 16. gleichen Monats über die Beeidigung. Hierauf
bestimmte derselbe den nächsten Samstag den 23. Februar zur Eid=
leistung und den nächsten Sonntag zur Wahl der neuen Muni=
zipalitäts=Beamten. Zuletzt ertheilte Forster dem Stadtgerichte den
gemessensten Auftrag, solches den Adeligen, sowie der geistlichen und
weltlichen Dienerschaft des Fürsten — deren Dienste nun aufhörten —
ebenwohl auf dem Rathhause bekannt zu machen und sofort alle Staats=
kassen, das ganze fürstliche und öffentliche Vermögen, die Mobilien und
alles dazu Gehörige, alle Akten und Papiere unter Siegel zu legen
und unter seine einstweilige Verantwortlichkeit zu nehmen, und die
bemeldete Proclamation Custine's öffentlich anzuschlagen.

Das Stadtgericht erwiederte, wie es vor allen Dingen diese
Anträge an die Bürgerschaft bringen und deren Entschließung hier=
über vernehmen müsse, und daß dieses, da mehrere Bürger nicht
einheimisch seyen, Zeit erfordere. Es wurde jedoch nur ein Ver=
schub auf den folgenden Tag gestattet. Die Mainzer gingen jetzt
in die andern Amtsortschaften — Forster und Bleßmann nach
Grünstadt — um die Einwohner zu bearbeiten. Nur Stumme
blieb in Kirchheimbolanden. Am 21. Februar Vormittags versam=
melte sich die Bürgerschaft, Nachmittags aber die Adeligen und
geistlichen und weltlichen Diener auf dem Rathhause. Jene stellte
vor, da sie mit den Amtsgemeinden so genau verbunden sei, daß sie
mit denselben nur ein Ganzes ausmache und sie sich daher in
einer so wichtigen Angelegenheit nicht näher aussprechen könne. In
fast gleichem Sinne äußerten sich auch die Adeligen und die Diener=
schaft. Es wurde nunmehr der 23. Februar zur endlichen Erklä=
rung eingeräumt und das Stadtgericht genöthiget, die schon genannte
Siegelanlegung sofort vorzunehmen. Die Endeserklärung, welche
die Stadt= und Amts=Ortschaften gemeinsam übergaben, lautete
dahin, daß sie für die ihnen angebotenen Vortheile dankten; ihr Un=
vermögen, dieselben so geschwind zu übersehen und zu begreifen vor=
schützten, und alles Weitere auf den Ausschlag des zu erwartenden Frie=
densschlusses verschoben. Die Adeligen und die fürstliche Dienerschaft

traten dieser Erklärung einfach bei.   Die Mainzer Wahlcommissäre
— Häfelin war indeß wieder nach Kirchheimbolanden zurückgekehrt
— zogen hierüber lange Gesichter.   Sie fanden unbegreiflich, daß
alle Classen der Einwohner ihrem Fürsten treu bleiben wollten,
sprachen von Aufwieglern, die entdeckt werden müßten und versicherten, daß die Sache gehörigen Ortes zur weiteren Bescheidung ein-
geschickt werden sollte.   Somit verließen Stumme und Häfelin mit
dem Reiter-Commando in der Nacht vom 25. auf den 26. Februar
unverrichteter Sache Kirchheimbolanden und kamen nicht wieder dahin
zurück.

Nicht weniger einig, besonnen und treu benahmen sich die
meisten andern Gemeinden in der bemeldeten Herrschaft.   Hören
wir zuerst die beßfallsigen Verhandlungen in Göllheim. Am 22. Febr.
kam der schon genannte Häfelin von Kirchheimbolanden mit einem
Jäger zu Pferd in dieses Städtchen.   Er ersuchte den Oberschultheiß
Seipel die Gemeinde zu versammeln.   Es geschah.   Der Mainzer
Clubist machte ähnliche Eröffnungen und Forderungen, wie wir sie
bereits von Forster in Kirchheimbolanden vernommen haben.   Er
fügte bedrohlich bei, daß bei etwaiger Ungefügigkeit der Bürger die
Sache durch militärisches Einschreiten durchgesetzt und diejenigen,
welche sich weigern würden, den verlangten Eid zu schwören, gebunden abgeführt werden sollten. 2c.   Alle Anwesenden verstummten
bei diesen Drohungen.   Endlich ergriff der Tochtermann des Oberschultheißen, der Gerichtsmann Heinrich Zimmermann, das Wort
und erklärte, daß diese wichtige Sache zuerst reiflich von der Gemeinde müßte überlegt werden.   Häfelin gebot, daß ihm die beßfallsige Erklärung der Gemeinde am folgenden Tage nach Kirchheimbolanden, bei Strafe militärischen Einschreitens, verbracht werde.
Die Gemeinde beschloß einmüthig — nur Peter Röhrig erhob dagegen Bedenken — die gestellten Anträge abzulehnen und vier Bürger
mit dieser Erklärung nach Kirchheimbolanden zu schicken.   Dort
trafen sie auf dem Rathhause mit der versammelten Bürgerschaft
und den Schultheißen von Albisheim, Bolanden, Morschheim, Orbis
2c. zusammen, welche einstimmig die an sie von den Mainzern gestellten Anträge zurückwiesen und die beßfallsige Erklärung schriftlich
dem im Gasthause zum Schwanen wohnenden Commissäre Stumme
abgaben.   Dieser äußerte darüber großes Mißfallen und Befremden,
forschte nach dem Verfasser der Erklärung und drohte mit näherer

Untersuchung. Mittlerweile trat auch Häfelin, welcher von Börrstadt zurückgekommen war, in das Zimmer, flüsterte seinem Collegen
etwas in das Ohr, worauf dieser weit gelindere Saiten aufspannte
und die Ueberbringer der Erklärung mit dem Bemerken entließ, die
erhaltene Erklärung nach Mainz zu befördern.

Acht Tage nachher kam jedoch der Pariser Volksrepräsentant
Merlin von Thionville mit vier Offizieren und 20 Mann Jägern
unvermuthet nach Göllheim. Merlin und die Offiziere nahmen bei
einem dort lebenden, französischgesinnten Holländer — Namens Web-
ber — die Einkehr. Bald verfügten sie sich aber zu dem Oberschultheißen und verlangten für 2,000 Mann Quartiere mit der
Weisung, den genannten Holländer damit zu verschonen. Gegen 11
Uhr kamen noch 250 Jäger, die sogleich untergebracht werden mußten.
Am 1 Uhr kam Merlin, welcher bei Weber gespeist hatte, mit dem
Commissäre Hofmann, der ihm auch in Grünstadt zur Seite war,
zum Oberschultheißen. Hofmann gebot, in der Gemeinde umsagen
zu lassen, daß auf das Glockenzeichen jeder Einwohner auf dem
Gemeindehause zu erscheinen, sich dort still und ruhig zu verhalten
habe, und daß gegen denjenigen, welcher sich diesem Befehle widersetzen würde, mit der größten Strenge verfahren werden sollte.
Gegen 2 Uhr kamen 1,200 Mann Infanteristen mit zwei Kanonen
nach Göllheim. Die eine derselben wurde an das obere, die andere
an das untere Ende der Hauptstraße aufgepflanzt. Die Kanoniere
waren mit brennenden Lunten dabei aufgestellt. Noch eine zweite
Truppenschaar von 1,400 Mann Infanterie und Cavallerie mit zwei
Kanonen hatte sich vor Göllheim auf der Anhöhe gen Kirchheim
gelagert. Jedermann war in größter Bestürzung. Es hatte den
Anschein, als wenn Alles verheert und verstört werden sollte. Jetzt
ertönte die Glocke, welche die Bewohner des Städtchens zusammen-
rief. Der Commissär Hofmann erschien, von einem Doktor aus
Dürkheim begleitet, auf dem Rathhause. Er hielt eine Rede, worin
alle Fürsten und Herrschaften verunglimpft und die neufränkische
Freiheit und Gleichheit möglichst angerühmt wurden. Wer dieser nicht
zuschwören wollte, ward mit der ärgsten Drohung der Plünderung
und Gefangenschaft beängstiget. Dessen ungeachtet, und nachdem der
Redner drei- bis vier Male die Eidesformel: „Ich schwöre dem
Volke und den Grundsätzen der Freiheit und Gleichheit getreu zu
seyn", vorgesprochen hatte, blieben alle Bürger still und ruhig.

Hofmann gerieth hieburch in den heftigsten Zorn und brohete noch
fürchterlicher, als zuvor, insbesondere, daß, wenn die Gemeinde wi-
berspenstig bleibe, die Kanonen losgebrennt würden und sohin der
Ort auf hundert Jahre zu Grunde gerichtet werden dürfte. Dieß
bewirkte endlich, daß einige der Anwesenden den Eid aussprachen,
jedoch ohne Aufrecken der Finger und Anrufung des Namens Gottes.
Der Commissär war damit schon zufrieden. Er meldete, daß Morgen
andere Commissäre kommen werden, um die ausgeschriebenen Wahlen
vorzunehmen. Sofort wurden die aufgepflanzten Kanonen abgefahren und die Soldaten außerhalb der Stadt, theils in Dreisen,
theils auf dem Elbisheimerhofe, eingelagert.

Am folgenden Morgen, Samstags den 2. März 7 Uhr, erhob
sich Merlin sammt dem Commissäre Hofmann und den Soldaten,
bis auf einige Jäger, nach Winnweiler. Gegen Mittag erschien
der schon genannte Bleßmann mit dem Leininger Titularrathe Moßdorf von Grünstadt in Göllheim, um hier die Wahlen vorzunehmen.
Die Einwohner verweigerten die Wahl, wenn sie nicht zuvor die
Versicherung erhielten, daß ihre Söhne nicht zum Militärdienste ausgehoben würden. Bleßmann schickte deßhalb einen Boten nach Winnweiler, um Merlin's Entscheidung zu erholen. Dieser gab die verlangte Versicherung und die Wahl hatte nun am folgenden Tage
statt. Die Gewählten weigerten sich jedoch, ihre Stellen anzunehmen.
Erst, nachdem zwei Tage später Merlin wieder von Winnweiler
mit 25 Mann Jägern nach Göllheim zurückgekommen war, wurden
sie durch neue Drohungen veranlaßt, die Wahl auf 6 Wochen anzunehmen. [***] Nun sollte auch ein Mitglied für den rheinisch-deutschen Nationalconvent in Mainz gewählt werden. Man erbat sich
hiezu eine Frist von 8 Tagen, die auch Gewährung fand. Moßdorf empfahl in einem Schreiben aus Grünstadt vom 7. März den
Commissär Bleßmann zur Wahl. Doch es wurde Pfarrer Schefer
von Göllheim gewählt, welcher, wie der katholische Pfarrer Fissa-
bre, nur durch Bitten der Gemeinde bewogen, dieselbe nicht zu verlassen,
dem Commissäre Hofmann einen schriftlichen Revers wegen des Eides,
ausgestellt hatte. Man bestand entschieden darauf, daß nunmehr
auch ein Freiheitsbaum gesetzt werde. Dieser ward im Frohne her-

---

[***] Posthalter Groß war zum Maire, H. Zimmermann zum Procurator,
Ph. Schäfer und Martin Zimmermann zu Munizipalen gewählt.

beigeholt, von Merlin selbst mit dem Seitengewehre ausgeputzt und von den Jägern, die ihn begleiteten, ohne besondere Theilnahme der Gemeinde, errichtet. Nur ein betrunkener Fuhrmann Namens Rückert hatte sich dabei betheiligt.

Die Wahlverhandlungen in Eisenberg waren folgende: Am Abende des 11. März erhielt der Schultheiß Meurer daselbst von dem Commissäre Bleßmann aus Grünstadt die Weisung, daß er am folgenden Morgen 9 Uhr sämmtliche Einwohner, welche das 21. Jahr zurückgelegt haben, auf dem Rathhause versammeln sollte, um dort von ihm das Weitere zu vernehmen. Bleßmann kam mit dem lutherischen Pfarrer Höpfner von Battenberg und zwei französischen Reitern gegen 12 Uhr gen Eisenberg, wo er zuerst den Pfarrer Machwirth begrüßte und dann im Wirthshause zum Karpfen einkehrte. Die Glocke rief die Gemeinde zusammen. Die Reiter, von denen jeder zwei Pistolen im Gürtel stecken hatte, begleiteten mit dem Pfarrer Höpfner den Commissär auf das Rathhaus. Dort that Bleßmann dasselbe, was wir bereits in Göllheim von Häfelin gehört haben. Er fügte seiner Ansprache noch die besondere Drohung bei, daß wenn man den Eid nicht leisten sollte, er ein Commando Chasseure von Grünstadt kommen lassen würde, welche so lange beköstigt und bezahlt werden müßten, bis man sich zum Schwören bequemen dürfte. Emmerich Fleischmann erklärte, die Eisenberger werden nicht eher schwören, bis auch die Bürger von Kirchheimbolanden und von den umliegenden Ortschaften geschworen hätten. Dieser Erklärung widersprachen Viele der Versammelten. Schon wurde der mehrmals angeführte Eid einzeln abgelegt. Nach diesem Vorgange bemerkte Bleßmann, er werde den Pfarrer Machwirth, bei welchem er den Caffee trinke, ersuchen, demnächst die Wahl der Munizipalität vorzunehmen. Diese wurde am nächsten Sonntage jedoch vom Pfarrer Joh. Daniel Simon von Ebertsheim abgehalten. [337] Auf ein besonderes Mahnschreiben des Commissärs Bleßmann vom 18. März, wurde am 27. desselben in Eisenberg Peter Wilz zum Deputirten für den Mainzer Nationalconvent gewählt, welcher auch dieser Wahl Folge leistete.

---

[337] Der bisherige Gemeindevorsteher Heinrich Geil wurde als Maire, Michael Fisch als Procurator, Nik. Brecher und Martin Burkhard als Munizipalen gewählt. — Auch zu Ebertsheim, Lautersheim, Quirnheim, Tiefenthal, Wattheim ꝛc. ꝛc. wurden Munizipalitäten gewählt.

Noch an demselben Tage, Abends 5 Uhr, traf Bleßmann mit der nämlichen Begleitschaft in Kerzenheim ein und stieg bei Albert Rittersbacher ab, der mit ihm schon in Grünstadt verkehrt hatte. Er hielt dort dieselbe Ansprache mit ähnlicher Drohung, wie zu Eisenberg. Nach derselben erklärten sich die Gebrüder Albert und Jak. Rittersbacher alsbald für Ableistung des verlangten Eides. Samuel Neumeyer erklärte, erst abwarten zu wollen, was die Stadt Kirchheim in dieser wichtigen Angelegenheit thue. Da trat Albert Rittersbacher vor und bemerkte, er wolle, als der Aelteste in der Gemeinde, auch zuerst schwören. Diesem Beispiele folgten die Meisten der Anwesenden. Indeß kam Pfarrer Höpfner mit dem Pfarrer Streuber von Kerzenheim auf das Rathhaus, wo Ersterer die Namen der Anwesenden aufzeichnete. Es wurde angekündet, daß am folgenden Tage die neue Munizipalität sollte gewählt werden. Bleßmann begab sich hierauf wieder zu Albert Rittersbacher, wo, nach Aussage des dortigen Schultheißen Hartmuth Rittersbacher, ein Braten von einem Stücke Wildpret aufgetischt wurde, welches Albert Rittersbacher in dem Kerzenheimer Gemeinde-Walde im Frevel öffentlich geschossen hatte. Als am folgenden Tage die bemeldete Wahl sollte vorgenommen werden, sendete Bleßmann zur Leitung derselben den Gemeinde-Procurator Zimmermann von Göllheim, den wir schon kennen gelernt haben. Es kam dabei zu großen Unordnungen. Die bemeldeten Gebrüder Rittersbacher wollten, unter Schimpfen und Schelten auf die herrschaftlichen Beamten, daß der bisherige Schultheiß, Hartmuth Rittersbacher, von der Wahl ausgeschlossen werde. Dieser widersetzte sich einem solchen ehrenrührigen Ansinnen. Er verließ in Unmuth den Wahlsaal, worauf sich die ganze Versammlung zerstreute. Nach einigen Tagen erschien nun der Advocat Krieger von Grünstadt als Wahlcommissär in Kerzenheim und die Wahl wurde ruhiger vorgenommen. [338] Nach mehrmaligen Mahnungen und Drohungen wählte man zuletzt auch den genannten Jakob Rittersbacher zum Abgeordneten des Mainzer Nationalconvents, welcher auf den grünen Donnerstag, am 28. März, dahin abreiste. [339]

---

[338] Es wurden gewählt Philipp Wand als Maire, Nikolaus Baum als Gemeindeprocurator und Peter Huber und Heinrich Killmer als Munizipalen. — [339] Siehe die Druckschrift vom Jahre 1793: „Summarische Vorlegung der bem Fürsten zu Nassau-Weilburg von den Franzosen zugefügten Vergewaltigungen und Schäden". Kreisarchiv. J. A. Nr. 268.

Am Sonntage den 3. März, Nachmittags, fanden sich zwei
Commissäre der vollstreckenden Gewalt, nämlich Pape, ehemaliger
Professor des canonischen Rechtes in Bonn, Stiftsherr aus Arns-
berg in Westphalen, [340]) und Ott, ein unreifer Mainzer Student aus
Wallbürn, mit einem Sekretäre und 12 Mann schwerer Reiter, in
Alsenz, welches damals zur Herrschaft Nassau-Weilburg gehörte,
ein, um die Proclamation Custine's vom 16. Februar in Vollzug
zu setzen. Noch am Abende ward die Gemeinde versammelt, und
eine ausführliche Ansprache über die vorzunehmenden Verhandlungen
abgehalten, die Grundsätze der Freiheit und Gleichheit erläutert und
eingeladen, am folgenden Morgen 8 Uhr auf dem Rathhause zu
erscheinen, um das Weitere vorzunehmen. Die fragliche Proclamation wurde öffentlich angeschlagen und den Gemeindevorstehern
verboten, über diese Angelegenheit mit den fürstlichen Amtsverwesern
Rücksprache zu pflegen. Am Montage erschien die Gemeinde nach
gegebenem Glockenzeichen auf dem Rathhause. Ein eigens gewählter
Ausschuß der Bürger erklärte, daß die Gemeinde bei ihrer bisherigen
Verfassung sich glücklich befinde, gegen ihre Landesherrschaft keine
Beschwerden und somit auch keine Ursache habe, eine Neuerung zu
wünschen; daß die Gemeindemitglieder demnach den ihrem Herrn geleisteten Eid der Treue nicht brechen werden, es möge daraus erfolgen
was da immer wolle. Hierauf drohten die Commissäre mit schwerer Einschreitung, gewährten jedoch zuletzt zur besseren Besinnung eine
Frist von 24 Stunden. Die Gemeinde beharrte auch am folgenden
Tage bei der bereits abgegebenen Erklärung. Die Commissäre be=

---

[340]) Dieser hatte schon am 4. Januar 1793 an den Pfarrer Hober zu
St. Christoph in Mainz die Frage gestellt: „Warum singen Sie in Ihrem Amte
noch die Collekte pro antistite für den flüchtigen Exkurfürsten? Warum
singen Sie noch die schändlichen Worte Friderico Carolo Josepho? Wissen
Sie auch, Bürger Pfarrer! daß Erthal hier kein Bischof mehr ist, weil er
als Miethling schändlich hier die Flucht ergriffen hat? Wissen Sie auch, daß
jeder öffentliche Gesang für diesen Emigranten ein Zeichen des Aufruhres
ist"? . . . F. G. Pape unterschrieb sich „bischöflicher Großvikar und Bürger
der fränkischen Republik". Klein a. a. O. S. 349. In einer schmählichen,
von ihm verfaßten Adresse an den König von Preußen aus Mainz vom 20.
Dez. 1792 unterzeichnete er sich: „Dein und aller Könige Feind, der Republikaner Pape, Mitglied der Gesellschaften der Freiheit und Gleichheit zu
Mainz, Straßburg, Schlettstadt, Colmar und Münster; auch Correspondent
der heimlichen Clubs in den preußischen Staaten". Ebendaselbst. S. 301.

stimmten, daß am Mittwoche die Bürger nunmehr einzeln auf dem
Markte sollten vernommen werden. Es geschah dieß. Allein auch
hierbei erklärten alle Einwohner, daß sie bei dem, von dem Bürgerausschusse ausgesprochenen Entschlusse verbleiben. Die Commissäre
drohten jetzt eine größere Anzahl Soldaten beizuziehen. Sie wurden
jedoch durch Bitten und glänzende Bewirthung vermocht, eine weitere
Frist von 8 Tagen einzuräumen. Sohin verfügten sie sich noch am
Donnerstage in die Ortschaften des zwischen Pfalz-Zweibrücken und
Falkenstein gemeinschaftlichen Stolzenberger Thales, um die Urwahlen
vorzunehmen, kehrten aber am Abende des 12. März wieder nach
Alsenz zurück. Inzwischen waren in dem markgräflich badischen
Orte Sprendlingen, wo die nämlichen Commissäre ihr gleiches Geschäft betrieben hatten, zwischen den freigesinnten und eidtreuen Ein-
wohnern Unruhen ausgebrochen, weßhalb Pape noch in der Nacht
dahin abgerufen ward. Ott aber verfügte sich mit seinem Sekretäre,
Christoph Gerlach, einem verunglückten Studenten, und den Reitern
nach Obermoschel, ohne dort mehr, als in Alsenz, auszurichten.
Samstags den 16. März befragte Pape mit seinen Gehilfen zum
fünften Male die Alsenzer um ihren Entschluß. Dieser lautete wie
früher. Die erbitterten Commissäre verlangten noch an demselben
Tage von dem in Kreuznach lagernden Generale Houchard Exe-
kutionstruppen. Diese wurden aber versagt, weil die Preußen und
Hessen über den Hundsrück bereits im Anmarsche waren. Die
Commissäre verließen auf diese Nachricht am folgenden Tage Alsenz,
kamen jedoch am nächsten Freitage, den 22. März, wieder dahin
zurück. Am folgenden Tage sollte nun die Beeidigung vorgenommen werden. Allein da Pape abermals nach Kreuznach abgerufen
wurde, unterblieb die fragliche Verhandlung. Ott und sein Schreiber
ließen sich wohl bewirthen und verhielten sich stille. Sonntags
kehrte Pape nach Alsenz zurück, wurde aber Nachmittags abermals
abgerufen. Am Montage war derselbe wieder zu Alsenz, zog aber
noch am Abende mit seiner Begleitschaft nach Grehweiler. Dort
war ein Exekutions-Commando eingerückt, weil man sich zu dem
Eide und zu der Wahl nicht willfährig zeigte. Pape hatte jetzt den
27. und 28. März zur Vornahme der Beeidigung und Wahlen in
Alsenz bestimmt. Nachdem aber am erstgenannten Tage die Treffen
bei Kreuznach und Waldalgesheim, am 28. März aber jenes bei
Bingen zum großen Nachtheile und Schrecken der Republikaner aus-

fielen, waren die Alſenzer für jetzt von den Beängſtigungen und
Drangſalen der Wahlcommiſſäre befreit. [341])

§. 10. Eides- und Wahlbedrängniſſe in Winnweiler.

In der dem Kaiſer von Oeſterreich zugehörigen Grafſchaft
Falkenſtein, deſſen Hauptort mit einem herrſchaftlichen Schloſſe und
dem Sitze der Beamten Winnweiler war, [342]) wurden dieſe bei der erſten
Beſitznahme der Franzoſen nicht feindlich beläſtigt, ſondern einſt=
weilen in ihren Aemtern belaſſen. Doch ſtellten die Republikaner
bald den Bürger Gugel hier als Commiſſär auf. Als jedoch das ſchon
erwähnte kaiſerliche Edikt vom 19. Dez. 1792 erſchien, welches alle
Reichsunterthanen beim Verluſte ihrer Ehre und ihres Vermögens
vor der Unterſtützung und dem Dienſte der Franzoſen warnte und
abrief, ſo gab dieß den meiſten pflichttreuen Beamten zu Winnweiler
Veranlaſſung, ſich von dort zu entfernen. Der kaiſerliche Ober=
amtmann von Steinherr zog, nachdem er die wichtigſten Akten und
Urkunden geſichert hatte, nach Mannheim. [343]) Der Oberamts=
ſchreiber Koller erbat ſich am 27. Dezember 1792 die Entlaſſung
von der allgemeinen Adminiſtration in Mainz. Der Präſident
Dorſch ernannte am 7. Januar 1793 ihm zum Nachfolger den
Bürger Eidelwein aus Worms. Sowohl der katholiſche Pfarrer
Mailhaus, als wie der proteſtantiſche Pfarrer Chelius, weigerten
ſich, die republikaniſchen Dekrete und Proclamationen von der Kanzel
zu verkünden, weßhalb der bemeldete Commiſſär Gugel am 9. Febr.
1793 ihre Entlaſſung bei der Mainzer Adminiſtration beantragte. [344])

Arge Auftritte und Gefahren gab es, als die franzöſiſchen
Commiſſäre mit 40 Jägern zu Pferd begleitet, nach Winnweiler
kamen, um dort gemäß den oft gemeldeten Dekreten und Proclama=

---

[341]) Der Schaden, welcher dem Amte Alſenz bis dahin von den Fran=
zoſen zugefügt war, betrug 1,283 fl. 33 kr. — Am 3. Nov. 1792 hatte Cuſtine
zu Mainz eine „Sauve-garde" für den Fürſten von Naſſau=Weilburg und ſeine
Beſitzungen ausgeſtellt, welche aber wenig Schutz gewährte. Die Republikaner
gaben ſolche Schutzbriefe und ließen ſich dieſelben theuer bezahlen, dachten aber
nicht daran, ſie auch zu beachten. — [342]) Außer Winnweiler gehörten noch
14 Dörfer und mehrere mit anderen Herrſchaften gemeinſchaftliche Ortſchaften
der jetzigen Rheinpfalz zu dieſer Grafſchaft. — [343]) Seine Bibliothek flüchtete
er zu dem Pfarrer Vollmar nach Imsbach. Sie ward ſpäter den Franzoſen
verrathen und geraubt. — [344]) Kreisarchiv. Falkenſteiner Akten. Nr. 137.

tionen, bie Beeibigungen unb Wahlen vorzunehmen. Sie versam=
melten am 24. Februar bie Bürgerschaft. Diese erklärte sich jedoch
mit ihrer bisherigen Verfassung zufrieden unb verweigerte bas
Schwören unb Wählen. — Der Schultheiß, welcher von ben Com=
missären aufgefordert wurde, mit einem freisinnigen Beispiele ben
Uebrigen voranzugehen, wies diese Zumuthung mit Entschiebenheit
zurück. Auf ben Wink ber Commissäre ergriffen nun bie Jäger
ben pflichttreuen Schultheißen, um ihn gefänglich auf bas Amthaus
abzuführen. Eine Frau wollte baselbst ben Scharfrichter mit bem ent=
blößten Schwerte gesehen haben. Sobald dieß ruchbar warb, verbreitete
sich bie arge Besorgniß, ber Schultheiß bürfte zur Einschüchterung ber
Bewohner enthauptet werben. Es entstanb lautes Jammern unb
Angstgeschrei in ben Straßen. Die Bürger wurben zur Hilfe her=
beigerufen. Sie bewaffneten sich, so gut sie konnten, nahmen bie
vier Commissäre gefangen und vertrieben bie 40 Jäger zu Pferd,
welche jene schützen sollten. Die Winnweilerer setzten sich in Ver=
theibigungszustanb unb pflanzten gegen ihre Dränger Kanonen auf.
Am 26. Februar kam eine Schaar von etwa 125 Reitern von
Homburg nach Kaiserslautern, welche laut einzelner Aeußerungen
nach Winnweiler bestimmt war, um bort nach bem Wunsche ber
Wahlkommissäre bie widerspenstigen unb aufständischen Bewohner
zu Paaren zu treiben. Als sie jedoch, schon im Weiterzuge begriffen,
nähere Kunde von ber Größe unb Stärke bes Aufstanbes erhalten
unb sich für bessen Bewältigung viel zu schwach hielten, zogen sie
sich noch an bemselben Nachmittage nach Landstuhl zurück. [446])

Auf diesem Rückzuge blieben zwei französische Reiter in bem
kurpfälzischen Hofhause zu Vogelwehe, um sich bort vollauf mit
Essen unb Trinken bedienen zu lassen. Zuletzt wollten sie jedoch
ihre Zeche nicht bezahlen, sonbern mißhandelten ben Hofmann Voltz
unb jene, bie ihm zu Hilfe herbeieilten. Es kam hierbei zu einer argen
Rauferei. Der eine Chasseur wurde mit einer Axt so stark an
ben Schultern verwundet, baß er nicht mehr fortkommen konnte.
Der andere sprengte mit blutenbem Kopfe nach Landstuhl unb machte
eine arge Schilderung ber erlittenen Mißhanblung. Es verbreitete
sich alsbalb bas Gerücht, baß Lautern beßhalb überfallen unb an

[446]) Amtlicher Bericht bes Ph. Baben vom 3. März 1793. Karler.
Archiv. P. I.

vier Enden in Brand gesteckt werden sollte. Dieß Gerücht drang
noch an demselben Tage in die Stadt, und die Bürger eilten voll
Besorgniß zum Oberamtmanne in das Schloß, damit dem Unheile
vorgebeugt werde. [446]   Der Oberamtmann war überzeugt, daß von
Truppen, welche von ihren Offizieren angeführt würden, nichts zu
befürchten sei, da in der Stadt kein Franzose beleidigt oder feindlich
behandelt worden war.   Allein er wußte auch, daß mehrere, unzu-
verlässige Bürger dort wohnten und daß einzelne feindliche Reiter
schon mehrmals ihre Posten verlassen und in der Nachtszeit arge
Unfuge verübt hatten.   Dieß bewog ihn aus Vorsicht, in der Stadt
bekannt zu machen, daß ein jeder Bürger wegen zu befürchtenden
Ueberfalles zweideutiger Menschen und wegen drohender Brandstiftung
auf der Huth seyn möchte.   Zugleich wurden die Bewohner einiger
umliegenden Ortschaften aufgeboten, um bei eintretender Gefahr zu
Hilfe zu seyn.   Ruhig und still nahete der Abend.   Die Thore der
Stadt wurden wie gewöhnlich gesperrt.   Bereits waren viele Bürger
zu Bette gegangen, als gegen 10 Uhr die Scheune sammt den Stal-
lungen des Freiherrn v. Röthlein in lichten Flammen aufloderte.
Es fielen auch etwa fünf Schüsse und Jedermann hielt, da diese
Gebäulichkeiten seit Monaten von Niemanden betreten wurden, den
Brand von Bösewichtern in der Stadt geschürt, als Zeichen zum
Ueberfalle der gutgesinnten Bürger.   Mittlerweile naheten sich etwa
700 Republikaner, vom Generale Laubremont befehligt, der Stadt.
Der Zug der Bauern aus den Dörfern stieß auf diese Truppen.
Die betroffenen Landleute vermochten in der Dunkelheit der Nacht
die regelmäßigen Truppen von herumschwärmenden Haufen nicht zu
unterscheiden.   Sie sahen den Brand, sie hörten die Sturmglocken
in der Stadt läuten und dachten nichts Anderes, als daß sich der
befürchtete Aufruhr in der Stadt erhoben, während die Franzosen
einen gewaltsamen Sturm auf sich erwarteten, in welcher Meinung
sie auch durch boshafte Flüchtlinge aus der Stadt bestärkt wurden.
Doch der Irrthum klärte sich bald auf.   Als man in der Stadt
das Anrücken der Franzosen erfahren hatte, eilte der Bürgermeister

---

[446] Der Amtmann und kurpfälzische Hofgerichtsrath, Joh. Phil. Christoph
Leopold v. Horn, war der spätere große Wohlthäter der neuen Pfarrei Ober-
mohr, für welche er das Gelände für das Pfarrhaus, den Garten und das
Feld für den Gottesacker unentgeltlich überlassen hat.

Müller vor das Thor, gab dem Generale die nöthige Erklärung,
daß es sich hier keineswegs um einen Angriff auf dessen Truppen,
sondern um die nöthige Vorsicht bei Brand und räuberischen An=
fällen haudle. Die Thore der Stadt wurden sofort geöffnet und
die Franzosen zogen ungestört ein. Jetzt gab auch Freiherr v. Horn
dem Generale noch weitere Aufklärung über den Aufzug der Bauern
und die übrigen Vorsichtsmaßregeln. Landremont zeigte sich anscheinlich
ganz beruhigt. Nach einem Aufenthalte von wenigen Stunden
brach derselbe mit seinen Truppen noch in der Nacht gen Winn=
weiler auf. Um die in Lautern in Garnison liegenden Kurpfälzer
leichten Reiter, welche sich ganz ruhig verhielten, kümmerten sich die
Republikaner nicht.

Am Abende des 28. Februar kam Landremont mit seinen
Truppen von Winnweiler, wo er die dort bewaffneten Bauern aus=
einandergesprengt und den Bürger Gugel als Maire eingeführt hatte,
nach Lautern zurück. Die Republikaner wurden dort einquartirt.
Zwischen 9 und 10 Uhr kamen 8 französische Reiter in das Quar=
tier des kurpfälzischen Estandartenführers Meindl, schlugen an den
Laden und drohten, die Thüre einzusprengen, wenn sie nicht als=
bald geöffnet werde. Sie verwirklichten sofort ihre Drohungen und
nahmen in dem oberen Zimmer, in welchem die Kurpfälzer Chevaux
légers lagen, die Waffen und Ausrüstung derselben hinweg. Am folgen=
den Morgen machte der Estandartenführer Rom bei dem Generale
Landremont über diesen gewaltsamen Unfug beschwerende Anzeige.
Landremont befahl, daß Meindl um 10 Uhr mit seiner Mannschaft
ausrücken sollte, damit er sehe, was dieser entwendet worden sei.
Der Estandartenführer entsprach diesem Befehle. Als der General
erschien, ließ er die kurpfälzischen Reiter absitzen. Sofort wurde auch
jenen, welche ihre Rüstung noch hatten, dieselbe hinweggenommen,
ihre Pferde von französischen Husaren abgeführt und ihnen bedeutet:
sie seyen nun freie Leute; sie möchten gegen gutes Handgeld in
französische Dienste eintreten. Hierauf begann ein großer militärischer
Umzug durch die Straßen der Stadt. Es wurden dabei laut die
Freiheit und Gleichheit verkündet und zuletzt als Sinnbild derselben
ein Freiheitsbaum vor der Stiftskirche von den Soldaten aufge=
pflanzt. In wildem Tanze und Jubel umkreisten die Republikaner
denselben. Nach dieser Festlichkeit ließ Landremont dem Estandarten=
führer Meindl eröffnen, die abgenommenen Pferde und Rüstungen

wieder in Empfang zu nehmen. Er ſelbſt ritt eilends von bannen.
Schon vorher ward der Oberamtmann v. Horn gefangen genommen
und mit ſeinem eigenen Gefährte, vom Winnweiler Maire Gugel
begleitet, durch franzöſiſche Huſaren bewacht, auf den Karlsberg bei
Homburg abgeführt. Der Stadtrath und viele Bürger hatten den
General um deſſen Freigebung bringendſt gebeten. Dieſer erklärte,
es werde dem Oberamtmanne nichts zu Leibe geſchehen; doch könnte
er denſelben wegen der Aufgereiztheit ſeiner Truppen jetzt nicht
freigeben. ³⁴⁷)

So rückſichtslos und feindſelig behandelten die Republikaner die
kurpfälziſchen Beamten und Soldaten, während der Gebieter derſelben
in München und deſſen Miniſter in Mannheim, ſich bisher ſo freundlich
und dienſtfertig gegen die Unholden erwieſen hatten. ³⁴⁸) Mit dem Ueber=

---

³⁴⁷) Orig. im Karls. Archiv. P. A. Graf v. Oberndorff erſuchte den
franzöſiſchen Generaladjutant Lafont am 8. März ebenfalls um v. Horn's
Freilaſſung, nachdem derſelbe am 5. März vom Karlsberge darum, in der
Furcht weiter nach Saarlouis oder Metz abgeführt zu werden, gebeten hatte.
— Im Februar 1797 ward Freiherr v. Horn zu Lautern, auf Veranlaſſung
des Mainzer Clubiſten Haupt, abermals arretirt und nach Bitſch geführt, angeblich wegen Verſilberung öſterreichiſcher Lieferungsſcheine. — ³⁴⁸) Noch am
18. Januar 1793 hatten die kurpfälziſchen Regierungsräthe v. Reibeld und
v. Stengel zu Mainz Namens des Kurfürſten Karl Theodor einen Vertrag
abgeſchloſſen, in welchem dem Generale Cuſtine zur Verpflegung ſeiner Truppen alle auf den Cammeral- und geiſtlichen Adminiſtrationsſpeichern lagernde
Früchte gegen beſtimmte Preiſe käuflich überlaſſen wurden. Dieß ſetzte die
kurpfälziſchen Beamten bezüglich der zu beziehenden Naturalbeſoldungen in
große Verlegenheit, indem jetzt die Franzoſen, wohin ſie kamen, die fraglichen
Früchte ohne Vorbehalt in Anſpruch nahmen. Karlsr. Archiv. P. A. Schon
am 16. Dez. 1792 hatte der kurpfälziſche Miniſter v. Oberndorff aus Mannheim an den General Cuſtine nach Mainz geſchrieben: „J'ai chargé le grand
bailief — de Germersheim —, baron de Reibeld, de se présenter à votre
Excellence pour l'arrangement des objets relatifs entre le Palatinat et
la France à l'époque de la guerre actuelle". etc. Erſt am 30. März 1793
wurde Reibeld von Mainz zurückgerufen. Allein am 2. April erhielt er in
Mainz vom commandirenden General Dubujet, vom Nationalcommiſſäre Reubel und Kriegscommiſſäre Blanchard in Mainz zur ſteten Begleitung einen
Generaladjutanten. Reibeld beſchwerte ſich über dieſe Wache und wurde davon
erſt befreit, als er ſein Ehrenwort gegeben, nicht heimlich aus Mainz zu
fliehen. Er vermittelte während ſeines Aufenthaltes in Mainz alle Geſchäfte
zwiſchen dem Mannheimer Miniſter und den Franzoſen. Der Münchener
Miniſter v. Vieregg machte den Grafen von Oberndorff am 4. April 1793

falle der Schaaren des Generals Landremont in Winnweiler, war
dort die Ruhe nicht wieder hergestellt. Dieß veranlaßte den Na-
tionalconvents-Commissär Merlin, der, wie wir bereits gehört haben,
in Grünstadt und Göllheim so freundlich mit Bajonneten und Kanonen den Anschluß an die große Nation vermittelt hatte, mit
seinem Begleiter Hofmann und einer bedeutenden Schaar Infanterie
und Cavallerie sammt Kanonen am 2. März von Göllheim nach
Börrstadt und Winnweiler aufzubrechen, um dort den Aufruhr gegen
französische Freiheit und Gleichheit vollends zu dämpfen und die
republikanische Glückseligkeit unter dem Schatten der Freiheitsbäume
anzupflanzen und zu sichern. Er opferte diesem heißen Geschäfte im
Eifer drei volle Tage. Die vermöglicheren Bürger waren geflüchtet, die
bewaffneten Einwohner hatten sich in die Wälder zerstreut, und die
Wehrlosen mußten sich gefallen lassen, was die Uebermacht gebot
und rücksichtslos zu erzwingen wußte. [349])

§. 11. Beeidigungs- und Wahlversuche im Zweibrückischen.

Ungeachtet dem Herzoge von Zweibrücken für seine Lande von
den Franzosen die Neutralität zugesichert war, hinderte sie dieß
nicht, auch in jenen herzoglichen Aemtern, in welchen die Bewohner
nichts von der republikanischen Freiheit und Gleichheit wissen wollten, für dieselben zu werben und den Eid und die Wahlen zu erpressen. Zuerst geschah dieß in der früheren Herrschaft Stolzenberg,
in welcher die dazu gehörigen Dörfer und Höfe zwischen dem Herzoge von Zweibrücken und dem Grafen von Falkenstein in der Art
getheilt waren, daß jener zwei Drittheile derselben besessen hatte.
Wahlcommissäre waren hier unter der Oberleitung des berüchtigten
Pape die zwei jungen Mainzer Clubisten, Ott und Fuchs. Diese
hatten ein militärisches Geleite von 30 Mann Jägern zu Pferd,

---

aufmerksam, welche Unannehmlichkeiten und Verlegenheit jene Sendung des
Amtmannes nach Mainz bei den deutschen Gesandten bereitet habe. Ebendaselbst. — [349]) Wie der genannte Pfarrer Mailhaus, so flohen auch der dortige Frühmesser Siegfried Götz, der Kaplan Nicola und der Localcaplan Brack
zu Höringen, um dem geforderten Eide zu entgehen. Diesen leistete aber
der Pfarrverweser Bollermann zu Oberbörrstadt. Als am 1. April die Franzosen von Winnweiler fliehen mußten, zog auch Bollermann mit ihnen. Gleiches
thaten die französischen Beamten und die Jäger, welche sie zu Börrstadt, Hahn-
weiler und Höringen angestellt hatten. Kreisarchiv. F. A. Nr. 137.

welches, wie sie selbst, auf Kosten der betreffenden Gemeinden mußte gepflegt werden. In Dielkirchen fügte man sich alsbald den Anforderungen dieser Commissäre, da einer der angesehensten Bürger, der Müller Philipp Eckhardt, die Uebrigen dazu beredete. Die Bewohner von Steingruben folgten, erschreckt durch die Kosten der Einlagerung, diesem Beispiele. Die übrigen Dörfer wiesen das Schwören zurück und beriefen sich auf die Amtsstadt Meisenheim, wo der Eid noch nicht geleistet worden sei. Bayerfeld, Steckweiler und Cölln blieben in der Treue standhaft. Im ersten Dorfe leisteten nur zwei, in Steckweiler nur ein einziger Einwohner den Eid. Die Commissäre drohten, sie wollten, um diesen Starrsinn zu brechen, an den General Houchard schreiben, daß dieser 1000 Mann zum Einlagern sende. Der Schultheiß Grümler antwortet, sie hätten vor einem Manne so viel Respekt, als sie vor tausend haben müßten. Nach achttägigem Aufenthalte zogen die Commissäre von Steckweiler, ohne ihren Endzweck erreicht zu haben, wieder ab.[350])

Am 13. März 1793, Vormittags 11 Uhr kam Ott mit dem schon genannten Gerlach als Sekretäre, unter Bedeckung eines Offiziers und sechs Reiter von Steckweiler nach Obermoschel, welches damals als Amtsstadt zum Oberamte Meisenheim zählte, um auch dort die Beeidigung und Wahlen vorzunehmen. Die Soldaten stellten sich mit gezogenen Säbeln vor der Wohnung des Assessors Welsch auf und der Commissär verlangte für sich und seine Begleitschaft Quartiere. Sofort eröffnete er die Absicht seiner Ankunft mit dem Bemerken, nach Tische hierüber das Nähere mit dem Assessor zu besprechen. Er kam nach Tische, legte seine von dem Oberkommissäre Pape ausgestellte Vollmacht mit den bezüglichen gedruckten Bekanntmachungen vor. Ueber zwei Stunden besprach er seine Sendung, die Grundsätze der neuen französischen Verfassung und versicherte, daß mit aller Strenge in Kurpfalz und im Herzogthume Zweibrücken denselben Aufnahme verschafft werden müßte. Inzwischen wurde die Bürgerschaft durch die Schelle eingeladen auf dem Markte zu erscheinen. Gegen 5 Uhr verfügte sich Ott mit seiner Begleitschaft dorthin, und begann in einer Ansprache die neufränkische Gleichheit und Freiheit herauszustreichen und die deutsche

---

[350]) Bericht des Amtmannes Engelbach aus Meisenheim vom 22. Juni 1793. Reichsarchiv. Z. A. Nr. 889.

Verfassung herabzuwürdigen. Dieß machte den ungünstigsten Eindruck auf die ganze Versammlung. Die Bürger erklärten unumwunden: „Wir wollen diese Gleichheit und Freiheit nicht; wir genießen bereits Freiheit und Gleichheit; wir besitzen alle Vorrechte, so lange wir pflichtgetreu handeln! Wir sind mit unserem Landesherrn und mit allen Ober= und Unterbeamten zufrieden. Wir werden auf väterliche Weise geführt und hierbei sind wir ruhig und glücklich!" Der Commissär hörte diese Kundgebungen mit verächtlicher Miene an, schalt auf's Neue gegen die bestehende Verfassung und verzerrte die von ihm angerühmte Freiheit zur wahren Sklaverei herab. Die Bürger ließen ihn mit seiner Begleitschaft stehen und giengen auseinander. Er rief ihnen nach: „Besinnet euch bis Morgen in der Frühe. Widersetzet euch der angebotenen Hilfe, welche euch die geraubten Menschenrechte wiederbringet, nicht!" Die noch Anwesenden erwiederten beherzt: „Wir haben es bereits sehr genau überlegt. Es bleibt bei unserer Erklärung!" Der Bürgermeister Collmender bemerkte demselben zuletzt: „Sie haben der Bürgerschaft Erklärung gehört; geben Sie sich keine weitere Mühe. Der Unterthan ist von seiner glücklichen Verfassung zu sehr überzeugt und die Wohlthaten, die sie im Vergleiche zu anderen Nachbarn von ihrem Landesherrn genießen, sind so viele, als daß sich nur Einer, und wenn dessen Gewissen auch ganz abgebrannt seyn sollte, von ihm losreißen könnte!" Der Commissär verlangte von dem Bürgermeister die Bürgerliste und fragte nach seinem Namen. Collmender erwiederte: „Ich heiße Bürgerschaft!" Der Commissär wollte ihn jetzt gefangen nehmen lassen. Es kehrten mehrere Bürger zurück; auch der Assessor Welsch nahm sich der Sache an, beruhigte die Bürger und hintertrieb die Gefangennehmung des Bürgermeisters. Des Abends nach Tische besuchte Welsch mit dem Bergrath Günther den Commissär, um dessen weiteres Vorhaben auszukundschaften. Dieser stieß mancherlei Drohungen aus. Er bemerkte, daß eine Hinterstellung obzuwalten scheine; daß er deren Urheber herauszubringen hoffe und dann nach seinem Befehle mit ihnen werde verfahren; daß er zur Zeit das gezückte Schwert noch nicht ziehen, sondern vorerst die Bürger morgen einzeln vernehmen wolle. Dieß geschah, nachdem die französischen Reiter die Versammlung mit gezückten Schwertern umstellt hatten. Die Bürger wurden einzeln gefragt. Sie beharrten alle auf der bereits gegebenen Erklärung.

Ein Theil erklärte: „Das ganze Land mag thun, was es will, wir bleiben bei unserem Worte!" Ein Greis erwiederte: „Man lege meinen alten Kopf auf den Klotz, so soll mein altes Blut für den Landesherrn rauchen!" Ein Dritter antwortete: „Ich habe meinem Herrn einmal zugeschworen und davon wird mich Niemand abbringen." ꝛc. ꝛc. Die Bürgerschaft hatte sich kaum wieder zerstreut, als 21 Cürassiere in die Stadt einritten, um das Commando abzulösen, welches nach zwei Stunden wirklich abzog. Der Commissär erklärte schon am Mittage, daß am Abende oder längstens Morgen in der Frühe, die Reiterschaar mit 200 Mann aus Kreuznach verstärkt würde und die Bürger die Kosten dieser Maßregel nebst der Pflege der Soldaten tragen müßten. Das Lärmen und die Angst wurden hierdurch immer größer und die Gemüther durch auswärts herbeigetragene Gespräche zaghaft. Das Bemühen des Assessors und des Bürgermeisters wußte die Bürger in der Nacht zu ermuntern, Geld für die etwaigen Kosten nebst Fourage für die Soldaten zu ermitteln und hierdurch das Verzagen einzelner Bewohner zu beseitigen. Am folgenden Morgen, den 15. März 8 Uhr, forderte der Commissär den Bürgermeister vor sich und übergab ihm drei auf seine Sendung bezügliche gedruckte Bekanntmachungen mit der Weisung, dieselben am öffentlichen Platze anzuschlagen. Die Bürger deßhalb versammelt, erklärten Jedem Arm und Bein zu brechen, wer dieß wagen sollte. Der Bürgermeister hinterbrachte diese Erklärung dem Commissäre, der nun mit Drohungen die fraglichen Placate an den Assessor Welsch schickte. Dieser gab ihm jedoch ebenfalls eine ungenügende Antwort. [351]) Ott befahl dem Reiter-Commando aufzusitzen. Sie sprengten mit gezückten Schwertern auf den Marktplatz. Dort ritt der Lieutenant mit vier seiner Cürassiere vor die Wohnung des Assessors, um diese zu umstellen, wozu bald vier weitere Reiter, alle mit entblößten Säbeln, heraneilten. Um den Bürgermeister nicht allein der Zaghaftigkeit zu überlassen, ließ der Assessor denselben alsbald zu sich rufen. Er kam todtenbleich vor Schrecken, und wurde zugleich mit dem Assessor gefänglich auf den

---

[351]) Der Gerichtsdiener, der zuletzt beordert wurde, die Dekrete anzuschlagen, ergriff die Flucht, um nicht hierzu gezwungen zu werden. Bericht des Amtmannes Engelbach aus Meisenheim vom 22 Juni 1793. Reichsarchiv. 3. A. No. 889.

Marktplatz abgeführt. Die Bürgerschaft sah dieses Verhaften ihrer Vorstände mit Entrüstung. Sie versammelten sich in Eile, wollten die Stadtthore schließen und Gewalt mit Gewalt verdrängen. Welsch hatte viele Mühe, Thätlichkeiten zu verhindern. Die fraglichen Placate wurden angeschlagen und so der Sturm beschwichtiget und der Assessor mit dem Bürgermeister wieder frei gegeben. [352]) Nach dem Mittagsessen ließ sich Ott mit seinem Sekretäre, dem Reiter= lieutenant und Wachtmeister, bei Welsch zum Caffee einladen. Ott suchte sich hierbei über seine am Morgen vollzogenen Schritte zu entschuldigen und manche Ursache anzudeuten, warum die Executions= Mannschaft noch nicht angekommen sei. Während dieses Besuches kamen mehrere Boten mit Briefen. Der Commissär trat hierüber mit seiner Begleitschaft in ein Nebenzimmer zur Berathung. Der Assessor bemerkte bei demselben eine starke Unruhe, der zu Folge sich Ott mit seinem Gefolge auch bald entfernte. Er zog sich in sein Quartier zurück, während der Lieutenant mit einer Patrouille gen Meisenheim bis auf den Heldenstock vorritt. Das Haus des Assessors ward fortan sorgfältig bewacht. Am 16. März blieb es ziemlich ruhig. Einige der Cürassiere ritten ab, andere Boten zu Fuß trafen bei Ott ein und wurden mit Briefen wieder abge= sendet. An demselben Nachmittage ritt auch der Commissär mit zwei Begleitern angeblich nach Alsenz, wo der Obercommissär Pape seine Geschäfte machte. Er kam am Abende wieder zurück, begrüßte noch den Assessor in seiner Wohnung und betheuerte sehr hoch, daß an dem folgenden Tage Pape mit den Executionstruppen in Obermoschel eintreffen werde. Welsch versäumte nicht, durch den Bürgermeister und die Viertelmeister noch in der Nacht die Bürgerschaft zur gehörigen Vorbereitung hievon in Kenntniß zu setzen. Schon in der Frühe des andern Morgens standen die Bürger bereit, die angedrohten Gäste zu empfangen. Doch sie erschienen nicht. Dagegen lief die Nachricht ein, daß deutsche Truppen bereits in der Nähe seyen. Dieß bewog auch den Commissär, mit seiner Begleitung sich zum Abzuge zu rüsten. Gegen eilf Uhr hatte er bereits in aller Ruhe die Stadt mit der Erklärung verlassen, in einigen Tagen wieder zu kommen. Die

---

[352]) Dieser wackere Mann, welcher sich am 28. Feb. 1775 mit Christ. Elis. Nessel verehelicht hatte, starb in Obermoschel den 14. Feb. 1809. Um den Franzosen die später mit Drohungen auferlegte Brandschatzung zu zahlen, hat er für seine Mitbürger 25,000 fl. auf seinen Namen aufgenommen.

Stadt hatte seine Zeche mit 357 Gulden zu zahlen, ohne daß die
einzelnen Bürger für ihre Auslagen und die Pflege der Soldaten
entschädigt wurden. [353])

Am 28. März kamen die Wahlcommissäre Pape, Ott und
Fuchs mit ihrem Gefolge auch nach Meisenheim. Sie wollten an dem
folgenden Tage — auf Charfreitag — dort in der Kirche die Wahl
vornehmen lassen. Doch die Furcht vor den heranrückenden Preußen
vereitelte dieses Vorhaben. Am 1 Uhr Nachmittags am Charfreitage
wirbelte der Generalmarsch in den Straßen dieser Stadt und die
französische Garnison eilte mit den genannten Commissären über
Hals und Kopf zum Thore gen Kreuznach hinaus. [354]) Der kaiserliche Rittmeister von Taubenheim mit seinen tapfern Husaren vom
Regimente „Wurmser“ folgte ihnen in Meisenheim auf dem Fuße
nach. Auf den Charsamstag rückte hier der preußische General v.
Kalkreuth mit seinen Truppen ein.

§. 12.   Der rheinisch-deutsche Nationalconvent in Mainz.

Laut der oben erläuterten Wahlverordnung vom 10. Februar
sollte der genannte Convent schon am 10. März 1793 seine Sitzungen zu Mainz eröffnen. Allein, wie wir ausführlich gesehen
haben, traten den ausgeschriebenen Wahlen mancherlei Hindernisse entgegen, was namentlich in den meisten einzelnen Dörfern der Fall war.
Es mußte vielfach gewarnt, gedroht, eingeschritten, gedrängt werden,
bis die wenigen Wahlen zu Stande kamen. Noch mehr Mühe aber
kostete es, bis die einzelnen Abgeordneten zur Reise nach Mainz bereit
waren. Viele konnten gar nicht hiezu gebracht werden. So kam
es, daß, wie der Vicepräsident Forster sich ausdrückte, „der heiligste
Tag, den ganze Generationen mit Sehnsucht so lange erwarteten
und der Heil und Segen allen folgenden Generationen verkündet“,
erst am Sonntage, den 17. März, aufleuchtete. Nachdem Morgens
um 8 Uhr ein feierliches Hochamt in der St. Peters-Kirche zu Mainz
abgehalten war, versammelten sich die 64 bereits eingetroffenen Abgeordneten im deutschen Hause, in dessen Rittersaale die Sitzungen

---

[353]) Bericht des Assessors Welsch aus Obermoschel vom 9. Juli 1793.
Reichsarchiv. Z. A. Nr. 899. — Um die Kriegskosten zu bestreiten, war die
Zweibrücker Regierung genöthiget. schon am 16. Mai 1793 eine außerordentliche
Steuer von 25,500 fl. auszuschreiben. — [354]) Bericht von Engelbach. Reichs-
archiv. Z. A. Nr. 889.

des Convents abgehalten wurden. Der Mainzer Zinngießer, Martin
Eckel, ein Greis von 82 Jahren, hatte, als der Aelteste, den Vorsitz,
während die vier jüngsten Mitglieder — Anton Fuchs, [355]) Joseph
Schlemmer, Ludwig Frank und Friedrich Gerhardi — das Sekre-
tariat übernahmen. Die Vollmachten der einzelnen Abgeordneten
— während der Sitzung kam noch Einer mehr zu denselben — wurden
untersucht, der Eid geleistet, treu zu seyn dem Volke und den Grundsätzen der Freiheit und Gleichheit, und die Pflicht als Stellvertreter des
Volkes gewissenhaft zu erfüllen. Hierauf ward der Convent als con-
stituirt erklärt. Diese Verhandlung dauerte bis nach zwölf Uhr.
Nachmittags um drei Uhr setzte man die Sitzung fort. Professor
Hofmann wurde zum Präsidenten, Bibliothekar Forster zum Vicepräsidenten, und die schon genannten vier jüngsten Mitglieder als Sekretäre gewählt, und sohin alle Vorstände der Versammlung aus
der Mitte der Mainzer Clubisten erkoren. Hierauf sendete die Versammlung eine Deputation von sechs Mitgliedern zu den noch in
Mainz weilenden Pariser Nationalconvents=Commissären, um diesen
für die durch die fränkische Republik dem rheinisch=deutschen Volke
gewährte Souveränetät zu danken und derselben ferneren Schutz zu
erbitten. Inzwischen erschien die Munizipalität, um dem eröffneten
Convente im Sitzungssaale feierlich zu huldigen. Dieser erklärte,
daß die Abgeordneten des Volkes unverletzbar seyen und daher Keiner
derselben wegen seiner Aeußerungen belangt, oder, ohne vorherige
Genehmigung der Versammlung, in Verhaft genommen werden
könnte. [356])

In Speyer beeilten sich weder der Munizipalrath, noch die beiden
gewählten Abgeordneten, daß die Stadt in dem Convente vertreten
werde. Schon unterm 19. März erhielt Jener deßhalb „im Namen
des souveränen Volkes" von Dorsch, als Präsidenten der allgemeinen
Verwaltung, eine Aufforderung, die Gewählten in den bereits eröffneten Nationalconvent zu senden, mit dem Bemerken, daß die Kosten

---

[355]) Dieser ward später Notar in Ebenkoben, von wo er sich jedoch flüchten
mußte, um im Auslande unglücklich zu sterben. — [356]) Klein a. a. O. S. 454. —
Vom 4. bis 7. März war General Custine in Paris, um wohl das Nähere in dieser
Angelegenheit zu besprechen. Er sammelte bald im Elsaße eine Armee von
80,000 Mann. In derselben Zeit eilte der kurpfälzische Cabinets-Curier Stelbel
nach Paris, um angeblich zu erwirken, daß der dortige Nationalconvent die
Neutralität der Pfalz besser beachte. Sch. M. S. 129.

derselben nicht von den einzelnen Gemeinden, sondern vom ganzen
Lande bezahlt werden. Jeder Abgeordnete hatte ein Tagegeld von
5 Gulden 30 Kreuzer zu beziehen. In Speyer, wo man jeden Tag
das Nahen der deutschen Truppen hoffte, zögerte die Munizipalität mit
der Antwort. Erst am 27. März erwiederte dieselbe: „Die Deputirten der Stadt zum Nationalconvente würden in der bestimmten
Frist zu Mainz erschienen seyn, wenn nicht bisher täglich solche
Hindernisse eingetreten wären, wodurch ihre Abreise unmöglich gemacht wurde. Der Bürger Reissinger hat, nach seiner von den hier
gewesenen Commissären der vollstreckenden Gewalt erhaltenen Be-
auftragung, bisher auf dem Lande mit Einrichtung der neuen Munizipalitäten viele Geschäfte gehabt. Eben so war auch der andere
Bürger Fabricius bei dem Billetenamte fortwährend in Anspruch
genommen. Erst mit dem Ende der laufenden Woche kann hiebei
dessen Stellverteter einstehen, weil dieser jetzt noch bei den Rhein-
befestigungen täglich beschäftigt ist." ꝛc. ꝛc. Dem wurde beigefügt, daß jedoch gleich nach Ostern die beiden Abgeordneten in Mainz
eintreffen werden. Doch am Ostersamstage noch stellte Fabricius,
welcher leicht erkannte, „daß mit dem Rufe nach Mainz nicht nur
die unbedingte Forderung einer gänzlichen Aufopferung seiner Ruhe
und Gesundheit, die durch bisherige Stürme schon so hart gelitten
hat, sondern auch bei dermaliger Lage große Gefahren von mancherlei Art, über deren Daseyn er sich für jetzt wohl nicht weiter
herauslassen konnte, verbunden seyen", solche Bedingungen bezüglich
seines Eintrittes in den Convent an die Munizipalität, worauf diese
kaum hätte eingehen können, [357] wenn dieß auch nicht durch die
herannahenden Preußen und Oesterreicher vereitelt worden wäre.

    Die Abwesenheit der Speyerer Abgeordneten und der Vertreter aus
den meisten andern Städten und Dörfern unserer jetzigen Rheinpfalz —
es waren in Allem nicht hundert Deputirte in Mainz versammelt
— hinderte die dortigen Parteigänger, an deren Spitze die Lenker
der Clubisten, Dorsch, Wedekind, Metternich, Hofmann und Forster
standen, nicht, in größter Eilfertigkeit die rücksichtslosesten und tief-

---

[357] Dazu gehörte unter Anderm, daß ihm und den Seinigen die Entschädigung für alle Verluste, die er etwa wegen dieser Sendung als Volks-
abgeordneter zu erleiden haben dürfte, von der Stadt ersetzt werden sollte.
Stadtarchiv. Nr. 147.

eingreifendsten Beschlüsse zu fassen. Dazu gehörte das Dekret vom 18. März. Dieses bestimmte: Art. 1. Der ganze Strich Landes von Landau bis Bingen, welches Deputirte zu diesem Convente schickt,[359]) soll von jetzt an einen freien, unabhängigen, unzertrennlichen Staat ausmachen, der gemeinschaftlichen, auf Freiheit und Gleichheit gegründeten Gesetzen gehorcht. Art. 2. Der einzige rechtmäßige Souverän dieses Staates, nämlich das freie Volk, erklärt durch die Stimme seiner Stellvertreter allen Zusammenhang mit dem deutschen Kaiser und Reiche für aufgehoben. Art. 3.   Der Kurfürst von Mainz, der Fürst von Worms, der Fürst von Speyer, die Fürsten von Nassau-Weilburg und Usingen, der Markgraf von Baden, der Fürst (?) von Salm, die Wild- und Rheingrafen von Stein und Grumbach, der Fürst von Leiningen-Dürkheim, der Graf von Falkenstein, die Grafen von Leiningen-Westerburg, Dachsburg und Guntersblum, die Grafen (?) von Löwenhaupt und Manderscheid, die Grafen (?) von Wartenberg, Degenfeld, Sickingen, Hallberg, die Freiherrn von Dalberg, die reichsstädtischen Gewalten zu Worms und zu Speyer, die Reichsritterschaft, alle deutsche Reichsstände und deren Vasallen, wie auch alle mit der Volkssouveränetät unverträglichen, weltlichen und geistlichen Körperschaften, werden aller ihrer Ansprüche auf diesen Staat, oder dessen Theile verlustig erklärt und alle ihre durch Usurpation angemaßten Souveränetätsrechte sind auf ewig erloschen.[360]) Art. 4. Gegen alle und jeden der im vorigen Artikel benannten, unrechtmäßigen Gewalthaber, falls sie sich auf der Behauptung ihrer vermeintlichen Rechte und Ansprüche in diesen Ländern, wo nur die Rechte freier und gleicher Bürger gelten, betreten ließen, so wie auch

---

[359]) Da gemäß der Wahlordnung vom 10. Febr. jede Gemeinde von Landau bis an die Mosel wählen sollte, dieses Dekret aber nur das Land bis Bingen umfaßt, so scheinen auch nur aus diesem Gebiete Abgeordnete erschienen zu seyn. Die Franzosen hatten zwar auch das Herzogthum Zweibrücken besetzt, es war aber dessen hier keine Meldung gemacht, denn es sollte später ein besonderes Departement bilden. Die Franzosen am Rheinstrome. Heft II. S. 234. — [360]) Wie ersichtlich, wurden zum neuen Staate nicht beigezogen die kurpfälzischen, herzoglich-zweibrückischen, hessen-darmstädtischen linksrheinischen Besitzungen, doch nicht weil deren Fürsten die Neutralität mit Frankreich abgeschlossen hatten, denn noch andere Fürsten, deren Besitzungen man beizog, waren neutral, sondern weil man dadurch jene mächtigeren Gebieter von der deutschen Sache noch trennen und sie daher nicht beleidigen wollte.

gegen ihre Unterhändler und Helfershelfer, wird die Todes=
strafe erkannt. Art. 5. Gegenwärtiges Dekret soll sogleich gedruckt
an alle Munizipalitäten geschickt, allenthalben angeheftet und feierlich
bekannt gemacht werden." [361] Während dieses blutdürstige Dekret
ausgefertigt wurde, verkündeten 30 Kanonenschüsse das hohe Glück
des neuen Freistaates. Sofort traten die französischen Commissäre
Merlin, Haußmann, Reubel und der General Cüstine mit seinem zahl=
reichen Stabe in den Sitzungssaal des Convents, beglückwünschten,
umarmten und küßten den Vorsitzenden und besiegelten in begeisterter
Ansprache die neue Bruderschaft. Als sich die Franzosen entfernt
hatten, umarmten sich auch die einzelnen Abgeordneten, während die
Musik ertönte und der Kanonenbonner abermals erscholl, und priesen
sich glücklich, eine so herrliche That vollbracht zu haben!

An den nächstfolgenden Tagen wurden die Fragen berathen
und besprochen: 1) Soll Mainz mit dem bestimmten Ländergebiete
einen für sich bestehenden Freistaat bilden? 2) Oder soll dieser
neue Freistaat durch ein Bündniß sich unter den Schutz von Frank=
reich stellen? Oder soll endlich 3) der neue Staat die französische
Republik bitten, sich in dieselbe einverleiben zu dürfen? Nach langen
und heftigen Reden wurde auf allgemeines Verlangen am 21. März
diese Berathung beendet und die Bejahung der letzten Frage auf den
Antrag des Clubisten Metternich von den anwesenden 98 Abgeordneten
beschlossen. Dieser Beschluß erhielt, wie es sich von selbst versteht,
den ganzen Beifall der französischen Commissäre, denen er alsbald
hinterbracht wurde. Einer derselben erbot sich sogar, die Abgeordneten
des rheinisch=deutschen Nationalconvents, welche diesen Beschluß mit
einer Adresse nach Paris verbringen dürften, dahin zu geleiten.
Sohin wurde das bezügliche Dekret noch am 21. März ausgefer=
tiget. Es lautet:

---

[361] Klein a. a. O. S. 469. Dasselbe war unterzeichnet vom Präsiden=
ten des Convents, J. A. Hofmann und den Sekretären Gerhardi und Frank.
— In Speyer wurde dieses Dekret erst am 27. März in der Munizipalitäts=
Sitzung verlesen. Stadtarchiv. Nr. 147. „Unterdessen, schreibt ein wohlerfah=
rener, freisinniger Zeitgenosse, werden, wie ich hoffe, meine Leser so viel ver=
sichert seyn, daß dieses famose und infame Dekret nicht das Werk unserer
guten Landsleute, der Rheinländer, sondern der Franzosen ist, zu deren
Diktatorssprache jene mit den Köpfen — nickten" ... „Hat man wohl je, so
lange die Welt steht, eine solche Posse erlebt?" Die Franzosen am Rhein=
strome. 1794. Heft II. S. 235.

„Nachdem der rheinisch-deutsche Nationalconvent in Erwägung gezogen, daß die unter dem 18. März dekretirte Abhängigkeit des neuen, zwischen Landau und Bingen am Rheine gelegenen, deutschen Freistaates nur unter dem Schutze der Frankenrepublik und mit Hilfe ihrer siegreichen Waffen errungen werden konnte, und daß alle Bande der Freundschaft, der Dankbarkeit und des wahren gegen= seitigen Vortheils beide Nationen zu einer brüderlichen und unzer= trennlichen Vereinigung auffordern, so dekretirt derselbe einmüthig: daß das rheinisch-deutsche freie Volk (?) die Einverleibung in die fränkische Republik wolle und bei derselben darum anhalte, und daß zu dem Ende eine Deputation aus der Mitte dieses rheinisch=deutschen Nationalconvents ernannt werden solle, um diesen Wunsch dem fränkischen Nationalconvente vorzutragen." [362] Am folgenden Tage wurde die fragliche Deputation gewählt. Die Mehrzahl der Stim= men erhielt der Vicepräsident des Nationalconvents Forster, der Mainzer Kaufmann Patocki und der schon obengenannte Adam Lux. Die Versammlung hatte beschlossen, daß die Gewählten nicht eher nach Paris reisen sollten, als bis auch die Abgeordneten von Speyer, die noch nicht eingetroffen waren, angekommen seyen und das Ver= einigungsdekret unterzeichnet hätten. Forster wußte jedoch diesen Beschluß bald wieder rückgängig zu machen. Er entwarf sofort die Adresse an den Pariser Convent. Sie wurde am 24. März in der Sitzung verlesen, genehmiget und von allen Anwesenden unterschrieben. Schon am folgenden Tage reiste die Deputation in Begleitung des Commissärs Haußmann damit freudig nach Paris ab, um eines der schönsten Gebiete des deutschen Reichs schmählich zu verrathen. [363]

---

[362] Das Dekret ist unterzeichnet vom Präsidenten A. J. Hofmann und den Sekretären Frank und Schlemmer. Klein a. a. O. S. 464. — [363] Der erste Satz dieser Adresse lautet also: „Nicht den Sturz eines einzelnen Des= poten verkünden wir euch heute; das rheinisch-deutsche Volk hat die soge= nannten Throne zwanzig kleiner Tyrannen, die alle nach Menschenblut dürsteten, alle vom Schweiße der Armen und Elenden sich mästeten, auf einmal nieder= geworfen". 2c. 2c. Siehe dieselbe bei Klein a. a. O. S. 466. Kein Deutscher, in dem noch ein Funke von Gefühl für deutsche Ehre und Treue glimmt, kann dieselbe ohne die tiefste und gerechteste Entrüstung lesen. Auf den Char= freitag, den 29. März, kam Forster mit seinen Genossen in Paris an. Am folgenden Tage übergab er dem dortigen Convente in öffentlicher Sitzung die Adresse. Sie wurde natürlich mit Beifall aufgenommen. Der Conventspräsident ertheilte den Mainzern den republikanischen Bruderkuß. Forster lernte in Paris

Die nächsten Verhandlungen im rheinisch-deutschen Convente zu
Mainz betrafen besonders die Frage, welche Maßregeln gegen jene
Einwohner des jungen Freistaates zwischen der Queich und der
Nahe zu ergreifen seyen, welche noch nicht den vorgeschriebenen Eid
der Freiheit und Gleichheit geschworen hatten? Es wurden hierbei
von den Mainzer Clubisten im Convente Reden gehalten und An-
träge gestellt, welche in Nichts der Ruchlosigkeit und Raubsucht der
Pariser Häuptlinge nachstanden. Empörend und grausam ist das
Dekret, welches endlich am 27. März, nach mehrtägigen, heftigen
Debatten bezüglich der Nichtschwörenden, ihrer Familien und ihrer
Güter, zu Stande kam. Die Hauptartikeln desselben lauten: Alle

die Häuptlinge des Convents in einem solchen Lichte erkennen, daß er ihr
Thun und Lassen bald auf das Gründlichste verabscheute, wie aus seinen dort ge-
schriebenen Briefen sattsam erhellt. Er siechte allmählig am Körper und Geiste
hin und starb am 12. Jan. 1794. Schon am 4. Dec. 1793 war das Haupt
seines Begleiters Adam Lux unter dem Fallbeile in Paris gefallen. — Bereits
am 30. März und 9. April 1793 erklärte der Nationalconvent in Paris die
Vereinigung der Städte Mainz, Worms ꝛc. nebst 81 anderen, zwischen der
Nahe und Queich gelegenen Gemeinden, als unzertrennliche Theile der
französischen Republik: „La convention nationale, après avoir entendu
l'adresse à elle présentée, au nom des peuples libres de la Germanie,
par les députés de la convention nationale, séant à Mayence; vu aussi
le decret rendu le 21 du présent mois par la même convention, tendant
à obtenir la réunion à la république française, de toutes les villes et
communes qu'elle représente, déclare, au nom du peuple français, qu'elle
accepte ce vœu librement émis; et en conséquence décrète que les villes
et communes de Mayence, Worms, Durckheim, Grunstadt, Fussgönheim,
Altleiningen, Kalkofen, Imsbach, Hœringen, Oberlustadt, Karlsberg, Dudenhofen, Ilbesheim, Obrigheim, Rudolphskirchen, Herdlingshausen (?), Mul-
heim, Niederlustadt, Essingen, Schœnborn, Rossbach, Kolgenstein, Heidesheim, Wartenberg, Altdorf(?), Wollmesheim(?), Niederhochstadt, Landstuhl,
Finkenbach, Arzheim, (?), Schweisweiler, Bobenheim, Mertesheim, Gross-
bockenheim, Lohnsfeld, Rugheim, Sembach, Münchweiler, Neuhemsbach
etc. etc. font partie intégrante de la République." Collection complète
des lois etc. par J. B. Duvergier. Tome V. p. 286. Hieraus ist zu entnehmen, welche Gemeinden der jetzigen Rheinpfalz Abgeordnete nach Mainz
gesendet hatten. Die Namen dieser Abgeordneten hat man noch nicht aufgefunden. Die Protokolle des Mainzer Convents vom 17. bis 31. März 1793 sind
noch auf der Mainzer Stadtbibliothek vorhanden. — Die andern, nicht
zur jetzigen Rheinpfalz gehörigen Orte, sind hier nicht beigesetzt. Diese vereinigten Städte und Dörfer wurden noch keinem besonderen Departemente
beigezählt.

diejenigen, welche innerhalb dreier Tage, vom Tage der Bekannt=
machung dieses Dekretes gerechnet, den vorgeschriebenen Bürgereid
nicht leisten, sollen nebst ihren Familien außer Landes gebracht wer=
den. Zu diesem Eide sollen auch die Wittwen und Töchter der
Adeligen, nach vorhergegangener schriftlicher Entsagung ihrer Frei=
heiten, so wie alle Fremde, die in dem Lande verbleiben wollen, an=
gehalten werden. Alle diejenigen, welche nicht schwören, sollen, wenn
sie zu Arbeiten und Kriegsdiensten fähig sind, in das Innere Frank=
reichs, die Andern über den Rhein gebracht werden. Das be=
wegliche und unbewegliche Vermögen derer, welche den Eid ver=
weigern, soll sogleich in Beschlag genommen, und wenn sie nach
dreitägiger, weiterer Frist noch widerspenstig verbleiben, sind sie nicht
allein ihres ganzen Vermögens, sondern auch aller Ansprüche auf
Bürgerrechte für immer verlustig. Wer von diesem mit Beschlag
belegten Vermögen etwas verheimlicht oder verbringt, oder hierzu be=
hilflich ist, hat die Strafe der Beschlagnahme seines eigenen Vermögens
zu erwarten. Die Frau, welche wegen Verweigerung der Eidesleistung
ihres Mannes von demselben wünscht geschieden zu seyn, behält das
Eigenthum und den Genuß des ihr zustehenden Vermögens. Deß=
gleichen die Söhne der Ausgewiesenen, welche 21 Jahre zählen und
den fraglichen Eid schwören. Die übrigen Kinder derselben von 14
bis 21 Jahren dürfen im Lande verbleiben, wenn sie sich selbst zu
ernähren im Stande sind. Bei erlangter Großjährigkeit und ge=
leistetem Eide erhalten sie dann ihren Antheil am älterlichen Ver=
mögen zurück. Zum Vollzuge dieses Dekrets wird ein Commissär
aus der Mitte des Convents ernannt. [***])

Nicht minder empörend und grausam war das Dekret, welches
der rheinisch=deutsche Nationalconvent am darauf folgenden Tage be=
züglich der Emigranten erlassen hatte. Zu dessen Hauptbestimmungen
gehören folgende: Für Emigranten werden alle Personen beiderlei
Geschlechtes erklärt, welche vor dem Einzuge der Neufranken in
Deutschland, in dem zwischen der Queich und Nahe gelegenen Lande
entweder mit Haus und Gütern ansässig waren, oder irgend ein
Gewerbe trieben, oder eine geistliche oder weltliche Stelle bekleideten,

---

[***]) Vollständiger Abdruck und beßfallsige Verhandlungen bei Klein a.
a. O. S. 469. Siehe auch dessen Schrift: „G. Forsters letzte Handlung in
Mainz." 1863. S. G.

und sich jetzt außerhalb desselben entfernt haben. Alle diese haben sich innerhalb drei Wochen, bei Verluste ihres Vermögens, in dem Orte, wo sie früher seßhaft oder wohnhaft waren, zurückzubegeben, und den vorgeschriebenen Eid zu leisten, beziehungsweise auch auf ihre früher besessenen Privilegien zu verzichten. · Von dieser Wohlthat sind jedoch Alle ausgeschlossen, von welchen bekannt ist, daß sie den Feinden des neuen Freistaates, oder der mit ihm verschwisterten Frankenrepublik mit Rath und That beigestanden sind, oder noch wirklich beistehen. Allen Bewohnern des neuen Freistaates wird bei Strafe der Landesverweisung und Einziehung ihres Vermögens untersagt, mit den Ausgewanderten den geringsten Verkehr zu unterhalten, oder sie mit Habe und Gut zu unterstützen, ihnen etwas abzukaufen oder von ihrem Eigenthume etwas zu verheimlichen. Wer seit dem Eintritte der Neufranken emigrirt und exportirt wurde und nachher gegen den diesseitigen Freistaat oder gegen die Frankenrepublik die Waffen ergriffen hat, soll mit der Todesstrafe belegt werden. [865])

So wagte es ein kleines zusammengewürfeltes Häuflein von kaum hundert Parteigängern, das sich noch in den letzten Tagen aus Furcht vor den näherrückenden Deutschen vermindert hatte, [866]) über die Freiheit und das Vermögen, über das Glück und das Leben von mehr als 300,000 Einwohnern, im Namen des Volkes, voll Selbstsucht und Ehrgeiz, zu verfügen! Der Convent hielt auf Ostersonntag Nachmittags 4 Uhr seine letzte Sitzung, in welcher er zur Verwaltung des neugegründeten, rheinisch-deutschen Freistaats eine neue Administration von achtzehn Mitgliedern aufgestellt hat, um den Vollzug seiner Beschlüsse zu verwirklichen und zu handhaben. [867])

Zum Glücke für die meisten Bewohner des neuerrichteten Frei-

---

[865]) Klein a. a. O. S. 471. — [866]) Am Ostersamstage waren 12 Abgeordnete von Mainz abgereist, darunter die eifrigsten Clubisten, wie Dorsch, Wedekind, Blau, Bleßmann, ꝛc. Auch die Deputirten des Pariser Convents waren bereits abgezogen. Dorsch hatte sich dem Merlin angeblich als Dollmetscher angeschlossen, wurde aber mit diesem von den Preußen bei Alsheim wieder nach Mainz zurückgescheucht. — [867]) Die Wahl dieser Mitglieder war dem Präsidenten des Convents überlassen. Unter diesen waren außer dem genannten Präsidenten: Stephan Loewer, Friedr. Joh. Stumme, Karl Boost, Matth. Metternich, August Moßdorf, Karl Parcus, Heinr. Claustus, Samuel Löffler, Anton Fuchs, Adam Caprano, Gerwin Schweikard, Jos. Schlemmer. ꝛc. Klein a. a. O S. 479.

staates naheten sich die deutschen Truppen so schnell diesem Gebiete
und verscheuchten die Neufranken so tapfer aus demselben, daß die
von dem rheinisch-deutschen Nationalconvente aufgestellte, neue Ver-
waltungsbehörde keine Zeit mehr fand, die erlassenen Dekrete in
Vollzug zu setzen. Doch hatte man sich sehr beeilt, dieß ohne jegliche Verzögerung zu thun. So wurde das Dekret vom 23. März,
welches verfügte, das Vermögen aller zu dem Hofe der entsetzten
Fürsten, Grafen oder Edelleute gehörigen Personen, wie auch aller
geistlichen und weltlichen Körperschaften, welche nicht auf der Stelle
den vorgeschriebenen Eid leisten, einzuziehen, noch an demselben Tage
von dem Präsidenten Dorsch an die Munizipalität zu Speyer gesendet
und ihr unter eigener Verantwortlichkeit dessen alsbaldiger Vollzug aufgetragen. Auf Weisung des Commissärs Petersen vom 18. desselben
waren bereits zwei Munizipalräthe mit einem Schreiber beauftragt,
in den drei Collegiatstiftern, in den Wohnungen der Stiftsherren
und in den Klöstern alle Mobilien der Geflüchteten genau aufzunehmen, was sie auch am 20. bis 23. März vollzogen.[368] Die
anwesenden Bedienten, Verwandten und Haushälterinnen und die
Glöckner der Kirchen mußten Handgelöbniß ablegen, das Vorfindliche
gewissenhaft anzugeben. Zwei andere Munizipalräthe mit einem
Schreiber waren angewiesen, Gleiches in den Wohnungen der gesammten Domgeistlichkeit vorzunehmen.[369] Noch an den zwei letzten
Tagen der Charwoche waren sie hiermit beschäftiget. Auf das Osterfest rückten die Deutschen wieder in Speyer ein und unterbrachen
den weiteren Vollzug der bemeldeten Dekrete.

---

[368] Diese waren: G. F. Uhslaub, Joh. H. Rübsamen und Joh. Heinr.
Welker als Schreiber. Schon am 7. März 1793 hatte Conrad Lobauer auf
Weisung des Commissärs Petersen alle Möbeln und Geräthschaften, welche
noch in den Häusern der geflüchteten Geistlichen in Speyer vorhanden waren,
unter Siegel gelegt. — [369] Nämlich: Joh. Schwankhardt, Christoph Lobauer,
G. J. Deines als Schreiber. Die Verzeichnisse der obsignirten Fahrnisse
sind noch vorhanden nebst den Erklärungen der Mütter, Schwestern und
Haushälterinnen der abwesenden Geistlichen. Die Wohnungen der Domcapitulare v. Mirbach, v. Hoensbröck, v. Beroldingen, waren mit Soldaten
belegt. Das Haus des ältern v. Beroldingen ward von dem Spitaldirektor
bewohnt. Die Dombechanei war noch am Reichlichsten möblirt. Der Dom-
probst hatte hier keine Haushaltung, daher nur weniges Fahrniß in seinem
Hause vorgefunden wurde. Stadtarchiv.

Fünfter Abſchnitt.

Wiedereroberung und Vertheidigung der Rheinlande durch die Verbündeten 1793.

---

§. 1. Verſcheuchung der Franzoſen von der Nahe bis zur Queich.

Die revolutionären Vorgänge in Mainz, die Beſchlüſſe des dortigen rheiniſch = deutſchen Nationalconvents, machten in ganz Deutſchland mit Recht das größte Aufſehen. Alles mahnte und drängte, die Waffen mit Kraft und Einigkeit gegen die zügelloſe fränkiſche Republik ohne Verzug zu ergreifen. Der Kaiſer und der König von Preußen vermehrten ihre Truppen am Ober = und Niederrheine. Das deutſche Reich ſammelte die Kreiscontingente gegen den gemeinſchaftlichen Feind. An dem Niederrheine ward der Kampf eröffnet. Der dortige kaiſerliche Oberbefehlshaber, Prinz von Sachſen= Coburg, überfiel die Franzoſen am 1. März 1793 bei Albenhoven, vertrieb ſie aus Aachen, nöthigte ſie zur Räumung von Maſtrich, zur Uebergabe von Lüttich, blieb Sieger in dem Haupttreffen bei Neerwinden am 8. März. So wurden die Republikaner in Bälde wieder aus Belgien, welches ſie am Schluſſe des vorjährigen Feld= zuges erobert hatten, ruhmvoll verſcheucht. Nach dem von den ver= bündeten Mächten zu Frankfurt entworfenen Kriegplane ſollte nun= mehr die preußiſche Armee, von ſächſiſchen und heſſiſchen Truppen unterſtützt, unter dem Befehle des Herzogs von Braunſchweig den Rhein zwiſchen Bacherach und Rheinfels überſchreiten, die Fran= zoſen aus ihren verſchanzten Stellungen bei Bingen und Kreuznach vertreiben, über den Hunsrück gegen Lautern und Zweibrücken, und über den Alzeier Gau gegen Worms und Frankenthal vor= bringen, um die Feinde von Mainz abzuſchneiden. Graf v. Wurmſer ſollte dagegen mit ſeinen 20,000 Oeſterreichern, 6,000 Condeer und etwa 7,000 ſchwäbiſchen Kreistruppen bei Mannheim und Ketſch den Rhein überſetzen, die geſchlagenen Republikaner gegen die Preußen hindrücken, und ſie dann bis hinter die Weiſſenburger Linien

zurückwerfen. Die Wiedereroberung von Mainz war für die Verbündeten die nächste Aufgabe des Feldzuges. [370]

Cüstine hatte diese Festung mit 22,000 Mann besetzt, wohl
mit allen Kriegsbedürfnissen versehen, und das linke Rheinufer von
Mainz bis nach Germersheim hin außerordentlich verschanzt. Die
Rheinschanze bei Mannheim hatte General Mounnier mit 14,000 Mann
zu beobachten, während Houchard mit seiner Division in einer verschanzten Stellung bei Kreuznach lagerte, und Neuwinger mit einer
schwächeren Abtheilung in und um Bingen die Verbündeten erwartete. Die französische Moselarmee, 25,000 Mann stark, nach
Beurnonville's Ernennung zum Kriegsminister von dem Generale
Ligneville befehligt, hinter der Saar lagernd, hatte seit den ersten
Tagen des Februar sich gegen das Zweibrücker Gebiet in Bewegung
gesetzt. Bisher war dieses Herzogthum von den Kriegsübeln befreit.
Durch die von den Franzosen zugesicherte Neutralität wähnte sich auch
der Herzog, welcher auf dem Karlsberge wohnte, noch immer gesichert.
Doch am 6. Februar rückte die sogenannte Legion Kellermann von
Saarbrücken feindlich heran. An den zwei folgenden Tagen plünderte diese verwilderte Schaar, welche sich auch zu Saarbrücken
mancherlei Unfuge und Diebereien erlaubt hatte, [371] das Dorf
Hassel, ein Besitzthum des herzoglichen Ministers v. Esebeck. Am
9. Februar rückten gegen 7,000 französische Nationalgarden unter
dem Befehle des Divisionsgenerals Destournelles gegen Zweibrücken
vor. Noch an demselben Abende wurde der Herzog Karl, wie wir
schon gehört haben, gewarnt, daß es auf seine Gefangennehmung
abgesehen sei. Ohne Zögern ließ der Herzog seine Wagen bespan-
nen und flüchtete sich Nachts gegen eilf Uhr mit seiner Gemahlin
und einigen Getreuen auf dunkelem Waldwege nach Kaiserslautern
und von da weiter nach Mannheim. [372] Die Vorhut der Fran-

---

[370] Der französische Freiheitskrieg. Th. I. S. 72. — [371] A. Köllner's
Gesch. von Saarbrücken. B. I. S. 432. — [372] Bericht aus Mannheim
vom 11. Februar 1793. — „Am 10. Februar traf der Herzog Karl von Zweibrücken in Mannheim ein. Wenn derselbe sich nur noch 10 Minuten länger
auf dem Karlsberge verweilt hätte, so wäre derselbe den Franzosen in die
Hände gefallen. Außer einigem Silber und 80 Pferden hat er nichts mehr
retten können. Das Schloß auf dem Karlsberge ist bereits ganz verwüstet.
Außer einigen Versuchen der Franzosen, die sie vergebens machten, bei Lam-
bertheim den Rhein zu übersetzen, ist auf jener Seite nichts Wichtiges vorgefallen". ec. Schreiben des Freiherrn v. Wrede an den Speyerer Fürst-

zofen, vom General Landremont geführt, kam noch in jener Nacht auf den Karlsberg, entwaffnete daselbst, wie in Zweibrücken, alle herzogliche Soldaten. Die herzoglichen Pferde sammt Geschirre und Wagen, welche nicht geflüchtet waren, wurden abgeführt, und das herrliche Schloß arg verwüstet. Die Gefangenen wurden in Freiheit gesetzt, in der ganzen Umgegend aber Lieferungen ausgeschrieben und theilweise erpreßt. ³⁷³) Noch am 18. Februar hatte der General

bischof aus Mannheim vom 12. Feb. 1793. Karlsr. Archiv. S. U. — Gegen Ende dieses Monats befand sich Freiherr v. Wrede mit dem Pfalzgrafen Maximilian im Hauptquartiere des Königs von Preußen zu Frankfurt. Von dort schrieb derselbe am 27. Februar dem genannten Fürstbischofe: „Der Operations-Plan scheint mir, meinen geringen Einsichten nach, wohl überdacht und von den kaiserlichen Generälen Coburg, Hohenlohe und Wurmser einstimmig gemacht zu seyn. Da dieselben dermalen allein und prinzipaliter agiren, so mußte natürlich Preußen auch darin, wo es Anstände hatte, nachgeben. Man ist übrigens von Seiten der alliirten Mächte noch gar nicht mit dem Benehmen des Kurfürsten — Karl Theodor — zufrieden und will ihm seine Neutralität entgelten lassen. Sogar den vortrefflichen Herzog — von Zweibrücken — hatte man übel deßwegen ansehen wollen. Allein ich glaube daß man demselben — ausgenommen sein zu langes Verweilen auf dem Karlsberge — nichts mehr zu Last leget. — Gestern wurde der junge Eisenmeyer, welcher Mainz mit verkauft haben soll, eingebracht. Er wird vermuthlich in einigen Tagen die Ehre haben, zu hangen. — Die hier anwesenden preußischen Generäle, Minister und hauptsächlich die auswärtigen Gesandten, wollen immer noch dem Herzog von Braunschweig vielfältiger Verzögerungen und veranlaßter Irrungen beschuldigen. Desto mehr aber lobt man den König.“ Am 6. März schrieb derselbe abermals aus Heidelberg: „. . . Die Preußen zaudern immer noch und halten unsern vortrefflichen Grafen v. Wurmser auf in seinem Vorhaben. Dennoch werden nur wenige Tage mehr in Ruhe zugebracht werden“. Am 25. desselben schrieb er wiederholt an den Speyerer Fürstbischof aus Heidelberg: „Graf v. Wurmser besteht auf dem Uebergange über die Mannheimer Rheinbrücke, weßwegen er dem Herrn Minister v. Oberndorff eine Note übergeben und 4000 Mann von der Mannheimer Garnison verlangt hat. Der Minister antwortete, daß er höchsten Ortes — in München — anfragen müsse. Ich bin hier schon mehrere Tage mit Vorbereitungen zum Uebergange beschäftiget. Ich habe bereits 100 große Nachen beisammen“. ꝛc. ꝛc. Karlsr. Archiv. S. U. Graf v. Wurmser hatte damals sein Quartier in Heidelberg bei der erst kürzlich verwittweten Mutter des Freiherrn v. Wrede. — ⁴⁷³) Hierüber haben wir folgende Nachrichten aus Roßelben: Am 10. und 11. Feb. 1793 rückte der Divisionsgeneral der Moselarmee, Destournelles, im Zweibrückischen ein. Alsbald wurden von dem Generalinspector der Lebensmitteln, Tissot, und von dem Inspector der Pferde, Guerineau, an die umliegenden Aemter verschiedene Requisitionen gestellt.

Landremont, bisheriger Commandant in Saarbrücken, sein Quartier auf dem Karlsberge.

Das siegreiche Vordringen der kaiserlichen Armee in den Niederlanden bestimmte auch die Armee der Verbündeten, am Oberrheine den Feldzug zu beginnen. Da der Kurfürst von der Pfalz den Verbündeten nicht gestattete, den Rhein bei seiner Festung Mannheim zu überschreiten, so wurde vom König von Preußen die Gegend Bacherach bestimmt, wo seine Truppen am 25. bis 27. März den Strom übersetzen sollten.[174]) Der Obrist Szekely ward angewiesen, mit etwa eilf Hundert Mann leichter Truppen schon früher aufzubrechen, um den Hundsrücken zu beobachten. Die Generäle v. Romberg und v. Köhler hatten ihn von Coblenz aus mit ihren Schaaren zu unterstützen. Schon am 9. März stand Szekely auf dem linken Rheinufer bei St. Goar. Am 14. März war er bis nach Strom-

---

Ersterer verlangte am 13. Februar vom badischen Amte Grävenstein, unter Androhung militärischer Verfolgung, 100 Säck. Waizen; der Zweite aber am folgenden Tage 800 Ranzionen Heu und eben so viel Stroh, jede Ranzion zu 20 Pfund, und 20 Säcke Hafer. Französische Reiter überbrachten diese Befehle am 15. desselben nach Kobalben. Nach längeren Verhandlungen befriedigte man die Commissäre mit 100 Malter Hafer, 201 Centner Heu und 100 Bund Stroh, was ohne Fuhrlohn 1091 fl. kostete. Die ersten französischen Soldaten, welche in Kobalben am 9. auf den 10. März übernachteten, waren 36 Mann vom ehemaligen Regimente „Nassau" mit einem deutschen Offiziere und der Regimentsschneiderei, die sich aber gut benahmen. Am 3. April waren etwa 800 französische Flüchtlinge im Anmarsche, welche die Einwohner in großen Schrecken setzten. In allen Dörfern wurde Sturm geläutet, weßhalb die gefürchtete Schaar bei Horbach sich wieder zerstreute. Die Preußen waren bereits im Anzuge. Am 8. April forderte der preußische General v. Pfau, daß das Amt Grävenstein 300 Säcke Hafer nach Kaiserslautern liefere. Karlsr. Archiv. G. A. — [174]) In der Nacht vom 15. auf den 16. März gab es die erste Bewegung in Mannheim. Die Franzosen befürchteten in jener Nacht den Rheinübergang der Kaiserlichen bei dieser Stadt. Sie hatten daher in der dortigen Gegend ein Corps von etwa 10,000 bis 12,000 Mann zusammengezogen. Die eine Hälfte lagerte sich bei der Friesenheimer Schanze, die andere Hälfte an der Mundenheimer Au, um den vermeintlichen Uebergang der Kaiserlichen von zwei Seiten zu drängen. Vergeblich hatte Graf v. Wurmser wegen des Ueberganzes bei Mannheim mit der dortigen Regierung unterhandelt. Er mußte daher seinen Plan, den Strom an dem Mannheimer Holzhofe zu übersetzen, aufgeben, um dieß später bei Ketsch zu bewerkstelligen. Bericht aus Mannheim vom 16. März. 1793. Vergleiche Häusser's Deutsch. Gesch. Th. I. S. 542.

berg, am 16. aber noch weiter gegen Bingen vorgerückt, wurde aber am
folgenden Tage troß aller Tapferkeit von den Republikanern zurückgedrängt. Am 19. März zog Custine, welcher noch am 16. desselben Kaiserslautern und die Umgegend besucht hatte, [375] aus Mainz,
ohne zu ahnen, daß er dorthin nie mehr zurückkehren werde, nach
Kreuznach, welches, troß der Einsprache des Kurfürsten von der
Pfalz, auf seine Besehle möglichst durch Schanzen, Wälle und Gräben befestigt war. Houchard, welcher bisher dort lagerte, rückte gen
Stromberg vor. Am 20. März kam es bei Stromberg unter der
Anführung des genannten Generals mit der Vorhut des Obristen
Szekely zu einem blutigen Schaarmüzel, bei welchem, aller Tapferkeit
ungeachtet, der Leßtere der Uebermacht der Republikaner weichen mußte.
Dieß veranlaßte, daß der Prinz von Hohenlohe-Ingelfingen schon
am 21. März den Rhein bei Bacherach mit seinem Corps übersetzte
und, vereint mit den Truppen der Generäle v. Romberg, v. Köhler
und des Obristen Szekely, dem Feinde entgegenzog. [376] Am 26.
März wurde Stromberg den Franzosen wieder entrissen. Am folgenden Tage ward Neuwinger nach heftigem Kampfe zuletzt von seinen
Truppen verlassen, aus seiner verschanzten Stellung bei Waldalgesheim verdrängt und, aus vier Wunden blutend, mit 150 seiner
tapfersten Kämpfer gefangen. Custine hatte ihn ohne Hilfe gelassen
und floh, ohne den siegenden Preußen sonderlich zu widerstehen. Diese
zogen am 28. März in Kreuznach siegreich ein. Ein Theil derselben rückte
Bingen entgegen. In der Nacht vom 28. auf den 29. März besetzten sie
den Rupertsberg bei Bingen. Einige Haubißen-Kugeln wurden in
diese Stadt entsendet, worauf die dortige französische Besaßung aus-
riß und nach Mainz eilte. [377]

Am 26. und 27. März hatte der Kern der preußischen Armee,
den König im Gefolge, bei Bacherach unbehindert den Rhein übersetzt.
Zur Belagerung der Mainzer Festungswerke auf der rechten Rheinseite
hatte der König unter dem General v. Schönfeld etwa 10,000 Mann

---

[375] Custine's Adjutanten Barthelemy und St. Cyr hatten dort eine feste
Stellung eingenommen und längs dem Glanthale ihre Posten aufgestellt.
Mémoires par G. St. Cyr. tome I. p. 40. et suiv. — [376] Am 24. März
war Houchard mit 3,000 Mann Infanterie, 500 Mann Cavallerie und 12 Ca-
nonen in Sobernheim eingezogen, aber an demselben Tage wieder nach Kreuznach zurückgekehrt. Amtlicher Bericht. Karlsr. Archiv. P. A. — [377] Näheres
hierüber: Der französische Freiheitskrieg. Th. I. S. 74.

zurückgelassen. Am 24. März rückte der preußische General von Kalkreuth mit etwa 6,000 Mann in Birkenfeld und· vier Tage später in Oberstein ein. General Destournelles, der auf Cüstine's Aufforderung von Zweibrücken bis nach St. Wendel vorgerückt war, ging am 24. nach Breitenbach und am 25. nach Waldmohr, um Unterstützung nach Kreuznach zu bringen. Am folgenden Tage lagerte er zu Kusel und am 27. März zu Lauterecken. Hier rief ihn aber der Oberbefehlshaber der Moselarmee, Ligneville, wieder zurück. Destournelles nahm sofort den Rückmarsch über Kaiserslautern und Homburg nach Saarbrücken. [376])

---

[376]) Wegen dieses Rückzuges wurde sowohl Ligneville, als Destournelles vom Nationalconvente abgesetzt. General d'Aboville übernahm einstweilen das Commando der Moselarmee, welches jedoch bald dem Houchard übertragen wurde. Gesch. der Kriege. Th. I. S. 179. — In der Nacht vom 28. auf den 29. März nach 12 Uhr zogen viele Franzosen zerstreut in Kaiserslautern vom Glane her ein. Sie brachten mehrere Wagen mit Verwundeten aus einem Scharmützel bei Grumbach. Am 29., Morgens 7 bis 10 Uhr, rückte das ganze Corps des Generals Destournelles ein. Die Infanterie lagerte sich auf dem Kaisersberge zur Linken des Schlosses. Das Hauptquartier nahm der General mit einem Theile der Reiterei in der Stadt. Die übrigen Truppen wurden in die Dörfer Moorlautern, Erlenbach, Sambach und Otterbach verlegt. Noch in derselben Nacht, nach der Mitternachtsstunde, brachen sie unerwartet und eilig auf, um gegen Homburg zu ziehen. Sie nahmen mehrere Wagen mit Fourage mit. Noch 84 Fuhren waren hiefür im Anzuge, die aber wegen der Eiligkeit nicht konnten beladen werden. Am 30. März, gegen 3 Uhr des Nachmittags, kamen etwa 30 Wurmser Husaren in die Stadt. Sie hieben alsbald den Freiheitsbaum nieder, den der Stadtrath aus Furcht, die Franzosen dürsten zurückkehren, noch nicht hatte beseitigen lassen. Bald hierauf ritten die Husaren wieder nach Wolfstein zurück. Am folgenden Tage erschienen 60 Mann dieser Cavallerie in Otterberg. Die Wege von Wolfstein bis Lautern wurden eilig hergestellt, um die Artillerie leichter fortbringen zu können. In der Nacht vom 30. März sind etwa 800 Mann Republikaner in Frankenstein eingetroffen, wohl, um den Rückzug der französischen Truppen zu decken. — Am 3. April, Morgens 10 Uhr, kam die erste preußische Patrouille von dem Freicorps des Obristen v. Szekely, aus 30 Mann bestehend, nach Kaiserslautern, welche sich nach 2 Uhr wieder gen Dürkheim zurückzog. Am folgenden Tage kam abermals eine preußische Patrouille nach Kaiserslautern, welche sich sehr freundlich und höflich benahm. Berichte des Oberamtes Lautern vom 31. März und 4. April 1793. Karlsr. Archiv. P. A. Am 15. April kam die Nachricht nach Lautern, daß die Franzosen bei Zweibrücken und Homburg wieder vorrückten. Daher zogen die Preußen aus Lautern und lagerten sich auf dem Kaisersberge, wo sie auch schon bisher ihre Kanonen aufgepflanzt hatten. Am folgenden Tage erhielten sie Zuzug von Dürkheim. Ebendaselbst.

Cüstine hatte ohne sonderlichen Widerstand in Eile seine Stellung bei Kreuznach verlassen und sich landeinwärts gen Alzei gewendet. Houchard deckte hier mit 12,000 Mann dessen Rückzug. Als sich am 29. März die Verbündeten bei Alzei zeigten, räumten die Republikaner auch diese Stadt, ohne einen Kampf zu wagen. Am 30. desselben lagerten sie zu Worms und bei Pfeddersheim. Cüstine hatte indeß Befehl gegeben, daß 7,000 Mann aus Mainz über Oppenheim nach Worms zur Unterstützung herbei eilen sollten. Diese kamen am genannten Tage gegen Abend von den Generälen Schaaf und Deblou befehligt, mit vielem schweren Geschütze von Oppenheim gen Alsheim. Dort stießen sie auf die Nachhut des Prinzen v. Hohenlohe, bei welcher bereits auch der König und der Kronprinz von Preußen mit dem Prinzen Ludwig lagerten. Durch die erste feindliche Kanonenkugel, welche in der Nähe des Königs zu Boden fuhr, aufgeschreckt, gab derselbe sogleich Befehl die Republikaner anzugreifen, bei welchen jetzt zu ihrer nicht geringen Verwirrung der Volksrepräsentant Merlin von Thionville das Commando übernommen hatte. Die Franzosen wurden bald mit vielem Verluste zurückgedrängt. [379] In ihren Reihen waren auch viele Mainzer Clubisten, welche nach Frankreich entfliehen wollten und mehrere Bürger von Mainz, welche man als Geißeln mitgeschleppt hatte. Diese wurden sogleich in Freiheit gesetzt, die eingefangenen Clubisten aber in Ketten gelegt und zum Verwahr auf die Veste Königsstein im Taunusgebirge und nach Ehrenbreitstein gebracht. [380]

An demselben Tage in der Frühe stieß die Vorhut des Prinzen v. Hohenlohe bei Abenheim auf eine gegen Worms zurückkehrende

---

[379] Ausführlich: Der franz. Freiheitskrieg. Th. I. S. 80. u. ff. Schon um 4 Uhr Morgens am 31. März war der König von Preußen mit dem Herzoge von Braunschweig auf den Oppenheimer Höhen. Er ritt dann durch Oppenheim nach Guntersblum, wo er in dem schönen Schloße des Grafen von Leiningen sein Hauptquartier nahm. — [380] Schon früher hatten die Franzosen 16 der rechtschaffensten Mainzer Bürger als Geißeln gebracht. Am 5. April 1793 kamen sie nach Straßburg. Erst bei der Uebergabe von Mainz ward ihre Freigebung bedingt, von den Franzosen aber nicht beachtet. — Unter den später nach Ehrenbreitstein und dann auf den Petersberg bei Erfurt gebrachten Clubisten waren namentlich auch Schlemmer, Becker, Caprano, Metternich, Georg Karl und Franz F. ꝛc. ꝛc. Sie hatten Vieles zu erdulden, bis sie, im Austausche gegen deutsche Gefangene in Frankreich, wieder freigegeben wurden.

Abtheilung Republikaner. Bei Rheindürkheim gelang es der sie
verfolgenden preußischen Cavallerie, in ihre Reihen einzubrechen und
ihr die Kanonen mit 1,400 Gefangenen abzujagen. Auch bei Oberflörsheim hatten an jenem Morgen die Reiterschaaren des Generals
v. Eben und des Obristen von Szekely ein blutiges Gefecht mit
den Franzosen, welches diese nöthigte, ihre Stellung bei Pfeddersheim und Worms aufzugeben. Sie zerstörten in letzterer Stadt ihre
reichen Magazine und steckten in dieser Absicht die alte, ehrwürdige
Stiftskirche zu Neuhausen in Brand. Auf das Osterfest — den
31. März — verließen die Franzosen Worms. Custine wollte seine
Schaaren noch bei Frankenthal in Schlachtordnung bringen, allein
es gelang ihm dieß nicht. Auch die Truppenabtheilungen, welche
bisher in Worms, Frankenthal und in den Schanzen bei Oggersheim und Friesenheim lagerten, um den General v. Wurmser zu
beobachten, hielten nicht länger Stand. Das reiche Magazin zu
Frankenthal wurde ebenfalls von den Republikanern den Flammen
preisgegeben. [331])

An demselben Festtage, an welchem die Franzosen vor den Preußen
aus Worms flohen, räumten sie auch Speyer vor den nahenden
Oesterreichern. Von diesen hatten schon am Charsamstage unter der
Anführung des Grafen v. Wurmser etwa 9,000 Mann auf Nachen
und Nähen bei Ketsch den Rhein übersetzt. Die von den Franzosen
unterhalb Speyer und bei Otterstadt und Waldsee aufgeworfenen
Schanzen hinderten sie wenig. Ohne besonderen Widerstand zu
leisten, steckten die Republikaner auch zu Speyer ihre Heu- und
Stroh-Magazine in Brand, so daß fast die ganze Stadt in Rauch
eingehüllt war. Der geräumige „Dorfspeicher," der südliche Abschluß des Kreuzganges der Kathedrale, stand in lichten Flammen.
Man bot Alles auf, diesen der Kathedrale höchst gefährlichen Brand
zu löschen, was auch gelungen ist. Die schöne Minoritenkirche sollte
ebenfalls den Flammen preisgegeben werden, was jedoch glücklich

___

331) Ferette war hier französischer Commandant. Das Frankenthaler
Magazin soll 25,000 Scheffel Hafer und Spelz, 100,000 Centner Heu und
200,000 Gebund Stroh enthalten haben. Nach einem Bericht aus Mannheim
vom 31. März 1793 zogen an jenem Tage der General Mouthier mit 8,000
und die Generale Wimpffen und Houchard mit 6,000 Mann sammt Cavallerie
und Artillerie durch Oggersheim. Die Kurpfälzer besetzten alsbald die verlassenen Schanzen bei Friesenheim.

verhindert wurde. Die in diesem Kloster einquartirten Franzosen
hatten bereits die Keller eingebrochen und die dort lagernden Weine
angegriffen. Nachmittags gegen 3 Uhr zogen die österreichischen
Vortruppen zu Fuß und zu Pferd in Speyer ein und wurden mit
Jubel begrüßt. Alsbald wurde ausgerufen, diesen Kriegern, welche
theilweise schon seit 24 Stunden ohne ordentliche Nahrung waren,
mit Speise und Trank beizuspringen, was auch freudig geschah. Erst
am 2. April zogen auch etwa 3,000 Mann Darmstädter, an ihrer
Spitze der Landgraf Ludwig, hier ein. Dieser nahm seine Woh=
nung in der schönen Dombechanei. Graf v. Wurmser hatte für
sich das Haus des Domcapitulars, Freiherrn v. Frankenstein, das
jetzige Präsidialgebäude, gewählt. Wie in Worms, so wurden auch in
Speyer die Clubisten eingefangen und einstweilen auf das Altpörtel
eingethurmt. General Custine war bereits am 1. April in Lan=
dau.[382] Seine Truppen lagen vor der Stadt und zogen sich bald
nach Weissenburg zurück. Er wälzte die Hauptschuld seines Un=
glückes auf den Kriegsminister, welcher durch den der Mosel=
armee gebotenen Rückzug von dem Glane dasselbe herbeigeführt
hätte, weßhalb Custine auch vom Nationalconvente verlangte, dem
Oberbefehle der Rheinarmee enthoben zu werden. Von den Ober=
befehlshabern der verbündeten, deutschen Armeen wurde diese Schwäche
und Verwirrung der flüchtigen Republikaner nicht genügend benützt.[383]

[382] Houchard schrieb am 4. April aus Nußdorf an den König von Preu=
ßen, welcher sein Hauptquartier in Guntersblum hatte, und beschwerte sich,
daß dort am 30. März Franzosen wären niedergehauen worden, nachdem sie
bereits das Gewehr gestreckt hatten. — [383] Die Armee Custine's, unzufrieden
mit ihrem Führer, dessen Beruf zum Feldherrn sie seit dem Kampfe zu Hoch=
heim sehr bezweifelte, mißvergnügt mit den Conventsabgeordneten in ihrer
Mitte, fast flüchtig bis zu den Linien der Queich — war nun ein Bild der
Auflösung und Schwäche. Hätten die Verbündeten diese Zerrüttung der fran=
zösischen Rheinarmee alsbald benützen wollen und können, würden alle
Reichscontingente pflichttreu eingetroffen seyn und gegen die flüchtigen Re=
publikaner mitgewirkt haben: gewiß, die Eröffnung dieses Feldzuges am Ober=
rhein würde über den ganzen Krieg entschieden haben. Allein die günstige
Zeit zum Siege verstrich ungenutzt. Die Eroberung von Mainz wurde nun
E h r e n s a c h e und die der Grenzen — V a t e r l a n d s s a c h e. Die französische
Rheinarmee bekam Zeit, sich zu erholen. Custine besetzte und verschanzte die
Linie an der Queich. Houchard, welcher später den Oberbefehl über die Mo=
selarmee erhielt, besetzte und verschanzte die Umgebung von Hornbach, um die
Feste Bitsch zu decken, die Verbindung zwischen Elsaß und Lothringen zu

§. 2. Wiedereinsetzung des Stadtrathes in Speyer und Bestrafung der Clubisten.

Schon am 6. April schrieb der Graf v. Wurmser an den Bürgermeister Petsch in Speyer, daß er den ehemaligen Stadtrath wieder feierlich in sein Amt einsetzen wolle und verlangte deßhalb die Namen der einzelnen Mitglieder. Zugleich erließ er den Befehl, daß alle Placate und Abzeichen der Neufranken abgenommen, die dreifarbigen Cocarden auf das Rathhaus abgeliefert, und zum Beweise der alten städtischen Gerichtsbarkeit, der Lasterstein, das Halseisen auf dem Markte und der Galgen auf der Richtstätte aufgerichtet, und namentlich auch alles den treuen Bürgern geraubte und hier verkaufte Eigenthum zurückgegeben werden müßte. „Mit dem innigsten Gefühle der Ehrerbietung und Freude vernahm der Magistrat diese Erklärung entgegen, und meldete dem Grafen am folgenden Tage, mit frohem Verlangen dem Augenblick entgegen zu harren, in welchem er wieder in seine uralte Verfassung werde eingewiesen werden. Er erklärte sich dabei bereit, die weiter gegebenen Befehle zu vollstrecken.“ Bezüglich des hier bestandenen Jakobiner-Clubs bemerkte der Magistrat, daß nur „wenige, verblendete Bürger bei dieser, von den Franzosen errichteten Gesellschaft gewesen, und daß diese nicht genug ihren Fehltritt bereuen könnten.“ Im Gedränge der Geschäfte und bei den Unruhen der Heerzüge verschob man die feierliche Wiedereinsetzung des alten Magistrates bis zum 21. Mai, auf den Pfingstdienstag. **) Da Graf v. Wurmser bereits sein Hauptquartier

---

erhalten und die Vogesenthäler an der Queich noch unüberwindlicher zu beherrschen. Der franz. Freiheitskrieg. Th. I. S. 89. — Vergleiche hiezu: Sybel's Gesch. der Revolutionszeit. B. II. S. 326. Spannung und Eifersucht zwischen Preußen und Oesterreich untergruben die Ehre und das Wohl des deutschen Vaterlandes. Graf v. Wurmser wollte rasch vorwärts; Herzog von Braunschweig aber nur mit aller Vorsicht der alten Methode langsam und sicher verfahren. Daher fehlte schon am Anfange das gedeihliche Zusammenwirken. Der Herzog meinte, mit der Eroberung von Mainz sei die Hauptaufgabe der Preußen gelöst; weiteres Vorgehen schien ihm eine Arbeit für Oesterreichs Vergrößerung im Elsaße. Vergleiche Häusser's deutsche Gesch. Th. I. S. 566. — **) Unterm 12. Mai 1793 erließ der Kaiser, in Folge des Reichsgutachtens vom 18. Februar und der Kriegserklärung vom 22. März d. J., bezüglich der damaligen Volksverführer und Ruhestörer und des Friedensbruches Frankreich, ein scharfes Mandat. Darin wurde 1) allen Reichsvasallen und Unterthanen der Kriegs- und Civildienst bei den Franzosen gänzlich verboten;

in Altdorf hatte, so wurde der hiesige k. k. Commandbilik und Generalmajor, Prinz Johann von Lothringen, mit dieser Feierlichkeit beauftragt. Die ganze Bürgerschaft war dazu eingeladen. Der Prinz hielt dabei eine Ansprache, welche die Haltung der Speyerer bei dem fränkischen Umsturze sehr rücksichtsvoll beurtheilte. ***).

---

2) allen Unterthanen die Förderung und Theilnahme an Volksaufwiegelung, an Abänderung der Verfassungen ꝛc. ꝛc. untersagt; 3) die Gefangennehmung und Bestrafung solcher Verräther und Aufrührer empfohlen; 4) das Belassen französischer Geschäftsträger im deutschen Reiche bedroht; 5) jede Zufuhr und Unterstützung der Franzosen mit Kriegsbedürfnissen, Pferden, Früchten ꝛc. verboten; 6) das französische Papiergeld im deutschen Reiche zurückgewiesen und als verbotene Waare erklärt; 7) alle verdächtige Briefe und Postpakete der Obrigkeit anzuliefern und 8) alle aufrührerische Schriften aufzufangen und zu unterdrücken, verordnet. — Dieses Mandat wurde auch alsbald in Speyer bekannt gemacht. — ***) Stadtarchiv. Nr. 147. Wir lassen die größere Hälfte dieser Ansprache hier folgen: „Den besonderen Eifer, mit dem der hiesige Magistrat sowohl, als der größte Theil der Bürger sich in der Treue gegen seine beschworenen Pflichten ausgehalten hat; die unerschütterte Anhänglichkeit, mit welcher der Magistrat und die Bürgerschaft auf der Beibehaltung der so gerechten, als sanften, alten Verfassung bestanden und die Annahme der französischen Constitution ausgeschlagen hat; dieser beharrliche Muth, der nur endlich der allzugroßen Uebermacht bei der bekannten, bedrängten Lage weichen konnte; stellet einen redenden Beweis her, daß nur äußerer, unüberwindlicher Dräng, keineswegs aber freier Wille und innere überzeugende Anhänglichkeit an den französischen Freiheitstaumel sie von ihrer vorigen Verfassung abgestimmt und an jene der Franzosen angeleitet habe. Der ebevor in den Zünften von den Bürgern einstimmig gefaßte, den heißen Wünschen des Magistrats entsprechende, feste Entschluß, die in dieser Absicht angebrachten Gegenvorstellungen zeigen von reinen, patriotischen Gefühlen, mit welchen der Magistrat und die Bürgerschaft gegen Seine Majestät und das heilige, römische Reich noch zur Zeit des feindlichen Druckes beseelt waren; dieß spricht laut für ihre beiderseitige, ungebrochene, innerliche Treue; bürget für die in geheim gehegte edle Absicht des Magistrats, der neuen, ihm aufgedrungenen Verfassung nur dem äußern Scheine beizutreten, durch den hiebei gewinkenden Einfluß aber zum allgemeinen Besten, zum einzelnen Wohle des Bürgers thätig zu wirken, nur künftigen, größeren Uebeln und Zerrüttungen steuern zu wollen. Von dieser Ueberzeugung geleitet, haben Seine Excellenz der commandirende Herr General, Graf v. Wurmser, mich bevollmächtigt den ebevor bestandenen Magistrat, öffentlich und feierlich im Namen Sr. Majestät in seine vorigen Rechte und Freiheiten einzusetzen. Ich bestätige sie also hier, versammelte Mitglieder des speyerischen Magistrats, in ihren von jeher begleiteten Aemtern und Würden. Erfüllen sie künftighin ihre Amtspflichten nach den Grundsätzen des Reichs und ihrer Staatsverfassung mit angemessenem Nachdrucke, mit aller Thätigkeit.

Nicht so glimpflich war das Loos der sechzehn eingefangenen Speyerer Clubisten bei diesem Bürgerfeste. Sie mußten unter eigener Ceremonie die vorgefundenen patriotischen Schriften und Verordnungen verbrennen und dabei den Freiheitsbaum niederreißen.[386] Außerdem wurden sie zur schimpflichen Bestrafung an dem neubefestigten Schandeisen auf dem Markte aufgestellt und mußten 14 Tage lang schwere Schanzarbeiten verrichten, ohne hierdurch ihre Freiheit wieder zu erhalten. Der lecke Buchhändler Ph. Wilh. Hauth und der Buchbinder Christ. Friedr. Zorn waren am Härtesten beschuldigt. Sie benahmen sich bei der Ausstellung auch minder reumüthig. Schon am folgenden Tage legte der Magistrat kräftige Fürsprache für die seligen Mitbürger ein. Er schrieb deßhalb an das kaiserliche

Ich empfehle ihrem Strenge und gerechte Justizpflege. Trachten sie, meine Herren! durch zweckmäßig-nützliche Polizeianstalten die allgemeine Sicherheit zu befestigen, dieselbe eifrigst zu unterhalten, nur die einzelne Wohlfahrt der Bürger zu bewirken. Besonders nehmen sie sich die Auseinandersetzung der zerrütteten Pupilarangelegenheiten zu Herzen; es sei eine ihrer heiligsten Pflichten, das Vermögen jener zu sichern, gut zu verwalten, welche weder sich zu leiten, noch ihr Habe zu besorgen, hinlängliche Kräfte besitzen. Ueberhaupt aber lassen sie sich's angelegen seyn, durch rastlose Anstrengung, durch ihre unermüdete Sorgfalt und Eifer in ihren obliegenden Amtspflichten, endlich durch ihre standhafte Treue und Anhänglichkeit einen neuen Beweis zu geben, daß sie nichts sehnlicheres, als sich um das zu ihnen gefaßte Vertrauen mehr und mehr verdient und würdiger zu machen wünschen. Sie aber, gegenwärtige Bürger dieser Stadt, ermahne ich auf ihren dem nun in seine Rechte eingesetzten Magistrate schuldigen, unverbrüchlichen Gehorsam, ich verweise sie zur Ruhe und stillen Eintracht. Fahren Sie fort in ihrer erkannten Treue und Ergebenheit gegen Seine Majestät und das heilige römische Reich; sie werden die Belohnung in dem Bewußtseyn ihres unsträflichen Gewissens, in ihrem eigenen Wohl, in ihrer wahren Glückseligkeit finden". 2c. 2c. — [387] Rigs. Gesch. der Bischöfe. B. II. S. 788. Weit härter wurden die Clubisten in Worms, ja auch die Frauen derselben, behandelt. Sie mußten den dortigen Freiheitsbaum umhauen und in kleine Stücke zerhacken, was unter großem Zusammenlaufe der Bewohner geschehen ist. Sie mußten das dortige fürstbischöfliche Schloß, welches die Republikaner zu einer Caserne verwendet und in dem ekelhaftesten Zustande verlassen hatten, aussegen. 2c. 2c. Die preußischen Husaren streiften dort allenthalben umher und machten Jagd auf die sogenannten Patrioten. Diese wurden haufenweise zusammengebracht und nach Königstein und in andere Gefängnisse gebracht. Dorthin wurde auch der bisherige Maire von Worms, Conrad v. Winkelmann, unter unglaublichen Drangsalen abgeführt. Siehe Ausführliches hierüber in der Schrift: „Die Franzosen am Rheinstrome." 1794. Heft II. S. 248 und Heft III. S. 14 u. ff.

Generalcommando: „Die Büßenden haben ihren Fehltritt jetzo genug
bereut und die öffentlich ausgestandene Strafe sich tief zu Gemüthe
gezogen. Ein längerer Arrest, oder eine weitere Strafe würde den
Fortgang ihrer Nahrung und ihre häuslichen Geschäfte hemmen. Hierunter und unter dem bei weiteren Strafmitteln sehr wahrscheinlich
erfolgenden Verluste ihrer Gesundheit, würden ihre Weiber und
Kinder unschuldig leiden. Aus der Untersuchung wird sich auch
ergeben haben, daß die Meisten mehr durch Uebereilung und Furcht,
als durch sträflichen Vorsatz gefehlt haben. Endlich ist das ganze
Publikum durch die gestrige öffentliche Exekution nunmehr befriedigt
und dadurch einer der Hauptzwecke beim Strafen, nämlich die Warnung durch Beispiele erreicht, so daß fortgesetzte Strafmittel keinen
sonderlichen Eindruck mehr machen dürften." ꝛc. ꝛc. Diese Bittvorstellung hatte nur die Wirkung, daß Einige der Gefangenen am
27. Mai freigegeben wurden. [387]) Die übrigen mußten mitarbeiten,
die bei dem hiesigen Krahnen und an anderen Stellen des Rheines
von den Franzosen aufgeworfenen Schanzen zu schleifen. [388]) Unterm
25. Mai schickte auch der Freiherr von Dalberg fünf unruhige
Unterthanen von Essingen — darunter Jacob Lipps — zur Ein-
thurmung nach Speyer. Sie saßen zuerst auf dem Stabsstockhause,
wurden aber später auf das Altpörtel gebracht. Auch aus dem
Degenfelder Amte Altdorf brachten die Oesterreicher mehrere Clubisten
hieher. Sie lagen auf dem Altpörtel bis zum 10. Dezember 1793,
wo sie zur Nachtzeit gewaltsam aus diesem Gefängnisse ausbrachen. [389]) Noch am 3. September 1793 sendete der preußische
General, Freiherr v. Kalkstein zu Pirmasenz, zwei Bürger von
Dahn nach Speyer, welche sich als Anhänger der neufränkischen
Grundsätze verdächtig gemacht hatten und die daher einstweilen auf
dem Altpörtel sich eines Besseren besinnen sollten. [390])

---

[387]) Nämlich: Johann Eberhard, Karl Blaul, Georg Roll und J. Jüh. —
[388]) Laut amtlicher Bescheinigung des Freiherrn v. Wrede, ausgestellt im
Hauptquartiere zu Weingarten den 6. Juni 1793, waren die auf dem städtischen
Gebiete dahier errichteten Schanzen bereits alle geschleift. — [389]) Darunter
der protestantische Pfarrer Hirthes, Georg Adam Klein, Justus Neumann von
Freisbach. — Unterm 11. Juli 1797 richtete der Minister des Aeußern, C.
H. Delacroix aus Paris, wohin sich die Gemeinden Altdorf, Freisbach und
Gommersheim gewendet hatten, um ja nicht bei dem abzuschließenden Frieden
von Frankreich getrennt zu werden, ein Beruhigungsschreiben an den Bürger Joh.

Noch unterm 22. Juni 1793 fleheten mehrere, „wegen unbe-
sonnener Theilnahme an dem hiesigen französischen Club inhaftirte
Bürger voll schmerzhafter Reue" den Magistrat an, sich bei dem
General v. Wurmser zu verwenden, damit derselbe „als erhabener
Menschenfreund bewogen werden möge, den begangenen Fehler groß-
müthigst zu verzeihen und sie aus dem langwierigen und ihrer
Haushaltung und Gewerbe so nachtheiligem Arreste christmildigst zu
entlassen." Der Magistrat erfüllte diese Bitte seiner unglücklichen
Bürger. [301]) Er bemerkte in seiner beßfallsigen Fürsprache, daß
die Inhaftirten keine solche offenbare Freiheitsprediger, Rebellen,
oder eingedrungene französische Beamten seyen, wie man in benachbarten Ortschaften gefunden und daß sie durch das bereits fünf-
wöchentliche Gefängniß, durch die öffentliche Schimpfstrafe und die
vierzehntägige Schanzarbeit ihr Vergehen dürften gebüßt haben."
Dieser Fürsprache war jedoch die Verwahrung beigefügt, daß „in
dem Falle sich dieselben noch ein weiteres Vergehen, als das von
ihnen bekannte, zu Schulden gemacht haben, oder etwa irgend eine
Art Spionerei auf sie heraus gekommen seyn sollte, der Magistrat
weit entfernt ist, sich um eine Strafmilderung zu verwenden." Wir
fanden nicht, daß diese Fürsprache des Magistrats von einem günstigen
Erfolge für seine unglücklichen Mitbürger gewesen sei. [302])

Jakob Fried in Landau. Siehe Landauer Dekaden-Blatt vom 28. Juli
1797. — [300]) Sie hießen Jakob Kloffer und Mich. Lukas. Kreis-Archiv.
S. A. Nr. 9. — [301]) Darunter waren: Joh. Andreas Müller, Joh. Jak.
Bolz, und der schon genannte Hauth und Zorn. ꝛc. ꝛc. — [302]) Stadtarchiv.
a. a. O. Auch aus der Pfalz und aus dem Zweibrückischen wurden Viele,
welche sich bei dem Freiheitsschwindel schuldig gemacht hatten, aufgegriffen
und auf den Dilsberg am Nekar ins Gefängniß gebracht, wo sie theils
durchbrachen, wie z. B. Michael Klein und Georg Lenz von Bergzabern, Abra-
ham Schüller von Mühlhofen, Joh. Georg Schulz von Jägersburg. ꝛc., theils
erst im April des Jahres 1795 im elendesten Zustande ihre Freiheit wieder
erhielten, wie z. B. Jakob Stephan von Klingen, Peter Sieber von Billigheim, Heinrich Frey, Georg Heß, Juliana Frey, Katharina Großgroß, Su-
sanna Krapp, sämmtlich von Petersheim. Reichsarchiv. Z. A. Nr. 912.
Uebrigens begnügte sich der Kurfürst von der Pfalz zuletzt mit einem Ab-
mahnungsbefehl für die Zukunft und „wischte den Schwamm über alles Ver-
gangene". Am 24. Juni 1793 wurden Daniel Füger, Greffier der Munizipalität zu Rülzheim, und Valentin Schulz, Schullehrer von Herxheim, welcher sich auf den dortigen Kirchthurm geflüchtet hatte, als Anhänger der Franzosen in das Stockhaus zu Marientraut gefänglich eingebracht. Karlsr. Archiv. S. A.

§. 8. Weitere Kriegsläufte bis zur Abberufung Custine's von der Rheinarmee.

Sobald der greise General v. Wurmser den Rhein übersetzt und Speyer eingenommen hatte, war ihm vor Allem daran gelegen, sich des wichtigen Postens an der Queich-Mündung, der verschanzten Stadt Germersheim, zu bemächtigen. Schon am 1. April sendete er zu diesem Zwecke den Obristen des Regimentes „Pellegrini" mit einer Truppenabtheilung zur Recognoscirung aus. Diese Truppenabtheilung stieß zwischen Dudenhofen und Hanhofen auf die Feinde und wurde durch ein Scharmützel mit denselben aufgehalten. An demselben Tage hatte auch der Prinz v. Hohenlohe 1,900 Mann Dragoner nach Mutterstadt beordert, um die Republikaner aufzusuchen, die jedoch dort schon abgezogen waren. Der General v. Koßpoth rückte den Franzosen am Gebirge nach. Diese hatten bereits am Morgen des 1. April Dürkheim verlassen.[398] Am 2. April gebot der Graf v. Wurmser die Stellung der Franzosen an der unteren Queich näher zu untersuchen. Die kaiserliche Vorhut führte der General v. Fürstenberg. Dieser fand Germersheim vom Feinde verlassen. Diese Stadt wurde sofort von kaiserlichen Truppen besetzt. Noch an demselben Abende ritt der Oberbefehlshaber bis zur Spiegelbrücke zwischen Bellheim und Hördt, um seine Maßnahmen für den folgenden Tag zu treffen. Es wurde beschlossen, den Feind am folgenden Morgen in den benachbarten Dörfern zu überfallen. Der General v. Fürsten-

---

[398] Am 1. April zog die französische Besatzung Morgens 8 Uhr von Dürkheim weg, nachdem sie die vier dort erbauten Backöfen abgerissen und etwa 2,000 Säcke Mehl in die Isenach ausgeschüttet hatte. Etwa 500 bis 600 Säcke Mehl, welche sie nicht fortbringen konnte, blieben noch in ihrem Magazine zurück. Noch an demselben Tage, Nachmittags um 3 Uhr, kam eine Abtheilung preußischer Husaren. Den anderen Morgen rückten noch etwa 800 Mann Infanteristen in Dürkheim ein. Am 5. April, Morgens gegen 10 Uhr, kam der König von Preußen (?) mit starkem Gefolge dort an. Am folgenden Tage zogen mehrere Bataillone preußischer Truppen durch Dürkheim. Der Prinz von Hohenlohe nahm auf einige Tage sein Hauptquartier in Dürkheim und wohnte im fürstlichen Schlosse. Am 16. April brachen zwei Bataillone Infanterie und mehrere Husaren-Regimenter, die in Dürkheim und in der Umgegend lagerten, auf und nahmen ihren Marsch gen Kaiserslautern. Aus dem Tagebuch von Beaufort, einem ehemaligen franz. Offiziere und nachmaligem Sprachlehrer zu Grünstadt und Dürkheim, dessen Benützung wir der Güte des Herrn Pfarrers Lehmann zu Nußdorf verdanken.

berg mit diesem Angriffe beauftragt, führte ihn auch mit eben so
vieler Umsicht, als Tapferkeit aus. Die Franzosen wurden aus
den Dörfern Bellheim, Hördt, Kuhardt, Rülzheim, Rheinzabern und
Zeiskam verdrängt. Zuletzt kam es noch im Walde bei Leimers=
heim zu einem blutigen Zusammenstoße, bei welchem sich besonders
der kaiserliche Obrist v. Klenau und der Rittmeister v. Enzenberg
mit ihren Dragonern nicht wenig auszeichneten. Bei 300 Republi=
kaner wurden an diesem Tage getödtet und von den Kaiserlichen 60
Gefangene eingebracht. [304])

Am 4. April hielt der Herzog von Braunschweig mit dem
Grafen v. Wurmser, in dessen Hauptquartiere zu Speyer, eine Be=
rathung über die weiteren Unternehmungen und die Verlegung der
Truppen, welche am folgenden Tage vorgenommen wurde. Das
Hauptquartier des Grafen blieb zu Speyer mit der Artillerie=Re=
serve, einem Bataillon des Regimentes „Lascy" und zwei Bataillonen
des Darmstädter Leibregimentes. Das dritte Bataillon dieses Leib=
regimentes lagerte zu Schwegenheim. Die übrigen von den Kaiser=
lichen besetzten Dörfer waren außer der Stadt Germersheim, Lingen=
feld, Westheim, Weingarten, Freisbach, Sommersheim, Böbingen
und Freimersheim. Die Preußen übernahmen die Waffenkette,
welche von Benningen an das Gebirge, und von Neustadt thalein=
wärts über St. Lambrecht, Weidenthal, Frankenstein, Hochspeyer,
Kaiserslautern bis nach Landstuhl zog, welche aber bald auf Bitten
des Herzogs von Zweibrücken, der sein schönes Residenzschloß auf dem
Karlsberg erhalten wissen wollte, bis nach Homburg ausgedehnt wurde.

An demselben 4. April Nachmittags hielt der König von
Preußen unter dem Geläute aller Glocken seinen Einzug in Worms.
Am folgenden Tage hatte er in Frankenthal einen Besuch von dem
Herzoge Karl von Zweibrücken und dessen Bruder, dem Prinzen
Maximilian Joseph, denen wohl damals der vermeintliche Schutz
für den Karlsberg zugesagt wurde. [305]) Friedrich Wilhelm hatte

[304]) Tagzettel des k. k. Feldmarschalles v. Wurmser. — [305]) Laut der
obigen Note wäre der König Morgens den 5. April auch in Dürkheim ge=
wesen, was hiernach nicht ganz wahrscheinlich erscheint; er müßte denn von
Worms sich unmittelbar nach Dürkheim begeben und an jenem Tage nach
Frankenthal zurückgekehrt seyn. Am 5. April Abends war der Prinz von
Hohenlohe noch in Worms, am folgenden Tage jedoch in Dürkheim. Am
8. April war der König in seinem Hauptquartiere zu Guntersblum, wo auch

übrigens den Entschluß gefaßt, nicht früher in das Elsaß einzu=
bringen, bis Mainz den Händen der Republikaner würde entrissen
seyn. Dadurch erhielt Cüstine Zeit, seine Armee am Rheine auf
36,000 Mann zu verstärken. Bald stellte er eine Division von
19,000 Mann unter General Ferrieres bei Lauterburg, und Hou=
chard mit 16,000 Mann bei Weissenburg auf, während der General
Falk im Wasgauer Gebirge mit einigen Tausend Mann mehrere
verschanzte Posten besetzte, um dort die Verbindung mit der Mosel=
armee zu unterhalten. [396])

Als indessen Graf v. Wurmser erfahren hatte, daß der fran=
zösische General Dumouriez, welcher in den Niederlanden von Ab=
gesandten des Nationalconvents sollte gefangen genommen werden,
diese selbst ergriff, sie dem kaiserlichen Feldmarschalle, Herzog von
Coburg, auslieferte, und den Dauphin von Frankreich als Ludwig
XVII. zum Könige ausrief: versuchte derselbe am 8. April, den
Commandanten der Festung Landau, General Gillot, in einer Unter=
redung zu gleichem Schritte und zur Uebergabe dieser Festung zu
veranlassen. Er ritt daher mit mehreren Stabsoffizieren über
Oberhochstadt nach Dammheim. Dort entsendete er den Grafen v.
Gallenberg mit einem Trompeter nach Landau, um den Comman=
danten zu einer Unterredung einzuladen. Dieser versprach deßhalb
am „Freithofe“ mit dem kaiserlichen Feldmarschalle zusammen zu
treffen. Nach freundlicher Begrüßung eröffnete Letzterer dem Com=
mandanten, daß er bereits mit dem preußischen Armee=Corps des
Prinzen v. Hohenlohe nur in einer Entfernung von anderthalb

---

an jenem Tage der Herzog von Braunschweig weilte. Vergleiche: Die Fran=
zosen am Rheinstrome. Heft III. S. 15. Am 2. April 1793 wurde der
General = Major, Graf von Ysenburg, vom Kurfürsten der Pfalz als außer=
ordentlicher Geschäftsträger in das Hauptquartier des Königs von Preußen
geschickt, um diesen zu begrüßen, seine Dienste anzubieten und das Wohl der
kurpfälzischen Unterthanen und Landen, so lange der König auf pfälzischem
Boden weilt, bestens zu besorgen. Die Begleitschaft des Königs zählte ge=
wöhnlich 150 Personen und 300 Pferde und Maulthiere. Karls. Archiv. P. A.
Erst im Jahre 1798 wurde die Rechnung des Grafen von Ysenburg mit 9,300 fl.
berichtiget. Eine große Anzahl von Beschwerden, Bedrückungen, Ueberbür=
zungen 2c. hatte der Graf mit dem Generalcommando auf Weisung der Mann=
heimer Regierung zu erledigen. Auch der Hoflammerrath Bingner war bei
dem preußischen Heere im westlichen Theile der Pfalz kurpfälzischer Landcom=
missär vom 10. Mai bis Dez. 1793. — [396]) Gesch. der Kriege. Th. I. S. 181.

Stunden vor der Stadt ſtehe und die Belagerung derſelben ſtündlich unternehmen könne. Die deßfallſige Bedrängniß von Landau ferne zu halten, ſtünde ganz in der Gewalt des Generals, wenn derſelbe, wie bereits Dumouriez in den Niederlanden gethan habe, dem neuen Könige Ludwig XVII. huldigen und ihm jene Treue beweiſen wolle, welche derſelbe ſo viele Jahre hindurch deſſen unſchuldig gemordetem Vater gewiſſenhaft bewahrt hatte. Gillot erwiederte einfach: „Da ihm die Stadt von der franzöſiſchen Nation anvertraut und nicht ſein Eigenthum ſei, ſo könnte er dieſelbe nur mit Verluſt ſeines eigenen Lebens in fremde Hände kommen laſſen.“ Dieſer Erklärung ſtimmten auch die acht übrigen Offiziere, welche anfänglich ſechs Schritte zurückſtanden, bei, nachdem ſie ihnen ihr Commandant ſchließlich eröffnet hatte. [***]) Vier Tage ſpäter ſchickte der Graf auch ſeinen Adjutanten, Freiherrn v. Ettinghauſen, in das Lager Cuſtine's bei Weiſſenburg, um wahrſcheinlich auch dort eine gleiche Unterredung zu pflegen. Der Adjutant wurde mit verbundenen Augen in das Lager eingeführt. Von einem weiteren Erfolge war keine Rede. [***]) Dieſer konnte nicht mehr durch lockende Unterredungen, ſondern durch ernſten Waffenkampf, der jedoch nur allzulange auf ſich warten ließ, erzielt werden. [***])

[***]) Die ganze Unterredung ſteht ſehr ausführlich im Schwäbiſchen Merkur vom Jahre 1793. S. 192. Sowohl hier als ſpäter gehen wir nicht ausführlicher auf das, was die Belagerung dieſer Feſtung betrifft, ein, weil es uns zu weit abführen würde und dieſe Belagerung bereits in anderen Schriften näher geſchildert iſt. — [***]) Bericht aus Mannheim vom 16 April 1793. — [***]) Aus jenen Tagen haben wir aus dem Oberamte Kirrweiler folgende Nachrichten: Am 5. April rückte der Obriſt v. Szekely mit 800 Huſaren in die Gegend von Diedesfeld vor und ſtellte dort Feldwachen aus. An demſelben Tage quartirten ſich 90 Mann Trierer Jäger unter dem Hauptmanne Faber in Diedesfeld ein. Am folgenden Tage geſellten ſich denſelben 120 Mann preußiſche Jäger, unter dem Hauptmanne v. Uttenhofen, bei. Am 6. April rückten die kaiſerlichen Truppen in Altdorf ein. In Böbingen ſtand eine bedeutende Artillerie. Nach Freimersheim kamen 250 Mann, theils Infanteriſten vom Regimente „Giulay“, theils Huſaren vom Regimente „Leopold-Toslana“, theils Dragoner vom Regimente „Walbeck“. In Duttweiler lagen preußiſche Huſaren v. Golz. Am 8. April ließ der Obriſt v. Szekely den Keller „des als Patrioten bekannten Stößler (sic), Bürgers zu Landau,“ in Robt näher unterſuchen, um ſeine Offiziere und Feldpoſten mit Wein vom Jahre 1775 zu erfreuen und den übrigen Vorrath unter Siegel zu legen. Am 9. April wurden auf Befehl des Obriſten der preußiſchen, rothen Huſaren, v. Dehrmann, die

21

Der erste weitere Kampf entspann sich auf dem äußersten Punkte des rechten, schwachen Flügels der Verbündeten. Custine hatte eben auch den Oberbefehl über die Moselarmee erhalten. Er ließ daher am 15. April eine Division von Saarbrücken gen Homburg vorrücken und warf dort die vorgeschobenen zwei Bataillone

---

beiden Bürger von Benningen, Georg und Michael Böllinger, als Freunde der Franzosen gefänglich nach Haßloch abgeführt, jedoch auf Fürsprache des Benninger Schultheißen, Herrmann, wieder freigegeben. Am 10. April wagten sich aus Freimersheim Toscaner Husaren und aus Diedesfeld preußische Reiter bis an den Kirchhof vor Landau. Dort wurden sie von einigen Kanonenkugeln aus Landau wieder zurückgescheucht. Am folgenden Tage quartirten sich 100 Mann Husaren v. Eben in St. Martin ein. Sie untersuchten die Waldungen und kamen ohne Beanstandung bis nach Dörrenbach bei Ramberg. An demselben Tage wurde der Löwenwirth Born in Kirrweiler gefänglich eingezogen und sein Haus von den preußischen Jägern durchsucht, weil er noch Geld und Briefschaften von den französischen Commissären in Verwahr hatte. Nachdem er einen Tag und eine Nacht gebunden eingesessen war, wurde er auf Fürsprache seiner Mitbürger von dem Obristen von Szekely wieder freigegeben. Am 12. April durchzogen die in Diedesfeld einlagernden preußischen und trierischen Jäger über St. Martin die Thäler und Wälder und kamen ohne Gefahr bis nach Annweiler, wo sie mit preußischen Husaren v. Wolfrath aus Lautern zusammentrafen. An demselben Tage wurde die Einquartierung zu Freimersheim mit 800 Mann vermehrt. Es mangelte dort sehr an Holz, welches theilweise aus dem Haagwalde von dem Oberförster Kristinet zu Unterhambach angewiesen werden mußte. Am 13. April rückten die Vorposten v. Szekely bis nach Walsheim vor. Am 14. April beritten der kaiserliche Major v. Massenbach und der preußische Major Guhl mit einigen Ingenieurs die Umgegend von Edesheim und Essingen, um einen Lagerplatz zu bestimmen. An demselben Tage wurde Eickemeyer, der ehemalige französische Commandant von Königstein, über Edesheim auf die französische Grenze ausgeliefert. Nach dieser Auslieferung ritt Obrist v. Szekely bis nahe an Landau, von wo aus fünf Kanonenschüsse auf ihn gerichtet wurden. Am 18. April wollten die Bauern von Duttweiler und Lachen das von den dort lagernden preußischen rothen Husaren geforderte Brennholz für die Feldwachen in dem fürstbischöflichen Haagwalde bei Hambach fällen, wurden aber leer abgewiesen. Am 20. April trafen preußische Quartiermeister in den Dörfern längs dem Gebirge ein, um alle Wohnungen und Stallungen genau anzunehmen. Sie gaben den Rath, dieselben numeriren zu lassen, indem die preußische Armee in Bälde einrücken werde. Am 22. April rückte der Major v. Meyer mit seinen Jägern von Haßloch in Mailammer ein. Die Trierer Jäger zogen von Kirrweiler nach Neustadt zurück und wurden von 32 Mann Preußen ersetzt. Am 24. April kamen 3 Escadronen Golb'sche Husaren nach Kirrweiler, von denen jedoch schon am folgenden Tage zwei nach Edesheim, die dritte aber nach St. Martin abzogen. Tagebuch von Schach.

und drei Escadronen Hessen auf den Karlsberg zurück. Am folgenden Abende richteten die Republikaner ihr schweres Geschütz von dem Homburger alten Schloße auf den Karlsberg, wodurch dieses neue Schloß einige Beschädigungen erhielt. Der Prinz v. Hohenlohe selbst war mit vier Bataillonen und fünfzehn Escadronen von Dürkheim dem bedrohten Punkte zugeeilt. Da es bei obengemeldetem königlichen Versprechen gleichsam eine Ehrensache war, den schwer zu behauptenden Karlsberg zu schützen, so rückten am 17. April die Preußen und Hessen unter dem Oberbefehle des Herzogs v. Braunschweig in noch größerer Anzahl heran. Dadurch sahen sich die Republikaner genöthigt, aus Homburg über Blieskastel nach Saargemünd sich wieder zurückzuziehen, wobei sie die Brücke über die Blies bei Schwarzenacker zur Deckung ihres Rückzuges in Brand steckten. Der Herzog von Braunschweig besuchte am 18. April mit dem Prinzen von Hohenlohe den Karlsberg. Allein schon am folgenden Tage mußten sie den mit Uebermacht vorrückenden Feinden denselben überlassen. [400] Diese schlugen jetzt bei Limbach ein Lager auf, das sie auf jegliche Weise verschanzten und sicherten.

Obwohl Graf v. Wurmser damals seine Armee durch Beiziehung jenseits des Rheins befindlicher Truppen bedeutend verstärkt hatte, [401] so hielt er doch seine Stellung für so wichtig, daß er auch dringend auf eine preußische Unterstützung in der Umgebung von Edenkoben antrug. Das Gewähren dieses Gesuches führte eine neue Aufstellung der verschiedenen Truppen herbei. Den linken Flügel bildete das Corps von Wurmser in einer Stellung von Lingenfeld bis Großfischlingen. Die Vorhut wurde bis an die Queich und in das Lager bei der Comthurei Heimbach am 21. April vorgeschoben. Am 25. April rückten auch die Preußen am Gebirge vorwärts. Schon Morgens

---

[400] Bericht aus Mannheim vom 19. April 1793. In der Nacht vom 26. dieses reiste der Herzog Karl sammt Gemahlin und Gefolge von Mannheim doch wieder auf den Karlsberg, von wo er aber am 28.; Morgens 5 Uhr, wieder zurückkam. — [401] Gesch. der Kriege. Th. I. S. 148. — Sie betrugen in der Mitte des April 13,677 Mann. Am 14. und 15. April zogen bei Philippsburg 4,500 Conbeer über den Rhein. Sie wurden in die Dörfer Dudenhofen, Hanhofen, Waldsee und Otterstadt gelegt. Der Prinz hatte mit 40 Personen sein Quartier im Schloße Marlentraut. Am 15. April verlangte Graf v. Wurmser vom Speyerer Fürstbischofe 80 Stück Floßbäume, um eine zweite Brücke bei Philippsburg herstellen zu können. Karlsr. Archiv. S. A.

7 Uhr kam der Herzog von Braunschweig durch Kirrweiler, um sein
Hauptquartier in Edenkoben zu wählen. [401]) Gegen 11 Uhr ritten
1,600 preußische Dragoner mit 8 Feldstücken in Hambach und
Diebesfeld ein. Gegen 12 Uhr kam das Regiment v. Kleist nach
Kirrweiler und Benningen. Für den General Courbiere war zu
Kirrweiler das Schloß zum Quartier bestimmt. Er nahm es aber
bei dem Lammwirthe; Major v. Brandenstein bezog das Amthaus
daselbst. Am folgenden Tage wurde auch das Schloß vom Major
v. Greben und seinen Offizieren besetzt. Fast alles Zugvieh war in
Anspruch genommen, um Vorräthe aus den preußischen Magazinen zu
Dürkheim und Frankenthal herbeizuschaffen. Der Herzog durchritt an
demselben Tage die ganze Umgegend und gab Befehl zu verschiede=
nen Verschanzungen und zu Aufrichtung von Alarmstangen vom Ge=
birge bei Weyher bis in den Gau hinab. Schon am 27. April
wurden hierzu 300 Handfröhner aus dem Oberamte Kirrweiler
aufgeboten. Auf der Anhöhe bei der Landstraße unterhalb Eden=
koben, in der Nähe des Brunnens „Nasen-Jörg“ genannt,
— bei dem jetzigen Bahnhofe — wurde eine weitschichtige Batterie
aufgeworfen und die Landstraße abgegraben. Auch auf der Anhöhe
bei Weyher erhob sich eine verschanzte Batterie mit vier Kanonen.
Sie zerstörte einige Morgen Weinberge. In Edesheim wurden so=

---

[401]) Die sämmtlichen Truppen erhielten folgende Lagerplätze: Ein Bataillon Grenadiere v. Rodich mit einer Batterie unter Hauptmann v. Wille
zu Weyher. Drei Bataillone Grenadiere des Prinzen Heinrich mit einer Batterie unter Hauptmann Decker zu Rodt. Drei Bataillone Grenadiere des
Herzoges v. Braunschweig mit einer Batterie unter Lieutenant Hahn zu Edenkoben. Drei Bataillone von Romberg mit einer Batterie unter Lieutenant
Herold zu Maikammer. Zwei Bataillone v. Kleist in Kirrweiler. Ein Bataillon v. Kleist mit einer Batterie unter Hauptmann Hüssar zu Benningen.
Ein Bataillon Füsilire v. Renouard mit zwei Escabronen Husaren v. Goltz
in Hainfeld. Ein Bataillon Füsiliere v. Martini nebst drei Escabronen Husaren v. Goltz mit einer halben reitenden Batterie in Edesheim. Eine Compagnie Fußjäger unter Major v. Meyer zu Burrweiler, wovon 20 Mann auf
dem Modenbacher Hofe. Fünf Escabronen v. Lottum zu Diebesfeld und
Alsterweiler. Fünf desgleichen v. Kaltt in Hambach. Fünf desgleichen v.
Schirsky in Neustadt, Speyerdorf und Benningen. Zehn Escabronen v. Eben
zu Lachen, Duttweiler, Altdorf und Großfischlingen. Eine Compagnie Fußjäger unter Obrist v. Valentini zu Appenthal und Elmstein. Eine gleiche
Compagnie zu Hoffetten mit einem Commando Husaren für Patrouillen nach
dem Annweiler Thale.

wohl im Schloßgarten, als in jenem des Wirthshauses zum Apfel
Brustwehre errichtet und vier Kanonen aufgefahren. Am 28.
April kam der König von Preußen, und zog unter dem Geläute
aller Glocken in Edenkoben ein. Er nahm sein Absteigequartier im
Wimpfen'schen Hause auf dem Bergel, oberhalb des Marktfleckens.
Am folgenden Tage um 5 Uhr ritt er mit der umherliegenden
Generalität über Rodt nach Weyher, um die dortigen Verschanzungen
in Augenschein zu nehmen. Er bestimmte für diese und andere
Schanzen eilends besondere Wege herzustellen. Den weiteren Zug
nahm er über Edesheim, belobte die unterhalb Edenkoben errichtete
Batterie [403]) und ritt dann quer über das Feld nach Großfisch-
lingen, wo ein Lager ausgesteckt war, welchem er jedoch seine Bil-
ligung versagte. Dann ging der Umritt nach Altdorf, von wo der
Herzog von Braunschweig bis nach Venningen mehrere Schleusen
herrichten ließ, um den Wiesenteich unter Wasser setzen und für den
Feind unzugänglich machen zu können, wozu viele Holzstämme und
Dielen herbeigeschafft werden mußten. Von Altdorf begab sich der König
über Germersheim nach Speyer, wo ihm der Fürstbischof von Styrum
seine Aufwartung machte. [404]) Die Befehle des Königs brachten
neue Arbeiten und Lieferungen für die mit Einquartierung über-
bürdeten Einwohner der Umgegend. Schon am 30. April mußten
bei Kirrweiler über den sogenannten Grünbach zwei Brücken geschlagen, bei St. Martin eine Waldstraße bis gegen Edenkoben, und
von da hinter Rodt am Fuße des Blödersberges bis nach Weyher
zur Beischaffung der Kanonen hergerichtet werden. [405]) Gleiches
geschah von Weyher bis nach Burrweiler. Dieß nahm eine große
Menge Hölzer für Schwellen und Faschinen in Anspruch, welche
größtentheils eigenmächtig gefällt wurden. Noch am 8. Mai standen
die oben aufgezählten Truppen auf jenen Posten. [406]) Am 10. Mai

---

[403]) Für die Schanzen unterhalb Edenkoben mußten 870 Pallisaden beigebracht werden. — [404]) Nach einer anderweitigen Nachricht hielt der König
am 30. April über die Condeer-Division bei Germersheim Heerschau und
wurde vom Prinzen v. Condé in dieser Stadt mit einem Frühstücke bewirthet.
— [405]) Kanonenweg heißt jetzt noch in Edenkoben jener Weg, welcher in der
Nähe des ehemaligen v. Wimpfischen Hauses, von Norden nach Süden quer
über die Woogwiesen auf den jenseitigen Heckweg führt. — [406]) Am 8. Mai, an
welchem Tage die Prinzen von Hohenlohe-Kirchberg und Ingelfingen, von
Würtemberg und Obrist v. Waldeck mit dem Herzog von Braunschweig in

wurde bei Venningen am Wege gen Kirrweiler auf 96 Morgen größtentheils mit Korn eingesäeten Aeckern ein Lager abgesteckt. Es geschah dieß auf besonderes Anbringen des Grafen v. Wurmser. Der
beßfällige Feldschaden wurde auf 4,449 fl. 11 kr. abgeschätzt. Schon
am 13. Mai rückte ein Theil der obengenannten preußischen Truppen aus den zurückgelegenen Dörfern in jenes Lager ein. Dort
kamen an demselben Tage noch 9 Escadronen von den Dragonern
Ausbach=Baireuth an, bei welchen der Prinz Louis von Preußen
stand, welcher sich mit 4 Escadronen in Kirrweiler einquartirte und
seine Wohnung im dortigen Schlosse nahm. Die Cavallerie schlug
nur ihre Zelte im Lager auf, stellte Wachen dabei aus und zog
dann wieder in ihre alten Cantonirungsquartiere. Das Regiment
v. Kleist und das Grenadier=Bataillon v. Romberg verblieben jedoch
zur Huth im Lager. [407])

Ebenkoben zusammentrafen, gab es dort Lärm, als seyen die Franzosen im
Anzuge. Doch es entspann sich nur ein Plänkeln der Vorposten. An diesem
Tage war auch der Bruhsaler Regierungsrath Leth in Ebenkoben, um den
genannten Herzog zu ersuchen, die von den Franzosen unter Siegel gelegten
Akten der Amtsschreiberei zu Arzheim durch ein preußisches Commando wegnehmen zu lassen. Karlsr. Archiv. S. A. Am Tage vorher, am 7. Mai,
hatte der König von Preußen den Commandanten von Landau zur Uebergabe
der Festung auffordern lassen. — [407]) Tagebuch von Schoch. Aus den damaligen Vorfällen im Holzlande haben wir folgende Nachrichten: Am 25.
April 1793 Abends 8 Uhr kam der Vortrab der Preußen, 78 Mann Husaren,
nach Leimen. Am andern Tage zog sich dort unterm Befehle des Obristen v.
Szekely ein bedeutendes Corps Husaren, Dragoner und Füsiliere zusammen.
Die Reiter lagerten sich in die Gärten und Felder beim Dorfe; die Füsiliere
aber vom Regimente „Wedel“, eine Abtheilung Scharfschützen und eine Compagnie Trierer Jäger, nahmen Quartier in den Häusern. Die Vorräthe an
Brod und sonstigen Lebensmitteln waren bald aufgezehrt, ohne daß die er-
matteten Soldaten ihren Hunger stillen konnten. Von Pirmasens und Rodalben mußte Brod, Wein, Bier rc. hergeschafft werden. Die Bewohner des
Dorfes waren in der bedrängtesten Lage. Täglich mußten aus den umliegenden Ortschaften 300 Handfröhner aufgebracht werden, da v Szekely alsbald auf
dem Spitzen-Grämel-Berg Schanzen und Redouten aufwerfen, alle Nebenwege
abgraben und verrammeln ließ. Am Sonntage, den 28. April, zogen bei
Tausend Mann nach Clausen, denen bald noch eine größere Anzahl nachrückte
und gleiche Verlegenheit, wie in Leimen, bereitete. Auch in Clausen wurden
Schanzen angelegt. Die Vorposten der Preußen standen auf den Anhöhen
hinter Rodalben. Erst am 1. Mai, wo Obrist von Szekely in den Aemtern
Pirmasens, Rodalben, Landstuhl, Lautern und Trippstadt bekannt machte,
„daß Keiner von den preußischen Truppen befugt sei, ohne baare Bezahlung

Aus den jüngst bemeldeten Tagen haben wir noch nachstehende Scharmützel und blutige Zusammenstöße der verbündeten und feindlichen Truppen an der Queich zu berichten.

---

etwas von den Einwohnern abzufordern, und, wenn solches geschehe, sogleich die Thäter anzuzeigen, oder bei etwa übler Behandlung dergleichen Thäter Hände und Füße zusammenzubinden und so gebunden anher — nach Leimen — zu liefern seyen", gab es bessere Ordnung. Am 1. Mai erließ dieser Obrist auch eine Amnestie an alle Aemter, Dorfschaften und Bewohner wegen früherer Anhänglichkeit an die Franzosen und versprach sich von denselben neue Treue für die rechtmäßige Obrigkeit. Orig. Kreisarchiv. Z. A. Nr. 268. An demselben Tage erschien das folgende, zweite, gedruckte Notificatorium: „Es ist in ganz Europa die exacte Disciplin bekannt, welche die Königlich-Preußische Truppen beseelt. Indessen sollte dennoch wider Vermuthen bei dem etwaigen Einmarsche und Betretung der zum französischen Gebiete gehörigen Grenze von meinen, von Seiner Majestät dem König, meinem gnädigen Herrn, mir allergnädigst anvertrauten Corps-Truppen, durch einzelne Leute, oder von einigen von dem Haupttrupp abgeschlichenen Marodeurs, Excesse oder Plackereien ausgeübt werden, so wird hiermit allen ernstlich anbefohlen, dergleichen Excessen und Plackereien von wem, wo, und von welcher Gattung von Truppen solche geschehen sind, ungesäumt und eigentlich an mich zu wenden, wogegen nicht nur allein die prompteste Gerechtigkeit versprochen, sondern auch die Ersetzung des Schadens und exemplarische Strafe gewiß erfolgen werde. Dahero wird auch allen und jeden Dorfobrigkeiten, Städten und Aemtern, als auch einzelnen Personen und Einwohnern des französischen Gebiets so ernstlich als wohlmeinend anbefohlen, daß keiner ihre Häuser, ihre Wohnung bei Annäherung der preußischen Truppen verlassen, sondern ihre Gewerbe, Handthierung und Ackerbau, so nach wie zuvor forttreiben und fortsetzen, und sich als treue Unterthanen und Einwohner des Landes bezeigen sollen, und kann jeder, weß Standes und Würde er sei, die Sicherheit und Schutz des besten Königs, Seiner Majestät meines Herrn, sich versprechen und auch gewiß erhalten. Wogegen sich eräugnen sollte, daß unruhige und unfriedfertige Leute sich in Waldungen und Gebirgen zusammen rottiren, oder gar offenbare Feindseligkeiten gegen preußische und alliirte Truppen begeben, und sich mit Gewehr oder Waffen in der Hand betretten lassen, so wird sich alsdann jeder selbst beizumessen haben, wenn er als Ruhestörer behandelt, niedergebauen, die verlassenen Häuser aber in die Asche gelegt werden, und hoffe, daß dieses jeder rechtschaffene Mann als recht und billig werde finden, weil bekannt, daß preußische Soldaten nie mit Bauern und Bürgern, wohl aber mit Soldaten Krieg zu führen berechtiget sind. Datum Haupt-Quartier zu Leimen den 1. Mai 1793. Seiner Königlichen Majestät in Preußen bestallter Obrist, und Commandeur en Chef eines Corps Preußischer Truppen, und Ritter des Verdienst-Ordens. v. Szekely." Am 18. Mai zog Szekely von Leimen ab. Noch am nämlichen Tage rückte ein anderes Corps unter dem Befehle des Obristen v. Schauitz vom Regimente „Fritz von Hohenlohe" nach, welches, von reiten-

In der Frühe am 30. April entſpann ſich unter den Kanonen von Landau, wohin ſich einige preußiſche Huſaren gewagt hatten, zwiſchen dieſen und den Republikanern ein kleines Gefecht, wobei auf beiden Seiten mehrere Todte und Verwundete auf dem Platze blieben. Am folgenden Tage in der Morgenſtunde, war auch in der Nähe der Dörfer Jockgrim und Rheinzabern zwiſchen einem Haufen des Michaelowizſchen Freicorps und einer Schaar franzöſiſcher Jäger zu Pferd ein kleines Treffen. Das Freicorps griff muthig an und verwundete und ſtreckte mehrere Franzoſen zu Boden. Die Zahl dieſer war aber den Kaiſerlichen weit überlegen, ſo daß dieſe ſich bald wieder mit einem Verluſte von 16 Mann und mehreren Verwundeten zurückziehen mußten. Die kaiſerlichen Freizügler hatten jedoch ſechs Pferde erbeutet. [408])

In den erſten Tagen des Mai erhob ſich Cuſtine aus ſeinem Lager bei Weiſſenburg, um in zwei Colonnen ſich dem Queichgebiete zu nahen. Die rechte Colonne führten die Generäle Ferrieres und Landremont. In der Nacht vom 5. auf den 6. Mai brachen ſie aus Jockgrim und Kandel gegen Rheinzabern auf und verdrängten die dort vorgeſchobenen öſterreichiſchen Vorpoſten. Bei Herxheim kam es hierauf zwiſchen den Republikanern und Kaiſerlichen zu einem mehrſtündigen, hartnäckigen Kampfe. Gegen halb neun Uhr brachen aus dem dortigen Walde bei Tauſend franzöſiſche Reiter mit verhängten Zügeln, und von allen Seiten etwa 8,000 Infanteriſten zum Angriffe hervor, welche von der über Haina nahenden Artillerie kräftig unterſtützt wurden. Auch von Offenbach zog ſich eine Colonne Republikaner heran, welcher ſich aber das Servier Freicorps muthig entgegen ſtellte. Die feindliche Cavallerie wurde hier von der tapferen Schaar des Hauptmanns Simich mit gefälltem Bajonete zurückgeworfen. Von zwei Seiten feuerte nunmehr das ſchwere Geſchütz der Republikaner. Dieſe umzingelten das ganze Dorf Herxheim mit Kanonen, Cavallerie und Infanterie, namentlich mit Schützen,

---

der Artillerie begleitet, ſich in Clauſen und Donſieders lagerte. Zwiſchen beiden Dörfern, am ſogenannten Heidenſtock, wurde alsbald eine Schanze aufgeworfen. Am 18. Mai zogen ſich die Preußen unerwartet von dort zurück. Nur in Leimen ſtanden noch 200 Mann. Etwa 500 Republikaner kamen alsbald bis nach Pirmaſenz, was in der ganzen Umgegend Angſt und Beſtürzung bereitete. Bericht des Amtmannes Kutſchmann von Rodalben. Karlsr. Archiv. S. A. — [**]) Bericht aus Karlsruhe vom 3. Mai 1793.

welche letztere alle Gärten besetzten. Die Kaiserlichen konnten der
Uebermacht nicht widerstehen. Sie schlugen sich in zwei Haufen muth=
voll durch die feindliche Cavallerie hindurch, retteten sich im nahen Walde
und kamen dann unangefochten nach Rülzheim. Alle Straßen des
Dorfes lagen voll von Todten und Verwundeten. Außer der beträcht=
lichen Anzahl, welche in Herrheim begraben wurde, hat der Feind
noch eine Menge Verunglückter hinweggeführt. Außer vielen Todten
und Verwundeten mußten die Kaiserlichen den tapferen Hauptmann
Deligeorg, an dessen Seite sein Sohn getödtet ward, mit 20 Ser=
viern zurücklassen. [409]) Während dieses blutigen Gefechtes eilten
auf den Donner der Kanonen die kaiserlichen Truppen von Knittels=
heim und Bellheim zum Kampfplatze heran, unterstützt von dem
General Viparini, welcher eine Abtheilung der Conbeer befehligte.
Der tapfere General v. Hotze wollte mit dem ihm bei Weitem
überlegenen Feinde augenblicklich sich messen, allein dieser wich einem
weiteren Kampfe aus. Die Republikaner hatten bereits Rheinzabern
mit zwei Kanonen und einiger Mannschaft besetzt gehabt, doch sie
zogen diese Posten wieder ein und verschanzten sich immer fester im
Bienwalde. Die andere Colonne wendete sich nach Rohrbach und
Billigheim zurück. [410])

Am 15. Mai hatte der General v. Hotze erfahren, daß sich
in Erlenbach bei Halna eine starke feindliche Patrouille aufhalte.
Er schickte alsbald den Hauptmann Pickel mit 100 Serviern und
50 Husaren dahin ab. Sie trafen dort wirklich etwa 60 feindliche
Jäger zu Fuß mit einem Offiziere, welche aus den Fenstern verschie=

---

[409]) Custine gab den Verlust der Kaiserlichen auf 250 Mann an. — [410])
Tagzettel des k. k. Feldmarschalls v. Wurmser. — Am 13. Mai verlangte der
kurpfälz. Landcommissär bei dem Grafen v. Wurmser, Freiherr v. Wrede, daß
an dem folgenden Morgen 4 Uhr aus den nachstehenden Pfälzer Dörfern die
beigesetzte Anzahl Einwohner mit Hacken, Schaufeln, Pickeln und Aexten, mit
Lebensmitteln für 3 Tage, mit ihren Obmännern bei Vermeidung militärischer
Strafe, in Bellheim eintreffen sollten. Von Haßloch 80, von Böhl 40, von
Iggelheim 60, von Meckenheim 35, von Simmelbingen 80, von der Haardt 80
und von Mußbach 90 Mann. Viele kamen nicht, weil sie für die Preußen am
Gebirge schanzen mußten. Am 19. Mai forderte Freiherr v. Wrede aber=
mals für gleiche Arbeit zu Germersheim folgende Mannschaft auf 8 Tage
mit Lebensmitteln: 30 aus Haßloch, 15 aus Böhl, 20 aus Iggelheim, 20
aus Oggersheim, 10 aus Friesenheim, 40 aus Oppau und 8 aus Edigheim.
Karlsr. Archiv. P. A.

bener Häuser feuerten. Diese Häuser wurden von Letzteren erstürmt und zerstört, 38 Jäger zusammen gehauen und 8 derselben gefangen. Nur vier Republikaner retteten sich durch die Flucht. [411])

Custine, am 13. Mai 1793 auf Verlangen der Nordarmee von dem Nationalconvente zu deren Oberbefehlshaber ernannt, wollte den peinlichen Abgang von seinem bisherigen Commando durch eine glänzende Waffenthat an der Queichlinie verherrlichen, und bestimmte daher den 17. Mai zu einem allgemeinen Angriffe, sowohl der Rhein-, als Moselarmee. [412]) Houchard sollte mit dieser dem Prinzen v. Hohenlohe in den Rücken fallen. General Falk war angewiesen, mit 9 Batterien und einigen Escadronen aus dem Gebirge in das Annweiler Thal vorzugehen, um, von der Garnison zu Landau unterstützt, das Corps des Herzogs von Braunschweig am Gebirge zu beschäftigen. [413]) Custine selbst wollte mit 28 Ba-

---

[411]) Tagzettel des k. k. Feldmarschalls v. Wurmser. — [412]) Die Rheinarmee hatte damals ihr Gebiet von Bitsch bis gen Bruntrut in der Schweiz, die Moselarmee aber von Bitsch bis zu der Festung Longwy. Bei jener weilten 10 Commissäre des Nationalconvents, bei dieser 4 solche. Sie übten eine große Macht. Custine erhielt von dreien dieser Commissäre wegen gewisser Ausdrücke, die er in einem Briefe an den Herzog v. Braunschweig geschrieben hatte, Anstände, weßhalb er seine Abforderung von der Rheinarmee verlangt hatte. Houchard, mit dem er sich ebenfalls sehr überworfen hatte, ward einstweiliger Befehlshaber der Rhein- und Moselarmee, bis am 26. Mai Alexander Beauharnais das Commando der Rheinarmee erhielt. — [413]) Ueber die damaligen Vorfälle in Annweiler Nachstehendes: In der Osterwoche zog die bisher in Annweiler gelegene Abtheilung französischer Gendarmen mit der unter dem Generale Falk stehenden Vorhut der republikanischen Truppen fort ab. Bald darauf ritt eine Patrouille preußischer Husaren hier ein, die mit allem Jubel empfangen und mit Wein gleichsam überschüttet wurde. Dieß zog die Reiter wiederholt nach Annweiler, wo sie später in Unordnung dasjenige förderten, was ihnen anfänglich mit Freude gewährt wurde. Die Vorposten der Franzosen standen noch in Hauenstein. Die Annweiler hatten vielen Hafer, Heu und Stroh angekauft, mit dem sie bisher auch nach Landau Handel unterhielten. Dem im Lager bei Leimen stehenden Obristen v. Szekely wurde hinterbracht, daß diese Vorräthe Lieferanten aus Landau und Straßburg angehören. Am 30. April sendete daher Szekely Befehl nach Annweiler, daß bis zum folgenden Tage 300 Malter Hafer, 100 Centner Heu und 120 Centner Stroh gegen bestimmte Bezahlung müssen nach Leimen gebracht seyn, mit der Drohung, daß, wenn dem Befehle nicht bis zum folgenden Abende entsprochen seyn werde, ein Bataillon Infanterie und 500 Reiter in Annweiler eintreffen würden, den dortigen Vorrath unent-

taillonen Infanterie und 8 Reiter-Regimentern über Herxheim gegen
Wurmser vorrücken, General Ferrieres hatte aber in dem Bienwalde
die ersten Schüsse jener Truppen abzuwarten, um dann Rheinzabern
anzugreifen. Mit diesem Plane stand wohl der Versuch in Ver-

---

gelblich und gewaltsam wegzunehmen. Die bedrängten Annweilerer Handelsleute flehten bei dem Vogteiverweser Weyland um Hilfe, und dieser wendete
sich schriftlich an den Obristen, um ihm das wahre Sachverhältniß über diese
Vorräthe zu erklären und die Hindernisse, welche seinem Gebote entgegen-
ständen, zu erläutern. Noch am 1. Mai schrieb v. Szekely an den Vogteiverweser, daß seinem Befehle unbedingt zu entsprechen sei, mit dem Bemerken, „die französische ègalité und liberté an die Seite zu setzen und eine
bessere und redlichere Gesinnung anzunehmen, und nicht den Bergzaberern so
sehr anzuhängen." Weyland ließ sich nicht einschüchtern und kümmerte sich
wenig um die verlangte Ablieferung. Jetzt erschien der Hauptmann v. Schütz
mit etwa 400 Mann, welche die Bauern mit Fuhren aus der Nachbarschaft
zusammen trieben und etwa 600 Malter Hafer abführten. Der Hauptmann
rieth dem Vogteiverweser, persönliche Rücksprache mit dem Obristen zu nehmen. Weyland entschloß sich hierzu und ritt nach Leimen, um mit dem
sonderbarsten Manne, den Teutschland vielleicht aufzuweisen hatte, zu sprechen.
Dessen Anrede war eine ganze Ladung der allertrivialsten Schimpfwörter und
Drohungen, so daß sich die Achtung, welche der Vogteiverweser vor dem Helden
bei Stromberg bisher fühlte, sich gar bald in volle Verachtung umwandelte.
Weyland entgegnete dem Polterer mit Ernst und Würde, und wußte ihn zu
beruhigen und freundlich zu stimmen. Es wurde verabredet, in jeder Woche
300 Malter Hafer zu liefern. Ueberdieß erhielt der Obrist aus Annweiler
auch Wein und Forellen. Den Bewohnern der umliegenden Dörfer wurden
die Schanzarbeiten erlassen, damit sie statt dessen die Fuhren zur Verbringung
des Hafers um so bereitwilliger stellen sollten. Die Händler weigerten sich aber
bald wieder, ihren Hafer ohne Bezahlung abzuliefern. Es kam überall zu
bitteren Erläuterungen, währenddeß v. Szekely weiter zu dem Karlsberg vorrückte. Die Haferhändler von Annweiler verfügten sich in das preußische
Hauptquartier zu Edenkoben und verkauften dort ihren ganzen Vorrath, der
noch 2,500 Malter betrug. Bereits waren etwa 400 Malter abgeliefert, als
am Freitage, den 17. Mai, der Lärm in die Stadt drang, die Franzosen
seyen im Anzuge. Wirklich waren in Kurzem alle Zugänge der Stadt und
alle Berge umher von denselben besetzt. General Falk war mit etwa 6,000
Mann herangekommen, um in Annweiler den Hafer abzufassen. Ohne Verzug
wurde mit der Abfuhr begonnen. Da jedoch, wegen des an jenem Tage unterhalb Landau entbrannten allgemeinen Kampfes, die erwarteten Wagen nicht
alle eintrafen, so wurden nur etwa 400 Malter in jene Festung abgeführt.
Die unter dem Obristen v. Valentini in Rainberg lagernden Preußen rührten
sich nicht. Nur eine schwache Bedeckung geleitete die Wagen nach Landau.
General Falk zog noch bei einbrechender Nacht mit seinen Truppen thaleinwärts gen Schönau, ohne belästigt zu werden. In Annweiler sah man

bindung, den die Republikaner am 15. Mai machten, von Fort=Louis aus den Rhein zu überschreiten, der aber durch die dort lagern= den Oesterreicher und schwäbischen Reichstruppen völlig vereitelt wurde. [414]

Die Hauptcolonne, von Custine befehligt, war am Abende des 16. Mai von Weissenburg bis in die Gegend von Insheim herab= gezogen. In der Frühe des folgenden Tages griff er die Posten der Kaiserlichen von Herxheim bis nach Offenbach an, sie gegen Otterxheim und Knittelsheim drängend. Die französische Artillerie eröffnete hierbei ein lebhaftes Feuer. Die Kugeln flogen häufig in das letztgenannte Dorf. Viele Einwohner flüchteten sich in Angst und Bestürzung nach Germersheim. Die kaiserliche Vorhut unter Anführung des Generals v. Hotze wehrte sich, von einer Abtheilung Condeer unterstützt, tapfer. Anfänglich mußte sie etwas zurück= weichen. Nach mehrstündigem Gefechte zogen sich die Republikaner auch wieder zurück. Die zwei anderen Colonnen kamen von Jockgrim und Rheinzabern herab und naheten sich zwischen Kuhardt und Rülz= heim, wo sie sich zuletzt zu einem Heerhaufen vereinten. Bei Bell= heim entspann sich ein Treffen, welches von 6 bis 9 Uhr des Morgens dauerte, und wobei etwa 130 Mann auf Seite der Ver=

---

einem ähnlichen weiteren Besuche entgegen. Die Preußen thaten nichts, den noch dort lagernden Hafer hinwegzubringen. Es blieb ruhig, bis am Mitt= woch den 22. Mai Morgens, als, da eben eine Patrouille preußischer Husaren in Annweiler eingeritten war, große Schaaren Republikaner unter dem Be= fehle des Generals Landremont aus den nahen Waldungen hervorbrachen und die Stadt umringten. Man half den Preußen durch. Nur einer derselben, welcher sich im Weine übernommen hatte und zweimal von seinem Pferde herabgetaumelt war, fiel den Anstürmenden in die Hände. Landremont war ein roher, häßlicher Mann, der es vom Postknechte bis zum Generale gebracht hatte. Er befahl alsbald, seinen Soldaten vollauf zu essen und zu trinken zu geben, und Säcke oder Bettüberzüge beizubringen, um den Hafer abzu= fassen. Viele trunkene Soldaten suchten Säcke in den Häusern und erlaubten sich dabei allerlei Unfuge und Verschleppungen. Der Hafer wurde auf etwa 200 Privatwagen verladen und nach Weissenburg abgesendet. Nachdem die Franzosen bis gegen Abend toll und voll in der Stadt gehaust und derselben, ohne den Verlust der einzelnen Bürger, einen Schaden von etwa 1000 Thalern zugefügt hatten, zogen sie, im Ganzen etwa 4,000 Mann stark, wieder ab, mit dem be= unruhigenden Versprechen, bald wieder zu kommen. Amtsbericht des Vogtei= verwesers aus Annweiler vom 27. Mai 1793. Reichsarchiv. Z. A. No. 902. — [415] Gesch. der Kriege. Th. I. S. 194.

bündeten, noch mehr aber auf Seite der Republikaner gefallen ſind.
Es veranlaßte jedoch, daß ſich die Verbündeten wieder mehr auf das
linke Ufer der Queich zurückzogen. Ihre Vorhut ſammelte ſich in
dem Lager bei der Comthurei Heimbach. In Germersheim, wo
bisher das Hauptquartier der Spitze des linken Flügels war, wurde
nur noch eine Abtheilung Huſaren als Vorpoſten zurückgelaſſen.
Die ſchon in der Mitternachtsſtunde aus Landau gegen Rußdorf
ausgerückte Mannſchaft entwickelte dort einen Kampf ohne ſonder-
lichen Erfolg. Die bezüglichen Befehle Cuſtine's waren zum Theile
ſo unbeſtimmt und übereilt, daß durch die verſchiedenen Märſche hin
und her bei der Dunkelheit der Nacht die Republikaner in große
Verwirrung geriethen. So ſollen zwei Bataillone Volontaire ſelbſt
auf franzöſiſche Jäger geſchoſſen haben. Ein drittes Bataillon war ſo
geängſtet und feig, daß ſeine Mannſchaft die Gewehre und Torniſter
hinweg warf und die Flucht ergriff, noch bevor ſie einen Gegner
geſehen hatte. [416]) Der Verluſt auf dieſer Seite des Kampfes ſoll
ſich bei den Preußen auf etwa hundert Todte und Verwundete er-
ſtreckt haben. General Cuſtine und Ferrieres zankten und beſchul-
bigten ſich einander über die Schuld des verunglückten Angriffes,

---

[416]) Bericht aus Landau vom 18. Mai 1793. Mémoires par G. St.
Cyr. Tome I. p. 52 et suiv. Ausführlich im Taggettel vom k. k. Feldmarſchall
v. Wurmſer doch etwas verſchieden, wie auch im Tagebuch von Schoch §. 157.
Von dem folgenden Tage hat letztere Quelle noch Nachſtehendes: Bei den
preußiſchen Vorpoſten bei Walsheim zeigten ſich am 17. Mai ſchon Morgens
gegen 8 Uhr etwa 600 Mann franzöſiſche Cavallerie. Sie rückten gegen
Böchingen vor. Die Huſaren von Goltz ſammelten ſich alsbald und zogen
ihnen mit einer reitenden Batterie entgegen. Ein Dragoner vom Regimente.
Anſpach-Baireuth kam den Franzoſen zu nahe und wurde von ſechs Reitern
umgeben. Im Begriffe ſich durchzuhauen, ſtürzte ſein Pferd und ihm ſelbſt
flog eine Kugel durch den Kopf. Die Verfolger wollten ihn noch mit Hieben
und Stichen mißhandeln, wurden aber durch das Kartätſchenfeuer der Preußen
verſcheucht. Das Pferd rafften ſie mit ſich fort, den Sterbenden mußten ſie
mit 88 fl. und einer Sachuhr, die er bei ſich trug, zurücklaſſen. Sie wurden
von dem Obriſten Bellet der armen Wittwe des an ſeiner Wunde Verſtorbenen überſendet, der am folgenden Tage zu Böchingen ſein Grab fand. An
dieſem 18. Mai mußte das Bataillon Grenadiere v. Romberg aus dem Lager
bei Venningen aufbrechen und in Burrweiler ſeine Stellung nehmen. An
demſelben Tage erhielt das Dragoner-Regiment v. Lottum zu Hambach Befehl,
ſchleunigſt nach Kaiserslautern aufzubrechen, weil die Republikaner von Zweibrücken her gegen den Karlsberg vorrückten. Tagebuch von Schoch.

ble keiner vor dem Nationalconvente tragen wollte. Für den miß=
vergnügten General Custine war der Tag ein schmählicher Abschied
von der Rheinarmee. [416])

Gemäß Custine's Befehle war General Houchard am 16. Mai mit
einer Division der Moselarmee bis nach Neunkirchen vorgerückt, während
eine zweite Division bereits bei Limbach ihre Stellung genommen hatte.

---

[416]) Custine ward später von Houchard angeklagt, daß er die Entsetzung von
Mainz verrätherischer Weise nicht betrieben habe, daher ward er am 23. Juli als
Oberbefehlshaber der Nordarmee abberufen und als Staatsgefangener in die
Abtei zu Paris eingesetzt. Ueber Custine's Verurtheilung und Hinrichtung ist
Nachstehendes bekannt: „Nachdem der Präsident des Pariser Revolutions=
Gerichtes am 30. August 1793 die öffentlichen Ankläger und den Vertheidiger
des Generals noch einmal gehört und die Geschworenen die Frage, ob Adam
Philipp Custine in Folge verbrecherischer Kunstgriffe und Einverständnisse mit
den Feinden der Republik dazu beigetragen habe, daß die Städte Frankfurt,
Mainz, Conde und Valenciennes in die Gewalt der Feinde gefallen seyen?
bejaht hatten, wurde derselbe zum Tode verurtheilt, und seine Güter zum
Besten des Staates mit Beschlag belegt. Der Präsident fragte den Verur=
theilten, ob er nichts gegen die Anwendung des Gesetzes zu sagen habe?
Custine erwiederte: „„Ich habe keine Vertheidiger; Jedermann hat mich ver=
lassen; ich sterbe unschuldig!"" Custine ward in das Gefängniß zurückgeführt.
Da warf er sich auf die Kniee und blieb zwei Stunden lang in dieser Stel=
lung still. Hierauf verlangte er einen Beichtvater, und erhielt solchen. Dieser
blieb die ganze Nacht bei ihm. Custine nahm hierauf von seinem Sohne
schriftlich Abschied und bat ihn, in den schönen Tagen der Republik sich
seiner zu erinnern, und dafür zu sorgen, daß sein Andenken in den Augen
der Nation, für welche er unschuldig sterbe, hergestellt werde. Kaum graute
der Tag, so stand eine unermeßliche Menge neugieriger Männer und Weiber
um den Gerichtshof; alle Straßen, durch die der Weg zur Hinrichtung ging,
waren mit Menschen angefüllt. Endlich ertönte die Todesglocke. Custine
setzte sich um halb zehn Uhr auf den Karren. Neben ihm saß der Priester
mit dem Crucifix, das er den Verurtheilten öfters küssen ließ, und mit zwei
Erbauungsbüchern, woraus er ihm von Zeit zu Zeit einige Stellen vorlas.
Custine sah bescheiden, aber mit einigem Unwillen auf die Menge des Volkes,
die aus allen Kräften zu seiner Verurtheilung und zu seinem Tode Beifall
klatschte. Er sah öfters gen Himmel, und blieb bis zu seinem Ende immer
andächtig. Dieß erfolgte um halb eilf Uhr. Im letzten Augenblicke schrie
das Volk: „„Es lebe die Nation!"" Der Beichtvater machte mit der Hand
ein Zeichen, das Stille gebot. Dies mißfiel dem Volke so sehr, daß derselbe
sogleich gefangen genommen wurde." 2c. 2c. Sch. M. vom 9. Sept. 1793. S. 449.
Auch Custine's Nachfolger bei der Rheinarmee, Houchard, welcher auf diesen
seinen Wohlthäter, als er im Unglücke war, Steine warf, ward ebenfalls
wegen Verrätherei angeklagt und in Paris auf das Schaffot gebracht.

Beide Bataillone setzten sich am folgenden Morgen gegen die Vorhut des Prinzen von Hohenlohe in Bewegung, welche nördlich von
Homburg stand. Diese Vorhut zog sich erst, als sie ihren Rücken
bedroht sah, langsam nach dem Karlsberge zurück. Der Feind
folgte, ohne etwas Sonderliches zu unternehmen. Doch ging er in den
nächsten Tagen wieder in seine frühere Stellung hinter der Blies
zurück, ohne den Umstand zu benutzen, daß Hohenlohe nur 900
Mann unter Szekely auf dem Karlsberge ließ, mit den übrigen
Truppen am 18. Mai nach Landstuhl, am folgenden Tage aber
nach Kaiserslautern marschirte, um seine dortige Stellung zu verstärken. 417)

§. 4. **Kämpfe an der Queich seit Custine's Abzuge bis zur
Uebergabe von Mainz.**

Graf v. Wurmser, dieser rastlose, thätige Greis, übergab jetzt
dem kaiserlichen Generale v. Splenyi das Commando über die vereinten Truppen an der unteren Queich, ging über den Rhein nach
Rastadt, um von dort aus das rechte Rheinufer von Philippsburg
bis Basel vor feindlichen Einfällen zu schützen und die bereits aus
dem Kaiserstaate auf dem Marsche befindlichen Truppen zu sammeln,
um daraus nach und nach seine Armee an der Queich zu verstärken. Die Republikaner hielten sich hier in diesen Tagen ziemlich ruhig. Erst am 30. Mai wagten sie am Gebirge einen neuen Angriff. Wir haben hierüber folgende Nachrichten. Es kamen etwa
2,000 Republikaner aus Landau über Nußdorf gegen Böchingen,
und rückten mit 5 Kanonen bis auf die Anhöhe hinter Walzheim
gegen Gleisweiler. Um 6 Uhr drang ein Theil dieser Truppen gen

---

417) Gesch. der Kriege. Theil I. S. 195. Nach einem Berichte aus
Mannheim vom 19. Mai 1793 hatten die Republikaner wieder Zweibrücken,
Homburg und den Karlsberg besetzt: — Am 27. Mai Morgens kamen die
Generäle Pully und Ferrieres nach Zweibrücken und erklärten, an dem folgenden Tage ein Lager auf dem Kreuzberge aufzuschlagen. Kaum waren sie
wieder aus der Stadt geritten, so kam eine preußische Patrouille dorthin, wo
sie noch 8 Franzosen auffing. Sie beschied den Zweibrücker Magistrat auf
den Kreuzberg, wo Obrist v. Szekely mit ihm Rücksprache hielt. Kreisarchiv.
Z. A. Na. 268. Nach einem Berichte aus Mannheim vom 2. Juni 1793
soll Szekely am 27. Mai die Republikaner aus der Gegend von Zweibrücken
verdrängt haben.

Burrweiler vor, wo sie jedoch durch die Vorposten der Preußen unter dem Befehle des Majors von Bretsch mit Kleingewehrfeuer zurückgehalten wurden. Das feindliche Hauptkorps nahm seine Stellung an der Ziegelhütte oberhalb Böchingen, wo es von einem Commando Romberger Grenadiere und einem in Böchingen aufgestellten Piquete des Bataillons Martini so lange beschäftiget wurde, bis die preußische reitende Batterie des Majors v. Meyer aufgefahren war. Jetzt begann auf beiden Seiten ein fürchterlicher Donner der Kanonen. Von den Franzosen fanden viele den Tod. Sie wurden auf die hierzu bestimmten Wagen aufgeladen und weggeführt. Von den Preußen fielen 2 Mann und etwa 17 waren verwundet. Das Gefecht endigte sich gegen 10 Uhr, wo sich die Republikaner wieder nach Landau zurückzogen. Alle Truppen, welche zum Lager bei Venningen gehörten, hatten sich bei jener Kanonade zum Vorrücken gerüstet. Doch ließ der Herzog keine andere Schaar, als die gewöhnliche Tages-Ablösung zum Kampfe ausrücken. Er beobachtete diesen von der Anhöhe bei Weyher. Erst am Abende mußte das Regiment v. Kleist aus dem Venninger Lager zur Unterstützung der Kaiserlichen nach Heimbach ziehen, weil man dort einen Ueberfall der Franzosen vermuthete. Dieser erfolgte jedoch nicht, weßhalb jenes Regiment am andern Morgen wieder nach Venningen zurückzog. Auch die dort aufgestellte Cavallerie rückte jetzt wieder in ihre Cantonirungs-Orte ein. Um Ueberfällen der Franzosen, wie jener bei Böchingen war, gehörig zu begegnen, wurden am 3. Juni auf dem St. Anna-Berge bei Burrweiler ein Commando mit 4 Kanonen und eine Truppe Scharfschützen aufgestellt. [418]

---

[418] Der Prediger-Candidat Hosemann, Sohn des reformirten Inspectors zu Umstatt, welcher als Helfer bei dem reformirten Pfarrer in Edenkoben stand, hatte sowohl das preußische als kaiserliche Lager und die übrigen Stellungen der verbündeten Armee aufgenommen und in einem aufgefangenen Briefe die Patrioten aufgefordert, ihre Brüder in Mainz zu retten, weßhalb er mit zwei anderen Bürgern von Edenkoben, Jakob Haas und Heinrich Völker, in das preußische Lager nach Bodenheim bei Mainz am 4. Juni 1793 abgeführt wurde. Hosemann war ein naher Verwandter des französischen Generals Fall. Es soll ihm von den Franzosen für seine Verrätherei angeblich die Pfarrei Billigheim in Aussicht gestellt gewesen seyn. Auch der protestantische Schullehrer von Böchingen, welcher mit den Republikanern in Verbindung stand, wurde am 31. Mai von den Preußen arretirt. Tagebuch von Schoch. §. 175. 176 und 177. — Am 2. Juni wurde bei den

Das Corps des Grafen v. Wurmser hatte in den ersten Wochen des Juni so beträchtliche Verstärkungen aus dem Breisgaue über Philippsburg erhalten, daß der Herzog von Braunschweig glaubte, die Vertheidigung des Rheinthales jenem allein überlassen und die dadurch verfügbaren, preußischen Truppen auf dem rechten Flügel seiner Linien im Westrich verwenden zu dürfen. Hier war bereits am 15. Juni eine starke Vorhut der feindlichen Moselarmee [419]) bis über Pirmasens vorgedrungen. Am 20. desselben kam Graf von Wurmser wieder in das Hauptquartier zu Weingarten. Schon am folgenden Tage ließ der Herzog von Braunschweig seine Truppen, außer dreien und einem halben Bataillone, welche bei Edenkoben zurückblieben, durch das Neustadter Thal nach Kaiserslautern ziehen, [420]) wo sie die wohl verschanzten Stellungen, in welchen bisher der Prinz v. Hohenlohe lagerte, bezogen. Dieser Prinz stellte nunmehr seine Truppen bei Landstuhl, Ramstein, Hütschenhausen und im Glanthale auf. Er unterstützte den Obrist v. Szekely, welcher den Karlsberg besetzt hielt, mit drei Escadronen, wodurch es diesem möglich ward, seine Vorposten bis nach Erbach und Käshofen vorzuschieben. [421]) Die republikanische Truppen-Kette der

---

verbündeten Truppen durch Losbrennen aller Kanonen der Sieg des Prinzen v. Coburg in den Niederlanden vom 23. und 24. Mai gefeiert. — In der Nacht vom 1. auf den 2. Juni sind die Reben fast gänzlich und auch ein Theil der Saaten erfroren, was die Sorgen und Verlegenheit der Bewohner unserer Heimath sehr vermehrte. — [419]) An demselben 15. Juni kam der russische General v. Benkendorf über Kirrweiler nach Mailammer, wo damals der Prinz von Würtemberg lag. Von da besuchte er den Herzog v. Braunschweig in Edenkoben. — Am 12. Juni 1793 stand Freiherr v. Valentini mit einem starken Commando Preußen zu Hofstetten. — Er hatte großen Mangel an Lebensmitteln und wünschte, von Kirrweiler aus damit versehen zu werden. Reichsarchiv. Z. A. No. 2689. — [420]) Am 21. Juni zog das Regiment „Prinz Heinrich" aus seinem Standquartier zu Rodt nach Kaiserslautern ab. Das kaiserliche Bataillon v. Terzi, welches am 17. desselben aus dem Lager bei Heimbach in jenes bei Venningen gezogen war, rückte jetzt in Rodt ein, wogegen das kaiserliche Bataillon v. Lattermann in Venningen eintraf. Noch andere preußische Truppen zogen jetzt durch das Neustadter Thal gen Kaiserslautern. Am 22. Juni in der Frühe brach der Herzog von Braunschweig selbst dahin auf. Ihm folgten an demselben Tage die Cavallerieregimenter v. Ansbach-Baireuth und v. Eben. Am folgenden Tage rückte auch das Infanterie-Regiment v. Braunschweig thaleinwärts. Tagebuch von Schoch. §. 201. und 204. — [421]) Schon am 2. Juni 1793 hatte ein Abge-

Moselarmee lief damals von Saarlouis über Saarbrücken, Limbach, Blieskastel und Hornbach gen Bitsch. Der äußerste Vorposten der Preußen stand auf dem Kreuzberge bei Zweibrücken. [222])

orbneter des Herzogs von Zweibrücken bei dem Prinzen von Hohenlohe zu Kaiserslautern und bei v. Szekely auf dem Karlsberge um Schutz für die Stadt Zweibrücken gebeten. Jener erklärte auch, daß die Zweibrücker Munizipalen v. Besnard, v. Epreville, v. Montgelas, Schäfer x., keine franzosenfreundliche, sondern unter heimlicher Leitung der rechtmäßigen Obrigkeit von einer sehr rechtschaffenen Bürgerschaft gewählte Vorstände seyen. Kreisarchiv. Z. A. No. 268. — Am 13. Juni Morgens gegen 2 Uhr rückten etwa 4,000 Mann Franzosen unter dem Befehle des Generals Fregeville in Zweibrücken ein, und ließen beiläufig 30 Fuder Wein aus den herrschaftlichen Kellern abführen, worauf sie dann wieder ruhig abzogen. In diesen Tagen plünderten auch 25 französische Dragoner die beiden Pfarrhäuser und andere Bürgershäuser zu Contwig, weil zwei Contwiger ihnen zwei Pferde mit Sattel und Zeug auf der Weide hinweg genommen und den Preußen in Käshofen zugestellt hatten. Der General Fregeville drohete, das ganze Dorf ausplündern und abbrennen zu lassen, wenn nicht innerhalb 12 Stunden jene Pferde herbeigeschafft würden. Diese mußten jetzt den Preußen für 100 fl. abgekauft werden. — Schon in dem Monate Mai 1793 hatte man im Zweibrücker Oberamte Meisenheim begonnen, für die durch die Truppenmärsche so hart mitgenommenen Unterthanen des Oberamtes Homburg und Zweibrücken milde Beiträge an Geld und Früchten zu sammeln. Das Oberamt Trarbach folgte diesem Beispiele durch ein Rundschreiben vom 26. Juni 1793, welches 1,400 fl. einbrachte. Pfarrer Pfender ließ zu diesem Zwecke eine Predigt drucken. Reichsarchiv. Z. A. No. 900. — [223]) Vom 15. Juni 1793 haben wir aus Rodalben folgende Nachrichten: „Am Samstage den 15. Juni 1793 Morgens nach 7 Uhr kamen die ersten Vorposten der Franzosen nach Rodalben. Der Amtmann ging ihnen beherzt vor das Dorf entgegen, während sich viele Bewohner des Dorfes aus Furcht und Angst auf den nahen Kirchberg in das Gehölze flüchteten. Einer der nahenden Jäger sprengte mit gespannter Pistole dem Amtmanne entgegen, setzte sie ihm auf die Brust und verlangte bestimmt zu wissen, ob noch deutsche Soldaten sich in Rodalben aufhielten. Auf die Antwort Nein, zeigte der Jäger unter neuer Drohung auf die Flüchtlinge am Kirchberge. Der Amtmann gab wiederholt beruhigenden Aufschluß. Die Franzosen ritten dann in Rodalben ein und besetzten die Wege, auf welchen die Preußen nahen konnten, mit Feldwachen. Etwa 150 Mann National-Chasseurs lagerten sich im Dorfe und verlangten zu frühstücken, was sie mit Assignaten vergilten wollten. Sie zechten und trieben allerlei Unfuge, schlugen Fenster ein und eigneten sich Manches, namentlich Kleidungsstücke an x., was selbst die Offiziere beim besten Willen, bei den zuchtunverwöhnten Soldaten, namentlich nachdem diese einmal angetrunken waren, nicht verhindern konnten. Gegen 12 Uhr zogen sich die Republikaner wieder zurück. Die Bewohner suchten nunmehr aus Furcht vor neuen Ueberfällen ihre Hab-

General Beauharnais, welcher jetzt den Oberbefehl übernommen hatte, benutzte den Abzug der Preußen am Gebirge, um die Verbündeten an der Queich, mit Unterstützung der Garnison von Landau, zu überfallen. Er hatte hierzu den 28. Juni gewählt, an welchem Tage Graf v. Wurmser sein Hauptquartier von Weingarten nach Alttorf verlegte. Schon in der Frühe erkannten die kaiserlichen Vorposten auf den Höhen von Herxheim den Anmarsch der Feinde gegen Offenbach und Herxheim, und zogen sich, die Uebermacht derselben gewahrend, plänkelnd zurück. Die Angreifer sammelten sich in einer Anzahl von etwa 2,000 Reitern und 10,000 Infanteristen mit vielen Kanonen auf den Anhöhen von Herxheim und Insheim. Sie schienen die Absicht zu haben, die Linie der Verbündeten gewaltsam zu durchbrechen. Nach einer heftigen Kanonade, welche von Morgens 8 bis 11 Uhr andauerte, und bei der tapferen Haltung und Gegenwehr der Kaiserlichen, denen auch auf den ersten Lärm zwei Generäle der Preußen zu Hilfe geeilt waren, mußten die Republikaner ihre Absicht, die Linien der Verbündeten zu durchbrechen, aufgeben. Während dieses Kampfes bei Offenbach und Herxheim rückten die Franzosen auch von Hördt und Rülzheim gen Germersheim vor. Der kaiserliche General v. Kospoth hielt sie durch seine Plänkler von 7 bis 11 zwischen Rülzheim und der Spiegelbrücke auf. Er mußte sich zuletzt vor dem Kartätschenregen der Gegner hinter jene Brücke zurückziehen, ohne daß er jedoch weiter von diesen verfolgt wurde. [423]

Am folgenden Tage rückten die Republikaner abermals am Rheine, wie am Gebirge zum Kampfe aus. Am Rheine drangen sie

---

seligkeiten zu flüchten und zu bergen. Auch die Beamten erbaten sich für den Fall der Noth von dem Markgrafen die Erlaubniß, sich von ihren Posten entfernen zu dürfen, was auch gestattet wurde." Karlsr. Archiv. G. A. Der Markgraf von Baden hatte im Juni 1793 dem Amtmanne zu Godalben 1,000 fl. zur Unterstützung der bedrängten Unterthanen übersendet. — Am 22. Juni Morgens 4 Uhr rückten abermals etwa 2,000 Republikaner aus dem Lager bei Hornbach gen Zweibrücken vor, und trieben die preußischen Vorposten vom Kreuzberge bis in die Schanzen von Käshofen zurück. Sie nahmen zu Zweibrücken mehrere Pferde hinweg und untersuchten die Keller, in welchen noch Wein lagerte. Die Volontaire hatten große, leere Säcke bei sich, weßhalb die Zweibrücker eine Plünderung fürchteten. Sie zogen jedoch um 9 Uhr wieder ruhig ab. Z. A. No. 268. — [423] Tagzettel des k. k. Feldmarschalls v. Wurmser vom 28. Juni 1793.

bis gen Germersheim vor. Hier boten sie den Kaiserlichen muthig
ein Treffen an. Allein sobald diese in geschlossenen Reihen aufmar-
schiren wollten, wurden sie durch das feindliche heftige Feuer aus
schwerem Geschütze wieder zerstreut. Am Gebirge zogen die Feinde
über Billigheim und Rohrbach heran. Der unternehmende, feurige
Geist, welcher sich sonst bei den Angriffen der Franzosen kund gab,
schien damals erschlafft zu seyn, so sehr sie auch vom Nationalconvente getrieben wurden, die Reihen der Verbündeten zu durchbrechen, um den hart bedrängten Brüdern in Mainz Hilfe und
Rettung zu bringen. [424]) Was die Kraft und Entschlossenheit der
feindlichen Armee am Rheine besonders schwächte, war die Ein-
reihung vieler ungeschulter Bauern und die Anstalten des übermüthigen, und in dem Kriegswesen völlig unkundigen Volksrepräsentanten Denzel, der durch seinen Stolz die Generalität beleidiget,
und durch sein Schreckenssystem das ganze Elsaß empört hatte. [425])
Der Nationalconvent machte indeß die größten Anstrengungen, um
Mainz zu retten. Er verstärkte die Rheinarmee bis auf 60,000
Mann, die Moselarmee aber bis auf 30,000 Mann, und ertheilte
ihren Führern den bestimmtesten Befehl, durch kein Opfer sich von
jenem Ziele abschrecken zu lassen.

Am 3. Juli versuchten die Franzosen abermals, durch einen
allgemeinen Angriff auf die Queichlinie jenes Ziel zu erreichen.
Beauharnais erschien am Morgen mit dem größten Theile seines
Heeres wieder auf den Anhöhen von Insheim und Herxheim.
Nachmittags rückte General Ferrieres über Jockgrim bei Hördt und
Rülzheim vor. Beide Befehlshaber sendeten jedoch nur wenige
Compagnien gegen die kaiserlichen Vorposten. Diese versuchten sich
mit jenen in lebhaften Plänkeleien. Der General v. Kospoth ließ indeß
einige Kanonen unter gehöriger Bedeckung auf die Anhöhe bei Rülzheim
aufführen. Seine Kanoniere zielten so gut, daß die Franzosen ihre
Stellung bei Rülzheim verließen und sich in dem nahe gelegenen

---

[424]) Diese Hilfe konnte auf drei Wegen gebracht werden, entweder auf
der Rheinebene, oder über Kaiserslautern, oder über Kreuznach, weßhalb auch
die Kämpfe bis zum Falle von Mainz sich auf diesen drei Richtungen hin
bewegten. Den ersten Weg vertheidigte Graf v. Wurmser bei den härtesten
Anfällen; den zweiten der Herzog von Braunschweig; den dritten im Glanthale bis nach Lauterecken und Meisenheim der Prinz von Hohenlohe-
Ingelfingen. — [425]) Der franz. Freiheitskrieg. Th. I. S. 155.

Walde sicherten. Die Truppen des Oberbefehlshabers Beauharnais suchten sich bei Herrheim und Inzheim zu verschanzen, während eine starke Abtheilung derselben ein Lager zwischen Arzheim und Ilbesheim bezog und die umliegenden Dörfer besetzte. Am folgenden Tage, an welchem der preußische Obrist v. Valentini, welcher mit seinen Jägern in Ramberg stand, dieß meldete, mußten die Bauern der Umgegend, geschützt von den Franzosen, Schanzen auf den Anhöhen von Herrheim aufwerfen. An demselben 4. Juli war Graf v. Wurmser in Germersheim. Er untersuchte mit dem Generale v. Koßpoth die kaiserlichen Truppenstellungen in der dortigen Umgebung. Noch am Abende gab er Befehl, daß alle vor Germersheim stehenden Bäume, Zäune, Gartenhäuser und Hütten müßten weggeräumt werden. Am 6. Juli ließ der besorgte Oberbefehlshaber, welcher noch immer sein Hauptquartier in Altdorf hatte, die Holzmühle bei Germersheim mit verstärktem Zuzuge besetzen. Der Feind war mit etwa 1,000 Infanteristen, 300 Reitern und 3 Kanonen gegen Bellheim gezogen, kehrte jedoch ohne besonderen Erfolg gegen Abend nach Rülzheim zurück. Bei der Spiegelbrücke wurde anhaltend geplänkelt. An demselben 6. Juli erhielten 250 Sarazener und Servianer, ein rasches, muthiges Freicorps, in und um Gleisweiler die Vorhut. In der Frühe des folgenden Tages drängten starke republikanische Patrouillen die preußischen Vorposten zwischen Dammheim und Nußdorf. Der preußische Obrist v. Dehrmann ließ alsbald aus Walsheim einige Kanonen aufführen und auf die Feinde richten, die sich dann in Eile zurückzogen. General v. Hotze lagerte in Edenkoben und befehligte die kaiserlichen Truppen längs dem Gebirge bis nach Gleisweiler. Außer einigen Plänkeleien der dortigen Vorposten, kam es zu keinen blutigen Vorfällen. Am 9. Juli sendete der Feind wieder starke Patrouillen gegen Ottersheim und Knittelsheim, welche sich aber, als sie die kaiserlichen Vorposten wachsam fanden, wieder zurückzogen.

Am folgenden Tage erwartete Graf v. Wurmser, nach verschiedenen Berichten, einen starken Angriff. Doch außer einigen Plänkeleien bei Ottersheim, wagte der Feind keinen besonderen Kampf. [426]

---

[426] Tagzettel des Grafen v. Wurmser, der noch immer sein Hauptquartier zu Altdorf hatte. Eine damalige Verfügung des kaiserlichen Oberbefehlshabers setzte den Magistrat und die Bürgerschaft zu Speyer in nicht geringe Verlegenheit. Ihr zu Folge verlangte am 10. Juli 1793 der Stadt-

Am 11. Juli zeigte ſich derſelbe in einigen Abtheilungen bei
Herxheim, Bellheim und Rülzheim. Es wurde namentlich bei Bellheim
und in dem Walde vor Hördt ſtark geplänkelt. Auf der Anhöhe
bei Rülzheim arbeiteten etwa 200 Bauern unter feindlicher Bedeckung an einer Schanze. — In der Nacht vom 11. Juli ſuchte der
General v. Hotze mit einer ſtarken Begleitung von Jägern, Huſaren und Freikorps ſichere Kundſchaft der Stellung der Feinde
oberhalb Landau einzuziehen. Er kam unangefochten auf den Kreuz-
weg, welcher von Sibeldingen nach Wollmesheim und von Landau
nach Arzheim zieht. Durch eine von dort ausgeſendete Streif-
patrouille erfuhr er bald, daß in Arzheim von dem Feinde nichts
zu entdecken ſei. Er ſendete nun eine zweite Patrouille von 90
Mann gen Wollmesheim. Dort wurden ſie aber durch einen Wacht-
poſten angerufen, welcher auch ſogleich Feuer gab. Die Vorhut
der Patrouille fiel alsbald über die Wache her und hieb jeden
nieder, der ſich nicht durch die Flucht rettete. Aus den Gefallenen
erkannte man jedoch, daß es nur eine Bauernwache geweſen. Kaum
waren die Kaiſerlichen im Dorfe, ſo wurde aus den Häuſern auf
ſie gefeuert und die Glocke zum Sturme geläutet. Dieſe ließen ſich

Commandant Wolf, daß innerhalb 24 Stunden alle in Speyer befindliche
franzöſiſche Gewehre ausgeliefert werden müßten, mit dem weiteren Bei-
ſatze, daß nach Verlaufe dieſer Stunden eine militäriſche Hausunterſuchung
würde vorgenommen, und jene Wohnungen, in welchen noch ſolche Waffen
gefunden würden, der Plünderung preisgegeben ſeyn ſollten. Bei einem kurz
vorher in dem Wohngebäude des Senators Schwankhard ausgebrochenen
Brande kamen mehrere Gewehre aus einem Nebenhauſe zum Vorſcheine, die
aber, wie eine nähere Unterſuchung erwieſen hat, der kaiſerlichen Stabsinfanterie
gehörten. Dieß gab die Veranlaſſung zu jener Verfügung. Der Magiſtrat
machte gegen dieſelbe alsbald die entſchiedenſten Gegenvorſtellungen an den
Grafen v. Wurmſer. Man erklärte: „eine ſolche Behandlung einer uralten und
getreuen Stadt des Reichs von dem freundſchaftlichen Heere der Deutſchen
wäre eine unverſchmerzliche Begegniß, weil dabei nicht ſo ſehr der leicht
wieder vergeſſene, alte Frevler, als vielmehr die fortdauernde Entehrung der
Stadt in Betrachtung käme. — Auch könne der Beſitz — ſolcher Gewehre —
unſträflich ſeyn, weil im vorigen Jahre von den ungariſchen Huſaren mehrere erbeutete Gewehre hier verkauft wurden. — Der Magiſtrat glaubte
überdieß die billirte Ahndung um ſo weniger verdient zu haben, als er gleich
bei dem Einrücken der kaiſerlichen Truppen zur Auslieferung aller franzöſiſchen Kriegsgerätbſchaften den geſchärfteſten Befehl verkünden ließ, mithin
ſeine Pflicht bereits erfüllt hat und für Handlungen einzelner Bürger unmöglich gut ſtehen kann. ꝛc. ꝛc." Stadtarchiv. No. 690.

hierdurch nicht abhalten, den dortigen Freiheitsbaum niederzuhalten und den, welcher ihnen als der ärgste Patriot im Dorfe bezeichnet war, aus dem Bette zu holen und gefangen abzuführen. [427] — Der Herzog von Braunschweig besuchte am 12. Juli die meisten, nördlich an der Queich lagernden deutschen Truppen. Er ließ dem zu Folge eine reitende Batterie, vier Bataillone Infanterie und 8 Escabronen Reiter von Kaiserslautern nach Neustadt rücken, welche im Falle der Noth zur Unterstützung der Verbündeten am Gebirge dienen sollten. An jenem und am folgenden Tage zeigten sich die feindlichen Patrouillen hier wieder stärker. Bei Offenbach, Bellheim und Rülzheim ward viel geplänkelt. [428]

Ein Augenzeuge schildert die damalige Stellung der deutschen Truppen an der Queich also: „Noch täglich kommen frische Truppen im Lager an. Die Franzosen werden deßwegen immer nicht Hindernisse finden, nach Mainz durchzubrechen. Das Lager liegt ganz auf Anhöhen und zählt 28 mit Kanonen hinlänglich besetzte Schanzen. Es zieht sich von der Comthurei Heimbach bis Oberhochstadt und in einem Halbzirkel gegen das Gebirge hinauf. Landau liegt in dem mittleren Bodergrunde. Auf der rechten Seite begrenzt es ein starker Wald, welcher von den Wurmser und den Michaelowizer Freischaaren besetzt ist; auf der linken Seite umziehen es Weinberge und Fruchtfelder. Eine Stunde hinter dem Lager steht das Unterstützungs-Corps mit der Artillerie. Die Truppenstellung fängt zu Germersheim an und erstreckt sich über Lingenfeld, Weingarten bis nach Ramberg. Die Stärke der kaiserlichen Armee zählt jetzt 36,000 Mann ohne die Preußischen, Conde'schen und Mirabeau'schen Truppen.

---

[427] Laut des Tagebuches von Schoch §. 222. wurden 9 Männer und eine Frau mit ihrem Kinde bei diesem Ueberfalle getödtet und ihnen mitunter die Köpfe abgeschnitten, wie es bei diesem wilden Corps üblich war. Der Frau soll das Herz aus dem Leibe gerissen und mit der Beute im Betrage von 460 fl. nach Gleisweiler gebracht worden seyn. — [428] Tagzettel des Grafen v. Wurmser. — Laut des Tagebuches von Schoch §. 226. und 227. erwartete man am 14. Juli einen Ausfall der Franzosen. Alle Truppen am Gebirge mußten daher in der Frühe jenes Tages ausrücken. Da sich bis gegen Mittag kein Ausfall zeigte, zogen die Regimenter wieder in ihre Standquartiere zurück. An demselben Tage wagten sich etwa 100 Mann von der Freischaar, welche in Gleisweiler lagerte, bis in die Thann-Mühle unterhalb Landau und plünderten dieselbe, ohne von den Republikanern belästigt zu werden.

An der Mitte des St. Annaberges bei Burrweiler stehen 1,500 Preußen mit einer Batterie unter Verschanzungen, von wo sie die ganze Umgegend bestreichen können". [429] Dieser rechte Flügel der Deutschen hatte bald die ganze Wucht der Franzosen zu ertragen.

Schon zwischen dem 15. und 16. Juli waren die Abgeordneten des Pariser Nationalconvents bei der Rheinarmee mit dem Befehle angekommen, die deutsche Truppenkette an der Queich zu durchbrechen und den Belagerten in Mainz Hilfe zuzuführen, es möge kosten, was es immer wolle. Freitags, den 19. Juli, mit grauendem Tage machten die Feinde hierzu auf verschiedenen Punkten die heftigsten Angriffe. Der blutigste Kampf entspann sich am Fuße des Gebirges. [430] Dort brachen die Franzosen unter An-

---

[429] Brief aus dem Wurmser'schen Lager vom 17. Juli 1793. — [430] Das Tagebuch von Schoch berichtet hierüber §. 231. Folgendes: In der Frühe am 19. Juli rückten die Franzosen, etwa 4,000 Mann stark, gegen den linken Flügel der Kaiserlichen vor und machten bei Bellheim einen Angriff auf denselben. Sie wurden jedoch bald wieder zurückgedrängt. Es war auf dieser Stelle mehr ein Scheinangriff der Feinde, denn der Hauptangriff sollte am Gebirge geschehen. Gegen 7 Uhr zogen bei 3,000 Franzosen aus dem Annweiler Thale gegen Ramberg vor, während noch eine stärkere Abtheilung gegen Gleisweiler rückte. Das in und um Gleisweiler lagernde türkische Freicorps warf sich ihnen muthig entgegen und brachte den Franzosen aus dem Frankweiler-Kastanien-Wäldchen, worin es seine Stellung genommen hatte, große Verluste bei. Nachdem sie ihre Patronen verschossen hatten, ergriffen diese wilden Freischärler ihre kleinen Seitendolche, stürzten sich im Sturme auf die französische leichte Cavallerie und zerstreuten das erste Treffen derselben. Doch sie mußten bald vor der Uebermacht der Republikaner zurückweichen, und nachdem mehr als 60 Mann aus ihrer Mitte gefallen waren, flohen sie aus Gleisweiler. Dieses Dorf wurde nun von den Franzosen geplündert. Namentlich raubten sie auch das katholische Pfarrhaus leer aus und verwüsteten dasselbe gänzlich. Indeß kamen von Weyher her Helfer für Gleisweiler. Eine Compagnie Grenadiere v. Kleist, geführt vom Lieutenant v. Feyensack, rückte über die Berge hinter Gleisweiler vor, während eine zweite Compagnie von dem Hauptmanne Cancinsky geführt, über Burrweiler heranzog. Es kam zu einem blutigen Gefechte, bei welchem an 100 Republikaner ihren Tod fanden und die Uebrigen zuletzt aus Gleisweiler wieder verdrängt wurden. Dabei streckte aber auch eine Kartätschenkugel den tapferen v. Feyensack nieder. Cancinsky wurde von einem gleichen Geschosse stark am Arme verwundet. Auf seinen Befehl wurden 16 französische Plünderer, welche keinen Pardon verlangten, in Gleisweiler niedergehauen. Von den Preußen blieben 7 Mann auf dem Platze, und 54 Verwundete brachte man auf Wagen vom Kampfplatze zurück. In derselben Zeit kämpften die Golz'schen Husaren und

führung des Oberbefehlshabers Beauharnais über Arzhelm und
Albersweiler hervor und stürmten mit großer Ungestümigkeit gegen
Frankweiler, Gleisweiler und Burrweiler heran. Sie wurden von
einem zweiten Heerhaufen unterstützt, welcher über Dammheim und
Nußdorf demselben Kampfplatze sich nahete. Die Oesterreicher und
Preußen wehrten sich wie Löwen, ihre bestürmten Posten zu be-
haupten; allein sie mußten bis nach Hainfeld vor der feindlichen
Uebermacht zurückweichen. Den Weichenden eilten jedoch die in
Edenkoben, Robt und Weyher aufgestellten Preußen und die in
Edesheim lagernden Slavonier zu Hilfe, und von neuem Muthe
beseelt, drängten die Verbündeten den Feind wieder über Gleisweiler
und Frankweiler zurück, der, von 60 Kanonen geschützt, hinter dem
zuletzt genannten Dorfe sich feststellte. Noch Abends 6 Uhr wiederholten die Republikaner dort den Angriff, doch nur, um die Menge
ihrer Leichen und die Zahl ihrer Verwundeten zu mehren.[431]
Während man ringsum den Kampf am Gebirge sah und hörte,
rückten die Franzosen auch im Mittelpunkte gegen Zeiskam vor.
Das kaiserliche Regiment „Rohan“, welches dort aufgestellt war,
that Wunder der Tapferkeit. Die Conde'sche Schaar verlor bei
Zeiskam ihre Schanze und wurde hier stark gedrängt. Doch der
greise Prinz Condé ritt auf's Neue mit verhängten Zügeln in die
Reihen des Feindes und eiferte seine jungen Chevaliers hiedurch
so sehr an, daß diese die verlorene Schanze mit dem Bajonnete wieder erstürmten, gegen 30 Republikaner tödteten und 13 derselben,
welche schwer verwundet waren, gefangen nahmen. Der Mittelpunkt
der Schlachtlinie wurde jetzt mit neuer Tapferkeit behauptet.

Den linken Flügel bei Germersheim hatte der feindliche General Ferrieres sehr heftig angegriffen. Wahrscheinlich hoffte dieser,
wenn, bei dem schon am frühen Morgen am Gebirge und im Mittelpunkte begonnenen Kampfe, von der Mündung der Queich gegen das

---

ein kaiserliches Freicorps mit den Republikanern bei Böchingen mit Tapferkeit und gutem Erfolge. Von den ersteren fanden hierbei beiläufig 20 Mann
den Tod; Freischärler fielen etwa 10 Mann. Außerdem wurden mehr als
70 Verwundete nach Edenkoben gebracht. Erst der Abend brachte Ruhe den
abgehetzten Kämpfern. Die Franzosen zogen sich auf die Anhöhe bei Nußdorf
zurück, während ihre Hauptmacht sich in einem Lager zwischen Landau und
Arzheim sammelte. — [431]) Die todten und verwundeten Feinde wurden hier
zu Tausenden berechnet. Es war ein blutiger Tag.

Gebirge hin Unterstützungs - Truppen abziehen dürften, desto glücklicher dort sich durchschlagen zu können. Doch jener Hauptposten
ward vom Oberbefehlshaber nicht außer Acht gelassen. Graf v.
Wurmser gebot zwar seinen Vorposten, sich von dem Spiegelbache
und aus dem Bellheimer Walde zurückzuziehen; allein da die Ungarn nicht weichen wollten, kam es bei Bellheim zu einem hitzigen
Gefechte. Einige Bomben wurden hiebei in dieses Dorf geworfen
und bald standen zwei Scheunen in lichten Flammen. Die Franzosen rückten vor und besetzten den Bellheimer Wald. Auch machten
sie Anstalten, Germersheim anzugreifen. Als ihre Plänkler bei den
Westheimer Forsten sich blicken ließen, wurden sie mit 18 Kanonenschüssen begrüßt, was den Angriff von dieser Seite vereitelte und
den General Ferrieres in verwirrter Eile wieder zurückscheuchte.
Dieser Schlachttag war einer der blutigsten in unserer Heimath.
Die Ungarn gaben an demselben keine Gnade, sondern säbelten auch
den Flehenden nieder. [422])

Am folgenden Tage verhielt sich der Feind ruhig. Am Gebirge
hatte er ein Lager bei Gobramstein wohl besetzt. Aus Jockgrim und aus
dem Bienwalde zog derselbe Verstärkung an sich. Der kaiserliche
Oberbefehlshaber schickte ebenfalls der preußischen Division von
Thadden einige Verstärkung in das Modenbacher Thal, um das
Vordringen der Franzosen über Ramberg zu hindern und dadurch
die deutsche Stellung bei Weyher und Rodt zu sichern. [423]) Am

---

[422]) Bericht aus Mannheim vom 21. Juli 1793 Mémoires par G. St.
Cyr. tome I. p. 65. — [423]) Ueber Annweiler und dessen Umgebung haben
wir aus jenen Tagen folgende Nachrichten: Diese Tage waren besonders für
Annweiler und die umliegenden Ortschaften, namentlich für Rinnthal und
Wilgartswiesen, voll der Schrecknisse und Drangsale. In der Frühe des 19.
Juli sah man in Annweiler alle nahe gelegenen Berge mit Franzosen bedeckt. Ihr Erscheinen setzte die Bewohner der Stadt in Angst und Besorgniß wegen Bestürmung und Plünderung. Doch es kamen nur einzelne und
unbewaffnete Republikaner, um für sich und ihre Kameraden Erfrischungen
und Lebensmittel zu kaufen, die sie auch ohne Weigerung bezahlten. Die herannahenden Truppen waren etwa 10,000 Mann stark, wovon jedoch bald wieder
mehrere Bataillone auf Eußerthal, Ramberg und Albersweiler aufbrachen.
Gegen Mittag kam der Commandant der auf dem Berge liegenden Brigade,
General Arlande, mit seinem Stab in die Stadt und nahm Quartier bei dem
Weinhändler Bernhard Pasquai. Der Syndik Engelbach begrüßte ihn alsbald und empfahl dem Generale die Stadt und die zur herzoglichen Vogtei
gehörigen Dörfer. Arlande versprach mit aller Artigkeit und Herablassung.

21. Juli besetzte der Feind den Berg am Modenbacher Thale. Eine feindliche Colonne mit 5 Kanonen umging den Berg und warf sich in den Hohlweg, worauf sich die Preußen bis zur Modenbacher Mühle zurückziehen mußten. Um diese Zeit stellte sich eine feind-

---

das Beste der Stadt und Umgegend nicht aus dem Auge zu verlieren. Sogleich befahl derselbe, daß nur die für die nöthigen Wachtposten erforderliche Mannschaft in der Stadt sollte einquartirt werden. Unter dieser Mannschaft hielt er strenge Ordnung und Zucht. So verliefen fünf bis sechs ruhige Tage. Doch am 25. Juli erschien unerwartet aus Landau der dortige Maire Grich und zwei Kriegscommissäre mit dem Befehle, daß die Stadt Annweiler ungesäumt 4,000 Centner Heu, und das Amt Falkenburg 2,000 Centner in diese Festung zu verbringen habe. Zur Sicherung des Vollzuges wurden sogleich mehrere Geißeln — aus Annweiler Nikolaus Folz und David Benekam — nach Landau abgeführt. Aergeres stand noch bevor. Am folgenden Tage, den 26. Juli, kamen auf Befehl des Obergenerals Beauharnais der Kriegs und Civilcommissär Ramefort und Arnsberger von Landau auf die Rathsstube zu Annweiler und geboten dem Amtmanne und Magistrate daselbst, die Bürger zusammen zu rufen und ihnen zu eröffnen, daß sie innerhalb 24 Stunden alle Pferde, Ochsen, Kühe, Kälber, Schweine, Hämmel, Wein, Früchte und Futter sammt Wagen und Karren nach Landau zu verbringen und an den Kriegscommissär Glöckner daselbst abzuliefern hätten, bei Vermeidung militärischer Zwangsmittel und strenger Hausuntersuchung. Nichts konnte bestürzender seyn, als diese unbemessene, rücksichtslose Auflage. Der Magistrat bemühete sich, eine Minderung zu erbitten. Die Commissäre kannten kein Erbarmen. Die beiden Pfarrer Cullmann und Schmidt wurden jetzt nach Landau abgeordnet, um dort Nachsicht zu erwirken. Schmidt hatte den in Landau liegenden General Clard, welchen er früher in der deutschen Sprache unterrichtet hatte, zum Fürsprecher. Der ehemalige Amtsbruder dieser Pfarrer, der stolze Volksrepräsentant Denzel, schlug ihre Bitten anfänglich kalt ab. Endlich gewährte er die Milderung, daß von dem gesammten Viehe zwei Drittheile, von den Früchten aber ein Drittheil müsse unverzüglich abgeliefert werden. Dieß geschah, ungeachtet an demselben Tage der Generaladjutant Miribel im Namen des Generals zu Annweiler bekannt machen ließ: „Jeder Soldat, der sich untersteht, nur den geringsten Schaden in irgend einem Eigenthume zu verursachen, soll sogleich arretirt und in das hiesige Hauptquartier geführt werden." Den armen Bewohnern des Amtes Falkenburg wurde aber eben so schnell und erbarmungslos, wie den Bewohnern vieler anderer Dörfer, ihr sämmtliches Vieh hinweggetrieben, um in den Gräben der Festung bald vor Hunger und Durst zu Grunde zu geben. Der Jammer der beraubten Einwohner war entsetzlich. Männer, Weiber und Kinder suchten Hilfe in Annweiler, die ihnen aber, ihrer Thränen ungeachtet, von Niemanden konnte geleistet werden. — Nachmittags den 27. Juli, erhielt der General Arlande aus Landau Befehl zum Aufbruche. Er zog

liche Schaar dem Dorfe Gleisweiler gegenüber zum Kampfe auf.
Der dortige preußische Posten zog sich auf den St. Annaberg zurück.
Gegen Mittag fing das Plänkeln bei Gleisweiler an. General v.
Hotze, welcher bereits die Ausgänge der hinter Edenkoben liegenden
Anhöhen hatte besetzen lassen, eilte zu den Vorposten nach Gleisweiler.
Ungeachtet er von dort aus neue Schaaren der Feinde zu Fuß und
zu Pferd bei Böchingen gewahrte, kam es doch hier zu keinem neuen
Angriffe. Dagegen entspann sich an jenem Nachmittage ein Gefecht
im Modenbacher Thale, welches bis gegen Abend andauerte. Die
Feinde machten einen zweimaligen Angriff auf Weyher, wurden aber
zweimal zurückgeworfen, wobei sich besonders der Condéer = Haupt=
mann v. Gramont auszeichnete. [484]) Es kostete den Feind 60 Todte,
die Preußen aber, welche aus dem Thale weichen mußten, zählten
2 Todte und 46 Verwundete. — Am 22. Juli war abermals ein
heißer, blutiger Tag des Kampfes. Bei Frankweiler erneuerten die
Feinde ihre Angriffe mit verstärkter Macht. Eine Colonne der=
selben zog sich über die dortige Anhöhe, vertrieb die Preußen und
rückte von da, unter beständigem Kampfe bei dem heftigsten Wider=
stande der Verbündeten, mit abwechselndem Glücke, auf den Berg

---

alsbald seine Truppen zusammen und marschirte ohne weitere Gefahr für die
Bewohner in der Nacht an der Stadt vorüber, um später bei Lembach zu lagern.
Am folgenden Morgen erschienen etwa 18 bis 20 preußische Husaren vom
Regimente „Goltz“. Berichte aus Annweiler nach Mannheim und Meisenheim
vom 28. Juli 1793. Reichsarchiv Z. A. No. 899 und 2689. — Wenige
Tage hierauf wurde amtlich berichtet: „Jeder der beraubten Gemeinden hat
man 20 Kühe und etliche Schweine zurückzugeben. Auch das Zugvieh wußten
die Bauern, theils durch List, theils durch Bestechung, zu retten. Noch immer
standen etwa 3,000 Franzosen bei Vorderweidenthal, Hauenstein und Schwan=
heim. Die deutschen Vorposten, welche in Annweiler rasteten, schickten ihre
Patrouillen bis in die Nähe dieser Dörfer. Besonders schwebte die Ge=
meinde Wilgartswiesen hierbei in ständiger Furcht, indem sie oft von den
Republikanern überfallen wurde, welche das Brod aus dem Backofen raubten
und das kleine Vieh mit sich fortführten und dabei droheten, das ganze Dorf
auszuplündern und in Brand zu stecken“. Stadtsyndikus Engelbach zu Ann=
weiler am 4. April 1793. — [484]) Man fürchtete, die Franzosen würden
durch das Modenbacherthal auch in das Neustadter Thal nach Grevenhausen
vordringen, weßhalb die in Maikammer und Lachen lagernden Truppen am
21. Juli bei Winzingen in ein Lager zusammengezogen und die Bagage
der vereinten Truppen auf die Lachener Halde und auf die Frohn=
mühle verbracht wurden. Tagebuch von Schoch. §. 233.

bei Gleißweiler, dann an dem Gebirge über die St. Anna-Kapelle,
den steilen Teufelsberg ꝛc. herab durch die Dörfer Gleißweiler, Burrweiler, Flemlingen an Hainfeld vorbei bis nach Weyher. General
v. Hotze übernachtete hinter Rodt, General v. Spleny aber zu Venningen, weil nach dem Verluste von Weyher auch die Stellung von
Edenkoben nicht mehr zu behaupten war. — Die Republikaner naheten
sich an demselben Tage auch wieder der Spiegelbrücke und dem
Dorfe Bellheim und drückten dort die kaiserlichen Vorposten zurück.
Zwischen Mörlnheim und Dammheim rückten um dieselbe Zeit gegen
13 Tausend Feinde mit vielem und schwerem Geschütze in den Kampf.
Diesseits der Queich zogen sie gegen Bornheim und Essingen vor,
jenseits der Queich aber bei Offenbach, Ottersheim und Knittelsheim an den Wald. Die Vorposten des Generals v. Meszaros wurden
von den Franzosen unterhalb Bornheim zuerst angegriffen. Sie zogen
sich zusammen und suchten dann den Vordringenden bis Nachmittags in rühmlicher Tapferkeit zu widerstehen. Die Feinde brangen
jedoch bis zu den kaiserlichen Schanzen von Niederhochstadt vor,
wo sie aber so starken Widerstand fanden, daß sie sich wieder
zurückziehen mußten. Bei diesem Rückzuge fiel ihnen der letzt genannte
kaiserliche General, der eine Schwenkung über Essingen nach Knöringen machte, in die Flanke und nöthigte sie zu solcher Eile, daß sie
genöthiget waren, zwei Kanonen im Stiche zu lassen. [435])

An demselben kampfvollen Tage — den 22. Juli — ward endlich die Festung Mainz von den Franzosen den deutschen Belagerern
übergeben. [436]) Dadurch erhielt nunmehr der bisherige Kampf an der
Queich eine andere Wendung. Die verbündeten Armeen gingen

---

[435]) **Taggettel** des **Grafen v. Wurmser.** Nach diesem Berichte wur-
den dem Feinde an diesem Tage gegen 300 Mann getödtet, 700 Mann ver-
wundet und 18 Mann und 16 Pferde gefangen, den Verbündeten aber 88
Mann getödtet, 167 Mann verwundet und 3 Pferde getödtet. — Eine andere
Schilderung des Kampfes am Gebirge vom 22. Juli siehe: Der französische
Freiheitskrieg. Th. I. S. 161. — [436]) Friedr. Lehne schildert uns in seinen
Schriften B. V. S. 305 die damalige Lage der Patrioten in Mainz. Der
Prinz Maximilian Joseph von Zweibrücken — später König von Bayern — hatte
drei Monate hindurch mit den kurpfälzischen Truppen die Belagerung unterstützt. Am 3. Aug. 1793, wo der König von Preußen in Mannheim ihn begrüßte, ward die Eroberung jener Stadt festlich gefeiert. Später unterstützte
der genannte Prinz auch die Belagerung von Landau. Er hatte in Maikammer sein Quartier, wo ihn auch seine Familie besuchte.

nach dem Falle jener Festung von dem bisherigen Vertheidigungs=
kampfe zum Angriffskampfe über. Die Franzosen sahen daher einer
förmlichen Belagerung der Stadt Landau mit Gewißheit entgegen
und boten Alles auf, diese Festung mit Lebensmitteln zu versehen
und in den gehörigen Vertheidigungsstand zu setzen. Am 27. Juli
fielen sie in die benachbarten Dörfer ein, um alles Vieh zu rauben
und alle Früchte, Heu und Stroh einzubringen. Am 1. August
wurde die Stadt in Belagerungszustand erklärt, wodurch dem Com=
mandanten neben dem Volksrepräsentanten Denzel fast alle Gewalt
in die Hand gelegt war. [457])

§. 5. Kämpfe im Westrich während des Juli 1793.

Von den Bewegungen, Angriffen und Kämpfen der im Westrich
aufgestellten Preußen haben wir weniger Nachrichten aus jener Zeit.
Wie die Republikaner dort das Bliesthal hüteten, haben wir bereits
gehört. Am 30. Juni stießen in der Stadt Zweibrücken die französischen
und preußischen Vorposten scharf aufeinander. Es fielen blutige
Scharmützel auf den dortigen Straßen vor, wobei viele der Käm=
pfer getödtet und verwundet wurden. Die Franzosen und die Preußen
behaupteten, daß sich auch Bürger der Stadt dabei betheiligt hätten.
Die Stadtobrigkeit — Kaufmann Schäfer an der Spitze — sah
sich hierdurch veranlaßt, einen ernsten Mahnruf an die dortigen
Bürger zu erlassen, welchen der Commissär Boutay am folgenden
Tage eine Contribution von 40,000 Livres, innerhalb 24 Stunden
zahlbar, auferlegte, weil die herrschaftlichen Weine von dort abge=
führt worden seyen. [458]) Von jener Zeit bis zur Mitte Juli la=

---

[457]) Es wurden an jenem Tage 1199 Ochsen und Kühe, 205 Schweine,
1083 Schafe und 19 Ziegen in die Stadt gebracht. Wie manchem Dorf=
bewohner ward hierdurch seine Nahrung und ein Theil seines Vermögens
geraubt. Alexander Beauharnais, der erste Gemahl der nachherigen Kaiserin
Josephine, hatte den dortigen Commandanten Gillot ersetzt. Nach jenem ward
der General M. J. Laubadere Commandant der Festung Landau. Siehe
Näheres in Birnbaum's Gesch. v. Landau. S. 349. — [458]) Kreisarchiv. Z.
K. Nr. 268. Aus Rodalben haben wir folgende Nachricht: Am Donnerstage
den 4. Juli 1793 in der Frühe halb 4 Uhr wurde eine preußische Husaren=
patrouille von 14 Mann, welche gegen Pirmasens gezogen war, von etwa
160 Mann Franzosen, worunter 40 Reiter gewesen, überfallen und nach
Rodalben unter stetem Feuern zurückgedrängt. Die Husaren konnten sich hier
vor der Uebermacht nicht halten, und sprengten über den Kirchberg gen

gerte der größere Theil der Moselarmee in Saarbrücken und Fohrbach.
Am 16. Juli erhob sich eine Abtheilung, von Houchard geführt, nach
Neunkirchen, über Jägersburg gen Kübelberg, wo dieselbe am 21.
Juli eintraf. Eine schwächere Abtheilung war von Saarlouis
nach Thelep vorgerückt. Die Vorhut der im befestigten Lager bei
Hornbach aufgestellten feindlichen Division rückte gegen Zweibrücken
vor. Sowohl am 17. als 18. Juli griff eine Abtheilung der Republikaner die Schanzen der Preußen bei Käßhofen an, wurde aber
jedesmal zurückgeworfen. Am 19. Juli brachen die Franzosen aus
ihrem Lager bei Limbach gegen den Karlsberg auf. Obrist v. Szekely
zog sein Corps mit der zu Homburg gelegenen Schaar Trierer
Jäger zusammen und stellte sich dem Feinde muthig entgegen. Das
sich hiebei entwickelnde Gefecht dauerte bis Abends 6 Uhr. Die
Republikaner wurden in ihr Lager bei Limbach zurückgebrängt.
Indeß ließ v. Szekely seine Wagenburg nach Vogelbach, seine Kranken
und Verwundeten nach Kaiserslautern verbringen. [439]) Noch an demselben Abende gegen 9 Uhr zog er sich mit seinen Truppen vor der
Uebermacht der Gegner vom Karlsberge zurück. Die dortigen herzoglichen Beamten flüchteten sich jetzt ebenfalls nach Bruchmühlbach.
Schon um 3 Uhr des andern Morgens bemächtigten sich die Franzosen des Karlsberges. Unter Leitung des Commissäres Boutay
plünderten sie sowohl das herzogliche Schloß, als wie auch die dortigen Wohnungen der Beamten. Mehrere Personen wurden hiebei

---

Burgalben. In Rodalben, wo gerade die Beiglocke geläutet wurde und der
Kuhhirt blasend auszog, was die Republikaner als Anfang zur Gegenwehr
deuteten, kam es zu arger Verwirrung. Man schoß in die Häuser, sprengte
Thore und Fenster ein und plünderte den Krämerladen des Joh. Theobald
Frank gänzlich aus. Manche der Franzosen riefen laut auf, das Dorf sei ein Ari-
stokraten-Nest, welches an allen 4 Enden sollte angezündet werden. Am Amts-
hause, welches verschlossen war, forderten sie unter Drohungen Einlaß. Sie
setzten dem Amtmanne, welcher endlich sein Haus öffnete, die Pistole auf die
Brust und verlangten mit blanken Säbeln Wein. Er ließ ihnen Wein ver-
abreichen. Allein die Unholden wollten sich damit nicht begnügen, sondern
drangen zuletzt in den Keller ein, leerten den Weinvorrath bis auf den
letzten Tropfen und mißhandelten die Frau des Beamten und das Haus-
gesinde auf mancherlei Art. Am Nachmittage zogen sich die Franzosen wieder
nach Pirmasens zurück. Bericht des Amtmanns Rutschmann aus Rodalben
vom 10. Juli 1793. Karlsr. Archiv. G. A. — [440]) Amtlicher Bericht vom
19. Juli 1793. Kreisarchiv. Z. A. No. 268.

arg mißhandelt. Das herzogliche Naturalien-Cabinet ward gänzlich
zerschlagen und verwüstet. Der genannte Commissär verlangte noch
an demselben Tage vom Bürgermeister von Homburg 10 vierspän=
nige Wagen, um die geraubten Möbeln des Schlosses wegzuführen.
Am folgenden Morgen zeigten sich die Franzosen, welche bereits
Wiesbach, Käshofen, Auerbach, Contwig und Zweibrücken besetzt
hatten, auch bei Ramstein. Viele Personen wurden von ihnen miß=
handelt, abgeprügelt und ausgeplündert. [440] Schon am 19. Juli
mußte sich auch der herzogliche Burgvogt Etienne zu Petersheim
vor den Republikanern flüchten. Er war bemüht, die besten Fahr=
nisse noch aus dem dortigen herzoglichen Schlosse wegzubringen. Die
stürmenden Feinde plünderten dasselbe gänzlich aus und zerschlugen
in Stücke, was sie nicht fortschleppen konnten. Auch vieles Vieh
wurde von den Republikanern weggetrieben. [441]

Der Herzog von Braunschweig eilte selbst von Kaiserslautern
an die bedrohten Punkte. Am 19. Juli sendete er mehrere Ba=
taillone und Escabronen des Prinzen von Hohenlohe nach Lauter=
ecken, zog am folgenden Tage den Rest nach Otterbach zurück und
ließ am 24. desselben den Prinzen nach Einöllen abrücken, um dort
ebenso den Truppen zu Lauterecken, als wie der Hauptstellung bei
Kaiserslautern zur Stütze zu dienen. [442] Houchard hatte unstreitig
die Absicht, die Truppenkette der Verbündeten am Glane zu durch=
brechen, um den bedrängten Republikanern zu Mainz auf diesem Wege
Hilfe zu bringen. Bereits am 21. Juli, Nachmittags 3 Uhr, rückten die
ersten Bataillone mit 6 Kanonen, von ihm befehligt, in Kusel ein.
Altenglan und Rammelsbach waren von den tapferen Schaaren
des Obristen v. Szekely stark besetzt. Zwischen Blödesbach und
Schellweiler kam es zu einem Gefechte, bei welchem 10 Republikaner
gefangen wurden. [443] Dienstags, den 23. Juli, gegen Mittag traf

[440] Amtlicher Bericht aus Kaiserslautern vom 21. Juli 1793. a. a. O.
— [441] Bericht des Etienne aus Ransweiler vom 21. Juli 1793. Reichs=
archiv. Z. A. No. 903. Die geretteten Fahrnisse, im Anschlage zu 4,688 fl.,
flüchtete er nach Castellaun Erst am 1. Juni 1794 konnte Etienne von Zell
an der Mosel wieder nach Petersheim zurückkehren. Er fand das Schloß
und seine Wohnung ganz verwüstet. Am Anfange Juli 1794 mußte er sich aber=
mals flüchten. — [442] Geschichte der Kriege. Th. I. S. 200. — [443] Amt=
licher Bericht aus Kusel vom 22. Juni 1793. Am 18. Juli kamen zwei Com=
pagnien Preußen mit einer Kanone nach Kusel, welche sich theilweise auf dem
Mühlberge hinter der Stadt lagerten.

eine Verstärkung französischer Truppen in Kusel ein. Am Mittwoche den 24. Juli hielt Houchard Spähe bis nach Eisenbach, wo er auf die Vorposten der Preußen stieß. Diese sollten am folgenden Tage angegriffen werden. Allein es lief jetzt die Kunde ein, daß Mainz den Verbündeten übergeben sei. Schon in der Nacht vom 25. Juli kamen 7,500 Mann der Mainzer Garnison nach Meisenheim unter dem Geleite von 240 sächsischen Husaren, welche in jener Stadt und in den umliegenden Dörfern untergebracht wurden. [444])

Am 18. Juli waren die Franzosen auch aus Pirmasens über Rodalben nach Münchweiler vorgerückt. Am 21. hatten sie den von wenigen Compagnien der Verbündeten vertheidigten Posten zu Leimen vergeblich angegriffen und sich hierauf bei Queidersbach aufgestellt. [445]) Am Donnerstag, den 25. Juli, glaubte man, die Fran-

---

[444]) Am 27. Juli kamen 7,000 Mann der Mainzer Garnison nach Kaiserslautern, wo die Offiziere von den preußischen Generälen unter zwei Zelten freundlich bewirthet wurden. Nachts 12 Uhr erhoben sich dieselben gen Landstuhl. Die Preußen geleiteten sie bis zu den französischen Vorposten. Am 29. Juli kamen etwa 5,000 derselben nach Zweibrücken, welche in Rimschweiler und in der Umgegend übernachteten. — [445]) Wir haben hierüber folgende archivalische Nachrichten: Donnerstags den 18. Juli 1793 in der Frühe kamen etwa vier bis fünf Tausend Mann zu Fuß und zu Pferd mit sechs Kanonen und dem sonst nöthigen Feldgeräthe von Pirmasens nach Rodalben und von da nach Münchweiler. Sie verlangten an jedem Hause Wein, Milch, Brod und Käse. Es kam dabei zu solchen Auftritten und Unfugen, daß die noch zurückgebliebenen Mannsleute vollends die Flucht ergriffen, um sich im Walde zu verbergen. Der Durchzug dauerte am Morgen bis gegen 11 Uhr. In Rodalben blieben etwa 800 Mann zurück. In Münchweiler wurde auf dem Felde ein Lager geschlagen. In Rodalben trieben die Republikaner besonders im Pfarr- und Amthause argen Unfug. Sie brachen in die Keller, soffen den vorgefundenen Wein und zerschlugen die Fässer. Der Pfarrer Pfeiffer flüchtete sich mit seinen Vikaren in fremder Kleidung. Auch der Amtmann hatte sich nach Leimen begeben. Der Förster Kuntz von Rodalben, Franz Joseph Steinhäuser zu Merzalben, Louis Stein von Leimen und der Beijäger Anton Sailer von da flüchteten sich später über den Rhein, wo sie noch im Jahre 1795 weilten. Sie bezogen hier ihren Gehalt theilweise fort. Am 19. Juli brachen die Republikaner in aller Frühe wieder von Münchweiler auf, kehrten nach Rodalben zurück und zogen dann über die Eselsmühle nach Donsieders, und schlugen zwischen diesem Dorfe und Clausen ein Lager auf. In Rodalben wurden die Mannsleute aufgesucht, um im Frohnde die Wege dorthin herzustellen. Am Samstage den 20. Juli mußte von Rodalben Hafer und Heu in das Lager geliefert werden. Da die sämmtlichen Geistlichen von Rodalben geflüchtet waren — auch der Amtmann hatte

23

zosen seyen gegen Trippstadt im Anzuge. Das dortige preußische
Commando, vom Obristen v. Saniß befehligt, stellte sich auf dem
Kirchhofe auf. Die Einwohner flüchteten sich voll Angst und Schrecken
mit ihrem Viehe und mit ihren sonstigen Habseligkeiten haufenweise
in die Wälder. Der Zug der feindlichen Truppen richtete sich mehr
seitwärts nach Waldfischbach. Von dort sammelten sie sich auf der
Sicklinger Höhe, wo sie zwischen Hermersberg und Martinshöhe ein

---

bisher einen solchen Namens Holbermann, angeblich als Schreiber, im Hause, —
wurde am Sonntage daselbst kein Gottesdienst abgehalten. Dagegen brachte
eine Fuhre von Clausen einen todten Priester, Namens Grießmeyer, am
Sonntagsmorgen nach Rodalben. Derselbe war aus Schrecken vom Schlage
gerührt, nach einer andern Angabe von den Republikanern mißhandelt, auf
dem Wege zwischen Clausen und Rodalben gestorben. Man begrub ihn hier
in aller Stille. Kaum war dieß geschehen, als der Befehl vom französischen
General Vernain einlief, 20 Mann mit Aexten versehen nach Clausen zu
schicken, um die dortigen Verhaue aufzuräumen. Bei dem Befehle war die
Drohung ausgesprochen, daß im Nichtbeachtungsfalle Rodalben den Flammen
würde preisgegeben werden. An demselben Nachmittage wurde ein anderer
Geistlicher Namens Fenas, welcher in der Nacht vom 18. Juli zwischen eilf
und zwölf Uhr gefangen wurde, mit einem Stricke gebunden, von einem Commando Soldaten durch Rodalben nach Pirmasens geführt. Gegen 2 Uhr
flug ein heftiges Feuern am Röderhofe an, wo die Preußen auf die Franzosen stießen, und während zweier Stunden gegen sie kämpften. Bei 500 Republikaner sollen an diesem Tage getödtet und verwundet worden seyn. Erst
am 25. Juli brach das Lager, für welches fortwährend viele Arbeiten und
Lieferungen mußten besorgt werden, bei Donsieders auf und wurde auf die
Sicklinger Höhe bei Hermersberg verlegt. Am folgenden Tage kam eine Patrouille preußischer Husaren nach Rodalben, welche dort den französischen
Vorposten von 4 Reitern aufhoben und nach Trippstadt brachten. Bericht
vom (Maire) Neumann, Schultheißen Joseph Wäry und Anwalt Peter Lang
aus Rodalben vom 26. Juli 1793. Karlsr. Archiv. G. A. — In der Frühe
am 27. Juli brachen die Franzosen aus ihrem Lager bei Hermersberg auf.
Sie zogen über Thaleischweiler und Höhfröschen auf die Husterhöhe zwischen
Rodalben und Pirmasens. Der Petersberg und der Staffelhof wurden hierbei hart heimgesucht. Dem Hofmanne Simon Auer auf dem Staffelhofe
hatten die Republikaner alles Vieh hinweggenommen, was jedoch der tapfere
Hofmann mit seinem Gesinde wieder zu gewinnen wußte. In allen umliegenden Ortschaften entstand nun das Gerücht, die Franzosen würden das Vieh
gewaltsam mit sich forttreiben. Wirklich hatten sie auch aus Fehrbach 45
Stück weggeführt. Noch in derselben Nacht trieben daher die Rodalbener ihr
Rindvieh auf den Klinkenberg. Am 28. Juli zogen sich die Republikaner in
die Umgegend von Biuningen, wo sie schon früher ein Lager hatten, das sie
nun noch mehr mit Schanzen zu schützen suchten. A. a. O.

Lager schlugen, aber sich bald noch weiter zurückzogen. Am 27. Juli stand ein Theil derselben bei Pirmasens, ein anderer Theil besetzte den Kreuzberg und den Bubenhausener-Berg bei Zweibrücken. Nur 500 Mann lagerten in der Stadt Zweibrücken. [446])

Der Rückzug des Oberbefehlshabers Houchard und seiner Truppen aus dem Glanthale, welcher aus Kusel noch am Abende des 25. Juli erfolgte, war mit vielen Unordnungen, Plünderungen und Verwüstungen begleitet. Aus allen Theilen des dortigen Zweibrücker Gebietes liefen hierüber die traurigsten Berichte ein. In der kleinen Gemeinde Frutzweiler allein wurden am 26. Juli Rindvieh und Früchte im Werthe von 3,904 fl. gewaltsam hinweg genommen. [447]) „Beschämt über seine fehlgeschlagene Unternehmung begeht darauf der rachsüchtige Wütherich die Schandthat, den Karlsberg zu verbrennen." So schreibt von Houchard ein englischer Offizier, welcher damals bei der Armee der Verbündeten weilte. [448]) Am Sonntage

---

[446]) Ueber das damalige Benehmen der Franzosen in der Umgegend von Pirmasens haben wir folgende Aufzeichnungen: Am 29. Juli suchten sie das Vieh in der ganzen Umgegend von Pirmasens auf. Die dortigen Bewohner flüchteten an jenem Tage mehr als 1000 Stück über Rodalben nach Burgalben und Waldfischbach. Am 30. Juli wurde zu Winzeln und Gersbach das Vieh gewaltsam hinweg genommen. An demselben Tage kam eine preußische Patrouille von 20 Jägern und eben so viel Husaren nach Rodalben. Am letzten Juli kamen die Franzosen wieder bis an die Ziegelscheune vor der Stadt Pirmasens. Man flüchtete abermals das Vieh in die Wälder. Am 1. Aug. ritt eine preußische Patrouille bis gen Pirmasens. Am 4. Aug. kamen etwa 40 französische Reiter über Pirmasens bis nach Rodalben. Sie fingen mit den preußischen Vorposten, welche auf dem Wege nach Clausen standen, heftig zu plänkeln und zu feuern an. Während deß kamen die Katholiken von Donsieders den Kirchberg herab, um dem Sonntagsgottesdienste, den ein Kaplan Namens Zilngerle an jenem Tage abhielt, beizuwohnen. Als die Franzosen diesen Zug sahen, sprengten sie in aller Eile, einen feindlichen Ueberfall befürchtend, nach Pirmasens davon. Am 6. August kam wieder eine französische Patrouille von dort bis an den Schlangenbrunnen bei Rodalben, wagte sich jedoch nicht in das Dorf. Tag und Nacht waren die Einwohner auf der Huth, um ihre Habseligkeiten, besonders ihr Vieh, zu retten. Berichte des Amtmanns Rutschmann aus Rodalben. Karlsr. Archiv. G. A. — [447]) Kreisarchiv. Z. A. No. 268. — [448]) Kurze Uebersicht des Feldzuges im Jahre 1793, ein sehr treffliches Schriftchen. Frankfurt und Leipzig, 1793. Nach Rheinwald's amtlichem Berichte über diese Verwüstung hätte Houchard dieses vom Convente befohlene Verfahren mißbilligt. Beilage 26. Ein amtlicher Bericht vom 4. Aug. 1793 meldet: „Von diesem stolzen Fürstensitze

Abends den 28. Juli stand das herrliche Schloß in lichten Flam=
men, ein schreckenvolles Schauspiel für die ganze Umgegend. Von
Morgens 8 bis Abends 7 Uhr, wo Colombe den Befehl zur Schü=
rung des Brandes ertheilte, war das reiche Schloß der Plünderung

---

stehen nur noch auf dem Berge das Spital, Strähl's Caserne, etliche Treib=
häuser, die Wohnung des Hofgärtners Reichard, die Chevaux-légers-Caserne
und des Schäfers Wohnung. Die Gebäude am Fuße des Berges sind noch
alle unversehrt. Dieses Schloß, eine halbe Stunde von Homburg auf nörd=
licher Anhöhe gelegen, hatte seit 1780 der Herzog Karl II. von Zweibrücken
erbaut. Ein Berichterstatter aus dem Jahre 1793 sagt hierüber: „Man
spricht mit wenig Achtung von dem herzoglichen Einfalle, einen ganzen
wüsten, irdischen Berg in den überirdischen Zaubersitz einer Fee umzuschaffen;
denn die Ausführung dieses Einfalles hat dem Lande nicht weniger als 14
Millionen gekostet. Auch muß wohl das Ausgezeichnete der ganzen Anlage
dem großen Rufe, in welchem diese stand, entsprochen haben, da selbst Kaiser
Joseph bei seinem Hierseyn sein Erstaunen darüber nicht hat verbergen kön=
nen. Der Reichthum der im seltensten Geschmacke angebrachten Bergol=
dungen, Spiegel, Kronleuchter ꝛc. ꝛc. blendete im eigentlichen Sinne die
Augen. Man sahe da Stühle, wovon das Stück nicht weniger als 50 Karo=
line gekostet hatte. Was man sonst nur als Seltenheiten einzeln in Ca=
bineten aufgestellt sieht, fand man hier zu Meubles verwendet. Für unge=
heure Summen hatte man die seltensten, ausländischen Vögel zusammen=
gekauft, ihnen die Federn ausgerupft und diese dann künstlich in die atlassenen
Tapeten so eingewirkt, daß auf diese Art das jedesmalige Geschöpf, dem sie
angehörten, durchaus mit den natürlichsten Farbenmischungen dargestellt wer=
den mußte. Nach diesem Maßstabe war alles Uebrige dort kunstreich, präch=
tig und originell. Ganze Menschenfamilien aus den verschiedensten und ent=
ferntesten Weltgegenden, wohnten in den Partien des weitläufigen Schloß=
gartens, zerstreut in eben den Wohnungen und Kleidungen und unter den
nämlichen Haus- und Ackergeräthschaften und Gebräuchen, wie sie deren in
ihrem jedesmaligen Vaterlande gewohnt waren. Eine sie umgebende Wild=
niß von vaterländischen Bäumen, Gesträuchen und Blumen sonderte die ver=
schiedenen Landmanuschaften von einander. Die Sammlung von Thieren
aller Himmelsstriche und Weltgegenden war eine der kostbarsten und voll=
ständigsten, die man vielleicht jemals gehabt hat. Der Herzog hatte für ge=
wisse Thiere eine große Vorliebe. Die Anzahl seiner Pferde rechnete man
auf 500 Stück. Die Gebäude für das Hundegeschlecht waren von mehr als
800 Hunden bewohnt. Noch größer soll die Anzahl der Katzen aller Gat=
tungen gewesen seyn. Außer einer Caserne für einige hundert Mann herzog=
licher Truppen, waren außerhalb des Schlosses Wohnungen für den Hofstaat
und für eine außerordentliche Menge Katzenpfleger und Hundsjungen. Nicht
nur das übermäßige Hegen des Wildes, sondern die alljährlich großen Jag=
den, welche gewöhnlich 14 Tage dauerten, erzeugten Bitterkeit im Lande.

preisgegeben. Während des Brandes und nachher eilten auch die
Bauern aus den umliegenden Dörfern herbei, um, was sie ver=
mochten, von der Brandstätte und ihrer Umgebung sich anzueignen
und fortzuschleppen. Das Schlößchen der Frau Herzogin, — die
Fasanerie bei Homburg, — wurde von den Mordbrennern am 31.
Juli Nachmittags halb vier Uhr angezündet und in Asche gelegt.
Zuvor kamen die Franzosen von drei Seiten herbei und verdrängten
die Deutschen vom Berge. Gleiches Schicksal drohete der Wohnung
der Frau Oberhofmeisterin v. Esebeck und des Prälaten Salabert. [449])

Jeder Hausvater vom Lande mußte dazu eine Person zum Zusammentreiben
des Wildes schicken — Söhne und Töchter — was zu großen Unfugen Ver=
anlassung gegeben haben soll, weßhalb es Viele nicht bedauerten, als das
Feenschloß auf dem Karlsberge, an welchem manche Thräne der Unterthanen
haftete, den Flammen preis gegeben wurde." „Ueber die Pfalz am Rhein
und deren Nachbarschaft." B. I. S. 48 u. ff. Eine Frontezeichnung dieses
Schlosses giebt: „Die Schlösser des Rheinkreises," von M. von Neumann.
Zweibrücken. 1837. Herzog Karl hatte in diesem Schlosse auch eine Samm=
lung von mehr als 1000 Pfeifenköpfen. „Der Karlsberg war, zwar nicht
durch geflügelte Drachen, wie die Gärten der Hesperiden, wohl aber durch
schnurrbärtige Grenadiere bewacht, jedem Menschen unzugänglich gewesen.
Vor ihnen mußte der Vorübergehende in halbmeilenweiter Entfernung schon
den Hut abziehen." A. Köllner's Geschichte v. Saarbrücken. B. I. S. 433.
— Laut amtlicher Protokolle vom J. 1783 kostete das Karlsberger Bauwesen
680,034 fl. 55 kr. Nach Bericht vom 14. Sept. 1793 betrugen damals die
Beschädigungen am Bauwerke 1,020,052 fl. 22 kr.; an den Nebengebäuden
5,324 fl.; an dem Brunnenwerke 1,576 fl. 40 kr.; ferner am Karlslufter
Bauwesen 7,449 fl. 59 kr.; an dem Brunnenwerke daselbst 1,260 fl.; an dem
Jägerburger Schlosse 132,425 fl 51 kr.; an dem Eigelscheider und Brughof=
Bauwesen 927 fl. 44 kr.; an dem Petersheimer Schlosse 19,424 fl. 8 kr.
Sohin im Ganzen 1,188,440 fl. 44 kr. Reichsarchiv Z. A. No. 926. —
[449]) Amtlicher Bericht vom 2. August 1793. Darin heißt es weiter: „Die
Bauern fahren fort unter den Ruinen des Karlsberg zu plündern, und wenn
auch die Franken noch mehrere Gebäude stehen ließen, so haben dieselben von
diesen ausgearteten Unterthanen das Loos der Zerstörung ebenfalls zu be=
fürchten. Am genannten Tage — 31. Juli — ließ der Obrist v. Szekely,
als er auf den Berg ritt, auf einige Bauern, die er über dem Plündern er=
tappt hatte, Feuer geben und etliche derselben gefänglich abführen. Dieses ist
vielleicht das beste und einzige Mittel, diese Bösewichter vor ferneren Ex=
cessen abzuhalten." ꝛc. ꝛc. Reichsarchiv. Z. A. No. 899. Die größere Co=
lonne der Franzosen stand am 2. August um Erbach und rings um Hom=
burg. Die andere Colonne vom General Pully stand auf dem Galgenberge
bei Zweibrücken. Auf dem dortigen Kreuzberge lagerten 2,000 Mann mit
10 Kanonen. Ueber Erbach hinaus standen die französischen Vorposten an

Der französische Commandant zu Homburg, Garbane, hatte hierzu schon alle Vorbereitungen getroffen, wurde aber durch die Bittvorstellung der Bürgerschaft bewogen, davon abzustehen. Dennoch plünderten und verwüsteten die Republikaner das Haus der genannten Freifrau. Auch das herzogliche Schloß zu Jägersburg ward an diesen Tagen gänzlich ausgeplündert und verwüstet.

Indessen wurde am 28. Juli auf Drängen der in Zweibrücken lagernden Franzosen daselbst ein Freiheitsbaum aufgepflanzt. Viele wohlgesinnte Bürger nöthigte man, denselben herbeizuschaffen und sich dem Jubel und Tanze beizugesellen, welcher hiebei statthatte.[450] In der Nacht vom 1. Aug. wurden mehrere Bürger in Zweibrücken gewaltsam aufgegriffen und weggeschleppt. Andere entrannen dieser Gefangennehmung. In der folgenden Nacht griff man abermals mehrere Damen und Beamten auf. Sie wurden, alles Bittens und Flehens ungeachtet, auf Wagen nach Metz gebracht, um zur Auswechselung der in Mainz festgenommenen Clubisten und Clubistinnen zu dienen.[451] Am 2. August plünderten die Republikaner die beiden herzoglichen Schlösser zu Zweibrücken, so wie auch die Orangerie. Am Nachmittage, den 3. Aug., richteten etliche Hundert Soldaten in den bemeldeten Schlössern einen wahren Gräuel der Verwüstung an. Alles Gehölze und Getäfel, alle Geräthschaften, Fenster, Thüren, Läden wurden losgerissen, zerschlagen, zertrümmert, theils in den Bach, theils auf die Straße geworfen, alles Eisenwerk, Schlösser, Riegel, Geländer ausgesprengt und weggeschleppt. Sogar die steinernen Statuen, welche auf den Zinnen des neuen Schlosses standen, wur-

---

jenem Tage noch bis Jägersburg und Walbmohr. a. a. O. — [449] Hermann Finger, „Altes und Neues," Landau, 1859, S. 102, gibt hierfür den 23. Juli an, was wohl ein Druckfehler ist. — [451] Sie waren: Gräfin von Strahlenheim; Frau von Luxburg; Frau des Generals Eberhard v. Esebeck mit ihrer jüngsten Tochter; Frau Freund v. Sternfeld; Regierungsrath Sturz und seine Frau; die Frau des geheimen Rathes Weyland; der Sekretär Aulenbach, der alte herzogliche Kammerdiener Clement. Auch der Regierungsrath Marx, die Frau des Obristen v. Esebeck und die Frau Closen sollten weggeführt werden, erhielten aber wegen Kränklichkeit Nachsicht. Mehrere jener Frauen schmachteten noch nach 15 Monaten, aller Bemühungen für deren Befreiung ungeachtet, in lästigem Verwahre zu Metz. Amtlicher Bericht vom 6. August 1793. Reichsarchiv. Z. A. No. 884. Aus Mainz waren auch Clubistinnen gefänglich abgeführt, wie z. B. die Frau des Kaufmanns Pauly, den wir schon oben haben kennen gelernt.

den theils herabgestürzt, theils verstümmelt. Nur noch die Treppen, Mauern und kahlen Wände blieben von diesem schönen Gebäude, das jetzt Trümmer allerlei Art umstarrten, noch übrig. Erst beim Nahen der preußischen Vorposten am 4. August ward die weitere Verwüstung in Zweibrücken unterbrochen und der dort aufgepflanzte Freiheitsbaum wieder niedergehauen.

§. 6. Kämpfe zwischen der Queich und Lauter seit der Uebergabe von Mainz bis zum Anfange September 1793.

Nach dem Falle von Mainz und den zuletzt bei aller Anstrengung der Republikaner mißlungenen Versuchen, die Waffenkette der Verbündeten an der Queich und an dem Glane zu durchbrechen, war der Zeitpunkt für die Letzteren gekommen, von dem bisherigen Vertheidigungskampfe zum Angriffe überzugehen und namentlich ernstere Anstalten zur Belagerung von Landau zu treffen. Ohne Verzug verlegte daher der König von Preußen, von dem Kronprinzen begleitet, sein Hauptquartier nach Dürkheim. [452] Die bei Mainz entbehrlich gewordenen Truppen und Geschütze wurden beigezogen, um sowohl die Reihen des Feldmarschalls v. Wurmser, als jene des Herzogs von Braunschweig zu verstärken. Die erste Aufgabe der Verbündeten war, die Linie der Republikaner irgendwo zu durchbrechen. Dieses Vorhaben hatte aber nicht geringe Schwierigkeiten. Während die feindliche Rheinarmee die Queichlinie hütete, und die Moselarmee ihre Stellung an der Blies in dem befestigten Lager bei Limbach behauptete, reichte ein auf dem Kamme der Vo-

---

[452] Am 29. Juli Morgens 10 Uhr rückte der König von Preußen mit starkem Gefolge in Dürkheim ein. Er nahm seine Wohnung im fürstlichen Schlosse, der Kronprinz im Gaßhause zum Hirsch. Die kurpfälzischen Dragoner schlossen sich in Kaiserslautern an die Preußen an, während die Infanterie den Grafen v. Wurmser zu Lingenfeld und Schwegenheim unterstützte. — Am 30. Juli 1793 wurde die unlängst abgetragene Schiffbrücke bei Philippsburg auf Wurmser's Befehl wieder aufgeschlagen. Aus Bruchsal verlangte man hierzu 15 Zimmerleute. Am 5. August 1793 kam der preußische Stabschirurg Hoffmann von Dürkheim nach Frankenthal, um dort das Armee-Hospital zu errichten. Die für Frankenthal in Mannheim bestehende unmittelbare Privilegien- und Polizei-Commission machte dagegen beim Könige von Preußen alle möglichen Vorstellungen und wies auf Worms hin, wo hierfür die geeignetsten Gebäulichkeiten vorhanden seyen, die in Frankenthal mangelten.

gesen bei Pirmasens und Hornbach lagerndes Corps hin, die Streit=
kräfte der Republikaner mit einander zu verbinden und so nach sich
ergebendem Bedürfnisse rechts oder links Hilfe zu bringen. Die
Armee des Grafen v. Wurmser zählte damals mit Einschluße der
Condeer 32,214 Mann. Er bestimmte daher schon auf den 27. Juli,
ohne weiteres Bedenken und Zögern, von Germersheim aus einen
Angriff auf den äußersten rechten Flügel der Feinde. [453]) Die zu
diesem Angriffe bestimmte Division, an deren Spitze sich der greise
Held selbst befand, ging über die Spiegelbrücke nach Rülzheim, ver=
drängte hier die Gegner durch eine lebhafte Kanonade und rückte,
sobald ihre rechte Flanke durch eine Abtheilung aus dem Mittelpunkte
der Armee, welche indessen Ottersheim erobert hatte, geschützt war, über
Herrheim nach Insheim vor. Hier wich General Ferrieres vor den
kaiserlichen Schaaren, räumte die aufgeworfenen Schanzen, ohne
einen Angriff abzuwarten, und deckte seinen Rückzug durch eine
starke, hinter Insheim aufgestellte Batterie. General v. Meszaros
hatte kaum die Colonne vom Feldmarschalle auf der Höhe vor Rülz=
heim bemerkt, als er auch seinerseits aus dem Mittelpunkte der Ar=
mee die ihm zwischen Essingen und Offenbach gegenüber stehenden
Franzosen angriff. . Nach fünfstündigem Gefechte waren diese zu=
rückgedrängt und Offenbach, Bornheim und Dammheim von den
Kaiserlichen besetzt.

Die unmittelbare Folge von diesem glücklichen Angriffe war,
daß der Feind die bisher besetzten Posten zu Nobt, Weyher und Ram=
berg verließ und sich am Gebirge bis gen Bergzabern zurückzog. Der
Graf benützte dieß, um am 2. August näher gen Landau anzurücken.
Sein linker Flügel überschritt nun vollends die Queich und lagerte
zwischen Herrheim und Offenbach. Das Centrum umschloß die
Nordseite der Festung Landau von Bornheim bis Nußdorf. [454])
General v. Hotze besetzte die Gebirgsdörfer Burrweiler, Gleisweiler,
Frankweiler und Ramberg, während sich die Condeer in den Rhein=
dörfern Hördt, Kuhardt und Leimersheim lagerten. Am folgenden
Tage vereitelten die Verbündeten den ersten feindlichen Versuch, Lan=

---

[453]) Die Preußen betrachteten diese Angriffe des Grafen von Wurmser
als einen Separatkrieg des kaiserlichen Feldmarschalls und erlaubten sich sogar
Spott darüber. Häusser's deutsche Gesch. Th. I. S. 580. u. ff. — [454]) Gesch.
der Kriege. Theil I. S. 201.

bau mit neuen Lebensmitteln zu versehen. Sie nahmen die schwer
beladenen Wagen hinweg und machten die Bedeckung derselben zu
Gefangenen. [453]) Am 5. August besetzten die Kaiserlichen Billigheim.
Die größtentheils republikanisch gesinnten Einwohner wollten die
Thore des alten Pfälzer Städtchens nicht freiwillig öffnen, weß=
halb sie eingeschlagen wurden. Den Bürgern nahm man die Waf=
fen ab. Der dortige Maire und der Präsident der Clubisten mit Meh=
reren dieser Wühler wurden festgenommen und sammt der Freiheits=
fahne abgeführt. In dem nahen Rohrbach geschah ein Gleiches. [454])
Am 8. August bezogen drei Bataillone Infanterie und eine große
Anzahl Cavallerie der Verbündeten ein Lager bei Insheim, wodurch
die Zufuhrstraßen für Landau abgeschnitten wurden. Am folgenden
Tage ritten 24 kaiserliche Husaren bis nach Steinweiler. Die Fran=
zosen, welche in Freckenfeld standen, erhielten Winke hievon und
bald sprengten etwa 60 Jäger zu Pferd gegen sie heran. Es ent=
spann sich eine heftige Plänkelei, in welcher 14 dieser Jäger nieder=
gehauen und einige Husaren schwer verwundet wurden. Am 10. Aug.
zeigten sich bei Hayna etwa 1,000 Republikaner zu Fuß und zu
Pferd. Sie plänkelten über eine Stunde mit den Wurmser'schen
Freischaaren und zogen sich dann wieder zurück.

Am 12. August gewahrten die Vorposten der Verbündeten am
Rheine, daß die Franzosen mit etwa 3,000 Mann zu Fuß und
1,400 Mann zu Pferd und sechs Kanonen unter dem Befehle des
Generals Gillot, dem früheren Commandanten von Landau, von
Jockgrim nach Rheinzabern und dann über Hatzenbühl gegen den
Wald anrückten. Der dort aufgestellte kaiserliche Hauptmann Si=
mitsch sammelte die ihm untergeordneten Piquete, zog die Mira=
beau'sche Legion an sich und griff den im Walde vorgedrungenen
Feind mit dieser Mannschaft so tapfer und kräftig an, daß jener
bald wieder den Wald räumen mußte. Acht Mann von dem
Wurmser'schen Freicorps wagten sich hiebei zu weit aus dem Walde,
wurden von den Franzosen fast ganz umringt, flüchteten sich aber
in die Mühle von Rheinzabern. Dort wehrten sie sich so muthig
und kräftig, daß ihre Verfolger nicht in die Mühle einzubringen
vermochten. Diese zündeten daher die Scheune der Mühle eilig an, um

---

[453]) Der französische Freiheitskrieg. Th. I. S. 172. — [454]) Amtsbericht
des Grafen v. Wurmser.

jene zur Ergebung zu zwingen. Die Gedrängten sprengten jedoch durch das Feuer ihrer Gegner muthig davon und brachten ihren Kameraden noch vier abgeschnittene Köpfe ihrer Verfolger mit zurück. [457])

---

[457]) Unter diesen Freischaaren, die auch Rothmäntel hießen, waren viele aus den Grenzdörfern an der Türkei, welche die blutige Kriegssitte des Kopfabschneidens pflegten. Sie waren nicht nur ein Schrecken der Franzosen, sondern auch aller Bewohner des Rheines, wegen der vielen Excesse und Räubereien, deren sie sich zu Schulden kommen ließen. Was unsere Heimath damals nicht nur von diesen wilden Schaaren, sondern auch von den sonstigen Truppen zu erdulden hatte, läßt sich leicht aus dem Folgenden entnehmen. Die Stadt Speyer erlitt durch die kaiserliche Garnison daselbst unter Anderem großen Schaden auf dem Felde und in den Gärten, was zu vielen Klagen der Bürger Veranlassung gab. Das Vierrichter- und Polizei-Amt erstattete hierüber am 14. August 1798 Bericht an den Rath zur nöthigen Maßnahme. Darin heißt es: „Die Fuhrknechte zumal streifen Tag und Nacht auf den Feldern herum, holen das Kraut und andere Gemüßgattungen von den Aeckern weg, machen die unzeitigen Kartoffeln aus und schlagen das unreife Obst von den Bäumen ab, wodurch, wenn sie solche unzeitige Früchte genießen und darüber in Krankheit verfallen, sie sich ja selbst an ihrer Gesundheit den größten Schaden thun. Sie lassen sich von den Feldschützen nicht abhalten, sondern stellen sich sogar gegen dieselben ...... Dieser Frevel fällt den Eigenthümern um so empfindlicher, als bei der anhaltenden Hitze und Dürre die Feldprodukte in ihrem Wachsthume leiden, und wenn die wenigen, die noch stehen, entwendet werden, nothwendig in der Folge Mangel entstehen muß. — Es ist ferner zu befürchten, daß wenn die noch vorhandenen, wenigen Trauben zu reisen anfangen, solche ebenfalls dem Frevel ausgesetzt seyn werden. — Aber auch die hereinkommenden Marketender fallen in die Aecker ein und haben nicht allein ganze Garben Früchte mit fortgenommen, sondern entwenden auch andere Felderzeugnisse." 2c. 2c. Der Stadtmagistrat übersendete diesen Bericht dem kaiserlichen Obristwachtmeister v. Wolf, um diese Frevel abstellen zu lassen. Doch diese Vorstellung half wenig. Der Stadtcommandant entschuldigte sich damit, daß ihm nicht die genügende Truppenzahl zu Gebote stände, die Thore der Stadt mit den erforderlichen Wachtposten zu versehen. Auf wiederholte Klagen der Bürger, daß die mühevoll gepflegten Früchte auf ihren Feldern und in ihren Gärten selbst im Angesichte der Eigenthümer von den Soldaten entwendet werden, stellte der Magistrat am 12. Oktober an das kaiserliche Obercommando das Gesuch, daß hiergegen die nöthigen Wachtposten an den Thoren der Stadt möchten aufgestellt werden. Allein Graf v. Wurmser hatte gerade damals andere Arbeiten für seine Truppen. Er sendete bald eine große Anzahl derselben nach Speyer von der erstürmten Lauter. Aber diese waren alle schwer verwundet und arg verstümmelt, die keinen Schutz gewährten, sondern um Unterstützung und Pflege fleheten. In der Stadt Speyer waren z w ö l f Spitäler für die Soldaten allmählig hergerichtet, nämlich das Augustiner-,

Bei 60 getödtete Franzosen wurden an diesem Tage im Hatzenbühler
Walde gefunden. Dieser Ausfall des Generals Gillot sollte jedoch
nur den Hauptangriff des Generals Landremont am Gebirge ver-
decken. Dieser rückte in gleicher Stunde mit einer doppelt stärkeren
Truppenzahl auf der Straße von Weissenburg nach Billigheim herab,
um einen starken Wagenzug mit Munition und Lebensmitteln nach
Landau zu verbringen. Die dortige Besatzung machte zugleich einen
Ausfall gegen Impflingen, um die Absicht ihrer Freunde zu unterstützen, die jedoch durch die Wachsamkeit und Tapferkeit der bei Insheim lagernden Kaiserlichen größtentheils vereitelt ward. Auch an den
drei folgenden Tagen machten Landauer Truppen Ausfälle auf die
kaiserlichen Vorposten zu Mörlnheim und Insheim, allein ohne
Erfolge. [458] Am 15. August rückte der letzte Zug der Preußen,
welche bisher in Grünstadt und Dürkheim lagen, und Schaaren
von Hessen in die Umgegend von Edenkoben, um die Belagerung von
Landau zu übernehmen. [459]

Dominikaner-, Karmeliter-Kloster, das Jesuiten-Collegium, das Fürstenhaus,
das deutsche Haus, das deutsche Schulhaus, das Sakramentshaus, das katholische lateinische Schulhaus, das Beroldingen'sche, Crotbeck'sche, Ruppische
Haus. Im Dominikaner-Kloster war zugleich die Apotheke. Die Recon-
valescenten wurden bei den Bürgern einquartirt, so daß bisweilen 500 bis
600 Mann hier lagen. In dem Franziskaner-Kloster, welches zu einem Heu-
magazin diente, waren auch die Kriegsgefangenen untergebracht. Seit dem
24. Sept. 1793 war der k. k. Major v. Leonardo Direktor der Spitäler, mit
ihm führte die Aufsicht der k. k. Hauptmann v. Schellenhoff. Diese Spitäler waren der Stadt sehr zur Last. Sie mußte dieselben mit Licht, Holz,
Stroh und sonstigen Nothwendigkeiten unentgeltlich versehen. Seit einem Monate — bis 27. Juli 1793. — hatte sie nur an Stroh 24,000 Gebund stellen
müssen. Stadtarchiv No. 690. Von weit her, wie z B. von Innsbruck,
wurden beträchtliche Lieferungen von Charpie und Binden unentgeltlich nach
Speyer gesendet. — [459] Amtsbericht des Grafen v. Wurmser. Bericht des
Oberbefehlshabers der Rheinarmee Beauharnais vom 13. Aug. 1793. — Der
französische Freiheitskrieg. Th. I. S. 172. Ebendaselbst Th II. S. 11 u. ff. findet
sich eine besondere Schilderung der Belagerung Landau's. — [459] Bericht von
Edenkoben vom 15. Aug. 1793. Der König von Preußen, welcher damals
bei diesen Truppen weilte, wohnte in dem Hause des Rathes v. Täufenbach
— in dem jetzigen Laforet'schen Hause. Der König war Morgens 8 Uhr
mit dem Garde-Bataillone von Dürkheim nach Edenkoben aufgebrochen. Um
letzten dieses Monats erwiederte der König ein Empfehlungsschreiben des
Speyerer Fürstbischofs in folgender Weise: „Durchlauchtiger Fürst! Freundlich lieber Vetter! Ich habe es sehr bedauert, daß Ew. Liebden durch Dero

Am 18. und 19. Auguſt erhielt der kaiſerliche Oberbefehls=
haber Kunde, daß der Feind bei Jockgrim, Minfeld und Bergzabern
ſich ſtärker anſammle und zahlreichere Vorpoſten ausſtelle. Da
Wurmſer überdieß unterrichtet ward, daß der Herzog von Braun=
ſchweig die Republikaner bei Pirmaſens angegriffen und gegen Bitſch
zurückgedrängt habe, wodurch die Beſorgniß, die Feinde könnten
durch das Annweiler Thal vordringen, gehoben war, ſo beſchloß
derſelbe, die Franzoſen am folgenden Tage, den 20. Auguſt, mit fünf
Colonnen auf der ganzen Linie anzugreifen. Mit der erſten Co=
lonne eilte General v. Hotze von Albersweiler über Annweiler, Wald=
hambach gegen Klingenmünſter vor, beſetzte die dortigen Anhöhen
und reinigte den Weg nach Bergzabern gänzlich vom Feinde. Mit
der zweiten Colonne rückte der Prinz v. Waldeck von Insheim über
Billigheim aufwärts nach Barbelrodt. Der Feind ſetzte nur einen ge=
ringen Widerſtand entgegen und v. Waldeck lagerte ſich nach längerem
Plänkeln auf den Anhöhen jenſeits Barbelrodt. Die dritte Colonne,
vom Generale v. Meszaros befehligt, zog von Herxheim über Hatzen=
bühl, Hayna, Erlenbach gegen Kandel. Der Feind nahm bei dem
Annahen der Kaiſerlichen auch hier den Rückzug. Er hatte an der
Mühle bei Hatzenbühl und bei Erlenbach ſtarke Vorwachen, welche
nach einigen Plänkeleien zurückwichen. In Kandel wurden etwa 10
Franzoſen niedergehauen und hierauf die Anhöhen von Freckenfeld
beſetzt. Wurmſer ſelbſt führte die vierte Colonne Morgens 4 Uhr
durch Rheinzabern, um den in dem Jockgrimer Walde hinter Ver=
hauen und Verſchanzungen aufgeſtellten Feind zurückzudrücken. Dieſer
feuerte lebhaft aus ſeinen Verſtecken mit etwa 10 Kanonen. Allein
das Feuer ward ſo trefflich von den Oeſterreichern erwiedert, daß
binnen anderthalb Stunden das feindliche Geſchütz zum Schweigen
gebracht und die Franzoſen, welche fünf ihrer Kanonen im Stiche

---

Geſundheitszuſtand verhindert werden, Mir das Vergnügen Dero Beſuches zu
machen. Indeſſen hoffe Ich doch, daß Ew. Liebden durch Dero Oberſtall=
meiſter, den Freiherrn von Buchenberg, durch den Ich Dero Zuſchrift vom
26. dieſes wohl erhalten habe, an Meiner aufrichtigen Theilnehmung an
Ihrem Wohlergehen und von Meiner beſonderen Werthſchätzung bereits unter=
richtet ſeyn werden. Eben ſo gerne werde Ich Mir auch ferner das Beſte
Ew. Liebden und Dero ganzen fürſtlichen Hochſtiftes angelegen ſeyn laſſen
und dadurch die aufrichtige Freundſchaft und Achtung bethätigen, womit ich
bin Ew. Liebden freundwilliger Vetter. Fr. Wilhelm. — Im Haupt=
quartier Edenkoben den 31. Auguſt 1793." Karlsr. Archiv. S. A. Original.

ließen, aus dem Walde bis hinter Jockgrim zurückgeworfen wurden. Sie suchten die vielen Verhaue des Bienwaldes zum Schutze auf. Die Kaiserlichen rasteten einige Stunden. Die Feinde wurden dann auf der Hauptstraße gen Lauterburg weiter verfolgt und nach einem gegenseitig sehr hartnäckigen Kartätschen= und Musketenfeuer rasch in den Bienwald zurückgeschlagen. Die hessischen Jäger und leichte Infanterie hatten hiebei besonders ihren Muth und ihre Tapferkeit bewiesen. [460]) Die fünfte Colonne führte der Prinz v. Condé in derselben Morgenstunde über Leimersheim, längs dem Rheine gegen Jockgrim, um dem Feinde in die Flanken zu fallen. Als der Feind dort vertrieben war, richtete der Prinz seinen Zug nach Wörth, wo es bei einer von den Republikanern abgebrochenen Brücke zu einem heftigen Kanonenfeuer kam. Unter feindlichem Kanonendonner wurde jene Brücke wieder hergestellt. Die Franzosen, hiedurch ge= drängt, mußten sofort Wörth verlassen. Die Salm'schen und Mi= rabeau'schen Husaren verfolgten dieselben. Sie hieben über 30 der Fliehenden nieder, machten 50 zu Gefangenen und eroberten eine Kanone. Der Prinz zog mit seinen Schaaren bis nach Pforz und stellte seine Vorposten bei Hagenbach auf.

Am folgenden Tage fiel bei den drei erstgenannten Colonnen, außer den Plänkeleien der Vorposten, welche von einigen Kanonen= schüssen begleitet waren, nichts Erhebliches vor. Um so stärker war der Angriff, den der Feind mit beiläufig 15,000 Mann, welche im Bienwalde lagerten, Morgens gegen 6 Uhr auf die vierte Colonne machte. Anfänglich plänkelten die Republikaner bloß mit den kai= serlichen Vorposten. Allein bald entspann sich ein allgemeiner Kampf mit lebhaftem Musketen=, Kanonen= und Kartätschenfeuer. Dieses dauerte über zwei Stunden, worauf die Feinde dem wiederholt er= neuerten tapferen Angriffe der Verbündeten weichen mußten. Die Republikaner hatten auf der Hagenbacher Straße zwei Kanonen gegen Wörth aufgeführt und mit Lebhaftigkeit dieses Dorf beschossen. Sie wurden jetzt von zwei Seiten tapfer angegriffen, das feindliche Geschütz erobert und mehrere Artilleristen gefangen. Die Franzosen

---

[460]) Von denselben fiel der Lieutenant von Winzingerode. Im Ganzen sollen die Feinde an diesem Punkte 1,600 Todte und Verwundete, die Ver= bündeten aber etwa 100 derselben gezählt haben. General v. Iller, der seine Division öfters wieder zum Stehen brachte, starb den Tod des Helden.

zogen sich hierauf wieder hinter die Verhaue des Bienwaldes. Graf v. Wurmser besetzte Hagenbach und rückte weiter vor gen Büchelberg. Auf der Straße gegen Lauterburg kam es noch einmal bei der Vorhut zu einem ziemlich starken Musketen= und Kartätschenfeuer. Der kaiserliche Oberbefehlshaber ließ alle Wege gen Lauterburg mit starken Piqueten besetzen, richtete seinen Zug nach Büchelberg und wählte auf den dortigen Anhöhen sein Lager. [461]) Auch die fünfte Colonne, unter dem Befehle des Prinzen Condé, dem zur Seite hier sein Enkel, der Herzog von Enghien, focht, wurde in demselben Tageskampfe auf ihrer rechten Flanke bei Pforz heftig angegriffen. Er zog sich beim ersten Anpralle etwas zurück auf die Hutweide, welche zwischen Wörth und Pforz lag. Doch bald zeigte sich auch dort eine mächtige Schaar Feinde, um am Ausgange des Waldes vorzudringen. Allein die auf sie gerichteten Kanonen thaten so gute Wirkung, daß der Feind hier nicht nur nicht vordringen konnte, sondern sich bald rechts gen Hagenbach zum Rückzuge wendete. Der Prinz verfolgte die Republikaner mit Kartätschen=Feuer, bis seine Cavallerie vorrückte und auch auf der Ebene bei Hagenbach viele Franzosen niedermetzelte. Am Abende bezog Condé ein Lager bei Hagenbach. Die Kaiserlichen besetzten Freckenfeld. [462])

---

[461]) Der Verlust des Feindes bei diesem Angriffe wurde auf 2,000 Mann berechnet. Ihnen wurden 5 Kanonen, 9 Munitionswagen und 18 Pferde abgenommen. — [462]) Ueber 500 Todte und Verwundete blieben hier auf dem Schlachtfelde. Tagzettel des Grafen v. Wurmser aus dem Hauptquartier zu Büchelberg vom 26. August 1793. Wir besitzen aus jenen Tagen noch folgende archivalische Nachricht: „Die Kaiserlichen, welche bisher die Festung Landau umlagerten, rückten am 21. August vorwärts, ohne daß die Preußen von Rhodt herbeirückten. Unter ihren Augen wurde an demselben Tage das Dorf Arzheim von der Landauer Besatzung rein ausgeplündert. Gleiches Loos steht den kurpfälzischen Dörfern Godramstein und Siebeldingen bevor. Am folgenden Tage drangen die französischen Patrouillen bis Alberstweiler vor. Die Preußen dehnen sich vom Gebirge bis nach Pirmasens aus. In Dahn lagert die Vorhut der kaiserlichen Truppen. Täglich finden zwischen den Verbündeten und Franzosen blutige Zusammenstöße statt, die der Tapferkeit der Ersteren Ruhm bereiten." Bericht des Vogtes Weyland aus Annweiler vom 22. August 1793. Am 25. August erließ Graf v. Wurmser aus dem Hauptquartier zu Büchelberg einen besonderen Aufruf an die Bewohner des Elsaßes. Darin heißt es: ... „Von jeher haben die Gesetze des Krieges einen Unterschied zwischen demjenigen, der als Soldat zur Vertheidigung

Am 22. August schickte mit Anbruch des Tages der General
v. Hotze auf Weisung drei Bataillone Infanterie und eine Eskadron Husaren von Erlenbach bei Berwartstein über das Gebirge,
um die Anhöhen hinter Bergzabern zu besetzen und dadurch die Verbindung der Truppen des Prinzen v. Walbeck mit jenen des genannten Generals zu erleichtern. Kaum war dieß geschehen, als
die Franzosen mit einer starken Truppenabtheilung am Rande des
Gebirges gen Bergzabern anrückten und mit Heftigkeit die Kaiserlichen ankämpften. Diese wehrten sich anderthalb Stunden, bis der
Prinz v. Walbeck ihnen zu Hilfe eilte und die rechte Flanke der
Republikaner angriff und sie zum Rückzuge nöthigte. Gegen Mittag
machte der Feind auf den linken Flügel des Prinzen v. Walbeck und
dessen Vorposten einen Scheinangriff, um bald mit einer Macht von
15,000 bis 20,000 Mann aus dem Lager bei Weissenburg auf die
Mitte und den rechten Flügel, den der Generalmajor v. Brunner befehligte, loszustürzen, ihn mit gewaltigem Kanonendonner zu zer-
sprengen und niederzuwerfen. Von 1 Uhr bis 6 Uhr Nachmittags
wurde wacker gekämpft. Viermal suchte der Feind unter dem Schutze
seiner zahlreichen Kanonen vorzudringen, wurde aber jedesmal mit
großem Verluste zurückgetrieben. Der General v. Meszaros rückte
während des Kampfes gegen den rechten Flügel des Feindes vor.

---

irgend einer guten oder bösen Sache aufgestellt wird, und dem Landbewohner
gemacht, der sich erlaubt, das Zutrauen zu betrügen, welches man auf ihn
setzt. Jener Haufen Volkes, welcher sich bei dem Klange der Sturmglocke
versammelt, um gegen die Truppen Seiner Majestät und ihre hohen Allirten
zu streiten, kann nicht anders als für eine mordbrennerische Horde von
Königsmördern angesehen werden. Alle dieser Gattung, welche man mit den
Waffen in der Hand ergreifen wird, werden nicht unter die Classe der gefangenen Soldaten gerechnet werden, die man mit Güte behandelt, sondern
werden vielmehr den Züchtigungen ausgesetzt seyn, die ihre Verbrechen verdienen. Ebenso verhält es sich auch mit jenen, welche in ihren Häusern
Waffen verborgen halten. — Als ein genauer Beobachter der Gesetze des
Kriegs, erkläre ich demnach, daß ich Jeden in seinem Eigenthume schützen und
ihm die nöthige Hilfe leisten werde, wenn die Kriegsgesetze von irgend einer,
meinem Commando unterstehenden Person verletzt würden. Hingegen kündige
ich die schärffste, bürgerliche Strafe einem Jeden an, bei welchem man 24
Stunden, nachdem diese Kundmachung in einer Stadt, Marktflecken oder
Dorfe angeschlagen und von dem Vorgesetzten darüber Empfangschein ausgestellt worden seyn wird, noch Feuergewehre oder andere Waffen finden sollte."
ıc. ıc. Reichsarchiv. Z. A. No. 2689.

Er ließ seine reitende Artillerie an dem Hohlwege, welcher zwischen Freckenfeld und Winseld liegt, aufstellen und ein mächtiges Feuer unterhalten.

Am Abende sahen sich die Republikaner genöthigt, ihren Rückzug nach Weissenburg mit großem Verluste zu nehmen. General v. Meszaros besetzte die Anhöhen von Freckenfeld der Art, daß er seinen linken Flügel bei Schaidt an den Bienwald, den rechten aber an den Hohlweg bei Dierbach anlehnte. [463])

In der folgenden Nacht brach General v. Hotze auf Weisung des Grafen v. Wurmser mit seinem ganzen Heerhaufen bei Erlenbach auf, um sich bei Bergzabern mit den Schaaren des Prinzen v. Waldeck in Verbindung zu setzen. Er überstieg am Gebirge links bei Birkenhördt und Blankenborn den Bergrücken und setzte dann seinen Zug gegen den Hexenplatz bei Bergzabern fort. Die Feinde hielten die Stadt Bergzabern und den Wald unten am Hexenplatze besetzt. Es kam bald zu Plänkeleien und dann zu einem heftigen Gefechte, welches mehrere Stunden andauerte. Die Franzosen wurden zuletzt mit großem Verluste aus Bergzabern verdrängt. Hotze stellte dort nur seine Vorposten auf, nahm aber sein Lager rückwärts auf den Anhöhen von Niederhorbach. [464])

---

[463]) Der Verlust der Feinde wurde gegen 900 Mann an Todten und Verwundeten berechnet, 22 Mann wurden gefangen und eine Kanone erobert. — [464]) Amtsbericht des Grafen v. Wurmser. Gesch. der Kriege. Th. I. S. 209. u. ff. Der französische Freiheitskrieg. Th. I. S. 173 u. ff Ueber die damaligen Vorfälle in und bei Bergzabern haben wir nachstehende Archivalnachrichten: Am 22. August setzten sich die Kaiserlichen unweit Bergzabern in den Weinbergen beim Hexenplatze fest. Die Franzosen standen gegenüber auf der Oberotterbacher Höhe. Während des ganzen Tages feuerten sie mit kleinem und großem Geschütze aufeinander. Einige Abtheilungen der Kaiserlichen fielen in die Stadt. Diese mußte Essen, Trinken für die Mannschaft, und Futter für die Pferde liefern. Auch wurde in derselben, weil man sie als eigentlichen Herd des dortigen Aufstandes betrachtete, stark geplündert. Die Haupträdelsführer waren jedoch bereits mit ihren Familien und Habschaften zu den Franzosen geflüchtet. Am folgenden Tage ward abermals in der Nähe der Stadt stark gefeuert und gekämpft. Die Kaiserlichen brachen abermals in die Stadt und fingen an zu plündern. Unter einem Regen von Kugeln eilte der seit dem 10. Aug. als herzoglicher Landes-Commissär aufgestellte Landschreiber Hoffmann aus dem Schlosse zum Obergenerale, um Schonung und Hilfe zu erflehen. Man konnte die Plünderer nicht bändigen. Hoffmann erhielt 7 Grenadiere zur Bedeckung und den Rath, mit Frau und

Die drei folgenden Tage verliefen, außer einigen Plänkeleien der Vorposten, ohne besondere Bewegungen. Am 27. August erhob sich der kaiserliche Oberbefehlshaber mit Tagesanbruche aus Büchelberg nach Minfeld und Freckenfeld, um von dort eine Hauptspähe gegen Steinfeld und Schweighofen über die Stellung, Stärke und Verschanzungen der Feinde vorzunehmen. Zwei Bataillone des Regimentes „Giulay" waren zu gleicher Zeit von Büchelberg gegen Schaidt hin aufgebrochen. Sie trafen den Feind links von Schaidt

---

Kindern sich aus der Stadt zu retten, denn, so wurde bemerkt, wenn das türkische Freicorps in die Stadt bringe, würden sie des Kindes im Mutterleibe nicht verschonen. Der herzogliche Commissär packte sofort in Eile das Beste zusammen. Allein er mußte den gewaltsam in den Schloßhof eingedrungenen Soldaten die gepackten Kisten und Kasten wieder öffnen, und sie nahmen mit gezücktem Bajonnete hinweg, was ihnen gefiel. Hoffmann's Frau wurde die Pistole auf die Brust gesetzt. — Inspector Reichard und der Arzt Steinmayer mit ihren Familien und einige andere Weiber und Kinder schlossen sich an den Commissär an, um sicher aus der Stadt zu kommen. Da eben die Ruhr in Bergzabern arg herrschte, konnten sich schon deßhalb viele Kranke nicht flüchten. Andere starben vor Angst und Schrecken. Die Unschuldigsten mußten hierbei mehr Unrecht und Mißhandlungen erdulden, als die frechsten Wühler, welche bereits entflohen waren. Am 24. August bemächtigten sich die Republikaner der Stadt und fingen dort ebenfalls an zu plündern. Das Elend war ohne Grenzen. Hoffmann wurde von der Schutzwache bis nach Göcklingen geleitet, und begab sich mit seiner krankgeängstigten Familie nach Annweiler 2c. 2c. Dessen Bericht vom 24. Aug. 1793. Reichsarchiv Z. A. No. 2689. Gegen Ende August nahm Hoffmann seinen Sitz zu Barbelrodt, wo der Prinz v. Waldeck sein Hauptquartier hatte. Bergzabern lag jetzt in der Mitte der österreichischen und französischen Vorposten. In vielen Häusern daselbst hatten die Patrioten nach Abzug der Croaten noch Alles, was Letztere übrig ließen, ausgeplündert und zerschlagen. Viele Bürger und alle Beamten waren geflüchtet. Die Franzosen ließen dort bekannt machen, daß den Geflüchteten, welche nicht alsbald in die Stadt zurückkehren würden, ihre Habschaften versteigert und ihre Güter der Nation überwiesen würden. Bei den verschiedenen Angriffen in der Umgegend wurden auch mehrere Bauern erschossen und verwundet. In Niederhorbach, Kapellen, Drußweiler, Mühlhofen ist in verschiedenen Häusern Geld und Weißzeug geplündert worden. Winden und Hergersweiler blieben ziemlich verschont. Barkelrodt, Dierbach und Oberhausen wurden stark mitgenommen. Am 26. Aug. fand abermals ein Kampf bei Bergzabern statt. Es wurden mehrere Civilpersonen von dort, welche auf die Kaiserlichen schossen, aufgefangen und über den Rhein geführt 2c. 2c. Hoffmann's Bericht vom 30. August und 2. September 1793 aus Annweiler. A. a. O.

24

gegen Steinfeld hin und griffen ihn so muthig an, daß sich derselbe
genöthigt sah, unter dem Schutze der Kanonen der großen Redoute
bei Steinfeld, den Rückzug zu nehmen. Der feindliche General Lan=
dremont ließ aber jetzt ein höllisches Feuer aus den verdeckten Bat=
terien eröffnen. Auf der ganzen französischen Linie hallte der Ka=
nonendonner wieder. Alle Anhöhen hinter Bergzabern glichen feuer=
speienden Bergen. In derselben Morgenstunde hatte auch der Ge=
neral v. Hotze sich aus seinem Lager bei Niederhorbach erhoben,
um gegen Bergzabern vorzurücken. Er fand den Feind bei dieser
Stadt weit stärker, als er vermuthet hatte. Alle Weinberge und Gebüsche
waren mit Infanteristen und Jägern besetzt; alle Wege und Pässe
aus dem Gebirge verrammelt und mit vielem Geschütze bestellt, aus
welchem ein lebhaftes Feuer unterhalten wurde. [465]) Gleicher Kampf
entspann sich auf der Linie bei Freckenfeld, gegen welche Graf
v. Wurmser vorrückte. Er ließ ebenfalls ein lebhaftes Feuer mit
schwerem Geschütze unterhalten, konnte aber der Uebermacht der
Feinde keinen Vortheil abgewinnen. Der Tag kostete auf beiden
Seiten viele Opfer. Die nächsten Tage verliefen ohne besondere
Vorfälle und Kämpfe. [466])

§. 7. Weitere Kämpfe an der Lauter bis zur Eroberung der dortigen Linien.

Graf v. Wurmser hatte sich bei den letzten Kämpfen überzeugt,
mit welch' ungeheuren Schwierigkeiten es verbunden sei, die Feinde
aus dieser so sehr befestigten Linie durch einen Fronteangriff zu
verdrängen. Er sann auf andere Pläne. Sie waren aber schwer zu
finden. Man dachte zunächst an einen Seitenangriff, der auch bald bei

---

[465]) Bergzabern hatte noch bei jedem Kriege an der Grenze des Elsaßes
viel Blut gekostet. Das Gebirge und die Defileen fordern hier von jedem
Theile große Anstrengung, um nur das Geschütz fortzubringen und wirksam
aufzupflanzen. — [466]) Die Verbündeten zählten am 27. August 64 Todte
und 134 Verwundete, ohne die Vermißten. Tagzettel des Grafen von
Wurmser aus dem Hauptquartier zu Freckenfeld vom 30. August 1793. —
Abends 5 Uhr fand man auf dem Kampfplatze zwischen Freckenfeld und Dier=
bach einen Seressaner vom türkischen Freicorps, welcher an einem frei=
stehenden, krummgewachsenen Baume lebendig an Händen und Füßen ange=
nagelt war und bereits 12 Stunden diese unmenschliche Grausamkeit erduldet
hatte. Sch. M. 1793. S. 148.

Bundenthal versucht wurde. Die Schaaren der Feinde mehrten sich täglich.

Am 7. September kam es am Bienwalde in der Gegend von Lauterburg wieder zu Plänkeleien und dann auch zu einem blutigen Scharmützel. General v. Hotze hatte seit dem 29. August an diesem Punkte das Commando. Er drängte den Feind, gegen welchen kaiserliche Jäger und Scharfschützen, von zwei Kanonen unterstützt, vorrückten, um die Mittagsstunde nach Lauterburg zurück. Um vier Uhr Nachmittags feuerten die Franzosen aus Lauterburg auf das unweit von dem Dorfe Berg gelegene Schloß der Familie Schwarz. Die glühenden Kugeln zündeten die beim Schlosse befindliche, mit Heu und Stroh gefüllte Scheune an, welche auch das um sich fressende Feuer verwüstete. Auch auf die Dorfkirche flogen einige dieser Kugeln ohne jedoch besonderen Schaden anzurichten. [467] Am folgenden Tage machten die Franzosen wieder einen Ausfall gegen Berg, wobei sie das genannte Schloß mit Feuerkugeln in Brand steckten. Am 9. September griffen sie noch heftiger die kaiserlichen Vorposten in Berg an. Diese erhielten alsbald Verstärkung an Mannschaft mit zwei Kanonen. Es wurde von beiden Seiten heftig gefeuert, wodurch auch mehrere Häuser und Scheunen des Dorfes Schaden erlitten und die Bewohner in große Angst und Bestürzung gesetzt wurden. Die Feinde verließen mit einem Verluste von 8 Todten den Kampfplatz und zogen sich nach Lauterburg zurück. [468] Der dortige General und die Commissäre des Nationalconvents hatten von Paris den Befehl erhalten, die Verbündeten um jeden Preis wieder aus dem Bienwalde zu verdrängen. Sie ließen daher noch am 9. September in Lauterburg die Sturmglocke läuten, um am folgenden Tage ihre Truppen durch die Bewohner der Umgegend möglichst zu verstärken. [469] Graf v. Wurmser hatte aber nicht

---

[467] Tagzettel des Grafen v. Wurmser aus dem Hauptquartier zu Freckenfeld vom 8. Sept. 1793. — Am 29. August zogen die Condeer aus dem Bienwald nach Barbelroth, das Corps des Generals von Hotze von dort nach Büchelberg, wo ihm zur Linken Jellachich aufgestellt war. — [468] Tagzettel aus dem Hauptquartier Freckenfeld vom 11. Sept. 1793. — [469] Auf Bericht des Generals Landremont wurde von den Vorständen des niederrheinischen Departements am 9. Sept. 1793 beschlossen: 1. ein Aufgebot aller Bürger, auch der Geistlichen, vom 18. bis 48. Lebensjahre, auf den 11. Sept. zu berufen, welche sich sämmtlich auf 8 Tage mit Lebensmitteln zu versehen haben;

versäumt, seinen linken Flügel ebenfalls ansehnlich zu mehren und
dem Befehle des aus dem Türkenkriege wohl berühmten Generals v.
Jellachich, welcher vom rechten Rheinufer mit 4,000 Mann angerückt
war, zu unterstellen. Dieser lagerte in Hagenbach. Die Bewohner
dieses Dorfes hatten sich alle hinter die französische Armee in das
Elsaß geflüchtet. Gerade gegen Hagenbach richteten die Republikaner
mit 16,000 Mann ihren Angriff. Es kam zum blutigen Kampfe,
an welchem die schwäbischen Kreis = Grenadiere und Kreis = Dragoner Antheil nahmen. Von den Franzosen, welche bis unter ihre
Schanzen bei Lauterburg verfolgt wurden, blieben 600 Todte und
viele Verwundete auf dem Platze. Am 12. September erneuerten
die Feinde auf ihrer ganzen Linie einen verzweifelten Angriff. Die
Brigade des Generals v. Jellachich, welche unweit von Berg aufgestellt
war, hatte einen vierstündigen Kampf, welcher mit vielem schwerem
Geschütze unterstützt ward, zu bestehen. Sie bestand ihn zur vollen
Zufriedenheit ihres tapferen Anführers. Als gegen 1 Uhr Nachmittags
das Feuern hier im Bienwalde abgenommen hatte, bemerkte man eine
starke feindliche Colonne am Fuße des Gebirges gen Bergzabern
hinziehen. Dort war, wie wir schon hörten, das Condé'sche Corps
aufgestellt. Die Feinde ließen Bergzabern rechts liegen und rückten
gerade gegen Niederhorbach vor, um dem Prinzen von Condé in
den Rücken zu fallen. Dieser begrüßte den Feind mit einem gewaltigen Feuer seiner Artillerie. Um dieselbe Zeit erschien auch
Prinz v. Walbeck von Niederhorbach auf dem Kampfplatze und
drängte mit lebhaftem Gewehr= und Kanonen=Feuer die Republikaner

---

2. achtundvierzigstündiges Sturmgeläute in allen Dörfern ꝛc. ꝛc. — Bereits im
vorhergehenden Monate war von dem Nationalconvente ein Dekret erlassen,
welches den Aufstand der Nation in Masse angeordnet hatte. Diese republikanischen Krieger werden also beschrieben: „Einige hatten blaue Röcke, andere Capoten von allen erdenklichen Farben; wieder Andere hatten weder
eines noch das Andere, sondern liefen in Camisölchen oder in Bauernkitteln
mit. Der eine hat ein langes, der andere ein kurzes Gewehr; dieser hat
Kamaschen, jener Strümpfe, ein dritter Pantalons ohne Strümpfe. Weder
Offiziere noch Gemeine verstehen ihr Handwerk; die Letzteren wissen nicht zu
gehorchen, die Ersteren nicht zu befehlen. Es war keine Auswahl der Leute,
die beim Corpsstande so nöthig ist. Abgearbeitete, unter der Last der Müh-
seligkeiten krumm gewordene Taglöhner, standen neben Buben von 15 Jahren,
die kaum das Gewehr schleppen konnten." „Die Franzosen am Rheinstrome."
Heft II. S. 210.

gen Bergzabern zurück. Die feindliche Colonne, die sich an die Ab=
hänge des Gebirges gezogen, rückte auf dem oberen Wege von Berg=
zabern in die Weinberge gegen die Flanke des Prinzen v. Waldeck
und eröffnete aus 8 Kanonen ein heftiges Feuer. Die Franzosen
erhielten von Oberotterbach her stets neue Unterstützung an Mann=
schaft. Doch um so muthiger stürmten die Schaaren des bemeldeten
Prinzen gegen sie heran. Die feindliche Artillerie wurde wiederholt
zum Schweigen gebracht und mußte sich zuletzt nicht ohne bedeuten=
den Verlust zurückziehen. [470])

Zur nämlichen Zeit rückten zwei feindliche Bataillone von
Steinfeld an den Wald, griffen die bei Schaidt im Gehölze aufge=
stellten Slavonier an und suchten zur Linken derselben durchzu=
bringen. Noch zur gehörigen Stunde erhielten die bedrängten Sla=
vonier Unterstützung von Büchelberg, so daß die Republikaner ohne
besonderen Erfolg sich in ihre Schanzen bei Steinfeld zurückziehen
mußten. Gegen 3 Uhr Nachmittags erst rückten vier Regimenter
feindlicher Reiter und einige Infanterie mit vielen Kanonen gegen
den vom Grafen v. Wurmser selbst befehligten Mittelpunkt seiner
Armee. Es kam bei Barbelrodt zu heftigen Angriffen. Die Feinde
wagten sich bis auf die Anhöhe von Niederhorbach. Während zwei
Stunden unterhielten sie dort ein starkes Kanonenfeuer, welches die
Verbündeten eben so lebhaft erwiederten. Es wurden mehrere Be=
wegungen gemacht, um den rechten Flügel der Feinde bei Nieder=
horbach zu umgehen, an welchen auch der Obrist Schreiber mit
den hessischen Husaren Theil nahm. Hiedurch in Verlegenheit ge=
bracht und in Besorgniß, sein schweres Geschütz zu verlieren, nahm
der Feind den Rückzug hinter seine wohlbestellten Schanzen. [471])

---

[470]) Die Franzosen rühmten sich am 12. Sept. 1793, im Bienwalde, zu
Pleisweiler und Niederhorbach Sieger gewesen zu seyn. Posselt's Cur. An=
nalen. 1796. B. II. S. 96. — [471]) Nach Berichte des Landcommissärs v. Wrede
aus Freckenfeld vom 4. September 1793 an den Kurfürsten von der Pfalz,
zählte die kaiserliche Armee damals 30,000 Mann, und war fast noch einmal
so stark als jene der Preußen. Alle Fourage mußte täglich auf 10 Stunden
Weges herbeigeführt werden. Das Gepäck und die Zelte waren bei Tage
auf Landfuhren geladen, weil man keine Stunde vor Angriffen sicher war.
Stets mußten 200 Wagen für die Kranken und Verwundeten bereit gehalten
werden. Dazu mußten selbst aus den Dörfern jenseits des Rheines Fuhren
zur Armee gestellt werden ꝛc. ꝛc. Karlsr. Archiv. P. A. — Berichte des Commissärs
Hoffmann vom 2. 9. 12. und 19. Sept. 1793 melden Folgendes: Alle

An demselben Tage — den 12. Sept. — rückten die Franzosen um halb 12 Uhr mit 12,500 Mann und 6 Kanonen aus Landau gegen Inßheim vor. Es entspann sich ein lebhaftes Feuer, an welchem auch zwei pfalzbairische Bataillone, welche bisher in Offenbach standen, unter dem Oberbefehl des kaiserlichen Generals v. Splenß Theil nahmen. Gegen 3 Uhr zog sich der Feind nach Landau zurück, um gegen 5 Uhr mit einer noch weit stärkeren Truppenzahl und von 10 Kanonen geschützt mehr rechts nach Mörzheim hin vorzubringen. Die Republikaner fanden auch bei diesem Ausfalle die Verbündeten zur Abwehr bereit und nach einigen Plänkeleien der Vorposten nahmen sie die Rückkehr in die Festung. [472]) An diesem blutigen Tage

---

Fuhren sind fast täglich — am 2. Sept. — in Anspruch genommen, um Holz, Heu und Stroh beizubringen; eben so auch die Handfröhner. Fast Niemand kann daher etwas für sich arbeiten. Täglich kommen 20, 30 bis 40 französische Bauern in Barbelrodt an, welche sich flüchten, um nicht das Gewehr gegen Deutschland tragen zu müssen. Zwischen den Vorposten fielen fast täglich Scharmützel vor, welche bisweilen von Kanonenfeuer unterstützt wurden. Hoffmann wußte aus seiner Schloßwohnung in Bergzabern sowohl seine Amtspapiere, als Kleidung und Weißzeug durch vertraute Leute nach Barbelrodt zu erhalten. — Seit einigen Tagen — am 9. Sept. — sind etliche tausend Mann von der hiesigen Armee durch das Gossersweiler Thal in das Gebirge gerückt. Am 13. September geschah ein Schuß auf einen Offizier der Condeer vor Niederhorbach. Der General, Baron v. Trait, glaubte, derselbe sei aus dem genannten Dorfe gekommen und drohte, dasselbe niederzubrennen, wenn der Thäter bis Nachmittags 2 Uhr nicht ermittelt sei. Am 18. Sept. rückten jene kaiserlichen und kurpfälzischen Truppen, welche bisher Landau auf der südlichen Seite hielten, an dem Gebirge aufwärts und bezogen ein Lager zwischen Barbelrodt, Hergersweiler und Dierbach. Zu gleicher Zeit machten die Republikaner verschiedene Ausfälle. Das Geplänkel besonders zwischen den Vorposten bei Bergzabern dauerte bis Nachts 10 Uhr fort. Am folgenden Morgen wiederholten die Franzosen in aller Frühe ihre Ausfälle, welche bei Freckenfeld und Schaidt sehr heftig waren. Letzteres Dorf lag zwischen dem beiderseitigen Kanonenfeuer und gerieth hierdurch in Brand. Auch bei Bergzabern erneuerte sich der Kampf. Die Condeer trieben die Patrioten mehrmals zurück, drangen in die Stadt und beschossen ihre Gegner eine Zeitlang aus einer Batterie von drei Haubitzen, welche sie auf dem Hexenberge aufgepflanzt hatten. Gegen Mittag zog man sich wieder in die alten Stellungen zurück. Reichsarchiv. J. A. No. 898. und 2689. — [473]) Während dieses Ausfalles fielen sie in Mörzheim ein, um dort zu plündern und die Pferde zu rauben. Sie schleppten auch den dortigen Schwanenwirth, Valentin Unruhe, als Geißel mit nach Landau fort. Amtlicher Bericht vom 17. Sept. 1793. — Die Verbündeten verloren an diesem Tage 30 Offiziere und 1,126

wagten die Franzosen von Straßburg den Rhein herab bei Kehl, bei Stollhofen, bei Lauterburg und im Gebirge bei Weißenburg, Bobenthal bis Rothweiler die heftigsten Angriffe, die aber allenthalben mit großem Verluste zurückgeschlagen wurden. Die Kämpfe bei Rothweiler und Bundenthal werden wir noch ausführlicher schildern müssen.

Schon in der Nacht vom 7. September wurde der General Paßcewitsch[472] mit kaiserlichen Truppen, einer Schaar Condéer und der Legion des Mirabeau, im Ganzen mit 4,000 Mann, vom kaiserlichen Oberbefehlshaber gen Dahn abgeordnet, um die bei Bundenthal, Rumbach und Rothweiler lagernden Franzosen zu beobachten und wo möglich aus dieser Stellung zu verdrängen. Es war dieß ein gefahrvolles Unternehmen, das nach dem Urtheile Vieler nicht wohl berechnet war. Am 10. September rüstete sich der General zum Angriffe. Nach Aussage der Franzosen war der General Arlaude, welcher seit 6 Monaten das dortige Corps befehligte, zu den Kaiserlichen übergegangen und dadurch der Angriff erleichtert.[474]

Mann. Der Verlust der Franzosen ist nirgends angegeben. Geschichte der Kriege. Th. 1. S. 212. Aus jenen Tagen haben wir folgende archivalische Nachrichten: „Unbegreiflich erschien es, daß der König von Preußen nicht aus Ebenkoben gen Landau vorrückte. Das Annweiler Thal war in besonderer bedrängten Lage. Die Lebensmittel ermangeln, alle Bedürfnisse sind äußerst theuer. Das wenige Vieh, welches von den Franzosen übrig gelassen wurde, verzehren die Preußen. Diese haben jetzt — am 11. September — ein Lager zu Hinterweidenthal. Das Essen muß ihnen von den armen Bewohnern on drei Stunden Weges nachgetragen werden. Nach bekannter Art wird von ihnen Alles verlangt, aber nichts bezahlt. Der Hunger steht allenthalben vor der Thüre. In ganz kurzer Zeit werden dort weder die Bauern, noch die Soldaten das Nothwendigste finden. Viele der Ersteren laufen über die Berge auf und davon. Die bei Frankweiler und auf dem Steichert gelagerten Preußen verschanzten sich längs des Annweiler Thales in den alten französischen Lagerplätzen, und es gewinnt den Anschein, als wollten sie dort Winterquartiere beziehen. Die Bewohner der ganzen Umgegend wurden durch Holzfuhren und Schanzfrohnden unendlich hart mitgenommen. Täglich mußte der Annweiler Vogteiverweser 60 bis 80 Fuhren und 150 Handarbeiter stellen, was mehrere Wochen hindurch andauerte." Bericht des Vogtes Weyland vom 11., 25. und 29. September 1793. Reichsarchiv. Z. A. No. 2689. — [473] Dieser General wird auch Pejacsevich oder Piatzewitz genannt. — [474] Auch der Generaladjutant Miribelle, der das Lager zu Rothweiler unter dem General Ferrey befehligte, wurde deßhalb zur Untersuchung gezogen.

Die Schaaren der Verbündeten naheten sich Morgens 3 Uhr in
drei Colonnen den feindlichen Vorposten bei Bundenthal. Diese ließen
alsbald die dortige Brücke über die Lauter abbrechen. Paßcewitsch
gebot, sie schnell wieder herzustellen, und eilte mit seinen Truppen,
die Anhöhen zu erreichen. Um halb vier Uhr griffen die tapferen
Stürmer die Feinde auf dem rechten Flügel und auf der Sturmseite
mit gefälltem Bajonnete an. Die Franzosen feuerten mit kleinem
Gewehre und schwerem Geschütze unaufhörlich auf die Stürmenden
und hemmten ihr Vordringen. Indeß umging der General Paßcewitsch die Stellung des Feindes. Dieser gerieth hiedurch in große
Bestürzung und Unruhe, welche die Kaiserlichen benützten, um den
alle vier feindliche Lager einschließenden tiefen Graben zu übersetzen.
Auch auf seinem linken Flügel, durch den Obristen Baader muthvoll angegriffen, mußte der Feind seine Lager preis geben. Er nahm
die Flucht durch das Dorf Nothweiler gegen Lembach und ließ über
250 Todte, bei 700 Verwundete, fünf Kanonen, eine Menge andere
Waffen und viele Lebensmittel zurück. Fruchtlos waren die Anstrengungen der Franzosen, sich des Lagers bei Nothweiler wieder
zu bemächtigen. General Ferrey kämpfte daselbst mit mehr als 10,000
Mann. „Wäre die Legion von Mirabeau, weil irre geführt, nicht
zum Hauptkampfe zu spät gekommen, so würden wohl die meisten
Republikaner gefangen worden seyn."[475] Am 14. September erneuerten die Franzosen mit dreimal überlegener Macht einen noch hef-
tigeren Angriff auf Rumbach und Bundenthal. Vergeblich erwartete
Paßcewitsch Hilfe von dem Herzog v. Braunschweig. Dieser versagte
die Hilfe, welche jedoch der König nachträglich gebot. Sie kam aber zu
spät, da der Herzog an jenem Tage selbst angegriffen ward. Mit
großem Verluste auf beiden Seiten, mußten die Kaiserlichen nach
heißem Kampfe den Franzosen das Schlachtfeld überlassen. Paßcewitsch übernachtete zu Dahn' und setzte am andern Morgen über
Klingenmünster seinen Zug fort, um bei Niederhorbach und Barbelrodt die frühere Stellung einzunehmen.[476] Er hatte in diesen
Tagen bewundrungswürdigen Heldenmuth bewiesen.

---

[475] Amtlicher Bericht. Reichsarchiv. J. A. No. 898. Die Gegend von
Bergzabern war nicht gedeckt, weßhalb die „Pariser Husaren" bis Kapellen,
Drußweiler und Niederhorbach schweiften. — [476] Taggettel des Grafen
v. Wurmser. Gouvion St. Cyr a. a. O. S. 87. u. ff. schildert als Lenker und

An den drei folgenden Tagen ist nichts Erhebliches vorgefallen. Am 18. Sept. unternahmen die Republikaner wieder verschiedene Angriffe. So namentlich Nachmittags zwischen 3 und 4 Uhr gegen die kaiserlichen Vorposten bei dem Dorfe Berg. Der General v. Jellachich eilte mit seinen Truppen, unter welchen auch zwei Compagnien Seressaner waren, herbei. Der Feind führte sein Geschütz vor der Kirche zu Berg und vor dem dortigen Wäldchen auf und beschoß mit Kanonen und Haubitzen die kaiserlichen Schaaren. Eine zweite feindliche Abtheilung zog gleich links in den Bienwald, um dort in die Verhaue einzudringen. Erst nach vierstündigem Kampfe gelang es der Tapferkeit der Verbündeten, auf diesem Punkte die Republikaner bis gen Berg wieder zurückzuwerfen. Um 4 Uhr waren auch vier Bataillone Franzosen auf der Hauptstraße gegen den Bienwald vorgerückt. Die im dortigen Verhaue aufgestellten kaiserlichen Vorposten wurden zurückgedrängt. Auf der ganzen, vom Generale v. Hotze befehligten Linie entspann sich ein lebhafter Kampf, welcher bis Abends 8 Uhr fortgesetzt wurde. Der Feind war nicht zum Weichen zu bringen. Er grub sich gegen Abend rüstig in Erdbaracken ein und unterhielt zum Schutze dieser Arbeit ein ständiges Kanonenfeuer. An jenem Nachmittage hatten die Franzosen nicht nur gegen den Mittelpunkt der Oesterreicher verschiedene Bewegungen unternommen, sondern auch einige Truppen aus ihrem Lager hinter Oberotterbach gegen den Wald vorrücken lassen.

Beim Anbruche des folgenden Tages erneuerten die Republikaner mit noch größerer Stärke diese Anfälle gegen die Truppen der Generäle Jellachich und Hotze. Sie drangen mit heftigem Kanonen- und Haubitzenfeuer in die Verhaue ein. Jellachich fiel aber seinen Gegnern mit solchem Muthe und solcher Schnelligkeit in die Flanke, daß sich dieselben nach der Mittagsstunde, sowohl auf der Hauptstraße, als auf dem Seitenwege bei Berg in größter Unordnung nach Lauterburg zurückziehen mußten. Auf dem Schlachtfelde zählte man 375 todte Republikaner. Weit mehr aber blieben todt und verwundet zwischen

---

Mitkämpfer diese Ueberfälle ausführlich. — Am 14. und 15. Sept. wurden etwa 200 Verwundete durch Barbelrodt gefahren. Amtlicher Bericht des Landes-Commissärs Hoffmann. Siehe auch: „der französische Freiheitskrieg." Th. I. S. 188. u. ff. Die Franzosen rühmten sich, 2 Kanonen und 1500 Flinten erbeutet zu haben. Die Angabe, daß der Herzog diese Unterstützung versagt hatte, siehe in Häußer's deutscher Geschichte. Th. I. S. 585.

den Verhauen liegen. Noch heftiger war der feindliche Kampf gegen
die Schaaren des Generals v. Hotze. Es glückte den Republikanern,
über die Schaidter Straße durchzubrechen. Ein lebhaftes Kanonen=
feuer unterstützte ihren Angriff, das aber nicht minder lebhaft von
den Kaiserlichen erwiedert wurde. Viermal mußte zur Abkühlung
der Kanonen das heftige Feuern unterbrochen werden: viermal ward
es erneuert, zuletzt aber die ermüdete Artillerie durch neue Mann=
schaft und anderes Geschütz abgelöst. Die Republikaner sahen sich
hierdurch genöthigt, mit großem Verluste den äußersten Verhau zu
verlassen und sich nach 2 Uhr Nachmittags gen Lauterburg zurück=
zuziehen. Auch aus Schaidt war der Feind in derselben Morgen=
stunde gen Steinfeld mit fünf Kanonen und Haubitzen aufgebrochen.
Er richtete dieses Geschütz auf die dort aufgestellten Feldwachen des
Generals v. Meszaros. Durch geworfene Granaten gerieth hie=
bei das Dorf Schaidt an drei Stellen in Brand, welcher zwei
Häuser und eine Scheune in Asche legte. Gegen 11 Uhr rückte
auch die feindliche Cavallerie hier vor. Sie fand kräftigen Wider=
stand. Da jedoch immer andere feindliche Schaaren die ermüdeten
ablöseten, so wurde der Kampf, bei welchem sich die Verbündeten
etwa eine Viertelstunde weit zurückziehen mußten, immer wieder er=
neuert und bis spät in die Nacht fortgesetzt, mit beiderseitigem, nicht
unbedeutendem Verluste.

　　Am folgenden Tage ließ der Graf v. Wurmser, welcher noch
immer sein Hauptquartier in Freckenfeld hatte, seine Schaaren im
Bienwalde und bei Schaidt bedeutend verstärken und die Feinde
mit aller Macht angreifen. Diese mußten binnen einer halben
Stunde mit bedeutendem Verluste — 500 Todte blieben auf dem
Platze und 17 Mann wurden gefangen — ihre vorgeschobene Stel=
lung wieder aufgeben und den Bienwald räumen. Bei diesem hart=
näckigen Kampfe hat sich der kurpfälzische Major v. Molitor mit
seinem wackern Bataillone ruhmvoll ausgezeichnet. [477])

---

[477]) Tagzettel des Grafen v. Wurmser aus dem Hauptquartier zu Fre=
ckenfeld vom 20. Sept. 1793. Seit dem 22. Sept. arbeiteten täglich 1,800
Mann an kaiserlichen Schanzen vor Lauterburg, welche innerhalb 3 Tage
fertig seyn sollten. Der Landes = Commissär v. Wrede verlangte hiezu
250 Mann aus dem Zweibrücker Amte Barbelroht. Es kosteten diese Arbeiten
vieles Holz, welches theilweise aus dem Barbelrother, Mühlhofener und Ingen=
heimer Walde mußte beigeführt werden. Amtlicher Bericht. — Die dortigen

In der Nacht vom 24. auf den 25. September hatten die Republikaner südlich vor Bergzabern eine neue Schanze aufgeworfen. Auf Weisung des Oberbefehlshabers wurde dieselbe am 26. Sept. vom Generalmajor v. Kospoth mit Gewalt genommen, geschleift und die Feinde von den Waldecker Schaaren bis an den Hohlweg vor dem Haftelhofe mit einem Verluste von 250 Todten und 20 Gefangenen und einer Kanone — die zweite fiel in den Hohlweg — zurückgedrängt. [478])

Bewohner wurden hart mitgenommen. Es gab unter ihnen sehr viele „Patrioten", welche sich bei jeder Gelegenheit widerspenstig zeigten. Reichsarchiv. Z. A Nr. 898. — [479]) „Der franz. Freiheitskrieg". Th. I. S. 196. Vom Commissäre Hoffmann haben wir aus jenen Tagen folgende Nachrichten: Am Morgen — den 24. September — ritten 7 Condeer-Husaren nach Bergzabern. Am Thore erkundigten sie sich, ob noch Patrioten darin seyen und man antwortete: Nein! Auf dem Markte stießen sie jedoch auf einige Hunderte derselben. Sie wollten nun wieder zurück, allein jetzt sprengten auch vom unteren Thore feindliche Jäger heran. Die Conder schlugen sich wacker herum. Allein es wurde Einer niedergehauen, ein Anderer getödtet und zwei nebst einem Pferde leichter verwundet, was die Conder sehr gegen die Stadt aufbrachte. Hoffmann bat den Prinzen v. Waldeck, dieselbe zu schützen, da die Schaar von Mirabeau schon längstens ihre Lust zu erkennen gegeben hätte, Bergzabern zu plündern. In der Nacht vom 25. auf den 26. Sept. überrumpelte der genannte Prinz die Republikaner in einer oberhalb des Deutschordenshofes aufgeworfenen Schanze. Ungefähr 100 Franzosen wurden niedergehauen und 20 Gefangene eingebracht, von welchen mehrere furchtbar verstümmelt waren, unter denen sich auch ein Ingenieur befand. Eine Kanone nebst drei Pferden wurden hiebei erbeutet. Der Erfolg wäre für die Böhmen noch glänzender gewesen, wenn nicht einige Züge Cavallerie in der Hitze in einen Hohlweg gestürzt wären, wodurch es der Mehrzahl der Franzosen möglich ward, mit zwei Kanonen zu entfliehen. Es ist nunmehr — am 3. Okt. — eine Kette mit Schanzen von Niederhorbach bis an den Rhein ganz fertig. Die Wälder wurden ungeheuer hiefür in Anspruch genommen. Die Conder schleichen sich überall in die Häuser, Scheuern und Stallungen ein. Es laufen daher viele Beschwerden gegen sie ein. So hatten sie das Haus des Gerbers Hauswirth in Bergzabern, eines der bestgesinntesten dortigen Bürger, überfallen und ausgeplündert. Allein, da die Offiziere mit ihren Untergebenen es sehr brüderlich halten, so haben die angestellten Untersuchungen gewöhnlich kein besonderes Ergebniß. Dazu kommt noch, daß die kaiserlichen Generäle sich mit diesem Corps nicht gerne abgeben. Die Windener Ausgewanderten — nach Frankreich — sind am 1. Oktober wieder alle zurückgekommen. Hoffmann ersuchte seine Regierung, mit der Untersuchung gegen diese zurückzuhalten, weil hiedurch auch die übrigen Flüchtlinge ermuntert würden, in ihre Heimath zurückzukehren. Aus Bergzabern sind viele treue, deutschgesinnte Bürger von

Am 27. und 28. September blieb es ziemlich ruhig. Am folgenden Tage war ein unbedeutendes Plänkeln im Verhaue vor Lauterburg. Der Thurm in dieser Stadt wurde jetzt abgebrochen. Gegen Abend versuchte es der Feind, zwischen seiner großen Batterie bei Steinfeld und Schaidt eine Schanze anzulegen, was jedoch die kaiserlichen Kanonen verhinderten. An demselben Tage beschossen die Franzosen wieder das Dorf Berg, jedoch ohne besonderen Schaden anzurichten. General v. Jellachich ließ hierauf sechs Granaten nach Lauterburg werfen, welche zweimal zündeten. Mit entsetzlichem Schreien und Lärmen in der bestürzten Stadt wurde dieser Brand gelöscht, und einige Kanonen gegen die Verbündeten, ohne besondern Schaden zu verursachen, abgefeuert.[479]

An den folgenden Tagen war es ebenfalls wieder still und ruhig. Die Republikaner bemühten sich, ihre Schanzen bei Steinfeld zu erweitern. Am 5. Oktober ward General v. Kospoth beordert, die feindlichen Truppen, welche sich bis nach Gossersweiler, Stein und Silz gewagt hatten, aufzuheben. Als jedoch die Kaiserlichen dorthin kamen, waren die kühnen Republikaner schon wieder in ihr Lager bei Bundenthal zurückgezogen.

---

den Republikanern als Geißeln mit fortgeschleppt worden, wogegen Hoffmann rieth, die Rädelsführer der Patrioten ebenfalls festzunehmen. — In den Barbelrodter, Dierbacher und Oberhausener Weingärten waren weder Stiefeln, noch Basten mehr zu sehen. In den übrigen Ortschaften sah es nicht viel besser aus, weil es immer an Holz fehlte und die nöthigen Fuhren, dasselbe beizubringen, mangelten. Ueberhaupt muß fast Alles zu Grunde gehen, wo eine so starke Armee so lange Zeit lagert. — Berichte des Commissärs Hoffmann vom 3. 5. und 6. Okt. 1793. Reichsarchiv. Z. A. Nr. 2669. Der Maire Adam Mayer zog mit Weib und Kindern den Franzosen nach. Er hinterließ viele Schulden und Unordnungen im städtischen Haushalte. Mit ihm flüchteten sich aus Bergzabern noch etwa 22 Republikaner mit Weibern und Kindern. Reichsarchiv. Z. A. Nr. 914. — [480] Tagzettel des G. v. W. vom 4. Okt. 1793. — Am 1. Okt. schrieb der Landescommissär v. Brede aus dem Hauptquartiere zu Freckenfeld, daß die Winterquartiere der vereinigten Truppen dürften in der Umgegend genommen werden. Wegen der mancherlei Excessen, welche sich damals die Condéer erlaubten, ging am 8. Okt. 1793 der kurpfälzische Regierungsbefehl an das Oberamt Germersheim, in jedem Orte täglich 4 Tag- und 4 Nachtwächter aufzustellen, deren Pflicht es ist, gegen jede gewaltthätige Anmuthung der Prinz-Condé'schen ein wachsames Auge zu haben, und im Falle den Ortsvorständen auf die mindeste Art ungebührlich begegnet werden sollte, die Frevler in Verhaft zu nehmen. Karlsr. Archiv. S. A.

Nach diesen monatelangen Kämpfen und nicht unbedeutenden Verlusten an den Ufern der Queich und der Lauter, welche den Bewohnern der ganzen Umgegend unendliche Angst und Verlegenheit, den mannichfaltigsten Schaden in ihren Wohnungen, auf ihren Feldern, in ihren Weinbergen und an ihren Früchten und Bäumen bereiteten, sah man jeden Tag der endlichen Erstürmung der dortigen Linien entgegen. Diese, zwischen Lauterburg und Weissenburg vom Ufer des Rheins bis an den das Weissenburger Thal beherrschenden Taubenberg, zwei Meilen längs der Lauter hinlaufende Schanzenkette, war von dem berühmten französischen Ingenieur Vauban angelegt, galt als ein Meisterstück der Kriegsbaukunst und für kaum einnehmbar. Gelang es auch den Verbündeten, die vielen Schanzen, welche die Feinde noch bis zu den letzten Tagen auf dem linken Ufer dieses Flusses neu angelegt hatten, zu erstürmen und die dichtesten Verhaue zu übersteigen, so waren sie alsbald dem fürchterlichsten Kartätschenfeuer aus den Batterien, die auf dem rechten Ufer ihnen entgegen starrten, ausgesetzt. Die hochaufgestaute Lauter, Wolfsgruben und eiserne Fußangeln an dem Ufer derselben, und hinter dem Flusse ein vier Klafter breiter und drei Klafter tiefer Graben, mit doppelter Pallisaden-Reihe geschützt, an welchen sich in einer Entfernung von 800 Schritten je zwei und zwei Bastionen befanden, hemmten mächtig jeden Fortgang.[480]) — Am 10. Okt. hörte man aus dem Donner des Geschützes, welcher über das Wasgauer Gebirge in die Rheinebene rollte, daß der Herzog von Braunschweig, der früheren Verabredung gemäß, von Bitsch her über Stürzelbronn, Fischbach, Rumbach gegen Weissenburg ziehe.[481]) Der Herzog von Braunschweig stand den feindlichen Lagern von Bundenthal und Lembach gegenüber; der Erbprinz von Hohenlohe aber jenem von Herzoghand. Boten kamen in das Hauptquartier des Grafen von Wurmser und gaben Nachricht von diesen Stellungen. Alsbald erhielten alle Generäle diesseits und jenseits des Rheines die bestimmten Verhaltungsbefehle zum Angriffe und zur Eroberung der fraglichen Festungs-Kette, welche 45,000 Republikaner, von 25,000 Mann an

---

[480]) Posselt's europäische Annalen. 1795. B. III. S. 204. Schmidt's Gesch. der Deutschen. B. XVI. S. 68. — [481]) Gouvion St. Cyr hatte sein Lager zu Lembach und beschreibt genau die Angriffe und Gefechte jener Tage, welche er mit einer schönen Karte des Lauterthales beleuchtete. a. a. O. S. 112. u. ff.

der Saar unterstützt, vertheidigten. — Der Convent in Paris hatte
beschlossen, alle diese Streitkräfte unter einem Commando zu vereinigen, und übertrug dasselbe dem Generale Carlin, einem Manne,
dessen Name nur auftauchte, um sich durch eine schwere Niederlage an
der Lauter auszuzeichnen, und dann der Vergessenheit anheim zu fallen.

Der greise Oberfeldherr der Verbündeten an der Lauter hatte
seine Armee, 43 Bataillone Infanterie und 67 Schwadronen Cavallerie zählend, vor dem entscheidenden Tage in sieben Colonnen
getheilt.[443] Die erste derselben stand unter dem Befehle des
Prinzen von Waldeck. Dieser hatte jenseits bei Plüttersdorf den
Rhein zu übersetzen, die Stadt Selz einzunehmen, auf die Anhöhe
von Mottern vorzubringen und nöthigenfalls dem rechten Flügel der
Feinde in den Rücken zu fallen. Die zweite Colonne, welche der
General v. Hotze befehligte, sollte die Lauter zwischen dem Bienwalde und der St. Remy's-Mühle auf dem Wege gen Schleithal
überschreiten, bei Schleithal feste Stellung nehmen, und mit einer
Abtheilung die Linie gegen Weissenburg im Rücken angreifen, mit
der zweiten Abtheilung aber den Angriff der dritten Colonne auf
Lauterburg unterstützen. Diese dritte Colonne führte General v.
Jellachich. Er hatte die Weisung, von Neuburg aus die äusserste
feindliche Schanze am Rheine zu nehmen, das verschanzte Lager
bei Lauterburg zu überfallen und dann sich mit dem Prinzen von
Waldeck in Verbindung zu setzen. Der General v. Meszaros
führte die vierte Colonne mit zwei Abtheilungen. Die erste Abtheilung sollte die Republikaner aus dem Bienwalde gegen Steinfeld
und Capsweyer verjagen. Die zweite Abtheilung hatte Befehl, die
feindlichen Gräben, die grossen Batterien und Redouten bei Gross-
und Kleinsteinfeld, dann diese Dörfer nebst Niederotterbach anzugreifen und mit dem Bajonnete zu nehmen. Die fünfte Colonne,
an dessen Spitze Graf v. Kavanagh stand, sollte den Angriff auf
Niederotterbach und die dortigen kleinen Pfeilschanzen lenken, wäh-

---

[443] Der k. k. Generalquartiermeister v. Neu hatte eigentlich den An-
griffsplan entworfen. Nähere Angaben auch bei v. Neumann a. a. O. S. 28
mit einem Schlachtplane. „Der franz. Freiheitskrieg." Th. I. S. 236 u. ff.
Gesch. der Kriege. Th. I. S. 230. Unsere Darstellung ist nach dem Tagzettel des Grafen v. Wurmser entworfen. Auf der ganzen Lauterlinie von
Lauterburg bis Bundenthal standen sich 90,000 Kämpfer mit 400 Todesschlünden
einander entgegen.

rend die sechste Colonne, welche General v. Kospoth befehligte, beordert war, den Haftelhof und Oberotterbach zu überfallen und die Schanzen beim Haftelhofe zu beschießen. Die siebente Colonne, aus Condeern gebildet, theilte sich ebenfalls in zwei Schaaren. Die erste unter dem General v. Biominil hatte gegen Bergzabern vorzurücken, die zweite Schaar unter dem Prinzen von Condé aber gegen Dörrenbach und die dortigen Schanzen anzustürmen und das umliegende Gebirge zu besetzen. Hatte jeder Anführer der genannten Heersäulen sein Ziel erkämpft, dann sollten sie sich insgesammt mit ihren Truppen zu vereinigen suchen, um den weiteren Angriff auf die Stadt Weissenburg und den in der Nähe gelegenen, verschanzten Geisberg fortzusetzen. Dieß war der wohlberechnete Plan für die blutige Arbeit, welche am Sonntage den 13. Oktober 1793 ruhmvoll für die Umsicht, Beharrlichkeit und Tapferkeit der verbündeten Armee unternommen und ausgeführt wurde. [***])

Morgens halb fünf Uhr ließ der Oberbefehlshaber aus einer bei Freckenfeld aufgeworfenen Schanze drei Granaten als Zeichen zum Angriffe aufsteigen. Schon zwei Stunden vorher mußten die sämmtlichen Heersäulen möglichst nahe an ihre Vorposten in aller Stille rücken. Bei etwaigem Nebel und Duft war das Erkennungszeichen der Name „Maria," welchen die Angerufenen mit „Theresia" erwiedern sollten. Der Hauptkampf entwickelte sich bei dem Heerhaufen des Generals v. Meszaros. Dieser drang muthig aus dem Verhaue des Bienwaldes zwischen Schaidt und Großsteinfeld vor, stieß aber mit seiner ersten Abtheilung auf zwei Schanzen des Feindes und eine verborgene Batterie, die seinen Schaaren großen Verlust beibrachten, denn 34 Mann wurden getödtet und 361 Mann verwundet. Doch zwang v. Meszaros zuletzt die Feinde, aus dem schützenden Walde sich zurückzuziehen. Die zweite Abtheilung, welche der Obrist Kavachevich führte, drang am Ende des Dorfes Schaidt gegen die Gräben des Feindes mit ungestümer Heftigkeit vor, trieb diesen muthig zurück, nahm dann eine geschickte Stellung, um dem Feinde

---

[***]) Schon am 30. September 1793 hatte General v. Wurmser den Befehl erlassen, wornach sollte gesorgt werden, daß in Deidesheim 600, in Forst und Niederkirchen 400, in Wachenheim 600 und auch in der Amtskellerei zu Speyer 150 Kranke und Verwundete könnten untergebracht werden. Orig. Karlsr. Archiv. S. A.

bei Großsteinfeld muthig in den Rücken zu fallen. Die große
feindliche Redoute daselbst wurde mit unwiderstehlicher Tapferkeit
an der Stirnseite und im Rücken angegriffen, und trotz des mörderischen Feuers der dort aufgepflanzten 10 Kanonen und 2 Haubitzen
mit gefälltem Bajonnete erstürmt. Der laute Jubelruf: „Es lebe
der Kaiser! Es lebe Maria Theresia!" verkündete den Sieg. Das
genannte Geschütz sammt der Munition fiel den Kaiserlichen hier
in die Hände mit 200 Gefangenen. Von allen Seiten sah man
jetzt die kaiserlichen Heersäulen weiter vorbringen. Die Republikaner
unterlagen in den stärksten Verschanzungen dem Muthe und den
Waffen der Stürmenden. General v. Meszaros nahm zu gleicher
Zeit die zwei verschanzten Lager vor und neben Steinfeld ein, als
der greise Oberbefehlshaber vom dortigen Siege benachrichtiget, in
Steinfeld eintraf und die vierte mit der fünften Colonne vereinte.
Letztere hatte unter Anführung des Grafen v. Kavanagh die Franzosen aus der Pfeilschanze bei Niederotterbach, und bei hartnäckigem
Widerstande aus den Dörfern Niederotterbach und Kleinsteinfeld
vertrieben, und zog rechts gegen Oberotterbach, um dort den Angriff der sechsten Heersäule auf den Haftelhof zu unterstützen. Diese
hatte bereits ihr schweres Geschütze auf die große feindliche Redoute
links von dem Haftelhofe gerichtet. Das wohlbediente Feuer ward heftig
aus jener Redoute und aus der zweiten vor dem genannten Hofe erwiedert. Doch schon gegen 8 Uhr des Morgens flohen die Republikaner aus der ersten Verschanzung. Um dieselbe Zeit gewahrte
General v. Koßpoth, daß der Feind von den Conbeern auch aus
Dörrenbach vertrieben sei, mit der Colonne in Oberotterbach sich
vereinige und im dortigen Walde sich hartnäckig vertheidige. Er ließ
daher eine starke Truppenabtheilung gegen die Rebenhügel von
Oberotterbach vorrücken, um den Franzosen daselbst in die rechte
Flanke zu fallen. Dieß brachte die Republikaner hier zum Weichen,
wobei ihre Reihen nicht wenig gelichtet wurden. Die erste Abtheilung der siegenden Heerschaar drang stürmend in Bergzabern
ein, nachdem der General Biominil die gesperrten Stadtthore hatte
einschießen lassen. Die Slavonier, Wallachen und Szekler, welche
den Conbeern beigegeben waren, zogen als Plänkler gen Dörrenbach
voran. Dieses Dorf wurde, nachdem auch die zweite Abtheilung
Conbeer nachgerückt war, von drei Seiten angegriffen. Die dort
aufgeworfene starke Redoute ward mit ihren Kanonen hinwegge-

nommen. Schritt vor Schritt wehrte ſich der Feind in dieſer faſt
unangreifbaren Gebirgsſtellung und wollte ſich des Vortheiles derſelben nicht berauben laſſen. Der greiſe Prinz Condé mit ſeinem
Sohne und Enkel ſtritt hier mit Heldenmuthe gegen die ihm ver-
haßten Republikaner. Er raſtete nicht, bis ſie, auch hier zurückgedrängt, nach Weiſſenburg flohen und die volle Vereinigung mit der
ſechsten Colonne von ihm bewerkſtelligt war. [***]).

In derſelben Zeit befahl Feldmarſchall v. Wurmſer der vierten,
fünften und ſechsten Colonne, unter beſtändigem Kanonen-Donner,
Angriffe auf die zerſtreuten Schanzen und Lager, gegen Weiſſenburg
vorzurücken. Alle Schaaren wünſchten noch den blutigen Tag durch
die Einnahme dieſer Feſtung zu krönen. Die Stadt wurde ſofort

---

[***]) Ueber die Vorfälle dieſer Tage bei Bergzabern haben wir folgende
Nachrichten: „Am 5. Okt. machten die Franzoſen Miene, als wollten ſie
durch das Goſsersweiler Thal ausbrechen. Es ging daher eine ſtarke Patrouille
von Barbelrodt dahin ab, welche aber in der Nacht wieder zurückkam, ohne
die Feinde getroffen zu haben. Dieſe hatten wirklich an jenem Tage in der
Münſterer Sägmühle und zu Goſsersweiler geplündert. Am 6. Okt. reiste
der Prinz v. Waldeck von Barbelrodt über den Rhein ab. General v. Rospoth
übernahm nun den Oberbefehl über die Diviſion. — Am 9. Okt. wurde bei der
ganzen vereinten Armee bekannt gemacht, daß derjenige, welcher beim Vorrücken
in's Elſaß plündern würde, auf der Stelle gefangen und der Offizier, deſſen Mannſchaft ſich Plünderungen ſchuldig machen ſollte, ſeines Dienſtes entlaſſen werde.
Zugleich wurde eingeſchärft, daß kein Soldat im Elſaſse etwas eſſen oder
trinken ſollte, ehevor es der Ueberbringer gekoſtet habe, weil man ſicher erfahren, daß die Patrioten die Armee vergiften wollten. In Bergzabern iſt
am 13. Okt. beim Ueberfalle der Stadt lange geplündert worden, und zwar
nicht nur von den Schaaren des Mirabeau, ſondern auch von den Wallachen
und Szecklern, von den Marketendern und Bedienten. Die Generäle, namentlich
Graf v. Biomenil, ſuchten es zu verhindern. Auch der Landescommiſſär Hoffmann ritt deßhalb mit zwei Cüraſſieren des Regimentes „Mack“ dahin. Das
herzogliche Schloß wurde geſchützt. Die Bergzaberner hatten zum Theile dieſe
Plünderung ſelbſt verſchuldet, indem ſie ſich weigerten, der Legion Mirabeau
beim Angriffe die Thore zu öffnen. Dieſe wurden daher mit ſchwerem Geſchütze geſprengt, wodurch aber die Republikaner auf den nahen Gebirgshöhen von dem Anrücken jener Kunde erhielten. Die franzöſiſchen Flüchtlinge
haben nicht viel mitſchleppen können, weil ihr Rückzug ſehr eilig war. Die
Einwohner, welche ſich von Bergzabern früher entfernt hatten, ſind größtentheils wieder eingetroffen, darunter auch mancher Erzböſewicht. Auch jene,
welche von den Franzoſen weggeführt wurden, ſind größtentheils wieder zurückgekommen“. Berichte des Commiſſärs Hoffmann vom 9. 14. und 16. Okt. 1793.
Reichsarchiv. J. A. Nr. 898 und 2689.

25

zur Uebergabe aufgefordert. Dieselbe gab zur Antwort, daß sie nur der Gewalt sich beugen werde. Der Prinz Condé erhielt sofort Befehl, rechts durch das Gebirge vorzubringen, um sich dem südlich von Weissenburg gelegenen Geisberge, welchen der General Michaud besetzt hatte, zu nahen. Mit der Colonne des rechten Flügels zog indeß der Oberbefehlshaber näher gegen die Lauter, um mit schwerem Geschütze den vom Geisberge herabbonnernden Feind zum Schweigen zu bringen. Nachdem dieß einigermaßen erzielt war, ward nunmehr auch die Stadt Weissenburg selbst beschossen. Es vergingen hierüber einige Stunden. Die Stadt zeigte ungebengte Hartnäckigkeit. Die Bürger selbst feuerten versteckt, heftig und unausgesetzt auf die Belagerer, während die eigentliche Garnison im allmählichen Rückzuge ihre Rettung suchte. Graf v. Wurmser gab nunmehr Befehl, die Thore der Stadt einzuschießen und diese mit Sturm zu nehmen. Dieß geschah Abends gegen 6 Uhr. Das Bataillon von „Preiß", welches zuerst die Mauern überstiegen hatte, besetzte die Stadt ohne besonderen Kampf innerhalb der Mauern derselben. Die übrigen Colonnen lagerten sich auf den Anhöhen ihrer Umgebung. Der General v. Meszaros aber, der mittlerweile die Linien bei der kleinen Feste St. Remy überschritten hatte, wählte nach dem siegreichen Tage sein Feldlager bei Schweighofen.

Vernehmen wir nun noch die blutige Arbeit der Generäle v. Hotze und v. Jellachich an jenem Tage. Der Erste rückte, nachdem er, um einen Flankenangriff abzuwenden, eine starke Abtheilung kaiserlicher Husaren und kurpfälzischer Chevaurlegers gegen die Bienwalder Ziegelhütte vorgeschickt hatte, in der ihm vorgeschriebenen Richtung gegen die Lauter vor. Die Feinde wurden trotz ihres heftigen Feuers aus Kanonen und Gewehren mit dem Bajonnete zurückgeworfen. Es waren große Hindernisse bei mancherlei Verhauen und auf sumpfigem, mit Gräben durchschnittenem Wiesenfelde zu überwinden, um an die Linien zu gelangen und dieselben, trotz ihrer Verschanzungen, zu übersteigen. Mit vieler Mühe und Gefahr wurde endlich eine Brücke über die Lauter geschlagen, während die kaiserliche Cavallerie, ohne abzusteigen, den Fluß übersetzte. Bereits um 8 Uhr Morgens nahmen die Republikaner den Rückzug gen Lauterburg. Sie kehrten aber bald wieder um und versuchten neu vorzubringen. Nachmittags gegen 3 Uhr geschah dieß mit allem Ungestüme und unter dem lebhaftesten Feuer. Die kaiserliche Infanterie konnte diesem Anfalle nicht widerstehen, zumal es ihr am nöthigen Pulver und Blei fehlte. Doch noch im rechten Augenblicke gewahrten die kaiserlichen Dragoner die Gefahr, in welcher ihre Brüder schwebten, und unter Anführung des Grafen von Spindler und des Prinzen von Salm, sprengten und hieben sie tapfer in die Reihen der Feinde ein, brachten sie in Verwirrung und entschieden auch hier den siegreichen Kampf des Tages. Abends 5 Uhr war kein Franzose mehr an der Bienwald-Mühle und Ziegelhütte zu sehen. General v. Hotze zog seine Schaaren in ein weites Viereck zusammen und übernachtete mit ihnen auf freiem Felde.

Der General v. Jellachich, welcher die dritte Colonne bei dem Dorfe Berg leitete, ließ, sobald das Zeichen zum Kampfe gegeben war, seine Kanonen auf die Feinde richten und brachte diese schnell in große Unordnung. Als hierauf die ausgewählten Compagnien zum Sturme der feindlichen Schanzen und Linien mit gefälltem Bajonnete heranzogen, geriethen die Republikaner in ein Laufen und Rennen, welches der Zuruf ihrer Anführer nicht mehr hindern und unterbrechen konnte. Sie räumten ohne besonderen Widerstand nicht nur ihre Schanzen, sondern auch den Mittelpunkt derselben, die Stadt Lauterburg. Die Verbündeten verfolgten sie auf dem Fuße bis nach Siegen und Neuweiler, und besetzten Lauterburg, wo ihnen reiche Vorräthe in die Hände fielen.

Ungeachtet der Prinz v. Waldeck mit der ersten Colonne auf dem rechten Rheinufer wegen Wachsamkeit und Gegenwehr der Feinde das ihm vom Oberbefehlshaber vorgesteckte Ziel nicht ganz erreichte, so hatte er dennoch in der Nacht vom 12. auf den 13. Oktober unter ständigem Feuern die Rheinbrücke bei Plittersdorf geschlagen, und seine ganze Schaar theils auf einzelnen Schiffen, theils auf dieser Brücke, über den Rhein gesetzt. Der Feind beschoß die Anlandenden und die Brücke von der Anhöhe bei Selz. Doch kaum hatten sich die kaiserlichen Truppen in gehöriger Stärke gesammelt, so rückten sie mit schwerem Geschütze dem Feinde entgegen. Dieser, bei 3,000 Mann stark, wurde nach zweistündigem Gefechte aus dem Wiesengrunde bis an den Selzbach getrieben. Viele fanden in dem angeschwollenen Bache ihren Tod. Die Kaiserlichen folgten, zum Theile bis an die Brust im Wasser watend, den fliehenden Feinden mit gefälltem Bajonnete. Die Stadt Selz, welche die Republikaner hartnäckig vertheidigten, gerieth bei mörderischem Kanonenfeuer in Brand und mußte endlich von ihnen geräumt werden. [485])

Der aus seinen Linien und Verschanzungen, aus Lauterburg und Weissenburg vertriebene und gänzlich geschlagene Feind floh mit großem Verluste an Todten, Verwundeten, Geschützen und Munition, in größter Eile und Unordnung unter dem Schutze der Nacht gegen Hagenau. [486])

Vor und während dieser blutigen Kämpfe auf der Rheinebene hatten auch die Preußen im Gebirge nicht versäumt, den Sieg des Tages an der Lauter zu unterstützen. Der Prinz von Hohenlohe drang auf der linken Seite durch die Verhaue auf das feindliche Lager bei Herzoghand, während der General v. Schladen ein feindliches Corps auf der rechten Seite von Lemberg angriff, zersprengte und alle Lagergeräthschaften desselben erbeutete. Gleichermaßen verscheuchte der Herzog von Braunschweig die Republikaner aus dem Lager bei Bundenthal, wie auch aus jenem von Lembach, worüber wir später noch Näheres hören werden. [487])

Am 14. Oktober rückte der Graf v. Wurmser mit seiner Armee ohne Widerstand zu finden, bis nach Sulz, wo er auf den dortigen Anhöhen Lager schlagen ließ. Der General v. Meszaros stellte die Vorposten vor Surburg auf. An den linken Flügel schloß sich Prinz v. Waldeck an, der rechte Flügel lehnte sich gegen Wörth, wo der Herzog von Braunschweig lagerte. Am folgenden Tage war

---

[485]) Am 13. Okt. beim Uebergange über den Rhein, den die Bürger von Selz mit verhindern sollten, wurde dieses Städtchen von den Kaiserlichen geplündert, 23 Häuser in Brand gesteckt und eben so viele Männer, Frauen und Kinder umgebracht. Bericht des Commissärs Hoffmann aus Selz vom 30. Okt. 1793. Reichsarchiv. Z. A. Nr. 2689. Jetzt glaubte man allgemein, wenn noch Fort-Louis würde erobert seyn, die Kaiserlichen bei Hagenau würden Winterquartiere beziehen, wo fortwährend viele Schanzen von ihnen angelegt wurden. Fort-Louis ward am 13. Nov. übergeben, allein die Uebergabe brachte keine Ruhe, sondern schürte mit dem bedrängten Landau noch die blutigsten Kämpfe. — [486]) Die Todten und Verwundeten der Franzosen sollen über 8,000 Mann betragen haben. Die Verbündeten zählten insgesammt 352 Todte und Verwundete. Unter den Verwundeten war auch der Obrist von Mirabeau. Der amtliche Bericht des Generals v. Wurmser, aus welchem diese Schilderung entnommen ist, gibt die Verluste einzeln an und zählt die Führer und Offiziere auf, welche sich vorzüglich ausgezeichnet haben. Darunter wird auch der kurpfälzische Oberlandescommissär Freiherr von Wrede genannt. — [487]) Der franz. Freiheitskrieg. Th. I. S. 242.

Rasttag. Am 16. Oktober aber ward ein feierliches Te Deum zum Danke für den verliehenen Sieg von den Verbündeten abgehalten, welcher Festlichkeit auch der Herzog von Braunschweig anwohnte.

§. 8. Kämpfe im Westrich bis zur Schlacht von Pirmasens.

Während das eben Erzählte in den letzten Monaten seit der Uebergabe der Mainzer Festung auf dem linken Flügel der Verbündeten unter dem Befehle des Grafen v. Wurmser ausgeführt wurde, hat der rechte Flügel derselben unter dem Commando des Herzoges von Braunschweig nicht versäumt, eine kräftigere Offensive gegen die Saar und die sie beschützende Moselarmee, bei welcher, nach Abberufung des Generals Houchard zur Nordarmee, der General Schauenburg den Oberbefehl hatte, zu ergreifen. Es galt vor Allem, die Republikaner aus dem Herzogthume Zweibrücken und dann aus ihren verschanzten Lagern bei Ketterich, Hornbach und Schweigen zu verdrängen.

Wie wir bereits hörten, waren die preußischen Vorposten am 4. August bis nach Zweibrücken gekommen. Am folgenden Nachmittage erschienen auch wieder zwei Bataillone Infanterie und eine Escadron französischer Reiter mit zwei Kanonen unter dem Befehle des Obristen Rabeau in Zweibrücken. Die Kanonen wurden neben dem Rathhause gegen das große Schloß aufgepflanzt. Der Obrist verfügte sich auf das Rathhaus, um Aufschluß wegen Lieferungen an die Preußen zu erhalten, den ihm auch Herr v. Besnard ertheilte und ihn zu einem friedlichen Rückzuge veranlaßte. Nicht so glimpflich wurden die Zweibrücker herumliegenden Dorfschaften behandelt. Alle Pferde, alles Rindvieh, und auch die Schafe, deren die Republikaner habhaft werden konnten, raubten dieselben und brachten sie in ihr Lager. [188]) Das Corps des Prinzen v. Hohenlohe nahete sich von Kusel her über Schönenberg, um die Feinde von der Blies zu verdrängen. Am 8. August Morgens zwischen 5 und 6 Uhr griffen die Verbündeten die bei Limbach gelagerten Franzosen

---

[188]) Amtlicher Bericht aus Homburg vom 6. August 1793. Bereits am 5. August 1793 wurde die herzogliche Rentkammer angewiesen, einen amtlichen Bericht über die Verwüstungen, Beschädigungen und Verluste der herzoglichen Schlösser, Möbeln, Höfe, Gefälle im Herzogthume aufzunehmen.

an, erstürmten die Altstadter Schanzen und vertrieben die Fliehen=
den gen St. Ingbert. Sohin ward die Umgegend von Homburg
von dem Feinde gesäubert. Dieser hatte alle Brücken und Stege
über die Blies zerstört. Auch die Brücke bei Ernstweiler über den
Erbach wurde von ihm abgebrochen. Die Preußen zogen an jenem
Tage zum Theile jedoch in ihre früheren Standquartiere zu Bruch=
mühlbach, Misau und Hütschenhausen wieder zurück. Der Obrist
v. Szekely sendete eine drohende Weisung an die Zweibrücker Be=
amten, die von den Republikanern zerstörten Brücken und Stege
wieder herzustellen. Dieß lockte die Republikaner abermals herbei,
um jene Arbeit zu verhindern und die verlassenen Posten an der
Blies zu besetzen. Am 13. August kam es zu einem lebhaften Ge=
fechte zwischen den Truppen des Prinzen v. Hohenlohe und einer
Abtheilung von etwa 5,000 Republikanern, welche sich hinter Lim=
bach verschanzt hatten. Diese erlitten einen Verlust von 500 Mann
und zwei Kanonen. [489] Die tapferen Sieger sammelten sich in
einem Lager bei Homburg. Eine Abtheilung derselben nahete sich
der Stadt Zweibrücken und besetzte die Dörfer Battweiler, Ober=
und Unterauerbach. Noch an demselben Abende kamen viele aus=
gewanderte Bürger nach Zweibrücken zurück. [490] Am folgenden
Tage zogen starke preußische Wachtposten dort auf. Der Kreuzberg
wurde mit einigen Bataillonen des Generals v. Romberg, welche
drei Kanonen mit sich führten, besetzt und bei der dortigen Ziegel=
hütte starke Verschanzungen aufgeworfen. Die Franzosen lagerten
zu Mimbach, Rimschweiler, Dietrichingen und Hornbach. Ihre
Vorposten standen vor der Irheimer Mühle und auf dem Buben=
hausener Berge. Am 16. August zog der französische General von
diesem Berge gen Einöd, um dort das Aufschlagen einer Nothbrücke
zu verhindern. Er wurde jedoch durch die vom Kreuzberge auf
seine Schaar gerichteten Kanonen zum Rückzuge genöthiget. [491]

---

[489] Ein französischer Bericht aus Saarbrücken meldet hievon: „Unsere
Soldaten hielten sich vortrefflich; aber einige unserer Anführer waren um so
feiger. Gleich bei dem ersten Stoße floh der Obrist des 44. Regiments und
rief: „„Rette sich, wer da kann!““ Wir verloren 150 Mann". 2c. 2c. —
[490] Amtlicher Bericht aus Zweibrücken vom 13. August 1793. Gesch. der
Kriege. Th. 1. S. 205. — [491] Amtlicher Bericht aus Zweibrücken vom
16. August 1793. In dieser Stadt war es damals wegen der Angeberei, Ver=
folgungen und Verunglimpfungen zwischen den sogenannten Aristokraten und

Der Herzog von Braunschweig war am 11. August mit 19 Bataillonen Infanterie und 25 Escadronen Cavallerie von Kaisers=lautern nach Queidersbach und von da am 13. nach Höhenelnöd aufgebrochen. Er beabsichtigte, die starke Abtheilung von 6,000 Mann mit 14 Kanonen, welche die Moselarmee von Hornbach bis an den Kettericher= und Felsenbrunner=Hof vorgeschoben hatte, um die un=mittelbare Verbindung mit dem äußersten Posten der Rheinarmee in Bundenthal zu erhalten, anzugreifen und diese feindliche Ver=theidigungslinie zu sprengen. Der 17. August war zu diesem An=griffe bestimmt. Am vorhergehenden Tage bezog der Herzog ein Lager auf der Huster=Höhe zwischen Rodalben und Pirmasens. [***]) Schon in der Mitternachtsstunde gab er Befehl zum Aufbruche gegen die Feinde. General v. Kleist war beordnet, dieselben über Lemberg rechts zu umgehen, während der General v. Vorstel die linke Flanke derselben beim Felsenbrunner Hofe angreifen sollte. Schon bei den ersten Kanonenschüssen verließen die Republikaner ihre Verschanz=ungen und flohen in wilder Flucht nach Eppenbrunn. Durch einen Hohlweg dort verhalten, ließen sie zwei Kanonen und mehr als 30 Wagen mit Munition und Gepäcke im Stiche. Mit reicher Beute kamen die Preußen, nachdem sie die feindlichen Schanzen zerstört hatten, in das Lager auf der Huster=Höhe zurück und stellten vier Bataillone auf dem Berge Horeb in der Nähe von Pirmasens auf.

An demselben Tage, an welchem der Herzog von Kaiserslautern sich erhoben hatte, erhielt der Erbprinz von Hohenlohe Nachricht

---

Patrioten äußerst unruhevoll und bedenklich. Am 20. August haben die früh=eren Munizipalen und der Maire Cetto wieder ihr Amt angetreten. Kreis=archiv. Z. A. Nr. 268. — [***]) Wir haben hierüber folgende archivalische Nachricht: Am 16. August ist das preußische Lager zu Höhenrinöd, befehligt vom Herzoge von Braunschweig, abgebrochen und auf der Husterhöhe bis gen Pirmasens errichtet worden. Der ganze Berg mit Inbegriff des Köpfels wimmelte von Truppen aller Art. In Rodalben war das Kriegscommissariat unter Freiherrn von Wegner. Dort lagen auch einige Generäle, namentlich v. Heimann mit seinem Adjutanten und 40 Mann Husaren und einer großen Anzahl Pferde. Der Herzog, der Prinz Louis von Baden und der General v. Kalkstein campirten im Lager. Am 17. August in der Frühe wurde von einem Theile der preußischen Armee das feindliche Lager bei Vinningen auf dem Ketterich und am Felsenbrunner Hofe angegriffen. Die Republikaner liefen ohne sonderlichen Widerstand davon. Die Preußen machten viele Ge=fangene und eine ansehnliche Beute. Karlsr. Archiv. G. L.

von der Absicht des eben geschilderten Ueberfalles mit der Weisung, die Feinde bei Hornbach zu beschäftigen, damit sie dem Felsenbrunner Posten keine Unterstützung zu senden vermöchten. Demnach brach der Erbprinz noch um die Mitternachtsstunde mit seinen Truppen von Homburg auf, um sie auf dem Kreuzberge bei Zweibrücken zu sammeln. Dort blieb unter dem Befehle des Generals v. Pfau eine Abtheilung stehen. Die andere Abtheilung führte der Erbprinz durch Zweibrücken auf die Bubenhausener Anhöhe, warf die feindlichen Vorposten durch Jrheim und Rimschweiler zurück und umspähete das französische Lager. Nachdem der beabsichtigte Zweck erreicht war, kehrten die Preußen wieder, ohne von den Republikanern belästiget zu werden, in ihre Stellung bei Homburg zurück. Mittlerweile hatte sich auch der Generalmajor v. Köhler mit einer anderen Schaar durch Schwarzenacker und Bierbach gen Blieskastel erhoben, um die dort stehenden feindlichen Bataillone zu beschäftigen. Es gelang ihm, dieselben mit einigen Kanonenschüssen nicht nur aus Lautzkirchen, sondern auch aus Blieskastel zu verscheuchen, worauf die preußischen Feldwachen bis nach Blieskastel vorrückten. Am andern Morgen wurden diese jedoch durch die verstärkte Macht der Franzosen wieder zurückgedrängt. Der Feind sammelte sich jenseits der Stadt und des Schlosses Blieskastel auf einem steilen Berge, der rechts und links durch Hohlwege gesichert war. Die republikanischen Vorposten behaupteten sich wieder in Lautzkirchen.

Die folgenden Tage verliefen ruhig. Am 23. August sah man die Feinde ihr Lager zwischen Hornbach und Schweigen abbrechen. Die Preußen setzten sich daher ebenfalls in Bewegung. Um dem Posten bei Limbach mehr Sicherheit zu geben, wurde die Höhe jenseits Limbach besetzt. Am Abende schlugen die Franzosen wieder ihre Zelte bei Hornbach in der alten Stellung auf. [492])

Am 18. August gab der Herzog von Braunschweig seinem Adjutanten, dem Major v. Kleist, den Auftrag, von Clausen nach Münchweiler und von da nach Hinterweidenthal vorzustreifen, um die dort zerstreuten feindlichen Posten aufzuheben. Der Major erfuhr auf diesem Streifzuge, daß der Feind einen starken Posten beim Vorwerke Salzwoog auf einem steilen Berge aufgestellt habe. Der

---

492) Tagebuch des Erbprinzen von Hohenlohe. — Amtlicher Bericht aus Homburg vom 23. August 1793.

Berg wurde alsbald unter dem Feuer der Franzosen erklommen. Durch ihre Stellung begünstigt, fanden die Republikaner noch Zeit zu entfliehen bis auf 4 Mann, welche eingefangen wurden. Die Preußen kräftigten sich durch ein von den Fliehenden zurückgelassenes, bereitstehendes Mahl und kehrten nach Münchweiler zurück. — Am 20. August machten die Franzosen einen Angriff auf die preußischen Cavallerie-Vorposten am Kettericher Hofe. Der Herzog von Braunschweig erhielt alsbald Meldung von diesem Angriffe und gab seinen Truppen Befehl zum Ausrücken. Sie stellten sich beim Vorwerke des Erlenkopfhofes in Schlachtordnung. Alsbald wurde das Kanonenfeuer des Feindes mit schwerem Geschütze erwiedert und die Infanterie zum Angriffe desselben befehligt. Doch die Republikaner warteten den Angriff nicht ab, sondern nahmen so eilig den Rückzug, daß es der preußischen Infanterie unmöglich war, sie einzuholen. Nur eine Schaar Dragoner konnte sie noch erreichen, mehrere niederhauen und eine Kanone und Haubitze den Flüchtigen abjagen. Drei Escadronen streiften dem Feinde durch das Eppenbrunner Thal nach, griffen die in diesem Dorfe und im Gebüsche noch zerstreuten Franzosen wiederholt an, die eilig ihre Sicherheit unter den Kanonen von Bitsch suchten. [494] Viele sahen diese Stadt nicht mehr; 67 Mann wurden von den Preußen gefangen. Diese zählten aber auch mehrere Todte und Verwundete.

In der Frühe des 27. August naheten sich die Franzosen von Mittelbach her der Stadt Zweibrücken mit Infanterie, Cavallerie und reitender Artillerie. Ihre wohlgezielten Kanonenkugeln nöthigten die dortigen preußischen Vorposten zum Rückzuge. Die Feinde errichteten sogleich zwei Batterien in der Nähe der Stadt, die eine auf dem Galgenberge, die andere auf dem Bubenhauser Berge. [495] In der Nacht vom 27. auf den 28. August lagerten sich etwa 6,000 Preußen mit 22 Stück schweren Geschützes auf dem Kreuzberge. — Auch auf dem Wörschweiler Klosterberge wurde eine Batterie aufgeführt und ein Blockhaus errichtet. Die Zweibrücker befürchteten eine Beschießung ihrer Stadt von Seiten der Franzosen. Der Prinz

---

[494] Tagebuch des Herzoges von Braunschweig. Dieser hatte am 22. August sein Hauptquartier in Pirmasens. — [495] Amtsbericht aus Zweibrücken vom 27. August 1793. Kreisarchiv. Z. A. Nr. 268. An demselben Tage mußten 400 Schanzarbeiter auf dem Kreuzberge sich einfinden.

von Hohenlohe wollte anfänglich das feindliche Feuer nicht erwiedern, um die Stadt, in welche bereits mehrere Granaten geflogen waren, nicht der Gefahr des Brandes und der Verwüstung auszusetzen. Doch ließ er etwas später seine auf dem Kreuzberge aufgepflanzten Kanonen auf jene, welche der Feind auf der Bubenhausener Höhe hatte aufstellen lassen, mit solcher Sicherheit und Lebhaftigkeit spielen, daß dieser sich zuletzt genöthigt sah, mit seiner Mannschaft und dem Geschütze sich wieder zurückzuziehen. Das wechselseitige Feuern mit schwerem Geschütze dauerte von Morgens 4 bis 10 Uhr. Das Anrücken des Prinzen von Hohenlohe mit einer reitenden Batterie und einigen Schwadronen Cavallerie des Regiments von Schmettau entschied den Kampf. Mehrere Häuser in Zweibrücken wurden durch Kanonenkugeln nicht wenig beschädigt.

Jetzt trat im Westrich einige Ruhe ein. Als jedoch die Franzosen am 12. September eine Verstärkung von etwa 12,000 Mann erhalten hatten, suchten sie die Verbindung, welche durch den Verlust ihrer Lager bei Bundenthal zwischen der Rheinarmee und Moselarmee unterbrochen war, mit dem Aufwande aller Kräfte wieder herzustellen. Zu diesem Ziele rückten die Republikaner, vom Generale Moreaux geführt, mit etwa 5,000 bis 6,000 Mann am genannten Tage aus ihrem Lager zwischen Walsbronn und Hornbach, in welchem auch viele berittene Bauern mit Picken standen, gegen Binningen vor. Anfänglich mußten sich die Preußen, welche seit dem 8. September die wichtigsten, wohl verschanzten Punkte auf dem Simtener Berge, am Erlenbrunner-Hofe und auf der Höhe bei Winzeln wohl besetzt hatten, ohne sonderlichen Verlust zurückziehen. Als aber auch die Preußen weiteren Zuzug erhalten hatten, wichen die Republikaner ebenfalls zurück. [496]

An demselben Tage — den 12. Sept. — rückten zwei feindliche Colonnen, welche den verschanzten Posten bei St. Ingbert hüteten, gegen die preußischen Vorposten bei Spiesen vorwärts, um diese von der dortigen Höhe zu verdrängen und die Schaaren des Obristen v. Szekely anzugreifen. Die Republikaner wurden jedoch durch die vereinte Tapferkeit der Preußen und Sachsen mit nicht unbedeutendem Ver-

---

[496] Bericht aus Zweibrücken vom 15. September 1793. — Damals flüchteten viele Bauern aus Lothringen nach Deutschland, weil sie unter die Truppen eingereiht werden sollten.

luste zurückgeworfen. Am 14. Sepember drangen die kühnen Feinde, jenes Verlustes ungeachtet, mit 12,000 Mann über Rohrbach und Spiesen abermals auf die Preußen vor, trieben derer Vorposten zu= rück und setzten sich mit 18 Kanonen und vieler Cavallerie auf den Höhen von Spiesen fest. Der General v. Kalkreuth ließ das Corps des Obristen v. Szekely, zwei Bataillone Sachsen und eine Schaar Dra= goner, von schwerem Geschütze unterstützt, gegen die Franzosen an= rücken, während ein anderer Theil der deutschen Truppen in die Flanken derselben einfiel. Diese warteten den Angriff der Deutschen nicht ab, sondern zogen sich eilends zurück. Nur mit der feindlichen Colonne von etwa 3,000 Mann, welche sich der Höhe von Will= steck bemächtiget hatte, kam es zum Kampfe, wobei 60 Mann auf dem Platze blieben, 29 Mann gefangen und eine Kanone mit 13 Pferden erbeutet wurden. Die Franzosen flohen nach Sulzbach. [407]) An demselben Tage wagten sie auch einen Angriff auf die Truppen des Prinzen von Hohenlohe bei Limbach. Sie wurden aber nicht nur tapfer zurückgewiesen, sondern auch bei Zweibrücken auf der Höhe von Tschifflik überfallen und so geschlagen und zerstreut, daß sie sich erst wieder in ihrem Lager bei Hornbach zu sammeln ver= mochten. [408])

Der blutigste Zusammenstoß der Truppen des Herzogs von Braunschweig und der Republikaner hatte am 14. September bei Pirmasens statt. Die bereits geschilderten, anderweitigen Bewegungen der Republikaner standen hiermit in genauester Verbindung. Von drei bei der Moselarmee angekommenen Volksrepräsentanten gedrängt, brach General Moreaux [409]) mit dem größeren Theile seiner Armee aus dem Lager bei Hornbach am Abende des vorhergehenden Tages auf, nachdem er die gehörige Hut des Lagers geordnet und den Ge= neral Radeau mit etwa 4,000 Mann zur Beobachtung von Zwei= brücken angewiesen hatte. Moreaux, mit der Stellung des Herzoges bei Pirmasens wohl bekannt, führte seine Schaaren über Wald= hausen bei der Bärenziegelhütte auf die von Zweibrücken nach Pir= masens ziehende Straße. Er hoffte so, leicht die unbesetzte Huster=

---

[407]) Deutsche Kriegsberichte. Sch. M. 1793. S. 491. Amtlicher Bericht aus Zweibrücken vom 13. September 1793. Kreisarchiv. Z. A. Nr. 268. — [408]) Amtsbericht des Prinzen von Hohenlohe. — [409]) Es war dieser nicht Jean Viktor Moreau, der spätere Sieger von Hohenlinden, welcher erst am 24. April 1796 an die Spitze der Rhein= und Moselarmee gestellt wurde.

Höhe gewinnen und die Preußen mit Anbruche des Tages auf ihrer schwächsten Seite überfallen zu können. Der Herzog hatte an jenem Morgen eben sein Pferd bestiegen, als ihm gemeldet wurde, daß die Vorhut der Feinde bereits die Bärenhütte erreicht habe und von daher in starkem Anzuge sei. Sogleich erkannte er die ganze Gefahr, welche ihm drohete, und traf unverzüglich die nöthigen Anordnungen, ihr zu begegnen. Alsbald mußten zwei Regimenter Infanterie mit zehn Escadronen Cavallerie und einer reitenden Batterie, auf dem um Pirmasenz neu hergestellten Colonnenwege, gen Fehrbach vorrücken und die mehr östlich vor der Stadt aufgestellten Schaaren ihnen nachziehen. In der Nähe von Fehrbach stieß die preußische Cavallerie auf den Feind. Dieser nahm diesseits des Staffelhofes rechts und links an der Straße in dicht aufgeschlossenen Colonnen seine Stellung und eröffnete aus etwa 40 Geschützen eine lebhafte Kanonade auf die gegenüber, nördlich von der gedachten Straße, eilig aufgeführte preußische Artillerie. Zwei volle Stunden dauerte diese Kanonade, während deß der Herzog seine sämmtlichen Schaaren auf die geeignetsten Posten vorrücken und vertheilen konnte. Da sich in keiner andern Richtung Franzosen erblicken ließen, und man von Zweibrücken her den Wiederhall einer lebhaften Kanonade deutlich vernehmen konnte, so glaubte der Herzog, daß der Hauptangriff der Feinde bei Zweibrücken auf den Prinzen von Hohenlohe gerichtet sei, und man seine Schaaren nur nebenbei beschäftigen wollte. Er entschloß sich daher, die Republikaner nicht bloß abzuwehren, sondern sie ernstlich anzugreifen. Als er eben bei seiner Artillerie die beßfallsigen Befehle ertheilen wollte, schwieg das feindliche Feuer. Das Geschütz wurde auf der Straße zusammen gezogen, und vier Colonnen der Republikaner rückten zwischen dem Steinbacher- und Blümelsgrunde im Sturmschritte gegen die preußische Truppenlinie heran. Noch außer der Kartätschenschußweite schwenkte sich aus der feindlichen Colonne links eine Schaar von etwa drei Bataillonen gegen den Steinbacher Grund und suchte ihn zu überschreiten. Allein sie wurde von den, am Rupertswalde mit zwei Kanonen aufgestellten deutschen Schützen mit lebhaftem Feuer empfangen, und warf sich auf die beiden, neben der Chaussee aufmarschirenden Colonnen, welche eben in das Kartätschenfeuer der Preußen gekommen waren, eilig zurück. Dieß verursachte die größte Verwirrung. In wilder Flucht stürzte sich die ganze feindliche Masse in das nahe Blümelsthal, wo indeß die beiden anderen Colonnen in gleicher Höhe angerückt waren und sich jetzt auf dem Schachtberge zum Kampfe rüsteten. Nur das Regiment „Tschirschky" bemerkte hier die Feinde und eilte, ohne Befehle abzuwarten, gegen dieselben. In zwei Linien stemmte sich das tapfere Regiment den Republikanern entgegen. Doch die zwei Escadronen der ersten Linie wurden von der französischen Cavallerie überflügelt und auf die zweite Linie zurückgeworfen. Dadurch entstand auf dem engen Kampfplatze verderbliche Unordnung. Die preußischen Kämpfer wurden bis gegen die Stadtmauer gedrängt, wo sie noch ein höchst nachtheiliges Handgemenge zu bestehen hatten. Die feindliche Infanterie folgte dort in Eile ihrer Reiterei nach. Schon war sie im Begriffe, sich der nur mit 200 Mann besetzten Stadt zu bemächtigen. Noch zur rechten Zeit zog indeß der Herzog mit den beiden linken Flügelbataillonen seiner Linie in die Nähe der bedrohten Stadt, als sich die Franzosen eben in voller Macht in das Blümelsthal warfen. Einige Bataillonssalven, von dem Feuer weniger Kanonen unterstützt, reichten hin, den Feind völlig in die Flucht zu schlagen. Die Weichenden stürzten sich in das vom Schachtberge rechts liegende Thal und versuchten jenseits desselben sich wieder zu sammeln. Allein sie wurden hier von der nacheilenden preußischen Artillerie so lebhaft bedrängt, daß sie bald die Flucht ergriffen und in wilder Unordnung nach allen Seiten hin sich zu retten suchten. Die preußische Cavallerie verfolgte die Fliehenden rasch. Ungeachtet die tapferen Reiter in den steilen und engen Schluchten und Gräben nur vereinzelt nachsprengen konnten, wurden doch 20 Kanonen erbeutet und etwa 1,500 Mann als Gefangene eingebracht. [500])

---

[500]) Beschreibung der Schlacht bei Pirmasens von J. A. R. v. Grawert, k. p. Oberst und Generalquartiermeister. Gesch. der Kriege. Th. I. S. 216 mit Plane. Nach letzterer Quelle verloren die Franzosen etwa 4,000 Mann, davon die Hälfte Gefangene. Die Preußen zählten 148 Mann Todte und Verwundete. — Dem Rittmeister, welcher diesen Sieg am 22. September in Berlin meldete, zogen 12 blasende Postillone voran. Am 29. desselben wurde deßhalb in allen Kirchen Berlins ein feierliches To Deum mit Predigt über I. Chron. XXX. 12 und 13 gehalten. Siehe auch Neumann's Rheinkreis mit seinen Schlachten. Zweibrücken. 1836. S. 17.

§. 9. Weitere Züge und Kämpfe im Weſtrich bis zur Schlacht von Moorlautern.

Der Sieg von Pirmaſens blieb unbenützt, da man einen weiteren Angriff auf die feindlichen Stellungen nicht eher für rathſam hielt, als bis die verbündete Armee durch das aus den Niederlanden abrückende Corps des Generals von Knobelsdorf auf ihrem rechten Flügel verſtärkt ſeyn würde. Auch war der weitere Kriegsplan von Wien noch nicht eingelaufen. Hätten die Preußen übrigens ihren Sieg gehörig benützt, ſo wäre es ihnen wohl möglich geweſen, noch an jenem Tage das Lager bei Hornbach zu erobern. In Verbindung mit dem tapferen General v. Paſcevoitſch würden dann die furchtbaren Weiſſenburger Linien um einen ganzen Monat früher gewonnen und das Lager von Bundenthal von den Feinden nicht wieder erobert worden ſeyn. Alle glückliche Fortſchritte in dieſem Feldzuge hingen von der Eroberung der Stadt Landau ab. Dieſe wurde jedoch bisher nicht mit der erforderlichen Entſchiedenheit betrieben. Die Erſtürmung der Weiſſenburger Linien ſollte zu dieſem Ziele führen. Der kaiſerliche General v. Ferraris war endlich am Tage der Schlacht bei Pirmaſens in dem Hauptquartiere des Königs von Preußen angekommen, um den beßfallſigen Kriegsplan feſtzuſetzen und deſſen Ausführung zu beſchleunigen. Da die feindlichen Linien von Lauterburg über Weiſſenburg, Bundenthal, Hornbach bis St. Ingbert beinahe ein feſtes Lager bildeten, ſo war der Herzog von Braunſchweig der Anſicht, daß die Franzoſen zuerſt aus ihrer verſchanzten Stellung bei St. Ingbert müßten gedrängt, über die Blies geworfen, ihnen die Verbindung mit der Saar genommen werden, und ſodann der Hauptkampf gegen die linke Flanke jener Linien ſich richten ſollte. Dieſer Operationsplan wurde angenommen und alsbald die dahin zielenden Befehle erlaſſen. 801)

Der König von Preußen, welcher bereits ſein Hauptquartier von Edenkoben nach Burrweiler verlegt und Landau von allen Seiten — die Dörfer Arzheim und Wollmesheim ausgenommen — belagert und mit Schanzen umgeben hatte, machte nachher eine Rundreiſe in die verſchiedenen Lager ſeiner Truppen im Weſtrich. Er hatte bereits am 18. deßſelben Monats ſeine Abreiſe nach Polen

---

801) Der franzöſiſche Freiheitskrieg Th. I. S. 210 u. ff.

bestimmt. [502]) Die Ankunft des preußischen Corps des Generals
v. Knobelsdorf aus den Niederlanden, welcher jetzt die Posten in
der Umgegend von Neunkirchen bei St. Ingbert besetzte, machte
einige Umzüge nöthig. General v. Kalkreuth, welcher dort lagerte,
rückte nun näher an die Blies bei Schwarzenacker und Homburg.
Der Erbprinz von Hohenlohe, welcher bisher die dortige Umgegend
vertheidigt hatte, lagerte sich am 23. September auf den Anhöhen
von Auerbach und Stammbach zwischen Homburg und Pirmasens.
Sein Hauptquartier nahm er zu Niederauerbach. An demselben
Morgen kam der König von Preußen, von vielen Generälen und
Stabsoffizieren begleitet, bis in die Vorstadt von Zweibrücken unter
dem Kreuzberge, von wo aus er seine Runde bis Ernstweiler und
Schwarzenacker fortsetzte und sich nach Homburg zurückbegab. [503])
Am 24. September war eine große Berathung zu Niederauerbach,
wohin sich der König, der Herzog von Braunschweig und viele andere Generäle verfügt hatten. Hier wurden die nöthigen Anordnungen getroffen, um die Feinde durch Märsche und Gegenmärsche
und durch Geschwindigkeit der Ausführungen in den Truppen-
bewegungen aus ihrem Lager bei Schweigen und Hornbach zu verdrängen. Der König leitete selbst ihre Ausführung. Obrist von
Szekely stand an demselben Tage mit der Vorhut bei Altstadt und
Limbach, und bestrich mit seinen Vorposten die Umgegend von Blieskastel. Bereits am 26. September griff der General v. Kalkreuth
die Republikaner bei Blieskastel auf zwei Seiten an, nämlich von
Würzbach und Lautzkirchen her. [504]) Sie leisteten starken Wider-

---

[502]) Polen war jetzt die Hauptangelegenheit des Königs; der Kampf am
Rheine galt ihm, noch weit mehr aber seinen Ministern, schon damals als „eine
fremde Sache". Häusser's deutsche Gesch. Th. I. S. 599. Am 22. Sept.
1793 war der König zu Homburg. Er hatte seine Wohnung in der „Präla-
tur von Tholey", im v. Salabert'schen Hause. Homburg war außerordentlich
mit Truppen überfüllt. — [503]) Bericht aus Zweibrücken vom 23. Sept. 1793.
Kreisarchiv. Z. A. Nr. 268. — [504]) Szekely hatte sich hinter Kirkel einen
eigenen Weg gebahnt und erschien so den Franzosen ganz unerwartet auf der
Seite, was sie in so große Verlegenheit brachte, daß sie, mehrere Kanonen
zurücklassend, ihre Magazine in Brand steckten und den Preußen ihr Lager
überließen. Der König von Preußen erhielt diese Siegesnachricht zu Homburg nach dem Mittagessen und verfügte sich sogleich auf das Schlachtfeld, wo
80 Republikaner todt lagen. In Blieskastel nahm er sein Logis beim Hofrathe Schmelzer. Amtlicher Bericht aus Homburg vom 27. Sept. 1793.

stand, zogen sich aber nach dreistündigem Kampfe nach Frauenberg
zurück. Die Schaaren des genannten Generals lagerten sich bei
Biesingen und schoben ihre Vorposten bis an die Bliesbrücke bei
Habkirchen vor. Am Abende desselben Tages hob der Erbprinz
von Hohenlohe sein Lager bei Auerbach auf und ging in der Nacht
bei Blieskastel über die Blies. Am folgenden Tage zog er auf die
Anhöhe von Beckweiler und Medelsheim. Von dort wendete er sich
gen Bitscher=Rohrbach, um der feindlichen Moselarmee, welche bisher
im Lager bei Schweigen gestanden und von dem Herzoge v. Braun=
schweig aus Pirmasens angegriffen werden sollte, den Rückzug ab=
zuschneiden. Noch ehe aber dieser Angriff geschehen konnte, hatten
die Franzosen schon ihr dortiges, durch Kunst und Natur fast un=
überwindliches Lager, sowie auch die Stadt Hornbach und alle
Posten in dieser Umgebung verlassen, und sich auf die Höhe von
Sirstahl, eine Stunde von Bitsch, zurückgezogen. Die Preußen
rückten von beiden Seiten vor, und noch an demselben Tage wurden
die Kanonen zum weiteren Angriffe gerichtet. Der König hatte am
27. September sein Nachtlager in Böckweiler, und am folgenden
Tage in Eschweiler. [505] Hier vereinigte der Obrist v. Greifenberg
drei Bataillone und eine Batterie schweren Geschützes, welche bisher
in Zweibrücken lagen, mit den Truppen des Erbprinzen von Hohen=
lohe. Am 29. September in der Frühe, traf auch der Herzog von
Braunschweig in Eschweiler beim Könige ein, um die weiteren Be=
fehle zu vernehmen. Dieser verließ noch an demselben Nachmittage
die Armee im Westrich, um nach Süd=Preußen abzureisen. Kaum
hatte sich Friedrich Wilhelm von Eschweiler erhoben, [506] so rückten
die Franzosen mit ihrer ganzen Macht aus dem Lager bei Bitsch
hervor, stießen die preußischen Vorposten zurück, stellten sich kühn
in Schlachtordnung auf und richteten ihr schweres Geschütz in das
Lager ihrer Gegner. Alsbald eilten auch die Preußen zur Schlacht=
ordnung, der Herzog v. Braunschweig und der Prinz v. Hohenlohe
an der Spitze. Diese riefen und begeisterten zum tapferen Angriffe.

---

a. a. O. — Ueber diese Eroberung von Blieskastel siehe: „Der franz. Frei=
heitskrieg". Th. I. S. 216. — [505]) Bericht aus Zweibrücken vom 28. Sept.
1793. Kreisarchiv. Z. A. Nr. 268. — [506]) Am frühen Morgen den 30. Sept.
kam der König durch Dürkheim. Noch am nämlichen Tage folgte seine Equi=
page. Am 16. desselben lagen 25 Preußen und 116 verwundete Franzosen
in Dürkheim. Tagebuch von Beaufort.

Zwei fliegende Batterien zogen, von der Infanterie begleitet, gegen den Feind heran. Ihnen folgte eine Schaar Cavallerie. Das un= unterbrochene Feuer der Republikaner konnte die muthig Anstür= menden nicht in Unordnung bringen. Jene hatten geglaubt, die Preußen unvorbereitet in ihrem Lager zu überfallen. Sie fanden sich in dieser Erwartung getäuscht, dachten jetzt an die Niederlage bei Pirmasens und zogen sich in scheuer Verlegenheit wieder zurück. Fast nur die Artillerie der Preußen war zum Kampfe gekommen; die Cavallerie konnte wegen der allenthalben unterbrochenen Wege nur theilweise zum Einhauen gelangen. Etwa 200 Feinde lagen auf der Wahlstätte. Erst am folgenden Tage ernteten die Preußen die volle Frucht ihres Muthes und ihrer Entschlossenheit. Die Franzosen verließen ihr Lager bei Bitsch und zogen sich durch die engen Pässe bei Rohrbach gen Saargemünd. Das feindliche Lager bei St. Ingbert, gegen welches General v. Knobelsdorf am 28. September mit zwei Colonnen vorgerückt war, während Graf v. Kalkreuth den säch= sischen General v. Lindt mit mehreren Bataillonen und Escadronen absendete, um es im Rücken anzugreifen, ward von den Republi= kanern geräumt. Sie wichen nach Bischmischheim zurück und stell= ten eine Truppen=Abtheilung bei Ensheim auf. Gegen diese wen= dete sich alsbald der Graf v. Kalkreuth, von Biesingen aus kräftig unterstützt, und drängte sie nach lebhaftem Gefechte mit nicht unbe= deutendem Verluste zurück. Der ganze Theil von Lothringen, welcher die Festung Bitsch umgiebt, war nunmehr in der Gewalt der Preußen. Die Feinde, sehr geschwächt und von Vorräthen entblößt, begnügten sich, einstweilen die Grenzen von Lothringen längs der Saar zu schützen.[507] Bei Saarbrücken hatten sie ein sehr be= festigtes Lager auf dem Hallberge. Dort entspann sich am 29. September ein äußerst heftiges und blutiges Treffen. Die Franzosen wurden über die Saar zurückgedrängt. Die Brücke, welche sie zum Rückzuge aufgeschlagen hatten, wurde zusammengeschossen. Die Saar wurde hiebei das Grab von vielen Menschen und Pferden. Der preu= ßische General v. Wegener fand seinen Tod an diesem Tage. Der

---

[507] Gesch. der Kriege. Th. I. S. 227. Amtsbericht aus Zweibrücken vom 2. Oct. 1793. — Am Sonntage den 29. September waren die Preußen bis nach Duttweiler bei St. Johann vorgedrungen. A. Köllner's Gesch. von Saarbrücken. B. I. S. 452.

Obrist v. Greifenberg aber verlor im Gewühle des Kampfes ein Bein. [508])

Hierdurch war die linke Flanke der französischen Rheinarmee im Gebirge entblößt und die Bewegung gesichert, durch welche der Herzog v. Braunschweig den auf den 13. Oktober festgesetzten Angriff des Feldmarschalls v. Wurmser auf die Weissenburger Linien zu unterstützen verhoffte. Mit etwa zehn Bataillonen und fünfzehn Escabronen zog der Herzog am 11. Oktober vom Ketterich nach Rammtsbrunn, am folgenden Tage aber nach Fohrwog. Am 13. vertrieb er eine feindliche Truppen-Abtheilung von Obersteinbach und Fischbach, rückte am 14. bis hinter Lembach, am 15. aber nach Mattstall, von wo aus später leichte Truppen bis Wörth, Dambach und Neuhofen vorgeschoben wurden. [509]) Die Republikaner

---

[508]) Amtlicher Bericht aus Homburg am 1. Oktober 1793. General v. Kalkreuth schlug sein Lager auf der Anhöhe bei Biesingen auf. Am 4. Okt. hatten die Sachsen ihr Lager von Böckweiler nach Neualtheim verlegt. —
[509]) Noch am 22. Oktober 1793 schrieb der Herzog aus seinem Lager bei „Matschthal" au den Markgrafen von Baden. Orig. im Karls. Archiv. G. A. — Ueber Schönau haben wir aus jener Zeit folgende Nachrichten: „Im August 1793 plünderten die Franzosen abermals das Eisenwerk daselbst, verwüsteten und zerstörten es fast gänzlich. Sie nahmen den Amtsschulzen Schnelber und den Vogt Lorch daselbst in ihren Wohnungen als Geiseln gefangen und führten sie nach Hagenau, wo sie während 7 Wochen im engen Verwahre Vieles an Leib und Seele erdulden mußten. Die nahe Freundsburg mit dem dabei gelegenen herzoglichen Hofe nahmen die Republikaner ebenfalls für sich in Besitz und errichteten daselbst einen Freiheitsbaum. Bis zu Anfange des Oktobers 1793 hielten die Franzosen diese Vogtei besetzt und hatten in der Nähe manche Scharmützel bei verschiedenen Veranlassungen mit den Deutschen zu bestehen. Die herrschaftlichen Waldungen sind durch die vielfachen Verhaue, welche jene machen ließen, so wie durch den ungescheuten Raub der Bauern, welche die entflohenen Forstleute nicht mehr zu fürchten hatten, sehr gelichtet und verwüstet worden. Menschen und Vieh leiden starken Mangel, da bei der beispiellos schlimmen Witterung in diesem Jahre kaum die Hälfte der Früchte und des Futters gewachsen ist. Es war demnach wirklich eine Hungersnoth zu fürchten. Um so lästiger fielen nach dem Abzuge der Franzosen die fast ständigen Durchzüge der Preußen und die vielen Frohnden und Fuhren, welche man ihnen zu leisten und zu stellen hatte". Bericht des Amtsschultheißen Schneider vom 31. Okt. 1793. Die herzogliche Regierung zu Castellaun begutachtete am 16. Dezember 1793, das Eisenwerk nicht wieder herzustellen, sondern allmählig ganz aufzuheben, da dessen Erträgnisse fast durch den Holzverbrauch aufgezehrt werden; oder es in Pacht abzugeben, da der Schmelzofen noch vorhanden ist. Reichsarchiv. Z. A. Nr. 3468.

wichen allenthalben zurück. In der Nacht vom 14. Oktober ver=
ließen sie eilig das Lager von Bundenthal. [110]) In Verbindung
mit diesen Bewegungen des Herzogs, rückte auch der Prinz v.
Hohenlohe bereits am 12. Okt. über die Frohnmühle und Lemberg
mit etlichen Tausend Mann gegen die Feinde vor. Am folgenden
Tage griff derselbe eine Schaar Republikaner hinter Bitsch an, um
den rechten Flügel des Herzogs zu schützen, während General v.
Schladen von Ormesweiler, und ein anderes Bataillon von Schweix
aus den Feind zurückdrängte. Am 14. Oktober in der Frühe
rückten die Franzosen von den Anhöhen bei Rohrbach vor, um die
Wachtposten beim Lager des Prinzen v. Hohenlohe zu überrumpeln.
General v. Köhler empfing sie mit lebhaftem Feuer und sie fanden
für gut, wieder mit Verlust zurückzukehren. An demselben und auch
an dem folgenden Tage hatten die Republikaner unter dem Befehle

---

[110]) Ueber die Räumung des feindlichen Lagers von Bundenthal haben
wir nachstehende archivalische Nachricht: „Das Bundenthaler Lager ward in
der Nacht vom Samstage auf den Sonntag — vom 12. auf den 13. Okt. —
von jener Abtheilung der preußischen Armee, die schon seit ungefähr 6 Wochen
an der Kaltenbach gelagert hatte, von allen Seiten umschlossen. Man hegte
die Hoffnung, die ganze Mannschaft des Lagers sammt Geschütze und Mu=
nition aufheben zu können. Doch die Franzosen erhielten wohl Nachricht von
der am Sonntage erstürmten Weißenburger Linie, denn am Mitternacht vom
Sonntage auf den Montag zogen sie sich in aller Stille mit Sack und Pack
durch einen nicht besetzten Schlupfwinkel aus dem Lager, um sich gen Pfalz=
burg zu retten. Beim Anbruche desselben Tages flogen die Preußen an, einen
Verhau in der Nähe des Lagers zu öffnen, um es im Sturme zu überfallen.
Allein bald brachten ihnen Bewohner von Bundenthal die Nachricht, daß
die rothen Vögel bereits ausgeflogen und in ihrem Neste nichts mehr, als das
gewöhnliche Ungeziefer der republikanischen Armee — dieses Ungeziefer —
zurückgelassen hätten. Noch an demselben Tage drangen die Preußen gen
Wingen bei Lützelstein vor. Auch das Lembacher Lager ward, wie jenes zu
Bundenthal, von den Republikanern verlassen. In beiden Lagern sollen bei
20,000 Mann gestanden haben, darunter viele mit Spießen bewaffnete Bauern.
Am genannten Sonntage in der Frühe wurde Landau von den Preußen mit
einigen Bomben begrüßt, die aber mit einer lebhaften Kanonade erwiedert
wurden. Gegen Abend machte die Besatzung sogar einen Ausfall, der aber
zurückgeschlagen wurde. Die aufrührischen Bauern wollten sich noch immer
nicht fügen und gebärden sich wie Rasende. Unter allen zeichnet sich das
Dorf Quelchambach aus, dessen Bewohner sich um amtliche Befehle wenig
oder gar nicht bekümmern". Bericht des Vogtes Weyland aus Annweiler
vom 16. Okt. 1793. Reichsarchiv. Z. A. Nr. 3467.

des Generals Schauenburg, welcher damals noch an der Spitze der Moselarmee stand, versucht, von Saargemünde über Reinheim und Bebelsheim gen Biesingen vorzurücken, wurden aber von den dort aufgestellten Schaaren des Generals v. Kalkreuth zurückgetrieben. [511])

Mehrere Wochen hindurch ergab sich Nichts von Erheblichkeit. Dem Herzoge v. Braunschweig schien das weitere Vorgehen des Grafen v. Wurmser in das Elsaß höchst bedenklich. Er lehnte daher den Wunsch desselben, sich gegen einige elsässische Bergschlösser in Bewegung zu setzen, ab, und verlangte vielmehr für die Belagerung von Landau eine österreichische Unterstützung von 6,000 Mann. [512]) Es wurden bereits die Cantonirungs - Quartiere von den Preußen ausersehen. Im Wasgaue bestimmten sie hierzu Pirmasens als Hauptquartier, und die Dörfer südwestlich bis nach Winningen und Kröppen, nördlich bis nach Höheneinöd und Hermersberg, und östlich bis nach Hinterweidenthal, als Lagerplätze. Bei diesen Dörfern wurden jetzt Verschanzungen aller Art angelegt. Schon am 24. Oktober hatte der Herzog v. Braunschweig fünf Bataillone und eben so viele Escabronen von Mattstall nach Kröppen und am folgenden Tage nach Eschweiler geführt. General v. Kleist brach am 6. November mit Hinterlassung einiger wenigen leichten Truppen ebenfalls von Mattstall auf, um zwei Tage später in der Umgegend von Eppenbrunn und Trulben Cantonirungen zu beziehen. Um seine Stelle einigermaßen zu ersetzen, rückten drei Bataillone von den Landauer Belagerungstruppen, da man jeden Tag der freiwilligen Uebergabe dieser Festung wegen Mangel an Lebensmitteln entgegen sah, am 5. 6. und 8 November, vom preußischen Obristen v. Götz geführt, über Barbelrodt, Weissenburg nach Klembach. Die Abtheilungen der Generäle v. Kalkreuth und v. Knobelsdorf lagerten an der Saar bei Duttweiler, ohne den gepreßten und bedrängten Bewohnern von Saarbrücken und St. Johann auch nur den mindesten Schutz zu gewähren. Für sie war die Grafschaft Ottweiler zu Winterquartieren bestimmt. [513])

---

[511]) Berichte aus Zweibrücken vom 15. und 16. Okt. 1793. Kreisarchiv. Z. A. Nr. 268. — [512]) Häusser's deutsche Gesch. Th. I. S. 603. — [513]) Gesch. der Kriege. Th. I. S. 236. Ein amtlicher Bericht aus Zweibrücken vom 1. Nov. 1793 sagt, daß die dortige Cavallerie seit dem vorhergehenden Tage angefangen habe, zu cantoniren. Man erwartete innerhalb acht Tage die Uebergabe von Landau. Kreisarchiv. Z. A. Nr. 269.

Während der Herzog v. Braunschweig bei der vorgerückten Jahreszeit und lang anhaltenden, ungünstigen Witterung, die nicht ohne bedenklichen Einfluß auf den Gesundheitszustand seiner Truppen blieb, Einleitung traf, diesen die nöthige Ruhe zu verschaffen, rüsteten sich die Republikaner zu einem entscheidenden Schlage, die Linien der Verbündeten zu durchbrechen und das hartbedrängte Landau zu entsetzen.[514]) Der junge, feurige General Lazarus Hoche ward

---

[514]) Ueber Landau haben wir folgenden archivalischen Bericht: „In der Nacht vom 27. auf den 28. Okt. wurde die Beschießung der Feste Landau begonnen. Vier Tage lang fuhr man damit unaufhörlich mit der eifrigsten Thätigkeit fort. Man warf namentlich auch Granaten mit drei Löchern, Mordbrenner genannt, in die Festung, die überall zündeten. Die ganze Umgegend erbebte von dem schrecklichen Donner der Kanonen. Ein großer Theil der Stadt stand fast immer in hellen Flammen. Eine große Anzahl Häuser — man nannte 30 derselben — mit dem Militärhospitale soll in Asche gelegt worden seyn. Unerklärlich war es, daß die Republikaner das schreckliche Feuer der Preußen fast gar nicht erwiederten, sondern sich, namentlich bei Nachtszeit, ganz ruhig verhielten. Seit dem letzten Oktober wurde dieses Feuer von Seiten der Preußen auch wieder eingestellt. Auf derer Befehl mußten die Bewohner von Arzheim, Mörzheim, Wolmesheim, Ilbesheim und von anderen um die Stadt liegenden Dörfern alle Lebensmittel wegschaffen, damit die Belagerten bei einem etwaigen Ausfalle keine derselben auffinden. Am 2. Nov. machte die Besatzung wirklich einen kleinen Ausfall, wurde aber von der preußischen Vorhut zurückgescheucht. Man sprach damals, die Kaiserlichen würden die Preußen vor Landau ablösen und die Belagerung fortsetzen. Ehe diese Festung bezwungen seyn wird, ist keine Hoffnung, daß diese Gegend von der Kriegslast dürfte befreit werden". Bericht des Vogtes Weyland aus Annweiler vom 4. Nov. 1793. Reichsarchiv. J. A. Nr. 2689. — Das fragliche Bombardement, welches noch an den drei letzten Tagen des Oktober fortgesetzt wurde, und bei welchem 30,000 Bomben, Kanonen- und Haubitzen-Kugeln in die Festung geflogen sind, hatte der Stadt einen Schaden von 200,000 Franken zugefügt. Es soll ohne Vorwissen des Herzogs v. Braunschweig von dem preußischen Kronprinzen unternommen worden seyn, der sich zum Ziele gesetzt hatte, Landau zu erobern. Das Nähere hierüber bei Birnbaum a. a. O. S. 363. — Der preußische Obrist Freiherr v Jauwert, welcher vom Herzoge v. Braunschweig beauftragt war, Veranstaltung zur Deckung der Umgegend von Dahn zu treffen, schrieb am 18. Okt. aus Dahn an den Speyerer Fürstbischof, um Spezialkarten von dem dortigen Gebirge zu erhalten, die aber nicht vorhanden waren. Der fürstbischöfliche Förster Debortel von Bundenthal leistete den Preußen durch Auskundschaftungen wesentliche Dienste. Die Gemeinde Dahn war damals durch allerlei Lieferungen an die Preußen so erschöpft, daß am 2. November 1793 ihr Stabhalter, Adam Leiser, und Andere des Gerichts den Fürstbischof um Abhilfe anstehten. Der Fürst ver-

zum Befehlshaber der Moselarmee ernannt, während der gleich
tapfere, aber besonnenere General Pichegru das Commando der Rheinarmee übernommen hatte. [515]) Beide Armeen wurden möglichst
verstärkt. Schon in der ersten Hälfte Novembers hatte Hoche
40,000 Mann unter seinem Befehle, nachdem er noch einzelne Abtheilungen an Pichegrü abgegeben hatte, welcher mit 60,000 Mann
den Grafen v. Wurmser bekämpfte. Der Nationalconvent hatte den
beiden Armeen den Befehl zugestellt: „Landau ou la mort!" Die
beßfallsige Nachricht bestimmte den Herzog v. Braunschweig, seine
Armee noch weiter, als er früher bestimmt hatte, zurückzuziehen.
Am 15. November ward der Befehl zum weiteren Rückzuge gegeben.

Ehe vor dieser Befehl vollzogen wurde, genehmigte der Herzog
den Versuch, die Festung Bitsch in der Nacht vom 16. November
zu überrumpeln und den Republikanern zu entreißen. Dabei wollte
man sich auch eine Gelegenheit verschaffen, die Munizipalräthe dieser
Stadt als Geißeln aufzuheben, um gegen derer Außlieferung die
Geißeln zurückzufordern, welche die Franzosen im Laufe des Jahres
aus dem Zweibrücker Lande fortgeschleppt hatten. In Zweibrücken
und in der Umgegend wurde zu diesem Unternehmen eine Menge
Aerte, Beile, Hebeisen, Leitern x. und dergleichen Sturmgeräth-
schaften aufgebracht. Bei genauer Kenntniß von dem Zustande der
Bitscher Garnison, und von der eigenthümlichen Beschaffenheit der
Festungswerke, wohl auch im Einverständnisse mit einzelnen Personen auf dieser Bergfeste, wähnte man ein leichtes und sicheres
Gelingen des sonst so schwierigen Ueberfalles. Der amtliche Bericht
meldet hierüber: „Zu dem Unternehmen wurde die Nacht vom 16.
auf 17. November bestimmt und hierzu 1,600 Freiwillige aus allen
Regimentern gewählt. Die Stadt selbst ward leicht hinweg genom-
men, die bemeldeten Geißeln aufgehoben und etliche 50 Mann, welche
in der Stadt zur Besatzung standen, zu Kriegsgefangenen gemacht.
Allein der Versuch auf das Bergschloß mißlang. Die wackeren
Truppen überstiegen die größten Hindernisse mit ausgezeichnetem

---

sagte seinen Unterthanen diese Bitte nicht und erhielt hierüber aus dem Hauptquartiere des Herzogs in Schweigen unterm 8. desselben eine beruhigende
Zuschrift. Karlsr. Archiv. S. A. — [111]) Am 6. Nov. 1793 hatte Hoche mit
Pichegru eine persönliche Berathung wegen der Entsetzung von Landau. Vie
de Laz. Hoche par Alex. Rousselin. A Paris, an VI. Tome II. p. 21.

Muthe. Sie waren bereits weit eingedrungen, als sie unerwartete, nicht vorauszusehende Schwierigkeiten fanden, die den Anführer, Grafen v. Wartensleben, nöthigten, seine wackere Schaar noch vor Anbruche des Tages zurückzuziehen. Der Verlust an Todten und Verwundeten war ansehnlich. Es fielen 24 Offiziere und gegen 500 Unteroffiziere und Gemeine. Unter den Verwundeten war auch der Obristlieutenant v. Hirschfeld, Adjutant des Herzogs v. Braunschweig". [516] Der französische Bericht an den Nationalconvent meldet dagegen: „Ein Ausgewanderter, welcher als Ingenieur in Bitsch angestellt gewesen war, und alle Geheimnisse der Vertheidigung dieses Platzes kannte, hatte den Plan entworfen, Bitsch den Deutschen zu überliefern. Schon hatte er den Commandanten zur Theilnahme an seinem Entwurfe verleitet. Dieser ließ die Thore nicht zurammeln, die Zugbrücken nicht aufziehen. Alsbald drangen die Preußen, 10,000 Mann stark, in die ersten Straßen der Stadt ein. Ihre besten Soldaten waren dabei. Sie hatten Leitern, Seile und Alles, was zur Ersteigung einer Festung nöthig ist, bei sich und bereits benützt. Allein das Bataillon von Cher, befehligt vom Obrist Ogier, rettete die Festung. Da bei der großen Verwirrung, welche bei dem Ueberfalle herrschte, Niemand commandirte, so focht jeder Soldat, wo und wie er es für gut und nothwendig hielt. Die Preußen verloren viele Leute und wurden zurückgetrieben." [517]

<hr/>

[516] Amtsbericht aus Kaiserslautern vom 24. Nov. 1793. — Auch Bericht des Landschreibers Schmid aus Zweibrücken vom 18. Nov. 1793. Kreisarchiv. Z. A. Nr. 269. — [517] Siehe auch: Der franz. Freiheitskrieg. Th. I. S. 184. u ff. Mémoires par G. de St. Cyr. Tome I. p. 150. General Hoche richtete ein eigenes Belobungsschreiben an die Bitscher Garnison am 21. Nov. 1793. Vie de Hoche L. c. p. 31. Eine gleichzeitige Schrift meldet über dieses kühne Unternehmen: „Der Herzog von Braunschweig hatte im Lager zu Eschweiler Gelegenheit bekommen, sich geheime Verständnisse sowohl in der Stadt Bitsch, als auch in dem Schlosse zu verschaffen. Darauf gründete er die Hoffnung, sich dieser wichtigen Bergfestung zu bemächtigen.... Mißverständnisse, — Mangel an genauen Lokalkenntnissen, — zu früher Tod derer, welche Colonnen führen sollten, — und allzugroße Bravheit der Truppen, die mit großem Geschrei vorrückten, als sie sahen, daß die vordersten bereits einige Vortheile erfochten hatten, — vereitelten dabei die wahrscheinlichsten Hoffnungen. — Vielleicht war der Sturm der Gyganten nicht viel gefährlicher, als dieser Sturm auf das Bergschloß, und Jupiters Donnerkeile nicht viel mörderischer, als die Steine und Balken, welche die Vertheidiger dieses Schlosses von den Wällen herunter wälzten." re. re. „Ueber die Pfalz am Rhein und deren Nachbarschaft." B. I. S. 18.

Am Morgen des 17. November brach die Moselarmee in vier Colonnen aus ihrem Lager an der Saar auf, um die Preußen zurückzudrängen. Die äußerste Colonne zur Linken, vom General Ambert geführt, rückte von Saarlouis aus gen Tholen. Die zweite Colonne, vom General Vincent geleitet, verfolgte unter fürchterlichem Lärmen und großem Jubel das Corps des Grafen v. Knobelsdorf gen St. Ingbert. Die dritte Colonne, die stärkste, von Hoche selbst befehligt, mit welcher sich die vierte, unter General Taponnier von Saaralben her vereinigt hatte, stürzte sich von Saargemünd aus auf das Corps des Generals v. Kalkreuth, um es über die Blies zu drängen. In fünf Abtheilungen griff Hoche um die Mittagsstunde die Stellung des Grafen v. Kalkreuth bei Biesingen an. Während einer heftigen Kanonade gegen das Centrum dieser Stellung erschien plötzlich auf dem linken Ufer der Blies eine Schaar Republikaner von etwa 800 Mann, welche über die Brücke von Blieskastel in den Rücken der Verbündeten vorzudringen suchte. Es gelang jedoch einer sächsischen Patrouille, diese Feinde so lange aufzuhalten, bis stärkere Mannschaft zu Fuß und zu Pferde heraneilte, um diesen arg bedrohten Punkt zu sichern. Hierauf rückte eine feindliche Brigade unter dem Generale Lombard durch den Hilscheider Wald, auf den linken Flügel, welchen Sachsen und Preußen bildeten. Diese stürzten sich nach einigen Salven den Nahenden mit dem Bajonnete entgegen, wobei der genannte General mit mehreren Offizieren in Gefangenschaft gerieth. Eine weitere Abtheilung von etwa 3,000 Mann französischer Cavallerie brach, als sich der Tag bereits neigte, gegen die preußische Schaar des Regimentes „Crousaz" hervor, welche links auf dem Wolfersheimer Berge, den Raum zwischen Biesingen und Blieskastel, deckte. Nachdem zwei feindliche Angriffe hier zurückgewiesen waren, jagte ein Theil der feindlichen Reiter zwischen die preußischen Bataillone, bemächtigte sich dort der Regiments-Kanonen und warf sich rechts und links in die Flanken und den Rücken der in Linie dort aufgestellten preußischen Infanterie. Doch sie wurden mit lebhaftem Feuer empfangen und mußten endlich vor den entgegenstarrenden Bajonneten zurückweichen. Der preußische Major v. Strantz fand hierbei den Heldentod. Da gleichzeitig eine fünfte feindliche Colonne, welche den rechten Flügel der Verbündeten und die Straße nach Lauzkirchen bedrohte, von einer Schaar Sachsen

zurückgewiesen wurde, zog sich der Feind aus dem Bereiche des
Kanonenfeuers der Verbündeten am späten Abende zurück. ⁵¹⁸)

Graf v. Kalkreuth blieb bis zum folgenden Morgen in seiner
Stellung. Da er aber wohl erkannt hatte, daß er dieselbe gegen

---

¹¹⁹) Nach deutschen Berichten sollen die Franzosen an diesem Tage 800
bis 1,000 Mann eingebüßt haben. Die Preußen zählten 160 Todte und viele
Verwundete. — Eine andere Schilderung dieser Schlacht lautet also: „Die
Stellung der Verbündeten unter dem Befehle des Grafen v. Kalkreuth, welche
von dem Lauzkircher und Niederwürzbacher Grunde mit dem rechten Flügel,
und über die Gebirgshöhen bis an das Ballweiler und Wecklinger Thal mit
dem linken Flügel reichte, war ganz trefflich gewählt. Allein das andauernde
Regenwetter hatte die Wege so verdorben, daß man von dem Geschütze nicht
den gehörigen Gebrauch machen konnte. Der neue Befehlshaber der Moselarmee verstärkte seine Truppen, denen er bald seinen Geist einhauchte, und
folgte mit 20,000 Mann dem Grafen v. Kalkreuth auf dem Fuße nach. Am
17. September rückte Hoche am Mittage mit 5 Colonnen gen Bießingen vor.
Die kleinen, bei Wittersheim und Aßweiler vorgeschobenen Lager unter dem
Befehle des Generals v. Wittinghof, waren bald zurückgedrängt. Der Feind
verband sich nun mit seiner zweiten Colonne und griff, von zahlreichem Geschütze unterstützt, die Hilscheider Höhe und den linken Flügel des Grafen an.
Die Republikaner kämpften so tapfer und nachhaltig, daß weder das Kartätschenfeuer, noch die Bataillonssalven der Preußen die kühnen Stürmer
zurückhalten konnten. Die Vertheidiger der bedrohten Hilschweiler Höhen
wurden vermehrt, man kämpfte dort auf beiden Seiten wie die Löwen. Der
französische General Lombard griff das Ballweiler und Wecklinger Thal an
und eine Abtheilung Cavallerie durchjagte das Bliesthal, um Blieskastel anzugreifen und den Verbündeten dort den Rückzug abzuschneiden. Dieser wohlberechnete Plan würde auch gelungen seyn, allein ein junger Held, der preußische Lieutenant v. Röder, hielt mit 20 Mann den überlegenen Feind so
lange ab, bis der wichtige Posten bei Blieskastel Verstärkung an Mannschaft
und Geschütz erhalten hatte, welche den Republikanern das weitere Vordringen verwehrte. Doch diese wollten durchbringen, koste es, was es immer
wolle. Sie erneuerten daher noch am Abende den Angriff gegen die preußische Verbindung zwischen Bießingen und Blieskastel. Ihre Cavallerie brach
auch wirklich durch die preußische Infanterie und umzingelte dieselbe. Dieser Vorgang hätte für die Franzosen entschieden, wenn deren fünfte Colonne
zugleich den rechten Flügel der Verbündeten angegriffen hätte, denn dieser war
äußerst schwach besetzt. Die genannte Colonne zauderte. General v. Kalkreuth
sah die Gefahr und verstärkte schnell seinen rechten Flügel. Auf dem Mittelpunkte ward indeß der Feind mit namhaftem Verluste geschlagen. Der
französische General Lombard und der Artillerie-Obrist Buchet wurden mit 60
Mann von dem tapferen Obristen v. Szekely gefangen. Die Republikaner
wichen zurück und setzten sich auf den Höhen von Ormesheim fest. Dieser

die Uebermacht der Feinde — es standen seinen 7,000 Mann etwa 25,000 Republikaner entgegen — nicht zu behaupten vermöge, ging er jetzt bis nach Homburg zurück. Der Herzog v. Braunschweig führte an demselben 18. November die bei Eschweiler und Schweigen stehenden Truppen in die Gegend von Zweibrücken herab. Sein rechter Flügel lagerte auf den Bubenhausener Höhen. Die feind= liche Division unter Vincent kam am nämlichen Tage von St. Ingbert her nach Limbach, während Hoche sein Hauptquartier in Blieskastel nahm, von wo aus er am 19. November sein siegreiches Vorrücken dem Kriegsministerium in Paris verkündete. [519]) Am 20. November vereinigte der Oberbefehlshaber seine Truppen mit der Division des Generals Vincent zu Zweibrücken, während unter dem Schutze einer lebhaften Kanonade gegen die Preußen auf der Bubenhausener Höhe, General Taponnier durch einen Flankenmarsch über Ballweiler die Stellung von Hornbach gewann. Der Herzog v. Braunschweig fürchtete jetzt, durch ein weiteres Vorrücken des Feindes nach Pirmasens, von dem Annweiler Thale und den Lan= dauer Belagerungstruppen abgeschnitten zu werden. Er gab daher sein Vorhaben, hinter der Blies und Erbach Winterquartiere zu beziehen, auf. Noch in der Nacht vom 20. November ließ er den allgemeinen Rückzug in die schon früher wohl vorbereitete Verthei= digungsstellung bei Kaiserslautern antreten. Sohin rückte v. Knobels= dorf am 21. November in Ramstein ein, um am 23. desselben in Wolfstein zu lagern. Graf v. Kalkreuth kam am ersten Tage nach Landstuhl, [520]) am 23. November aber nach Kaiserslautern. Der Herzog selbst zog sich mit den neun Bataillonen, die er früher zur Ver= stärkung des Prinzen v. Hohenlohe herbeigeführt hatte, am 23. No= vember bis nach Maßweiler zurück, um sich am folgenden Tage mit den Truppen des Generals v. Kalkreuth in Landstuhl zu vereinigen, und am 23. ebenfalls in der Umgebung von Kaiserslautern zu lagern. Seine bei Pirmasens zurückgebliebene Cavallerie marschirte von

---

blutige Nachmittag hatte sie 800 Mann, die Verbündeten aber 200 Mann gekostet." Der franz. Freiheitskrieg. Th. I. S. 288. u. ff. — [519]) Vie de Laz. Hoche. Tome II. pag. 28. — [520]) Er war den 21. November Mor= gens 2 Uhr in aller Stille vom Kaninchen=Garten bei Homburg, wo er sein Lager hatte, aufgebrochen. Es wurde viel darüber gestritten, ob die Preußen nicht bei Zweibrücken hätten eine Schlacht wagen sollen. Kurze Uebersicht des Feldzuges. ꝛc. S. 42. u. ff.

dort unmittelbar nach Kaiserslautern zurück. Die unter General
v. Courbiere in der Gegend von Ketterich stehenden sieben Bataillone zogen sofort am 23. November nach Bundenthal. Prinz v.
Hohenlohe erreichte am vorhergehenden Morgen Pirmasens, und
führte in den folgenden Tagen seine Truppen in enge Cantonirungen
zwischen Annweiler und Bergzabern. [521]) Die beiden letztgenannten
Corps, in Verbindung mit dem Obristen v. Götz bei Kleinbach,
schienen stark genug, auf jener Seite die Belagerung von Landau
zu decken und die Verbindung mit dem Feldmarschalle v. Wurmser
zu sichern. Graf v. Wartensleben lagerte mit fünf Bataillonen und
sieben Escadronen in Trippstadt, während General v. Kospoth nach
Lauterecken marschirte, um dort die von Saarlouis ausgezogene Division

---

[521]) Schon am 20. 21. und 22. November zog ein Theil der Franzosen
über Bundenthal, Dahn und die Kaltenbach zurück. Am 23. November
wurden zu Erlenbach und Vorderweidenthal von ihnen Schanzen und Verhaue ausgeführt und aus allen umliegenden Dörfern Zimmerleute und Handfröhner beigezogen. Die preußische Feldbäckerei war in Bergzabern. Dort
hatte am 25. Nov. der Prinz v. Hohenlohe auch sein Hauptquartier. Reichsarchiv. Z. A. Hierüber haben wir noch folgende archivalische Nachrichten: Beim
Rückzuge der Preußen drängten sich die Franzosen alsbald wieder bis Pirmasens vor. Die Beamten in Rodalben nahmen die Flucht zuerst nach Rodt,
dann nach Oggersheim und endlich nach Karlsruhe. Auf der Huster-Höhe bei
Rodalben lagerten bei 2,000 Republikaner. Sie zogen schaarenweise nach
Rodalben, um dort die verlassenen Wohnungen auszuplündern. Dieß geschah
namentlich in dem Pfarr-, Amts- und Forstverwaltungshause, in den Kaufläden
von Geneen und Frank. Thüre, Fenster und Schränke rc. schlugen sie ein,
alles was nur irgend einen Werth hatte, wurde weggeschleppt, verkauft und
das Uebrige verdorben und verwüstet. Die herrschaftlichen Früchte mußten
die aufgegriffenen Einwohner auf ihrem Rücken in das Lager tragen. Selbst
der commandirende General Vincent, bei dem man Vorstellung gegen solches
räuberische Verfahren machte, stieß die Drohung aus, wenn die Flüchtlinge
nicht würden zurückkommen, er auch ihre Häuser werde in Brand stecken
lassen. Nicht nur die Beamten, sondern auch die meisten vermöglichen Bürger hatten sich aus Furcht, als Geißeln aufgegriffen zu werden, geflüchtet.
Die Bewohner des Petersberges und Staffelhofes erlitten ebenfalls große
Verluste. Ihr weggetriebenes Vieh mußten sie von den Räubern mit schwerem
Gelde einlösen. Bei diesen Ausplünderungen wurden die Bewohner noch
täglich mit Frohnden geplagt. Die meisten Wege wurden abgegraben, neue
Verhaue gemacht, wozu oft an einem Tage mehrere Befehle sich durchkreuzten.
Bericht des Oberjägermeisters v. Geusau und des Amtmanns Rutschmann aus
Karlsruhe vom 3. Dezember 1793. Am 16. Dezember wurde dem genannten
Amtmanne gestattet, sich aufzuhalten, wo er es nach Zeit und Umständen für gut

des Generals Ambert zu beobachten.[522]) Der Cordon, den jetzt die
Verbündeten von Lauterecken am Glane bis Offendorf im Elsaße
bildeten, betrug über zwanzig deutsche Meilen. Vergeblich ersuchte
der Herzog v. Braunschweig den Grafen v. Wurmser, bei ständiger
Anschwellung der feindlichen Armee diesen Cordon durch freiwilligen
Rückzug hinter die Lauter bei Weissenburg, oder doch hinter die
Sur dießseits des Hagenauer Forstes zu verkürzen, allein der
kaiserliche Feldmarschall begnügte sich damit, am 19. Nov. sich hinter
die Motter zurückzuziehen. Als hier die Oesterreicher in fast täglichen Gefechten von dem Generale Pichegru gedrängt wurden, setzte
sich Hoche mit aller Macht gen Kaiserslautern in Bewegung, um
den Entsatz von Landau auf der Westseite der Vogesen zu erzwingen.[523]) In Zweibrücken wähnte derselbe, daß die Hauptmacht
des Herzogs v. Braunschweig bei Pirmasens sich gesammelt habe,
und ließ daher seine Truppen rasch gegen Dellfeld und Fehrbach vorrücken.[524]) Diese Meinung war irrig, und hiervon überzeugt, zog
er am 26. November mit dem Kern seiner Truppen nach Kübelberg, und am anderen Tage bis nach Ramstein, während Taponnier gleichzeitig nach Martinshöhe und Landstuhl vorrückte. Die
Division des Generals Vincent war bei Pirmasens stehen geblieben,
um preußischen Zuzug vom Gebirge her zu verhindern. Der General Ambert ward am folgenden Tage von Hoche angewiesen, auf
kürzestem Wege nach Otterberg vorzudringen.[525])

Am 27. November stand der Obrist v. Szekely mit seiner
Schaar auf der Vogelwehe. Der Herzog v. Braunschweig und der

---

finde. Karlsr. Archiv. — [522]) Am 25. November 1793 war Obrist v. Blücher
mit fünf Escadronen v. Golz'schen Husaren in Altenglan und Bebersbach.
Er zog durch Kusel bis gen Jägersburg vor. In Brücken wurden sechs republikanische Reiter, welche dort eine Brandschatzung von 40 Louisdor und 30
Stück Vieh erpressen wollten, eingefangen. Am folgenden Tage stieß er in
dem Walde zwischen Jägersburg und Waldmohr auf etwa 800 französische
Dragoner Viele derselben, namentlich Offiziere, welche an der Spitze ritten,
wurden niedergehauen Bald kamen mehrere feindliche Bataillone von Erbach heran, mit denen es bei Kübelberg zu einem heftigen Angriffe kam.
Amtlicher Bericht vom 26. Nov. 1793. Kreisarchiv. J. A. Nr. 269. —
[523]) Geschichte der Kriege. Th. I. S. 243. u. ff — [524]) Er schrieb dieß am
25. November 1793 an den General Pichegru. Vie de Laz. Hoche. Tome
II. p. 33. — [525]) Vie de Laz. Hoche. Tome II. pag. 33.

Graf v. Wartensleben gingen an demselben Tage dahin ab, um
über die Stellung der Feinde die nöthige Kundschaft einzuziehen.
Man fand sie in Schlachtbereitschaft. [526]) Ein Theil derselben war
in einem Walde an der Vogelwehe versteckt, und am folgenden Tage
drängte der schon genannte General Taponnier die Preußen aus dem
Verhaue bei Vogelwehe. Er rückte bis eine Viertelstunde vor
Kaiserslautern und stellte sich auf der Hohenecker Höhe, der Galgenschanze gegenüber, auf. Au demselben 28. November zog der General Hoche mit dem größten Theile seiner Armee in das Lauter-Thal
bis nach Katzweiler vor. Seine ganze Stärke konnte wohl jetzt zu
40,000 Mann angenommen werden, während ihm etwa 21,000
Mann Preußen und Sachsen entgegenstanden. Da er ausgekund-
schaftet hatte, daß der Herzog v. Braunschweig, welcher an jenem
Tage nach Lauterecken geeilt war, um die nöthigen Vorkehrungen
gegen den drohenden Angriff zu treffen, hier mit einer starken Truppenschaar gegenüber stehe, beschloß er, diese am folgenden Tage zu umgehen, gegen Moorlautern und Erlenbach vorzudringen, um die Gegner
in der rechten Flanke und im Rücken anzugreifen. Um diesen Angriff zu erleichtern, ließ Hoche während der Nacht auf dem linken
Ufer der Lauter eine Batterie von 16 schweren Kanonen aufführen.
Der umsichtige Herzog v. Braunschweig hatte für alle denkbaren
Fälle Stellungen ausgesucht, und sie bei den wichtigsten Punkten
durch Feldschanzen verstärkt. Auch hatte er die Truppenabtheilung,
welche bei Lauterecken unter dem Generale v. Koßpoth stand, bis
nach Schallodenbach vorrücken lassen, um mit jener, welche Obrist
v. Szekely bei Otterberg anführte, sich in Verbindung zu setzen. Auf
die erste Kunde von der Annäherung des republikanischen Heeres
zog er die Truppen aus den Cantonirungen zusammen, und stellte
sie, nachdem er an die versammelten Offiziere eine kräftige Ansprache
gehalten und sie ermahnt hatte, den alten preußischen Kriegsruhm
zu bewahren und neu zu verherrlichen, in folgender Weise auf:
Ein Theil der Infanterie besetzte den unteren Abhang des Kaisers-
berges. Weiter rückwärts auf der Fläche der Anhöhe, neben einer
starken Schreckschanze, stand eine Hilfsschaar zur Deckung dieser
Hauptstellung. General v. Kalkreuth deckte auf der Höhe zwischen
Otterbach und dem Lautergrunde mit sechs Bataillonen die Flanke

---

[526]) Bericht aus Lautern vom 27. Nov 1793.

und den Rücken der Hauptstellung, während seine zehn Schwadronen Reiter sich rechts gegen den Erlenbacher-Grund ausdehnten. [117]) Das Dorf Erlenbach war mit preußischen Schützen besetzt.. Der Herzog v. Braunschweig stand mit einigen Bataillonen und Schwadronen bei der Galgenschanze, in der Absicht, die Feinde so lange als möglich von der Stadt Kaiserslautern und von der Hauptstellung seiner Truppen abzuhalten.

Freitags, am Morgen des 29. November, setzte sich Hoche mit drei Colonnen zum Angriffe in Bewegung. Die stärkste zog gen Otterbach. Die zweite schwächere näherte sich dem Erlenbacher Grunde. Die dritte sollte gegen Otterberg hin die linke Flanke der anderen Colonnen decken und ihnen zur Hilfe bereit seyn. Kalkreuth ward bald durch das kreuzende Feuer der Feinde genöthigt, sich auf die rückwärts gelegene Berganhöhe zurückzuziehen. Die Franzosen überschritten sofort den Otterbach, führten auf der jenseitigen Höhe eine Batterie von 29 Geschützen auf, unter deren Schutze sie ihre Stellung auf dem Osterberge nahmen.

Nach einem lebhaften Kanonenfeuer von mehreren Stunden auf beiden Seiten, brach gegen ein Uhr ein französischer Heerhaufen von etwa 10,000 Mann aus dem waldigen Abhange des rechten Lauterufers vor und näherte sich im Sturmschritte der Schanze von Moorlautern. Gedeckt durch das dortige tiefe Thal der Lauter, hatte sich diese feindliche Colonne von den Deutschen unbemerkt gesammelt. Ungeachtet Kalkreuth durch mehrere Bataillone und Batterien verstärkt war, so drohete doch das Unerwartete des Angriffes und die Tapferkeit, mit welcher die Republikaner, trotz des heftigsten Kartätschenfeuers und des Regens von Flintenkugeln, herbeidrängten, die ärgste Gefahr. Diese war auf dem höchsten Punkte, als die preußischen Truppen das Feuern einstellten und sich den Feinden mit gefälltem Bajonnete entgegenstürzten. Gleichzeitig griff Kalkreuth an der Spitze von acht Schwadronen Reiter den linken Flügel der französischen Armee an. Dieser wurde tapfer durchbrochen und in größter Unordnung in das Lauterthal zurückgeworfen. Ein weiteres Verfolgen verhinderte die jetzt vorrückende französische Ca-

---

[117]) Schon während des Sommers hatten die Preußen die Schanzen bei Kaiserslautern aufwerfen lassen, um dort nöthigenfalls einen Rückhalt zu gewinnen.

vallerie. Doch sobald das geschlagene Fußvolk in's schützende Gehölze des Lauterthales entkommen war, zogen sich ihre Cameraden
zu Pferde ebenfalls zurück. Die verbündeten Truppen nahmen jetzt
wieder ihre früheren Stellungen ein. Ihre Batterie eröffnete abermals ein lebhaftes Feuer, welches bis zum Abende fortdauerte, ohne
auf diesem Punkte etwas Wesentliches zu entscheiden.

Die zweite feindliche Colonne hatte das Otterbacher Thal etwas
später überschritten. Sie verdrängte die preußischen Schützen aus
Erlenbach und wollte sich auf der Moorlauterner Hochebene festsetzen.
Während dieses Versuches wurden aber die ersten Bataillone von
zwei preußischen Cavallerie-Regimentern zurückgeworfen und mit bedeutendem Verluste bis nach Erlenbach verfolgt, wo dann die
Preußen ihre frühere Stellung wieder ruhig einnahmen.

Auf dem linken Ufer der Lauter und dort rings um die Stadt
Kaiserslautern, hatten an diesem Tage nur unbedeutende Bewegungen stattgefunden. Erst gegen Abend erschien die von Pirmasens erwartete Division des Generals Vincent in Hohenecken,
jedoch Abends zwischen 6 und 7 Uhr wurde das Feuer auf der
ganzen Kampf-Linie eingestellt.

Durch die Erfahrung des blutigen Tages überzeugt, daß die
Hauptkraft der Republikaner gegen Moorlautern und Erlenbach
gerichtet sei, ließ der Herzog v. Braunschweig noch in der Nacht
vier Bataillone von dem Kaisersberge über den Hagelbach ziehen
und ein fünftes Bataillon bei der Galappmühle aufstellen, um
den Feinden ein etwaiges Vordringen aus dem Lauterthale in das
Hagelbachthal zu verwehren. Der General v. Wartensleben, welcher
von Trippstadt her eintraf, nahm seine Stellung links an der
Galgenschanze. General Hoche ließ die erste Vertheilung seiner
Truppen unverändert. Doch bestimmte ihn der beträchtliche Verlust, welchen er an der Schanze bei Moorlautern erlitten hatte, am
kommenden Tage mehr gegen Erlenbach und die Stellung bei
dem Galgenberge nächst Kaiserslautern den entscheidenden Kampf zu
lenken.

Mit Tagesanbruch des 30. November begann die große französische Batterie ihr Feuer gegen Moorlautern zu eröffnen. Eine starke
Schaar feindlicher Infanterie zog in gleicher Zeit das Erlenbacher
Thal hinauf, um oberhalb dieses Dorfes die Höhen des Bachberges
zu gewinnen. Schon hatte sie den Rand des dortigen Gehölzes

erreicht, als der General v. Kalkreuth mit einigen sächsischen Bataillonen und Schwadronen ihr sich entgegen warf, sie nach einem heftigen Gefechte in's Thal zurückdrängte und sie auch dort noch verfolgte, so daß nunmehr auch die linke Flanke der Republikaner auf
dem Osterberge stark bedroht war. [328]) Hoche, dessen Angriff auf
die Galappmühle ebenfalls zurückgewiesen war, erkannte die drohende Gefahr und beschloß alsbald den Rückzug, welchen er auch
über Sambach und Katzweiler ausführte. Der General v. Kospoth
drängte in die Flanke der Fliehenden gen Sambach hin ein, weßhalb
die Franzosen dieses Dorf, um die Verfolger abzuhalten, in Brand
steckten. Auch der General v. Eben und Obrist v. Szekely fielen
in die abziehenden feindlichen Colonnen ein und hieben viele Feinde
nieder.

Zwei Stunden später, als an dem Erlenbache, eröffneten die
Franzosen auf dem linken Lauterufer von Hohenecken her den Kampf
mit einem heftigen Angriffe auf die Stellung des Herzogs v. Weimar.
Dessen linker Flügel mußte dem Ungestüme der Feinde weichen.
Er zog sich mehr in die Nähe von Kaiserslautern zurück. Gleich-
zeitig mit diesem Angriffe drang ein zweiter feindlicher Heerhaufen
im Weiherthale vor, während eine dritte Schaar die Galgenschanze
stürmte. Bis an den Graben der Schanze gerückt, wurde diese
Schaar mit einem mörderischen Feuer empfangen und mit großem
Verluste in den Wald hinter den Lothringer Hof zurückgeworfen.
Zugleich hielt das Feuer einer preußischen Batterie die im Weiherthale vordringenden Franzosen auf, und auch auf dem äußersten linken
Flügel rückten die Verbündeten, nachdem sie einige Verstärkungen
erhalten hatten, wieder in ihre anfängliche Stellung vor. Die Republikaner wagten keinen neuen Angriff mehr. Nachmittags 3 Uhr
verstummten die Geschütze. Jene zogen sich gegen Homburg zurück.
Das blutige Werk zweier Tage war vollendet! Die Verbündeten,
welche in der folgenden Nacht noch unter Gewehr blieben, hatten
44 Offiziere und 785 Unteroffiziere und Gemeine verloren. Die
Franzosen gaben ihren Verlust auf 3,000 Mann an, von welchen

---

[328]) Dem Generale v. Kalkreuth hatte hiebei eine Granate den rechten
Schulterknochen eingedrückt und ihn schwer verwundet. Nächst dem Herzoge von
Braunschweig gebührt diesem Generale der größte Ruhm des Tages. Seine
Standhaftigkeit und Geistesgegenwart gewann die Schlacht.

700 Mann als Gefangene und zwei Geschütze in die Hände der Preußen fielen. [529])

§. 10. Neugeordnete Verwaltung des Herzogthums Zweibrücken und gleichfallsige Vorkehrungen des Speyerer Fürstbischofes.

Hier dürfte wohl die geeignete Stelle seyn, Einiges über die neugeordnete Verwaltung im Herzogthume Zweibrücken und die gleichfallsigen Bemühungen des Speyerer Fürstbischofes bezüglich der hochstiftlichen Aemter oberhalb der Queich, zu erläutern.

Kaum hatten die siegreichen Waffen der Verbündeten die Franzosen zu Anfange des Monats April 1793 aus einzelnen, verschiedenen Gebieten unserer Heimath zurückgedrängt, als der nach Mannheim geflüchtete Herzog von Zweibrücken, dessen früherer geheimer Staatsminister, Freiherr Ludwig v. Esebeck, noch immer in französischer Gefangenschaft zurückgehalten wurde, durch eine Verfügung vom 6. April den geheimen Staatsrath, Freiherrn Christian v. Pfeffel, zum Statthalter seines minderentheils wieder eroberten Fürstenthums aufstellte. [530]) Dieser hatte die alte Verfassung wieder einzuführen,

---

[529]) Preußischer Amtsbericht. — Geschichte der Kriege. Th. I. S. 245 u. ff. Kausler's Kriege. S. 90. J. G. Lehmann's Geschichte von Kaiserslautern. S. 165, nach Schilderung des Forstmeisters Rettig, die jedoch fast ganz auf jenem amtlichen Berichte beruht. Ein amtlicher Bericht von Geometer Ph. Cäser über die zweitägige Schlacht sammt einem Plane findet sich im Kreisarchive. Z. A. Nr. 269. Siehe auch v. Neumann a. a O S. 40. — Der franz. Freiheitskrieg. Th. I. S. 293. u. ff. In Posselt's Europ. Annalen. Jahr 1795. B. II. S. 79. steht ebenfalls eine kurze, lebendige Beschreibung dieser Schlacht. Laut Berichtes eines Offiziers aus Erlenbach vom 5. Dezember 1793 wurde auch die Kriegskasse der Franzosen erbeutet mit 30,000 Thalern an Geld und 4 Millionen an Assignaten. Sch. M. 1793. S. 657. Nach einem amtlichen Berichte aus Meisenheim vom 2. Dezember bekamen die Soldaten in den zwei mörderischen Tagen fast nichts zu essen und zu trinken, als was sie noch in ihrem Ranzen und Feldflaschen bei sich trugen. Die daraus erfolgte Erschöpfung war mitunter Ursache, daß die Franzosen nicht kräftiger verfolgt wurden. Nach den Schlachttagen wurden ganze Wagen voll Viktualien aus Kaiserslautern den Siegern zugeführt. Kreisarchiv. Z. A. Nr. 269. —

[530]) Er war der Bruder des fabeldichters Gottlieb Conrad Pfeffel, geboren 1725 zu Colmar, ein Günstling der Franzosen, von denen er auch zuletzt einen Gnadengehalt bezog, bis er am 21. März 1807 zu Paris starb. Die beßfallsige herzogliche Verfügung lautet also: „Von Gottes Gnaden. Wir Carl der Zweite, Pfalzgraf bei Rhein ꝛc. ꝛc., entbiethen allen Unsern Räthen,

27

die verscheuchten Beamten in ihre vorigen Stellen und Würden
wieder einzusetzen, und Alles zum Wohle der größtentheils in Treue
bewährten Unterthanen, welche der Herzog seiner besonderen Gnade
und landesherrlichen Huld versichern ließ, zu leiten und zu be-

---

hohen und niedern Beamten, Dienern, guten Bürgern und Unterthanen
unsere Gnade und thun ihnen und sonsten jedermänniglichen kund und zu
wissen. Nachdem Unsere Erblande unter dem Beistande Gottes durch die
siegreiche Waffen der zur Rettung unseres deutschen Vaterlandes verbundenen
höchsten Höfe, von der Ueberlast des über sie verhängten Einfalls der französischen Kriegsvölker entledigt, Unsere landesherrliche Hoheit, Rechte und
Befugnisse dem Uebersturz entrissen, und die auf allgemeine Reichsgesetze, besonders Herkommen durch uralten Besitz gegründete, wechselseitige Besitzver-
hältnisse zwischen Uns und Unseren angeborenen Unterthanen wieder zu ihrer
unverjährlichen Wirksamkeit gediehen sind: so gehet Unsere erste und ange-
legenste Sorge dahin, daß die in besagten Unseren Erblanden durch feindliche
Uebermacht aufgedrungenen Neuerungen ab, Unsere Regierung aber in aller
der Maas und Form, wie sie vor Alters angeordnet und vor Uns genehm-
migt war, wieder hergestellt, somit das heilige Band, das Uns mit Unseren
Unterthanen verbindet, von Neuem, und Gott gebe auf immerdar, befestiget
werde. In dieser Absicht und zu Erreichung des hierin bezielten Endzweckes,
haben wir bei unserer aus hochwichtigen Ursachen sich verlängernden Abwesenheit aus Unsern Landen, Unsern geheimen Staatsrath, Christian v. Pfeffel,
in Betracht seiner treuen Anhänglichkeit an Unsere Person, erprobten Dienst-
eifers und emsigen Bestrebens nach Allem, was Unsere eigne und die von derselben unzertrennliche Wohlfahrt Unserer Unterthanen befördern kann, dazu
verordnet und bevollmächtigt, verordnen und bevollmächtigen ihn Kraft
dieses, daß er in Unserm Namen, an Unserer Statt, und in Kraft gegenwärtiger Vollmacht zuvorderst Unsere durch feindliche Vergewaltigung ihrer Dienste
und Amtsführung entsetzte, herzogliche Landes-Regierung, Rentkammer und
Ober-Appellations-Gericht, sodann und zwar durch Darzwischenkunft Unserer
Landes-Regierung der ersten beiden Collegien untergebene und nachgesetzte
Ober- und Unter-Beamte, nicht weniger den Stadtrath Unser guten Haupt-
und Residenzstadt Zweibrücken, sowie jenen der andern gleichfalls in ihrer
Verfassung beeinträchtigten Landstädte, mit allen andern übermächtig abge-
änderten Stellen, in ihre vorige, von Uns herrührende Würde und Ansehen,
auch die ihnen durch Uns zugetheilte und anvertraute Befugnisse, Macht und
Gewalt wieder einsetze, somit ihnen von Unsertwegen alle ihre vorigen Rechte,
Vorzüge und Vortheile von Neuem zuführe. Wir tragen auch vorgemelde-
tem Unserm geheimen Staatsrath in ob angezeigter Absicht, bei der noch fort-
dauernden gewaltthätigen Entfernung Unseres Staatsministers des Freiherrn
v. Esebeck die Besorgung aller Unserm eignen Erkenntniß vorbehaltenen, oder
in Unserem geheimen Cabinete und inneren Rathe zu erledigenden Regierungs-
und andern Geschäfte in dem Maaße auf, als wir sie Unserm eben erwähn-

schoben. Freiherr v. Pfeffel wählte zuerst Zweibrücken, dann Meisenheim und später Castellaun zum Sitze der Regierung. Unterm 3. Mai 1793 erhielt er bezüglich der Behandlung der aufrührerischen Unterthanen die besondere Weisung, daß bei den unter dem Revolutions-Unfuge begangenen, noch ungerügten Vergewaltigungen, polizeilichen und anderen Vergehen und Verbrechen darauf zu sehen sei, ob sich die Folgen davon zum Nachtheile eines Dritten noch jetzo äußern. Nur diese konnten den Gegenstand einer gerichtlichen Belangung abgeben. Für alle anderen Revolutions-Verschuldungen, selbst für jene, auf das höchste Interesse des Herzogs einen mittelbaren oder unmittelbaren Bezug habenden, wenn sie nur nicht von Beamten oder Bediensteten herrührten, ertheilte der Herzog eine vollkommene Amnestie. Bezüglich der übrigen Verwaltungszweige wurden an demselben 3. Mai von dem Herzoge für das Oberamt Bergzabern noch nachstehende, besondere Anweisungen gegeben:

„Mit der geistlichen Gerichtsbarkeit über die drei Religions-

---

ten Staats-Minister, Freiherrn v. Esebeck, anvertraut haben und sie bisher durch ihn berichtiget sind. Befehlen demnach Unserer herzoglichen Landes-Regierung, auch Rentkammer mit Unserm gemeldeten geheimen Staatsrathe in die beßfalls erforderliche, vertraute Correspondenz zu treten, und von ihm die Eröffnung unserer Entschließungen und gnädigen Willen zu gewärtigen. Wir ertheilen ihm in Sonderheit in gegenwärtigem Augenblicke den Unserm Herzen innigst angelegenen Auftrag, zuerst Unsern bei Unserer Landesregierung, sodann denen bei Unserer Rentkammer angestellten Räthen und Dienern, Unsern sämmtlichen Ober- und Unterbeamten, wie auch den guten Bürgern Unserer Haupt- und Residenzstadt Zweibrücken und der übrigen Landstädte; schließlich allen Unsern redlichen Landleuten und sämmtlichen Unterthanen Unsere tiefgefühlte Zufriedenheit über die unerschütterliche Treue und kindliche Anhänglichkeit, in welcher sie gegen Uns, mitten unter den verführerischen Vorspiegelungen einer geträumten Freiheit und den damit verknüpften, mannigfaltigen Zumuthungen, Anforderungen und Drangsalen, standhaft verharrt sind, zu bezeigen, und sie dagegen unsere Gnade, landesherrliche Huld und Zuneigung, und landesväterliche Liebe und immerwährende Vorsorge für ihre Wohlfahrt zu sichern. Dessen allen zu wahrer Urkunde Wir gegenwärtige Vollmacht durch Verdruckung unseres geheimen Cabinets Insiegels und Unser eigenen Hand Unterschrift bekräftiget. Gegeben zu Mannheim den 6. April 1793. (L. S.) Carl, Pfalzgraf.“ Reichsarchiv. Z. A. Nr. 2690. — Bereits am 13. desselben Monats hat die Regierung in Zweibrücken wieder ihre Amtsverrichtungen übernommen. Mitglieder derselben waren: Freiherr v. Fürstenwärter, Schmid, Colson, Horstmann und Klick. A. a. O. Nr. 904.

genossen hat es bei den im Herzogthume hergebrachten Grundsätzen sein Verbleiben. Nur muß hierbei vor der Hand aller Zwist mit den Diözesanbischöfen vermieden werden. Es versteht sich jedoch von selbst, daß hier nur von den rechtmäßigen Bischöfen, und namentlich nicht von dem constitutionellen Departements-Bischofe von Straßburg, die Rede seyn kann, dem jede Einmischung in das dießseitige Kirchenwesen untersagt bleibt. Wo katholischer Seits ein constitutioneller Pfarrer oder Vikar an die Stelle des angeschwornen, rechtmäßigen Seelsorgers eingesetzet wurde, dort wird jener unverzüglich mit allem Glimpf und Schonung seiner Ehre des Amtes entlassen, und dieser wieder eingeführt. Da den früheren königlichen Pfarrern ihr Gehalt entzogen und ihnen ein sogenannter Nationalgehalt überwiesen wurde, der jetzt ebenfalls aufhört: so wird der Herzog die Besoldung der in den Souveränetäts-Landen angestellten Seelsorger und Schuldiener einstweilen übernehmen, bis hierüber weiter gesorgt seyn wird. [551] Die bereits in Folge der französischen Gesetzgebung veräußerten geistlichen Güter sind sogleich in Beschlag zu nehmen, jedoch deren Nutznießung noch den Käufern zu überlassen, bis ermittelt seyn wird, was dafür bezahlt wurde und wie diese Kaufsumme etwa durch Assignaten zu ersetzen seyn dürfte. Außer diesen Gütern sind auch noch die nicht versteigerten, welche sich bisher unter französischer Verwaltung befanden, mit Beschlag zu belegen und einstweilen im Namen des Herzogs zu verwalten. Dieß hat namentlich Bezug auf sämmtliche Güter, Gefälle, Einkünfte der Probstei Selz. Alle Erträgnisse dieser mit Beschlag zu belegenden Güter sollen zum Unterhalte der katholischen Geistlichen und Schuldiener verwendet werden. Die fürstlichen Kammergüter, welche von einigen Gemeinden angesprochen, in Besitz genommen und bisher benutzt wurden, sind unverzüglich wieder unter herrschaftliche Verwaltung zu bringen und die etwaigen Ansprüche zu

---

[551] Durch besondere Entschließung vom 8. November 1793 übernahm es die herzogliche Regierung, den katholischen Pfarrern, Vikaren und Schulmeistern, welche durch die Revolution ihren bisherigen französischen Staatsgehalt verloren hatten, diesen einstweilen zu bezahlen. Reichsarchiv. Z. A. Nr. 898. Der lutherische Pfarrer G. A. Luzius zu Candel, welcher sich beim Vorrücken der Kaiserlichen von dort nach Weissenburg geflüchtet hatte, bat den Herzog am 12. November 1793, unterstützt von Pfarrer Müller in Candel, um Nachsicht und Vergebung. Ebendaselbst Nr. 278.

untersuchen und wo möglich in friedlicher Uebereinkunft zu schlichten. Vorzügliche Sorge erheischt die Wiederherstellung des Land- und Schutzzolles bei Selz und die Wiedererrichtung der übrigen Land= zölle." ꝛc. ꝛc. — Ueber die unbefugte Ansiedelung der Juden während der Revolution und deren sofortige Beseitigung, erklärte der Herzog, „so gut er wisse, was die Rechte der Menschheit in dieser Bezie= hung von einem Regenten fordern, so gut sind demselben auch die Folgen von Aufnahme und Vermehrung der Juden bekannt, so lange diese fortfahren zu denken, zu handeln und sich zu ernähren, wie sie bis jetzo gethan haben." [532])

Erst am 19. Oktober erhielt der Statthalter v. Pfeffel den herzoglichen Befehl, nunmehr sich persönlich nach Bergzabern zu verfügen und dort die gestörte Ordnung und die alte Verfassung wieder herzustellen. Dieß hatte schon der herzogliche Commissär Hoffmann theilweise eingeleitet. So ward bereits am 16. Oktober der alte Stadtrath zu Bergzabern wieder in sein Amt eingesetzt. In den nächsten Tagen geschah dieß auch mit den Dorfschultheißen in den umliegenden herzoglichen Gemeinden. In Ibesheim ward der alte Schultheiß Theobald am 18. Oktober wieder installirt. Er erhielt die Weisung, seine Untergebenen ernstlich zum schuldigen Ge= horsam zu ermahnen, die Widerspenstigen aber zur gebührenden Bestrafung anzuzeigen. Am Sonntage den 20. Oktober traf Frei= herr v. Pfeffel in Bergzabern ein. Der Kammeralrath Sturz wurde daselbst als Amtmann, anstatt des entlassenen Sprenger, ein= gesetzt. Am folgenden Tage huldigte die dortige Bürgerschaft auf's Neue dem Herzoge. Die alten Beamten wurden hierbei den Unter= gebenen vorgestellt, und dieselben zum pflichttreuen Gehorsame er= muntert. Zur Handhabung der öffentlichen Ruhe und Sicherheit waren neun Mann herzogliche Jäger in Bergzabern einquartirt. [533]) Mit dem dortigen Oberamte wurden nunmehr die herzoglichen

---

[532]) Reichsarchiv. Z. A. Nr. 2690. Nur höchst ungern enthob der Herzog Carl, durch Verfügung vom 13. November 1793, den seit dem 8. September wieder aus Paris in Zweibrücken eingetroffenen Staatsminister v. Esebeck der früher zur vollkommensten Zufriedenheit seines Gebieters besorgten Ministerialgeschäfte, mit Ausnahme jener, welche das Forstwesen und das Oberjägermeisteramt betrafen, unter Beibehaltung aller seitherigen Würden und Freiheiten und des ungeschmälerten Gehaltes von 6,000 Gulden. — [533]) Schon am 17. Oktober 1793 war der Befehl von der herzoglichen Regierung ergangen, daß im Ober-

Aemter Kleeburg, Guttenberg und Hagenbach vereinigt, in der
Weise, daß ersteres und letzteres als Vogteiämter davon abhangen
sollten. Am 22. Oktober hatte die Huldigung im Amte Barbel=
robt, am folgenden Tage aber im Amte Kleeburg statt. [534]) Am
27. Oktober ließ der Amtmann Sturtz an alle Schultheißereien und
Vogteien des Oberamtes Bergzabern die Aufforderung ergehen, ein
Verzeichniß derer anzufertigen, welche während des französischen
Umsturzes ohne herzogliche Erlaubniß eingezogen sind, mit dem Be=
fehle, diese auszuweisen, wenn sie nicht innerhalb acht Tage um die
Aufnahme als herzogliche Unterthanen nachsuchen würden. Auch
Verzeichnisse der Ausgewanderten mußten abgefaßt und eingesendet
werden. Am letzten Oktober erfolgten von der herzoglichen Regie=
rung, welche damals in Meisenheim ihren Sitz hatte, nachstehende
Vorschriften: „Sämmtliche Beamten haben sich nach der herzoglichen
Landesverfassung zu richten und deren Grundsätze zu befolgen, so
lange sich keine Collision mit den besonderen Rechten, oder auch mit
einem verjährten, aus den französischen Maximen herrührenden Be=
sitzstande äußert, in welchen Fällen nähere Verhaltungsbefehle zu
erholen sind. Die Gerechtigkeitspflege wird nach gemeinen Rechten
und pfalzzweibrückischen Verordnungen, in so weit letztere schon in
vergangener Zeit eingeführt gewesen, gesprochen. Die seit der Re=
volution von den constitutionellen, oberen und niederen Gerichten
ergangenen Urtheile, werden für nichtig und unverbindlich angesehen,
und es steht den Betheiligten frei, diese Rechtshändel vor die her=
zoglichen Beamten zu bringen. Die Dorfgerichte werden allent=
halben auf hierländischen Fuß gesetzt. Bei Besetzung der Schul=
theißen= und Schöffenstellen ist jedesmal an die herzogliche Regie=
rung gutachtlicher Antrag zu stellen." [535])

---

amte Bergzabern alle Gewehre, Pistolen, Säbeln ꝛc. sollten eingeliefert und
aufgesucht werden. Der Amtsschreiber Kempf und Förster Bopp wurden da=
mit beauftragt, die diesen Auftrag jedoch erst am 7. November vollzogen.
Reichsarchiv. J. A. Nr. 886. — [534]) Doch erst am 17. Dezember 1793 wurde
das Oberamt Bergzabern von der herzoglichen Regierung, die damals ihren
Sitz zu Castellaun hatte, angewiesen, den zum Vogt der beiden Amtsvogteien
Selz und Bischweiler ernannten bisherigen Regierungs=Sekretär Schmid in
Pflichten zu nehmen. — [535]) Reichsarchiv. J. A. Nr. 914. Berichte des
Amtmanns Sturtz von Bergzabern vom 28. Oktober und 3. November 1793.
Ebendaselbst Nr. 2689.

Am 3. November wurde auf herzoglichen Befehl in allen Kirchen zu Bergzabern ein feierliches Dankfest wegen glücklicher Befreiung von französischer Botmäßigkeit abgehalten. Die Vorzüge und der Segen der alten Verfassung fanden hiebei reichliches Lob und die Unterthanen kräftige Aufforderung zur neuen Treue und Anhänglichkeit an das alte, angestammte pfalzgräfliche Fürsten=haus. [538])

Kaum waren die siegreichen Waffen des kaiserlichen Feldmarschalls v. Wurmser über die Queich vorgedrungen, so suchte auch der für das Wohl und die gute Verwaltung seines dortigen hochstiftlichen Gebietes besorgte Speyerer Fürstbischof die zweckdienlichen Vorkehrungen zu treffe.i. So stellte er am 12. August 1793 an den bayerischen Staatsmi=nister, Grafen v. Vieregg, die Bitte, daß dem, bei der kaiserlichen Armee befindlichen, kurpfälzischen Landes-Commissäre v. Wrede, dessen freundschaftliche Beziehungen zu dem Speyerer Oberhirten wir schon oben kennen gelernt haben, die Besorgung der hochstiftlichen Angelegenheiten in diesem Feldzuge von ihm ebenfalls übertragen werden dürfte. Der Graf v. Vieregg gewährte durch eine Zuschrift aus Nymphenburg vom 18. desselben Monats diese Bitte. Doch der Graf v. Oberndorff in Mannheim hegte Bedenken gegen diese Geschäftsbesorgung des Freiherrn v. Wrede, so lange die vereinten Truppen noch im Kurpfälzer Gebiete ständen. Deßhalb verschob August v. Styrum deren förmliche Uebertragung bis zum 17. Oktober 1793. Dieß hinderte Letzteren keineswegs, schon am 25. August desselben Jahres dem genannten Commissäre nachstehendes Schreiben zu übersenden: „Der Ueberbringer dieses ist mein Amts=keller zu Jockgrim, Namens Longatty. Die Aufträge, welche dem=selben anvertraut sind, erheischen es, daß derselbe sowohl dem com=mandirenden, als den übrigen betreffenden Herren Generälen be=kannt werde. Er ist, so wie meine übrigen Amtskeller, während der ganzen Revolutionszeit mit meinem Vorwissen und auf meinen

---

[538]) Die Pfarrer Reichard und Hepp hatten sich durch Anhänglichkeit an ihren Fürsten die besondere Mißgunst vieler ihrer Pfarrkinder zugezogen, und wünschten daher sehr ihre Versetzung, von der aber Freiherr v. Pfeffel, laut eines Schreibens aus Mannheim vom 8. November 1793, durchaus nichts hören wollte. Der erste reformirte Pfarrer Wecker war an der Ruhr ge=storben, nicht aber an Mißhandlungen, wie irgendwo angegeben ist.

ausdrücklichen Befehl, zu Jockgrim verblieben, weil mir viel daran
gelegen war, daß die dortige, so wie die übrigen Kellereien meines
Hochstiftes nicht in fremde Hände kommen. Sein Verbleiben in
Jockgrim kann ihm also keineswegs zum Vorwurfe gereichen, wie
es der Herr Commandirende nach seinen, an Longatty gemachten
Aeußerungen zu glauben scheint. Der Herr Hofgerichtsrath — v.
Wrede — belieben also, dem Herrn Commandirenden nebst meiner
Freundschaftsversicherung hierüber Aufschluß zu geben, und demselben meinen Amtskeller Longatty sowohl, als meine übrigen Beamten zu Lauterburg, Weissenburg, Dahn und Hagenau zum Schutze
und zur Unterstützung bestens zu empfehlen." 2c. 2c. Am Tage vorher
hatte der Fürstbischof auch unmittelbar an den Grafen v. Wurmser
in dessen Hauptquartier Büchelberg geschrieben: ... „Bei Weitem der
größte Theil meiner Unterthanen sind gutgesinnte Deutsche und verdienen gewiß in jeder Rücksicht alle Schonung, um so mehr, als
vermöge der im Mittel liegenden Reichsschlüsse, meine jenseitigen —
oberqueichischen — Ortschaften als ergänzende Theile des deutschen
Reiches angesehen und erklärt sind. Ich bin daher so frei, Eurer
gräflichen Erlaucht meine Ortschaften nochmalen anzuempfehlen, und
für dieselben, insonderheit aber für meine herrschaftlichen Gebäude
zu Lauterburg und Weissenburg, die nöthigen „Sauves-gardes" mir
auszubitten." [537])

　　Als die Weissenburger Linie eben so tapfer als ruhmvoll erobert war, unterließ es August v. Styrum nicht, am 17. Oktober
dem greisen Helden, „als alter Freund und Bewunderer," die aufrichtigsten Glückwünsche wegen des so ruhmvoll erfochtenen, und
über alle Erwartung glorreich ausgefallenen Sieges, auszusprechen.
„Ich nehme daran, fügte Graf v. Styrum bei, um so lebhafteren Antheil, als mein, so viele Jahre hindurch bedrängtes Hochstift sich
wieder im Besitze seiner so lange vermißten, oberqueichischen Aemter
sieht, und ich hoffen kann, einst wieder im Stande zu seyn, meinen
reichsständigen Obliegenheiten zu entsprechen. — Als das erste
Mittel zu diesem, so lange fruchtlos bezielten Zwecke, betrachte ich
nun die schleunigste Wiederherstellung der rechtmäßigen Verfassung,
und diese kann nicht wohl anders zu Stande kommen, als durch
baldige Wiedereinsetzung der herrschaftlichen Beamten, Ortsvorsteher

---

und Gerichte, deren Bestellung jedem Landesherrn obliegt, und welche dermalen um so weniger einigen Verschub leidet, als nicht nur das Wohl der nach Ordnung seufzenden Unterthanen und Gemeinden, sondern auch der Dienst der Armee tägliche Vorkehrungen erheischen, welche von landesherrlichen Beamten und Vorgesetzten besorgt werden müssen, wenn nicht die sogenannte Munizipalität und sonstige Anhänger der französischen Nation die Hände im Spiele behalten sollen." ³³⁸) .... „An Eure gräfliche Erlaucht sende ich deßwegen meinen Hofrath Leth, um Hochderselben meine aufrichtigsten Glückwünsche mündlich zu bekräftigen, dabei mein Vorhaben und die Art, wie solches auszuführen seyn wird, und von Eurer Hochgeboren zu vernehmen, welche besondere Vorsicht etwa dabei nöthig seyn dürfte." ꝛc. ꝛc.   An demselben Tage schrieb der Bischof weiter an den Grafen v. Wurmser: ... „Die Wiedereinsetzung der rechtmäßigen Seelsorger, welche meine getreuen Diözesanen so lange vermißten, ist nun eine der wesentlichsten Verfügungen, und sie leidet jetzt um so weniger Verschub, als der in manchen Orten eingerissene Geist der Irreligion und die damit verbundenen, aufrührerischen Begriffe von Freiheit und Gleichheit aus den Gemüthern vorderhand vertilget werden müssen, wenn gesetzliche Ordnung im Ganzen und christliche Eintracht unter Einzelnen je wieder stattfinden sollen.   Von Eurer Erlaucht verspreche ich mir daher, Dieselben werden mich in Erfüllung dieser gemeinnützigen Obliegenheiten geneigtest unterstützen, und zu dem Ende die an den betreffenden Orten commandirenden Offiziere anweisen, den Pfarrern in erforderlichen Fällen an Handen zu gehen. — Ein Gleiches erbitte ich mir wegen des zu meiner, der kaiserlichen Majestät und dem Reiche lehnbaren, fürstlichen Probstei gehörigen Collegiatstiftes zu Weissenburg, dessen Capitel nunmehr wieder eintreten, und die ihm obliegenden, kirchlichen Verrichtungen, von welchen es durch die Franzosen so gewaltsam, als widerrechtlich verdrängt wurde, unter kaiserlicher Majestät und des Reiches Schutz wieder anfangen muß." ꝛc. ꝛc.   Der besorgte Fürstbischof gab noch an demselben Tage dem kaiserlichen Gesandten, dem

---

³³⁸) Der ehemalige Schultheiß in Büchelberg, welcher sich viele Holzfrevel im Bienwalde zu Schulden kommen ließ, und deßhalb von dem fürstlichen Oberjäger Talleur bei dem Grafen v. Wurmser angeklagt wurde, war ein treuer Anhänger der Franzosen.

Grafen v. Lehrbach, von diesen Zuschriften an den Oberbefehlshaber
der kaiserlichen Truppen Kenntniß mit der dringendsten Bitte um die
etwa nöthige Unterstützung in dieser Angelegenheit. — Wahrscheinlich
fanden diese Wünsche des Fürstbischofes nicht gar schnell die gehörige
Beachtung vom Grafen v. Wurmser, denn am 8. November wurde
der genannte Hofrath Leth von jenem abermals in das Lager des
Letzteren abgeschickt, um ihm die fürstlichen Glückwünsche zum verliehenen Maria-Theresia-Orden zu bezeigen, und ihm zugleich einen,
mit dem Bilde des Kaisers gezierten Säbel zum Andenken der Eroberung der Weissenburger Linie zu überreichen, mit der Bitte,
nunmehr dem Hofrathe bei der, für die ordentliche Verwaltung der
oberqueichischen, hochstiftlichen Lande, freundliche Unterstützung zu
gewähren. [539])

---

[539]) Karlsr. Archiv. S. A. — Nicht gar erfreulich für den Fürstbischof
war das Schreiben des Grafen v. Wurmser, welches dieser am 1. Dezember
1793 aus dem Hauptquartiere zu Hagenau an jenen richtete: „Es wäre überflüssig, so begann dasselbe, Euer fürstlichen Gnaden jenes Ungemach zu schil-
bern, welches mein unterhabendes Corps d'armée mit der glücklichen Vor-
rückung gegen die feindlichen Besitzungen und Ersteigung der Weissenburger
Linien auszustehen gehabt und noch aussteht, um diese Besitzungen forthin
zu soutteniren. Dieses ziehet eine natürliche Folge nach sich, daß die beständ-
bigen Strapazen bei dermaliger rauher Witterung und fast täglich vorfallen-
ben feindlichen Attaquen sich eine Menge Kranke und Blessirte ergeben, zu
beren Unterbringung man zwar schon viele Spitäler angelegt, diese aber auf
alle unvorzusehende Fälle bennoch unzulänglich, folglich nöthig gefunden hat,
ein Reservspital anzulegen." — Der Graf verlangte hiefür den Hoheneder, das
Seminar und einen Theil des Waisen- und Zuchthauses in Bruchsal, was
bem Fürsten sehr ungelegen kam, bas er aber zuletzt nicht verhindern konnte.
Schon am 18. September hatte Graf v. Wurmser den Speyerer Fürstbischof,
weil die Spitäler zu Speyer, Durlach und Heidelberg von kranken und verwundeten Soldaten überfüllt seyen, um ein geeignetes Lokal ersucht, worin
etwa 800 Mann könnten untergebracht werden. Es wurde hiefür das fürstliche Schloß zu Rauenberg angewiesen. — Am 24. Dezember 1793 übersendete
der Graf v. Splenly seinen Abjutanten aus dem Quartier zu Staffort nach
Bruchsal, um seine Gemahlin hier unterzubringen, wofür auch gesorgt wurde.
— In einer Denkschrift vom 6. Dezember 1793, an die Reichsversammlung
zu Regensburg gerichtet, schilderte der Fürstbischof zu Bruchsal seinen bisher
erlittenen Schaden also: „Denn vor's Erste a) vermissen wir seit der zweiten Hälfte des Jahrs 1789 nicht nur alle durch die französische Nationalconvention abgeschafften, sogenannten Feudalgefälle, sondern auch sämmtliche
übrige unserem Hochstifte zuständige Einkünfte in den ober der Queich ge-

Sechster Abschnitt.

Wiederbesetzung der Rheinpfalz durch die Franzosen und Räubereien derselben.

§. 1. Rückzug der Verbündeten über die Lauter, Queich und über den Rhein.

Nach dem harten Schlage und großen Verluste, welchen die französische Moselarmee in der zweitägigen Schlacht bei Moor-lautern erlitten, zog sie sich in Eile wieder in die Stellungen zu-rück, welche sie während des Sommers zu behaupten gesucht hatte. Diese waren Schweigen, Hornbach, Blieskastel, St. Jngbert, Mit-telberbach und Limbach. Ihr Oberbefehlshaber Hoche ward durch die bedeutenden Verluste bei Kaiserslautern nicht entmuthigt, son-dern eilte, nach Weisung des Nationalconventes, dem linken Flügel

legenen Kellereien Lauterburg, Jockgrim, Altstadt, St. Remig, Dahn, Ma-benburg und Hagenau. Der dadurch erlittene Verlust beträgt nach einem nur oberflächlich gemachten Anschlage über 600,000 Gulden. Ferner b) sind unsere Waldungen, welche einen Umfang von mehr als 60,000 Morgen aus-machen, durch die von den Feinden gemachten Verhane und sonstige Ver-wüstungen dermaßen zu Grunde gerichtet, daß der unserm Hochstifte zuflie-ßende Schaden mit einer Million fünfmalhunderttausend Gulden nicht ersetzt werden kann. Hiezu kömmt noch c) die von dem Generale Custine unserm Hochstifte angesetzte, wegen fürwaltender Unvermögenheit unserer Unterthanen aber von unserer Hofkammer erledigte Brandschatzung von 100,000 Thaler. Rechnet man dazu noch d) die unserm Domcapitel zu Speyer und den übri-gen Stiftern abgenommene Brandschatzung, und die denselben sowohl als Uns und unsern Unterthanen jenseits Rheins hinweggenommene Weine, Früchte und Fourage, worüber wir, sowie über die übrigen Punkte, nöthigenfalls die erforderlichen Berechnungen vorzulegen unermangeln werden: so ergiebt sich ein offenbarer Schaden von wenigstens vier Millionen, welche wir als zuvorderst gelegener Reichsstand durch die französischen Feindseligkeiten ertragen müssen." ꝛc. ꝛc. Reichstags-Akten a. a. O. zu Regensburg.

der Rheinarmee bei Niederbronn sofort zur Hilfe, um mit verstärk=
tem Heere Lorbeeren an der Motter zu erkämpfen, welche ihm vom
Herzoge v. Braunschweig so unerwartet an der Walblauter sind
entrissen worden.

Ohne die geschwächten Feinde bei eigenem, starken Verluste und
ungünstiger Jahreszeit weiter zu verfolgen, besetzten die Preußen
ihre früheren Posten bei Homburg, sendeten ihre Feldwachen bis
nach Zweibrücken, und behielten ihre Cantonirungsquartiere in der
Umgegend von Kaiserslautern und Otterberg. Diese Stellung bil=
dete nun einen starken Damm gegen die Republikaner, den der
Herzog v. Braunschweig immer noch mehr befestigen ließ, um, wenn
jene wiederkehren sollten, ihnen desto sicherer und kräftiger wider=
stehen zu können.

Nach dem Verluste der Weissenburger Linien, zog sich die
französische Rheinarmee in Eile an die verschanzte Linien der Motter,
von Hagenau bis Reichshofen, zurück. Graf v. Wurmser brach mit
seiner Armee am 18. Oktober gegen die Motter auf. Diese wurde
glücklich übersetzt und die Feinde bei Drusenheim geschlagen. Nach=
dem die Besetzung der Rheinfestung Fort-Louis unter dem Befehle
des feindlichen Generals Durand auf 5,000 Mann erhöhet war,
und blutige Gefechte bei Brumpt und Wanzenau aber den Kaiser=
lichen neue Siege gebracht hatten, zogen die Republikaner auch über
die Sor sich zurück.⁵⁴⁰) [540)] Hier nahmen sie die feste Stellung von
Straßburg, Elsaßzabern, Pfalzburg, Lützelstein und Lichtenberg ein,
um so den linken Flügel der Rheinarmee mit dem rechten der Mosel=
armee in Verbindung zu setzen. Vor Allem beeilten sie sich, ihre
gelichteten Regimenter zu verstärken. Seit dem 29. Oktober von
dem ebenso tapferen als einsichtsvollen Generale Pichegru befehligt,
suchten sie dann mit gesammelter Uebermacht, und vom Winterhimmel
unterstützt, die Verbündeten baldmöglichst aus dem Elsaße zu verdrängen.

Diese hegten die sichere Hoffnung, das damals sehr mißver=
gnügte und empörte Straßburg zu gewinnen und das reiche Elsaß
der blutigen Herrschaft der Jakobiner zu entreißen.⁵⁴¹) [541)] Graf v.

---

⁵⁴⁰) [540)] Wir können hier die für die Tapferkeit der verbündeten Armee so
ruhmvollen Kämpfe und Schlachten im Elsaße nicht näher schildern, weil uns dieß
von unserem eigentlichen Ziele zu weit abführen würde. — ⁵⁴¹) [541)] Die Schilderung
dieser Herrschaft siehe Strobel's und Engelhard's Geschichte des Elsasses. Bd. VI.

Wurmser, welcher zu Bendenheim im Elsaße reiche Besitzungen hatte, — sie trugen ihm jährlich 40,000 Livres ein, — stand mit mehreren Unzufriedenen in jener Stadt in Verbindung. Allein der Schrecken der Guillotine vereitelte mehr diese Hoffnung, als der Schrecken vor dem Freicorps der Sarazener-Seressaner oder Rothmäntel, wie Einige behaupten wollen. [542]) Die Verbündeten beschränkten sich jetzt auf die Vertheidigung ihrer eingenommenen Stellung, um die Belagerung von Landau und Fort-Louis zu decken. Letztere Festung mußte sich am 14. November dem General v. Lauer ergeben. Man hoffte jetzt um so mehr, daß auch die Preußen vor Landau ihre Schuldigkeit thun würden; allein dieß war eine verhängnißvolle Täuschung für den Grafen v. Wurmser. Mit desto größerem Ungestüme ergriffen die Republikaner die Offensive. Vom 17. November an entspannen sich fast täglich blutige Gefechte. Sie veranlaßten den allmähligen Rückzug der Kaiserlichen hinter die Linien an der Motter. Besonders grausige Schlachttage waren die sechs letzten Tage des November. Beim Beginne des Monats Dezember wurden die Angriffe der Republikaner noch kühner und nachdrücklicher. Mit Löwenmuth stemmte sich die kaiserliche Armee ihnen entgegen. Das Treffen bei Berstheim am 8. Dezember allein kostete den Republikanern bei 2,000 Mann. [543]) Aber auch die Reihen der Verbündeten waren stark gelichtet, nicht nur durch fortwährende Kämpfe, sondern durch Krankheit. General v. Hotze hatte bisher mit Umsicht und Tapferkeit den rechten Flügel der Kaiserlichen gegen die anschwellende Macht der Franzosen vertheidigt. Durch das Zurückziehen der Preußen an der Saar, und durch das Vordringen des Generals Hoche, welcher, als der Erb-

---

S. 221. u. ff. Am 14. November 1793 erließ Graf v. Wurmser einen Aufruf an die Elsäßer, worin er ihnen die Aussicht eröffnete, wieder deutsch zu werden, was den Preußen vollends die Lust benahm, die Eroberungen dieses Gebietes zu unterstützen. Häußer a. a. O. Th. I. S. 606. — [542]) Der französische Freiheitskrieg. Th. I. S. 257. — Am 22. November 1793 verlangte Graf v. Wurmser vom kurpfälzischen Minister v. Obernborff 4,000 bis 5,000 Schanzarbeiter mit dem nöthigen Geschirre, um bald möglichst die Linien an der Lauter schleifen zu können. Karlsr. Archiv. B. A. — [543]) In dem Treffen bei Bersheim zeichneten sich besonders die Conderx aus. Der Sohn des Prinzen, Herzog v. Bourbon, ward dabei durch einen Säbelhieb verwundet. Auch sein Enkel, Herzog v. Enghien, focht nicht minder brav.

prinz v. Hohenlohe, der bei Pirmasens stand, die Weisung erhalten
hatte, gen Annweiler und Bergzabern vorzurücken, um die dortigen
Pässe zu sperren, sah sich v. Hotze auf seinem Posten bei Reichshofen
in Gefahr, bei Lembach umgangen zu werden. Dieß veranlaßte
den kaiserlichen Oberbefehlshaber, sich am 9. Dezember mit seiner
Armee hinter die Motter, in die bereits sehr befestigten Stellungen,
welche sich von Drusenheim über Hagenau, Reichshofen bis gen
Lemberg im Gebirge ausdehnten, zurückzuziehen. Dort glaubte er
den, jeden Tag mit Gewißheit erhofften Fall der Festung Landau
eher abwarten zu können. Der Herzog v. Braunschweig, den der Graf
v. Wurmser vergebens um Unterstützung angegangen hatte, billigte
jedoch diese Stellungen nicht. Er hielt, wie wir bereits gehört
haben, jene bei Weissenburg, oder aber jene längs der Sur für
ungleich günstiger. Allein jetzt war es keine Zeit mehr, neue
Schanzen aufzuwerfen, sondern das bei Reichshofen und Wörth be-
festigte Lager zu vertheidigen und durch schnelle Unterstützung zu
schützen. Der Herzog war zwar am 13. Dezember durch das
Neustadter-Thal, an Landau vorbei, nach Bergzabern geeilt, um der
drohenden Gefahr näher zu seyn; auch wurden die preußischen Posten
zu Annweiler, Wernersberg und Waldhambach stärker besetzt; [444)
allein die geforderte Hilfe an der Motter wurde dadurch dem Grafen
v. Wurmser nicht zu Theil. Der Herzog v. Braunschweig rieth
auch jetzt noch zum weiteren Rückzuge. Die Angriffe der Franzosen
wurden immer heftiger, ihre Anzahl immer stärker. Sie zählten
bei 90,000 Mann. Schon am 11. Dezember hatten sie die ganze

[444) Aus dem Wasgauer Gebirge haben wir folgende Nachricht: „Am
12. Dezember 1793 besetzten die Franzosen eine Anhöhe bei dem Freunds-
burger Hofe, von welcher sie die Schanze der Deutschen an der Tann-Brücke
beschießen konnten. Wirklich erfolgte auch am anderen Tage Morgens gegen
10 Uhr der Angriff auf diese Schanze. Der Kampf dauerte bis gegen 3 Uhr.
Die Deutschen mußten den überzähligen Republikanern die Schanze überlassen.“
Bericht des Amtmanns Sturz aus Bergzabern vom 14. Dezember 1793. —
Am 14. Dezember stand Obrist v. Ernst mit seinem Bataillon, und einem
Grenadier-Bataillon v. Wittinghof, mit einer Compagnie Jäger der Major
v. Böltzig, mit 80 Husaren vom Regiment v. Eben und 6 Kanonen in
Leimen. Es herrschte eine außerordentliche Noth an Lebensmitteln in der
Gegend, so daß der genannte Obrist deßhalb die milde Fürsorge des Mark-
grafen von Baden nachsuchte. Orig.-Schreiben. Karlsr. Archiv. G. A.

Linie der Verbündeten, und vorzüglich die Posten von Reichshofen
angegriffen. Drei Tage später rückten die Republikaner mit
äußerster Wuth gegen alle Gebirgsposten heran. Am 15. Dezember
bemächtigten sich dieselben bei einem allgemeinen Angriffe des wich=
tigen Postens, des Engelberges bei Lembach, wurden aber wieder
zurückgedrängt, indem der Herzog v. Braunschweig im entscheiden=
den Augenblicke zwei Bataillone, befehligt vom Generalmajor v.
Kleist, zur Hilfe gesendet hatte. Am folgenden Tage wiederholten
die Republikaner einen allgemeinen Angriff. Dieses täglichen Wür=
gens müde, entschloß sich Graf v. Wurmser, nach dem Wunsche
seiner braven Krieger, dem Feinde eine offene Schlacht anzubieten.
Der Herzog v. Braunschweig hatte hierzu schon unterm 11. Dez.
gerathen. Sie wurde nunmehr auf den 18. Dezember bestimmt.
Doch fürchterliches Regenwetter, welches die Gebirgswege unzu=
gänglich gemacht hatte, vereitelte den festgesetzten Plan. Dieses
Wetter hinderte aber die leichtfüßigen Republikaner nicht an einem
abermaligen Angriffe bei Reichshofen und im Gebirge bei Fischbach.
Hier durchbrachen sie wirklich die Linie der Verbündeten, wurden
aber zuletzt mit neuem Verluste zurückgeworfen. Um die verschanzten
Stellungen bei Reichshofen, Wörth und Fröschweiler, welche vom
Feinde am Meisten bedroht waren, mit der erforderlichen Mann=
schaft zu besetzen, zog Graf v. Wurmser nunmehr seinen rechten
Flügel von Lembach zurück. Diesen Posten übernahm der Herzog
v. Braunschweig mit 8 Bataillonen Infanterie und 5 Escadronen
Cavallerie, in der Linie vom Liebfrauenberge bis zur Scheerhohl.
Allein dem Herzoge schien diese Kampflinie bei der, durch die Trup=
pen der Moselarmee stets steigenden Ueberzahl der Feinde, immer
noch zu ausgedehnt. Dennoch ward auf den 23. Dezember ein
Angriff auf die Republikaner verabredet, und hierzu die nöthigen
Vorbereitungen getroffen. Allein die Franzosen kamen, unter dem
Obercommando des Generals Hoche, diesem Angriffe am 22. De=
zember zuvor. Mit dem fürchterlichsten Geschrei: „Landau oder
Tod!" erstürmten sie die Redouten bei Reichshofen und Wörth, er=
stiegen den Liebfrauenberg und durchbrachen nach blutigem Kampfe
die Linie bei Fröschweiler, die General v. Hotze mit Verzweiflung
vertheidigt hatte. Graf v. Wurmser zog sich in der folgenden Nacht
aus der Linie an der Motter hinter die Sur zurück. General v.
Hotze nahm seine Stellung auf dem Geisberge. Die Preußen sam=

melten sich jetzt von Lembach auf der Scheerhohl und in Weiler.
Nachdem hierdurch der Liebfrauenberg und Lembach in die Hände
der Republikaner kam, gewährte auch die Stellung an der Sur
keine Sicherheit mehr.   Graf v. Wurmser zog daher am 24. De=
zember seine Armee auf die Anhöhen von Weissenburg und Lauter=
burg zurück.   Die ungünstige Witterung, die übermenschliche An=
strengung im ständigen Kampfe, Krankheiten und Mangel an
gehöriger Pflege, hatte die kaiserliche Armee sehr herabgebracht. Die
kaiserliche Generalität versammelte sich daher am 25. Dezember zu
einem Kriegsrathe, und bestimmte einmüthig die Räumung des
linken Rheinufers.   Der General v. Funk überbrachte dem Herzoge
v. Braunschweig den deßfallsigen Beschluß. Dieser verwarf ihn mit der
Erklärung, daß man den Feind angreifen und schlagen müsse, denn
ein solcher Rückzug wäre für beide Armeen der Verbündeten ent=
ehrend, und die Folge davon nachtheiliger, als eine verlorene
Schlacht. [545]   Der Herzog eilte mit dem Prinzen v. Hohenlohe

---

[545]) Bezüglich dieser letzten Tage haben wir noch folgende archivalische
Nachrichten: „Am 14. Dezember Nachmittags fuhr der Herzog v. Braun=
schweig mit dem Fürsten v. Hohenlohe von Bergzabern über Weissenburg zur
Kampflinie ab.   Am 15. und 16. hörte man starkes Feuern in der Gegend
von Lembach.   Vieles Geschütz und Munition wurde schon am 12. und 13.
Dezember am Gebirge hinauf gefahren.   Man ist voller Erwartung der Dinge,
die da kommen sollen." .....„Den 22. wurden die Kaiserlichen nach einem hitzi=
gen Gefechte zwischen Wörth und Lembach aus der Schanze bei dem Lieben=
frauenberg verdrängt.   Vieles Geschütze ging dabei verloren.   Die Gegend
von Wörth bis Kleeburg blieb offen.   Von Kleeburg haben sich die Preußen
zurückgezogen.   An demselben Tage griffen die Republikaner die preußischen
Schanzen von Tannbrücke her an und stürmten sie, so daß sie nicht weit von
der Scheerhohl entfernt stehen.   Am folgenden Tage war das Hauptquartier
des Herzogs v. Braunschweig zu Roth im Kleeburgischen   Von dort bis auf
den Geisberg zogen sich die deutschen Verbündeten zusammen." Bericht des
Amtmanns Sturz aus Bergzabern vom 23. Dezember 1793.   Am 25. De=
zember — auf das Weihnachtsfest — flüchteten die Beamten und treugesinn=
ten Einwohner in großer Menge von Bergzabern gegen den Rhein, um jen=
seits eine Zufluchtsstätte zu finden.   Der Amtmann Sturz zog über Windern
nach Germersheim, von da nach Mannheim.   Am St. Stephansfeste war
der unglückliche Tag, an welchem die kaiserliche Armee am Geisberge geschla=
gen, zum Rückzuge genöthigt wurde, der auch jenen der Preußen zur Folge
hatte   An demselben Tage flüchtete sich auch der Amtsschreiber Engelbach
von Annweiler nach Feudenheim bei Mannheim.   Der Commissär Hoffmann

noch an demselben Tage, dem hohen Weihnachtsfeste, zum Grafen v. Wurmser, um Kunde über die Stellung und Stärke des Feindes einzuziehen und das Nöthige zu besprechen. Der Angriff gegen die Republikaner ward auf Andringen des preußischen Oberbefehls= habers, welcher die thätigste Unterstützung aller seiner verwendbaren Truppen versprach, und sogleich 15 Escadronen vorrücken ließ, auf den folgenden Tag festgestellt. Auf denselben Tag hatte General Hoche, dem jetzt auch der Oberbefehl über die Rheinarmee über= tragen war, einen wiederholten Angriff zum Entsatze von Landau bestimmt.[346] Kaum waren die Verbündeten, gemäß dem entworfe= nen Schlachtplane, eine halbe Stunde ausgezogen, so erkannten sie, daß die Republikaner auf der ganzen Linie von Lauterburg bis an die Gebirgsposten anstürmten. Der General Desaix eröffnete den Angriff bei den Anhöhen von Lauterburg. Dem folgte bald mit weit größerer Macht und Ungestüme ein weiterer Angriff auf den Geisberg. „Landau oder Tod!" war hier abermals das Kriegsgeschrei der Republikaner. Mit dem Bajonnete wuthentbrannt über die Leichen der gefallenen Kameraden einherschreitend, kannten sie keine Schwie= rigkeit, keine Rast, bis dieser wichtige Posten erobert und die Ver= bündeten, welche vor Kanonendonner und Pulverdampf kaum mehr etwas hörten und sahen, in größter Verwirrung zurückgedrängt waren. Der französische General Donadieu sprengte mit seiner leichten Cavallerie gen Weissenburg vor und drohte, die dort mit ihrem Geschütze aufgestellten Truppen, namentlich die Legion Mi= rabeau, welche die Nachhut bildete, einzuschließen. Dieß wurde jedoch von dem Herzoge v. Braunschweig, welcher jene Gefahr erkannt hatte und mit dem Generale v. Wartensleben den Bedrohten zu

---

war am 25. schon in Karlsruhe bei seiner Familie, von wo er sich nach Lud= wigsburg zurückzog. Der Vogt Weyland zu Annweiler flüchtete sich mit seinem Vater und dem Oberförster Reichard von Albersweiler nach Neckargemünd. Die Pfarrer Kimnach von Annweiler, Weizel von Wilgartswiesen, fanden eine Zufluchtsstätte zu Schrießheim. Alle die Städte und Dörfer längs dem rech= ten Rheinufer wimmelten von Flüchtlingen, die kaum die elendeste Unterkunst finden konnten. Reichsarchiv. Z. A. Nr. 2689.[—][346] General Hoche war mit der Generalität der Rheinarmee sehr unzufrieden, wie aus einem Briefe hervorgeht, welchen er am 26. Dezember 1793 an die Volksrepräsentanten bei der Armee schrieb. Vie de Laz. Hoche. Tome II. pag. 35. Siehe auch Sybel a. a. O. B. II. S. 511. u. ff.

Hilfe herbei geeilt war, ebenso muthvoll als glücklich verhindert. Noch bei einbrechender Nacht tobte der mörderische Kampf. Doch suchten die Verbündeten ihre Stellung bei Weissenburg zu behaupten. Erst in der Nacht vom 26. auf den 27. Dezember zogen die kaiserlichen Truppen ohne erhebliche, weitere Verluste, in zwei Colonnen am Gebirge nach Dörrenbach und auf der Ebene nach Freckenfeld, um an den folgenden Tagen den Rhein bei Germersheim, und am 30. Dezember bei Philippsburg zu übersetzen. Der Herzog v. Braunschweig hatte dringend gerathen, nur noch einen Tag bei Weissenburg stehen zu bleiben, die Versprengten zu sammeln, die Magazine und die Kranken zu retten, um hierauf hinter der Queichlinie oder an dem Speyerbache feste Stellung zu nehmen. Allein der Graf v. Wurmser schrieb ihm am 27. Dezember, diesem Wunsche nicht entsprechen zu können, denn seine Armee sei zu erschöpft, von Kleidung, Schuhen und Lebensmitteln entblößt, und sohin unaufhaltbar. Vieles schwere Geschütz, welches in der drängenden Eile nicht konnte fortgebracht werden, fiel den Feinden in die Hände, so wie auch die reichen Magazine zu Weissenburg, Lauterburg und Cambel.[547] Gleichzeitig mit dem Rückzuge der Oesterreicher über die Lauter, verließen auch die preußischen Truppen ihre Stellungen im Gebirge. Am Morgen des 27. Dezember zog Hoche siegestrunken in Weissenburg ein. Er schrieb an den Kriegsminister, daß die wohlhabenderen Bürger von dort mit den Oesterreichern entflohen seyen, er werde sich aber deren Güter zu Nutze machen.[548] Der linke Flügel der Republikaner, von St. Cyr befehligt, hatte versucht, die Stellung der Preußen bei Bundenthal zu umgehen. Die Preußen auf der Scheerhohl mußten sich durch ein blutiges Gefecht den

---

[547] Die Brücke, welche von den Kaiserlichen bei Neuburg aufgeschlagen war, konnte kaum noch abgeführt werden. Das Corps des Prinzen v. Condé war auf dieser Brücke, noch 5,269 Mann zählend, schon am 25. Dezember auf das rechte Rheinufer abgezogen. Es hatte in den Gefechten vom 2. und 8. desselben Monats 792 Mann verloren. Die Oesterreicher hatten vom 16. Dezember 1793 bis 17. Januar 1794 an Todten und Verwundeten 1,608, an Gefangenen 800 Mann zu beklagen. Die kaiserliche Armee zählte bei dem Rheinübergange noch 49,000 Oesterreicher und 7377 Mann kurpfälzische, hessische und schwäbische Reichstruppen. Vergleiche hierzu Geschichte der Kriege. Th. I. S. 256. u. ff. „Der französische Freiheitskrieg.“ Th. II. S. 27. u. ff. — [548] Vie de Laz. Hoche. Tome II. pag. 41.

Weg über Weissenburg nach Bergzabern bahnen. In der Nacht vom 28. auf den 29. Dezember wurde die Belagerung von Landau, welche der General v. Knobelsdorf seit dem Abzuge des Kronprinzen von Preußen geleitet hatte, gänzlich aufgehoben. Am 28. Dezember rückte St. Cyr über Dahn, Silz nach Klingenmünster, am folgenden Tage aber nach Annweiler vor. [549] Die Nachhut des Prinzen v. Hohenlohe führte der General v. Köhler auf diesem Posten, und wies die andringenden Republikaner kräftig zurück. Die Vorposten derselben langten am 28. Dezember Morgens 9 Uhr, und bald nach ihnen die vier Volksrepräsentanten bei der Rhein= und Moselarmee vor Landau an, und wurden mit unbeschreiblichem Jubel empfangen.

Die nicht lange nach diesem verhängnißvollen Feldzuge erschienene Schrift: „Kurze Uebersicht des Feldzuges zwischen der Saar und dem Rhein, im Jahre 1793," sagt von diesem blutigen Feldzuge: „Erst die Nachwelt wird die Schleier von den Geheimnissen wegnehmen, warum die Armee der Verbündeten von Mainz's Uebergabe an, bis zu Ende September stille stand, warum man die schönste Jahreszeit unbenützt verstreichen ließ. Zwar errangen die verschiedenen Corps der preußischen Armee während dieses ganzen Zeitraumes beständige, und gewiß nicht unbeträchtliche Vortheile. . . .

---

[549] Mémoires par Gouvion St. Cyr. Tome I. p. 199. — Bereits am 8. Nivose Jahr II., also am 28. Dezember 1793, schrieb Hoche jubelnd an den Kriegsminister: „Les ordres sont exécutés; fais m'en passer d'autres. *Landau est libre!"* Vie de Laz. Hoche. Tome II. p. 42. An dem 29. Dez. ordnete der Herzog v. Braunschweig seine zerstreuten Truppen auf's Neue in vier Hauptabtheilungen. Die Vorhut führte der Prinz v. Hohenlohe, den rechten Flügel des Hauptcorps der General v. Knobelsdorf, den linken Flügel der General v. Courbiere, die Reserve aber General v. Rüchel. Das Hauptcorps marschirte am 29. nach Dürkheim und Frankenthal, am 31. nach Freinsheim und Dirmstein, und am 1. Januar nach Pfeddersheim und Worms, am 2. Januar nach Oppenheim. Prinz v. Hohenlohe folgte am 29. Dezember nach Neustadt, am 31. nach Dürkheim, am 1. Januar nach Dirmstein, am 2. nach Worms und am 6. Januar nach Guntersblum. General v. Rüchel führte, statt der Oesterreicher, die Nachhut am 29. und 30. Dezember über Mutterstadt nach Frankenthal, wies hier am 3. Januar einen lebhaften Angriff der Feinde zurück und rückte am folgenden Tage in die Gegend von Obernheim. Die Truppen bei Kaiserslautern traten am 30. Dezember den Rückmarsch an und vereinigten sich mit der Armee. Das sächsische Corps zog gleichzeitig über Rockenhausen nach Alzey und erreichte am 2. Januar Kreuznach. Geschichte der Kriege. Th. I. S. 261.

Allein alle diese Thaten trugen zu dem großen Zwecke, den man in diesem Feldzuge erreichen konnte, wenig bei. Es waren einzelne Stöße, die nicht auf dem rechten Punkte wirkten, und die zu lang= sam auf einander folgten, um das feindliche Vertheidigungsgebäude zu erschüttern oder über den Haufen zu werfen. Politische Ver= wickelungen müssen den Faden des Operationsplanes unglücklicher Weise zerschnitten haben, daher dieser sonst unbegreifliche Ruhestand der Armee zu einer Zeit, wo sie am thätigsten hätte wirken und wo man entscheidende Schläge hätte thun können." 550) Jener Schleier hat sich dahin gelüftet, daß Preußen den Oesterreichern die Eroberung des Elsaßes mißgönnte, und dadurch mit seiner Beihilfe stets zögerte, was Zwiespalt und Haß erzeugte und ben trefflichen Heerführern Hoche und Pichegru ihren Sturm und Sieg erleichterte.

Somit war der mühselige und blutige Feldzug des Jahres 1793 an den Ufern des Rheins, der Nahe und der Blies zum größten Nachtheile der verbündeten Armeen beendigt. Die stürmen= den Republikaner waren wieder im ungestörten Besitze aller Hilfs= quellen, welche das gesegnete Land zwischen dem Rheine und der Mo= sel darbietet. Die Grenzen der Republik am Rheine standen von aus= wärtigen Truppen befreit. Die Republikaner bauten in dem Herzen der Pfalz ihre ersten Vertheidigungslinien gegen neue Ueberfälle. Die bedrängten Bewohner mußten auf's Neue unzählige Frohndienste und harte Schanzarbeit leisten. Die trunkenen Sieger lebten auf dem eroberten Lande mit ungezügelter Willführ, in Raub= und Verwüstungs= sucht. Sie waren von einer Menge Commissäre und Agenten be= gleitet, welche nicht wie beutelustige Eroberer, sondern wie gefühl= lose und zügellose Plünderer und Mordbrenner die armen Bewohner ohne Unterschied unbarmherzig ängstigten, drängten, quälten und be= raubten. Tausende dieser geängstigten Bewohner hatten ihre Wohnung und Eigenthum verlassen, um jenseits des Rheines Schutz für ihr Leben,

---

550) Siehe auch die Schrift: „Ueber die Pfalz am Rhein und deren Nach= barschaft, von einem Beobachter, der die Feldzüge gegen die Neufranken mit= gemacht." Brandenburg. 1795. B. I. S. 11. Ueber diesen unglücklichen Aus= gang des ganzen Feldzuges kam es zwischen dem preußischen Hauptmanne v. Kampt und dem kaiserlichen Generale v. Hotze bald zu öffentlichen, bitteren Erklärungen, indem der Eine die Schuld des Unglückes auf die Oesterreicher, der Andere aber auf die Preußen zu wälzen suchte. Siehe auch K. A. Men= zel's Geschichte der Deutschen. B. XII. Abth. 2. S. 158.

Ehre und Gewissen zu finden. Sie haben sich hierdurch in un=
zählige Verlegenheiten und in die drückendste Noth und Armuth
gestürzt. Die schönen und wohlgerüsteten Truppen der Verbündeten
sahen sich ermattet, vernachlässiget und entmuthigt auf eben die
Lagerplätze zurückgeworfen, aus welchen sie im Frühjahre aufge=
brochen waren. Wie viele Tapfere aus ihrer Mitte waren gefallen?
Wie viele Verstümmelte waren unfähig, die Waffen weiter zu tragen?
Wie viele Kranke und Verwundete schmachteten in den Spitälern ohne
Hoffnung der Wiedergenesung? In hastiger Eile, in trostlosem Zustande
mußte die verbündete Rheinarmee, trotz ihrer Tapferkeit, trotz der Siege
an der Queich, an der Lauter, im Niederelsaße, bei Weihersheim und
Ohlungen, bei Brumpt und Reichshofen, bei Berstheim und Uhrweiler
rc. wieder über den Rhein sich flüchten, die Vogesenarmee trotz ihrer
Thaten bei Kaiserslautern, Pirmasens, Hornbach, Schweigen, Bie=
singen, Moorlautern und Lembach, sich in die Nähe der schützenden
Wälle und Mauern von Mainz zurückziehen. Der kühne Gedanke, Frank=
reichs Staatsumwälzung zu züchtigen und den Strom des Aufruhrs
zu bändigen, mußte aufgegeben und ernst Bedacht genommen werden,
das durch die fürchterliche Rüstung der jungen Republik bedrohte
deutsche Vaterland zu retten und dessen Grenzen gegen räuberische
Einfälle sicher zu stellen. Die Friedenshoffnungen waren zerstört.
Robespierre's blutiger Heilsausschuß führte gegen die Könige und
Fürsten den Vernichtungskrieg. Was Deutschland zu fürchten
hatte, das konnte das Betragen des siegestrunkenen Feindes in
dem Lande zwischen dem Rhein und der Mosel genugsam lehren.[551]

---

[551]) Der französische Freiheitskrieg. Th. II. S. 121. Hören wir die bei=
den Volksrepräsentanten bei der Rhein= und Moselarmee, Baudot und La=
coste, in stolzer Ruhmredigkeit diese Erfolge dem National-Convente schildern:
... „Hohenlohe sah sich gezwungen, sein Lager bei Zabern zu verlassen. Er
versuchte, sich der Feste von Bitsch zu bemeistern, und opferte dieser seiner
verzweifelten Unternehmung 1,800 Mann seines Heeres auf.... Von diesem
Augenblicke an dachten die Feinde nur daran, sich in einen auffallenden
Vertheidigungszustand — an der Motter — zu setzen.... Die Armee der Mosel
durchbrach, unter Anführung des Generals Hoche, die Dämme der Saar, schlug
die Preußen bei Blieskastel und Hornbach, befreite Bitsch und zwang den
Braunschweiger, seine bekannte Stellung bei Pirmasens zu verlassen und sich
auf Kaiserslautern zurückzuziehen. Die Frankenarmee versuchte sich dieses
Platzes zu bemächtigen. Würde es ihr — in der Schlacht bei Moorlautern
— gelungen seyn, so würde Landau befreit und zugleich auch die Pfalz einge=
nommen worden seyn.... Die nachlässigen und unfähigen Offiziere wurden

Es wurde nämlich von der damaligen Schreckensherrschaft eine allgemeine Ausleerungs-Commission für die Pfalz niedergesetzt, welche mit der höchsten Vollmacht des Heilsausschusses ausgerüstet, unabhängig von den Befehlshabern der republikanischen Truppen, diesen

abgesetzt, der Verlust ergänzt und neue Stellungen mit Ordnung und Schnelligkeit eingenommen. Zwölf Bataillone der Moselarmee stießen zur Rheinarmee und Alles war zur Ausführung neuer Plane vorbereitet. Dieß war am 12. Frimaire — 2. Dezember 1793. Seit diesem Tage bis auf den 2. Nivose — 23. Dezember — wurden wir oft von Ungeduld ergriffen beim Anblicke der langsamen und sich widersprechenden Bewegungen der Armee. Am letztgenannten Tage vereinigte sich die Moselarmee mit der Rheinarmee. Die Vertheidiger der Freiheit eroberten die furchtbaren Redouten bei Reichshofen; sie nahmen dem Feinde 16 Kanonen hinweg und schlugen ihn in die Flucht. Die Folge dieses Sieges war die gänzliche Räumung der Linie von Hagenau. Die Division des Generals Taponnier verfolgte den Feind, aber sie war schlecht unterstützt und darum war der Vortheil dieser Niederlage nicht so vollkommen, als es zu erwarten war. . . . . Landau war unser Hauptziel. Um es zu befreien, war eine einige und entscheidende Bewegung des ganzen Heeres nöthig. Hoche schien uns der Mann zu seyn, sie auszuführen. Wir übergaben ihm das Commando der beiden Armeen des Rheines und der Mosel. Diese Maßregel war ein kühnes aber ebenso dringendes Wagstück. Es stand uns nur ein Weg nach Landau offen; zwei Wegweiser konnten uns zu Grunde richten. . . . Hoche wurde zum Führer ernannt und zwei Tage darauf machte die Schlacht am Geisberge den glücklichen Fortgang dieses Feldzuges vollkommen. Der Plan zu dieser Schlacht am 26. Dezember war eben so gut ausgedacht als vortrefflich ausgeführt. Die Feinde wurden von verschiedenen Seiten zugleich angegriffen und geschlagen. Eine Division griff die Preußen bei Kübelberg, eine andere in den Engpässen des Annweiler Thales an, indessen die ganze Armee den Oesterreichern auf dem Geisberge eine Schlacht lieferte. Die Feinde machten Parade mit ihrer ganzen Taktik. . . . Die Republikaner kannten nur ein Spiel mit den Bajoneten. Sechs Stunden anhaltendes Feuern und Eindringen auf den Feind entschieden den Sieg. Landau's Befreiung war gewiß. Furcht und Schrecken drang in das Lager der Oesterreicher. Sie hatten ihre Rettung bloß der Nacht zu verdanken; ja Condé wäre in Weissenburg mit 40 Kanonen eingeschlossen worden, wenn Donadieu an der Spitze der Cavallerie, dem Befehle gemäß, auf sie eingedrungen wäre. Die Dunkelheit der Nacht zwang uns, die Einnahme von Weissenburg auf den morgenden Tag zu verschieben. Donadieu wurde auf der Stelle verhaftet und wird seine Strafe empfangen. Hoche hatte zu gleicher Zeit dem Divisionsgeneral Desaix den Befehl ertheilt, Lauterburg und den Posten von Hagenbach einzunehmen. Beides geschah. — Am 28. Dezember in der Frühe glaubten die Franzosen, daß sich die Gegner auf die Höhen von Barbesrobt zurückgezogen. Sie folgten nach. Auch die Volksvertreter, welche diesen

schauderhaften Beschluß vollstrecken sollte. Diese Aussäuerungs-Commission hatte wieder für einzelne Distrikte besondere Sektionen. Sie wählten zum Vollzuge ihrer Ausplünderungen Untercommissäre, welche zum Theile aus deutschen Flüchtlingen, aus verwegenen Clubisten und herabgekommenen Krämern, Wirthen und Metzgern des Elsaßes und von Lothringen gewählt wurden. [552]) Daß der schreckliche Auftrag unter den Händen solcher Menschen für unsere unglückliche Heimath doppelt verderblich war, läßt sich leicht denken. Die Commissäre der Sektion von Speyer versprachen zwar in einer Bekanntmachung vom 9. Januar 1794, [553]) den Wohnungen der ru-

---

Bericht abstatteten, mit zwei anderen, St. Just und Lebas, kamen zugleich mit den leichten Truppen, die auf Kundschaft ausgegangen waren, in Landau an. Die Volksrepräsentanten befahlen einstimmig im Einverständnisse mit General Hoche, immer weiter vorzudringen. Germersheim, dieser für die Erhaltung Landau's so wichtige Posten, war bald in unserer Gewalt. Speyer und Neustadt, Kaiserslautern und Kreuznach, Frankenthal und Worms fielen gleichfalls in die Gewalt der Republikaner. Sie haben alle diese Städte besetzt und leben auf Unkosten des Feindes, nehmen diesem Millionen hinweg und errichten Magazine für neue Unternehmungen. Zu Worms fanden wir 100,000 Säcke Früchte und eine unglaubliche Menge Leder..... Unsere Beute an Vorrath von Dingen aller Art ist unermeßlich und das Auswandern der zwei Drittel von den Bewohnern des Niederrheins vergrößert noch unser Glück. Es ist unmöglich, euch den hohen Grad von Fanatismus und deutschen Vorurtheilen, die dieses schöne Land beflecken, zu beschreiben. Diejenigen, die geflohen sind, kamen der Volksgerechtigkeit zuvor, und die Ohnehosen, welche für die Einführung der Vernunft ihr Blut vergossen haben, werden zum größten Glücke der Republik ihre hinterlassene Beute zu benützen wissen." ꝛc. ꝛc. Der franz. Freiheitskrieg. Th. II. S. 124. u. ff. Dieser Amtsbericht drückt leider nur zu gräßlich jene scheußlichen Grundsätze des Heilsausschusses unter Robespierre aus, nach welchem es für eine Pflicht galt, die Grundfeste eines verwaisten, niedergebeugten Landes zu erschüttern, und mit Hintansetzung der Menschenrechte und der so heilig angelobten Redlichkeits- und Gerechtigkeits-Liebe der großen Nation an einem schuldlosen Lande eine die Menschheit empörende Rache zu üben. — [554]) Ein damaliger Schriftsteller schrieb über diese Räubereien: „Freund! mir fiel die Heuschreckenplage der Aegypter ein. Der Besuch der Frankreicher ist für jede Gegend eine solche ungünstige Plage von Gott. Alle Moses und Aron's von ganz Europa vermöchten nichts gegen diese Rache des zürnenden Jehova. Sind wir vielleicht auch verstockt? Oder haben wir gefehlt wie Pharao, der die Kinder Israel nicht wollte ziehen lassen, — daß wir diese Frankreicher nicht in ihrem Lande machen ließen, was sie wollten?" ꝛc. ꝛc. „Das Betragen der Franzosen in der Pfalz." S. 184. [555]) Dieselbe lautet also: „Proclamation. Den Bewohnern von Worms, von der

higen Bürger Schutz und Sicherheit. Allein bald wurde von
denselben Commissären, René Legrand und Mounier, welche jene
Bekanntmachung mit unterzeichnet hatten, die Ausplünderung nicht nur
auf die Wohnungen und das Vermögen der geflüchteten Adeligen,
Geistlichen und Beamten, sondern auf das ganze Land und jeden
Einwohner desselben ausgedehnt. Nebenbei wurden noch uner=
schwingliche Auflagen und Brandschatzungen von den Kriegscom=
missären gefordert, und dieselben ebenfalls mittels Aushebung und
Fortschleppung von Geißeln auf die rücksichtsloseste Weise erpreßt,
wie die nachfolgenden Paragraphen im Einzelnen berichten werden.

Pfalz und anderen Ländern, welche von den Truppen der Republik besetzt sind.
— Die von den Repräsentanten des französischen Volks für die Ausleerung
aller von den Feinden verlassener Gegenstände ernannten Commissäre haben
in Betracht gezogen, daß die Ehre des Namens der französischen Nation darunter leide, wenn ein oder der andere übelgesinnte Soldat, der es nicht verdient, Republikaner zu seyn, fortfahren sollte, sich solchen Ausschweifungen
zu überlassen, gegen welche brave Krieger mit Eifer ernstlich Justiz verlangen,
und verordnen: Art. I. Jeder Soldat, der die Grenzen der Subordination
überschreitet, soll vor das Kriegsgericht geführt und auf der Stelle gestraft
werden. Art. II. Da die verlassenen Wohnungen unter dem Schutze der
französischen Republik stehen, so wird jeder Soldat oder jeder Andere, wer
er auch seyn mag, der etwas von den darin befindlichen Effekten verderben
oder entwenden sollte, mit dem Tode gestraft. Art. III. Die Wohnung des
ruhigen Bürgers soll geschützt seyn, und jeder Soldat, der sich dahin einbringt, um Lebensmittel durch Drohungen zu erpressen, soll auf das Zeugniß zweier Bürger militärisch gestraft werden. Art. IV. Alle diejenigen Einwohner, welche sich irgend etwas von den Effekten aller Art, welche den Adeligen, den Geistlichen, Magistratsgliedern oder jeder anderen Person, die bei
der Annäherung der fränkischen Armee ihren Heerd und ihre Wohnung verlassen haben, gehören, sich bemächtiget, oder auch solche zur Verwahrung
empfangen haben sollten, sind gehalten, diese Effekten auf der Stelle an die
Munizipalitäten abzuliefern, bei ansonst zu gewarten habender militärischer
Strafe. — Worms, den 9. Januar 1794. — Die Glieder der Commission
der Sektion von Speyer. Renné Legrand, Präsident. Parmentier. Petersen. Tugnot. Mounier. C. Maure. Dreue. „Die Franzosen am Rheinstrome." Heft III. S. 162. Diese und andere Presser werden wir später,
namentlich aus einer Schilderung des Volksrepräsentanten Becker, welche er
am 13. Juni 1795 in dem Nationalconvente vorgetragen hat, noch näher
kennen lernen. — Der Name Mounier kommt auch in der Form Munier vor.
Auch bei anderen Namen ist die Schreibart oft verschieden und zweifelhaft.

§. 2. Bedrückungen und Räubereien zu Speyer im Januar 1794.

Wir besitzen von einem ebenso biederen als einsichtsvollen Augenzeugen aus der Stadt eine so umständliche und getreue Schilderung der unsäglichen Drangsale, Verwüstungen und Räubereien, welche bei dem zweiten Ueberfalle der Franzosen hier vorgefallen und verübt wurden, daß wir nicht unterlassen können, dieselbe, jedoch mit berichtigenden Abänderungen und sachdienlichen Erweiterungen, aus den noch vorhandenen Originalakten, hier fast vollständig einzufügen.

Zwei Tage vor dem eiligen Rückzuge der Verbündeten gingen schon die Bagage der kaiserlichen Truppen und viele Wägen mit Kranken und Verwundeten durch Speyer weiter rheinabwärts.[554] Dieß verbreitete nicht nur hier, sondern in der ganzen Umgegend eine allgemeine Furcht und Bestürzung. Der Schrecken war jetzt um so größer, als bei dem ersten Einfalle der Franzosen, weil man schon wußte, wie unbarmherzig diese an vielen Orten bereits gehaust, gebrandschatzt und das Land ausgeleert und verwüstet hatten. In der größten Verlegenheit und Eile raffte fast jeder das Beste seiner Habseligkeiten zusammen, um es über den Rhein zu flüchten. Die nöthigen Fuhren, welche man hierzu suchte, waren jedoch nur theilweise aufzubringen. Nicht nur die fürstbischöflichen Beamten, die Stiftsgeistlichkeit, die Mönche und Nonnen,[555] sondern recht viele Speyerer Magistratspersonen, Bürger und Bürgerinnen suchten ihr Heil in der Flucht. Diese erfolgte namentlich in der Nacht vom 28. auf den 29. Dezember. Es war ein eben so tiefergreifender als Theilnahme erregender Anblick, Väter und Söhne, Mütter und Töchter, Schwestern und Brüder, Freunde und Bekannte sich von einander trennen zu sehen, ohne zu wissen, wohin sie kommen, was ihnen in der Zukunft begegnen, wann und wo sie sich wieder treffen würden. Jene Nacht, die von schneidendem Sturme, Schneegestöber und Regen begleitet war, verbrachten mehrere Familien, Säuglinge und

---

[554] In Germersheim haben die Kaiserlichen am 28. Dezember ihre Magazine angezündet. — Prinz Condé und das Corps Mirabeau haben ihren Rückzug angeblich über Hals und Kopf am Lußheimer Fahr genommen. Siehe J. M. König's Geschichte der acht im Dome begrabenen Kaiser. S. 73. — [555] Wie kläglich die Clarissinnen am 28. Dezember aus Speyer flüchteten, siehe Klg's Geschichte der Abteien. Th. II. S. 267.

Kinder, junge und alte, gebrechliche und kranke Personen unter
freiem Himmel, in Nachen und Kähnen auf dem offenen Rheine, und
erwarteten unter Thränen, Wehklagen und Händeringen den bangen
Augenblick, wo sie von ihrer geliebten Vaterstadt, in der sie bisher
in Zufriedenheit und im Wohlstande gelebt hatten, getrennt und in
das Elend verscheucht würden. [556])

Gegen vier Uhr am Abende des 29. Dezember kamen ungefähr 50 bis 60 französische Husaren und Dragoner hierher, und
nahmen von der geängstigten Stadt Besitz. [557]) Sie bewillkomm-
neten die ihnen nahenden Einwohner ganz freundlich. Doch erlaubten sich alsbald Einige derselben, den Leuten ihre Uhren und
Geldbeutel, und was ihnen sonst gefallen hatte, abzunehmen. [558]) Am

---

[556]) Nach einem amtlichen Verzeichnisse waren 274 hiesige Bürger und
Einwohner flüchtig. Ein Brief aus Bruchsal vom 28. Januar 1794 meldet:
„Alle Ortschaften diesseits des Rheins sind mit Flüchtlingen angefüllt, welche
bei dem Vordringen der Franzosen über den Rhein herüber gekommen sind.
Viele konnten nichts von ihrer Habe mitnehmen, so daß man Leute, die vorher bemittelt waren, nun betteln sieht. Zu Bruchsal sind über 3,000 solcher
Flüchtlinge. In Weissenburg war bei dem Rückzuge noch ein Theil des kaiserlichen Lazareths zurückgeblieben, und die Franzosen waren so grausam, die
schon halbtodten Kranken zum Fenster hinauszuwerfen und sie noch auf alle
mögliche Weise zu martern. In Lauterburg sind die Effekten der Geflüchteten alle versteigert, und was nicht zu versteigern war, ist zusammengeschlagen
worden." A. O. P. vom 7. Februar 1794. Bei Selz gingen drei Schiffe,
welche mit Flüchtigen überladen waren, auf dem Rheine zu Grunde. —
Mehrere der aus Speyer Geflüchteten starben in Betrübniß und Kummer.
So am 27. Januar 1794 der Bürgermeister Petsch in Schwetzingen, und acht
Tage vorher der Kaufmann Uslaub ebendaselbst. Die Frau des Kupferschmieds
und Senators Pallaub erhielt als sie von ihrer Flucht nach Mannheim am
12. Januar nach Speyer zurückkehren wollte, „von einem Jakobinerhelden"
eine Musketenkugel in das Bein. Bürgermeister Joh. Michel Weiß lag in
Walddorf krank banieder. ꝛc. ꝛc. Originalbriefe im Stadtarchive. Pfarrer Spatz
von Speyer, Pfarrer Hacker von Herzheim, Fried. Hetzel mit seiner Mutter
hielten sich in Birkenau beim Pfarrer und dem Onkel des Letzteren auf. —
[557]) Nach Rig's Geschichte der Abteien und Klöster. Th. II. S. 212 und 268
wären die Franzosen schon am 28. Dezember in Speyer gewesen, was jedoch
hiernach unrichtig ist. — [558]) Die Franzosen plünderten 36 Stunden in den
abgelegenen Gassen der Stadt. Joh. Adam Weiß, welcher sich schon nach
Ketsch geflüchtet hatte, kehrte am 29. Dezember wieder nach Speyer zurück,
um als gewählter Munizipal der Stadt ihr seine Dienste nicht zu entziehen. Er
wurde provisorisch zum Maire aufgestellt. Allein er sah sich bald nicht mehr

folgenden Tage rückten einige Bataillone hier ein, und ungefähr 12,000 bis 15,000 Mann zogen neben der Stadt vorbei gen Mannheim zu. Bei dieser Gelegenheit haben die Baumstücke und Weingärten der Stadt, besonders in der Gegend des B u r g f e l d e s, so wie auch die städtischen Waldungen außerordentlichen Schaden gelitten. Aus den ersteren wurde alles Holzwerk, Stiefeln, Balken und Truteln hinweg genommen, und in den letzteren hieb man die schönsten Bäume nieder und verbrannte sie. Hierdurch ward ein Schaden angerichtet, der kaum in mehreren Jahren wieder ersetzt werden konnte.

Die erste Forderung, die uns der, jene Reiterschaar begleitende französische Kriegscommissär H a h n stellte, war, daß genügendes Essen und Trinken für die Mannschaft, und das erforderliche Futter für die Pferde müsse geliefert werden. Vom Generalcommando wurde der Stadt am 30. Dezember bei Vermeidung militärischen Zwanges aufgegeben, am folgenden Morgen frühe um sechs Uhr, 15,000 Pfund Brod, 30 Stück Rindvieh und einige Ohm Branntwein abzuliefern und alle Fuhren der Stadt in Bereitschaft zu halten. Weil jene Auflage in so kurzer Zeit in der Stadt allein nicht konnte beigeschafft werden, so mußten auch einige der umliegenden Dörfer dazu beisteuern und ebenfalls mit ihren Fuhrwerken erscheinen. Auf den Befehl der Volksrepräsentanten L a c o s t e und B a u b o t, wurden noch spät in der Nacht die sämmtlichen Stadt-

---

seiner Freiheit und seines Lebens sicher, und floh wieder heimlich nach Schwetzingen. Er schrieb die Geschichte seiner 40stündigen Maireschaft auf 5 Bogen nieder. Er erklärte sie für „ein wichtiges Aktenstück der französischen Greuel, der Räubereien und geheimen Erpressungen ihrer Oberen, für eine heilsame Belehrung zum Nutzen und Frommen aller deutschen Freiheitsschwindler. Er hielt es jedoch nicht räthlich, sie zu veröffentlichen, weil wenn er besonders die Conventsdeputirten Lacoste und das berüchtigte Ungeheuer Bourbon (Baubot?), welche die Hauptrollen in dieser Geschichte spielten, in ihren nackten, raubsüchtigen Wüthrichsgestalten an den Pranger stellen würde, er Alles für sich und die Stadt Speyer befürchten müßte." Originalbrief. Stadtarchiv. Nr. 691. Wir erhielten diesen und andere Briefe, sämmtlich an den Speyerer, nach Hanau geflüchteten Rektor Heynemann gerichtet, von Herrn Domcapitular Cronauer, und überließen sie, zur Sicherung und zum Belege der damaligen Bedrängnisse, dem Stadtarchive. Joh. Adam Weiß schrieb eine gekrönte Preisschrift: „Ueber das Zunftwesen," welche in Frankfurt a. M. 1798 im Drucke erschienen ist. Oktavband. S. XXXVIII. und 376.

kassen ausgeleert, worin sich die Summe von etwa 8,000 Gulden
vorfand. Am letzten Tage des Jahres begann man schon mit
Ausleerung des Domspeichers und anderer öffentlicher Getreide-
scheunen und Weinkeller, und an den nächstfolgenden Tagen des
neuen Jahres ward ohne Rast damit fortgefahren.

Am ersten Tage des Jahres 1794 brachten die feindlichen
Husaren aus den benachbarten Dorfschaften mehrere Herden Schafe.
Sie wurden, wie die übrigen geraubten Vorräthe von Früchten und
Wein, sofort nach Landau und weiter in das Elsaß abgeführt.
Alle Bäckereien mußten zur Bereitung des geforderten Brodes in
Bewegung gesetzt, und Fleisch, Käse, Wein, Bier, Branntwein, Essig,
Salz und Holz zur Genüge herbeigeschafft werden. ⁵⁵⁹)

In der ersten Proclamation, welche die in den eroberten Gebieten aufgestellte Commission zum Vollzuge der Befehle der Repräsentanten der fränkischen Nation bei der Rhein= und Moselarmee,
an die Bewohner Speyers ergehen ließ, gab man die tröstliche
Versicherung, daß die fränkischen Republikaner kein Wiedervergel-
tungsrecht ausüben; daß ihnen das Eigenthum der friedlichen Bürger jener Gegend, welche sie sich durch Gewalt der Waffen unterworfen, heilig und unantastbar sei; daß die französischen Krieger
Hochherzigkeit und Großmuth beseele, und daß zu Folge höherer
Beschlüsse, alle Magazine, alle öffentlichen Gebäude, alle Wohnungen
der Geistlichkeit und alle sonst verlassene Häuser, unter dem Schutze
der fränkischen Nation sich befinden. Zugleich ward auch in der
bemeldeten Proclamation jeder Bewohner der Stadt, der etwas von

---

⁵⁵⁹) Der Repräsentant Lacoste meldete damals nach Paris: „In Speyer
ist unsere Eroberung — Plünderung? — nicht zu berechnen. Außer den
mit kostbarem Weine angefüllten Kellern, haben wir auch ansehnliche Magazine angetroffen. Die silbernen Gefäße in den Kirchen, die Glocken u. s. w.,
werden der Nation eine ansehnliche Summe tragen. Einige wichtige Schätze
sind schon nach Landau gebracht worden. Dreitausend Fuhren sind gegenwärtig beschäftiget, Hafer, Heu, Stroh, Getreide, Mehl, Reis, Zucker und
Kaffee nach Landau zu bringen. Wir haben nicht die Absicht, nach Custine'-
schen Plänen zu handeln. Wir werden in Empfang nehmen, was wir bekommen können, und alsdann die Grenzen der Republik vertheidigen." Bericht aus Paris vom 9. Januar 1794. Nach einer französischen Nachricht
aus damaliger Zeit, wurden im Speyer Kaufhause für eine Million Kauf-
mannswaaren vorgefunden. A. D. V.

den Habseligkeiten, welche der Obrigkeit von Speyer oder der Geistlichkeit, Adeligen oder Priestern, und sonstigen Personen, die bei der
Annäherung der französischen Armee ausgewandert, gehören, mögen
sie Namen haben, welche immer sie wollen, aufgefordert, davon alsbald der genannten Commission die gehörige Anzeige zu machen.
Den Soldaten aber, welche sich etwas zu rauben unterstehen sollten,
wurde gedroht, daß sie auf der Stelle dem Militärgerichte zur Bestrafung würden überantwortet werden. [560]) Die Munizipalität
mußte augenblicklich auf Verantwortung eines jeden Stadtbürgers,
ein genaues Verzeichniß anfertigen und vorlegen von allen öffentlichen und privateigenthümlichen Vorräthen an Futter, Früchten,
Mehl, Zugemüße und anderen Lebensmitteln, sie mochten heißen,
wie sie wollen, ferner ein gleiches Verzeichniß von allen Arten
Kriegsbedürfnisse, dann von allen öffentlichen Gebäuden, von geistlichen und weltlichen Häusern, so wie auch von allen Wohnungen,
welche von Geistlichen, Adeligen und anderen Personen verlassen
worden sind.

Am 2. Januar fing man bereits an, die Früchte auf den einzelnen Speichern der Stadt aufzunehmen. Auch mußte wieder so
viel Brod, als nur immer möglich war, gebacken und abgeliefert
werden. Nebst dem Brode verlangte man täglich eine ungeheuere
Menge von Lebensmitteln, Fleisch, Branntwein, Salz. Jeder Tag
brachte neue Forderungen. Sehr oft waren nicht Fuhren genug beizubringen, die erzwungenen Lieferungen zu besorgen. Das Militärhospital mußte von Seiten der Stadt mit allem, was zu seiner
Einrichtung und zu seinem fortwährenden Unterhalte nöthig war,
versehen werden. Das in den benachbarten Dörfern geraubte Vieh
trieb man zu Hunderten durch die Stadt.

Nicht selten verlangte man für einzelne Soldaten Schuhe und
Hemden, und wenn sie nicht willig gegeben wurden, entriß man sie
den Eigenthümern mit Gewalt. Bei diesen und anderen Unordnungen und Ausschweifungen, welche sich die Soldaten und Andere,
die zur Armee abwärts zogen oder nach Frankreich zurückkehrten,
erlaubten, ließ der Stadtcommandant Renter am 8. Januar 1794
öffentlich die Bekanntmachung anschlagen, daß nicht das Geringste

---

[560]) Eine ähnliche Bekanntmachung aus Worms vom 7. Januar 1794
haben wir bereits oben Note 553. gehört.

dürfte geraubt oder sonstwie Schaden angerichtet werden. Dabei
wurde geboten, jede Person und ihr Eigenthum zu achten und den
Uebertretern dieses Gebotes die strengste militärische Strafe angedroht, mit dem Bemerken, daß, wenn die bisherigen Plünderungen
fortdauern sollten, ja die Republik sich bald derjenigen Quellen
beraubt sehen würde, die sie in dem eroberten Lande anzutreffen
gehofft habe. Schließlich wurde allen guten Republikanern, die
Freunde der Ordnung sind, anbefohlen, die Uebertreter sogleich gefänglich einzuziehen. [561])

Am 9. Januar ward bei Käufern und Verkäufern die Annahme der französischen Assignaten, in eben dem Werthe, den das
baare Geld hat, geboten. Auch hielt man jeden Bürger der Stadt
an, ein Hemd und ein Leintuch für das Militärhospital abzugeben.
Die Brod- und Fleisch-Abforderungen dauerten täglich fort. Nur
dann und wann wurden dazu etwas Früchte und einige Stücke
Vieh aus den Ställen, beziehungsweise von den Speichern der abwesenden Bürger, oder, wie sie die Franzosen nannten, der Ausgewanderten, hergegeben. Denn ungeachtet sowohl bei der Generalität, als auch vorzüglich bei der obengenannten Commission die
kräftigsten Vorstellungen bezüglich jener Ausgewanderten wiederholt
mit der Erläuterung gemacht wurden, daß sie nicht aus Feindseligkeit und Haß gegen die fränkische Nation, sondern aus Angst und
Besorgniß, es möchte innerhalb der Mauern der Stadt abermals
zu einem hitzigen Gefechte kommen, von hier weggezogen sehen, und
daß dieselben, wenn man ihnen die Erlaubniß dazu ertheilen würde,
bereit wären, alsobald wieder hierher zurückzukehren, so kannte man
doch keine Schonung. Ihre Häuser, Speicher und Keller wurden
allmählig rein ausgeleert. [562])

Um diese Zeit begannen auch die zügellosen Freibeuter, von
einheimischen Helfershelfern begleitet und unterstützt, in die denk-

[561]) Original in deutscher und französischer Sprache. Stadtarchiv. Nr.
691. Im Allgemeinen haben besonders die Volontäre — freiwilligen Nationalgarden — den größten Unfug getrieben. In manchen Gemeinden bezahlte man französische Gendarmen, um durch sie von den Räubereien der
Volontäre geschützt zu werden. So zahlte die Gemeinde Diedesfeld am 15.
April 1794 zu diesem Zwecke 60 fl. 45 kr. Gemeinderechnung. — [562]) Am
12. Januar 1794 kam Petersen nach Speyer. Viele nahmen seine Vermittelung in Anspruch.

würdigen Hallen des Kaiserdomes einzubringen, um dieses altehr=
würdige Gotteshaus zu entheiligen, zu berauben und zu verwüsten.
Die verschiedenen Zierden und Heiligenbilder wurden von ihren
Standplätzen mit Spott herabgeworfen, verstümmelt und zertrüm=
mert. Die rohen Stürmer zerschlugen die Sitze der Stuhlbrüder
über den Gräbern der alten Kaiser, zerhieben die reich vergoldeten
Chorstühle in dem Stiftschore, warfen die Beichtstühle zusammen,
zerstörten den prächtigen Hochaltar und die schönen Nebenaltäre,
raubten die Orgelpfeifen und die auf dem Sängerchore vorfindlichen
musikalischen Instrumente, zerschlugen mit gewaltigen Hieben die
größeren Glocken, und warfen die Stücke derselben nebst den aus=
gehobenen kleinen Glocken und das schöne Uhrwerk durch die Ge=
wölbeöffnungen der Vorhalle herab, wo sie das steinerne Plattenbelege
des Haupteinganges zerrissen und zersplitterten. In der Sakristei
wurden die Schränke zerhauen, und allenthalben selbst mittels Aus=
bruches einzelner Mauerstellen, nach dem reichen Domschatze ge=
sucht, der jedoch glücklich über den Rhein gerettet war. Was an
Gefäßen und Gewändern aufgefunden wurde, sammt den alten
Choral= und Meßbüchern, die schöne Bibliothek des Domcapitels,
die violetsammtnen Stühle in der Capitelsstube, trug man zusammen,
lud es auf Wagen und verbrachte es nach der Festung Landau. Was
zum Wegfahren nicht werthvoll genug erschien, wurde zerrissen, zer=
streut, und, mit Unrath besudelt, in und um den Dom herumgeworfen.
Auch von Außen blieb das Heiligthum nicht verschont. Die Grab=
denkmäler im Kreuzgange wurden verstümmelt und zerschlagen. [563])
Der Statue des heil. Pabstes Stephan, auf der Zinne der Vor=
halle, rissen die Räuber das große, eiserne, vergoldete Doppelkreuz
aus der Hand. Dem auf der anderen Seite dieser Zinne aufge=
stellten Bilde des heil. Bernhard, welches mit dem einen Arme ein
großes Kreuz von der Dornenkrone bekränzt, umfaßte, raubten sie
den eisernen Speer und die gleiche Fahne, worauf ein goldener

---

[563]) Die alten Kaiser=Sarkophage im Königschore, die meisten Grab=
mäler der Fürstbischöfe, der künstliche Oelberg und die meisten Grabmonu=
mente im Kreuzgange, waren schon seit dem schrecklichen Brande des Jahres
1689 verwüstet. Ein Brief aus Bruchsal vom 28. Januar 1794 meldet:
„Man sagt, daß die Franzosen die schöne Domkirche zu Speyer unterminirt
haben, um sie, weil Fort=Louis von den Kaiserlichen gesprengt wurde, in die
Luft zu sprengen, wodurch die Hälfte der Stadt verheert werden könnte."

Schwan geschildet war, ohne jedoch diese beiden Statuen, oder die in der großen Nische unter dem damaligen Uhrzifferblatte thronende Madonna zu beschädigen. Weniger Gnade fanden die drei schönen Wappen des Hochstiftes, des Domcapitels und des Fürstbischofes August v. Styrum, welche über den drei Thoren der Vorhalle prangten, und schon früher den Clubisten zum Anstoße waren. Sie fielen jetzt unter den zermalmenden Schlägen der Republikaner. Außerdem wurde das Blei, welches die Kanten und Firsten der Domdächer schützte, herabgerissen, die Fenster eingeschlagen, die sie fassenden Eisenstäbe und Bleibänder ausgebrochen, der alte, gewaltige Knauf der östlichen Kuppel nebst den drei kupfernen, reich vergoldeten Kugeln und Kreuzen der westlichen Thürme und Kuppel losgerissen und herabgeworfen. An die Stelle des Knaufes auf der Glockenkuppel, ward ein grüner Wipfel mit rother Jakobiner-Mütze, als Zeichen der errungenen Freiheit, aufgepflanzt, das erst später beim Wiedereinrücken der Verbündeten in die Stadt von zwei Darmstädter Grenadieren herabgeworfen wurde.[564] Von dem herrlichen Gotteshause, welches die Bewunderung aller Reisenden in hohem Grade verdiente, blieben fast nur die hohen Mauern und Gewölbe unverletzt stehen. Ganz dasselbe Schicksal traf auch die übrigen katholischen Gotteshäuser, Stifts- und Kloster-Kirchen der Stadt.[565]

---

[564] Siehe Geissel's Kaiserdom. B. III. S. 171. Auch in „Lebens- und Regierungsgeschichten der im Dome begrabenen Kaiser," von J. M. König. Speyer, 1831. S. 76. Unrichtig ist die dortige Angabe, daß auf Ostern 1793 schon die Dombechanei und Domprobstei abgebrannt sei, welche Angabe auch in unsere Schrift: „Der Speyerer Dom," S. 194. übergegangen ist. — Laut §. 201. des Rathsprotokolles, ward am 31. März 1793 das dom capitel'sche Zehntenscheune von den Franzosen in Brand gesteckt. Sechs Personen, welche sich beim Löschen sehr bethätigten, erhielten jede 2 fl. 45 kr. Belohnung. — [565] Wie in dem St. Claren-Kloster gehaust wurde, siehe Rlg's Geschichte der Abteien. Th. II. S. 270. Nach einem Briefe von Joh. Adam Weiß, sollen die Domglocken am 16. Jan. 1794 Nachmittags herabgeworfen worden seyn. Stadtarchiv. Nr 691. — In Worms, wo die Republikaner einige Tage später, als in Speyer einrückten, haben sie alsbald mehrere, besonders in die Augen springende Häuser geplündert, der Stadt wieder zwei Millionen Livres Brandschatzung angesetzt, und sodann noch 1,000 Paar Schuhe und eben so viele Strümpfe und Hosen verlangt. A. D. P. vom 17. Jan. 1794. Noch am 22. desselben Monats hörte man dort über fortdauernde Plünderung noch immer die bittersten Klagen. Das Lagerhaus ist ganz ausgeleert. Die Bürger haben sogar ihre Bettungen, Schuhe, Strümpfe,

Bloß die Augustiner-Kirche wurde noch eine Zeitlang unversehrt erhalten, weil sich der dortige Pater, Florentin Röder, welcher bisher auch Pfarrcurat des St. Guidostiftes gewesen, durch die Schrecken der Tage von ihr nicht verscheuchen ließ. Er versah nicht nur in der Stadt, sondern auch in den umliegenden Dörfern, in welchen die Pfarrer die Flucht ergriffen hatten, die Seelsorge. Dieser fünfundsiebenzigjährige Greis verlor im Dienste bedrängter Seelen alle seine Habe. Er kam dadurch in so große Noth, daß er sich gezwungen sah, die Munzipalität um Unterstützung anzuflehen. Man wies ihm mitleidig den Tisch der oberen Pfründe in dem St. Georgen-Hospitale an, und versorgte ihn auf diese Weise täglich mit Speise und Trank. Am Ostersamstage, den 19. April 1794, wurde seine Kirche, beziehungsweise das noch stehende Chor derselben zerstört, und er selbst ergriffen und in ein dunkles Gefängniß des

---

Hemden und Alles liefern müssen, so daß sie jetzt auf der bloßen Erde zu liegen genöthiget sind. Auch mußten die Gewehre, Sättel und das Reitzeug abgegeben werden. Alles Vieh ist bis auf etwas weniges weggeführt worden. An Häusern, die ganz leer sind, und in welchen sich Niemand befindet, sind blaue Papiere angeklebt. Dieß bedeutet, daß jene Häuser als Nationaleigenthum erklärt sind. Solche Wohnungen, welche mit weißem Papiere bezeichnet sind, stehen unter besonderem Schutze. An den Weinkellern, welche als Eigenthum der Nation erklärt sind, ist ein Plakat angeschlagen, und an diesen darf kein Soldat, bei Todesstrafe ꝛc., etwas entwenden. Alle Glocken sind bereits von den Kirchenthürmen herunter geworfen und weggeführt worden. Darunter befindet sich auch die schöne Domglocke, welche 100 Centner wägt. Die einzige Glocke, welche noch vorhanden ist, hängt auf dem lutherischen Thurme. Die Hofkellerei ist abgerissen worden, damit der Brand des am 20. Januar angezündeten fürstbischöflichen Schlosses nicht weiter um sich greifen sollte. Dieß liegt nun ganz in Schutt und Trümmern. Bericht vom 22. Januar 1794. Dieses Schloß war nach der gänzlichen Verwüstung der Stadt im Jahre 1689, wieder im Jahre 1719 neu aufgebaut. Die Maulbeerinsel in der Nähe der Stadt ist noch im deutschen Besitze. Am verflossenen Donnerstage, den 23. Jan. Abends, haben die Franzosen Worms wieder verlassen. Die Räumung geschah so eilig, daß sie selbst einen Theil ihres bereits auf Fuhren verbrachten Raubes zurücklassen mußten. Doch zuvor zogen sie selbst dem Maire, den die dortigen Bürger neu wählen mußten, noch die Stiefel von den Füßen. Man rechnet den durch die Franzosen hier angerichteten Schaden auf drittehalb Millionen Gulden. Weder Tuch, noch Leinwand, noch Leder, ist mehr in der Stadt zu haben. Das Kloster Marienmünster hat allein 300 Fuder Wein und 2,000 Malter Früchte verloren. Bericht vom 3. Febr. 1794.

29

Altpörtel8]geworfen. Am folgenden Tage um zehn Uhr ward derselbe auf einen Karren geladen und in das französische Hauptquartier nach Kirrweiler gebracht. Hier, im fürstbischöflichen Schlosse, vor die Commissäre gestellt, wurde er über seine Grundsätze gefragt und ihm zugemuthet, aus dem Kelche, welchen man ihm geraubt hatte, Gesundheit zu trinken. Er verweigerte dieß, und mußte sohin in das dortige Gefängniß zurückkehren. Erst am Osterdienstage Morgens ward er wieder herausgelassen, auf einen Wagen gesetzt, bis nach Dürkheim zu den französischen Vorposten geführt und über die Grenze verwiesen. [555])

Fahren wir in der Erzählung der damaligen Ereignisse in der Stadt Speyer weiter fort.

---

[555]) Rlg's Gesch. der Abteien. Th. II. S. 227. Nach einer anderen Nachricht kam am Ostertage ein französischer Offizier in die Augustinerkirche, riß dem Greise den Kelch aus den Händen, und trieb in Gegenwart einiger Soldaten den leichtfertigsten Spott mit dem geweihten Gefäße und mit dem Diener Gottes. Dieser entzog sich endlich den Händen des Offiziers, eilte zu dem gewechselten, neuangekommenen Commandanten, sich zu beklagen. Allein dieser war eben der genannte Frevler. A. D. P. vom 12. Mai 1794. — In jenen Schreckenstagen verübten die wilden Freiheitssöhne noch eine gräßlichere That in dem vor dem Altpörtel gelegenen Carmeliter-Kloster. Sie rissen nämlich den halbverwesten Leichnam eines Carmeliters aus seiner Gruft, hieben ihm den Kopf ab, viertheilten den übrigen Körper und hingen die Theile an das eiserne Gitter am Eingange des Klosters. Rlg's Gesch. a. a. O. S. 223. Dieses Kloster diente den Republikanern als Schlachthaus. Statt des Gottesdienstes feierte man damals die Feste der Vernunft. Laut eines Berichtes wurde es in Metz also gefeiert: „Ein Freudenmädchen wurde als Göttin der Vernunft herumgetragen. Vor und nach ihr erblickte man die Zeichen der französischen Freiheit. Als der Zug in den Dom kam, fielen sogleich die Gotteslästerer über die Altäre, Gefäße und Kirchenkleidungen her, zertrümmerten und zerrissen Alles, was ihnen unter die Hände kam. Auf die zerstörten Altäre warfen sich die Sansculotten und das Freudenmädchen hin und trieben den schamlosesten Unfug. Sodann wurde eine Rede gehalten, worin Vernunft und Sinnlichkeit als die einzigen Gottheiten anempfohlen wurden, welche Anbetung verdienen. Den Schluß des Zuges machte ein Sansculotte in priesterlicher Kleidung. Hinter ihm ging ein anderer als Herkules her, und schlug von Zeit zu Zeit mit seiner Keule auf den Rücken und Kopf des als Priester verkleideten Kameraden." Bericht vom 15. Febr. 1794. Auch hier in Speyer hat man am 12. März 1794 die schändliche Eselsprozession aufgeführt, welche noch weit roher war, als der Metzer Vernunftdienst. Auch in Bergzabern soll letztere aufgeführt worden seyn.

Am 10. Januar, Abends gegen 5 Uhr, ward vor dem ent-
heiligten Dome, in der Nähe des dort aufgestellten Napfes, ein
Freiheitsbaum aufgepflanzt. Die hiesige Garnison jubelte dabei
laut auf. Das Gnadenbild der Mutter des Herrn und andere verstümmelte Bildnisse, Cruzifixe, Chorbücher und die sonst noch im Dome
vorgefundenen Zierden und Geräthe, welche vor dem Freiheitsbaum auf-
gehäuft wurden, gab man den Flammen preis. Die Republikaner,
in brüderlichem Vereine mit den alten Clubisten der Stadt, um-
tanzten unter Gesang und Musik dieses drohende Zeichen der wie-
dererrungenen Freiheit. Schon am folgenden Tage erschien der
Befehl, daß jeder Bürger und Bewohner der Stadt, der mehr als
ein Paar Schuhe habe, sie für die fränkischen Truppen auf dem
Gemeindehause abgeben soll. [567] Ebenso wurde geboten, daß man
alle Schaufeln, Hacken und Schubkärche — deren im Ganzen die
runde Zahl von 1,000 Stücken gefordert wurde — dahin bringe.
Das städtische Lager= und Kaufhaus leerten die Commissäre rein
aus. Die darin befindlichen Waaren ließen sie nach Landau abführen. Bald darauf ward auch der Krahn am Rheine verdorben;
man hat die Seiler, die große Kette sammt den Klampen und den
dazu gehörigen Rollen hinweggenommen. Auch die große Waage
sammt den Gewichtsteinen, ferner die vorhandenen Schiffsgeräthe,
Taue, Anker und Ruder ꝛc. wurden fortgeschleppt. Handel und Wandel in der Stadt haben hiedurch einen unbeschreiblichen Schaden
erlitten.

Am 21. Jan. mußten die Handelsleute alle ihre Vorräthe an
Tüchern, Leinwand, Wollenwaaren, Kanefas, so wie auch an Oel,
Reis, Gerste, Zwetschen, Zucker, Kaffee, und endlich die Gerber
und Schuhmacher alle ihre Lederwaaren und Vorräthe an Häuten der

---

[567] Auch Hosen wurden für die „Ohnehosen" gesucht und hinweggenommen. Die Jakobiner und Clubisten verschmäheten nicht den Namen
„Ohnehosen." Sie erklärten sich hierüber also: „Wenn wir erst keine
Hosen — und was am Ende unausbleiblich seyn muß — keine Röcke für
das andere Geschlecht mehr nöthig haben, so befinden wir uns im richtigen
Urzustande. In diesem Zustande giebt es kein hemmendes Gesetz, und was
noch viel angenehmer ist, keine geborene Gesetzgeber. Wo es diese nicht
giebt, da sind wir einander alle gleich und frei, und wo wir das sind, et
caetera." Siehe die Schrift: „Meine Wanderung durch die Rhein- und
Main-Gegenden im Februar 1794." S. 23.

Ausleerungscommission abliefern. Der Verlust, der hiedurch den betreffenden Bürgern zugefügt wurde, entzifferte große Summen. [568])

Am 24. Januar fing man an, aus den Häusern der Ausgewanderten Alles, was sich darin vorfand, auszutragen und in die Domkirche zu verbringen, wo es später öffentlich versteigert wurde. Alles Hausgeräthe, Schreinwerk, Bettung, Weißzeug, Kleidungsstücke, Lebensmittel, Kupfer, Zinn, Wein, Früchte, Heu, Stroh, Vieh, kurz Alles wurde aus diesen Häusern hinweggenommen. In einigen derselben hat man selbst die Oefen abgebrochen und die Fenster ausgehoben. Hie und da hieben die Soldaten Stubenböden, Thüren, Läden, Fensterrahmen und Zwischenwände zusammen, ja an einigen Häusern hoben sie die Dächer ab, rißen die Sparren und Balken herunter, um Brennholz zu gewinnen. Nur die steinernen Mauern fanden noch Schonung. Die Petsch'sche Essigfabrik ward gänzlich zerstört. [569])

Am 26. Januar hat man die größte Glocke von dem lutherischen Thurme, und am folgenden Tage jene von der reformirten Kirche heruntergeschafft mit dem Versprechen, die übrigen den betreffenden Kirchengemeinden zu lassen. Auch die drei großen Feuerspritzen der Stadt und zwei des Domcapitels sammt den kleinen

---

[568]) Was hierbei besonders der Kaufmann Matthias Drexel für Verluste erlitt, werden wir aus dem Berichte des Volksrepräsentanten Becker vom 13. Juni 1795 hören. Nach dessen Angabe wurden, außer dem Weine des Domcapitels, hier noch 972 Fuder hinweggenommen, und unter der Leitung des Raphael Mang, mehr als die Hälfte an Marketender verkauft. —

[569]) Ein Bericht vom 14. April 1794 besagt Folgendes: „Ganz eigen und charakteristisch ist die Geschicklichkeit der Sanscülotten, versteckte Sachen zu entdecken. Als sie zu Anfange des Jahres in Speyer eingezogen, war das erste dieses, daß sie Wasser in die Keller trugen und es da ausschütteten. Nun merkten sie wohl auf, wohin das Wasser seinen Zug nahm. Entdeckten sie eine Stelle, wo das Wasser zufloß, so gruben sie sogleich nach, und fanden immer vergrabene Kostbarkeiten. Auch führen sie eiserne, dünn zugespitzte Stöcke bei sich, mit denen sie in der Erde nachspüren. Finden sie Widerstand dabei, so graben sie sogleich nach. In den Häusern klopfen sie mit kleinen Hämmern immer an den Wänden herum. Ist in denselben etwas eingemauert, so entgeht es ihnen nicht leicht. Die Commissäre sind alle harte, unerbittliche Leute. Aber unter den gemeinen Soldaten sind viele sehr menschenfreundlich, die den unglücklichen Ausgeplünderten Manches wieder in der Stille zurückgaben, was sie ihnen auf Befehl nehmen mußten." ꝛc. A. D. Z. vom 21. April 1794.

Feuerspritzen wurden hinweggenommen. Einige Tage nachher kam ein neuer Commiffär, Namens Menie, hier an, der, aller Bitten und Vorstellungen ungeachtet, auch noch die anderen Glocken herab= werfen ließ. Von den Thürmen der übrigen Kirchen wurden eben= falls fämmtliche Glocken geraubt und fortgeführt. 570)

Ein neuer Schreckenstag war für die Speyrer der letzte Januar 1794. Wir schildern ihn nach den noch vorhandenen Original= verhandlungen. An demselben Tage, Mittags ein Uhr, kam Du= moulin, Agent des Pariser Ausschusses des öffentlichen Wohles, welcher durch Beschluß vom 11. Januar abgesendet war, die Aus= leerung der Pfalz zum Wohle des Vaterlandes zu beschleunigen. Er begab sich alsbald zu der durch die Volksrepräsentanten ge= wählten „Commission de subsistance." Sie zählte mehrere Mit= glieder und Beigeordnete. 571) Diese eröffneten ihm, daß Franken= thal so eben von den Republikanern geräumt worden sei und daß der Feind bereits auch gen Speyer heranrücke. Sie hatten erfahren, daß einer ihrer Collegen, Namens Stroh, mit einem Quartiermeister vom zwölften Jägerbataillon und fünf Jägern von den rothen Hu= faren auf der Hauptstraße, etwa anderthalb Stunden von Speyer, an demselben Morgen gefangen worden sei. Um die hier noch vor= handenen Raubvorräthe in Sicherheit zu bringen, erließ Dumoulin alsbald folgende Befehle: 1) Die Pferde, Fuhrleute und Wagen sowohl jene der Requifition, als auch jene, die sich aus der Um= gegend eben in Speyer befinden, sollen sich ohne Aufschub an die Plätze begeben, die ihnen durch die zu diesem Zwecke bestimmten Bürger angewiesen werden, damit die Wagen beladen und nach Landau abgeschickt werden. 2) Der Bürgermeister und die Muni= zipalräthe sollen auf der Stelle die Bürger der Stadt auffordern, um ohne Ausnahme, selbst die Nacht hindurch, an dem Beladen der Wagen und an deren Weiterverbringung zu arbeiten, mit dem Beisatze, daß jene für die Ausführung dieses Beschlusses mit i h r e m

---

570) In Frankreich selbst hatte der Glockenraub nicht statt, wie in den eroberten Ländern. Noch am 24. März 1796 entstand im Rathe der Fünf= hundert ein Streit, ob man das Läuten in den katholischen Kirchen bei hoher Strafe verbieten, oder alle Glocken wegnehmen sollte, um daraus Geld zu prägen. — 571) Dieß waren in Speyer die französischen Bürger: Raphael Mang, Laure, Menie, Leloc, Toustain, Buche, Leprêter, Regot und Maçon aus Pfalzburg.

Kopfe verantwortlich seyen. 3) Der Commandant der bewaffneten Macht ist angewiesen, den Truppen, welche er zur Verfügung hat, unter eigener Verantwortlichkeit zu befehlen, bei der Beladung jener Wagen Beihilfe zu leisten und zu wachen. 4) Wer in irgend einer Weise die Ausführung dieser Befehle verhindert, soll auf der Stelle als Verräther des Vaterlandes verhaftet werden. 5) Diese Befehle sollen unter den oben benannten Strafen innerhalb zwölf Stunden ausgeführt seyn. [572]) Noch schreckhafter und bestürzenderer für die Vorstände und Einwohner der Stadt war der gegen Abend des genannten Tages von Dumoulin ausgegebene Befehl, daß innerhalb drei Stunden eine Brandschatzung im Betrage von 400,000 Livres von den reichen und begüterten Bürgern der Stadt, mit Umgehung der Hütten der Armen, müsse erhoben werden. Dieser Befehl wurde so schnell als möglich allen Bürgern und Bewohnern der Stadt bekannt gemacht. Jeder that in Angst und Bestürzung, was nur immer in seinen Kräften stand. Die Reichen, wie die Armen, wetteiferten, ihre Gaben darzubringen. Jeder wollte größeres Unglück, größere Gefahr von der Stadt abhalten. Bis um 11 Uhr in der Nacht hatte man in baarem Gelde und in Assignaten die Summe von 120,000 Livres zusammengebracht. Die Sammlung mußte an dem andern Tage fortgesetzt werden, und stieg bis auf 152,000 Livres, welche dem rücksichtslosen Presser mit der Bitte, Schonung eintreten zu lassen, zugestellt wurden. Dieser reiste am 2. Febr. nach Germersheim ab. Noch an demselben Tage aber kam von Germersheim der wiederholte Befehl, daß wenn nicht innerhalb 24 Stunden der Rest der aufgelegten Brandschatzung abgeliefert würde, militärische Zwangsmaßregeln erfolgen würden. [573]) Noch an demselben Tage wendeten sich mehrere Magistratspersonen schriftlich an die noch in Speyer weilenden Commissäre, um Nachsicht zu erhalten, weil die Stadt von Dumoulin angewiesen war, an diese den Rest der Forderung zu zahlen. [574])

---

[572]) Orig. Gezeichnet: Dumoulin, Merklein. — Den Stadtvorstand sollen damals gebildet haben: Pfarrer Schulz, als Präsident, nicht Maire; die Munizipalen: Friedr. Holzmann, Pfarrer Mayer, Seiler Löschmann, Schuhmacher Schwab, Hutmacher Böhm und Metzger Rohr. — [573]) Orig. Stadtarchiv. — [574]) Die beßfallsige Bittvorstellung, welche Joh. Adam Mayer entworfen hatte, lautet: „Die Bürger-Commissäre werden, wie wir hoffen,

Am folgenden Tage wendete ſich die ganze Bürgerſchaft in einer ähnlichen Bittvorſtellung an die Commiſſäre. Sie erklärte flehentlich: „Wir ſind erſchöpft und ſehen dem äußerſten Mangel und der größten Dürftigkeit und Armuth entgegen.“ ꝛc. Die Commiſ=ſäre, überzeugt, daß dieſes Geſuch auf Wahrheit beruhe, daß ſie ſelbſt aber demſelben nicht entſprechen könnten, gaben den Rath, die Stadt ſolle ſich in ähnlicher Weiſe ſchriftlich und mündlich unmittelbar an den Agenten Dumoulin wenden, der indeſſen von Germersheim über

---

überzeugt ſeyn, daß jeder Bürger unſerer Stadt in den fünf Wochen, in welchen die Franken ſich bei uns aufhalten, gethan habe, was nur immer in ſeinen Kräften ſtand. Jede Forderung, die man an uns that, ſuchte man auf das Geſchwindeſte und Bereitwilligſte zu erfüllen. Noch haben wir den beſten Willen, Alles zu thun. Aber unſere Kräfte, edle Bürger-Commiſſäre! unterliegen. Die Contribution, die Sie von uns fordern, können wir nicht auftreiben. Seit dem Augenblicke, wo Sie dieſelbe von uns verlangten, haben wir alle unſere Bürger angehalten, an Aſſignaten und Geld uns einzuliefern, was ſie nur haben. Jeder brachte nach ſeinem Vermögen. Wir haben Ihnen alles eingeliefert. Ihre Menſchenfreundlichkeit und Güte (!?), edle Fran=ken! ließ uns hoffen, daß Sie mit unſerer Lieferung zufrieden ſeyn werden. Es iſt (ja) Alles, was wir haben; hätten wir mehr, gerne wollten wir es Ihnen darbringen. Ueberlegen Sie, Mitbürger! die große Summe, die wir Ihnen bisher ſchon an Holz, Stroh, Salz, Lichter, Fleiſch, Brod, Wein, Branntwein, Vieh, Früchte, Käs und andere Lebensmittel mehr, geliefert haben; überlegen Sie, daß das ganze Spital von uns aus fournirt worden iſt, und daß zum Dienſte deſſelben aus den Bürgerhäuſern und Kaufmanns-läden Leintücher, Hemden, Kappen, Strümpfe, Teppiche, Matratzen und der-gleichen abgeholt und willigſt hergegeben worden ſind; vergeſſen Sie die Schuhe, Hacken, Schaufeln und Schubkärche nicht, die Sie empfangen haben, und überlegen Sie dabei gefälligſt, daß alles dieß beinahe nur den geringſt und mittelmäßig begüterten Theil der Bürgerſchaft betrifft. Der größte Theil iſt, wie Sie wiſſen, von hier hinweggegangen. Das Domcapitel und die ſämmtlichen Stifter der Stadt ſind fort. Die Volksrepräſentanten haben (ſchon) in den erſten Tagen die öffentlichen Caſſen an ſich gezogen. Alles liegt demnach ganz allein auf unſern Schultern, und dieſe ſind zu ſchwach, das Auferlegte zu tragen. — Von Ihrer Güte und Menſchenliebe überzeugt, bitten und flehen wir, daß Sie das, was Sie nunmehr haben, als die volle Summe Ihrer Forderung anſehen, und uns das Uebrige gütigſt erlaſſen werden. Sie ſetzen ſich dadurch ein ewiges Denkmal der Menſchenliebe und des Wohlwollens in den Herzen eines jeden Bürgers unſerer Stadt.“ Unter-zeichnet waren die Munizipalen: Menzer, Friedr. Chriſtoph Holzmann, Dialon Mayer, W. Leſchmann, Joh. Becker, Agobaſt Schwab, Mich. Freitag, Deines und Wilh. Friedr. Kuhlmann, Sekretär. Stadtarchiv.

Landau in Neustabt eingetroffen war. Man versäumte dieß nicht. Dumoulin ließ sich zur Ermäßigung der gestellten Forderung stimmen.
Er verlangte nur noch 12,000 Livres. Man fing an auf's Neue
zu sammeln, und sendete ihm das Ergebniß. Die ganze Summe,
welche die Stadt geliefert hatte, belief sich nunmehr auf 164,648
Livres. Bei der letzten Zahlung wurde der Stadt die tröstliche
Versicherung ertheilt, daß man sie wegen dieser Brandsteuer nicht
mehr beunruhigen wolle. Der Stadtcommandant erhielt den Befehl,
alle diejenigen mit ihren Forderungen abzuweisen,
welche kein Recht haben, etwas von der Stadt zu verlangen. Es war dieß eine schlechte Bürgschaft gegen neue Auflagen und Erpressungen, wie wir bald hören werden. [575])

§. 3. Weitere Bedrängnisse zu Speyer im Februar und März.

Auch diese beiden Monate waren, bei einem der härtesten
Winter seit Menschengedenken, voll Drangsale und Verluste für die
ganze jetzige Rheinpfalz, für ihre Städte und Dörfer, vorzüglich
aber für Speyer. Der erste Raub im Hornung betraf hier das
Milch- und Zugvieh. Es durfte Niemand mehr als eine Kuh behalten. Die Pferde wurden fast alle sammt den Kärchen und Wägen fortgeführt. Aus den Gebirgsgegenden flüchtete man das Rindvieh in die Wälder, wo es lange und mühesam auf entlegenen Bergen unter Felsen gepflegt und vor Raub gesichert wurde.

Am 10. Februar mußte jeder Bürger und Bewohner von
Speyer seinen Vorrath an Früchten, Heu und Stroh bei einer

---

[575]) Die Originalverzeichnisse der damals gesammelten Gelder und Assignaten sind noch vorhanden. Sie steigen von 15 Sols bis auf 10,000
Franken. Joh. Adam Weiß, aus Speyer, nach Neckargemünd geflüchtet, schrieb
dort am 9. Febr. 1794 an den Rektor Heynemann nach Hanau: „Viele
Speyerer in der Stadt hat der Gram schon aufgerieben, sie durch einen
wohlthätigen, frühen Tod von ihrem Elende befreit. Tausende beneiden sie
um dieses sonst gescheute Loos und sehnen sich nach ihm. Selbst die an
Mangel und Arbeit gewöhnten Dienstboten, verwünschen ihr Daseyn unter
den Klauen der französischen Raubthiere. Auch sie mußten ihnen ihren letzten
Heller ausliefern, so Vieles ausstehen, daß sie um Alles in der Welt das
Raub- und Trauerspiel nicht noch einmal mit den ersten Alten wiederholen
möchten, und von dem der Allwissende allein weiß, wie sich die letzten — der
Unglücks-Knoten — lösen werden. .... Mein Haus ist seit den ersten Tagen
meiner Flucht zum Brodmagazin eingerichtet worden." ꝛc. ꝛc. Stadtarchiv.

Strafe von 300 Gulden auf dem Rathhauſe getreulichſt anzuzeigen. Am folgenden Tage nahm die ſchon genannte Commiſſion
alle Weine in Beſchlag, und ließ zu dem Ende den weitern Verkauf derſelben, ſowohl in größeren als in kleineren Parthien, bei militäriſcher Strafe verbieten. Man bat die fragliche Commiſſion auf das
Dringendſte, daß ſie doch die Bürgerſchaft nicht ganz zu Grunde
richten möchte. Der Präſident der Commiſſion, Bürger Mang,
nahm die ſchriftliche Bittvorſtellung, die ihm deßhalb überreicht
wurde, mit ſcheinbarem Ernſte an. Er verſprach auch, dieſelbe
nach Landau an das Centralcomite zu ſchicken und abzuwarten,
was er hierauf für einen Beſcheid erhalten würde. Allein noch
an demſelben Tage fing man an, die mit Beſchlage belegten Weine
abzufaſſen. [576]) Zu gleicher Zeit verlangte man auch von der
hieſigen Bürgerſchaft die Lieferung von 2,400 Hemden und 600
Leintüchern. Bisher hatten die Commiſſäre ſchon öfters aus den
Kellern der Ausgewanderten Halbfuderfäſſer und andere noch klei-
nere abholen laſſen. Am 13. Februar aber wurde der Befehl ertheilt, daß Jedermann in der Stadt vollends alle und jegliche Fäſſer
bemeldeter Größe abzugeben habe. Nun ging es an die Kelleraufräum-
ung. Die vorhandenen Weine wurden in aller Eile aus denſelben
geſchafft und abgeführt. Um eben dieſe Zeit nahm man auch alles
Stroh, Heu und Kleefutter aus den Scheunen und Speichern hinweg.
Selbſt die noch unausgedroſchenen Früchte wurden zum Theile fortgeführt und zum Theile dem geraubten Viehe als Futter vorgeworfen. [577])

---

[576]) Die Mitglieder nannten ſich: „Nous commissaire chargé de l'éva-
cuation du Palatinat par les Réprésentants du peuple français et par le
Comité central de Landau.“ etc. Gewöhnlich wurden ſie aber „Commissaires
de Grippe“ genannt. — [577]) Das unterhalb Speyer gelegene Dorf Altrip
befand ſich damals in eigener Lage. Der dortige reformirte Pfarrer Faber,
welcher ſich mit ſeiner zahlreichen Familie, ſein ganzes Vermögen zurück-
laſſend, aus Furcht vor der Rohheit und Grauſamkeit der Republikaner nach
Neckerau geflüchtet hatte, ſchildert am 18. Febr. 1794 der Regierung zu
Mannheim die traurigen Verhältniſſe ſeiner in Altrip zurückgebliebenen Pfarr-
genoſſen alſo: „Altrip iſt ſeit einiger Zeit wieder von den Franzoſen geräumt. Auch können dieſe das Dorf wegen des Hochwaſſers, womit es jetzt
umfluttet iſt, und aus Mangel der nöthigen Fahrzeuge, welche ſämmtlich an
das rechte Rheinufer verbracht ſind, jetzt nicht überfallen. Allein bennoch ſind
die Altriper, welche die Wuth und Rache der Feinde nicht geſcheut, und in

In diesen traurigen, verzweiflungsvollen Tagen wendeten sich
die Munizipalräthe der Stadt in einer nachdrücklichen Vorstellung
an den Nationalconvent in Paris. Allein sie erhielten hierauf weder
eine Antwort, noch wurden die Bedrängnisse der Stadt durch irgend
eine Verfügung gemildert. Ja mit jedem Tage steigerte sich die
bisherige Noth und Verlegenheit noch mehr.

Mit dem Beginne des Monats März fing man an, von den
größeren Fässern in den Kellern der Ausgewanderten die eisernen
Reife herunterzuschlagen.[578] In den Häusern der Genannten wurden
die eisernen Gitter von den Fenstern, die Schlösser in den Stuben
und Kammern abgerissen, ja sogar die messingenen Griffe und eisernen Klopfer an den Hausthüren ausgebrochen und die Fenster-
kreuzstöcke und Mauerschränke zusammengehauen. Die besten Zimmer verwendeten die Soldaten zu Pferdeställen, und es war nichts

---

ihren Wohnungen derer Drangsale erduldet haben, jetzt noch in einer furchtbaren Lage, weil sie kein einziges Fahrzeug mehr besitzen, und von Brod und
Nahrung entblößt, dem Hungertode preisgegeben sind, wenn die strenge Vor-
schrift der kaiserlichen Truppen, auch nicht den kleinsten Fischerkahn vom
rechten Ufer abgehen zu lassen, gemildert wird." ꝛc. ꝛc. Um diese Milderung zu
erwirken, flehete der genannte Pfarrer die kurpfälzische Obrigkeit an, und der
Graf v. Oberndorff unterließ nicht, zwei Tage später den Landescommissär,
Freiherrn v. Wrede, anzuweisen, durch Fürsprache bei dem kaiserlichen Armee-
Commando, dieser äußersten Noth der treuen Altriper zu begegnen. Karlsr.
Archiv. P. A. — Damals wurden eben noch einige Fleschen und Batterien
zur besseren Befestigung Mannheims hergestellt, wozu auf sechs Wochen täglich 1,900 Mann kurpfälzische Schanzarbeiter gefordert wurden. — [580] Am
8. März 1794 schrieb der schon genannte Joh. Adam Weiß aus Schwetzingen:
„Aus Speyer sind die Nachrichten, die wir fast täglich durch die Schlupfwinkel im Iggelheimer Walde erhalten, immer gleichlautend. Unser Lumpengesindel lebt im goldenen Zeitalter. Es hat und sauft den besten Wein in
Fülle, schleppt sich Frucht, Mehl und Möbeln in seine Hütten, und der Soldat theilt sein Fleisch mit ihm. Dagegen verliert der Reiche und Vermögliche, bis auf seine Möbel — Alles. Weder ein Loth Zucker noch Kaffee
ist in der Stadt zu haben. Dem Franz (sic) Freytag führten sie sogar seinen,
von den Commissären mit Assignaten erkauften Wein fort. Auch haben sie
fünf schwere Wagen mit eisernen Faßreifen aus dem Domkeller weggeschleppt.
Lauch, mein Schwager, der mit Allem in der Stadt blieb, verlor seine drei
Keller voll Wein; auch dem Senator Becker leerten sie sein beträchtliches
Weinlager." ꝛc. ꝛc. Stadtarchiv. — Nach dem Berichte des Volksrepräsentanten Becker vom 13. Juni 1795, den wir noch hören werden, wurden auch
dem Joh. Michael Freitag 60 Fuder Wein in Speyer hinweggenommen.

ungewöhnliches, wenn die Gäule zu den Fenstern hinaussahen.
Das geräumige Fürstenhaus, den Wirtemberger Pfleghof und die
Pfalzkellerei traf eine gänzliche Verwüstung. Zu jenen Zerstörungs=
arbeiten wurden alle Schmiede, Schlosser, Maurer und Zimmer=
leute der Stadt und der benachbarten Ortschaften aufgeboten. Kam
Einer oder der Andere nicht auf das beßfallsige Gebot, so wurde er zur
Strafe aufgesucht und in das Gefängniß geworfen. Es ist fast
unglaublich, wie viele Frohndienste von den hiesigen Bürgern und
den Bewohnern der benachbarten Dörfer geleistet werden mußten.
Die Vorstände der Stadt waren nicht im Stande, so viele Frohn=
arbeiter aufzubringen, als man täglich von ihnen verlangte. Dieß
zog ihnen öfters den größten Verdruß und Mißhandlungen zu. Zwei=
mal war es nahe daran, daß die angesehensten Mitglieder der
Munizipalität deßhalb sollten in den Gefängnißthurm eingesperrt
werden.

Auch jetzt wurden mehr als einmal sowohl bei den hiesigen
Commissären als auch zu Germersheim und Landau bei dem Central=
Comite der pfälzischen Ausleerung, sowohl schriftliche als mündliche
Bitten um Linderung des harten Schicksals der Stadt gestellt, allein
sie verblieben ohne den gewünschten Erfolg. Man gab wohl die
feinsten Versprechungen, allein man fuhr dabei unbeirrt fort, die
Häuser, Keller, Speicher, Scheuern und Ställe rein auszuleeren.
Es war diesen Räubern alles anständig. Sie nahmen selbst Krapp=
vorräthe und Tabak. Mehrere Fässer, von diesen beiden Handels=
artikeln angefüllt, wurden aus der Ußlaub= und Menzer'schen
Fabrik in das Elsaß abgeführt. [579]

---

[579] „Als die Commissäre in Begleitung des schofelen Bürgers Zorn —
meines ehemaltgen, in Concurs gefallenen Nachbars — in meinem Hause
meine großen Vorräthe aufnahmen, bat mein Gesinde nur um den nöthigsten
Unterhalt. Nein, rief Zorn, nein! der Aristokrat muß froh seyn, wenn man
ihm sein Haus nicht niederreißt! Den Elenden habe ich in meinem Leben
nicht beleidiget, im Gegentheile erzeigte ich ihm und seiner Familie manche
Wohlthat." . . . . „Für meine zweite Flucht war mir und Oehlenschlager die
Guillotine zugedacht, weil man mich im Verdacht hatte, Almosengelder ge=
flüchtet zu haben." Brief des Joh. Adam Weiß aus Schwetzingen vom 23.
Febr. 1794. — Von Zorn schrieb Friedrich Hetzel am 1. März 1794 aus
Birkenau an Heynemann: „Zorn, der Buchbinder, ist Commissär geworden.
Er hat schon drei Wagen Hausgeräthe für sich nach Weissenburg abgeführt.
Ueberhaupt giebt es viele Speyerer Sansculotten, welche mehr schaden, als

Am 5. März wurde in der Stadt eine allgemeine Hausuntersu-
chung begonnen. Sie geschah im Beisein der französischen, oftgenann-
ten Commission, eines Municipalrathes oder eines anderen hiesigen
Bürgers und einiger Soldaten. Kupfer, Zinn und Eisen, Hemden, Leintücher und Servietten, Kleidungsstücke, Hüte, Kappen,
Stiefel, Schuhe und Strümpfe, Bettung, Matratzen und Teppiche,
Mehl, Früchte, Erbsen und Linsen, Oel, Butter und Schmalz,
Fleisch, Reis und Gerste, Zucker, Kaffee, Tabak und Krapp, Garn,
Flachs, Hanf und Werg, Gold, Silber und Blei, kurz Alles, was
man versteckt oder offen bestehend noch fand, wurde aus den Häusern herausgeschleppt und entweder in die Wohnung der Commissäre oder in die Domkirche gebracht. Weder die Bitten noch das
Händeringen der Aeltern, noch das Weinen und Schreien der
Kinder erwirkte Nachsicht und Erbarmen. Als die Munizipalitäts-
räthe sich deßhalb an die unerbittlichen Commissäre wendeten und
das gänzliche Verderben und die drohende Armuth der Stadt vor-
stellten, erhielten sie die höhnische Antwort: „Ihr sprecht immer-
fort von Eurer Armuth! aber Eure Klagen, daß man Euch so
Vieles nimmt, beweisen gerade, daß Ihr nicht arm seyd. Noch
immer findet man großen Vorrath und Ueberfluß in Eurer Stadt.
Wenn Ihr, wie Ihr vorgabt, wahre Republikaner seyd, so müsset
Ihr Alles gerne und williglich hergeben und Euch eben so für die
Republik aufopfern, wie wir. Seht! das was wir um und an
uns haben, ist unser ganzer Reichthum. Der beste Patriot ist der
— Ohnehosen! Wir nehmen Euch Alles, was die Nation
brauchen kann. Dieses ist der Auftrag, den uns der National-
Convent gegeben hat. Wenn wir demselben nicht entsprächen, wäre
unser Kopf in Gefahr. — Euer Leben soll in Sicherheit seyn. Wir
machen es nicht wie der Feind, der zuerst das Eigenthum raubt

---

die Franken selbst." Stadtarchiv. No. 691. — Unterm 23. und 24. Juni 1794 untersuchte ein Ausschuß des Magistrats unter Begleitung einer militärischen Wache
alle Häuser der Stadt Speyer, um die vorhandenen Geräthschaften und Fahrnisse
der geflüchteten und beschädigten Personen aufzusuchen. Jeder Hausbewohner
mußte bei Strafe der Confiscation getreu angeben, was von ihm bei den
Franzosen ersteigert, erkauft, etwa schon über den Rhein verbracht, oder sonst
in Verwahrung genommen worden sei. Nach dem noch vorhandenen Verzeichnisse dieser gefundenen Gegenstände, fanden sich in gar vielen Häusern
solche vor." Stadtarchiv.

und dann auch noch die Person des Eigenthümers beleidiget und gar oft darniederstößt. Werdet Ihr dabei arm, so wisset, daß dieses Folgen des Krieges sind. Es ging uns ja im Elsaße auch nicht besser. Tröstet Euch damit, daß Euer Grund und Boden reich und gesegnet genug ist, Euch dieß Alles wieder zu ersetzen. Dieß ist unser letzter Bescheid." [880])

***) Der schon genannte Flüchtling, J. A. Weiß, schrieb am 15. März aus Schwetzingen an den Rektor Heynemann in Hanau: „Speyer, noch vor wenigen Monaten eine vermögliche, wohlhabende Stadt, beneidenswerth glücklich in ihrer inneren Verfassung, in der wechselseitigen Traulichkeit, in der Liebe und Freundschaft ihrer stillen und friedlichen Einwohner unter sich, — ist nun zum tiefsten Elende hinabgesunken. Die Häuser sind zum Theile zerstört; alle sind und werden noch täglich bis auf die irdenen Häfen in der Küche ausgeleert. Viele ihrer guten Einwohner hat der anhaltende Jammer, Angst und Schrecken schon getödtet; die übrigen schleichen, von Gram gebleicht, von namenlosem Kummer abgehärmt, langsam umher, schweben wie traurige Schatten auf den Gassen, klagen sich in seelendurchschneidenden Blicken ihre unaussprechlichen Leiden, drücken einander die dürren, abgemagerten Hände, scheiden sich im Ausdrucke naher Verzweiflung, und seufzen mit thränenvollen Augen gemeinschaftlich um Erlösung. Die Häuser der Emigrirten sollen abgedeckt werden, weil sie den Qualen ihrer Räuber und den langsamen Mördern ihrer speyerischen Brüder entflohen sind. Noch täglich sinnen diese eingefleischten Satane auf neue Teufeleien, auf neue Mittel, um die Opfer ihrer rasenden Ausgelassenheit, langsam zu martern. Der Jammer und das Elend aller Art, hat in Speyer seine höchsten Stufen erreicht. Unsere, in der Stadt eingesperrten Brüder sandten uns einen Boten nach dem andern, sich ihrer endlich einmal zu erbarmen! Sie lassen uns bringendst bitten, der dießseitigen Generalität ihre äußerste Noth und unerträglichen Drangsale vorzutragen, sie um ihre Hilfe, um schnelle Rettung und Erlösung anzuflehen. Ihr fernes Winseln durchschauert unsere Herzen. Wir hören ihr Wimmern und können ihnen nicht helfen!..... Der Mangel an Allem wächst täglich. Oft kommen noch in der Mitternacht polternde Räuber, sprengen die Thüren auf, reißen die nackten Einwohner aus ihren kärglichen Betten, und pressen sie um Geld, um Kleidung, und was ihnen in ihrer Raublust einfällt. Auf diese grausame Weise überfielen sie vor wenigen Tagen Reissinger's gebrechliche Aeltern, wobei sie in der Mitternacht ihre und ihres Sohnes, des Inventarschreibers, sämmtliche noch verheimlichte, schöne Effekten, stahlen, das ganze Haus durchstöberten, und die alten Leute auf das Schändlichste mißhandelten!.... An den Stadtthoren wird jeder strenge um die Ursache seines Ausganges befragt, und ernstlich bedroht, sich nicht zu entfernen. Täglich müssen die Einwohner noch an der Fortschaffung der Ueberreste ihres Eigenthums arbeiten. Alle offenen und heimlichen Winkel in den Häusern und Gärten werden durchschnüffelt........ In der letzten Woche

Am 9. März mußte auf Befehl des Stadtcommandanten an
dem Haupteingange eines jeden Hauses auf einem Blatte Papier
der Vor= und Zunamen der Personen, die darin wohnen, ange=
heftet werden. An allen Häusern der Ausgewanderten ward mit
großen Buchstaben angeschrieben: „Maison d'un emigré." War
eine der letzteren mit französischen Truppen besetzt, so bekam sie die
Aufschrift: „Maison d'un emigré, habitée par les troupes de
la république française." Wer diese Verordnung innerhalb 24
Stunden nicht befolgt hätte, wäre dem Revolutionsgerichte über=
antwortet worden. Nunmehr waren die Häuser der Ausgewander=
ten gänzlich der Verwüstung preisgegeben. Man nahm von Seiten
der Ausleerungs=Commission alles Verwerthbare daraus hinweg.
Außerdem erlaubte sich in denselben jeder Soldat die größten Aus=
schweifungen. Die Munizipalität unterließ nicht, darob Gegenvor=
stellungen zu machen. Selbst die Generalität, die an vielen Dingen
einer solchen argen Wirthschaft kein Wohlgefallen hatte, sprach man
um Unterstützung an: allein sie war zu helfen außer Stande. Das
Ausleeren und Verwüsten dauerte nach wie vor fort. Sogar das
Bürgerhospital und das Waisenhaus mußten alle ihre Früchte,
ihr Heu, Stroh, ihre Weine und ihr Vieh den drohenden Räubern
überlassen. Diese beachteten weder die Vorstellungen der Vorge=
setzten jener milden Stiftungen, noch das Weinen und Weheklagen
der Armen, Presthaften und Kranken. Es durchschnitt Jedem, der

---

leerten sie bei Ehinger und bei Sonntag, und so alle Häuser in der Jacobsgasse,
mit der einzigen Ausnahme des darin liegenden Waisenhauses, rein aus.....
Petersen's scheinbare Gutmüthigkeit war bloße Heuchelei. Er kleidete sich
nur in den Schafpelz, um die Opfer seiner Habsucht desto sorgloser zu er=
schleichen. Sogar an seinem ehemaligen Hause, das ihm die Munizipalität
einige Wochen vor seinem vorjährigen Abzuge um einen übersetzten, von ihm
bestimmten Preis abkaufen mußte, übte der Elende seine wüthende Rachsucht
aus und zerstörte es, wie ein Barbar. Mit dem Abbrechen der Allerheiligen-
Kirche sind die Barbaren wirklich beschäftiget... Die Stadt ist nach der
Hauptstraße, der Länge gerade in zwei Theile geschieden und zweien Ober-
commissären übergeben, die von Haus zu Haus alles rein ausleeren.....
Pfarrer Schulz wurde, da er mit Herrn Menzer, der den Maire macht, am
Kaufhause vorbei ging, von einem besoffenen Volontäre mit dem Ausrufe:
Fute bourguemestre! durch seine schwülstige Perücke in den Kopf gestochen.
Dreißig Taglöhner von den Dörfern mußten den Garten des Senators
Becker umwühlen, um Gold und Silber zu finden." ꝛc. ꝛc. Orig. Stadt-
archiv. Nr. 691.

noch menschliches Gefühl hatte, Mark und Gebein, als, da man im Waisenhause die Früchte einzufassen anfing, die sämmtlichen Kinder sich mit aufgehobenen Händen zu dem Commissäre hindrängten und ihn unter Thränen und Schluchzen baten, daß er sie doch nicht dem Hungertode preisgeben möge. Schnöde stieß er sie von sich zurück und befahl dem Waisenvater, sie in ihre Stuben zurückzubringen. Er erklärte, daß dieß Geschrei und Geheul nichts nütze; doch wolle er ihnen ein Häufchen Korn und Spelz zurücklassen, womit sie sich begnügen müßten. Ein gleiches Schicksal traf auch das Bürgerhospital. Für die sämmtlichen Pfründner und sonstigen Hausarmen, die aus jenem Brod empfingen, blieben nicht mehr als 45 Säcke Früchte zurück. Im Keller des Rathhauses und in jenem des Gutleutalmosen-Hauses gingen die Weine ebenfalls verloren. [881])

Gegen Mitte des Monats März kam von dem „General en chef", Michaud, aus dem Hauptquartiere zu Kirrweiler, der Befehl an, daß alle Kriegsgeräthe und Kriegsbedürfnisse, als Flinten, Pistolen, Säbel, Degen, Bajonete, Pulver, Kugeln und Blei in den verschiedenen Cantonen der Pfalz sollen mit Beschlag belegt und nach Landau gebracht werden. Eine andere Weisung des zu Kirrweiler befindlichen Präsidenten der Ausleerungscommission in der Pfalz, René Legrand, vom 22. März, bestimmte, daß deßhalb eine Hausuntersuchung müsse vorgenommen werden, mit der weiteren Bedrohung, daß alle Häuser, in denen Derartiges vorgefunden werde, den Flammen preisgegeben und dem Boden gleich gemacht würden. [882])

Am 25. März ließ der Generaladjutant Coubere, welcher sein

---

[881]) Der Volksrepräsentant Baudot, den wir schon kennen gelernt haben, stattete am 17. März 1794 dem Convente zu Paris Bericht über seine Erpressungen in unserer Heimath ab, worin er unter Anderem sagt: „Die Befreiung von Landau hatte den Einfall in die Pfalz zur Folge, wo unbeschreiblich viel Beute gemacht wurde. Achtzigtausend Mann lebten zwei Monate auf feindlichem Gebiete; die bedeutendsten Plätze unserer Grenze wurden daraus mit Lebensmitteln versehen. Leinwand, Tuch, Leder, Metalle, Vieh, Fütterung ꝛc. Alles wurde hinweggenommen. Außer dem, was sich in den Magazinen befindet, sind aus der Pfalz 20,000 Säcke Getreide, 4,000 Ochsen und Kühe, eine Million Pinten Wein, 120,000 Heurationen, 660,000 Strohrationen, 400 Wagen mit Eisen, 80 Wagen mit Zinn, Kupfer, Leder, 2,000 Centner Glockenguß und 150 Wagen mit grobem Geräthe weggeführt worden." ꝛc. ꝛc. A.O.P. vom 1. April 1794. — [882]) Original im Stadtarchive. Nr. 691.

Hauptquartier hier hatte, durch die Munizipalität bekannt machen, daß Niemand es wagen sollte, den französischen Vorposten zu nahen oder sie zu überschreiten, weil man ihn sonst als einen Spion ansehen und behandeln müßte. Ungeachtet alle Früchte dahier von Commissären aufgesucht und fortgeschleppt waren, machte dennoch Munie an dem 26. März die Munizipalitätsräthe mit ihren Köpfen verantwortlich, für die kranken Soldaten im Feldlazarethe 120 Pfund Weißbrod zu liefern. Jene baten daher zuerst um Getreide, wenn sie Brod liefern sollten. [583])

Am 29. März durchsuchte der letztgenannte Commandant das Gemeindehaus in eigener Person auf das Genaueste, um etwa noch Verborgenes zu finden. Er nahm die zinnernen Kannen, die auf dem Speicher standen, und die Waage und das Gewicht, welche der Sicherheit halber von dem Kaufhause hierhergebracht worden waren, hinweg und verzeichnete alle übrigen Gegenstände. Später gab er die Wage und das Gewicht wieder zurück, allein es mußten ihm hiefür 95 Pfund Kupfer zugestellt werden. Ebenso mußte die Municipalität die Bücher aus der Rathsbibliothek, die früher an Ausgewanderte geliehen und mit deren übrigen Habseligkeiten in dem Dome zur Versteigerung verbracht worden waren, mit 100 Livres auslösen, um sie später doch zu verlieren. [584])   .

---

[583]) Orig. Stadtarchiv. a. a. O. Wie launenhaft man in Allem verfuhr, beweist auch ein uns vorliegender Befehl vom 31. März 1794, worin der Stadt-Commandant Reynaud dahier gebot, bei einer Strafe von 3,000 Livres, innerhalb 24 Stunden den Dünger und andere Unsauberkeiten von den Straßen zu entfernen. — [584]) Die Rathsbibliothek ward am 27. Juni 1794 nach Laßheim geflüchtet, und dort dem wirtembergischen Rathe und Stabspfleger Descher anvertraut. Rathsprotokoll. Joh. Adam Weiß schrieb am 3. April 1794 aus Schwetzingen an den Rektor Heynemann Folgendes: .... „Mehrere neufränkische Religionsstürmer nebst vier Bürgern mit einigen Weibspersonen, befanden sich am hellen Tage in dem, von seinen äußeren und inneren Zierrathen, Heiligthümern, der Orgel entblößten Dome, als auf einmal die Orgel intonirte und die im Lande versprengte Clerisei mit ihrem gewöhnlichen lauten Gesange einfiel. Alles erschrak, lief aus dem Dome und rief: Miraculum! miraculum! Die anwesenden Commissäre ließen die Sache auf dem Gemeindehause untersuchen, und siehe! alle Zuhörer beschworen das Faktum hoch und theuer. Ich bin begierig, den darüber abgehaltenen Verbalprozeß zu lesen und die Sache zu erforschen. So viel weiß ich voraus, daß ein Schwätzer, Namens Herber und ein Schwachkopf, Namens Lehnert, beide lutherische Bürger, als Ohren-

§. 4. Fortsetzung dieser Bedrängnisse im April und Mai.

Noch nicht war die Raubgierde der Plünderer befriediget, noch nicht hatte die von den fränkischen Eroberern versprochene Freiheit, Gleichheit und Bruderliebe in unserem schönen Vaterlande ihre volle Steigerung erreicht. Am 1. April fingen die Soldaten in Speyer an, die Dächer von den Häusern der Ausgewanderten, die bisher noch verschont geblieben waren, abzubrechen, und was in denselben noch Zerstörbares sich vorfand, vollends niederzureißen. Die Zahl derjenigen Wohnungen, von denen nichts mehr als die vier Mauern stehen blieb, mehrte sich daher immer noch mehr. Auf die dringend=sten Bittvorstellungen einiger Speyerer Bürger wurde jedoch am dritten

---

zeugen bei der Farce figuriren. Vermuthlich führten in der offenen, unter=
irdischen Kirche versteckte Franzosen dieß Possenspiel zur Erbauung aller
Schwachgläubigen auf, welches ich sie schon unter Custine mit täuschender
Nachahmung vorstellen hörte. Dieses großen Wunders unserer Zeiten ohn=
geachtet, haben die Heiden und Neufranken das Gebälke der Domkirche mit
Stroh füllen lassen, um es bei ihrem Abzuge abzubrennen. Gott wolle der
Stadt dabei gnädig seyn, denn menschliche Hilfe vermag bei den glühen=
den Schiefern, der Höhe des Gebäudes und dem Mangel an Löschinstrumen=
ten, nichts. Vor dem Zusammenbringen des Strohes wurde durch den
Trommelschlag den Einwohnern geboten, sich nicht auf den Straßen, oder an
den Fenstern blicken zu lassen, und ihre Thüren zu schließen. Ein gleicher
Befehl, mit dem geheimen Zusatze von Petersen, sich in den Häusern mit
Wasser zu versehen, war bei ihrer Bewegung zum Abmarsche gegeben.
Ueberhaupt geht das Mißtrauen der Räuber so weit, daß es gefährlich ist,
wenn zwei oder drei städtische Einwohner auf der Straße mit einander
sprechen wollen. In welcher Knechtschaft und Angst müssen die Unglücklichen
nicht Tag und Nacht leben! ..... In der seit 104 Jahren in Ruinen liegen=
den Kirche — in welcher ist nicht bemerkt, — lag ein Schatz von 8 gol=
denen Kelchen, anderen Gefäßen und Meßgewändern, in einem Gewölbe ver=
borgen. Die Kirchenschänder mußten sie jetzt finden und ihre skandalösen
Greuel auf offener Straße damit treiben. Sie zogen die Meßgewänder an,
ritten und gaukelten darin durch die Straßen, und soffen und schwelgten aus
den heiligen Gefäßen. ..... Der in Speyer zurückgebliebene älteste Sohn
des — Senators — Becker, der viele Dienste auf dem Gemeindehause that
und einen General und Commissär im Hause hat, ist alles bessten ungeachtet
bis auf seine alten Kleider am Leibe rein ausgescheelt, und wäre, wie er erst
kürzlich seinem Vater nach Mannheim schrieb, längst entflohen, wenn er ihm
nicht durch seine Gegenwart das Dach und die vier Mauern seines Hauses
zu erhalten hoffte. Schon oft würde er nichts zu nagen und zu beißen ge=
habt haben, wenn ihm seine einquartirten Leute nicht einige Brocken zuge=
worfen hätten." ꝛc. ꝛc. Stadtarchiv. Nr. 961.

30

April mit dem Einreißen dieser Häuser Einhalt gethan. [545]) Um die nämliche Zeit leerte man nun alle Keller, Speicher und Scheuern der Stadt noch reiner aus. Das hie und da bei der ersten Weg=führung den Bürgern für den äußersten Nothbedarf des Viehes noch belassene Futter, mochte es auch noch so wenig seyn, ward hinweggenommen. Weil nun auch der Wein in den Kellern allent=halben fortgebracht war, und die Commissäre keinen mehr an die Marketender abzugeben vermochten, und mithin die Soldaten keinen für Geld kaufen konnten: so drangen die Letzteren zur Nachtzeit in großer Anzahl gewaltsam in die Keller der Bürger ein, um den kleinen Vorrath, der diesen für den eigenen Gebrauch noch von der Ausleerungscommission belassen oder vor ihr verheimlicht worden war, zu rauben. [546]) Fanden sie bei diesen Streifzügen auch Fleisch, oder sonst etwas, was ihnen anständig war, so eigneten sie es sich eben=falls an. Zu gleichen Zwecken stiegen die Soldaten auch in die Gärten in und außerhalb der Stadt und nahmen Tische, Stühle, Bänke und alles, was sich verwerthen ließ, mit fort. Je theurer und seltener die Lebensmittel wurden, desto mehr häuften sich die Diebstähle in der Stadt und auf dem Lande.

Am 4. April wurde die städtische Gewürzmühle unterhalb des St. Georgen=Hospitals zu Grunde gerichtet und daraus alle Mör=sel, alles Eisenwerk und Blei hinweggenommen. Am folgenden Tage hat man die letzte Kuh und das letzte Pferd aus den Ställen der einzelnen Eigenthümer abgeholt. Wer seit deren Aufnahme etwa eine Kuh zu seinem eigenen nothdürftigsten Unterhalte geschlachtet

---

[545]) „Unsere guten Bürger in Speyer stehen Vieles aus. Ihre Woh=nungen werden so gut durchsucht, wie die Wohnungen der Ausgewanderten, geplündert, und durch Brandschatzungen täglich in neue Schrecken versetzt, ohne von persönlichen Mißhandlungen befreit zu seyn. Alles Geplünderte wird in den Dom zusammen getragen und versteigert. Hier war es, wo Fesenbeck und Ußlaub 4,000 Livres für das Ganze geboten, aber es nicht er=halten haben.... Unsere Felder können aus Mangel an Pferden nicht gebaut werden, und wenn sich die Sache nicht bald ändert, so sind auch die Sommer=früchte für uns verloren. Gott lenke es zu unserm Besten!“ 2c. 2c. Brief des Friedr. Hetzel aus Birkenau an Heynemann vom 6. April 1794. Stadt=archiv. Nr. 961. — [546]) Die Generalität ließ sich auf Kosten der Stadt in den Gasthöfen bewirthen. So stellte der uns schon bekannte Hirschwirth am 23. Juni 1794 eine deßfallsige Forderung von 1,437 fl. 46 kr. an den Stadtrath. Rathsprotokoll.

hatte, wurde auf die Wache oder in den Gefängnißthurm geschleppt und erst, wenn er sein Eigenthum zuvor mit baarem Gelde bezahlt hatte, wieder freigegeben. Hiedurch stieg die Noth in vielen Familien bis auf den höchsten Gipfel. Manche arme Familie lebte ja fast allein von dem Nutzen ihrer müheselig gepflegten Kuh, die nicht selten in den Wohnzimmern verborgen gehalten wurde, und verlor jetzt auf einmal ihre ganze Nahrung. [887])

Alle tröstliche Aussichten für die Zukunft verschwanden mit jedem Tage immer mehr. Es genügte den fremden Pressern nicht, daß man den Bürgern, welche sich geflüchtet, ihr Handwerkszeug hinweggenommen hatte, auch diejenigen, welche an ihrem Herde geblieben, verloren davon heute dieses, morgen jenes Stück. So mußten sie unter Anderem ihre Ambose, Hämmer, Schraubstöcke, Zangen, Meisel, Zimmerbeile, Aexte rc. auf scharfen Befehl nach Germersheim abliefern. Wenn also auch künftighin von den Gewerbleuten im Geschäfte etwas zu verdienen gewesen wäre, so würde es ihnen an den dazu nöthigen Werkzeugen gefehlt haben. Und die Felder, die einzige Hoffnung gegen den drohenden Hunger, wie übel wurden diese zugerichtet! Manches Stück Feld konnte im laufenden Jahre gar nicht angebaut werden, theils weil es gänzlich zusammengetreten war, theils weil es zum Pflügen am nöthigen Zugviehe fehlte. Als

---

[887]) Am 5. April wurde geschrieben: „Den armen Bewohnern von Speyer steht eine allgemeine Hungersnoth bevor, wenn nicht schleunige Hilfe erfolgt. Bereits sind schon in diesem Jahre mehr Bürger gestorben, als sonst in einem ganzen Jahre. Die neue Geldforderung ist bei den ohnehin ausgeplünderten Bewohnern unmöglich. Sie müssen sich also des Sengens und Brennens gewärtigen. Die Häuser der katholischen Geistlichen werden bereits niedergerissen. Der dem Herzoge von Wirtemberg zuständige Maulbronner-Hof und die Häuser der Ausgewanderten stehen ebenfalls auf der Liste, niedergerissen zu werden. Genug, der Jammer ist so groß, daß diejenigen glücklich gepriesen sind, welche ausgewandert und Haus und Gut im Stiche gelassen haben. Gott wolle sich doch der seufzenden und schmachtenden Zurückgebliebenen erbarmen." A. O. P. vom 12. April 1794. Aus Mannheim ward vom 7. April geschrieben: „Mit äußerster Sehnsucht sieht man der Befreiung des deutschen Bodens von den französischen Unmenschen entgegen. In Speyer sind die Allerheiligenkirche, die Pfaffenstube, eine Kapelle — St. Bernhard's Kapelle? — die Häuser zweier Domcapitulare, niedergerissen worden, und mehreren andern soll das nämliche Schicksal bevorstehen. Kommt nicht bald Hilfe, so ist eben die Hungersnoth, wie in Zweibrücken, zu befürchten." Ebendaselbst.

man vor dem Wormſer Thore und im Burgfelde Batterien auf=
warf, hieb man die ſchönſten Baumſtücke voll der herrlichſten Blüthe
nieder. Bei Schleifung des Wartthurmes auf der Landauer Straße
und des daranſtoßenden kurpfälziſchen Zollhauſes wurde ein ſchöner
Theil der herumliegenden Saatfelder verdorben. Den heranwach=
ſenden Klee und ſonſtige Früchte mäheten die Soldaten für ihre
Pferde ab. Allenthalben ſah man dieſe Pferde und das Maſtvieh auf
den Aeckern die Saat abfreſſen. Von den Waldungen der Stadt
wurde ein Morgen nach dem andern umgehauen; öfters entſtand
darin ein Brand, welcher große Strecken derſelben verzehrte.

Ungeachtet man bisher verſprochen hatte, die lutheriſche Kirche
und das Gemeindehaus mit weiterem Verluſte zu ſchonen, ſo wurde
doch noch kurz vor Oſtern alles Blei von dem Kirchenthurme und
von dem Läutthurme bei St. Georgen abgebrochen, und das eiſerne
Gekrämſe an der Kirchhofmauer daſelbſt und ſogar an der Treppe
des Gemeindehauſes heruntergeſchlagen. 588)

Seit dem 22. April — auf Oſterdienstag — begannen die
Schanzarbeiten. Täglich wurden 300 Arbeiter, ohne Rückſicht auf Ge=
ſchlecht, Stand und Vermögen — weil ja in dem Freiſtaate allge=
meine Gleichheit herrſchte — gefordert. 589) Sie mußten ſchon Morgens

---

588) Am zweiten Weihnachtstage 1793 ward die letzte Predigt, und am
folgenden Tage die letzte Beiſtunde in der lutheriſchen Kirche vom Diakon
Mayer gehalten. Erſt nach drei Wochen hielt derſelbe Abends von halb 7
bis halb 8 Uhr Abendandachten im Bürgerhoſpitale. Die letzte fand am
Charfreitage 1794 ſtatt, indem der Stadt-Commandant dem eifrigen Prediger
drohte, daß, wenn er ſich ferner beigehen laſſen ſollte zu predigen, oder An=
dachten abzuhalten, er gefänglich nach Landau abgeführt würde. — 589) Ein
Bericht aus jenen Tagen lautet alſo: „Die Franzoſen haben angefangen, einen
Theil der Stadtmauern von Speyer niederzureißen. Auch die große Menge
Obſtbäume in ihrer vollen, geſegneten Blüthe, vom Mausberge bis an den rothen
Thurm, längs dem Woogbache haben ſie abgehauen, um ſolche zu den bereits
um die Stadt herum angefangenen Verſchanzungen zu gebrauchen. Außer
der Allerheiligenkirche und St. Bernhardskapelle, haben ſie nun auch das
Dachwerk von dem Hauſe des Fürſtbiſchofes zu Bruchſal, von der Hauptkirche und
der Karmeliterkirche, abgehoben." A. O. P. vom 1. Mai 1794. Ein Brief
des Friedr. Hetzel vom 28. April 1794 meldet: „Karl Holzmann iſt trotz
ſeiner Aeußerung, daß er nach Frankreich ziehen wolle, vor einigen Tagen
ausgeplündert worden. Sechs Wagen wurden aus ſeinem Hauſe beladen....
Es ſind neue Commiſſäre angekommen, die ſich auch wieder bereichern wollen".
Peterſen war ſo weit herabgekommen, daß er ſeine unlängſt im Kindbette

sechs Uhr vor der Wohnung des Etat-Majors erscheinen, von wo aus sie unter dem Befehle der einzelnen Offiziere an Ort und Stelle begleitet wurden, um die Arbeiten auszuführen. Wer fehlte, mußte es mit einem Tage Gefängniß und einer Geldstrafe von 100 Franken büßen. Oefters nahm man die Leute von den Straßen und aus den Häusern hinweg, und führte sie gewaltsam zu den Schanzgräben. Vor dem Wormser Thore ward der Bach so ange-schwellt, daß die aufgeworfenen Gräben sammt den daranstoßenden Wiesen und Aeckern, der dem Galgenfelde zuführende Weg und die Hauptstraße ganz überschwemmt ward. Hinter der steinernen Brücke, die auf die Straße nach Mannheim führt, wurde eine hölzerne, die man alsbald bei herannahender Gefahr wieder abbrechen konnte, aufgeschlagen. Der darunter hergezogene Graben war mit Wasser angefüllt und mit spanischen Reitern umstellt. In der Gegend vom grünen Winkel schlug man außen an den beiden Riegeln einen Damm, um hiedurch den sogenannten Esel unter Wasser zu setzen. Am Rheinufer beim Krahne wurde eine große Schanze aufgeworfen. Das Gesträuche an der Landwehre von der Mannheimer Warthe bis gen Dudenhofen, an dem Wasen des Nachrichters und der dortige Forlenwald wurde niedergehauen und die Bäume zur Sperre kreuzweise übereinander geworfen. 590)

Während so die Bürgerschaft mit harter Schanzarbeit Morgens von 6 bis 11 und Nachmittags von 1 bis 5 Uhr bedrängt und geplagt war, kamen neue Verlegenheiten für die Vorstände derselben Mit dem Vorgeben, daß unter den Assignaten, die bei der letzten Brandschatzung an den Agenten Dumoulin von hiesiger Stadt ein-geliefert wurden, sich für 3,020 Livres befunden hätten, welche in Paris verbrannt worden seyen, verlangte derselbe auf Ostermontag den Ersatz hiefür mit 3,020 Livres in klingender Münze, obgleich es an demselben Tage öffentlich bekannt gemacht worden war, daß bei Strafe des Gefängnisses Niemand die Assignaten dem baaren. Gelde nachsetzen dürfe.591) Man hatte große Mühe, diese neue For-

---

verstorbene Frau nicht anständig beerdigen lassen konnte. 2c. 2c. Stadtarchiv. Nr. 691. — 590) Diese Schanzarbeiten leitete der Adjutant Ronz. Als Kriegscommißär der 3. Division lag damals hier Le Barbier, der vorzüglich für das Militärhospital — „hôspital ambulant" — Dienste und Lieferungen verlangte. Der Generaladjutant der Cavallerie hieß Picard. — 591) Orig. Unterzeichnet: „Dumoulin, agent, Lemyer, sécret. et Mercklin, inter-

berung aufzubringen; allein in Gold, Silber oder Kupfer war dieß
ganz unmöglich.   Erst am 8. Mai konnten sie die Summe theilweise in Assignaten nach Neustadt an den unbarmherzigen Presser
einsenden.   Dieser wies für 89 Livres Kupfermünze, welche er nicht
kannte, wieder mit dem Befehle zurück, dafür innerhalb 12 Stunden französisches Geld zu senden.   Nicht einmal diese kleine Summe
hatte die Municipalität zur Verfügung.   Sie mußte sie bei dem
Blumenwirthe Müller leihen und durch einen eigenen Boten nach
Neustadt senden. [592])

Noch nicht war diese Auflage abgetragen, als sofort eine neue,
unerschwingliche angekündet wurde.   Es sollte ja kein Tag des
Elendes ohne neue Leiden vorübergehen.   Schon am 1. Mai, Abends
7 und 8 Uhr, kam der Stadtcommandant Regnaud [593]) auf das
Gemeindehaus, versammelte daselbst 20 bis 22 Mann Wache und
zeigte den Munizipalräthen an, daß die Stadt innerhalb 24 Stunden eine neue Kriegssteuer von 100,000 Livres erlegen müsse.   Der
Befehl hiezu war von dem Präsidenten der Ausleerungscommission
des Pfälzer Landes, René Legrand, zu Annweiler ausgefertigt, der
Stadtcommandant von Speyer mit dem Vollzuge beauftragt und
zugleich angewiesen, wenn die Summe nicht vollständig bezahlt
würde, alsbald zehn der vornehmsten Bürger als Geißeln nach
Straßburg abführen zu lassen. [594])   Der Commandant wollte kein
Mitglied des Rathes vom Gemeindehaus mehr entlassen; es sollte
innerhalb drei Stunden noch diese Summe in aller Eilfertigkeit aufgebracht werden.   Man bewies dem Commandanten die Unmöglichkeit,
diesem Verlangen jetzt zu entsprechen, und bat ihn um Verschub bis auf
den andern Morgen.   Nach langem Widerstreben ward diese Frist bewil-
ligt.   Bei Anbruch des Tages gab die Munizipalität der gesammten
Bürgerschaft Nachricht von dieser abermaligen peinlichen Verlegenheit.

---

prête." — Auch die um Speyer herumliegenden, fürstbischöflichen Dörfer,
wurden in fast gleicher Weise ausgebeutet. So erpreßte ein gewisser Riß
als Unteragent von der Gemeinde Hanhofen 2,000 Gulden, 8 Hemden,
und eben so viele Schuhe und Strümpfe und ein Pferd; von der Gemeinde Schifferstadt aber das Doppelte jener Ansätze. Keine Gemeinde blieb verschont; aus allen wurden Geißeln fortgeschleppt, bis das Geforderte abgeliefert
war. ꝛc. ꝛc. — [592]) Orig. Stadtarchiv. Nr. 691. — [593]) Dieser wohnte in
dem Hause des Domcapitulars, Freiherrn v. Hade. — [594]) Beilage. 31.
Stadtarchiv. Nr. 691.

Man bat jeden Bürger, so viel möglich Geld und Assignaten aufzutreiben, um die drohende Gefahr abzuwenden. Bis am Abende
um fünf Uhr war die Summe von 75,698 Livres aufgebracht.
Ohne allen Verzug wurden damit einige Bürger in das Hauptquartier zu Kirrweiler abgeschickt, wohin die Zahlung von Legrand
angewiesen worden war. Dennoch befahl der Stadtcommandant, um
Mitternacht die sämmtlichen Munizipalräthe und Einige der vornehmsten Bürger der Stadt aus den Betten abzuholen, und zehn davon
als Geißeln für den Rest der Kriegsauflage festzunehmen. Am 3.
Mai Morgens gegen 3 Uhr, ließ man diese Männer einen Wagen
besteigen und schickte sie unter dem Geleite von sieben französischen
Reitern nach Landau. [595] Auf gleiche Weise wurden am 9. Mai
auch für das Domcapitel, die Geistlichkeit und die Klöster noch vier
weitere Geißeln in jene Festung verbracht. [596] Die nach Kirrweiler gesendeten Assignaten hat man daselbst nicht angenommen,
sondern klingende Münze verlangt, was die Auslösung der Geißeln
trostlos hinausschob. [597] Diese thaten in Landau bei dem Central-
comité der Pfälzer Ausplünderung alle nur mögliche Schritte, und
baten schriftlich und mündlich um ihre Freilassung, allein ohne
günstigen Erfolg. Man verlangte die Summe in baarem Gelde.
Um dieses zu ermitteln, wurden vier Geißeln, Freitag, Drexel,
Holzmann und Mayer, gegen geleistete Bürgschaft, auf einige Tage
nach Speyer entlassen, um die Maßregeln zu besprechen, wodurch
die verlangte Summe dürfte aufgebracht werden.

Eine kleine Strecke vor Weingarten begegnete jenen der Bür-

---

[595] Das Loos traf die Bürger: 1. Friedr. Wilh. Ußlaub; 2. Mich.
Freitag; 3. Wilh. Leschmann; 4. Joh. Matthäus Drexel; 5. Joh.
Becker, Sohn; 6. Wilh. Christoph Scharpff; 7. Karl Alex. Holz-
mann; 8. Gotthard Claus; 9. Conrad Hausser, und 10. Joh. Adam
Mayer, Diakon. — [596] Nämlich: 1. Mich. Beyderlinden, Hausmeister des
Domscholasters v. Werbach; 2. der Stuhlbruder Jakob Düpree; 3. die Frau
Amtskellerin Hepp nad eine Magd aus dem St. Magdalenen-Kloster. —
[597] Die Bürger Wagrer, Folz und Schwab waren nach Kirrweiler geschickt
worden. Der „payeur divisionnaire Guérin" bescheinigte, am 2. Mai nur
16,756 Livres und 5 Sols erhalten zu haben. Zacharias Folz ging am 6.
Mai nach Schwetzingen, wo sich damals die Speyerer Rathsherrn, Schweikardt,
Weiß, Rühlmann, Geiger, Deines mit dem Rathsconsulenten v. St. Georgen,
befanden, um sich guten Rath und Geld zu holen und zu bewirken, daß das
Domcapitel den Rest der Brandschatzung trage.

ger Sig. Heinrich Kümmich von Speyer, der ebenfalls als Geißel
nach Landau verbracht wurde. In Speyer erfuhren die von Landau
eingetroffenen vier Geißeln, daß durch das eifrigſte Bemühen ihrer
in Furcht und Angſt ſchwebenden Gattinnen und Freundinnen abermals eine Summe von 17,457 Livres zuſammen gebracht worden
ſei. Damit begaben ſich die vier Genannten am 15. Mai nach Landau
zurück. Am folgenden Tage trugen Holzmann und Mayer dieſe
Summe von Landau nach Kirrweiler, und erhielten für ſich die
Freiheit und die Erlaubniß, nach Speyer zurückkehren zu dürfen.
Man hatte gebeten, auch die übrigen Geißeln der Stadt freizugeben
und den Reſt der Summe auf das Domcapitel und die übrige
Geiſtlichkeit zu übertragen, für welche ja ebenfalls Geißeln eingezogen
ſeyen, die gewiß nicht ohne Auslöſung verbleiben dürften. Dieſe
Bitte fand jedoch keine Berückſichtigung. [598]

     Während dieſer Zeit wurden noch andere Erpreſſungen in Speyer
verſucht und vorgenommen. Der ſchon mehrmals genannte franzöſiſche Agent Dumoulin verlangte, daß die Stadt diejenigen rück-
ſtändigen Abgaben an die freie Nation erlegen ſollte, welche ſie dem
Kaiſer und dem Kurfürſten von der Pfalz und einzelne Bürger dem
Domcapitel und den Stiftern zu bezahlen verpflichtet ſeyen. Man
bewies ihnen jedoch, daß Speyer keine andere Steuer, als alljährlich 24 Gulden an die oberrheiniſche Steuerkaſſe zu erlegen habe,
und zahlte ihm dieſe Steuer für das rückſtändige Jahr. Auch die
Müller mußten den auf ihren Mühlen haftenden, größtentheils der
Geiſtlichkeit zuſtehenden Fruchtpacht dem Commiſſäre in Geld entrichten. [599]

     Am 11. Mai wurde das kurpfälziſche Zollhaus den Flammen
preisgegeben und faſt ganz niedergebrannt. Am 15. Mai kamen

---

[598] Orig. Stadtarchiv. Nr. 691. — Damals machten ſich beſonders
der ſtädtiſche Archivar Mühlberger, der Senator Menzer und der Diakon
Mayer um die ſtädtiſche Verwaltung verdient, weßhalb ihnen der Stadtrath
am 31. Mai 1794 beſonderen Dank abſtattete. Rathsprotokoll. — [599] Am
13. Mai 1794 ſchrieb der von Speyer nach Heidelberg geflüchtete G. Fr.
Braun, Lehrer, an den Rektor Heynemann: „Möchten doch die deutſchen
Truppen bald und noch eher, als im ſpeyeriſchen Gebiete, wie in der umliegenden Gegend, die Frucht abgemäht wird, ihre und unſere Er-
retter werden.“ Braun hatte Frau und Kinder zu Speyer zurückgelaſſen.
Er wurde im folgenden Jahre Pfarrer zu Gommersheim. Stadtarchiv.
Nr. 961.

in Abwesenheit des Commiſſärs Mounier, die Agenten der Aus=
leerungscommiſſion, Villante und Lindemayer, von Weingarten her=
ein und ließen ausſchellen, daß alles noch vorräthige Zinn, Kupfer,
Meſſing und Blei ſogleich auf das Gemeindehaus abgeliefert wer=
den müßte, mit der beigefügten Drohung, daß wenn bei einer beß=
halb eigens vorzunehmenden Hausunterſuchung noch etwas Dergleichen
vorgefunden würde, der Eigenthümer augenblicklich nach Straßburg
abgeführt werden müßte. Villante ſcheint perſönlich in der Stadt
Umſchau gepflogen zu haben, ob noch für ihn etwas aufzufinden
ſeyn dürfte. Denn es liegt uns der Befehl von ſeiner Hand an die
Munizipalität vor, wornach auch die Orgel und das Fenſtereiſen der
lutheriſchen Kirche, dann die Glocke und Uhr auf dem Gefäng=
nißthurme mußten eingeliefert werden. [600]) Sohin wurden am 15.
Mai und an den folgenden Tagen die Glocke und die Uhr ſammt dem
eiſernen Gekrämſe von dem Altpörtel heruntergenommen. In der gan=
zen Stadt war ſohin keine öffentliche Uhr, kein Schlagglöckchen mehr,
wornach man die Stunden der Drangſale und des Elendes bemeſſen
konnte. Auf jenen Befehl wurden in der genannten Kirche die zin=
nernen Orgelpfeifen ausgehoben und das an den Fenſtern noch vor=
ſindliche Eiſen und Blei weggeriſſen und unerſetzlicher Schaden an=
gerichtet. Ueberdieß mußten auf vier verſchiedene Auslieferungs=
Befehle die kirchlichen Gefäße ſammt den Kelchen, welche die prote=
ſtantiſchen Prediger zur Krankenkommunion in ihren Häuſern auf=
bewahrten, an die Preſſer herausgegeben werden.

Am 22. Mai erſchien der Stadtcommandant auf dem Ge=
meindehauſe und eröffnete den Munizipalen, daß wenn die jüngſt auf=
erlegte Kriegsſteuer innerhalb 24 Stunden nicht vollſtändig erlegt
ſeyn würde, er genöthiget ſei, weitere 4 bis 5 Geißeln nach Landau
abführen zu laſſen, und dieß täglich zu wiederholen. Auch würde
jeder Tag des längeren Aufſchubes die Stadt 10,000 Livres mehr
koſten. Dieß brachte neue, arge Verlegenheit.

Am 23. Mai entſtand Morgens 7 Uhr eine große Bewegung
in der Stadt. Seit einer halben Stunde wurde in deren Nachbar=
ſchaft ein ſehr lebhafter Kanonendonner vernommen. Den Munizipal=
räthen und anſehnlichſten Bürgern der Stadt gebot man, ſich als=
bald auf dem Gemeindehauſe zu verſammeln, wo ſie von Soldaten=

---

[600]) Fait à Spire le 26. Floréal l'an II. Stadtarchiv. Nr. 691.

posten scharf bewacht wurden. Um 9 Uhr ließ der Stadtkomman-
dant den Befehl durch die Schelle bekannt machen, daß Niemand,
bei Todesstrafe, sich auf der Straße, vor den Hausthüren, oder an
den Fenstern sollte sehen lassen. Bald darauf sind die vier Bürger
Karl Aler. Holzmann, Christoph Ludw. Karr, Wilh. Friedr. Kuhlmann, Joh. Barth. Böhm, als Geißeln nach Landau abgeführt
worden. Um halb 10 Uhr zogen zwei Bataillone, die in der Stadt
lagen, eiligst zum Wormser Thore hinaus. Nachmittags gegen 2 Uhr
wurde es wieder still. Abends um 5 Uhr wurden die Wachen vom
Gemeindehause abgeführt und die dort festgehaltenen Räthe und
Bürger sofort in Freiheit gesetzt. Gegen 8 Uhr zogen die ausgerückten zwei Bataillone ohne Minderung wieder in die Stadt ein.

Am folgenden Tage, Morgens 3 Uhr, holten die Soldaten die
Mitglieder der Munizipalität aus ihren Betten auf das Gemeindehaus. Hier wurden sie, wie am vorigen Tage, scharf bewacht. Die
Truppen rückten aus der Stadt. Nachmittags 2 Uhr kamen sie
wieder zurück, worauf die bewachten Munizipalen auch wieder in ihre
Wohnungen entlassen wurden. Abends zwischen 6 und 7 Uhr
gab es abermals Lärm. Einige Truppen zogen ab, andere kamen
an. Das Militär flüchtete jetzt seine Geräthschaften und Habe eiligst
von hier hinweg. [601] Man führte unter allerlei Dingen, der
Stadt auch die Feuerspritzen mit fort. Die wenigen Pferde, welche
die Bürger noch erhalten oder neu angekauft hatten, mußten sie
jetzt zum Vorspannen hergeben. Es kam von denselben keines mehr
in die Stadt zurück. Die Vorstände der Stadt mußten sich augenblicklich wieder auf dem Rathhause versammeln und dort in Besorgniß und Angst die ganze Nacht hindurch verbleiben.

Am 25. Mai, — es war ein Sonntag — Morgens um 3
Uhr, zog das erste Bataillon von hier ab, dem vier Stunden später
die übrigen nachfolgten. Plötzlich entstand jetzt in der Stadt Feuerlärm.
Die schöne Domdechanei nächst der Sakristei der Kathedrale, und die
geräumige Domprobstei an dem nordöstlichen Ende der großen
Pfaffenstraße, brannten in lichten Flammen, und wurden fast gänz-

---

[601] Auch der Buchdrucker Friedr. Kranzbühler hatte bei diesem Durcheinander, trotz seiner republikanischen Gesinnung, noch das Unglück, den
größten Theil seiner Lettern einzubüßen. Ihm hatte bereits der alte Buchdrucker Paul Enderes, ein naher Verwandter, am 14. Nov. 1793 sein Haus
sammt der Druckerei für 2,300 fl. überlassen.

lich in Trümmer und Asche verwandelt. Sieben französische Reiter,
die beim Abzuge der Franzosen noch zurückgeblieben waren, forderten von den Bürgern Wein, Geld und Assignaten, und eigneten sich an,
was sie in Eile noch erwischen konnten. Um zehn Uhr setzte eine
Compagnie Darmstädter Infanteristen an der Lußheimer Fahrt über
den Rhein, und zog auch um eilf Uhr in die unglückliche Stadt ein.
Nachmittags halb zwei Uhr kam ein Rittmeister mit neun Husaren
des Regimentes Erdödy an. Diesen folgten um 3 Uhr der General
Schmalkalder mit seinen Darmstädter Truppen,[602]) Abends fünf
Uhr aber der kaiserliche General v. Hotze mit seiner tapferen
Vorhut. Nur Eines hatten die Speyerer Bürger zu beklagen,
daß diese längst ersehnte Hilfe für sie viel zu spät erschienen war,
und ihnen keine dauernde Rettung brachte.

So lange die fränkischen Truppen in Speyer lagen, mußte von
der Stadt an die oft genannte Commission, an die einzelnen Generäle, an den Stadtcommandanten, an die Kriegscommissäre alles
nöthige Papier, Federn, Dinte, Siegellack, Lichter, und in den
ersteren fünf bis sechs Wochen auch das Holz, ferner an die Wachen
und Vorposten Lampen, Dochte, Oel, alles nöthige irdene Geschirr
2c. und eben so auch sechs Wochen lang das Holz geliefert werden.
Nicht selten wurde der Stadt die Zumuthung gemacht, daß sie der-
artige Lieferungen auch auf die umliegenden Dorfschaften, ja selbst
bis Germersheim besorgen sollte. Durch wiederholte Aufgebote hatte
man den hiesigen Bürgern nach und nach alle Pack- und Fruchtsäcke herausgepreßt. Alle arbeitsfähigen Leute wurden ohne Aufhören
gedrängt, Frohndienste zu verrichten. Die Schreiner mußten Kisten und
Verschläge, worin von der Ausleerungscommission Habseligkeiten
aller Art fortgeschickt wurden, unentgeldlich anfertigen. War sonst
etwas für das Militär zu machen, so mußte dieß stets auf Kosten
der Stadt geschehen. So wurden die meisten Einwohner der Stadt
nach und nach gänzlich erschöpft und in die größte Armuth versetzt.[603])

---

[602]) W. L. Schmalkalder stand schon am 22. Mai zu Altlußheim. — [603]) Am
25. Juni 1794 wurde das Bauamt dahier beauftragt, nicht nur den Schaden,
welcher dem gemeinen Wesen an den öffentlichen Gebäuden und sonstwie von
den Franzosen zugefügt wurde, genau aufzunehmen, sondern auch jenen,
welchen die einzelnen Bürger erlitten, sammt den von ihnen geleisteten Contributionen, nach Zünften, genau zu ermitteln. Die Krämerzunft hatte die
Summe von 78,270 fl. in Ansatz gebracht. Die damaligen 12 Zunftmeister

Der Mangel ſtieg auf den umliegenden Dörfern ſo ſehr, daß nicht wenige Menſchen darin Hungers ſtarben. Es traf ſomit in Wirklichkeit hier ein, was öfters vom fränkiſchen Militär und andern fremden Preſſern geſagt wurde: „Es ſoll Euch nichts übrig bleiben, als Eure Augen, damit Ihr Euer Elend beweinen könnt." Man ſah jetzt Leute nach Brod gehen, die ſonſt im Stande waren, anderen von ihrem Vorrathe mitzutheilen. Die Folge von dieſem Elende waren heftige Krankheiten, welche jetzt ausbrachen. Namentlich waren es die Flecken und das Frieſel, welche die kräftigſten Männer in der Blüthe ihrer Jahre dahin rafften. Iſt Speyer in ſeinem Wohlſtande — wie die ganze geſegnete Rheinpfalz — bisher ein Gegenſtand der Bewunderung für aufmerkſame Reiſende geweſen, ſo war es jetzt in ſeiner Ausplünderung und Verwüſtung ein Gegenſtand des Mitleides für alle Freunde und Wohlthäter der leidenden Menſchheit! Und dennoch war das Maß ſeiner Drangſale und Beraubungen noch lange nicht erſchöpft. 604)

---

waren: 1. Joh. Daniel Müller, Krämerzunft; 2. Friedr. Emich Schneider, Weberzunft; 3. Joh. Daniel Freitag, Metzgerzunft; 4. Joh. Georg Zechner, Beckerzunft; 5. Joh. Georg Herold, Schmiedezunft; 6. Joh. Georg Stegmayer, Schneiderzunft; 7. Joh. Jakob Frech, Schuhmacherzunft; 8. Joh. Philipp Börkel, Bauleutezunft; 9. Joh. Philipp Freiburger, Haſenpfühlerzunft; 10. Joh. Heinrich Rückert, Fiſcherzunft; 11. Georg Conrad Hellinger, Gärtnerzunft; 12. Joh. Daniel Welz, Lauerzunft. — ***) Bis hierher geleitete uns der bemeldete Augenzeuge, Joh. Adam Mayer, ſeit 1782 Diakon, und ſeit 1802 lutheriſcher Pfarrer dahier, geſtorben am 2. April 1814. Seine bezügliche Schrift, im Jahre 1794 auf Koſten des Hoſpitals, zum Behufe ergiebiger Sammlung milder Beiträge für die Stadt, hier gedruckt, führt den Titel: „Sechs Abendandachten, im Bürgerhoſpitale zu Speyer gehalten, nebſt einer getreuen Erzählung derjenigen Unfälle, welche Speyer — 1794 in den erſten Monaten — betroffen haben." Siehe auch einen Auszug hievon in Palatina, Jahr 1862. S. 14. u. ff. — Am 31. Mai 1794 begannen wieder die ordentlichen Sitzungen des alten Stadtrathes. Deſſen erſte Verhandlung betraf die Aufnahme von 30,000 fl., um die 13 Geißeln zu löſen. Auf das Johannisfeſt, am 24. Juni, wo der lutheriſche Gottesdienſt zum erſten Male wieder in der reformirten Kirche gehalten wurde, hatte nach der Frühpredigt die Aemter-Wahl, welche ſonſt auf das Dreikönigsfeſt vorgenommen ward, ſtatt. Johann Becker wurde zum erſten, Johannes Schweickhardt zum zweiten Bürgermeiſter einſtimmig erkoren. Rathsprotokoll. §. 165.

§. 5. Unbarmherziges Hausen der Franzosen in Zweibrücken.

Die siegreiche Rückkehr der Franzosen auf den deutschen Boden brachte zuerst in dem westlichen Theile unserer Rheinpfalz, in den ehemaligen Zweibrücker Oberämtern, Drangsale, Plünderung, Raub und Verwüstung, weßhalb wir deren Schilderung hier zunächst, auf Grund amtlicher Erhebungen und Berichte, folgen lassen.

Am Donnerstag den 21. November 1793, Morgens zwischen 8 und 9 Uhr, zogen die Republikaner in die Stadt Zweibrücken ein, nachdem die Preußen in der vorhergehenden Nacht dieselbe verlassen hatten. Fürchterlich war ihr Eintreffen. Es wurde mit Stehlen und Rauben auf den Straßen, in den Häusern und in den Läden geschändet. [605] Auf den Straßen der Stadt wurden Männer und Frauen ihrer Kleider beraubt, diesen die Hauben, Halstücher und Röcke vom Leibe gerissen. Anderen setzte man Pistolen Bajonnete und Säbel auf die Brust, um ihnen ihre Baarschaft abzupressen. Der Durchmarsch der Truppen dauerte zwei volle Tage. Gleich anfänglich erschien auf dem Rathhause der Generalcommissär, welcher innerhalb 24 Stunden 3,000 Paar Schuhe und 500 Paar Stiefel verlangte. Man stellte ihm die Unmöglichkeit, dieser Forderung zu entsprechen, dar, weil hiefür nicht einmal Leder genug noch weniger aber Arbeiter vorhanden seyen. Kurz und rauh wurde von dem Commissäre erwiedert: „Ich habe es gesagt; so muß es seyn!" Nun brachten alle Schuster ihre Vorräthe zusammen und jeder Einwohner lieferte, was er an Fußbekleidung entbehren konnte. So wurden etwa 500 Paar Schuhe und 125 bis 130 Paar Stiefel, 100 Hemden, ebensoviele baumwollene Kappen und Teppiche gesammelt. Täglich sollten 400 Centner Brod herbeigeschafft werden,

---

[605] Die in Zweibrücken bestehende Revolutions-Commission — ihre Mitglieder waren: F. Galland, Domer und Ladoucette — ließen in einer roth gedruckten Aufforderung vom Raube also abmahnen: „Tapfere Vertheidiger der französischen Republik! Als Sclaven der Tyrannen in unser Land einbrangen, begiengen sie Gewaltthätigkeiten. Ihr habet sie wie Räuber behandelt, und alle guten Republikaner haben wie ihr gedacht. Wäre es wohl möglich, daß unter Euch so schlechte Brüder wären, die in diesem Lande das nämliche Betragen, welches ihr an euren Feinden tadeltet, sich zu Schulden kommen ließen?" zc. zc. Original. Es waren dieß eitle Worte, die keine Beachtung fanden und auch kaum so ernst gemeint waren, wie die folgende Note sattsam erweiset.

was ebenfalls nicht möglich war. Alle Früchte, Heu und Stroh, welche man auffand, wurden mit Beschlag belegt und auch das vorhandene Salz hinweggenommen. Nur unter Bitten und Flehen konnten die Bürger das Nöthigste für ihren Bedarf erhalten. [606]) Ferner mußten Hemden, Strümpfe und Tücher aller Art und Farben geliefert werden. Alles Gold, Silber, alle Kirchengeräthe, Meßgewänder, Kelche, Leuchter, Zinn, Blei, Aexte, Beile, Waffen jeder Gattung, Leder, Lichter, Papier, Siegellack, Oel, Branntwein, Essig ꝛc. wurde aufgesucht und hinweggenommen. Außerdem legte man der Stadt eine Brandschatzung von 2,000,000 Livres auf. Diese Summe sollte innerhalb zweier Tage aufgebracht werden, mit der Bemerkung, daß kein Armer etwas hiezu beizutragen habe. Alle Bürger suchten das Geld zusammen zu bringen, was sie vermochten. Manche übergaben 4,000 bis 5,000 Gulden, allein wie erklette dieß bei so ungeheuren Forderungen? Nebenbei mußten Listen der Ausgewanderten angefertigt werden, mit Angabe der Zeit und der Ursachen ihrer Abwesenheit. Mehrere Häuser der Bürger wurden ausgeplündert, so namentlich jenes des Kaufmanns Lilier mit einem Verluste von 49,000 Gulden, des Kaufmanns Cetto, der Wirthe Lang und Schäfer [607]) ꝛc. Viele Wohnungen geflüchteter Beamten wurden erbrochen und zum Theil durch einheimische Verräther und Helfer beraubt und verwüstet. [608]) Bereits waren alle Zim-

---

[606]) Am 22. Nov. 1793 schrieb Hoche an den Kriegsminister: „Les misérables sansculottes doivent-ils toujours travailler sans retirer aucun fruit? Non, ils auront la liberté les culottes de velours, les vestes de satin, les habits à grandes manches vont les vêtir. Tous les tailleurs et cordonniers sont en réquisition. M'approuves-tu? Le bon sansculotte Achier me seconde à merveille, et ça va." Vie de Laz. Hoche. Tome II. p. 31. — [607]) Dem Apotheker Schulz wurden 9,000 Livres baar und 800 Livres in Assignaten geraubt. Er gab zur Brandsteuer 25 Louisd'or und einen Wechsel von 6,000 Livres, den er jedoch wieder zurückerhielt. Da in den Monaten Februar und März 1794 so viele Kranke in Zweibrücken waren und es wegen der Sperre an den nöthigen Arzneimitteln fehlte, so gestattete Feldmarschall v. Möllendorff in Mainz unterm 3. April 1794, daß jene von Frankfurt ungehindert nach Zweibrücken verbracht werden durften. — General Morlot soll damals, wie wir noch hören werden, dem Kaufmann Franz Cetto für mehr als 88,000 Livres Waaren und Möbel hinweggenommen haben. — [608]) Die Patrioten zu Zweibrücken wurden beim ersten Abzuge der Franzosen genöthiget, den Freiheitsbaum niederzuhauen, wobei sie von den sogenannten Aristokraten geprügelt und blutrünstig geschlagen wur-

merleute, Maurer, Schlosser auf das Rathhaus beschieden, um auf
den ersten Wink des feindlichen Commissärs die Häuser der Emigranten niederzureißen. Diese Drohungen und Drangsale dauerten
fort, bis am 1. Dezember die Nachricht in Zweibrücken einlief,
daß die Republikaner bei Kaiserslautern geschlagen und in eiligem
Rückzuge begriffen seyen. Man fürchtete jetzt noch härtere Behandlung, besonders weil die angesetzte Brandschatzung nicht konnte aufgebracht werden. Etwa 70,000 bis 80,000 Livres waren bereits
bezahlt. Während des Rückzuges der Armee von Moorlautern
durch die Stadt wurden um die Mitternachtsstunde von den Commissären mit Gendarmen 16 der ordentlichsten und wohlhabensten
Bürger aus ihren Betten geholt, in die lutherische Kirche eingesperrt, um am folgenden Tage als Geißeln fortgeführt zu werden.
Nur vier derselben wußten diesem Schicksale zu entrinnen. ***)

<hr />

ben. Dieß hatte jetzt eine arge Nachwirkung. Ueberhaupt brachte die Herrschaft
der Freiheit und Gleichheit nach Zweibrücken, wie in die anderen Städte und
Dörfer, keine Bruderliebe, sondern vielen Zwiespalt, bittere Feindschaft, Haß
und wechselseitige Verfolgungen, die das sonstige Elend außerordentlich vermehrten. — ***) Originalberichte. Reichsarchiv. Z. A. Nr. 689. Ein amtlicher Bericht des Zweibrücker Stadtvorstandes vom 4. Dez. 1793 lautet
hierüber also: „Nachdem die in unserer Gegend befindliche preußische Armee
uns in der Nacht vom 20. auf den 21. Nov. verlassen hatte, standen wir
dem Einmarsche der Franzosen völlig bloß. Die Furcht vor ihnen trieb nicht
nur sämmtliche, in gar kleiner Zahl hier befindliche Dienerschaft, sondern
auch welche noch vom Adel hier waren, und viele Bürger und sonstige Einwohner fort.... Die hier Gebliebenen erwarteten mit beklommenen Herzen
und Zittern die französischen Krieger, von denen sie nicht mehr hoffen durften, glimpflich behandelt zu werden. Als der Morgen graute, hörte man jene
erst in einiger Entfernung, dann immer näher und näher einzelne Schüsse
aus kleinen Gewehren abfeuern. Bald kamen viele einzelne Soldaten, Reiter
und Fußknechte aus allerlei Abtheilungen in die Stadt, griffen Leute auf der
Straße an, drangen in die Häuser, forderten Wein, Bier, Brod, Geld, Hemden,
den, Nasentücher, Uhren ꝛc. ꝛc., und was man ihnen nicht gab, nahmen sie
und mißhandelten einige Leute sehr hart. Die Plünderer wurden manchmal
unter sich uneins, so daß Einer in der Hintergasse seinen Cameraden mit
zwei Kugeln niederschoß. — Hierauf kamen hellblaue Husaren, welche einiger
Maßen die Ordnung herstellten. Nach und nach kamen mehrere Truppen in
die geängstigte Stadt. Ein Generalcommissär, Namens Archier, ein Mann,
der nicht gut zu behandeln war, und Alles sehr streng forderte, begehrte sogleich alle Vasa sacra, die auch fortgeführt sind; ferner die Glocken, wovon
zwei in jeder Kirche abgenommen, aber noch nicht weg sind; endlich alle Ge-

Am 4. Dezember 1793 war Zweibrücken wieder völlig von den Franzosen verlassen. [610]) Sie plünderten und raubten bei ihrem Abzuge noch in den meisten Dörfern des Oberamtes Zweibrücken und Homburg. Dieß geschah namentlich am 6. desselben Monats

---

wehre, Pulver, Blei, Gold, Silber ꝛc., 2,000,000 Livres Brandschatzung und d. g. Schuhe, Hemden, Röcke, Tuch, Leder, Heu, Früchte, kurz, beinahe Alles. Nebst jenem Generalcommissäre waren hier drei, welche die Commission révolutionnaire ausmachten, auch unerbittliche Leute, und noch mehrere Représentants de la nation, welche kein Gehör gaben, sondern an den Generalcommissär verwiesen..... Auf Befehl desselben mußte ein Stadtvorstand gewählt werden, welches auch geschah. Die benachbarten Dörfer waren ausgeplündert, die Fuhren theils mit der preußischen Armee fort, theils mit Hausrath derer, die das Ihrige in Sicherheit bringen wollten, theils von den Franzosen hinweggenommen. Es wurde eine große Menge Fuhren verlangt, um alles Hinweggenommene und aus den Häusern derer, welche als Ausgewanderte erklärt wurden, Abgeholte wegzuführen. — Man drohete bei jeder Gelegenheit mit der Guillotine, Brennen, Häuserniederreißung, Gefängniß ꝛc. Mehrere Mitbürger wurden sogleich verhaftet, nämlich der Consistorialrath Kempf, welcher zum Unglücke just auf das Rathhaus ging, als die schon Verhafteten, Gerber Georg Verseveaux, Lichtermacher Savoye, Metzger Conrad Gerhard, herabgeführt wurden. Jedermann suchte zu der angesetzten Brandschatzung an Geld beizubringen, was er nur konnte. So kamen etwa 20,000 bis 25,000 Gulden zusammen. Diejenigen, welche das Geld ablieferten, wurden ebenfalls gefangen gehalten. Die Häuser des Kaufmanns Lilier, Cetto, des Regierungsrathes Cetto, des Hofrathes Bettinger, des Regierungsrathes Horstmann und v. Luxburg, wurden ganz ausgeleert, und noch viele andere Häuser ausgeplündert.... Am 2. Dez. Abends wurden die Geißeln — es waren deren anfänglich 14 (sic) Personen, die Nachts um 1 Uhr aus ihren Betten abgeholt und theils in der lutherischen Kirche, theils in andern Häusern bewacht wurden, — fortgeführt. Sie mußten größtentheils zu Fuß gehen, da nur ein Wagen für sie aufgebracht war. Das Wehklagen der zurückgebliebenen Familien war herzzerreißend." Die Geißeln waren: Hr v. Böhmer; Consistorialrath Kempf; Kaufmann Bastian; Joh. Römer; Schuhmacher Moritz; Schuhmacher Carl Feinbel; Weißgerber Diehl; Kaufmann Seiler; Christkilles; Kaufmann Fröhlich von Saarbrücken; Frau Fröhlich von Zweibrücken; Perückenmacher Schneider. Die Entkommenen waren Buchdrucker Halanzy, die Kaufmänner Rossy und Schuff, und der Metzger Conrad Gerhard. — Am 24. Sept. 1794 schrieb Kaufmann Seiler von Metz und schilderte die traurige Lage der Geißeln, bei denen sich auch damals noch Dr. Böcking befand, dessen Anklage wegen Verbreitung falscher Assignaten von einem Gerichtslege zum andern verschoben wurde. Den acht Fuhrleuten von Zweibrücken, welche man genöthigt hatte, die dortigen Geißeln nach Metz zu verbringen, wurden daselbst ihre

zu Irheim, wo 200 Franzosen den dortigen Steg über die Hornbach zer=
störten. Die Bewohner von Mittelbach flüchteten sich nach Zweibrücken.
Da die zu Zweibrücken von den Preußen aufgehäuften Früchte nicht
konnten fortgebracht werden, so wurden dieselben von den jetzt ab=
ziehenden Franzosen theils in den Bach geschüttet, theils den darum
schreienden Armen der Stadt preisgegeben. Aus allen Gauben des
Ritterhauses flogen Fruchtsäcke auf den Boden herab. Viele derselben
zerplatzten und ihr Inhalt wurde in Körben, Schürzen und Säcken
fortgeschleppt. Erst am 5. und 6. Dezember kamen einzelne preu=
ßische Patrouillen in die Stadt. Am 7. desselben Monats ritt ein
Obrist mit 300 Mann ein und erkundigte sich über Alles, was die
Franzosen dort angeordnet und bekannt gemacht hatten. Am 18. De=
zember hielt man wieder öffentlichen Gottesdienst in allen Kirchen;
allein die Glocken wurden nicht geläutet, sondern durch Ausschellen
in der Stadt das Zeichen hiezu gegeben. ⁶¹¹) Am 16. Dezember wagten

---

Pferde und Wagen hinweggenommen, wodurch sie einen Gesammtschaden von
2,290 fl. erlitten, um dessen Ersatz sie am 18. Okt. 1793 den Herzog Carl
II. ansleheten. Dazu kamen noch 4 Pferde und 2 Chaisen, in und mit wel=
chen die Frauen v. Esebeck und v. Lurburg abgeführt wurden. Die fort=
während en Bedrängnisse behinderten die verlangte Vergütung. Reichsarchiv. Z. A.
Nr. 923. — ⁶¹⁰) Nach einem anderen amtlichen Berichte war ihr Abzug von
Zweibrücken am vorhergehenden Tage so eilig, daß Viele derselben von ihren
eigenen Leuten todt geritten und überfahren wurden. Alle Brücken und Stege
wurden abgebrochen und verbrannt. Die Furcht vor Verfolgung der Preußen
war leider vergeblich. — ⁶¹¹) Bericht des Procurators Wollschläger aus
Zweibrücken vom 12. Dez. 1793. Reichsarchiv. Z. A. Nr. 269. Ein amt=
licher Bericht vom 10. Dezember sagt: „Jedermann kommt darüber überein,
daß die eingerückten Franzosen nicht als bloße Feinde, sondern als mensch=
liche Ungeheuer und viehische Thiere gehandelt haben. Ihre Absicht war
nicht, den Feinden zu schaden und ihnen ihren Unterhalt in der Gegend zu
erschweren, sondern bloß sich selbst zu bereichern und Alles zu verwüsten.“
Doch fanden sie auch in Zweibrücken ihre Helfer und Verräther, die in den
amtlichen Akten namentlich aufgeführt werden. — Dazu gehörten vorzüglich
Heinrich Blumenauer, Becker und Brauer, und Joh. Weyrich, Wollenweber.
Diese wurden Ende September 1793 von den preußischen Patrouillen aufge=
fangen. Die französischen Commissäre drohten alsbald, für dieselben Geißeln
aus Zweibrücken abzufassen, wenn sie nicht wieder auf freien Fuß gesetzt
würden. Die Stadtvorstände baten daher sehr angelegentlichst um deren
Freigebung, die auch später erfolgte. Reichsarchiv. Z. A. Nr. 912. — Auch
Friedrich Albrecht von Zweibrücken saß lange auf Ehrenbreitstein als Ge=
fangener wegen seiner Freiheitspredigten. — Bereits am 5. Juni 1793 wur=

sich die Republikaner bei Limbach wieder über die·Blies. Am 19.
deßselben kamen Morgens etwa 100 französische Dragoner nach
Zweibrücken, ein General und Kriegscommissär an ihrer Spitze.
Sie besetzten alsbald den Kreuzberg und alle Zugänge zu der Stadt
mit Wachen und verlangten drei Wagen mit Wein und Brannt=
wein. Das Geforderte mußte beigeschafft und noch Papier, Federn,
Siegellack, 2,600 Pfund Hufnägel, 30 Stück Hufeisen, 60 Aerte
2c. geliefert werden. Um die Mittagsstunde zogen sie wieder ab.
Eine deutsche Patrouille folgte ihnen auf dem Fuße nach. [612])

Am 25. Dezember rückten die Franzosen abermals zahlreich gen
Zweibrücken vor. Um 10 Uhr zogen über Irheim etliche Batail=
lone Infanterie und 2 Escadronen Reiter hier ein. Für letztere
mußten sogleich 264 Rationen Hafer und Heu aufgebracht werden.
Der Commandant dieser Colonne war General Chapsal. Am fol=
genden Tage nahm derselbe sein Hauptquartier in Käshofen. Eine
zweite Colonne unter General Desbureaux lagerte zu Limbach.
Einige Tage später, als Landau entsetzt war, zogen sie gen Kaisers=
lautern. Am 30. Dezember kam eine Division von etwa 4,000
Mann Infanterie und Cavallerie, befehligt vom Generale Vincent,
von Pirmasens nach Zweibrücken. Dieser verfügte sich alsbald auf
das Rathhaus und verlangte schriftlich 15,000 Pfund Brod, eben
so viel Fleisch und 15,000 Rationen Hafer und Heu, nebst vier
Faß Branntwein. Am Abende folgte noch eine Brandsteuerauflage
von 50,000 Livres in Münze. Man bot Alles auf, um diesen An=
forderungen zu entsprechen, allein es war unmöglich, das Ganze
aufzubringen. Von der Brandschatzung konnten nur 14,000 Livres
durch Beiträge und Darlehen gesammelt werden, welche der Com=
missär Lagrange auch in Empfang nahm. Am folgenden Tage
wurden an 30 Stück Ochsen und Kühe geschlachtet, welche letztere
manchem armen Manne bisher die einzige Nahrungsquelle für seine
Familie waren. Die Truppen zogen gen Homburg weiter. Täglich
kamen andere Abtheilungen derselben, die immer wieder neue Lebens=

ben vom Könige von Preußen drei Zweibrücker Patrioten, welche zu Königsstein gefangen saßen, frei gegeben. — [613]) Amtlicher Bericht vom 19. Dez.
1798. Kreisarchiv. Z. A. Nr. 273. — Laut eines Briefes des Ministers v.
Pfeffel aus Mannheim vom 10. Dez. 1793, wurden demselben 6 Wagen
seiner besten Habseligkeiten, welche er auf den Schellenberger Hof retten
wollte, von den Franzosen geplündert, verdorben und zertrümmert.

mittel für die Mannschaft und Futter für die Pferde in Anspruch
nahmen. Die Verlegenheit stieg mit jedem Tage. Am 15. Januar
1794 kehrte General Vincent mit seinen Schaaren wieder nach Zwei=
brücken zurück. Noch an demselben Abende verlangte er als Rest
der früheren Auflage eine Brandschatzung von 20,000 Livres,
10,000 Pfund Brod, eben so viele Rationen Hafer und Heu und
600 Paar Schuhe und eine gleiche Anzahl Hemden, unter Androh=
ung militärischer Verfolgung. Es wurde dieß mit der Schelle in
der Stadt bekannt gemacht, damit jeder Bürger zusammenbringe,
was er vermöge. Am folgenden Morgen wurden 600 Leib Brod,
200 Hemden und 56 Paar Schuhe eingeliefert. Wegen der Brand=
schatzung machte man schriftliche Vorstellungen, welche auch den un=
barmherzigsten Menschen hätten rühren können, allein sie blieben
ohne Erfolg. Die letzte Antwort des Generals war, daß, wenn am
Nachmittage 3 Uhr die auferlegten 20,000 Livres, als Strafe der
jüngst geforderten, noch nicht vollständig entrichteten 50,000 Livres,
nicht abgeliefert würden, die Forderung noch dürfte gesteigert wer=
den. Man sammelte auf's Neue, wobei ein Mancher, der bisher
aus dem öffentlichen Almosen unterstützt wurde, sein Scherflein hilf=
reich beitrug. Allein es kamen kaum 1,800 Livres zusammen. Als
diese übergeben waren, ließ jetzt der General die acht Gerbermeister
der Stadt vor sich rufen, und befragte sie um ihre Ledervorräthe.
Nachdem sie ihre Vorräthe angegeben hatten, erklärte er sie als
Gefangene, um von ihnen den fehlenden Rest der Brandschatzung
zu erpressen. Die Frauen und Kinder der Gefangenen eilten her=
bei und baten und flehten unter Thränen den unbarmherzigen
Dränger um Freilassung ihrer Gatten und Väter. Der General
erwiederte mit Kälte und Härte: „Wenn ihr auch Blut weinet,
so kann dieß euch nichts helfen!" Am folgenden Tage wurde sofort der
protestantische Pfarrer Hepp mit vier andern Bürgern arretirt und
gegen Mittag mit den Gerbermeistern als Geißeln nach Blieskastel
abgeführt. Es war ein herzzerreißender Anblick, die weinenden
Frauen und jammernden Kinder von den Gefangenen Abschied neh=
men zu sehen! Am Nachmittage des 18. Januar kam der Kriegs=
commissär Lagrange mit einem Geleite von 48 Reitern von Blies=
kastel nach Zweibrücken mit der Weisung, den in der Stadtmühle
lagernden Weizen abzuholen, welcher jedoch an der auferlegten Brand=
schatzung dürfe abgerechnet werden. Nur 100 Säcke sollten für

die Armen zurückbleiben. Lagrange rühmte, den bereits gegebenen
Befehl des Generals zur Plünderung der Stadt hintertrieben zu
haben. Am folgenden Tage führte man wirklich 140 große Malter
Weizen nach Bliescastel ab. Auch wurden drei der gefangenen
Gerber zu Bliescastel entlassen, um 30,000 Livres, außer dem
vorräthigen Leder, abzuliefern, wofür die Freilassung der übrigen
Gefangenen zugesagt wurde. Die bedrängten Bürger brachten
durch auswärtige Anlehen 15,000 Livres zusammen, die sie am
19. Januar nach Bliescastel sendeten. [613])

Damit hatten jedoch die Erpressungen der Republikaner in
Zweibrücken noch nicht ihr Ende erreicht. Jede Truppenabtheilung,
die dort einrückte, stellte wieder neue Anforderungen. Besonders arg
hauste daselbst der ehemalige Maire und jetzige Generalmajor
Mayer von Bergzabern. Am 4. Februar begannen auch die unbarmherzigen Ausleerungscommissäre ihr trauriges Geschäft zu Zweibrücken und in der Umgegend, um alles Brauchbare und Werthvolle den unglücklichen Bewohnern zu erpressen und zu rauben.
Man wäre versucht, die beßfallsige Bekanntmachung, welche der
Agent des Wohlfahrtsausschusses, Cologne, an jenem Tage zu
Zweibrücken ausgab und anheften ließ, für erdichtet zu erachten,
wenn sie nicht im Originale noch vorhanden wäre. [614])

---

[613]) Amtlicher Bericht vom 27. Jan. 1794. Reichsarchiv. Z. A. Nr.
897. — [614]) Dieselbe lautet: „Wir Agenten, mit Vollmacht von dem Comite der allgemeinen Wohlfahrt des Nationalconvents, befehlen wie folgt:
1. Es ist allen Bewohnern von Zweibrücken anbefohlen, auf der Stelle ihre
Contribution, von welcher, wie hier unten folgen wird, die Rede ist, in die
Behausung und in die Hände des Bürgers Dulphe, des zum Empfang
ernannten Commissärs, zu liefern. Er wohnt in der Behausung des emigrirten Oberstallmeisters Strubberg. 2. Alle Gewehre und Waffen, welcher
Art sie auch immer seyen, Pulver, Salpeter und Seitengewehre, müssen genau eingeliefert werden. 3. Alles Gold, Silber, Eisen, Stahl, Kupfer,
Messing, Blei, Zinn, kurz alles Metall, alles Gieswerk, verarbeitet oder nicht
verarbeitet, muß genau eingeliefert werden. 4. Alle Sorten Leinwand, als
Leintücher, Hemden, alle Leinwand, verarbeitet oder nicht verarbeitet, alt oder
neu, gebleicht oder ungebleicht, muß eingeliefert werden. 5. Jedoch ist es
jedem Einwohner erlaubt, zwei Paar Leintücher und drei Hemden zu behalten. 6. Alle wollenen Tücher und Zeuge, welche in den Gewölben, Läden,
Magazinen und Vorrathshäusern sind, müssen augenblicklich eingeliefert werden. 7. Aller Hanf, Flachs, Seile, Stricke, Zwirn, Garn von aller Art.
8. Alle Pferde mit Geschirre, alles Vieh, alle Gattungen von Häuten und

Aehnliche Aufforderungen und Erpreſſungen fanden auch in den umliegenden Dörfern ſtatt. Es wurde hiedurch eine ungeheure Maſſe von geraubten Gegenſtänden zuſammengebracht und in das Innere von Frankreich abgefahren. Mehrere tauſend hinweggenommene Bauernpferde wurden außerdem gekoppelt durch Zweibrücken weiter getrieben. In Bitſch lagerten allein an 500 geraubte Glocken. Dieſes unbarmherzige Raubſyſtem erzeugte bei den Bewohnern der Stadt und auf dem Lande Mangel und Noth, und die Ausſicht auf die Zukunft ward immer düſterer und trauriger. Berichte aus Zweibrücken vom 25. Februar und aus Mannheim melden: „Es ſind dort beinahe gar keine Lebensmittel mehr vorhanden, ſondern auch faſt alles Weißzeug, alle Kleidungsſtücke, Küchengeräthe, ſelbſt der größte Theil der Oefen ſind weggeſchleppt worden. Letztere

Leder, alle Sättel und Zäume. 9. Alle Kleider, Mäntel, Camiſole, Hoſen, Strümpfe, Stiefel, Schuhe und Hüte ꝛc. müſſen ebenfalls eingeliefert werden, und jeder Einwohner darf nicht mehr behalten, als ein tuchenes Kleid, die Sommerkleidung und ein gutes Paar Schuhe. 10. Alle Früchte und Fütterung müſſen genau eingeliefert werden, und es bleibt jedem Einwohner nur ſo viel, als er zu ſeinem Hausgebrauche nöthig hat, nach dem Verzeichniſſe, welches die Munizipalität auf der Stelle einzugeben verbunden iſt. 11. Es wird der Stadt Zweibrücken aufgelegt, in Zeit von 48 Stunden die Summe von 50,000 Pfund in die Hände des Kriegscommiſſärs, Bürgers Coutnrier, wohnhaft Nr. 173, einzuliefern. Genanntem Bürgercommiſſäre Dulphe iſt genau anbefohlen, auf die Erfüllung gegenwärtigen Arretes genau zu wachen und alle Mittel, welche er für nothwendig erachten wird, zu Hilfe zu nehmen, um dieſen Befehl in kürzeſter Zeitfriſt zu erfüllen. Zweibrücken, den 16. Regenmonat der einen und untheilbaren Frankenrepublik. Cologne, Agent von dem Comite der allgemeinen Wohlfahrt des Nationalconvents. Mit dem franzöſiſchen Original gleichlautend: Grieß." Orig. im Kreisarchiv. Z. A. Nr. 269. — Strubberg's Haus wurde gewählt, weil der Bewohner deſſelben geflüchtet war. Später wurde auch das Haus des verſtorbenen Hofrathes, Dr. König, hierzu beſtimmt. Als am 24. Mai 1794 die Republikaner Zweibrücken verlaſſen mußten, waren noch beide Häuſer voll der geraubten Gegenſtände. Bereits am folgenden Tage legten die Vorpoſten der Preußen an beiden Häuſern Siegel an. Wegen Mangel der Fuhren konnte der große Raub von den Franzoſen nicht fortgeſchleppt werden. — Am 7. Juni 1794 wurden die noch zurückgebliebenen Gegenſtände verzeichnet und mit Genehmigung des Generals v. Kalkreuth, vom preußiſchen Stabscapitän v. Schmude nach Mainz verbracht. Das Werthvollſte kam abhanden. Den Reſt ließ man zu Mainz im Jahre 1795 verſteigern. Reichsarchiv. Z. A.

würden gänzlich fehlen, wenn nicht einige Soldaten, unwillig darüber, daß man sie der Gelegenheit, ihre Quartiere einheizen zu
können, berauben wollte, die Ausleerungscommissäre mit blanken Säbeln
bedroht und aus mehreren Häusern verjagt hätten. Demselben
Umstande verdankten noch einzelne Einwohner das Glück, noch einige
Lebensmittel gerettet zu haben. Es dürfte bald an Allem fehlen.
Wenn die französischen Soldaten nicht Brod zu verkaufen hätten,
so würde sich der größte Theil der Einwohner keines zu verschaffen
wissen. [615]) Wenn auch einzelne Bürger von ihren Habseligkeiten
Manches versteckt hatten, so ward dieß von den Kundschaftern und
Helfershelfern, welche die Republikaner unterstützten, verrathen und
weggeschleppt. In den beiden herzoglichen Schlössern wurde die
Verwüstung von Innen und Außen täglich fortgesetzt. Alles Eisenwerk, Blei, Holzgetäfel wurde losgebrochen und weggeführt. In
einem derselben legte man endlich auch Feuer an, welches jedoch
auf Befehl des französischen Generals wieder gelöscht werden
mußte." 2c. 2c.

Am 3. März kam General Hoche von Landau nach Zweibrücken und begab sich am folgenden Tage nach Busendorf, wo
das Hauptquartier der Moselarmee war. Die französische Cavallerie, welche bisher in Groß- und Kleinsteinhausen, Dietrichingen
gelegen war, zog größentheils nach Saarbrücken ab. Die Vorhut
der Moselarmee, welche bisher der General Grandjean befehligte
und etwa 4,000 Mann zählte, lagerte damals zu Limbach, Homburg, Zweibrücken, Bließkastel, Mimbach, Mittelbach, Bierbach,
Einöd und Webenheim. Am 4. März brach General Grandjean
nach Thionville auf. Sein Commando in Zweibrücken übernahm
General Chapsal. Das große und kleine Schloß daselbst waren
bereits ganz verwüstet. Die Bürger wurden angewiesen, das darin
noch vorfindliche Holzwerk herauszuschaffen, weil es sonst müßte in
Brand gesteckt werden. Der Untercommissär Großmann, ein roher
Freiheitsprediger, machte sich dort besonders verhaßt. [616]) Er maßte

---

[615]) Das tiefe Elend und die herrschende Noth riefen gefährliche Krankheiten hervor. Im Monate Mai wurden in Zweibrücken oft täglich 30 bis
40 Einwohner zu Grabe geleitet. — Bericht aus Mannheim vom 28. März
1794. — [616]) Aus dem Berichte des Volksrepräsentanten Becker, vom 13.
Juni 1795, werden wir ein grausiges Bild desselben später erhalten. Im
Reichsarchive zu München 3. A. liegen noch einige Muster seiner zügellosen An-

sich an, Häuser der Ausgewanderten an seine Helfershelfer in der Stadt zu verschenken. Zu Einöd, Ernstweiler, Dellfeld, Contwig und auch zu Maßweiler wurde geplündert, und das noch vorhandene Vieh dort fortgetrieben. Nach Contwig kamen 104 Lothringer Wagen, um den Raub fortzuführen. In Zweibrücken war vieles Vieh zusammen getrieben, mitunter auch viele Schweine. Da man keine Treiber für Letztere fand, wurden viele angesehene Bürger von den feindlichen Jägern gezwungen, dieses Geschäft zu besorgen. Auch der Superintendent Tatsch und Consistorialrath Richter waren von dem Schurken Großmann hierzu ausersehen. Sie wußten sich aber durch die Flucht demselben zu entziehen. [617] Derselbe Großmann befahl auch, daß Jedermann, bei Todesstrafe, das benöthigte Holz nicht im Walde, sondern im Schloßgarten holen müßte, um diese schöne Anlage gänzlich zu Grunde zu richten. [618] Schon zu Ende Februar durfte kein Fleisch mehr für die Bürger ausgehauen werden. Die Krankheiten nahmen in der Stadt sehr überhand. Das Rauben und Plündern auf den Dörfern dauerte fort. Die Straßen an dem Glane und an der Mohr wurden mittels Verhaue abgesperrt. Auch die deutschen Vorposten bedrängten die Einwohner, indem sie keine Lebensmittel, nicht einmal das unentbehrliche Salz über ihre Waffen-Linien wollten gelangen lassen. Da fast alles Zugvieh geraubt war, so mußten die armen Landleute, welche einige Sommerfrüchte unterbringen wollten, wechselweise den Pflug selbst ziehen. Man sah oft vier Männer an einem Pflug ziehen, welchen der fünfte Mann lenkte, um eine Saat unterzubringen, deren Ernte nichts weniger als gesichert war. [619]

Am 24. April wurden von den raubsüchtigen Commissären die reichen Buchdruckereien aus Zweibrücken weggeschafft. Es war dieß

---

sprachen, welche er in der Zweibrücker Karlskirche hielt. — [617] Amtlicher Bericht aus Kusel vom 6. März 1794. Kreisarchiv. 3. A. Nr. 269. — Am 13. April wurde auch das in Zweibrücken und der Umgegend zusammengebrachte Milchvieh weiter gebracht. Aus Zweibrücken haben die Commissäre nur 8 Stück bekommen. Die Munizipalität erklärte, es sei Mord und Todtschlag zu befürchten, wenn man auf die Armuth der Bewohner keine Rücksicht nehme. — [618] Auch das Schlößchen „Guter Brunnen" bei Zweibrücken, welches der Herzog A. S. Leopold von Zweibrücken mit einer schönen Kapelle im Jahre 1723 erbauen ließ, wurde von den Republikanern ausgeleert und verwüstet. — [619] Bericht aus Mannheim vom 12. März 1794.

ein ſehr beträchtlicher Verluſt nicht nur für die Eigenthümer, —
Hr. v. Böhmer, Profeſſor Exter und Sekretär Hahn, — ſondern
für die ganze Stadt, wegen der vielen Arbeiter, welche dabei ihren
Unterhalt fanden, und wegen der großen Summen Geldes, die der
Bücherverſchleiß zuführte.   Die Räuber waren mit jener Beute noch
nicht zufrieden, ſondern wollten auch die Bücherverlagsvorräthe und
das Druckpapier fortſchleppen laſſen, weßhalb ſie die Buchhandlung
mit Wachen umſtellten.

Mit Beginne des Monats Mai hörte zwar das Plündern und
Rauben in Zweibrücken auf, allein jetzt wurden die Möbeln und
Geräthſchaften aus den Häuſern der Ausgewanderten öffentlich ver-
ſteigert und dieſe Häuſer immer noch ärger verwüſtet.   Auch wurden noch mehrere, bisher verborgene Gerbergruben den Commiſſären
verrathen und deren Vorräthe fortgeſchafft.   Ein liederlicher Schuſter
machte hiebei den Helfershelfer. [630])

§. 6. Bedrückungen und Räubereien der Franzoſen in Homburg, Kuſel und deren Umgegend.

Faſt eben ſo arg wie in Zweibrücken, waren die Schreckniſſe
und Drangſale, welche die Bewohner von Homburg von den Republikanern zu erdulden hatten.

In der Nacht vom 20. auf den 21. November 1793 nahmen
die Preußen, wie wir bereits gehört haben, ihren Rückzug auch aus
Homburg.   Trieriſche Jäger, welche erſt in jener Nacht dort eingerückt waren, und etliche Huſaren des Obriſten v. Szekely, verweilten noch bis gegen 11 Uhr des andern Tages.   Letztere gaben
die Lebensmittel, welche im dortigen Franziskaner-Kloſter aufbewahrt
wurden, und das noch vorräthige Mehl in der Bäckerei den ver-
armten Einwohnern preis.   Gegen Abend ließ ſich eine franzöſiſche
Patrouille unter den Lindenbäumen an der Zweibrücker Straße
ſehen.   Erſt um die Mitternachtsſtunde kamen 10 bis 12 Jäger zu
Pferd von der Moſel-Legion vor die Wohnung des Waiſenhaus-
ſchreibers Stork.   Sie forderten Wein, Branntwein und ſonſtige

---

[130]) Bericht aus Meiſenheim vom 2. Mai 1794   Dem Gerber Georg
Berſeveaux wurden hiebei 563 Sohlhäute, 91 Schmalbäute, 17 Roßhäute und
70 Kalbsfelle geraubt, nachdem er den Commiſſären bereits für 1,200 fl.
Waare abgeliefert hatte.

Kleinigkeiten und versicherten, wer in seiner Wohnung zurückge=
blieben sei, hätte, nach dem Befehle ihres Generals, nichts zu
fürchten.   Während des folgenden Tages blieb hier alles ruhig,
weil Hoche mit dem Kern seiner Truppen gen Pirmasens sich gewen=
det hatte.   Erst in der Nacht kamen etwa 150 Mann vom neunten Re=
gimente Jäger zu Pferd nebst einem Bataillone Nationalgarden.   Sie
zogen durch die Stadt und lagerten sich vor dem deutschen
Thore an der Karlsberger Straße.   Am 23. November gegen Mit=
tag erschien der Befehlshaber dieser feindlichen Vorhut, General
Alexius Dubois, mit dem schon bekannten Kriegscommissäre Archier
auf dem Rathhause.   Er versicherte, strenge Mannszucht halten zu
wollen, in der Voraussetzung, daß die Bürgerschaft sich ruhig ver=
halten und den gestellten Anforderungen pünktlich entsprechen würde.
Im Verweigerungsfalle müßten diese jedoch ohne Erbarmen erzwun=
gen werden.   Bald nachher erfolgte eine schriftliche Requisition.
Sie verlangte Alles, was ein übermüthiger Krieger von einer
armen, wehrlosen Stadt erzwingen konnte.   Archier forderte von
derselben und den übrigen Amtsortschaften alles Vieh, alle Pferde,
Ochsen, Kühe, Rinder, Schafe und Schweine; alle Früchte, Heu
und Stroh; alles Getränke, Wein, Branntwein, Essig; alles Leder,
alle wollene und leinene Tücher; alles Kupfer, Eisen, Wagen= und
Fuhrgeschirr; alle Glocken, Kirchengeräthe und heilige Gefäße;
ferner 250 Centner Brod und zuletzt 600,000 Livres in Gold oder
Silber, mit dem Beifügen, daß wenn nicht Alles dieß bis Mittag
den 25. November geliefert sei, die Stadt geplündert und dann in
Brand gesteckt werden sollte.   Alle Gegenvorstellungen, welche die
versammelte Bürgerschaft in höchster Bestürzung machte, alles Bitten
und Flehen um Nachsicht war vergeblich.   Es mußte mit den nö=
thigsten Lieferungen sogleich der Anfang gemacht werden.   Gegen
30 Centner Brod sammelte man in den einzelnen Häusern.   Manche
Hausmutter gab unter Thränen den letzten Vorrath her.   Sech=
zehn Wagen mit Heu und 50 Säcke mit Hafer wurden alsbald in
das Lager nach Einöd abgeführt.   Noch in derselben Nacht lösten
Dragoner des 14. Regiments die eingelagerten Jäger ab.   Der
Commandant der Letzteren ließ nun noch in der Mitternachtsstunde
die Stadtvorsteher vor sich fordern, und verlangte unter argen
Drohungen, daß sie ihm ohne weiteres 2,350 Livres in klingender
Münze überbringen müßten.   In einer Stunde war diese Summe

aufgebracht, und sammt den Kirchengefäßen der Lutheraner aus ver-
goldetem Silber, abgeliefert.   Die werthvollen Kirchengefäße der
Katholiken und Reformirten hatten die betreffenden Geistlichen früher
geflüchtet.   Am folgenden Morgen kam nun der Commandant der
neueingerückten Cavallerie mit etlichen Commissären auf das Rath=
haus und befahl, daß auf der Stelle die Glocken von den Thürmen
herunter genommen und alles Vieh eingeliefert werde.   Man flehete
um Schonung und Erbarmen.   Der Commandant versprach deß=
halb an den Obercommissär nach Zweibrücken zu schreiben.   Die
Glocken wurden indeß, bis auf die größte der Katholiken und jene
der Lutheraner, von den Thürmen herabgenommen und beigebracht.
Mit dem Beitreiben des Viches aber zögerte man.   Gegen 4 Uhr kam
jedoch der Befehl, daß, wenn nicht binnen einer halben Stunde eine
namhafte Summe an der Brandschatzung hinterlegt, und auch den
übrigen Anforderungen entsprochen werde, Grenadiere einrücken,
die Häuser vom Keller bis auf den Speicher der Reihe nach unter=
suchen, alles Aufgefundene wegführen, und dann die Stadt an allen
Enden anzünden sollten.   Die Bestürzung war allgemein.   Alle
Einwohner liefen verlegen zusammen.   Männer und Frauen fleheten auf
öffentlichem Markte die Befehlshaber um Nachsicht an, konnten aber
nur einen Aufschub bis zum folgenden Morgen erlangen.   Diese
Zeit ward benützt, Abgeordnete nach Zweibrücken zu senden, um
dort Ermäßigung der Abforderungen zu erwirken.   Doch die rück=
sichtslosen Presser kannten keine Nachsicht, kein Erbarmen.   Am
folgenden Morgen versammelten die Vorstände die Bewohner der
Stadt.   Die Noth und Gefahr wurde diesen dargestellt, und hierauf abermals 3,365 Livres aus allen Ständen und Familien zusammengebracht, und diese Summe sammt den Glocken den unholden
Drängern überlassen.   Damit waren Letztere aber nicht zufrieden.
Sie geboten, daß noch an demselben Mittage alles Vieh aus Homburg nach Zweibrücken geführt werde.   Nur dem Waisenhause
sollten zehn Kühe und zwei Pferde verbleiben.   Es ward dieser
Befehl alsbald bekannt gemacht.   Die Bürger sahen sich nunmehr
gedrängt, die Ställe zu öffnen und ihr Vieh auf die Straße zu
treiben.   Die zum Wegführen desselben bestellten Gendarmen konnten
aber das schreiende, und durcheinander rennende Vieh nicht zur Ruhe
und Ordnung bringen.   Da mittlerweile die Nacht hereingebrochen
war, so wurde das Wegführen desselben auf den folgenden Morgen

verschoben. Bei anbrechendem Tage rieth man den Homburgern,
ihr Vieh selbst nach Zweibrücken zu geleiten, um dort durch ein-
bringliche Bitten und Vorstellungen wenigstens einen Theil desselben
zu retten. Es geschah. Die bedrängten Eigenthümer wußten ihre
Noth und die Verlegenheit ihrer armen Kinder bei Ermangelung
des Milchviehes, dieser einzigen Quelle ihrer Nahrung, so lebendig
zu schildern, daß der Zweibrücker Commissär bewogen ward, jedem
eine Milchkuh zurückzugeben. Noch an demselben Mittage erschien
aber ein anderer Commissär, welcher verlangte, daß innerhalb 48
Stunden die Backöfen, welche von den Preußen in Homburg errichtet, aber theilweise zerstört waren, müßten hergestellt, die deß-
falsigen Kosten aber an der Kriegsauflage dürften abgezogen werden. Man fügte sich auch in dieses Gebot. Am 27. November zog
eine Colonne Republikaner aus Zweibrücken durch Homburg nach
Kübelberg, um auf den dortigen Höhen, gleich einer anderen Colonne aus Limbach, ein Lager zu beziehen. An den drei folgenden
Tagen rückten immer noch viele Volontaire der Armee nach, welche
in Homburg ihre Verköstigung und Fütterung ihrer Fuhrpferde verlangten. Am Abende des 29. November kamen zwei Convents-
Mitglieder, Lacoste und Baudot, mit ihren Commissären und einer
starken Reiter-Begleitung dort an. Sie verlangten so schnell als
möglich untergebracht und bewirthet zu werden. Da dieses nicht
im Fluge geschehen konnte, wurden sie sehr aufgebracht und droheten
mehrmal den geängsteten Wirthen mit Kopfabschlagen. Am folgenden Morgen sprengten sie, von einem reitenden Boten aus Homburg
geleitet, der Moselarmee bis in die Umgegend der Vogelwehe nach.
Dort vernahmen sie mit Bestürzung die Niederlage des Generals
Hoche bei Moorlautern. Sie ließen bei dieser Verwirrung den
Homburger Boten außer Acht, der sogleich wieder zurückkehrte, um
jene unerwartete Botschaft seinen Mitbürgern zu verkünden. Jedermann suchte nun seine Habseligkeiten möglichst zu verstecken, denn
man fürchtete beim Rückzuge der Republikaner die größten Unordnungen und Bedrängnisse. Am Sonntage den 1. Dezember Morgens
8 Uhr kamen die genannten Convents-Mitglieder wieder zu Homburg in Eile und Unmuth an. Ihnen folgte während des Tages und
am folgenden Vormittage der größere Theil der geschlagenen Armee.
Lacoste ließ gleich bei seiner Ankunft die Homburger Stadtvorsteher
zu sich berufen. Nur wenige erschienen, nichts Gutes ahnend. Jener

verlangte, daß alsobald noch die Summe von 500,000 Livres müßte
beigeschafft werden, widrigenfalls alle Häuser würden rein ausgeplündert, die Bürger sammt Weibern und Kindern fortgeführt und
die Stadt mit sämmtlichen Gebäuden in Schutt und Asche verwandelt werden. Die bestürzten Vorsteher mit dem Waisenhausschreiber, welcher aus dem Bette geholt wurde, stellten die Unmöglichkeit dar, diesem Ansinnen auch beim besten Willen entsprechen
zu können. Der Volksrepräsentant sprang dabei wie ein Rasender
im Zimmer auf und ab. Man berief die Bürger, um alles vorhandene Geld zusammen zu bringen. Alle Säckel waren leer;
kaum daß man 197 Gulden, meist in Kupfermünze, zusammen
brachte. Es wurde ungezählt angenommen, allein von den Trägern
alsbald sechs Bürger aufgegriffen und als Geißeln fortgeführt. [621]
Mit der Ankunft der genannten Volksrepräsentanten und ihren gestellten Anforderungen, begann auch die Plünderung. Weder bei
ihnen, noch bei den Befehlshabern der Soldaten, — General Dubois war bereits gefangen abgeführt worden, — fand man Schutz
gegen die Räuber. Bei hellem Tage wurden die Keller, Speicher,
Thüren, Schränke, Kisten und Kasten mit Gewalt aufgebrochen und
Alles durchstöbert, geplündert, zerhauen und verwüstet. In den
Kellern wurde der Wein und Branntwein, den man nicht trinken
konnte, aus den Fässern gelassen, die Oel- und Essigfässer aber zerschlagen. So dauerte die Verwirrung und Verwüstung fort bis am
Nachmittage ein Bataillon Volontaire als Nachhut einrückte, dessen
Commandant strenge Mannszucht handhabte und das Plündern ein-
stellte. Nur gar wenige Häuser waren verschont geblieben, sehr
viele aber gänzlich ausgeraubt und verwüstet. [622] Wo man glaubte
Geld zu finden, wurden Mauern und Wände eingeschlagen. Die
Wohnung des in den letzten Zügen liegenden Bürgers Guntner
wurde gräulich zugerichtet. Dem Sterbenden raubten die Republi-

---

[621] Nämlich der Becker Theobald Leister; der Metzger Heinrich Diehl;
Nik. Leibrock; Ludwig Seel; der Sohn des Balthasar Hüppert und Franz
Marhofer, welch' Letzterer sich jedoch wieder frei machte. — Am 21. Dez.
1793 schrieben dieselben um Geld und Lebensmittel aus Metz. Statt der
verlangten 8,000 bis 10,000 Livres konnte man durch öffentliche Aufforderung
nur 514 Livres zusammenbringen. — [622] Dazu gehörten namentlich die
Häuser des Hofmedicus Dr. Petersen, des Apothekers Bruch, der Wittwen
des Adam und Franz Zott. ꝛc. ꝛc.

kaner das Bett unter dem Leibe, weil sie wähnten, darin Geld zu
finden. Von den Dorfschaften des Oberamtes Homburg hatten
diejenigen, welche auf der Straße nach Kaiserslautern liegen, am
Meisten gelitten, namentlich Schwarzenbach, Beeden, Erbach, Jägers=
burg, Waldmohr, Kübelberg, Schönenberg, Brücken, Ohmbach, Sand,
Misau, Mühlbach und Vogelbach. [323])

Fortwährend hatte Homburg bei den Hin= und Herzügen der
Republikaner alle Drangsale zu erdulden. Am Sonntag den 10.
Februar 1794 wurden auch dort ähnliche Aufforderungen, wie sie
von dem Agenten Cologne in Zweibrücken bekannt gemacht wurden,
gestellt. Dieß gab Veranlassung, daß eine große Anzahl der dor=
tigen Einwohner nach Kusel und in die Umgegend, welche wieder
von den Deutschen besetzt war, sich flüchtete. Die neue Brand=
schatzung an Geld betrug 20,000 Livres. Es konnten nur 1,300
Livres aufgebracht werden. Der Commissär drang mit Ungestüm
auf die ganze Summe und drohete abermals, Geißeln fortzu=
führen. [324]) Am 18. März rückte das Corps des Generals Kel=

_____

[323]) Amtlicher Bericht des Waisenhausschreibers Stork aus Homburg vom
11. Dez. 1793. Kreisarchiv. Z. A. Nr. 269. — Der Berichterstatter setzte bei:
„Schändlicher als die Franzosen, haben sich während dieser Zeit der Anarchie
mehrere hiesige Einwohner — größtentheils Casernen-Sträßer — benommen
durch Stehlen und Rauben.“ — [324]) Dazu war auch Inspektor Schwarz be=
zeichnet, welcher sich am 15. Febr. ebenfalls nach Kusel flüchtete. Nichts
kommt der Härte der Commissäre bei den französischen Truppen in der Pfalz
gleich. Vergebens forderten selbst die Commandanten der Bataillone durch
ihre Reden und durch ihr Beispiel dieselben zur Menschlichkeit auf. Als in
den ersten Maitagen 1794 etwa ein Dutzend französischer Jäger zu Pferd den
Reißaus nach Mannheim nahmen und hier um die deßfallsige Ursache gefragt
wurden, gaben sie zur Antwort: „Sie seyen müde auf Räuberart Krieg zu
führen. Brave Soldaten, wie sie seyen, wären gewöhnt, dem Feinde entgegen
zu ziehen und nicht die Diener räuberischer und unmenschlicher Commissäre
zu machen, die nur Verwüstung und Untergang in die Häuser armer Leute
bringen. Des Mitternachts, sagten sie weiter, macht man oft Lärmen, und
wenn man meint, es handle sich darum, den Feind anzugreifen, so ist es oft nichts
anderes, als um einer armen Wittwe ihre noch einzige Kuh, oder das Bett
ihrer Kinder zu nehmen. Alle brave Leute der Armee erröthen unter solchen
Handlungen.“ Bericht aus Mannheim vom 6. Mai 1794. Andere Gesin=
nungen hegte jedoch der Oberbefehlshaber der Mosel- und Rheinarmee, Hoche
selbst, wie wir aus dessen eigenen Briefen erkannt haben. — „Die Com=
missäre, die ohne Zweifel ihre Weisungen überschreiten, wetteifern mit einan=

lermann in Homburg ein, und wurde am folgenden Tage nach Mühlbach, Vogelbach, Neunkirchen und Limbach verlegt. Diese Truppen schlugen die Schleußen der herzoglichen Fischweiher am Fuße
des Karlsberges auf, um, wie früher alles Zug- und Rindvieh aus
den Ställen, jetzt auch die Fische aus dem Wasser zu rauben. [615])

In den letzten Tagen des Monats März legten die Commissäre
in allen Dörfern der Oberamtes Homburg auf jedes Haus eine
Brandsteuer von 2 Louisdor. Am 30. März fingen sie in der
Stadt an, alles noch Vorfindliche in den Häusern und Kirchen
aufzuzeichnen — in letzteren die noch nicht geraubten Glocken und
Orgeln — und verboten, unter Todesstrafe, hievon etwas zu entfernen. Allenthalben war, nach den bisherigen Plünderungen und
Verschleppungen, großer Mangel an Lebensmitteln. Die Soldaten
erhielten nur schlechtes Brod, und alles Uebrige mußten ihnen die
ausgeplünderten Einwohner, bei denen sie lagen, beischaffen. Es
waren daher nicht einmal die unentbehrlichen Setzkartoffeln gesichert.
Ja diese wurden in der Umgegend von Homburg selbst wieder aus
dem Boden herausgescharrt, um damit den Hunger zu stillen. [616])

Aus der Stadt Kusel und dortiger Umgegend haben wir über

---

der, wie es scheint, Drangsale zu erfinden, die sie den unglücklichen Einwohnern der Orte, in welche sie kommen, anthuen wollen. Nicht genug, daß
sie jedem Hausvater — im Zweibrücker Lande — eine Contribution von 40
Livres baar ansetzten. Sie legten den Gemeinden auch noch die sehr kost-
spielige Unterhaltung ihres Gefolges auf. Diese letzte Auflage belief sich in
einem Dorfe unweit Landstuhl in wenigen Tagen auf die Summe von 1,070
Livres. Zu Homburg haben sie alle Bedürfnisse zum Lebensunterhalte der
armen Waisen aus dem dortigen Waisenhause — wie auch in Speyer —
wegnehmen lassen. Die verlassenen Waisen flehten bei ihnen vergebens die
Großmuth der französischen Nation an. Sie wurden mit Härte zurückgewiesen.“ Bericht aus Mannheim vom 6. April 1794. — [615]) Bericht aus
Zweibrücken vom 24. März 1794. — [616]) Amtlicher Bericht aus Kusel vom
1. April 1794. Kreisarchiv. Z. A. Nr. 270. Die Republikaner hatten damals ein Lager bei Martinshöhe. — Ein anderer Bericht meldet von Homburg, daß die Stadt die Zeche der Commissäre mit 600 Livres nebst dem
Besetzerlohne ihrer Hofen zc. hätte zahlen müssen. Die reformirte Kirche daselbst
diente den Soldaten, wie an vielen anderen Orten, zu Waffenübungen. Zu
Erbach haben diese einen Burschen muthwilliger Weise erschossen. Zu Breitenbach wurde das reformirte und katholische Pfarrhaus und die Simultankirche
verwüstet. — Die beiden Geistlichen mußten die Flucht ergreifen. A. O. P.
vom 23. April 1794.

das Einrücken und Abziehen der Republikaner und die Drangsale und Räubereien, welche sie sich dort zu Schulden kommen ließen, folgende Nachrichten.

Die Franzosen brachen am Morgen des 29. Novembers 1793 aus dem Lager bei Ohmbach auf und zogen nicht gegen Landstuhl, sondern nach Konken und Kusel. Um 11 Uhr traf ein Bataillon Nationalgarden mit 3 Kanonen und 60 Reitern in Kusel ein. Sie besetzten alsbald die drei Thore der Stadt. Der die Truppen begleitende Armeecommissär Clerc erkundigte sich nicht bloß um die zurückgelassenen Magazine der Preußen, sondern legte der Bürgerschaft alsbald eine Brandschatzung von 150,000 Livres auf. Zugleich gebot der Commissär, daß innerhalb zweier Stunden alle Waffen und Gewehre und alle wollenen und leinenen Tücher abgeliefert werden müßten. Man bat um Schonung und Minderung des Abgeforderten; allein alle Vorstellungen fruchteten nichts. [617]) Mit einem Darlehen des kurpfälzischen Regierungsrathes und Arztes, Dr. Koch, kamen 1,873 Gulden zusammen, welche man ablieferte. Von den Wollenwebern und andern Einwohnern der Stadt brachte man zwei Wagen Tücher auf, die alsbald abgeführt wurden. Die französischen Soldaten trieben noch mancherlei Unfug. Das Mehlmagazin der Preußen, welches hinter der Stadt gelegen war, gaben sie preis. Nach einem vierstündigen Aufenthalte zogen sie wieder nach Konken zurück. Da die Contribution nicht ganz erlegt werden konnte, so wurden der Postmeister Grimm, der katholische Pfarrer Pauli und der Bürger Hellriegel als Geißeln fortgeführt. Beide Letztere wollten für den Postmeister Fürsprache einlegen, und wurden deßhalb ebenfalls fortgeschleppt. [618]) Am folgenden Tage verlangte der Commissär auch Zucker, Kaffe und Lichter. Man sendete einige andere Bürger in das Lager, um mit dem Generale wegen Lösung der Geißeln zu unterhandeln. Gegen das gegebene Wort wurden auch diese Bürger als Geißeln zurückgehalten und von Ohmbach in das Lager zu Kübelberg abgeführt. [619]) Auf diese traurige

---

[617]) Die gesammte Bürgerschaft ersuchte damals den Waisenhausschreiber Hierthes, sich an die Spitze der städtischen Verwaltung zu stellen, was ihn später, bei dem großen Brande der Stadt, in sehr große Verlegenheit brachte. — [618]) Amtlicher Bericht aus Kusel vom 29. Nov. 1793 Kreisarchiv. Z. A. Nr. 269. — [619]) Es war dieß der Schreiber Boos, der Hutmacher Couturier, der Wollspinner Noel. Diese waren am 4. Dez. in Saargemünd, wo

Kunde, und da der General drohete, Kusel in Brand stecken zu lassen, wenn das Geforderte nicht geleistet würde, bemühete man sich in Kusel, die aufgelegte Brandschatzung aufzubringen, und sendete am 1. Dezember 1,200 Livres in klingender Münze und 2,000 Livres in Assignaten, dann weiter 1 Fuder Wein, 2 Ohm Branntwein und 6 Stücke Tuch in das französische Lager. [630]) Zugleich gab man aber auch dem in Eisenbach stehenden preußischen Obristen v. Blücher Nachricht von dem Rückzuge der Franzosen. Blücher rückte alsbald von Lauterecken mit seinen Husaren heran. Der Rittmeister v. Planwitzer übernachtete am 1. Dezember mit 60 Husaren in Kusel, welche, von dem Raube der Republikaner unterrichtet, die letzte Sendung aus Kusel noch in Ohmbach aufgriffen und wieder in die Stadt zurückbrachten. [631])

Fast allenthalben, wo die flüchtenden Franzosen durchzogen, haben sie damals geplündert. Was sie in der Eile nicht mit fortschleppen konnten, wurde gewöhnlich verwüstet. Von den Dörfern Ohmbach, Petersheim, Quirnbach, Thrarweiler etc. liefen deßhalb beim Kuseler Oberamte die traurigsten Berichte ein. In den ersten Wochen des Monats Dezember herrschte im Glanthale ziemliche Ruhe und Sicherheit. Erst gegen Ende dieses Monats rückten die Republikaner auf der Straße nach Kusel wieder bis nach Brücken vor. Oberst v. Blücher hatte damals sein Standquartier zu Ramstein. Die Vorposten des Obristen v. Szekely standen bei Kusel. Am 30. Dezember lief dort die traurige Nachricht ein, daß die Kaiserlichen das linke Rheinufer verlassen, die Franzosen Landau entsetzt hätten und sohin auch die Preußen am Glane sich zurückziehen müßten. Schon am 3. Januar 1794, Morgens gegen 8 Uhr, trafen die

---

sie um Geld und Weißzeug schrieben. Der Pfarrer Pauli war freigegeben. Goutturier und Noel erhielten erst Anfangs August 1794 ihre Freiheit wieder. — [630]) Als damals die Republikaner von Kusel abzogen, umschwärmten einzelne Soldaten die Häuser, um zu plündern. Schon Morgens 6 Uhr am 1. Dez., warfen dieselben auf dem Marktplatze, die Gewehre bei Seite und riefen laut aus: „Il faut piller!" Der Bürgermeister Benzino wußte die Plünderung zu verhindern. Reichsarchiv. Z. A. Nr. 912. — [631]) Die Husaren erhielten hierfür von der Stadt ein Geschenk von 3 Louisdor. Amtlicher Bericht aus Kusel vom 2. Dez. 1793. Kreisarchiv. Z. A. Nr. 269. — Das Lager der Republikaner bei Ohmbach wurde am Sonntag den 1. Dez. in der Frühe aufgehoben.

französischen Vorposten in Kusel ein. Sie besetzten alsbald die Thore der
Stadt. Gegen 10 Uhr rückte die Armee heran und besetzte, nach einem
kurzen Aufenthalte in der Stadt, die Anhöhen um dieselbe. Die Vorhut
stand zu Altenglan und Rammelsbach. Der General Vincent, der
sein Quartier in der Stadt genommen hatte, verlangte alsbald 2,000
Rationen Hafer und eben so viel Heu. Am Abende entbot er die Stadtvor=
stände zu sich. Diese waren jedoch größtentheils in Angst geflüchtet.
Es wurden daher 12 andere Bürger vorgeladen, und ihnen eröffnet,
bis zum nächsten Morgen eine Kriegssteuer von 20,000 Livres ab=
zuliefern, unter der Drohung, daß im Weigerungsfalle die Stadt
würde zusammengeschossen werden. Aller Mühe und Bitten unge=
achtet, konnten nur 15,000 Livres in Geld und Papier aufge=
bracht werden. Als am folgenden Morgen die Armee gegen Wolf=
stein aufbrach, blieben noch 1,000 Mann in Kusel zurück, um den
Rest der Brandschatzung zu erzwingen. Er konnte nicht aufge=
bracht werden. Dieß führte eine allgemeine Plünderung herbei.
Die sämmtlichen Gerber und Tuchmacher der Stadt fing man ein
und sperrte sie in die Kirche zusammen, bis ihre Ledergruben ge=
öffnet und ihre Waarenlager ausgetragen waren. Man wollte auch
alle Leinwand und vorfindliche Früchte in Beschlag nehmen, was
jedoch durch Erkenntlichkeiten, die den Offizieren erzeigt wurden,
verhindert blieb. Am 5. Januar ward das Geraubte theils gegen
Saarbrücken, theils gegen Kaiserslautern abgeführt. Es blieben
aber noch 150 Infanteristen und 30 Reiter in der Stadt zurück
um die noch fehlenden 5,000 Livres zu erpressen. In der folgen=
den Nacht wurden sie jedoch durch ein Commando des sächsischen
Rittmeisters v. Gutschmidt, welcher in Baumholder lag, in Schrecken
gesetzt, und eilten ihren Kameraden in die Stadt Kaiserslautern nach. [632])

----

[632]) Amtlicher Bericht aus Kusel vom 8. Jan. 1794. Kreisarchiv. Z.
A. Nr. 269. So erpreßten die Republikaner in allen Dörfern, welche sie
auf diesem Zuge berührten, Brandschatzungen und Lieferungen aller Art. —
Am 6. Jan. 1794 kamen die ersten Vorposten der Franzosen nach Meisen=
heim, welches bis dahin von preußischer Cavallerie besetzt war. Dieser Stadt
ist eine Brandschatzung von 30,000 Livres und 400 Paar Schuhen, Hemden
c. angesetzt worden. Als diese geliefert waren, forderte man noch einmal
die gleiche Summe und fing überdieß zu plündern und zu rauben an. Auf
bem Rückzuge von Kreuznach am 9. nnd 10. Jan., wurde in allen umliegenden Dör=
fern schrecklich gehaust. Am 11 Jan. Vormittags eilten die Franzosen auf die

Doch wurden wieder einige Bürger als Geißeln fortgeschleppt. Man
bot Alles auf, um ihre Freiheit zu erwirken. Allein ohne Entrichtung der auferlegten Summe schien dieß unmöglich. Der Rest
berselben ward daher noch aufgebracht und den Drängern nach
Kaiserslautern nachgesendet, um diese Bürger dem harten Loose zu
entreißen, in welchem die früher aufgegriffenen Geißeln von Kusel
in Metz schmachteten und jammerten.

Als am 15. Januar die Nachhut der Mosel-Armee, die Brigade des uns schon bekannten Generals Mayer, in Kusel lagerte,
hielt er wegen dieser Zahlung gute Ordnung, und versprach die Freilassung der in Metz sitzenden Geißeln zu bewirken, als er am folgenden Tage nach Homburg aufbrach, wohin auch der General Vincent, der bisher sein Quartier in Ohmbach hatte, sich wendete.
Bei diesem Rückzuge wurden die Gemeinden Kübelberg, Altenkirchen,
Breitenbach, sehr hart mit Gelderpressungen, Plünderungen und
Aushebung und Abführung von Geißeln heimgesucht. [635])

Nachricht, die Preußen seyen im Anzuge, eiligst nach dem Glanthale. Von
Meisenheim wurden mehrere Geißeln, zwischen die Pferde gebunden, mit
fortgeschleppt, barunter auch der Controlor Welsch. Am 16. Jan. sendete
man von bort den Rest der Brandschatzung, die auf 20,000 Livres herunter-
gebeten war, nach Kaiserslautern. Den Gebern wurde eine besondere Contribution von 15,000 Livres für ihre Gruben aufgelegt, und bafür ebenfalls
fünf besondere Geißeln abgeführt. Am 17. Jan. erhielt General Moreaux
das Lösegeld für die Meisenheimer Geißeln in Kaiserslautern, worauf diese in
Freiheit gesetzt wurden. — [635]) Laut Berichtes vom 24. Jan. 1794 hatte
eine Colonne Republikaner, welche der gewesene geheime Rath. v. Kreuzer
aus Zweibrücken anführte, in Kusel sehr übel gehaust, eine neue Contribution
an Geld, Hafer und Heu gefordert, und die ganze Vorstadt rein ausgeplün-
bert. Erst am 29. März 1794 kam wieder die erste deutsche Patrouille von
40 Husaren des Generals v. Köhler nach Kusel, und ritt bis nach Konken
und Wahnwegen vor. Die Republikaner brandschatzten an den zwei letzten
Tagen dieses Monats mehr als 20 Dörfer in und bei dem Osterthale. Gewöhnlich wurden von jedem Hause zwei Louisbor verlangt. Wo man nicht
zahlte, wurden Geißeln fortgeschleppt. Gleiches geschah im ganzen Oberamte
Homburg, so namentlich in Brücken. In Schönenberg mußten außer jener
Brandschatzung noch 1,070 Livres für Getränke der Commissäre bezahlt werben. Selbst der dort commandirende General mißbilligte dieses Verfahren,
und warnte seine Soldaten, das Vieh von Quirnbach und Rehweiler weg-
zutreiben; allein er konnte den Raub beim besten Willen nicht hindern. Amtlicher Bericht aus Kusel vom 1. April 1794. Kreisarchiv. J. A. Nr. 270.

Wir fügen über diese Bedrängnisse noch Einzelnheiten aus mehreren Zweibrücker Ortschaften des Oberamtes Lichtenberg hier bei.

Am Sonntage den 6. Januar kam ein Offizier mit 16 Mann von Heimkirchen nach Heiligenmoschel, um das dortige Vieh auf zufangen und abzutreiben. Der Schultheiß Nahm bot mit seinen Mitbürgern Alles auf, ihren werthvollsten Besitz und die wichtigste Ernahrungsquelle ihrer Familien zu erhalten. Sie mußten dafür den Drängern 38 und eine halbe Louisd'or zahlen. Als diese fort waren, kamen sieben andere Reiter ins Dorf. Sie ließen sich im Wirthshause wohl auftischen, ohne nach der Zeche zu fragen. Drei derselben zogen dann im Dorfe umher, um zu plündern. So kamen sie auch zu dem genannten Schultheißen. Sie stießen ihn mit Roh- heiten aus einer Ecke des Zimmers in die andere, suchten seine Taschen aus, erbrachen Kisten und Schränke, setzten ihm den blanken Säbel und die Pistole auf die Brust und verlangten sein Geld. Sie fanden und erhielten keines, und mußten sich zuletzt mit den Schnallen, welche sie dem geängsteten Manne von den Schuhen ge- löst hatten, begnügen. In Lettweiler, wo an demselben Tage etwa 1,800 Republikaner eintrafen, mußte ihnen die Gemeinde 1,800 Pfund Fleisch, 4,000 Pfund Brod und 500 Flaschen Wein liefern. Ueberdieß plünderten sie in vielen Häusern und nahmen vier Kärche und 6 Pferde mit, um den Raub weiter zu bringen. Réh- born wurde an demselben Tage von einem Bataillone Franzosen heimgesucht. Sie erpreßten von einzelnen Bewohnern etwa 500 Gulden. Drei Tage später erhielt dieses Dorf noch einen stärkeren Besuch. Es mußten 1,200 Pfund Fleisch, 3,600 Pfund Brod, etwa 7 Ohm Wein geliefert, außerdem noch 2,400 Livres Brandschatzung bezahlt werden. Dennoch entgingen mehrere Einwohner nicht der Plünderung. Noch härtere Schläge trafen die Amtsschultheißerei Obermoschel. In dieser Stadt lagen am Dreikönigsfeste 2,000 Re- publikaner. Die Bürger mußten alsbald 6,000 Livres Brandschatzung, 3,000 Pfund Brod, 70 Paar Schuhe, 82 Malter Hafer, 24 Cent- ner Heu, 550 Gebund Stroh liefern. Auch wurden 40 Stück Gewehre und ein Wagen mit vier Ochsen hinweggenommen. Zu Niedermoschel lagen an jenem Tage zwei Bataillone Republi- kaner. Die Gemeinde-Schafheerde, etwa 300 Stück zählend, wurde geraubt, und Brod, Heu und Stroh, so viel man bedurfte, hinweg- genommen. Am 9. Januar mußte dieses Dorf 1,100 Livres

Brandschatzung zahlen. Von dem beim Abmarsche dieser Truppen verwendeten Zugviehe kamen 26 Pferde und 10 Ochsen nicht mehr zurück. Unkenbach hatte den 1,400 Republikanern, welche dort einquartirt waren, am Dreikönigsfeste 7,000 Pfund Brod, 16 Paar Schuhe und ungefähr ein Fuder Wein, zu liefern. Beim Abmarsche mußte, ungeachtet in mehreren Häusern geplündert wurde, noch eine Brandsteuer von 1,100 Livres entrichtet und die gebrauchten Fuhrochsen mit Geld ausgelöset werden. Das härteste Loos traf das Dorf Kallbach. Es mußte eine Brandschatzung von 1,100 Livres bezahlen, und hatte dennoch eine arge Plünderung mit einem Verluste von mindestens 10,000 Gulden zu beklagen. Die Gemeinde Roth zahlte 550 Gulden Brandschatzung. Durch Stehlen und Rauben der Soldaten wurde ihr überdieß ein Schaden von doppelt größerer Summe zugefügt. Becherbach hatte eine Brandschatzung von 1,100 Livres zu liefern, und außerdem noch einen Schaden von einigen Tausend Gulden erlitten. In der ganz kleinen Gemeinde Gangloff erpreßten drei verschiedene Schaaren Republikaner 385 Gulden. Außerdem mußten die dortigen Einwohner noch 350 Pfund Brod nach Becherbach liefern. In gleicher Weise wurden die übrigen Dörfer der dortigen Gegend heimgesucht, was aus den betreffenden amtlichen Berichten im Einzelnen zu erläutern, wohl zu weitläufig wäre. [634])

§. 7. Bedrückungen und Räubereien der Franzosen in Neustadt, Oggersheim, Frankenthal und deren Umgebung.

Nicht milder und schonender als im Zweibrücker Lande, welches die Republikaner zuerst überfielen und ausbeuteter, benahmen sich dieselben in den einzelnen Städten und Dörfern des Kurpfälzer Gebietes, welches sie beim Beginne des Jahres 1794 überschwemmten. Unglaublich sind die Bedrängnisse, unberechenbar die Beraubungen, welche die, von den Repräsentanten des französischen Volkes eigens

---

[634]) Siehe Kreisarchiv. 3. A. Nr. 269. — „In Annweiler nahmen die Republikaner — außer den früheren Auflagen und Erpressungen — alles Leder, allen Wein in Beschlag. Die Uneinigkeit der dortigen Bürgerschaft hat einen sehr hohen Grad erreicht, da die Uebelgesinnten zusammentreten wollten, um eine Vereinigung mit der französischen Republik zu bewirken." Amtlicher Bericht vom 18. April 1794. Ebendaselbst. Nr. 270.

zur Ausleerung der Pfalz bestimmten, mit geheimen Befehlen und
Vorschriften von den Terroristen St. Just und Lebas ausgerüsteten
Preß- und Erippecommissäre, in den ersten Monaten dieses Jahres
in dem unglücklichen Lande verübten. Wie eine hungrige Spinne
ihre Fäden von einem Mittelpunkte aus nach allen Richtungen
hin ausspannt, um, was sich ihrem Netze nahet, zu fangen, zu um-
garnen, auszusaugen und zu tödten; so sendete hier der Obercommissär René Legrand allenthalben seine Befehle, Helfer und
Häscher aus, um alles Geld und Gut, alle Fahrnisse und Geräthschaften, alles Brauchbare und Verkäufliche aufzuspüren, in Beschlag
zu nehmen, zu rauben und wegzuschleppen. Nebenbei waren die
Kriegscommissäre auf den Wink des Oberbefehlshabers Hoche in
ununterbrochener Thätigkeit, um den Sold und die Bedürfnisse der
Armee in unerbittlicher Strenge beizutreiben. [635] Kaum hatten
sie den Fuß in Neustadt wieder festgesetzt, als sie schon diesem
kurpfälzischen Oberamte eine Brandschatzung von vier Millionen
Gulden in klingender Münze, 10,000 Hemden, 10,000 Paar Schuhe
und eben so viele Röcke und Hosen, welche bei schärfster, militärischer
Strafe innerhalb 48 Stunden abgeliefert werden sollten, auferlegten.
Noch an demselben 3. Januar ward die Vertheilungsliste auf die
einzelnen Gemeinden des Oberamtes entworfen und durch republikanische Reiter, unter Androhung der bemeldeten Strafe, denselben
zugestellt. [636] Welche Summen die einzelnen Gemeinden trafen

[635]) Schon am 5. Jan. 1794 schrieb General Hoche an die Volksrepräsentanten Lacoste und Baudot: .... „Je fais contribuer à force par-tout où
je passe, par le moyen des commissaires des guerres; je les stimule, en
voltigeant sans cesse d'une aile à l'autre. Sans l'affreux pillage qui se
commet, j'aurais fait rentrer, du Palatinat, 30 millions dans les caisses
de la république sans les denrées, draps, cuirs, toiles etc.; mais tel chasseur, ou autre, qui se fait donner 600 livres par jour, les vole assuré-
ment à la république." Vie de Laz. Hoche. Tome II. p. 41. Derselbe
schrieb am 14. desselben Monats an die ihm untergeordneten Generäle Morlot, Moreaux, Vincent, Lefebvre, Championnet, Haxo und Leval: „Vous
êtes dans un pays riche, c'est vous en-dire assez. Requérez. n'attendez
pas les besoins du pauvre sansculotte. mais prévenez-les; il vous aimera.
S'il vous est attaché, vous êtes sûrs de vaincre." Ibid. p. 53. — [636])
„Die Republikaner beschäftigen sich in allen Gegenden, wohin sie bis jetzt vorgedrungen sind, nicht damit, Freiheitsbäume und Clubs zu errichten, sondern
sie fordern Geld, Getreide, Kleidungsstücke, vorzüglich Hosen, woran es den
Nationalgarden sehr fehlt". Bericht aus Mannheim vom 6. Jan. 1794.

welche Zwangsmittel angewendet wurden, diese Summe zu erpressen, wie viele Bürger man deßhalb aus ihren Familien herausriß und als Geißeln fortschleppte, wissen wir zwar nicht ganz genau, allein das hierüber Aufgefundene ist hinreichend genug, um ein schauerliches Bild der damaligen Noth und Bedrückung zu enthüllen.

Hören wir vorerst, wie der damalige Landschreiber zu Neustadt [687]) die republikanischen Erpressungen und Räubereien in dieser Stadt der kurpfälzischen Regierung zu Mannheim schildert: „Außer einer Brandschatzung von 4 Millionen Gulden, die von dem Feinde diesem Amte auferlegt worden, werden auch alle Hemden, Tücher, Bettungen, Strümpfe, Schuhe, Stiefel, Kleider, nebst allem vorsindlichen Futter hinweggenommen. Täglich erpreßt man Lieferungen von Lebensmitteln und Früchten. Sämmtliche Glocken, bis auf die größte, welche 99 Centner wiegt und demnach nicht leicht abgenommen werden konnte, sind weggefahren. Alle Wohnungen, Küche, Keller und Speicher der Geflüchteten wurden geleert und dadurch die reichen Bürger an den Bettelstab gebracht. Da diesem gewaltsamen Raube nicht zu widerstehen war und das von der Bürgerschaft theilweise aus Verzweiflung gemachte Anerbieten, sich unter den Schutz der französischen Nation zu stellen, nicht fruchten wollte: so glaubte man doch wenigstens, daß der Feind sich mit dem, was er bereits fortgeschleppt hatte, begnügen würde. Allein man täuschte sich. Seit einigen Tagen fängt seine Raubsucht an, alle Grenzen zu überschreiten. Er fährt mit den leeren Wagen, deren 500 aus dem Elsaße gekommen sind, von Haus zu Haus, räumt eines nach dem andern ohne Unterschied rein aus, nimmt die Oefen aus den Stuben, die Schlösser von den Thüren und das Blei von den Fenstern mit, kurz Alles ohne Ausnahme, ohne sich der Blöße zu erbarmen, in welcher er die Menschen und ihre Wohnungen zurückläßt. Die unglücklichen Einwohner liegen dem

---

[687]) Die kurpfälzischen Beamten in Neustadt waren: Heinrich Reichsgraf v. Beckers, k. k. Oberwachtmeister, Amtmann sine cura; Franz Hyazinth v. Dusch, Landschreiber; Heinrich Anton Wolf, Ausfaut; Andreas Weckesser, Oberamtsschreiber; Fiskal J. F. v. Täuffenbach.; Oberamts- und Stadtphysikus Jos. Krause. — Stadtschultheiß war Eckubert Fischer, zugleich Vorsitzender des Fruchtmarktgerichtes; Stadtschreiber Joh. Adam Leger. Außerdem hatte die Stadt zwei Bürgermeister, sechs Rathsverwandte, sechs Stadtviertelschreiber und sechs Schatzungsausschußglieder. ꝛc. ꝛc. Münchener Hof- und Staatskalender vom Jahre 1792. S. 155.

Tyrannen zu Füßen; ganze Familien ringen mit der Verzweiflung; Frauen werden in Krämpfen herumgeschleppt; Heulen und Jammergeschrei verfolgt die Räuber auf allen Straßen. Allein Alles dieses ist nicht im Stande, die erstickte Menschlichkeit in ihnen — den Commissären — wieder aufzuwecken. Sie sind taub gegen die Stimme des Elendes, gefühllos gegen die Thränen der Unglücklichen und hart genug, ihres schändlichen Werkes sich zu freuen. Sie sollen sogar schon Handwerksleute beordert haben, um alle herrschaftliche Gebäude und jene der Geflüchteten niederzureißen. Indessen sitzen die Neustadter Geißeln — schon am 10. Januar waren sie dort eingesperrt — noch immer in der Festung Landau, und werden, allem Anscheine nach, noch lange auf ihre Erlösung harren müssen. Die Reichthümer, welche der Feind aus den diesseitigen Rheinlanden schon wirklich gezogen hat, müssen unermeßlich seyn. Nach der Aussage eines Augenzeugen sind allein aus dem ehemaligen Wirthshause zum Sch. in Neustadt etliche dreißig halbohmige Fässer mit klingender Münze theils in Gold, theils in Silber, weggeführt worden. Zum Schlusse könnten noch verschiedene andere Vorgänge angeführt werden, allein sie sind meistens so sehr unter der Würde des Menschen, daß sich die Feder sträuben muß, dieselben niederzuschreiben." ꝛc. ꝛc. [838]) Am 8. März schrieb derselbe Landschreiber an den Kurfürsten: „Die Franzosen fahren noch immer fort, die Häuser, Keller, Speicher und Ställe in Neustadt zu leeren. Die Einwohner leiden Mangel an den nothwendigsten Lebensbedürfnissen, und sterben elendiglich dahin. Seit Kurzem sind allein gegen 200 Protestanten begraben worden. [839])

---

[838]) Bericht des Landschreibers v. Dusch aus Mannheim vom 22. Febr. 1794. Nach demselben Berichte hatte die unglückliche Stadt Abgeordnete nach Paris abgesendet, um Linderung ihres harten Schicksales und Befreiung der Geißeln zu erwirken. Es waren dieß der Universitäts-Schaffner Waldmann und der Apotheker Schoppmann und dessen Sohn. Sie kamen aber nur bis nach Straßburg, wo sie zurückgewiesen wurden. Karlsr. Archiv. P. A. — Laut Berichtes des Volksrepräsentanten Becker an den Convent vom 18. Juni 1795, den wir später hören werden, ließen die Commissäre mehr als 1,000 Fuder Wein von dort wegschaffen. Dabei war auch Friedr. Lehne, später Professor und Bibliothekar zu Mainz, thätig. Diese Thätigkeit fällt in die ersten Monate des Jahres 1794, nicht aber des Jahrs 1795, wie es in der Lebens-Slizze desselben, B. I. S. XII. seiner Schriften, dargestellt zu seyn scheint. — [839]) Nach einer Nachricht sollen in den drei ersten Monaten des

Gestern bemächtigten sich die Räuber auch der großen Glocke, wodurch eines der schönsten und feierlichsten Geläute in Deutschland zerstört wird. Alle Bilder der Heiligen an den Häusern und sonstigen Plätzen haben sie herabgeworfen und zertrümmert. Die verschiedenen Bilder — Gemälde von Heiligen, Ahnherrn und Fürsten — mußten eingeliefert werden. Die Republikaner gaben sie auf dem öffentlichen Markte den Flammen preis." ꝛc. ꝛc. [640])

Wie zu Speyer so wurde auch in den letzten Tagen des Aprils von René Legrand der Gemeinde zu Neustadt eine neue Kriegssteuer von 223,417 Livres aufgelegt, und da dieselbe unmöglich konnte aufgebracht werden, abermals zwölf der ansehnlichsten Bürger als Geißeln aufgegriffen und nach Landau, und von da nach Elsaßzabern abgeführt, wo sie, wie die übrigen Geißeln, festgehalten wurden, bis die Auflage entrichtet ward. [641])

Aus den übrigen Gemeinden des kurpfälzischen Oberamtes Neustadt, auf welche jene 4 Millionen Gelder und die bemeldeten Kleidungsstücke vertheilt wurden, haben wir bezüglich der dießfalsigen Erpressungen nur spärliche Aufzeichnungen. Schon am 3. Januar 1794 erhielt die Stadt Oggersheim aus Neustadt Namens des commandirenden Frankengenerals den Befehl, unter schärfster militärischer Strafe innerhalb 48 Stunden an jener Auflage zu liefern 43,132 Gulden, 615 Hemden, 307 wollene Röcke und eben so viele Hosen, 307 Paar Schuhe nach Neustadt auf das Rath-

Jahres 1794 in der Umgegend von Kaiserslautern, Neustadt und Germersheim wenigstens 12,000 Republikaner an einer pestartigen Krankheit gestorben seyn. — [640]) Karlsr. Archiv. P. A. — In Wachenheim haben besonders der Kriegscommissär Beaufume und der General-Adjutant Debron 10,000 Livres, werthvolle Kirchengeräthe ꝛc. erpreßt, wie wir noch hören werden. Dieser Stadt wurde zuletzt noch eine zweite Brandschatzung von 14,800 Livres angesetzt und 7 Geißeln hierfür fortgeschleppt, welche noch im Juni 1794 zu Elsaßzabern saßen. Beilage. 33. — Wie die Weine aus Wachenheim, Gimmeldingen, Neustadt, Winzingen, Rodt, Burrweiler ꝛc. geraubt und verkauft wurde, wird der Vortrag des Volksrepräsentanten Becker uns später näher noch schildern. [641]) Beilage 32., wo die Namen dieser Geißeln angeführt sind. Laut Berichtes des Landschreibers v. Dusch vom 10. Mai 1794 wurden als Geißeln fortgeführt: Müller, Bürgermeister; Reinhard Gulde, Weinhändler; Schira, Handelsmann; Grobe, Handelsmann, den seine Frau freiwillig begleitete; Rosenthal, Essigsieder; Heinrich, Metzger; Böckler, Bäckermeister, und der ledige Fritzweiler. Karlsr. Archiv. P. A.

haus. [642]) Schon vor dem jüngsten Weihnachtsfeste waren von
dem oberen Gebirge einige Flüchtlinge hierher gekommen, welche die
schrecklichsten Nachrichten über das Benehmen der siegreich vordrin=
genden Republikaner verbreiteten und dadurch Furcht und Angst
allerseits einflößten.   In den letzten Tagen des verflossenen Jahres
war daher das Rennen und Drängen über die Rheinbrücke bei
Mannheim so stark, daß die Brücke den Rettung Suchenden nicht
genügte.   Aus Oggersheim waren alle Hofbediensteten der Kurfür=
stin Elisabetha Augusta mit ihr nach Weinheim gezogen.   Die übri=
gen kurfürstlichen Beamten flüchteten sich mit einem großen Theile
der wohlhabensten Bewohner nach Mannheim.   Der Schrecken und
die Eile war bei Manchen so groß, daß sie ihre meisten Habseligkeiten
im Stiche ließen.   Die vorhandenen Fuhren wurden vorzüglich be=
nützt, um die besten Möbeln des Schlosses und die Bilder und
Kostbarkeiten der Marienkapelle zu retten.   Die Republikaner be=
gnügten sich nicht mit der gewaltsamen Eintreibung der oben ge=
nießdeten Auflagen, sondern bald erschienen die Agenten der Aus=
leerungscommission, um ihr arges, räuberisches Treiben zu beginnen.
Gegen tausend Fuhrleute und Wagen aus dem Elsaße und aus
Lothringen führten sie mit sich, um durch sie und andere gezwun=
gene rheinische Fuhrleute die erpreßte Beute in das Innere von
Frankreich abzuführen.   Vor Allem fielen sie über die Häuser der
geflüchteten Beamten und Bürger her.   Ihre besondere Aufmerk=
samkeit schenkten sie dem Kloster, dem kurfürstlichen Schlosse und der
Hofapotheke. [643])   Sie brachen in alle Gemächer, in Küche und
Keller ein, raubten die Vorräthe und zertrümmerten und verwüste=
ten, was sie nicht fortbringen konnten, namentlich die noch aufge=

---

[642]) Bericht aus Mannheim vom 6. Jan. 1794. — [643]) Eine gleichzeitige
Stimme jammert: „Das prächtige Schloß der Kurfürstin von der Pfalz und
die dabei gelegenen, kostbaren Gartenanlagen sind verwüstet, die schöne Kapelle
entheiliget und der Altar auf das Unwürdigste geschändet. Der Frankreicher
bewies auch hier, daß er nur zu Extremen geneigt ist. Da, wo sein skla=
vischer Aberglaube (?) ehedem mit ängstlicher Demuth sich beugte, hinterließ
sein wahnsinniger Unglaube die Spuren eines herzlosen Kannibalen, des ge=
fühllosen Zerstörers dessen, was einem deutschen Bruder noch heilig ist, der
rohe Barbar, der von aller Sittlichkeit und von allen Banden der besseren
Menschheit sich losgerissen hat.... Was hat die Kurfürstin von der Pfalz
und ihr Schloß für einen Zusammenhang mit dem Freiheitskriege? Was
hat dieses gute, fromme Weib der französischen Nation geschadet?“ ꝛc. ꝛc.

fundenen Tische, Stühle, Thüren und Fenster ꝛc. im Schlosse.
Den Gärtner und den Castellan, welche in demselben zurückgeblieben
waren, haben sie bis auf das Hemd ausgeplündert. [644]) Die feindlichen Reiter behängten sich und ihre Pferde mit den aus dem
Schlosse geraubten Seidenzeugen und gewirkten Stoffen, und hielten in dieser Tracht einen Umzug, dem sich Andere, in Kirchen-
gewänder gehüllt, anschlossen. Monate lang dauerte dieses wilde
Hausen in Oggersheim fort, das nur einigemal durch das Vorrücken der Kaiserlichen unterbrochen wurde. [645]) Wie zu Speyer

---

[644]) Bericht aus Mannheim vom 14. Januar 1794. — [645]) Vergleiche
Dr. Mörschell's Gesch. Oggersheim's. 1844. S. 55. u. ff. Hören wir hier
noch einen Bericht aus Mannheim vom 2. Febr. 1794, an welchem Tage den
Flüchtlingen die freie Rheinüberfahrt wieder gestattet war, der sich über die
Verwüstungen der Franzosen also ausspricht: „Es läßt sich in der That kaum
ein kläglicherer Anblick denken, als den, welchen in diesem Augenblicke die
meisten, jenseits des Rheins gelegenen Ortschaften gewähren. Niedergerissene,
oder in ihrem Innern ganz verwüstete Häuser, ausgeplünderte und auf die
schändlichste Art entheiligte Kirchen, Menschen von allen Ständen in Elend
und Armuth, durch Kummer, Schrecken und Mißhandlungen entstellt: dieß
sind die Gegenstände, auf die man beinahe bei jedem Schritte stößt. Die
Dörfer Mundenheim und Friesenheim, nebst der Stadt Oggersheim, haben
besonders viel gelitten. Das dortige kurfürstliche Schloß und die schöne
Kapelle sind völlig verwüstet. Alle Gattungen des niedrigsten und boshaf-
testen Muthwillens sind darin ausgeübt worden. Nichts ist mehr ganz, nichts
mehr brauchbar, nichts mehr rein darin. Noch härteres Schicksal hat die
fürstlich leiningischen Schlösser zu Dürkheim und Heidesheim getroffen, die
beide vor einigen Tagen gänzlich eingeäschert worden sind." Mit Recht ruft
eine Stimme aus Koblenz am 30. Januar den Landsleuten am Rheine entgegen: „Erkundiget euch auf dem Hundsrücken, in der Pfalz und in den dortigen Gegenden, und ihr werdet mit Unwillen erfahren, wie der Feind mit
dem Bürger und Landvolke umgeht. Dieser verhehlet nicht einmal die
schändliche Absicht, nur auf Raub und Plünderung auszugehen: sie ist durch
erlassene Dekrete öffentlich bekannt. Kirchen und Altäre werden beraubt
und entheiligt; alle Glocken hinweggeführt; alles Vieh, alle Vorräthe, Betten,
Weißzeug und Hausrath geplündert; Weiber und Töchter geschändet; die zum
Dienste tauglichen jungen Leute hinweggeschleppt, und unter diesen Horden
als Soldaten angestellt. — Custine und Dumouriez haben noch durch die
Worte Freiheit und Gleichheit, Friede den Hütten, Krieg den Pallästen, hie
und da Leute getäuscht, und Viele waren der Meinung, daß es nur der Adel
und die Geistlichkeit gemeint sei, der Bürger und Landmann aber zusehen
könne. Allein dieses waren nur betrügliche Worte. Die Niederländer sahen
sich zuerst in ihren Erwartungen betrogen, und in Frankreich und Deutsch-

und Neuſtadt ward auch der Gemeinde Oggersheim vor dem Abzuge
der Republikaner im Monate Mai eine neue Brandſchatzung von
40,000 Livres auferlegt, und weil man ſie nicht ausbezahlte, wurden
Geiſeln nach Landau und Elſaßzabern abgeführt, von denen noch
vier am 17. Juni 1794 von dem Oberraubcommiſſär, René Legrand, dem Commandanten Dangelin zu Elſaßzabern zur Hut überlaſſen waren, bis von ihnen die Quittung für jene Brandſchatzung
beigebracht werde. [646])

Die Stadt Frankenthal ward zum Umfange des Oberamtes
Neuſtadt gerechnet, hatte aber außer dem Zolle und Geleite keine
Verbindung mit demſelben, ſondern ſtand unmittelbar unter der
Regierung zu Mannheim. Deßhalb wurde ihr auch ein noch här-
teres Loos von den Republikanern bereitet. Kaum waren ſie in

---

land iſt kein Kaufmann, kein vermögender Privatmann, ſeines Lebens und
ſeines Vermögens ſicher; alles wird gleich auf eine barbariſche Weiſe behandelt.
Sogar die Clubiſten in Worms und Speyer wurden kürzlich von ihren vermeintlichen Errettern leer ausgeplündert, mißhandelt und verhöhnt. — Die
Neufranken führen jetzt nicht mehr die vorige Sprache. Sie ſind zu ſtolz,
um noch Liſt und Betrug gegen uns anzuwenden. Nun heißt es offenbar
Freiheit — um betteln zu gehen; Gleichheit — um alle arm und unglücklich
zu machen. Friede dem Bettler, wo Nichts zu nehmen iſt; Krieg dem Kauf-
manne, Krieg dem Bauer, Krieg dem Müller, Krieg dem Hofmanne, Krieg den
Schuhen, den Kleidern, den Hemden, dem Ingvieh, dem Gelde, den Betten,
dem Zinn, den Hämmeln, Gänſen, Enten, Krieg der Frucht und dem Heu,
Krieg allem, was beweglich iſt und geraubt werden kann." ꝛc. ꝛc. A. D. B.
vom 6. Febr. 1794. — [646]) Beilage 38. Nach derſelben Beilage ſaßen 7
Geiſeln aus Wachenheim für die Auflage von 14,800 Livres, 2 Geiſeln aus
Weidenthal für die Auflage von 15,000 Livres, 1 Geiſel aus Eppſtein für
die Auflage von 25,000 Livres in Elſaßzabern. — „In den meiſten Dörfern, wo
franzöſiſche Truppen lagen oder noch liegen, ſind die Kirchen verwüſtet, die
Altäre, die Kanzel, die Stühle ꝛc. zerſchlagen und verbrannt. Das noch in
den Ortſchaften befindliche Vieh iſt aufgezeichnet und wird von Jägern auf
die Weide getrieben. Niemand iſt mehr Herr ſeines Eigenthums. Kein
Tag verging bisher, an welchem nicht neue Abſcheulichkeiten, neue Verheerungen hierher gemeldet wurden; an welchem nicht neue, faſt nackte Opfer der
ſchrecklichſten, unmenſchlichſten Grauſamkeit der franzöſiſchen Ausleerungs-
commiſſäre hier ankamen. Bis zur Krankheit ging die Sehnſucht der Geflüchteten, bald wieder in ihre, von den Franzoſen befreite Heimath zurückkehren zu dürfen. Alles rennet und rüſtet ſich, den deutſchen Truppen auf
dem Fuße über den Rhein an den eigenen Herd zu folgen." Bericht aus
Mannheim vom 22. Mai 1794.

dieser Stadt — am 5. Januar — eingerückt, so legten die Sieger derselben eine Brandschatzung von 150,000 Livres auf. Außerdem mußten täglich 150 Säcke Hafer, 3 Wagen Heu und 3,000 Pfund Brod geliefert werden. [647]) Nur wenige Tage später, erließ der Ausleerungscommissär Mounier einen Befehl, welcher innerhalb zweier Tage Unerschwingliches verlangte. [648]) Welche Verlegenheit und Bestürzung ein solcher Befehl den Bewohnern der Stadt und ihren Vorständen bereiten mußte, läßt sich leicht denken. Bald sah man auf der Straße bei Frankenthal eine große Anzahl schwer beladener Wagen unter militärischer Bedeckung, welche den in Frankenthal und in der Umgegend gemachten Raub auf das französische

---

[647]) Bericht aus Mannheim vom 14. Jan. 1794. — Stadtvorstände zu Frankenthal waren im Jahre 1792: Karl Pechteler, Stadtdirektor; Ab. Jos. Orsolini, Anwaltschultheiß und Stadtschreiber; Bernhard Reichert, erster, und Christoph Roeder zweiter Bürgermeister und 6 Rathsverwandte zc. Außerdem bestand daselbst eine unmittelbare Privilegien-Polizei und Fabriken-Commission, deren Vorstand Jost Fontanesi war mit mehreren Commissären und Assessoren. — [648]) Die beßfallsige Proclamation lautet: „Die Frankenthaler Munizipalität wird ersucht, auf ihre Verantwortung anzuschaffen und in zweimal 24 Stunden zu liefern: 1) 5,000 Mannshemden, so gut als sie zu bekommen sind; 2) 500 wollene Decken; 3) 2,500 Paar hänsene oder wergene Leintücher; 4) 700 Paar neue Schuhe, welche mit Nägeln müssen versehen seyn; 5) 700 Paar gute wollene Strümpfe; 6) alle branchbare wollene Tücher, die bei den Kaufleuten oder in Magazinen sich vorfinden; alle Hüte; alles gegerbte und fertige Leder; 7) alle Gewehre, als Flinten, Pistolen, Säbel, Sättel, Zäume u. d. g. 8) Die Munizipalität wird Schuhe und Strümpfe paarweise sondern. 9) Alle Schuhmacher müssen für die Soldaten der Republik arbeiten und bis auf weiteren Befehl nichts als Mannsschuhe. 10) Wenn die zweimal 24 Stunden vorüber und die Aufforderungen nicht befolgt sind, so wird der Maire auf der Stelle verhaftet und so nach und nach von Stunde zu Stunde alle Munizipalbeamten und die reichsten Einwohner, bis Alles angeschafft ist, oder sie beweisen, daß es unmöglich zu thun sei. 11) Nach Verlauf dieser Frist wird Haussuchung gethan, und wenn ein einziger dieser Artikel gefunden wird, wenn die Anzahl noch nicht geliefert ist, die Personen, bei denen es gefunden wird, als Rebellen gegen die ausübende Gewalt behandelt werden; 12) ein Gleiches an die abhängigen Munizipalitäten von Frankenthal. 13) Die Frankenthaler sollen die schon unterm 23. dieses Monats — Nivose — sohin am 12. Januar 1794 — angezeigten Früchte aus den Häusern dieses Ortes nach dem Magazine bringen. 14) Diese Proclamation soll in beiden Sprachen gedruckt, und 15) an die Munizipalitäten hinreichende Exemplarien gesandt werden." Siehe: „Der französische Freiheitskrieg." Th. II. S. 142. Bericht aus Mannheim vom 19. Jan. 1794.

Gebiet im Elsaße zu verbringen hatten. ⁶⁴⁹) Da es unmöglich
war, Alles so schnell und vollständig zusammenzubringen, wie es
die rücksichtslosen Grippecommissäre geboten hatten, so wurden acht
der angesehensten Bürger aufgegriffen und als Geißeln nach Landau
fortgeschleppt. In welcher Lage sie sich dort befanden, mögen uns
ihre eingenen Worte schildern, welche sie von Landau an ihre Mit=
bürger richteten. ⁶⁵⁰) Während diese sich alle Mühe gaben, die

⁶⁴⁹) Bericht aus Mannheim vom 16. Jan. 1794. — ⁶⁵⁰) „Liebe Mit=
bürger! Seit gestern Abend hat sich unser Schicksal plötzlich geändert: alle
Geißeln von Worms, Frankenthal, Dürkheim und Neustadt, 82 an der Zahl,
wurden gestern um 4 Uhr auf das Munizipalitäts-Haus geführt, verlesen, und
dann — denken Sie sich unsern Schrecken — in das Souterrain am deutschen
Thore gebracht. Man sagte uns, daß wir dorten alle Bequemlichkeit finden
würden. Als wir hier ankamen, fanden wir ein Gewölbe mit leeren Bett=
stätten und zwei Oefen, die unbrauchbar waren. Wie uns armen Verlassenen
zu Muthe war, hier in einem kalten Gewölbe unser trauriges Leben aus=
hauchen zu müssen, können Sie sich nicht vorstellen. Endlich erhielten wir
Abends 9 Uhr durch Verwendung rechtschaffener Munizipalbeamten, daß der
Ofen hergestellt wurde, etwas Holz, auch nach der Hand etwas Speise und
Trank. Bei dem Allen aber, liebe Mitbürger! ist unsere Lager so, daß wir
der Verzweiflung nahe sind. Rettet uns, ehe wir aus Kummer und Elend
unterliegen müssen. Treibet Alles zusammen, was möglich ist; wer nicht
gutwillig Alles giebt, um uns Unschuldige zu retten, dem nehmt es. Unsere
Lage ist schrecklich; ich kann nicht mehr schreiben! Gott helfe Euch und uns.
Landau, den 11. Januar 1794. C. Roeder, Jakob Behagel, Sohn, Heinrich
Urz, Franz Deutelmoser, Joseph Forthuber, Carl Gottlieb Uswald, Her=
furth, J. W. Speyerer". Kreisarchiv. P. A. Nr. 1009.— Wir haben hier=
über noch folgende archivalische Nachrichten: „Die Preußen verweilten bis
zum 5. Januar 1794 in Frankenthal. Schon Morgens 4 Uhr setzten sie sich
in Bewegung. Ihr Auszug, der ohne besondere Unordnung geschah, dauerte
bis 7 Uhr. Erst gegen 9 Uhr kamen französische Jäger zu Pferd in die
Stadt. Dieser Vorhut folgten gegen 12 Uhr zahlreiche Schaaren. Die noch
anwesenden Rathsverwandten und Bürger gingen ihnen zum Willkomme ent=
gegen. Der Commandant derselben versprach mit seinem Stabe, daß Nie=
manden etwas zu Leide geschehen sollte. Doch kaum waren sie in der Stadt
angekommen, so wurde derselben eine Brandschatzung von 150,000 Livres,
innerhalb 24 Stunden zahlbar, auferlegt. Als Geißeln für diese Summe
wurden sofort vier Bürger unter militärischer Begleitung in Chaisen nach
Landau abgeführt. Es waren dieß Behagel, der Jüngere aus den Schwanen,
Uswald, Urz und Speyerer, der Jüngere. Außer jener Brandschatzung soll=
ten täglich 30,000 Pfund Brod, 150 Säcke Hafer und 8 Wagen Heu geliefert
werden. Zwei Regimenter Husaren samt der Generalität und den Offizieren
wurden in die Stadt eingelegt, und mußten unterhalten werden. Der Bürger-

Geißeln einzulösen, fuhren die Commissäre fort, ihr trauriges Geschäft immer mehr auszudehnen. Am 27. Januar 1794 schrieb
der General Leval, Commandant der Belagerungstruppen Mannheims, an den Nationalconvent aus Frankenthal: „... Wir fahren
fort, das reiche Land unserer Feinde zu verwüsten. Wir schleppen
Alles, 49 Meilen im Umkreise, in unser Land; mehr als 10,000
Wagen sind mit Früchten, Eisen, Kupfer, Blei und Millionen an
baarem Gelde beladen; kurz wir lassen den Rheinländern nichts
übrig, als die Augen, ihr Unglück zu beweinen. Ungeachtet die
Rechte des Krieges dieß befehlen, so wünschte ich doch nicht, daß
Ihr dieses traurige Gemälde sehen möchtet von geplünderten und

---

meister Bechtel wendet sich alsbald an den geflüchteten Frankenthaler Stadt-
birektor und Hofgerichtsrath v. Bechteler in Mannheim um Hilfe und Unterstützung. Diese bestand in der Weisung, die Feinde um Minderung der Anforderung anzugehen. Der Bürgermeister schickte deßhalb am 7. Jan. Morgens 4 Abgeordnete an den General, der, ohne ihre Vorstellung einer Antwort
zu würdigen, sie gefangen nehmen und gleichfalls nach Landau abführen ließ.
Diese waren: Roeder, Deutelmoser, Herfurth und Forthuber. Gegen 12
Uhr erschien der Kriegscommissär Hahn beim Bürgermeister Bechtel und erklärte, wenn bis kommenden Morgen die 20,000 Pfund Brod nicht bereit
wären, derselbe mit Waffe abgeführt würde. An demselben Tage kamen auch
40 leere Wagen von Landau in Frankenthal an, um den Raub abzuführen.
Die Weine, Früchte, das Vieh, Heu und Stroh wurden von den Republikanern aufgenommen. Auch in der kurfürstlichen Porzellan-Fabrik wurden
alle Vorräthe verzeichnet. Nur mit Lebensgefahr konnten Boten von Frankenthal durch den Wald bei Rorheim nach Mannheim gelangen, um dort die Noth
zu verkünden. Es ward von den Grafen v. Oberndorff Erleichterung und
Hilfe versprochen, allein es erfolgte keine, als leere Berichte. Die 8 Geißeln
schickten am 11. Jan. ein klägliches Schreiben an ihre Mitbürger in Frankenthal, ihre Auslösung zu erwirken. Allein die geforderte Summe konnte nicht
aufgebracht werden. Außer den schon genannten Anforderungen wurden jetzt
noch andere an Weißzeug, Hemden, Schuhe gestellt. Die Stadt gerieth in
eine um so größere Verlegenheit, weil drei Viertel der Einwohnerschaft, etwa
3,000, dem Fabrik- und Industrie-Stande zugehörten, welche unter eigenen Zusicherungen und Freiheiten seit etwa 25 Jahren aus verschiedenen Ländern
herbeigezogen wurden, welche ohne Arbeit nichts zu leben hatten, deren Arbeit
aber durch die Kriegsunruhen sehr unterbrochen, deren Freiheiten dabei wenig
beachtet wurden. In einzelnen herrschaftlichen Fabriken — wie z. B. in der
Seidenfabrik — mußte die Arbeit eingestellt werden, weil die Hauptstücke
der Maschinen, die 6 messingenen Walzen, geraubt waren. Diese Maschinen
kosteten, als sie im Jahre 1770 und 1771 angeschafft wurden, 40,810 fl. 48 kr.“
Karlsr. Archiv. P. A.

verbrannten Ortſchaften, von Männern, die als Geißeln für auf=
gelegte Brandſchatzungen mitgenommen wurden.“ ꝛc. ꝛc. ⁸⁵¹) Man
ſuchte nicht nur alles Werthvolle aus der Stadt Frankenthal
wegzubringen, ſondern verwüſtete und zerſtörte das, was man nicht
fortbringen konnte. So geſchah es in der ſchönen, berühmten kurpfälziſchen Porzellainfabrik daſelbſt. Nachdem die beſten Vorräthe
weggeführt waren, zertrümmerte man das Uebrige ſammt den For-
men und ſonſtigen Geräthſchaften. Auch die Behagel'ſche Eſſig=
ſiederei daſelbſt wurde gänzlich zu Grunde gerichtet. ⁸⁵²)

Noch Monate lang dauerten die Drangſale und Erpreſſungen,
welche die Stadt Frankenthal, das bald von Preußen, bald von den
Republikanern beſetzt wurde, mit den umliegenden Dörfern zu erdulden hatte. ⁸⁵³) Am 1. Mai in der Frühe nach 4 Uhr wurde
ſie abermals, ſowohl von der Mannheimer als von der Lambs=
heimer Seite von den Republikanern angegriffen. Auf Anordnung
der Preußen waren die Stadtthore ausgebeſſert und verſchloſſen.

───────

⁸⁵¹) Bericht aus Paris vom 6. Febr. 1794. — Ein Bericht aus Mannheim vom 20. Jan. 1794 meldete: „In dieſen Tagen ſchlugen die Franzoſen
auch in dem Schlößchen des kurpfälziſchen Miniſters, Grafen v. Oberndorff
zu Laumersheim Alles zuſammen, was ſie nicht fortbringen konnten.“ ꝛc. —
Am 23. Januar haben die Republikaner auch das Dalberger Schloß in Hernsheim an verſchiedenen Ecken in Brand geſteckt. Die treuen, biederen Bewohner dieſes Ortes haben aus Dankbarkeit und Liebe für ihre Herrſchaft,
mit Gefahr ihres Lebens unter Säbelhieben und Bajonnetenſtößen, es wieder
gelöſcht. — ⁸⁵²) Bericht aus Mannheim vom 3. Febr. 1794. — ⁸⁵³) Am
15. Febr. 1794 wurde der kurpfälz. Regierung in Mannheim gemeldet, daß
von den 8 Geißeln, welche aus Mutterſtadt wegen der angeſetzten Brandſchatzung von 10,000 fl. abgeführt waren, drei wieder zurückgekommen ſeyen,
mit der Drohung, wenn innerhalb 24 Stunden die Brandſchatzung nicht bezahlt werden ſollte, rückſichtslos werde verfahren werden. Die genannte Regierung erſuchte daher das kaiſerliche Vorpoſten-Commando, die Patrouillen
bis nach Mutterſtadt ausſchicken zu wollen, um dort Unheil zu verhindern.
Karlsr. Archiv. P. A. Der ſchon genannte Joh. Adam Weiß ſchrieb am 19.
Febr. 1794 aus Schwetzingen, wo er ſich ſeit dem 15. deſſelben aufhielt:
„Was ich Ihnen letzthin von den franzöſiſchen Teufeleien in Gönheim —
ſiehe unten Seite 513 — ſchrieb, beſtätiget ſich auch von anderen Orten. Mit
auf die Bruſt geſetzten Säbeln und Piſtolen, drangen ſie dem Schultheißen
von Gerolsheim all' ſein Geld ab. Sie warfen ihn, um noch mehreres zu
erpreſſen, nieder, und machten Miene, ihn langſam abzuſchlachten. Das erbärmliche Geſchrei ſeiner Frau und Kinder zog einige Offiziere herbei, welche
durch Bitten ſeine Marter endigten.“ ꝛc. ꝛc. Orig. Stadtarchiv. Nr. 961.

Die Franzosen richteten zwei Kanonen und Haubitzen auf dieselben und schossen sie zusammen. Alsbald ergossen sich die Stürmer in die Straßen, und außer den einzelnen Plünderungen legten sie der Stadt 100,000 Livres Brandschatzung auf. [654]) Der Stadtdirektor und Anwaltschultheiß schrieben noch an demselben Tage an die kurfürstliche Regierung in Mannheim: „Wann wird doch eine, dieser Festung nächst gelegene und vor dem Gesichte zweier Armeen stehende, so hart geprüfte Stadt von diesen Drangsalen befreit werden?" Dieser Hilferuf fruchtete nichts! Dagegen wurden aus Frankenthal nochmals vier Geißeln von den Franzosen zum Unterpfande der Brandschatzung abgeführt. Es waren dieß der mehr als 70 Jahre zählende Bürgermeister Bechtel, der Krämer Schram, der Sohn des Orgelmachers Geib und die Ehefrau des in Frankfurt abwesenden Handelsmannes Herfurth, welcher beim ersten Einfalle der Franzosen als Geißel abgeführt worden war. In Angst und Verlegenheit flehete Bechtel von Speyer aus um seine und seiner Mitgefangenen Einlösung. Man hatte zur Erpressung der Brandschatzung die ärgsten Drohungen gegen sie ausgestoßen. Sie fürchteten für ihr armes Leben. [655]) Bei der erschöpften Lage der Stadt

---

[654]) Das latonische Dekret lautete: „La municipalité de Frankenthal est requise de payer à la république française la somme de cent mille Livres sous peine d'être puni militairement. Frankenthal, le 12 floréal de la république française. Villante, agent de la convention. p. Mounier, commissaire." — Wie gewaltthätig und räuberisch Mounier in Frankenthal handelte, wurde vom Volksrepräsentanten Becker dem Nationalconvente am 13. Juni 1795 geschildert, wie wir noch hören werden. 655. Der Brief des Bürgermeisters an den Stadtrath lautet also: „Wohllöblicher Stadtrath! Wir seyend am Donnerstag Mittag hier zu Viert angekommen und logiren im Stadthaus zu zwölf. — Gestern kam der Commissär zu uns und deklarirte, daß wir in Zeit vier Tagen, als Montag Abend, die Contribution bezahlen (müßten), widrigenfalls wir von hier auf Landau gebracht, die Armee alsdann hinunter marschiren würde und Alles mit Feuer und Schwert ruiniren werde und unser Schicksal in nichts Geringeres (bestehe) als mit dem Leben zu zahlen. Ich habe dießfalls gleich geschrieben, den Brief unversiegelt, Alles gemeldet und dem hiesigen Commandanten zur weiteren Beförderung übergeben; wie (wir) aber vernehmen, seyend sie noch hier und nicht abgesand worden. — Nun kame diesen Morgen eine andere Ordre, daß, wenn das Geld heut nicht eintreffen, wir Morgen nacher Straßburg transportirt werden sollten. Nun haben wir weder Weißzeug noch Kleidung, viel weniger Geld. Was ist also zu thun? Seyen Sie also von der Güte und sorgen

konnte diese nicht verwirklicht werden. Der erste Ueberfall der Re=
publikaner hatte dieselbe bereits über 600,000 Livres gekostet. Die
Stadtbehörde bat den Kurfürsten um Beistand in dieser Noth, da
die bringlichsten Vorstellungen bei den französischen Oberbefehls=
habern voraussichtlich keinen günstigen Erfolg haben dürften. Doch es
zeigte sich nirgends ein hilfreicher Arm, und die Geißeln wurden
von Speyer ohne die gewünschte Unterstützung weiter verbracht. ⁶⁵⁶)
Sie mußten noch lange in Elsaßzabern auf ihre Einlösung harren.⁶⁵⁷)

Wie Frankenthal so wurde auch an demselben ersten Mai
Lambsheim von den Republikanern eingenommen. Gegen 7 Uhr tra=
fen vom preußischen Regimente „Wolfrath" mehrere Abtheilungen
auf dem Felde zwischen Heßheim und Beindersheim ein. Es ent=
spann sich zwischen diesen und jenen ein lebhafter Kampf, welcher
zwei Stunden währte. Zuletzt mußten sich die Preußen vor der
Uebermacht der Republikaner zurückziehen. Diese drangen nun in
Heßheim ein. Die meisten Bewohner hatten sich voll Angst geflüchtet.
Die verschlossenen Thüren der Häuser wurden aufgesprengt, die Fenster
eingeschlagen und die Wohnungen ausgeplündert. Dem protestan=
tischen Pfarrer Piris, welchen sie dort überfielen, raubten sie alle
Kleider, selbst das Hemd vom Leibe. ⁵⁷⁸)

Hören wir zum Schlusse dieses Paragraphen, was der schon
genannte Speyerer Bürger, Joh. Adam Weiß, am 3. Februar 1794
aus Neckargmünd von dem Benehmen der Franzosen in dem zum
Oberamte Neustadt gehörigen Dorfe Gönheim und in dortiger Um=
gegend geschrieben, wie er es aus dem Munde des von Gönheim
mit Frau und zwei Kindern geflüchteten reformirten Pfarrers Jo=
seph, der eben in Neckargmünd auf der Flucht weilte, vernommen
hatte ... „Die Haare standen mir zu Berge, über das, was der
Herr Pfarrer, seine Frau und seine unschuldigen Kinder, die sich
immer in die Erzählung mischten, mir von dem Einmarsche der Sa=
tane in Gönheim am 1. Januar 1794 bis zu ihrem Abzuge, welcher

---

(Sie) für die Zahlung, ansonsten wir verloren seyend. Ich bitte Sie um
Gotteswillen, nehmen Sie sich unserer an und säumen Sie nicht. In deren
Erwartung bin mit steter Hochachtung E. L. St. dienstwilligster Diener,
D. Bechtel. Speyer, den 3. Mai 1794." Karlsr. Archiv P. A. — ⁶⁵⁶)
Amtliche Schreiben vom 1. und 5. Mai 1794 Karlsr. Archiv. P. A. —
⁶⁵⁷) Beilage 33. Sp. Stadtarchiv. — ⁶⁵⁸) Amtlicher Bericht des Schult=
heißen Brandenburger zu Heßheim vom 7. Mai 1794.

33

am letzten dieses Monats erfolgte, erzählten. Gieb Geld! Geld!
brüllten alle mit dumpfer, hohler Stimme den unglücklichen Gön-
heimern entgegen. Gieb Geld! Geld! wiederholten die Gebirge ihr
wildes Echo beim Abzuge. Dieß zu erpressen, wurden grausame,
listige, verstellte, freundliche, schmeichelhafte Mittel aller Art versucht. Alle Risse in den Wänden, in den Böden, alle Fugen zwischen den steinernen Platten, in den Kellern, wurden mit Messern
durchstöbert und aufgeritzt. Sie boten Händevoll deutsches Geld
zum Auswechseln mit großem Daraufgeld gegen französisches an,
und baten die Leute, zum Wechseln, und nahmen aber beides mit
fort. Unschuldige Kinder nahmen sie auf den Schooß, streichelten
und liebkosten dieselben und lockten von ihnen heraus, wo die
Aeltern ihre Habseligkeiten versteckt hatten. Ein zweiunddreißig-
jähriger Bauer, Vater von drei Kindern, mit einem Vermögen in
Gütern von wenigstens 50,000 fL, der sein baares Geld, seine
besten Kleider, seine Hemden, seine Schuhe 2c. Alles hingegeben
hatte, und noch immer gepreßt wurde, stürzte sich in der Nacht
am 24. Januar in der höchsten Verzweiflung in seinen Brunnen.
Den Schmied des Dorfes warfen ihre fünf nieder. Einer stellte
sich auf seine Brust, die andern hielten ihm die Hände und Füße,
um ihm ein Paar leinene Kamaschen auszuziehen, die er ihnen,
weil er keine Strümpfe mehr hatte, versagte. Ein anderer, dem
sie die Schuhe von den Füßen nehmen wollten, flüchtete in seiner
Scheuer die Leiter hinauf und hing sich mit den Händen um einen
Balken. Sie nahmen eine Leiter und zogen ihm in dieser Stellung
Schuhe, Strümpfe und Hosen vom Leibe. Alle Pferde wurden
gleich anfangs hinweggenommen. Dem 60 Bauern zählenden Dorfe
wurden pro rata 39,000 Gulden Brandschatzung, 100 Stück Rindvieh, eine große Anzahl Schuhe und Strümpfe, die sich die Bauern
von den Füßen zogen, von dem Neustadter Commissäre angesetzt
und ihm abgeliefert. Den folgenden Tag setzten Commissäre aus
Lambsheim wieder eine Brandschatzung von 500 Gulden und 25
Stück Rindvieh an, die aller Einwendungen ungeachtet erpreßt
wurden. Täglich mußte der Ort anfänglich eine Kuh, hernach eine
halbe und 800 Pfund Brod, nebst einem Quantum Heu und Hafer liefern. Kein Messer, kein Löffel, kein Hut 2c. 2c. ist mehr im
Dorfe ... Die Betten wurden theils weggeführt, theils aufgeschnitten
und die Federn in den Mist zerstreut, Alles zerschlagen, Alles ver-

wüstet. Den Kindern auf den Armen wurden die Halstüchlein
vom Leibe gerissen, ihre unschuldigen Spielereien zertrümmert. Bei
ihrem Abzuge am 31. Jan. nahmen die Republikaner alles noch
vorfindliche Vieh mit den Ketten am Halse aus den Ställen mit
fort. Jammer, Winseln und Wehklagen der Weiber und Kinder
durchheulte den ganzen Ort, und hochschallender Spott und Lachen
war, wie bei Luzifers Heere beim Falle der Engel, dieser von Men=
schen gezeugten Satane Trost. Kein Tropfen Wein ist mehr im
Ort, den Kranken zu laben, den gläubigen Sterbenden mit sei=
nem geheiligten Genusse zu trösten. Aber die Gönheimer mußten
doch jetzt Gott auf den Knieen danken, daß Er ihnen seit fünf
Jahren nur wenig Wein bescheert hatte. Der Rausch und Taumel
der Wüstlinge hatte in den 31 Tagen ihrer Heimsuchung nicht nach=
gelassen. Mord, Brand und noch schlimmere Dinge wären seine
Folgen gewesen. Gott! wie wunderbar sind deine Wege! Indem
du uns züchtigest, thust du uns wohl! — In Friedelsheim und Wa=
chenheim, unfern von Gönheim stürzten sich Mädchen aus den oberen
Fenstern und entrissen sich durch Lähmung ihrer Glieder, oder durch
den Tod den Klauen der besoffenen Wollüstlinge. Mütter mit ihren
Kindern übernachteten in den letzten Nächten auf offenem Felde im
tiefen Schnee. In Wachenheim ergriffen vier Volontaire den Pfar=
rer bei einer stillen Leichenbegleitung, preßten ihm Geld ab, rissen
die Todtenlade auf und suchten Geld darinnen. Ich müßte noch
ganze Bogen schreiben, wenn ich Ihnen alle die Gewalt=, Schand=
und Greuelthaten der französischen Barbaren von diesem einzigen
Augen= und Ohrenzeugen aus dem einzigen Dörflein Gönheim spe=
cificiren sollte.... Die Gönheimer Pfarrfamilie hat sich jetzt nicht
vor den Franzosen — denn diese sind weggetrieben — sondern vor
dem Hungertode geflüchtet. Sie hatte jenseits nichts mehr zu beißen
und zu nagen, nichts, worauf sie ihr Haupt hinlegen konnte. Sie
wanderte in Bettler=Kleidung nach Dahlheim bei Moosbach, wo
der Pfarrer zu seinem Glücke einen reichen Vater hat, von .dem
ihm 30,000 fl. für sein Kindestheil inventirt sind...... O! alle
ihr Teutschen, alle ihr gesitteten Völker in Europa, erhebet, erman=
net, vereiniget Euch, diese Natternbrut, diese Mörder der Sitten,
der Religion, der Menschheit von der Erde zu vertilgen! Erwachet,
ehe sie auch über Euch, meine biedern Brüder, herfallen und eure

Ruhe, euer häusliches Glück, euern Wohlstand morden! Jetzt ist es noch Zeit, bald dürfte es zu spät werden." [859])

---

[859]) Orig. Sp. Stadtarchiv. No. 961. — Wir besitzen eine Schrift über die Bedrängnisse der Pfalz, welche wir schon einige Mal citirten, unter dem Titel: „Das Betragen der Franzosen in der Rheinischen Pfalz, unpartheiisch geschildert von einem Augenzeugen in Briefen an den geheimen Hofrath Girtanner." Chemnitz, 1795, bei K. G. Hofmann. Kleinoctav. S. V. und 616. Sie ist — vernehmlich vom protest. Pfarrer B r a u n in Oppenheim — schön und anziehend geschrieben, verherrlicht aber trotz aller Räubereien und Grausamkeiten, welche sie lebendig schildert, die französischen Linientruppen, und nebenbei auch die Preußen gar sehr, während manche bittere Anzüglichkeiten über Andere eingestreut werden. Die sehr unterhaltenden Briefe haben aber nur einen belletristischen, und gar keinen historischen Werth, ungeachtet die Erzählungen an einzelne Städte, Dörfer und Personen der Pfalz geknüpft worden, deren wirkliche Geschichte und Verhältnisse der Verfasser kaum kannte, so Vieles er auch hievon zu erzählen wußte. Wer dieß näher prüfen will, der darf nur unsere urkundliche Schilderung der Bedrängnisse der Stadt Speyer mit jenem vergleichen, was diese Schrift S. 400 bis 426 hievon erzählt. Als Beispiel dieser poetischen Erzählungen wollen wir hier nur Eine derselben einreihen. — „Der achtzigjährige katholische Pfarrer und Dechant von M e c k e n h e i m — Christoph Joseph I g n a t i u s, geistlicher Rath und Licenziat der Rechte, war schon 1764 Pfarrer und Dechant in Meckenheim, — ist in unserer Gegend als ein reicher Mann bekannt, ob er gleich immer gastfrei und wohlthätig war. Als der erste Lärm kam, daß die Franzosen kämen, fragten ihn seine ihn liebenden Pfarrkinder, ob er nicht flüchten wolle? „„Nein! sagte der unbefangene, mit der menschlichen Unmenschlichkeit wenig bekannte Greis, ich will bei Euch bleiben! Was soll ich flüchten? Mein Vermögen besteht in meinem Wein, und dazu ist es zu spät. Mich selbst zu flüchten? das lohnt der Mühe nicht. Meinen alten Körper werden die Feinde nicht mitnehmen, und so grausam werden sie doch nicht seyn, daß sie mich mißhandeln sollten."" Die Bauern waren mit dieser Antwort zufrieden, denn sie glaubten selbst, daß ein so ehrwürdiger Alter auch dem grausamsten Feinde ein unverletzbares Heiligthum seyn müsse. Sie irrten sich. Der Feind kam. Alles drängte sich in das schöne Pfarrhaus. Der Dechant, von jeher gastfrei, wollte es auch vorzüglich jetzt seyn. Mit der Engelsmiene des Wohlthätigen, stand der liebenswürdige Alte an seiner großen Tafel, an der er schon so manchen Hungrigen gesättigt hatte, in jeder Hand ein volles Glas Wein haltend, und lud den wüthenden Feind, der dießmal von den Commissairen angeführt war, ein, zu trinken, so viel ihm beliebe. Die Tafel war mit Fleisch und Brod, Butter und Käse reichlich besetzt, und in der Mitte lagen zwei kleine, gefüllte Fässer mit Wein. Der Soldat griff zu, und wollte eben anfangen, sich recht gütlich zu thun, während Viele unter ihnen auf die Gesundheit des Alten tranken, mit den Worten: „Oh! c'est un bon vieillard ça, fort aimable ma foi!" als ein Kriegscommissär Befehl zur Durchsuchung des Hauses gab. Und nun mochte

§. 8. Kriegsdrangsale und Plünderungen zu Edenkoben.

Es ist uns gelungen, über die bezeichneten Bedrängnisse die Originalberichte des dortigen Amts= und Gerichtsschreibers Johann

---

der Alte noch so sehr betheuern, daß er ja seinen ganzen Reichthum, seinen Wein, schon Preis gegeben habe; es half nichts, er mußte alle seine Schränke und Kasten öffnen. Alles wurde durchgesucht, sogar wurden die Fußböden in einigen Zimmern, selbst die Platten in dem Keller und den Hausgängen, aufgebrochen. Er sollte sein Geld hergeben, dieß war die donnernde Stimme der teuflischen Commissäre. Der gute Alte schwur, daß er kein Geld habe; er sollte und mußte welches haben. Man visitirte ihn, man zog ihn beinahe nackend aus; man führte ihn in alle verborgenen Winkel seines Hauses und drohete ihm mit der Todesstrafe, wenn er seinen verborgenen Schatz nicht entdecken würde. Endlich führte man ihn noch in die Kirche. Als der Wütherich von Commissär die Kirche leer fand, fiel er wie rasend auf den halbtodten Alten los, und forderte wüthend die geflüchteten heiligen Gefäße, und das Almosen. Der Unglückliche, der sie nun einmal nicht mehr beischaffen konnte, entschuldigte sich mit Thränen. Es half nichts, er sollte sie herbeischaffen, oder er müsse in der Kirche sterben. „„Hast du denn gar nichts, du alter Hund? schrieen sie ihm in die Ohren, gar nichts? da du doch für so reich ausgeschrien bist?"" Was wollte der ohnmächtige Greis machen; er ließ sich herumstoßen und konnte nichts mehr antworten. Da der Commissär sah, daß nichts von ihm zu erpressen war, so warf er ihn in den Hof, und ließ ihn für todt liegen. — Und nun fing die Diebesbande an zu zechen, die Fenster einzuschlagen, und allen Muthwillen im Hause des Priesters zu treiben. Sie theilten sich in die schwarze Kleidung des ehrwürdigen Mannes, und grimassirten abscheulich. Einer stieg mit einer Leiter auf das vor dem Hause stehende Krucifix, und setzte demselben die Perücke des Dechants auf; ein Anderer, — doch Sie überheben mich der weiteren Erzählung solcher Schandthaten! Ich mag es auch nicht aussprechen, welche gotteslästerliche Reden und Muthwillen diese Rotte erst da trieb, als sie anfing, besoffen zu werden. Vielleicht gehört dieser Auftritt mit unter die größten Greuel der republikanischen Zigeunerhorden in der ganzen Rheinischen Pfalz. Sie ließen in dem Keller mehrere Fuder Wein auslaufen, und aus Muthwillen schossen sie in die Fässer, welche der einzige Schatz des guten Mannes waren, und woran er viele Jahre gespart hatte. Der noch übrige Wein wurde den andern Tag fortgeführt, die Fässer aber mehrentheils zerschlagen. Der Greis hatte sich während des Tumultes erholt, und kroch angstvoll in die Scheune, wo er die Nacht über, ohne einen Bissen genossen zu haben, zubrachte. Er würde gewiß verschmachtet seyn, wenn nicht ein gutdenkender Franzreicher, der schon am Tage seiner Mißhandlung Mitleiden mit ihm hatte, aber sich nicht widersetzen konnte, gegen Morgen zu ihm geschlichen wäre, und ihn mit Wein und Brod gestärkt hätte. So ist doch selbst in der Gesellschaft von Ungeheuern wenigstens ein braver Mann!" S. 360. u. ff.

Philipp Hügler aufzufinden, welche wir, mit den nöthigen Abkür=
zungen und Abrundungen als ein getreues, schauerlich belehren=
des Bild der damaligen Verhältnisse unserer Geburtsstadt, welche
in jener Zeit als Marktflecken zum kurpfälzischen Oberamte Neu=
stadt zählte, nicht ohne Wehmuth hier anfügen. [660]

Montag den 30. Dezember 1793, Morgens gegen 10 Uhr,
räumten hier die preußischen Truppen, nachdem sie aus der großen
umwallten Batterie noch einige Kanonen abgefeuert hatten, ihre Ver=
schanzungen und zogen eilig aus dem Flecken. [661] Alsbald spreng=
ten französische Vorposten mit aufgespanntem Gewehre und bloßen
Säbeln im völligen Galoppe mit ungeheurem Geschrei durch die
Straßen, feuerten ab und setzten unter dem Rufe: „Vive la nation! — Vive la république!" alle Bewohner in Schrecken und
Todesangst. Die wilden Reiter stürmten einzelne Häuser, plün=
derten, was ihnen gefiel, mißhandelten die Bürger, feuerten ihre
Gewehre auf sie los und verwundeten Viele. Dem Bürger Wil=
helm Heilmann, welcher über ihre Ankunft viel Freude bezeugt
und sich alle Mühe gegeben hatte, sie mit Essen und Trinken voll=
auf zu befriedigen, nahmen sie sein Geld. Da sie jedoch noch
Mehreres verlangten, ohne es zu erhalten, schossen sie ihn zuletzt
auf der Straße nieder. Erst gegen Abend zogen die Republikaner
bis auf die Walsheimer Höhe gegen Landau wieder zurück, aus
Besorgniß, in der Nacht von den Preußen überfallen zu werden.
Am folgenden Tage rückten ganze Schaaren der Rhein= und Mosel=
armee von Landau und aus dem Edenkobener Thale heran. Das
Plündern begann auf's Neue und dauerte auf die wildeste Weise drei

---

[660] Die damaligen kurpfälzischen Beamten zu Edenkoben waren: Jakob
Franz, Edler v. Tschuffenbach, des h. r. R. Ritter, kaiserlicher, wirklicher Rath
und Oberschultheiß, auch Marktrichter daselbst und Fiskal am Oberamte Neu=
stadt. Der oben genannte Amts= und Gerichtsschreiber, der auch zugleich
Marktgerichtsschreiber und Oberkaut daselbst gewesen, Jakob Kroneiß war
Amtsdiener, und Moritz Sonau, Marktgerichtsdiener. — [661] Am Tage vor=
her war es noch zwischen den Preußen und Franzosen bei Böchingen zu
einem blutigen Scharmützel gekommen. Dieses Dorf ward hiebei in Brand
gesteckt. Die Franzosen rückten bis nach Nobt vor. Bericht des Landschreibers
v. Duschel aus Neustadt vom 30. Dez. 1793. Sowohl dieser Beamte, als
der Oberamtsschreiber Weckesser, flüchteten sich an diesem Tage nach Mann=
heim, letzterer später mit seiner zahlreichen Familie nach Ladenburg. Karlsr.
Archiv. P A.

Tage. [662]) Die geschlossenen Thore der Häuser wurden aufgebrochen, die Thüren gewaltsam geöffnet, Schränke und Kisten aufgesprengt, alles Werthvolle hinweggenommen und das Uebrige verwüstet. Wer sich nur rührte, ward mißhandelt; Weiber und Mädchen wurden verfolgt und geschändet. Zwei Bürger, Jakob Satter und Weiß- kopf erschoßen die Plünderer auf offener Straße. Mehrere Keller, namentlich auch jener der Frau Regierungsräthin Wundt, wurden geleert und das Haus derselben — die jetzige Lateinschule — in Brand gesteckt. Hügler bot Alles auf, daß dieser Brand wieder gelöscht und dadurch größeres Unheil für die Einwohner vermieden wurde, setzte aber dabei sein eigenes Leben auf das Spiel. Ein angetrunkener Volontär richtete sein Gewehr auf den braven Be- amten, und wurde nur mit Gewalt abgehalten, es auf ihn abzu- feuern. Wegen dieser Unordnungen verfügte sich derselbe zu dem Commandanten dieser Truppen, dem Generale Hoche, welcher in Diedesfeld lag, um Abhilfe zu erlangen. Hoche hörte ihn mit höh- nischer Miene an und gab eine abschlägliche Antwort. Der Ge- richtsschreiber wiederholte noch dringender seine Bitte. Es wurde ihm endlich eine Schutzwache von Grenadieren gewährt, mit welcher derselbe nach Edenkoben zurückkehrte. Diese Grenadiere handhabten einiger Maßen die Ordnung, indem sie den Bürgern zu Hilfe eilten, welche noch täglich geplündert wurden. Die hiebei vorgefallenen, die Menschheit schändenden Vorfälle und Auftritte, welche diese wil- den Horden herbeiführten,, laffen sich, wie Hügler in seinem deß- fallsigen Berichte bemerkt, nicht alle schildern. Mit Lebensgefahr mußte sich manche ehrsame Frau und so manches brave Mädchen den entbrannten Begierden der Wüstlinge entziehen. Diese kannten keine Sittlichkeit, kein Mitleid und kein Erbarmen. Sie warfen Todt- kranke aus ihren Betten, um nach Geld zu wühlen, zu rauben und zu verwüsten. Viele Gesunde wurden dadurch so in Angst und Schrecken gesetzt, daß sie von Krankheit überfallen elendiglich hin- siechten und starben.

Durch diese mehrtägige Plünderung erlitt Edenkoben, außer der Last starker Einquartirung, laut aufgestellten Verzeichnisses, einen

---

[662]) Schon am 2. Jan. 1794 machte auch der Commissär Heyl mit einer Bedeckung von Husaren einen Besuch bei dem Bürgermeister Jakob Müller zu St. Martin, welcher diese Gemeinde 40 fl. kostete.

Schaden von 60,000 Gulden. Nebenbei mußte man auf Anbringen des Commiſſärs Clerc dem General Simon bis 900 Pfund Brod, 100 Flaſchen Branntwein, 40 Malter Hafer und 40 Zuckerhüte liefern. Auch die zu Neuſtadt zum Theile eigenmächtig ſich aufge- worfenen Vorſtände [666]) ſuchten die Gemeinde Edenkoben zu drängen. Sie verlangten als Kriegsſteuer 100,000 Gulden, viele hundert Schuhe, Hemden, Hoſen, Röcke ꝛc. ꝛc., dann Rindvieh, Brod, Heu und Stroh, Fäſſer ꝛc., wovon jedoch nur Käſe, Brod und Heu ab- geliefert wurden. Dieſe Commiſſion ging ſo weit, daß ſie am 19. Januar die ſchriftliche Weiſung erließ, daß auch Edenkoben vier Abgeordnete nach Neuſtadt mit der Vollmacht abſchicken ſollte, welche dieſe Abgeordneten ermächtige, ſich aus eigenem Antriebe und freiem Willen in den Schutz der fränkiſchen Republik zu begeben, und daß Alles voraus zu genehmigen ſei, was dieſe vier Abgeordneten in fraglicher Angelegenheit in Neuſtadt unterzeichnen würden. Dieſe verfängliche, pflichtwidrige Zumuthung der Neuſtadter republikaniſchen Commiſſion, wurde von den Edenkobenern lediglich ohne Antwort belaſſen.

Am 21. Januar, an welchem Tage ein Theil der Moſelarmee durch Edenkoben nach dem Annweiler Thale zog, kam es dort aber- mals zu argen Auftritten. Die Thore wurden zerhauen, die Fenſter eingeſchlagen, die Thüren geſprengt und eine abermalige Plünde- rung begonnen. Hügler ſuchte Aergeres zu verhüten, indem er unter Fürſprache des Commiſſärs Heyl einen Jäger-Offizier durch eine Erkenntlichkeit zu beſtimmen wußte, mit ſeiner Mannſchaft in den Straßen die Ordnung zu handhaben. Die raubſüchtigen, herum- ſtreichenden Volontäre wurden ſohin aus den Häuſern, aus den Kellern, mit Gewalt herausgetrieben, und ſo weiterer Unfug und Raub während ſechs Tage, in welchen jene der Armee ohne Ordnung nachſtreiften, verhindert. Dieſe Volontäre, welche über- haupt an keine Zucht, an keinen Gehorſam gewöhnt waren, ſtreiften willkührlich in den Dörfern umher, um zu ſtehlen und zu rauben. Die einzelnen Gemeinden ſuchten ſich durch bezahlte Sicherheits- garden gegen dieſelben zu ſchützen. [666]) Was jedoch durch jene

---

[666]) Sie nannten ſich Commiſſion. Mitglieder derſelben waren: Waldmann, Weber, Müller, Schoppmann, der Vater, und C. L. Ullmann. — [666]) So bezahlte laut der Gemeidrechnung vom Jahre 1794 die Ge-

Sicherheits-Compagnie erhalten wurde, wußten bald die Ausleerungs-Commissäre an sich zu reißen. In Edenkoben betrieben anfänglich drei Commissäre diese rücksichtslose Ausplünderung. Diese waren der schon genannte Heyl, ein Krämer aus Weissenburg, Domeck, ein verkommener Matrazenmacher aus Landau, und der Schuhmacher Wambsgans, ebenfalls daher. [665]) Unter angedroheter Todesstrafe mußten ihnen vorerst alle Früchte, Heu, Stroh abgeliefert, und außerdem 200 Hemden, 100 Leintücher, Matrazen, alle Gewehre, dann 215 Pfund Zinn, 225 Pfund Kupfer ꝛc. ꝛc. beigeschafft werden. Diejenigen Häuser, deren Eigenthümer sich aus Angst und Schrecken vor den Mißhandlungen der Republikaner geflüchtet hatten, wurden, als der Nation anheimgefallen, gänzlich ausgeplündert und verwüstet. Am 16. Februar fand sich der Präsident der Ausleerungs-Commission der Pfalz, René Legrand, mit seinem Helfershelfer Villier — „beide waren Unmenschen" — in Edenkoben ein. Sie ritten unter Begleitschaft von bewaffneten Husaren mit den drei schon genannten Commissären bei dieser Gelegenheit auch in die katholische Kirche, raubten dort im Beiseyn des Schullehrers Frick Mehreres, was ihnen anständig war. Der Commissär Heyl streute die im Tabernakel vorgefundenen Hostien umher. Die verwegenen Dragoner nöthigten den armen Schullehrer unter Hohn, eine derselben zu genießen. Der rohe Domeck steckte sich und den Pferden etliche in den Mund und den Dragonern in die Taschen, und entehrte so das Allerheiligste auf greuelvolle Weise. Am folgenden Tage wurden von dem Thurme der reformirten Kirche zwei Glocken, eine von 18 und die andere von 12 Centnern, herabgenommen. Die größte, sammt der Uhr, wurde auf vieles Bitten durch eine Geldentschädigung gerettet. [666])

---

meinde Diebesfeld 60 fl. 45 kr. an die Gendarmerie, damit dieselbe das Dorf vor Unordnungen und Diebereien der herumschweifenden Volontäre zu schützen bemüht seyn sollte. — [664]) Auch der Maire Grieß von Landau hat sich bei der Ausplünderung von Pirmasens laut Berichtes des Volksrepräsentanten Becker vom 13 Juni 1795, den wir noch mittheilen werden, sehr thätig und unmenschlich benommen. — Nach einer anderen Nachricht soll Heyl aus Mainz gewesen seyn, und sich später mit einer großen Beute geflüchtet haben. — [665]) Am nämlichen Tage, als die erste preußische Patrouille später in Edenkoben einrückte, war eben ein französischer Bauer mit einem vierspännigen Wagen dort angekommen, welcher die große Glocke sammt der Uhr abholen sollte. Die Preußen nahmen den Bauer sammt den Pferden mit sich und verkauften den Wagen. Nach dem Rückzuge der Preußen kam

Das auf dem katholischen Thürmchen hängende Glöckchen von 150 Pfund, und jenes auf dem lutherischen von 170 Pfund, wurde ebenfalls herabgeworfen und weggeführt. Aehnlicher Glockenraub begann jetzt in der ganzen Nachbarschaft. Die Gemeinden mußten noch die Kosten des Herabwerfens bezahlen, und einzelne, welche sie einstweilen zurückbehielten, durch Geld ersetzen.⁶⁶⁷)

An demselben 17. Februar begehrten die Commissäre die Schlüssel zu den drei Kirchen. Diese wurden von ihnen zu Lager= stätten des Raubes der Umgegend bestimmt. In der katholischen Kirche, aus welcher man sofort die Altäre und Stühle entfernt hatte, wurden die Glocken, Oefen, alles Eisenwerk, Zinn, Kupfer, metallene Haus= und Kirchengeräthe, aufbewahrt. In die lutherische Kirche häufte man alle Tücher, Leinwand, Bettungen, zusammen. In der reformirten lagerten die Weine und sonstige Getränke. Im Gasthofe zur Pfalz wurde Heu, Hafer und Stroh untergebracht. Die Vorräthe dieser Magazine ließ man allmählig nach Landau und in das Elsaß weiter bringen.

Schon damals war auch hier in Edenkoben ein Bureau der geheimen Correspondenz aufgestellt, dessen Aufgabe war, die Gesin= nungen der Einwohner auszuspähen, verdächtige Personen zu unter= suchen, Spione zu ermitteln und auszusenden, und die nöthige des= fallsige Aufsicht zu führen.⁶⁶⁸) Dieses Bureau wurde jedoch bald

---

jener Bauer nach Neustadt und erwirkte am Ende August von dem franzö= sischen Commandanten den Befehl, daß ihm die Edenkobener 6,500 Livres für jenen Verlust zahlen müßten. Sogleich wurden 3 Bürger gefänglich nach Neustadt abgeführt, die nur mit jener Summe konnten gelöst werden. Karlsr. Archiv. P. A. — ⁶⁶⁷) Am 20. Febr. 1794 bezahlte die Gemeinde Diebesfeld hierfür den Zimmermeister und Schlosser von Maikammer. In letzterer Ge= meinde erkaufte man die größere Glocke von den Commissären. In Weyher wurden die drei Glocken heimlich vergraben und dadurch gerettet. — An dem= selben 20. April zahlte die Gemeinde St. Martin an den Commissär Heyl, welcher mit Husarenbegleitschaft und dem Glockengießer von Landau dahin kam, 334 fl. 21 kr., wahrscheinlich für eine ihrer Glocken. — ⁶⁶⁸) Präsident dieses Bureau war Petersen aus Speyer. Kühner, ehemaliger Kirchenrath aus Mannheim; Joh. Jakob Brausch, angeblich kath. Pfarrer von Ingen= heim; Henner, ehemaliger Canonicus aus Mainz, einige Mainzer Clubisten, Elsäßer und Franzosen waren Beisitzer. Von Henner berichtet der Truchseß. Freih. v. Schweickhardt zu Kreuznach, am 31. Januar 1798: „Henner wurde in alle Orte gesandt, um die Leute aufzufordern, Freiheitsbäume aufzupflanzen,

hier aufgehoben, und dessen Mitglieder gefänglich nach Straßburg
gebracht, weil sie beschuldigt wurden, hiebei Gelder unterschlagen
zu haben. Auch den Commissär Heyl führte man gefänglich ab,
weil er sich etliche Kleinigkeiten zu seinem Nutzen bei Seite geschafft
hatte. [669]

Am 8. März rückte eine ganze Schaar, etwa 20 Mann,
neuer Commissäre mit Bedeckung in Edenkoben ein. Ihr feindliches
Streben ging dahin, den Bewohnern nicht nur alle Habe zu rauben, sondern auch die Lebsucht derselben gänzlich zu untergraben.
Die unmenschlichsten dieser Presser waren Baquier, ein verdor-
bener Metzger von Ranzig, und Rosenstiehl, der Schafwirth von
Landau. Beide schimpften und schalten bei jeder Gelegenheit auf
den Kurfürsten von der Pfalz und seine Beamten. Sie ließen alle
Häuser, Keller und Speicher der Reihe nach untersuchen, die Wände
in den Zimmern einschlagen, die Böden aufbrechen, um alles Verborgene noch aufzuspüren und die geängstigten Eigenthümer in die
tiefste Armuth zu stürzen. Mit den französischen Linientruppen
war noch weit besser auszukommen, als mit diesen unbarmherzigen

denn für jeden, der gepflanzt werde, versprach man ihm 30 Reichsthaler.
Dieser, aus dem geistlichen in den Soldatenstand, von diesem zum Forstwesen,
und dann wieder zum Militär übergegangene Mann, ist eben so locker als
launig, witzig als gesellschaftlich." :c. Nach den Ingenheimer Pfarrakten vom
Jahre 1792, war Brausch nur (constitutioneller) Pfarrverweser, von dem die
braven Katholiken nichts wissen wollten. Der oben Seite 184 genannte Bopp
war vom Jahre 1776 bis 1793 lutherischer Pfarrer zu Ingenheim. Der
dort erwähnte kath. Schullehrer hieß Joh. Anton Merkert. Das Ingenheimer Schloß des Freih. v. Gemmingen, welches nördlich von der kath. Kirche
lag, wurde gänzlich zerstört, und kam mit dem Schloßgarten und Amthause
in den Besitz des französischen Brigadegenerals Mersier, der letzteres bewohnte
und in Ingenheim starb. — [***] Laut der Gemeinderechnung zu Diebesfeld
hatte der dortige Vorstand am 22. Febr. 1794 der Frau dieses Commissärs
in Edenkoben vier Louisdor zustellen lassen, um diesen bei dem dortigen
Ausleerungsgeschäfte zur Milde zu stimmen. Für den Loskauf der dortigen
Orgel mußten diesem Commissäre zwei Tage später 310 Livres bezahlt werden.
Auch die Königsbacher kauften ihre Orgel für 200 fl. den Raubcommissären
am 27. Febr. 1793 ab. Später wurden auch die Glocken dort hinweggenommen. Wegen der auferlegten Brandschatzung ließen die Commissäre im
April 1794 drei Männer und drei Frauen als Geißeln nach Haßloch abführ-
ren, wo sie beim Wirthe Heene auf Kosten der Gemeinde Königsbach zehrten.
Gemeinderechnung zu Königsbach.

Freibeutern. Sie hatten keine Rücksicht, kein Mitgefühl, kein Erbarmen. Sie nahmen das Mehl aus dem Kasten, das Brod vom
Tische und kümmerten sich nicht darum, womit die beraubte Familie mit ihren Kindern und ihrem Gesinde den Hunger stillen sollten.
Sie zerstörten allen Handel; sie unterbrachen alle Gewerbe und verhinderten jeglichen Verdienst. Kein Bäcker konnte und durfte backen,
kein Metzger oder Bürger schlachten, kein Wirth Getränke aus-
schenken. Wo der Wein noch nicht abgeführt war, ward er unter
Siegel gelegt. Alles verzeichneten diese gierigen Plünderer, sogar Stiefeln und Schuhe, ja das Geflügel in den Höfen. Alles Vieh ward
als Eigenthum der Nation erklärt, verzeichnet und mit dem Buchstaben F. R. gebrannt. [670]) Aus allen benachbarten Gemeinden
trieben sie es zusammen, und die armen, jammernden Eigenthümer
mußten noch die Wirthszechen dieser Treiber bezahlen. [671]) Die
Commissäre lebten stets im Ueberflusse. Für sie wurden wöchentlich
mehrere Kühe und Kälber geschlachtet. Den besseren Wein tranken
sie oder versendeten ihn nach Frankreich, den geringen verkauften
sie an Marketender und Elsäßer Bauern, die ihn der Armee nach-
führten. Als dem Pflugwirthe Schuster seine besten Weine nach
Landau abgeführt wurden, flehete er den dortigen Commandanten
an, doch ihn nicht gänzlich zu Grunde zu richten und ihm einen
Theil zu seinem nöthigsten Bedarfe zu lassen. Allein der treue
Pfälzer erhielt zur Antwort: „Man sei gesonnen, den Rheinbewohnern nichts als die Augen zum Weinen übrig zu lassen; man
bedaure sehr, daß man nicht auch die schönen Feldungen auf Walzen bringen könne, um sie in das Innere von Frankreich zu ver-
setzen; die Pfälzer sollen sich glücklich schätzen, wenn ihnen noch
die leeren Häuser gelassen und nicht auch diese den Flammen preisgegeben würden. [672])" Sogar das sprossende Gras auf den Wiesen

---

[670]) Rosenstiehl hatte bald ausgedient. Er stahl nicht nur für die Nation,
sondern auch für sich selbst, und wurde deßhalb gefänglich eingezogen. Er
hatte jedoch bei Zeiten noch ein Mittel gefunden, seinem liederlichen Leben ein
Ende zu machen, um nicht unter der Guillotine verbluten zu müssen, die ihm
in Aussicht stand. — [671]) Laut der Gemeinderechnung zu Diebesfeld mußte
diese Gemeinde am 24. März und 6. April 1794 für das Nachtessen der
Commissäre bei Abtreibung ihres Viehes 3 fl. 10 kr. und 6 fl. 15 kr. bezahlen. — Das Pfund Butter kostete damals 11 bis 12 Batzen, ein Ei 2 kr.,
der Schoppen Milch 3 kr. — [672]) Protokollarische Aussage des Strumpf-

nahmen die Commiſſäre für die Nation in Beſchlag und verwehrten den Eigenthümern deſſen Benutzung. So belegten ſie den Bürger Wilhelm Acker mit einer Strafe von 50 Livres, weil deſſen Magd auf ſeiner Wieſe ein wenig Gras gegen das Verbot der Commiſſäre geholt hatte, mit der weitern Androhung, daß Acker im ähnlichen Wiederholungsfalle nach Frankreich abgeführt werde. Der Wirth zum Schwanen, Jakob Kölſch, welcher es gewagt hatte, Eine ſeiner Kühe für ſeinen Hausbedarf heimlich zu ſchlachten, wurde nicht nur dieſes Fleiſches und ſeiner übrigen Kühe beraubt, ſondern mußte auch noch eine Strafe von 1,200 Livres in Aſſignaten hinterlegen. Die Commiſſäre behaupteten ſogar, Kölſch hätte das Leben verwirkt, weil er frevelhaft an dem Eigenthume der Nation ſich vergriffen. Jetzt drohten ſie ſogar auch die Gebäude der geflüchteten Beamten und Bürger zu Grunde zu richten. An der Wohnung des Oberſchultheißen v. Täuffenbach machten ſie bereits den Anfang, dieſe Drohung zu verwirklichen, indem ſie alles Holzwerk des Innbaues herausnahmen und zu der von ihnen in dem gegenüberliegenden Hofe eigens errichteten, großen Branntweinbrennerei verwendeten. Die Frau des Schaffners Joh. Wilh. Arnold und die Frau des Pfalzwirthes Joh. Nik. Völker wurden aus ihren Häuſern mit Gewalt verdrängt. Alles, was man darin fand, wurde hinweggenommen und gedroht, dieſe Häuſer niederzureißen, weil ihre Männer — biedere Pfälzer — ſich geflüchtet hatten. Auch die Mühle des Pfalzwirthes drohete man deßhalb in Brand zu ſtecken. In dem Hauſe der Frau Regierungsräthin Wundt legten ſie jene Branntweinbrennerei an, wozu ſie 40 Keſſel aufſetzen und das Holz zur Feuerung allenthalben gewaltſam hinweg nehmen ließen.

Dieſe Drangſale und Ausbeutung der bravſten Einwohner genügten den Quälgeiſtern noch nicht. Der ſchon genannte René Legrand, welcher die ganze Vorderpfalz durchſtreifte, und von Dorf zu Dorf unerſchwingliche Brandſchatzungen anſetzte, legte auch am 25. März der Gemeinde Edenkoben, welche nach ſeiner Angabe ſehr viele Quellen der Wohlhabenheit, wenig Arme und ſehr viele reiche Bürger zählte, eine Brandſchatzung von 100,000 Livres auf, welche auf die wohlhabenderen Bürger vertheilt, innerhalb 24 Stunden an

---

webers Nik. Bott aus Edenkoben, welchen Hügler am 13. März an die Regierung nach Mannheim abgeſandt hatte.

den Zahlmeiſter im Generalquartier zu Kirrweiler zu entrichten oder im Unterlaſſungsfalle zehn der bemittelſten Bürger als Geißeln nach Landau und weiter nach Straßburg ſollten abgeführt werden.[673]

Dieſe Summe war unmöglich aufzutreiben. Man machte die dringendſten Vorſtellungen um Nachſicht und Milderung, ſie fanden keine Berückſichtigung, ja Legrand erklärte, die Neuſtadter Vorſteher, welche doch die Verhältniſſe Edenkobens ſicher kannten, hätten dieſer Gemeinde nicht 100,000 Livres, ſondern ſo viele Gulden in Anſatz gebracht. Nach der Drohung wurden alsbald Geißeln eingezogen und nach Landau abgeführt, wo ſie, anfänglich ſehr hart gehalten, auf die für ſie vom Bürger Jung geleiſtete Bürgſchaft ſpäter in deſſen Wohnung ſich durften aufhalten. Ihre Mitbürger in Eden= koben, die reichſten wie die ärmſten, ſammelten und ſteuerten zu= ſammen, allein ſie konnten nur 12,000 und etliche Gulden auf= bringen. Sie trugen dieſe ſofort nach Kirrweiler, aber die Geißeln wurden nicht freigegeben, ſondern von Landau nach Straßburg, und zuletzt nach Elſaßzabern gebracht, wo ſie lange auf ihre Einlöſung, zum Jammer der Ihrigen, harren mußten.[674] Auf die mehr= fältigſten Bitten und Vorſtellungen der Gemeindevorſtände bei den Commiſſären ertheilten dieſe die ſchnöde Antwort: „Ihre Aufträge gingen dahin, die ganze Pfalz rein auszuleeren und den Bewohnern

***

[673] **Beilage 29.** Karlsr. Archiv. P. A. Am vorhergehenden Tage hatte Legrand der Gemeinde Diedesfeld 15,000 Livres Brandſchatzung — **Beilage 28** — angeſetzt mit gleicher Bedrohung. Wirklich führte er auch aus Diedesfeld Geißeln nach Edenkoben ab, wo ſie beim Schwanenwirthe 21 fl. 10 kr. verzehrten, bis den 2 April an den Kriegscommiſſär Gillet zu Kirrweiler die Brandſchatzung, welche man auf die einzelnen Bürger vertheilt hatte, bezahlt wurde. Gemeinderegiſtratur. Der unbemittelten Gemeinde St. Martin wurden 40,000 Livres Brandſchatzung angeſetzt, und ebenfalls Geißeln nach Landau geſchleppt. Dieſe Gemeinde zahlte gleichfalls nach Kirrweiler 2,237 fl. 12 kr., einſchließlich vieler Brodlieferungen nach Speyer, welche von dort aus im Monate Januar allen Gemeinden am Gebirge aufgelegt wurden. Am 4. Mai 1794 quittirte Michael Baumwarth von Landau 37 fl. für die Verpflegung der Geißeln von St. Martin. Noch am 17. Juni 1794 ſchmachtete der dortige Bürger Stöckel als Geißel in Elſaßzabern. — [674] Noch am 17. Juni 1794 ſaßen dort 8 derſelben. Siehe **Beilage 32**. Nach einer An= merkung in **Beilage 33**. waren dieſe Geißeln jedoch deßhalb abgeführt, weil die Edenkobener ihre Kühe bei der Flucht der Franzoſen unterſchlagen, be= ziehungsweiſe für ſich gerettet hatten.

nichts übrig zu lassen als — ihre Augen zum Weinen". Am 10.
April nahmen sie sogar alle Feuereimer der Gemeinde hinweg, welche
doch unter den damaligen Verhältnissen doppelt nothwendig erachtet
werden mußten.

Auf den Charsamstag den 19. April Nachmittags 3 Uhr mußten die Gemeindevorsteher unter eigener Verantwortlichkeit alle Bilder, Fahnen und Zeichen der früheren „Unterdrückung und Knechtschaft", welche sich vorfinden, vor dem Rathhause zusammenbringen
lassen, damit sie dort den Flammen preisgegeben würden, und dann
als Siegeszeichen über alte Tyrannei ein Freiheitsbaum aufgepflanzt
werde. Bei dieser Veranlassung sollten die Einwohner der französischen Republik auch den Eid der Treue leisten. [675]) Tages zuvor
hatte der Gerichtsschreiber Hügler das Gericht, den Gemeindeaus-
schuß und mehrere getreue Bürger berufen und sie ermahnt, ihres
Eides eingedenk zu seyn, und sich zu solchem Treubruche gegen ihre
rechtmäßige Obrigkeit nicht verleiten zu lassen. Die Berufenen versprachen alle willig, keinen Nagel breit von ihrer Pflicht abzuweichen. Die ganze Gemeinde, mit Ausnahme einiger Wenigen,
welche aus dem Umsturze der alten Verfassung günstige Aussichten
und Vortheile zu schöpfen glaubten, war so gegen die unbarmherzigen Dränger aufgebracht, daß sie auf den kleinsten Wink mit
Gewalt sich wider sie erhoben hätte. Doch man warnte vor Ge-
waltsausbrüchen, die unter den obwaltenden Umständen nur verderblich seyn konnten. Das Bestreben der Franzosen neben ihrem
Rauben und Plündern ging unablässig dahin, in aller möglichen
Weise die Grundsätze ihrer sogenannten Gleichheit und Freiheit zu
verbreiten, Haß und Verachtung gegen die Fürsten und Herrscher
hervorzurufen und eine Vereinigung der dießseitigen Lande mit der
neuen Republik unter den übertriebensten Versprechungen und un-
glaublichsten Vorspiegelungen zu erzielen. Die eifrigsten Prediger
waren der schon genannte Bürger Villier, ein Krämer aus Nanzig,
und Baquier; dann aber auch Chelius und Volckardt, der prote-

---

[675]) Auch in den treugebliebenen kurpfälzischen Dörfern oberhalb der
Queich, suchten die Commissäre unter allerlei Drohungen von den Bewohnern
den Eid für die Republik zu erzwingen. So namentlich am 13. April 1794
zu Mörlheim, wo deßhalb mit Plünderung gedroht wurde. Bericht des
Oberamtmanns Siegel vom 16. desselben Monats. Karler. Archiv. P. A.

stantische Pfarrer und Schullehrer aus Ilbesheim, [676]) welche allen
Spott und Hohn auf Monarchie und Religion häuften, und nur
die Glückseligkeit der neuen Republik zu rühmen wußten. Ihre
Beredsamkeit konnte jedoch die meisten Bürger zu Edenkoben, welche
sie für „die gefährlichsten Diebe hielten", nicht blenden, ungeachtet
jene auf das Feierlichste versicherten, daß alle Verluste, welche die
bedrängten Einwohner bisher erlitten, bis zum letzten Kreuzer würden ersetzt werden. Aehnliche Reden wurden auch am genannten
19. April in Edenkoben gehalten. [677]) Die zum Feuer verurtheilten

---

[676]) War denn damals wirklich ein selbstständiger Pfarrer in Ilbesheim,
etwa weil es seit dem 14. März 1798 mit Frankreich vereiniget, während
dieß mit Leinsweiler und Albersweiler, wohin Ilbesheim früher pfarrte,
nicht der Fall war? — [677]) Eine derselben, an welcher man den französischen
Urtext nicht verkennen kann, lautete also: „Freunde der Wahrheit! Freunde
der Freiheit! Wir haben die Bilder jener Lasterhaften, die sich durch List, oder
widerrechtliche Gewalt angemaßt haben, eigenmächtige Gebieter freigeborener
Menschen zu seyn, den Flammen übergeben. — Schande brandmarkt ihre Namen in dem Herzen jedes rechtschaffenen Mannes. Die Nachwelt wird erstaunen, daß einst die Menschheit so erniedriget war, unter dem Joche dieser
Elenden zu seufzen, welche Vorurtheile und Laster zu Herren unserer Väter
machten. Die Zuchtruthe des fränkischen Volkes wird noch alle die Grausamkeiten rächen, die ihr und wir von ihnen dulden mußten. Der letzte
König über diese edle Nation hat mit seinen Anhängern längst sein Verbrechen gebüßet. Wir haben unsere Väter gerächet, und unseren Enkel frei
gemacht! Ihr Bürger dieses fremden Landes, das der Sieg der Gerechtigkeit uns übergab, ihr sehet unsere Fahnen zum zweiten Male aus euern, von
den Knechten des Despotismus entweihten Landen, wehen. Einst kamen die
Franken als euere Freunde, weil sie es unmöglich glaubten, daß die unglücklichen Bewohner eines, von der Natur so beglückten Landes nicht auch Freunde
der Freiheit seyn sollten, die sie allein eines solchen Vaterlandes würdig
machen könnte. Sie glaubten, daß ihr Beispiel Eindruck auf euere Herzen
machen, daß ihr euern Muth entflammen, daß ihr euch vereinigen würdet
mit den Vertheidigern euerer und ihrer Rechte. Es geschah das Gegentheil;
die Meisten unter Euch hatten damals, und haben noch jetzt den elenden
Satz: „„Wer uns gewinnt, der hat uns!"" O! diese Freunde ihres Vaterlandes wollen wir nicht gewinnen. Unser Volk ist froh, daß wenige Menschen
von diesen Grundsätzen unter ihm sind. Es wäre also thöricht, wenn wir
unser Blut vergießen wollten, um uns solche Mitbürger zu erkämpfen. Nein!
willkommen ist uns der kleine Zirkel der Freunde der Freiheit in diesem
Lande; willkommen der Mann, der seine Rechte als freier Mensch wieder erzwingen will. Aber kein Heuchler wage sich, uns zu täuschen; wir haben sie
noch alle entlarvet, noch alle gestrafet. Ihr staunet, daß wir jetzt mit einer

Gegenstände wurden am Rathhause auf einen Haufen geworfen. Zuvor ritten die Freiheitshelden, mit Meßgewändern behängt, Kirchenfahnen und einzelne Bilder noch in den Händen, im Zuge auf den Gassen herum. Der Schultheiß und die Gerichtspersonen wurden genöthiget, an dem wilden Feste Theil zu nehmen. Als der Zug vor dem Rathhause angelangt war, überreichte man den Gerichtspersonen brennende Strohwische, mit welchen sie die hingeworfenen Bilder, Fahnen und sonstige Gegenstände unter dem Hohn-

---

Strenge zu Euch kommen, die ihr wahrscheinlich nicht alle verdienet habt? Das Recht der Wiedervergeltung erlaubet es, das Gesetz der Nothwendigkeit zwinget uns, so zu handeln. Wenn wir diesen verbundenen Tyrannen unser Land entblößen, und ohne Rache die Handlungen ihrer Barbarei an unsern Freunden ausüben lassen; wenn wir ihnen, wie im vorigen Jahre, Gelegenheit geben, Verräther unter uns zu sehen; wenn sie so leicht, durch diese unterstützt, in unsere Grenzen einfallen, und wenn wir ihre allzu großmüthigen Freunde werden können: was sollte aus unserem Vaterlande, was sollte aus unsern wiedererkämpften Rettern werden, wenn diese unkluge Art gegen das Laster zu kriegen, unsere Kräfte entnervet, und uns durch eigene Schuld dem Schwerte unserer Feinde überliefert? Doch immer großmüthig und brüderlich werden wir gegen euch, ihr armen Unterdrückten! handeln, die ihr unter der Gewalt der stolzen Reichen unterlaget, welche eine lange Erfahrung als die Feinde unserer Grundsätze kennbar machte. Ihr seyd Unserer würdig; denn das Gefühl des Unrechtes, das ihr erdulden mußtet, und das in euch erwachet, kann nichts anderes, als den Wunsch frei zu seyn, erzeugen. Jenen reichen, selbstsüchtigen Menschen ist dieser Wunsch darum fremd, weil ihr Geld ihnen in den Augen der Despoten Verdienste gab, die ein freies Volk nicht anerkennen kann, weil die Gerechtigkeit ihnen feil geboten war, die den Republikanern unbestechlich ist. Ihr, durch diese euere und unsere Feinde arm und elend gemachte Bürger! wir werden ihren Stolz und ihre Habsucht dadurch bestrafen, daß wir ihren Ueberfluß euch übergeben, die ihr ihn besser verdienet, als Leute, welche schlaff seyn wollen, weil sie im Genusse der Freiheit, die für alle Menschen bestimmt und beglückend ist, keine Vorrechte genießen dürfen, die Andern schaden. Wenn der Krieg, den wir für die Rechte der Menschheit führen, euch schrecklich ist, o so kommet, und lasset uns alle Könige vertilgen, denn sie allein haben diesen Krieg gewollt, damit das Beispiel der Franken euch die Augen öffne, und sie in ihr Nichts verwandle, aus dem sie Herrschsucht und Laster erhoben, und Betrug und Gewalt in dieser verächtlichen Höhe erhielten. Kommet alle und helfet uns einen Frieden erkämpfen, der uns zu Brüdern und glücklich macht! Unser Rufen und unser Wahlspruch sei der einzige: Frei leben, oder sterben! Keinen Frieden mit euern Unterdrückern, aber Bruderliebe, und ewiger Friede mit Euch! So blühe und lebe die Republik!" Karlsr. Archiv. P. I.

34

gelächter der Republikaner anzünden mußten. Lauter Jubel erſcholl umher. Es wurden franzöſiſche und deutſche Freiheitslieder geſungen. Die keckſten Freiheitsmänner ſprengten in wildem Taumel kreuz und quer zu Pferd durch das erſterbende Feuer, um die einzelnen Ueberreſte ihres Spottes zu neuem Brande zu entflammen. Die wohlgeſinnten Bürger nahmen keinen Antheil an dieſem ſchmählichen Auftritte.

Der Gerichtsſchreiber Hügler hatte ſich indeß bei aller Vorſicht den Haß der Freiheitsmänner in ſolchem Grade zugezogen, daß er endlich nach ſiebenzehnmonatlichen Verlegenheiten und Bedrängniſſen ſich genöthiget ſah, von Edenkoben zu flüchten. Er nahm ſeinen Weg nach Weidenthal, ſchlich ſich von da mit Lebensgefahr durch die Vorpoſten nach Grünſtadt, um endlich in Mannheim eine ſichere Zufluchtsſtätte zu finden. Hier übergab er am 3. Mai die vorſtehende Schilderung der Edenkobener Bedrängniſſe dem Landſchreiber v. Dutſch, welcher ſie dem Kurfürſten überſendete. Kaum hatte ſich Hügler von Edenkoben entfernt, ſo wurde dort am Dienstage den 29. April von den Freiheitsmännern auf dem Platze vor dem Gaſthofe zum Schaf, ohne beſondere Betheiligung der pflichttreuen Einwohner, ein Freiheitsbaum aufgepflanzt. Dieſe Theilnahmloſigkeit erbitterte die Franzoſen nicht wenig. Sofort ließen ſie den Schultheißen ſammt den Gerichtsſchöffen und mehrere andere Bürger auf dem Rathhauſe feſtnehmen, mit der Drohung, ſie in das Innere von Frankreich fortbringen zu laſſen, wenn ſie ſich nicht für die Republik offen erklären und deßhalb auch zur Aufpflanzung eines Freiheitsbaumes vor dem Rathhauſe die nöthige Einleitung treffen würden. Dem zu Folge ward dort endlich unter vielem Lärmen und Aufwande Freitags den 2. Mai der Siegesbaum der Freiheit und Gleichheit, mit dreifarbigen Bändern und rother Mütze geſchmückt, aufgepflanzt und um denſelben von den Soldaten, Weibern und Mädchen bei Muſik und Geſange getanzt und geſprungen. Dieſer tolle Schwarm ward um ſo zahlreicher und luſtiger, weil bei dieſer Gelegenheit ein Fuder Wein zum Beſten gegeben wurde, welches die Republikaner dem Bürger Philipp Jakob Gleich hinweggenommen hatten. [673])

Hügler hatte ſeinen Berichten noch wörtlich beigefügt: „Bei meiner Abreiſe von Edenkoben war die feindliche Armee kaum 25,000

---

[673]) Bericht des Gerichtsſchr. Hügler vom 11. Mai 1794. Karler. Archiv. P. A.

Mann stark. Deren Offiziere wunderten sich oft, daß man die Republikaner so das deutsche Land verwüsten und ausplündern lasse, ohne den geringsten Widerstand zu leisten, da man doch wohl kräftig — diesem wüsten Haufen — entgegentreten könnte. Sie ließen merken, weil die Deutschen so unthätig seyen, habe der Convent beschlossen, auch Mannheim anzugreifen, um die ungeheueren Schätze daselbst für die Republik abzuholen. — Werden doch die deutschen Truppen endlich erwachen und nicht länger ruhig diese Grausamkeiten ansehen?" [879])

§. 9. Brandschatzungen und Erpressungen zu Kaiserslautern, Otterberg, Germersheim und in deren Nachbarschaft.

Am zweiten Tage des Jahres 1794 zogen die Republikaner, geführt vom General St. Cyr, in Kaiserslautern ein. Schon am Tage vorher war eine Patrouille von 48 Reitern, von Trippstadt her, dort eingetroffen. Das Erste, was auch hier die Sieger vornahmen, war das Anordnen und Vertheilen verschiedener Lieferungen und Brandschatzungen. Da die dortigen Beamten fast alle, und Viele der vermöglichsten Bürger nach Mannheim geflüchtet waren, so konnten die Commissäre und ihre Helfer um so rücksichtsloser und vollständiger die Wohnungen derselben durchwühlen, ausleeren und verwüsten.

Am 11. Januar sendete der Landschreiber v. Horn, welcher sich in Mannheim aufhielt, den Adam Scherer nach Kaiserslautern, um Kunde über die dortigen Verhältnisse einzuziehen. Scherer kam am 16. Januar auf Umwegen in die Amtsstadt. [880]) Während seines zweitägigen Aufenthaltes daselbst, hat er gesehen und erfahren, daß alle Häuser der Emigranten rein ausgeplündert seyen. Sämmt-

---

[879]) Bericht Hügler's vom 3. und 5. Mai 1794. Karlsr. Archiv. P. A. — [880]) Der eigentliche Oberamtmann von Kaiserslautern sine cura war der Reichsgraf Carl v. Schall. Dessen Amt versah der Landschreiber, weßhalb auch dieser gewöhnlich Amtmann genannt wurde. Die weiteren Beamten daselbst waren: Heinr. Joh. Martini, Oberamtsassaul; Leop. Jos. Diel, Oberamtsschreiber; Oberamtsphysikus Joh. Nep. Gruber. 2c. 2c. Die Stadtvorstände waren 1792: Adam Rohr, Stadtschultheß; Christoph Bonn, Anwaltschultheiß; Adolph von Douwe, Stadtschreiber und eilf Rathsverwandte. Carl Ludw. Filesen war Stadtrentmeister. Münchener Hof- und Staats-Kalender vom Jahre 1792. S. 152.

liche herrschaftliche Papiere, und auch solche aus Privathäusern
wurden zusammengebracht und auf dem Schloßhofe verbrannt. Alles
Vieh aus dem Oberamte und der ganzen Umgegend ließen die
Commissäre in den Schloßhof zusammentreiben, und dort bewachen.
Den sämmtlichen Gemeinden des Oberamtes wurde eine Brandschatzung von 3 Millionen Livres aufgelegt. Außerdem sollten innerhalb 48 Stunden 5,000 Paar Schuhe, 12,000 Hemden, 5,000
Paar Strümpfe geliefert werden. Ferner wurden alle vorräthigen
Schubkarren, Hauen, Aexte, Schippen, Joche und Jochriemen zc. ab-
verlangt. Da diese Lieferungen nicht konnten vollständig aufgebracht werden, schleppte man zehn Geißeln erst nach Saarbrücken,
dann weiter nach Metz. [681] Auch die Früchte in den Häusern
der Ausgewanderten wurden aufgezeichnet und sofort theilweise nach
Lothringen abgeführt. Aus der reformirten Kirche waren bereits
zwei Glocken hinweggenommen. Die übrigen Glocken der Stadt sollten am nächsten Sonntage ihren Schwestern folgen. Den Bürger
Planet wählte man zum Maire, allein ein Freiheitsbaum war
noch nicht wieder aufgepflanzt. [682]

　　Wie in Kaiserslautern selbst so wurden um dieselbe Zeit auch
in den einzelnen Gemeinden dieses Oberamtes und in der ganzen
Umgegend Brandschatzungen erpreßt und Plünderungen aller Art
vorgenommen, ungeachtet dieselben sich nicht alle im Einzelnen nach-
weisen lassen. [683]

---

[681] Sie hießen: Joseph Didier; Etienne Renovator; Mullinghof
Apotheker und Rathsverwandter; Custna, Rathsverwandter; der Bruder des
Kaufmanns Johann Jakob; Georg Kuhn, Metzger; Rettig Schaffner; Franz
Rettig, Bürger; Raquet, Schlossermeister; Matthias Dockendorf. — [682] So
weit der Bericht Scherer's. Reichsarchiv. J. A. Nr. 899. — [683] Ein gewisser Hähn, welcher von Mannheim zur Ausspähung der Lage des Oberamtes Lautern ausgesendet wurde, berichtete über die Erpressungen der Franzosen unter Anderem: Lautereden mußte liefern: 5,976 fl. Brandschatzung, 200 Paar Schuhe, eben so viele Hemden, und 600 Pfund Brod.
Lohnweiler zahlte 500 fl. Brandschatzung. Dennoch wurde daselbst eine
Mühle, drei Häuser sammt Scheuern angezündet. Wolfstein entrichtete
2,400 fl. Brandschatzung; Roßbach 2,100 fl. Brandschatzung. Die Bewohner von Rothselberg hatten sich gegen die Franzosen muthig zur Wehr gesetzt. Sie mußten daher 8,000 fl. Brandschatzung zahlen. Fast alles Vieh
wurde ihnen weggeführt. Hundheim entrichtete 1,000 fl., Aschbach 88 fl.
Die Juden zu Eßweiler zahlten 3,000 fl., die dortigen Bürger aber 5,000 fl.

Nach einem Berichte vom 24. Februar sah es damals in Kaiserslautern erbärmlich aus. [684]) Der größte Theil der Bewohner hatte keine Nahrungsmittel mehr. Schon befürchtete man, wenn die Dränger dort noch acht Tage verweilen, eine Hungersnoth. Deßhalb wurden die meisten Bewohner gegen die Franzosen so arg aufgebracht, daß wenn sie die geringste Hoffnung auf Unterstützung der deutschen Truppen hätten hegen dürfen, sie sich gegen ihre Peiniger sicher würden erhoben haben, wie dieß die Bewohner von Schmalenberg und Weilerbach bereits gethan haben sollten. Am 20. Februar wurde ein Freiheitsbaum, mit der rothen Mütze geschmückt, vor dem Rathhause aufgepflanzt und die dreifarbige Fahne dort ausgehangen. Am folgenden Tage hat man den Galgen unter lärmendem Jubel abgerissen, wobei alle Handwerksleute Beihilfe leisten mußten. Es verlautete, daß in den nächsten Tagen die Stadt der französischen Republik zuschwören dürfte. [685])

Am 5. und 6. März ist die bisherige Besatzung zu Lautern aufgebrochen, um nach Landau zu ziehen. Sie wurde sofort durch 3,000 Mann anderer Republikaner ersetzt. Die Stadt befand sich in den kläglichsten Umständen. Weder Wein, Bier, Branntwein, noch Fleisch, Brod, Oel noch sonstiges Fett war auch um schweres, klingendes Geld zu kaufen. Alles, selbst die Arzneimittel aus den

---

Brandschatzung. Reichenbach mußte liefern: 2,200 fl. Brandschatzung, 3 Ohm Wein, 1 halbe Ohm Branntwein und 2 Centner Dürrfleisch. — Zu Obermoschel wurden 1,000 Laubthaler, 8,000 Pfund Brod, 100 Paar Schuhe und 77 fl. Weingeld erpreßt. ꝛc. ꝛc. Bericht des Landschreibers v. Horn vom 31. Jan. 1794. Karlsr. Archiv. P. A. — Am Anfange des Febr. haben die Bauern von Ramstein und Miesenbach etwa 250 Stück Rindvieh, welches auf dem Kirchhofe zu Ramstein zusammen getrieben und halb erfroren war, hinweggenommen. Es bereitete dieß jenen Gemeinden eine große Gefahr und Untersuchung, die jedoch durch die deutschen Vorposten, welche am 8. Febr. nach Kaiserslautern und Ramstein kamen, unterbrochen wurde. Amtlicher Bericht aus Kusel. — [684]) Es lagen etwa 2,000 Mann Franzosen in Lautern mit 6 Kanonen. Das Mohr- und Lauterthal ist von ihnen geräumt, aber Hochspeyer, Frankenstein und das Neustadter Thal noch besetzt. Am Samstage den 22. Febr. in der Frühe, wurden drei verwundete Franzosen von Landstuhl eingebracht, weßhalb sogleich etwa 600 Mann zu Fuß und zu Pferd dorthin aufbrachen. Man hörte auch in der Gegend von Landstuhl an jenem Tage eine starke Kanonade. — [685]) Protokollarische Aussage von drei Flüchtlingen aus Lautern vor dem Landschreiber v. Horn in Mannheim am 24. Febr. 1794. Karlsr. Archiv. P. A.

Apotheken waren fortgeschleppt. Aus den Häusern derer, welche sich in Angst und Schrecken geflüchtet hatten, ist alles Eisenwerk, Oefen, Kupfer, Messing, Zinn und dergleichen geraubt. Auf Fastnacht-Sonntag, den 2. März, war der General Moreaur in die Franziskaner-Kirche gekommen, hat dem den Gottesdienst abhaltenden Priester das Meßgewand selbst ausgezogen und den Kelch vom Altare hinweggenommen. Dessen Bedienter hing sich hernach das Meßgewand um und trieb mit diesem Anzuge auf öffentlicher Straße ein gemeines Gespötte. Allenthalben war Noth und Elend; allenthalben Klage und Jammer über den Verlust des Viehes und über die einbrechende Hungersnoth. Dabei herrschten in der Stadt und dem ganzen Oberamte die gefährlichsten Krankheiten so stark, daß in manchen Dörfern bereits 30 bis 40 Menschen gestorben waren und ganze Haushaltungen verlassen und veröbet standen. ***)

Ein anderer Bericht aus jenen Tagen meldet: „Der Stadt Lautern ward am Anfange des Monats März eine neue Brand-schatzung von 20,000 Gulden angesetzt, mit der Drohung, wenn sie nicht zur bestimmten Zeit entrichtet sei, würde die Stadt in Brand gesteckt werden. Die Klosterkirche ist nunmehr gänzlich ver-wüstet. Alles ist herausgerissen und das geraubte Rindvieh in der-selben untergebracht. Die Mädchen der Stadt hatten sich in Angst versteckt, weil einige lockere Bürger aussagten, man wolle in Lau-tern, wie in Metz, das Fest der Vernunft feiern und dabei ein nacktes Mädchen im feierlichen Zuge herumtragen. Es steht allenthalben höchst jammervoll und traurig aus. Hunger und Elend, Krankheit und Tod herrschen rings umher. Die Franzosen durchwühlen und suchen Alles auf. Es vergeht kein Tag, an welchem sie nicht Ver-stecke auffinden, welche ihnen zum Theil durch gewissenlose Ver-räther angezeigt werden. Auf der Sickinger Höhe und im Holzlande hausen die Republikaner ganz unmenschlich. Gestern — am 10. März — wurde ein großer Trupp Vieh von dorther nach Lautern gebracht. An demselben Tage in der Frühe um 2 Uhr mußte die ganze Besatzung der Stadt nach Otterberg ausrücken, wohin ein Corps Deutsche im Anzuge war. Gegen 10 Uhr kamen die Ausgerückten wieder mit vielen Verwundeten und leeren Pferden nach Lautern zurück. Die Deutschen, welche vor Hochspeyer auf

***) Gleicher Bericht vom 8. März 1794. Karlsr. Archiv. P. Z.

der Höhe standen, haben den Republikanern an jenem Tage 160 Stück Vieh, welches nach Landau sollte gebracht werden, und mehrere Brodwagen hinweggenommen. Am gleichen Tage kamen die in Hauptstuhl und Landstuhl gelegenen Franzosen zur Verstärkung nach Lautern. Jene wurden durch Truppen aus Zweibrücken ersetzt. Alle Brücken in dem Gebrüche sind abgerissen und alle Wege abgegraben. Diese ganze Umgebung ist durch Oeffnung der Weiher und Staubung der Gräben unter Wasser gesetzt. Am 10. März mußten die Bewohner von Hütschenhausen, Katzenbach und Spesbach, für jedes dieser Dörfer 360 Pfund Brod und 30 bis 40 Rationen Heu nach Landstuhl liefern. Der Maire Demuth zu Landstuhl und der dortige Commissär, Adam Wirth, welche sich vom Generale Frimont eine Schutzwache von 16 Gendarmen erkauft haben, wissen alle Last auf die benachbarten Dörfer zu schieben. Zu Niedermohr und im Glanthale ist eine große Menge Vieh bei Nacht und Nebel aus den Sickinger Dörfern herüber geflüchtet worden, weil die französischen Truppen, welche von Pirmasens beiziehen, Alles hinwegnehmen, was ihnen zu Händen kommt". ꝛc. ꝛc. [587])

Ein weiterer Bericht meldet: „Die Stadt Lautern und ihre Umgebung wird noch immer mehr von den republikanischen Plaggeistern bedrängt, geängstigt und verheert. Besonders hat das weibliche Geschlecht von ihnen Arges zu befürchten. Nicht nur Erwachsene, sondern auch unschuldige Kinder von 10 Jahren, werden auf das Schrecklichste mißhandelt. Der Vater, der Ehemann muß sehen, wie seine Tochter und seine Frau mißbraucht werden und muß schweigen, um nicht sein Leben auf das Spiel zu setzen. Man hat einige Beispiele hiervon angeführt; allein sie sind so unglaublich, daß sie ohne nähere Erkundigung als unwahr dürften erachtet werden."

„Am 18. März wurden alle Maurer und Zimmerleute der

---

[587]) Bericht des Pfarrers Jos. Karl Weber aus Steinwenden vom 11. März 1794 an den Landschreiber v. Horn. — In denjenigen Dörfern des Oberamtes Lautern, welche noch einiges Zugvieh zur Betreibung ihres Ackerbaues gerettet hatten, haben die Bewohner auf allen Anhöhen große Stangen mit Fahnen aufgepflanzt und dabei einen Wächter aufgestellt, welcher diese Stangen niederlegen mußte, wenn feindliche Patrouillen sich nahten, um dann die Arbeit einzustellen und das Zugvieh zu retten. Amtlicher Bericht des Freiherrn v. Horn vom 1. Mai 1794. Kaiser. Archiv. P. A.

Nachbarschaft aufgeboten, am folgenden Tag in der Stadt zu er=
scheinen. Nach geschehenen Aeußerungen fürchtete man, daß sie be=
stimmt seyen, die herrschaftlichen Gebäude und die Häuser der
Emigranten niederzureißen. In Alsenborn haben die Franzosen
das Wohnhaus des ehemaligen Schultheißen Krämer nebst vier
Scheuern in Brand gesteckt. Die Verwandten des Eigenthümers
wollten die Flammen löschen, allein sie wurden mit Schlägen miß=
handelt und davongejagt." [888])

Weitere Drangsale und Ausplünderungen, welche den Bewoh=
nern der zum Oberamte Kaiserslautern gehörigen Ramsteiner Ge=
richtsdörfer von den Grippecommissären zugefügt wurden, ersehen
wir aus Nachstehendem.

Am 31. März kamen die Commissäre Rauch und Falloz, welche
sich in Schönenberg aufhielten, wo sie auf jedes Haus der umliegenden
Dörfer eine Kriegssteuer von zwei Louisdor ausgeschrieben hatten, um
die Mittagsstunde mit 12 Gendarmen auch nach Obermohr, um
diese Steuer zu erheben. [889]) Rauch ließ alsbald die Einwohner auf
das Rathhaus zusammenrufen. Diese erklärten, daß es ihnen un=
möglich sei, seiner Forderung in ihrer unglücklichen, armen Lage
zu entsprechen, wenn auch alle ihre Häuser dem Feuer würden
preisgegeben werden. Unter entsetzlichem Schimpfen und Drohen
ließ er nun den Schullehrer und einige andere Bewohner festnehmen.
Er stieß einen fürchterlichen Schwur aus, sie alle erschießen zu
lassen, wenn nicht innerhalb einer Stunde Geld beigebracht würde.
Die Obermohrer betheuerten wiederholt, sie hätten kein Geld und
könnten deßhalb auch keines bezahlen. Hierauf befahl der Un=
mensch seinen Begleitern, mit geladenen Gewehren vorzutreten, nahm
selbst eine Pistole, setzte sie den Arretirten auf die Brust und raste
wie ein Unsinniger. Sofort ließ der Commissär zuerst die Ställe,
dann auch die Häuser durch seine Häscher durchsuchen. Es wur=
den noch etliche 40 Stück Rindvieh aufgefunden, die man über den
Mohrbach auf das Samenfeld wegtrieb. Dann sammelte man das
Hausgeräthe, die Leinwand, Kleider, Geschirre und Früchte, und ver=
lud es auf mitgebrachte Wagen. Jetzt ging der Räuber mit einer

---

888) Gleicher Bericht nach Aussagen des Anwaltschultheißen Kuhn von
Rockenhausen vom 22. März 1794. Karlsr. Archiv. P. A. — 889) Bei -
lage 30. Karlsr. Archiv. P. A.

feilen Dirne zu dem Marktender, und fing mit seinen Gesellen an,
auf Kosten der Bauern zu zechen. Als diese auch hiefür das nö=
thige Geld nicht zusammenbrachten, wurden sie mit Schlägen miß=
handelt. Das Jammern und Schreien der Aeltern und Kinder
war so arg, daß man es in Steinwenden hörte. Doch ihre Pei=
niger hatten kein Mitleid, sondern lachten und spotteten hierüber.
Diesen schmählichen Auftritten machten einige französische Offiziere ein
Ende, indem sie den Commissär fragten, ob er zu solchen Quälereien
vom Convente Vollmacht hätte?

Mittlerweile waren einige Gendarmen, von Volontären be=
gleitet, nach Schrollbach gezogen, um auch dort das vorhandene
Rindvieh aufzusuchen. Sie brachten es nach Obermohr, von wo
dasselbe mit den dort geraubten Kühen nach Katzenbach abgeführt wurde.

Kaum war der Commissär mit seiner Bedeckung in Katzenbach
angekommen, so ward der Bürgermeister mit den Gemeindevorstehern
vorgerufen und ihnen erklärt, binnen einer Stunde 80 Louisdor zu
zahlen, oder dem Tode durch Kugeln entgegenzusehen. Sogleich
mußten sechs Flaschen des besten Weines beigebracht werden. Die
Einwohner sammelten Geld. Indeß ließ der Commissär die Ställe
untersuchen und das Vieh zusammen treiben. Die Vorsteher mußten,
unter argen Mißhandlungen mit Prügeln, hiebei mithelfen. Mit
seiner Beute zog Rauch noch am späten Abende mit fünf Geißeln
für den Rest der aufgelegten Steuer nach Schönenberg zurück. Am
folgenden Tage zahlten die bedrängten Einwohner den Rest der 80
Louisdor, um die Geißeln zu lösen. Allein ihr geraubtes Rind=
vieh wurde trotz des gegebenen Versprechens nicht zurückgegeben.
— Spesbach mußte 60, Hütschenhausen aber 86 Louisdor zahlen.

In Erzenhausen sollte gleiche Ausplünderung ausgeführt wer=
den. Unter starker Bedeckung kamen lothringische Fuhrleute mit
sechs Wagen dahin, um einen Keller, in welchem die Ortsbewohner
ihre besseren Habseligkeiten verborgen hielten, was aber durch Schur=
ken verrathen ward, zu leeren. Schon war man mit dem Aufladen
der Wagen beschäftiget, als zum Glücke einige sächsische Reiter auf
der dortigen Anhöhe sich blicken ließen, worauf die Republikaner
den Reißaus nahmen, was so eilig geschah, daß einige Wagen zu=
sammenstürzten und die flüchtigen Plünderer sich begnügen mußten,
ihre Pferde zu retten.

Wo der Commissär Rauch hinkam, verbreitete er Jammer und

Elend. Er war ein wahrer Plagteufel für jene Gegend. Der Unhold kannte keine Schonung, keine Menſchlichkeit. Jede Gemeinde
mußte ihm neben der erpreßten Steuer noch eine Louisbor für ſeine
Zehrung zahlen. Nebenbei wußte er ſie bei ihren Abſchlagszahlun-
gen ehrlos zu betrügen. Faſt alles Rindvieh aus den dortigen kurpfälziſchen, zweibrückiſchen und leyen'ſchen Dörfern ſpürte er auf
und trieb es weg. Tauſende der armen Einwohner hat er hieburch
in die ſchrecklichſte Noth verſetzt. [690]

Auch das Städtchen Otterberg, welches ſchon bei der Schlacht
von Moorlautern große Drangſale erbulden und harte Opfer bringen
mußte, hatte unſtreitig jetzt wieder mehr gelitten, als uns hierüber bekannt geworden. [691] Auf das Neujahr 1794 rückten daſelbſt die
Republikaner ein. Ihre Zahl war nicht unbedeutend. Doch ſie nahmen ihren Weg ohne Unfug bald weiter gen Rockenhauſen. Andere
rückten an den folgenden Tagen nach. Dieſe legten der Stadt eine
Brandſchatzung von 72,000 Livres auf, und verlangten überdieß 800
Hemden, Tuch für 600 Camiſole, und Leder für 600 Paar Schuhe.
Es wurden nur 4,000 bis 5,000 Gulden zuſammen gebracht und
bezahlt, denn die vermöglicheren Bürger hatten ſich geflüchtet. [692]
Ihre Häuſer wurden durchſucht, geplündert und zum Theile verwüſtet. Auch die umliegenden Dörfer wurden gebrandſchatzt und
beraubt, wie wir ſchon hörten.

Am 19. März überfielen etwa 600 bis 700 Republikaner die
Stadt Otterberg und plünderten dieſelbe abermals aus. Die Ver-
anlaſſung hierzu war, weil am vorhergehenden Tage ein franzöſiſcher
Unteroffizier von einer deutſchen Patrouille gefangen wurde. Die
Republikaner verlangten, die Otterberger ſollten die wiederkehrende
deutſche Patrouille ebenfalls gefangen nehmen. Sie drohten, im
Verweigerungsfalle, das Städtchen in Brand zu ſtecken. Außerdem

---

[690] Brief des Pfarrers Weber von Steinwenden an den Freiherrn v.
Horn vom 3. April 1794. Karlsr. Archiv. P. A. — [691] Stadtvorſtände in
Otterberg waren 1792: Matthäus Heger, Stadtſchultheiß und Schaffner zu
Enkenbach; Carl Anton Wygand, Stadtſchreiber, und 8 Rathsverwandte. —
[692] Bericht des Freih. v. Horn vom 16. Jan. 1794. — „Die Franzoſen
fahren fort, ihre Mißhandlungen und Plünderungen auszuüben. Am 8. Febr.
ward Moorlautern zum zweiten Male von ihnen überfallen. Das wenige
Vieh, das die Einwohner gerettet hatten, und deren ſonſtige Habſeligkeiten
wurden hinweggenommen.“ Bericht beſſelben vom 11. Febr. 1794.

wurde der Stadt abermals eine Brandschatzung von 10,000 Livres auferlegt, und zum Unterpfande derselben 14 der angesehensten Bürger als Geißeln abgeführt. Nachdem sie zuvor zwei Thore der Stadt verrammelt und vermauert, und nur das dritte gen Lautern hin offen gelassen hatten, brachten sie auf 7 Wagen den Raub in diese Stadt. Auch das Rindvieh, welches die Freibeuter in Otterberg noch vorfanden, trieben sie nach Lautern. [693])

Am Samstage den 5. April, in der Frühe gegen 4 Uhr, kam ein preußischer Offizier mit 70 Husaren gen Otterberg, um dort die feindlichen Patrouillen aufzuheben. Er machte vor dem oberen Thore mit seiner Mannschaft Halt. Alsbald wurden auf der Seite gegen Mehlbach hin, an dem sogenannten steinernen Kreuze, die feindlichen Vorposten gefangen genommen. Um 10 Uhr überfielen die Preußen noch einen zweiten französischen Vorposten von 10 Reitern, wovon einer niedergehauen wurde, die übrigen sich aber ergeben mußten. Eine Schaar französischer Infanterie, welche eben in Otterberg einrücken wollte, nahm hierauf den Rückzug, um gegen 12 Uhr mit einer bedeutenden Verstärkung voll Erbitterung wieder zurückzukehren. Die gereizten Republikaner drangen ohne Widerstand in die Stadt, fingen alsbald an zu plündern, mißhandelten die Bürger, verlangten 6,000 Livres als abermalige Brandschatzung, und ergriffen wieder 10 Bürger als Geißeln. Sie wurden aber gegen 2 Uhr Nachmittags an diesen Erpressungen dadurch gestört, daß 300 sächsische Dragoner in Otterbach einfielen und ein arges Blutbad unter den dort lagernden 300 Republikanern anrichteten. Gegen Abend kehrten die Kämpfenden auf beiden Seiten in ihre Standquartiere wieder zurück. [694])

---

[693]) Gleicher Bericht des Freih. v. Horn vom 22. März 1794. Karlsr. Archiv. P. A. — [694]) Bericht des Freih. v. Horn vom 7. April 1794. — Die Dragoner kamen von Glanobernheim, vom Major v. Emmerich geführt. — Auch zu Neuhemsbach in der Pfarrei Eulenbach, welches damals dem Fürsten Christian v. Sayn-Wittgenstein gehörte, wurden von den Franzosen arge Verwüstungen angerichtet. Der erste Ueberfall derselben geschah hier am 24. Febr. 1793. Die aufgelegten Lieferungen an Früchten und Lebensmitteln aller Art waren noch nicht vollständig erpreßt, als die Preußen die republikanischen Dränger wieder verscheuchten. Erst ein Jahr später erschienen die Franzosen wieder in diesem Dorfe. Allein jetzt war ihr Auftreten weit schreckenvoller und verderblicher. In den ersten Tagen des März 1794 überfielen sie das herrschaftliche Schloß, zerschlugen die Thüren und Fenster,

Wir fügen hier noch an, was uns über die Brandschatzung und Ausplünderung der kurpfälzischen Oberamtsstadt Germersheim und einiger ihr untergeordneten Dörfer bekannt geworden ist. Bald nach dem Einzuge der Republikaner wurde auch diesem Oberamte eine Brandsteuer von 3 Millionen sammt einer übergroßen Anzahl Naturallieferungen an Kleidern, Früchten und sonstigen Kriegsbedürfnissen auferlegt. [895]) Diese Auflagen wurden unter die einzelnen Ortschaften vertheilt, jene jedoch ausgenommen, welche bereits durch das Dekret vom 14. März 1793 mit der französischen Republik vereint waren. [896]) Germersheim selbst, wo der Bürger Vollmer gegen seinen Willen zum Maire ernannt wurde, mußte 20,000 Livres Brandsteuer entrichten. Dabei vollzogen zwei Ausleerungs-Commissäre alle Arten Erpressungen und Räubereien. Alle Gattungen von Vieh wurden aufgesucht und zusammengetrieben, Früchte und Weine weggeführt und theilweise den Soldaten und Schanzarbeitern preis gegeben. Die Wohnungen der geflüchteten Bürger

---

Spiegel und Möbeln, zerrissen die Betten und Vorhänge, erbrachen das Archiv und verwüsteten und verschleuderten die Papiere, beschädigten die Schloßkapelle, rissen die sammtnen Ausschläge von den Stühlen, verschleppten die Pfeifen aus der Orgel. Selbst die in der Kapelle befindliche Gruft wurde aufgerissen und die Gewänder der Leichen, welche noch einen Werth hatten, mitgenommen. Diesen Räubereien und Verwüstungen wurde zwar von den abermals anrückenden Preußen Einhalt gethan; allein im Monate Juli 1794 mußten diese wieder der Uebermacht der Republikaner weichen, und die Ausplünderungen und Verwüstungen begannen dort aufs Neue. Namentlich wurden die schönen Waldungen, welche eine Zierde der Umgegend waren, sehr verheert und auf viele Jahre hinaus gelichtet. Pro Memoria des genannten Fürsten aus Berlenburg vom 8. Aug. 1795, am 25. Sept. d. J. der Reichsversammlung zu Regensburg überreicht. Reichstags-Akten daselbst a. a. O. — [***]) Bericht aus Mannheim vom 9. Febr. 1794. — Außer dem Oberamtmanne Friedr. v. Reibeld und dem Landschreiber Jakob v. Trautphäus, waren 1792 in Germersheim angestellt, der Oberamtschreiber Joh. Georg Jäger, der Fiskal Franz Anton Breitner. ꝛc. ꝛc. Die Stadtvorstände waren: der Stadtschultheiß Paul Koschenreuter, der Stadt- und Faultheischreiber Jak. Wilh. Jäger, ein Bürgermeister, sechs Rathsverwandte und ein Stadtwachtmeister. ꝛc. — [***]) Die Gemeinde Weingarten mußte 3,000 fl Brandschatzung, die Hälfte in Münze, die andere Hälfte in Assignaten, entrichten, und außerdem starke Lieferungen an Früchten Am 17 Juni 1794 saßen noch 4 Geißeln aus Bornheim für die Auflage von 16,618 Livres, und 3 Geißeln aus Knöringen für die Auflage von 8,572 Livres in Elsaßzabern. Beilage 33.

und Beamten ließ man aufbrechen, die vorhandenen Möbeln
und Geräthschaften wegtragen, theils wegführen, theils öffentlich
versteigern. In den Kirchen trieben die rohen Volontaire und andere Ohnehofen die schändlichsten Ausschweifungen. Die heiligen
Gefäße wurden geraubt, das Allerheiligste auf den Boden gestreut
und mit den Füßen zertreten, die Altäre verunehrt, verwüstet und
abgebrochen, die Bildnisse herabgeworfen und zertrümmert, die
Glocken ausgehoben und fortgeschafft. Wie die Glocken, so wurde
auch alles Zusammengeraubte, Leinwand, Zinn, Kupfer, Messing,
Eisenwerk ꝛc. in das Innere von Frankreich abgeführt. Selbst die
Gebetbücher, in welchen die christlichen Bewohner einigen Trost in
ihrem Elende suchten, nahmen die Plünderer mit Spott und Hohne
hinweg, um sie zu zerreißen und die werthvollen Beschläge sich anzueignen. [697])

Laut Berichtes vom Schultheißen Kunz aus Schwanheim sind
in den dortigen Ortschaften von den Franzosen die Glocken hinweggenommen, die Kirchengeräthschaften und Paramenten geraubt
und die Beichtstühle und Schränke versteigert worden. Neben der
gewöhnlichen Schatzung für ein ganzes Jahr mußten sie auch noch
eine Brandschatzung von 5,600 Livres bezahlen. Alles vorhandene
Vieh wurde verzeichnet und dessen Raub, das Härteste, was die
armen Einwohner treffen konnte, in Aussicht gestellt.

Der katholische Schullehrer Birkmayer meldete seinem Oberamtmanne, daß in allen Dörfern, welche zu der kurpfälzischen Ober-
schultheißerei Gobramstein gehörten, [698]) also zu Birkweiler, Gleisweiler, Siebeldingen sämmtliche Früchte hinweggeführt worden seyen,
daß kaum ein Vorrath für 14 Tage übrig wäre. Die Gemeinde,
Siebeldingen hatte außer der halbjährlichen herrschaftlichen Schatzung
noch 10,000 Livres Brandschatzung zahlen müssen. Gleiches war
in den drei übrigen Dörfern der Fall. Weine waren jedoch dort
noch keine gewaltsam weggeführt worden, als jene des Conrad
Kleinmann von Siebeldingen. Derselbe gab weiter an, daß die zur

---

[697]) Berichte des Oberamtmanns Siegel vom 29. Jan., 8. Febr., 25.
März und 2. April 1794. Karlsr. Archiv. P. A. Die kathol. Kirche zu
Bellheim war damals zu einem Lazarethe verwendet. — [698]) Im Jahre 1792
war Conrad Frey Oberschultheiß, und Georg Adam Mainz Gerichtsschreiber
daselbst.

Fauthei Germersheim gehörige Gemeinde Frankweiler die bereitwilligste bezüglich der Anforderungen der Franzosen sei, weßhalb ihre Gesinnung auch schon öffentlich in der Straßburger Zeitung sei gerühmt worden. [699])

Am 18. Mai erhielt der Gemeindevorsteher zu Godramstein, Maximilian Thaler, von dem französischen Commissäre zu Frankweiler die schriftliche Weisung, sämmtliche Glocken, die Gemeindeuhr, alles Eisenwerk an den Thürmen, Kirchen, Fenstern, Brunnen, Kellerlöchern rc. zusammen zu bringen, damit es nach Landau abgeführt werden könnte. Ferner ward von demselben Commissäre mit Plünderung und Brandschatzung gedroht, wenn die acht Tage früher angesetzte Lieferung von Kleidern für Landau nicht alsbald vollzogen werden sollte. Die geängstigten Bewohner suchten nun alle entbehrlichen Kleider zusammen und brachten sie in die Festung. Die dortigen Commissäre wiesen sie jedoch mit dem Vorgeben zurück, daß das Ueberbrachte zu veraltert und unbrauchbar sei und mutheten hiebei den anwesenden Gemeindevorstehern zu, ihre Beinkleider auszuziehen und sie mit den eingelieferten umzutauschen. — Sämmtliche Wiesen und Kleefelder waren bereits von den Garnisonspferden abgeweidet und von den Soldaten abgemähet. Das noch vorfindliche Heu und Stroh mußte am 22. Mai nach Annweiler abgeführt werden. Alles Flehens ungeachtet konnten hiebei die Fuhrleute weder ihre Pferde noch ihre Wagen zurückerhalten. Das noch vorhandene wenige Vieh wurde aufgenommen. Es durfte bei schwerer Strafe kein Stück davon geschlachtet oder verkauft werden. [700])

§. 10. Bedrängnisse und Plünderungen in den Grafschaften Leiningen und Falkenstein.

Bei dem unerwarteten Rückzuge der verbündeten Armeen am Ende des Jahres 1793 wurde der Fürst von Leiningen abermals

---

[699]) Bericht des Oberamtmanns Siegel vom 25. März 1794 aus Mannheim. Karlsr. Archiv. P. A. Die Germersheimer Besatzung betrug damals etwa 1,500 Mann. Am 19. März nahm dieselbe aus Furcht, von den Deutschen überfallen zu werden, ihren Rückzug nach Bellheim. — Der Herrschaft Löwenstein zu St. Johann waren 29,000 Livres Brandschatzung auferlegt, und dafür ein Geißel nach Elsaßzabern gebracht. Von der Gemeinde Ramberg waren 11,560 Livres gefordert und 3 Geißeln nach Zabern gebracht, wovon einer daselbst starb. Beilage 33. — [700]) Bericht des Oberamtmanns Siegel vom 21. Mai 1794.

genöthiget, seine Residenz zu Dürkheim zu verlassen und sich mit seiner Dienerschaft über den Rhein zu flüchten. Am ersten Tage des neuen Jahres besetzten die Republikaner Dürkheim, und wenige Tage darauf waren sämmtliche fürstliche Dörfer, mit Ausnahme des Fleckens Bechtheim bei Worms, wieder in ihrem Besitze. [701] Der schnelle Rückzug der Preußen und die hiezu von ihnen in Anspruch genommenen Fuhren verursachte, daß die dortigen Einwohner nur Weniges von ihren Habseligkeiten zu retten vermochten. [702]

Der Divisions-General Marlot setzte am 3. Januar 1794 der Stadt Dürkheim eine unerschwingliche Brandschatzung an. Er forderte 150,000 Livres in Münze, 4,000 Hemden, 4,000 Westen und ebensoviele Hosen. Ueberdieß verlangte er, unter Androhung militärischer Einschreitung, das vorhandene Tuch, sonstige Zeuge, Leinwand und Leder. Die unerbittlichen Commissäre, welche mit Beitreibung dieser Auflagen beauftragt waren, stellten jeden Tag neue Anforderungen an die Stadt. Geld, Zinn, Kupfer, Uhren, Dosen, Schnallen, Ringe, Ohrgehänge in Gold und Silber, und

---

[701] Wie groß der Schaden der Fürsten von Leiningen durch frühere Beschlagnahme aller Besitzungen und Einkünfte nur in der Grafschaft Dachsburg gewesen, läßt sich schon daraus ermessen, daß ihre dortigen Waldungen allein 60,000 Morgen betrugen. — [702] Ueber den Abzug der Preußen aus Dürkheim und das erste Auftreten der Republikaner daselbst, erhält das Tagebuch von Beaufort Folgendes: „Schon am 30. und 31. Dez. 1793 kamen die Preußen auf ihrem Rückzuge nach Dürkheim. Am 1. Jan. gingen sie weiter. Um 3 Uhr Nachmittags zog das letzte Bataillon in Eile ab. Um ihren Rückzug zu begünstigen, feuerten sie einige Kanonenschüsse aus der Batterie, welche sie auf dem Michelsberge aufgeführt hatten, gegen die Franzosen ab. Es entspann sich ein Gefecht, welches bei drei Viertelstunden mit Kleingewehr fortgesetzt wurde, wobei aber nur ein preußischer Husar auf dem Platze blieb. Die ersten Volontäre, welche in Dürkheim einzogen, zerschlugen die Fenster, sprengten die Hausthüren, drangen mit Gewalt in die Häuser, plünderten und hausten unmenschlich. Zwei derselben — so schreibt der Tagbuchführer weiter — kamen in meine Wohnung, packten mich an der Gurgel, setzten mir das Bajonnet auf die Brust, und während der Eine meine Stube durchsuchte und mir das Geld nahm, knöpfte der Andere meine Hosen auf und wollte mit aller Gewalt meine Uhr haben. Doch ich hatte keine. Sie würden mir ohne Zweifel noch übler zugesetzt haben, wenn nicht zwei Dragoner, die ich zu Hilfe rief, mich von diesen Räubern befreit hätten. Am folgenden Tage war die Stadt voll Soldaten zu Fuß und zu Pferd, die alle gepflegt und erhalten werden mußten." x. x.

von allen Einwohnern Hemden, Strümpfe, Stiefel, Schuhe, Weißzeug, Lederwerk, alle Waffen zc. zc. nahmen sie in Beschlag, wo
sie es fanden. Diese Erpressungen in den Wohnungen dauerten
acht Tage hindurch. Jetzt ging es auf die Speicher und in die
Scheuern, wo alles Heu und Stroh, alle Lebensmittel hinweggenommen wurden. Nun kam die Reihe an das Vieh. Alle Pferde,
Ochsen, Kühe, Schafe, Schweine, ja alles Geflügel, dessen man
habhaft werden konnte, raubten die Presser. Auch den Wein und
Branntwein holten sie aus den Kellern. Er wurde theils unmäßig
getrunken, theils in Rohheit ausgeschüttet. Die Glocken wurden
aus den Thürmen herabgenommen, und nur je eine auf denselben
gelassen. Gleiche Erpressungen und Plünderungen fanden auch in
den umherliegenden Dörfern statt. Man durchsuchte die vornehmsten Häuser und nahm die besten Möbeln und Geräthschäften hinweg und leerte die Läden und Gewölbe der Kaufleute. [703]) Laut
eines Berichtes, welcher am 19. Junuar von Dürkheim in Mannheim einlief, wurden die sämmtlichen dort noch lagernden fürstlichen
Weine unter Siegel gelegt. Im Schlosse trug man alle herrschaftliche Papiere in den Hof zusammen und gab sie den Flammen
preis. Die Republikaner machten selbst in den geräumigen Sälen
des Schlosses Feuer und richteten Tapeten und Hausgeräthschaften
zu Grunde, ohne jedoch weiteren Brand zu schüren. Auch in der
alten Post kam Feuer aus, wurde aber noch glücklich gelöscht. Die
Juden wurden von den Commissären in einen engen Behälter eingesperrt, weil sie ihre Sabbatlampen und ihre sonstigen, werthvollen
Habschaften nicht beibringen wollten. Weil die in der Stadt angesetzte Brandschatzung nicht in der bestimmten Frist konnte aufgebracht werden, wurden mehrere wohlhabende Einwohner aufgegriffen und als Geißeln abgeführt. [704])

Wie die Unterthanen in den Aemtern Dürkheim, Harbenburg,
so wurden auch jene des Amtes Bockenheim während 25 Tage ge-

---

[703]) **Tagebuch von Beaufort.** In Dürkheim und in der Umgegend
hauste besonders der Commissär Rougemaitre, welcher bereits früher im
Mainzer Club als Redner aufgetreten war, und den wir noch näher kennen
lernen werden. — [704]) Nämlich der Landcommissär Bittner, Raßkop, Dr.
Germann, Hofkammerrath und Inspector Friedr. Phil. Eckardt und Ma-
gazins-Inspector Michael Pfeiffer von der Saline. Wie dieselben in Landau
behandelt wurden, haben wir oben in der Note 650. gehört.

plünbert, die mit Kurpfalz gemeinschaftliche Pflege Haßloch, die Herrschaft Frankenstein und das Amt Herschberg aber nicht minder hart heimgesucht. Daneben legte man den einzelnen Gemeinden harte Kriegskosten und Lieferungen an Geld und Kleidungsstücken auf, welche größtentheils mit militärischer Gewalt, oder auch durch Abführung von Geißeln erpreßt wurden.

Vernehmen wir hierüber noch weitere Einzelnheiten, wie sie uns das schon genannte Tagebuch aufbewahrte.

In der Nacht vom 31. Januar zog ein Theil der Mosel-armee durch Dürkheim nach Kaiserslautern. Am folgenden Morgen kam auch die Artillerie und das Fuhrwesen dieser Truppen durch die Stadt. Beim Abzuge derselben wurde das schöne fürstliche Schloß angezündet. Mehrere Bürger, welche zum Löschen herbeige-eilt waren, mißhandelte man. Später gaben die französischen Reiter, welche mit Geld beschwichtiget waren, die Erlaubniß, daß das Feuer gelöscht werden durfte. Allein jene sprengten erst hinweg, nachdem das ganze Schloß in lichten Flammen aufloderte. Zum Abschiede wurde auch noch alles Vieh, welches aufzuspüren war, von den Republikanern weggetrieben. Die Volontäre fielen hierbei in die einzelnen Häuser ein, erpreßten von den Bewohnern Geld, und raubten Alles, was sie fortbringen konnten. So drangen schon Morgens 8 Uhr mehrere derselben in das Haus des Bürgermeisters Leopold. Sie überfielen dessen ältesten Sohn, und verlangten mit aller Ungestümigkeit Geld von demselben. Er flüchtete sich in die Scheune. Seine Verfolger feuerten mehrmals nach ihm. Die ersten zwei Schüsse fehlten, der dritte verwundete den Fliehenden am Fuße. Er würde wohl gemordet worden seyn, wenn nicht einige herbeieilende Gendarmen die wilden Freibeuter verjagt hätten.

Am 12. und 13. Februar ließen die Commissäre eine Menge Salz aus der kurpfälzischen Saline Philippshalle hinwegführen. Dort wurden auch die Wohnungen und Geräthschaften des Kammer-rathes Eckardt und des Inspectors Pfeiffer, welche schon früher als Geißeln fortgeschleppt waren, beraubt und beschädiget.[705] Am

---

[704] Am 12. Febr. 1794 kamen viele Flüchtlinge mit ihrem Viehe und Hausgeräthe von Friedelsheim, Fußgönheim und Dannstadt nach Freins-heim mit der Nachricht, daß die Franzosen Alles ausplündern und eben im Begriffe seyen, die herrschaftlichen Schlösser zu Friedelsheim und Fußgönheim anzuzünden.

15. bis zum 21. desselben Monats, kamen verschiedene feindliche Truppenabtheilungen nach Dürkheim. Sie führten die noch vorfindlichen Weine hinweg, raubten überdieß 50 Kühe, brachen die eisernen Gitter, Ketten und Thore am fürstlichen Hofgarten los, und schleppten sie fort. Vier Tage später schlichen die Volontäre in den Häusern und Ställen umher, um das versteckte Vieh aufzuspüren und fortzutreiben. In der Nacht vom 28. Februar nahmen sie drei mit Wein beladene Wagen hinweg. Am 1. März wurden 600 Hemden und 100 Paar Schuhe verlangt. Am folgenden Tage mußte die Stadt abermals 40,000 Livres Brandschatzung bezahlen. An demselben Tage wurde der verwittweten Posthalterin König ein Koffer mit 3,000 Gulden, welcher nach Mannheim sollte verbracht werden, hinweggenommen. Am 4. März sprengte eine preußische Patrouille bis nach Dürkheim vor. Es kam zwischen ihr und den Republikanern zu Plänkeleien. Vier Tage später wagte sich wieder eine starke Abtheilung französischer Husaren und Volontaire mit mehreren Fuhren bis nach Freinsheim, woher sie viel Vieh, Früchte und Futter mit zurückbrachte. Am 12. März kehrten die Presser mit mehr als 100 Fuhren abermals in Dürkheim ein, wo sie die Fuhren mit Früchten, Seilerwerk, Hanf, Flachs, Bettungen und sonstigen Gegenständen, namentlich auch mit Faßreifen, beluden und fortschafften. [706] Vom 17. bis 20. März leerten sie den Rothgerbern und den Gebrüdern Catoir ihre Lager und Gruben, und führten deren Ledervorräthe und die vorgefundenen Rohhäute hinweg. Dieser Raub wurde auf 25,000 Gulden abgeschätzt. Am 26. und 27. März nahmen sie dem Bürger Sauerbeck mehrere mit Weinessig beladene Wagen in Beschlag. [707]

---

[706] Laut Berichtes aus Mannheim vom 4. und 6. März 1794 hatten die Franzosen auch am 2. d. M. Freinsheim, von Dürkheim aus, überfallen, und aufs Neue mit Brandschatzen und Plündern hart mitgenommen. Ein Brief vom 6. März 1794 meldet: „Zu Dürkheim und in der dortigen Umgegend plündern sie noch täglich, fordern alte und setzen neue Brandschatzungen an, und mißhandeln die unglücklichen Leute. Der Chef dieser Plünderungen war Dumoulin.“ — [707] Ein Bericht vom 20. März 1794 meldet: „In der Mitte dieses Monats, wo die Franzosen wieder in Dürkheim eingefallen waren, schleppten sie die Ochsen, welche sie zusammenbringen konnten, mit fort, und schlugen die eisernen Reife von den Fässern ab. Von den geflüchteten Einwohnern wurden 30,000 Gulden gefordert mit der Drohung, daß widrigenfalls ihre Häuser würden abgerissen werden.“ ꝛc.

An den letztgenannten Tagen durchstöberten die Commissäre alle Winkel der beiden Kirchen, um die noch vorhandenen Glocken und Sonstiges zu finden. Die zügellosen Presser schonten selbst der Asche der Verstorbenen nicht. Sie ließen die fürstliche Gruft in der Hauptkirche, und noch andere Gräber aufbrechen, in der Gierde, Verkäufliches zu finden. In der letzten Hälfte des Monats März raubten die Republikaner in den Dörfern St. Grethen und Harden= burg alle Fütterung. Selbst die Fischweiher wurden abgeschlagen und ihre Vorräthe weggebracht. Am 29. März leuchtete das Schloß Hardenburg in hellen Flammen auf. Erst Abends 5 Uhr hatten die Flammen ausgetobt. Das dortige Archiv sank mit den übrigen Gebäulichkeiten in Asche. Auch die alten Waffen, Rü= stungen, und sonstige alterthümliche Geräthschaften, welche dort auf= bewahrt waren, wurden geraubt, zertrümmert, oder in den Burg= bronnen geworfen. 708) Am folgenden Tage in der Frühe, ward

---

708) J. G. Lehmanns „Dürkheimer Thal." S. 261. Zu diesem Brande wurden jedoch die französischen Jäger angeblich durch einen Dürkheimer Bürger — Richard - verleitet, welchen der König von Preußen vom 12. Aug. bis Ende Dez. 1793 im Hardenburger Gefängnisse hatte schmachten lassen, weil er beim ersten Einbruche der Franzosen, im Schwindel der Freiheit, einen ge= zähmten Hirsch geschossen hatte. — Auch das fürstliche Schlößchen im Jäger= thale sammt mehreren in der Umgegend gelegenen, herrschaftlichen Lusthäusern, wurde zerstört und die Möbeln des fürstlichen Schlosses zu Bockenheim zer= schlagen und zertrümmert. „Fürstlich Leiningische kurze vorläufige D a r= st e l l u n g der im gegenwärtigen Reichskriege von den Franzosen erlittenen Bergewaltigungen und Schäden." Der Reichsversammlung zu Regensburg vom Fürsten Carl aus Mannheim den 17. März 1795 geschildert — Ein gleichzeitiger Schriftsteller schreibt: „Ich kam nach Dürkheim, wo der Fürst von Leiningen residirt. Ich seh sein zerstörtes Schloß und die Lustschlösser, welche in den umliegenden Gegenden diesem Fürsten angehörten. Schmerz und Abscheu ergriffen mich bei dem Anblicke dieser ruchlosen Verheerungen, bei dem Anblicke solcher Bübereien gegen einen edlen und guten Regenten, der, weil er das Prädikat Fürst hat, von den Ohnehosen unter die Despoten ge= zählt, und, trotz seiner anspruchslosen Staatsrolle und seiner vortrefflichen, wohlwollenden Regierung, dem scheußlichen Fürstenhasse dieser Barbaren ge= opfert wurde. Wie klein für die große, französische Nation! Also die Un= abhängigkeit und Freiheit der französischen Republik bedurfte der Trümmer dieser Schlösser? Europens Freiheit gewann durch die Asche des verbrann= ten Archives? O! der elenden, unwürdigen Volkspeiniger! Ihr Buben, die ihr glaubt, den Fürsten zu plagen, und schlaget dem armen, zufriedenen Lande so tiefe, unheilbare Wunden! — Es war das Ungeheuer Rühl, die

zwischen St. Grethen und Hardenburg das Pferd eines französischen
Quartiermeisters durch zwei Flintenschüsse, welche aus dem nahen
Walde abblitzten, getödtet, und hierbei ein Husar verwundet. Die
Thäter konnte man nicht entdecken. Am nächsten Tage zogen daher
die Republikaner die dortigen Bürgermeister für diesen Frevel gefänglich ein. Diese erhielten nicht eher die Freiheit wieder, bis
jedes Dorf 1,000 Livres Lösegeld bezahlt hatte. Außerdem nahmen
die Dränger den armen Bewohnern alle ihre Kühe, Schafe, Geißen
hinweg und richteten noch große Verwüstung bei ihnen an. Am
3. April suchten sie abermals in den Gruben der Rothgerber nach
verborgenem Leder. Auch das Haus des Gerbers Catoir wurde von
zwei Commissären vom Keller bis zum Speicher durchstöbert, um
solches aufzufinden. An demselben Tage spürten die Republikaner
noch etwa 100 Kühe auf, welche in dem Leistadter Walde und an
anderen Orten versteckt waren. Am 5. April kam ein preußischer
Vorposten bis auf die Straße bei Pfeffingen. Drei Reiter derselben verfolgten einen französischen Gendarmen, welcher vom Pferde
gestürzt war, bis in die Stadt Dürkheim. Hier nahmen sie ihm
seinen Säbel und sein Geld ab, ohne ihm jedoch sonst ein Leid zu-
zufügen. Bei ihrer Rückkehr wurden sie sammt einem Pferde von
Volontären, welche zwischen den Weinbergen im Hinterhalte lagen,
getödtet.

Diese Plänkeleien zwischen den Franzosen und Preußen dauerten immer fort. Am 20. April auf das hohe Osterfest, Morgens 5
Uhr, machten die Preußen 12 französische Husaren zu Gefangenen.
In der Nacht vom Ostermontage gegen halb 12 Uhr kamen 30
preußische Husaren mit einem Trompeter nach Dürkheim, um in
dem Hause des schon genannten Richard Franzosen aufzusuchen.
Dieser hatte sich auf ihren Aufruf, die Thüre zu öffen, geflüchtet.
Da die Festigkeit der Thüre den Kolbenstößen wiederstand, so stiegen
jene durch die Fenster in das Haus ein, ohne jedoch Franzosen zu
finden. Letztere erhielten außerhalb der Stadt alsbald Winke hievon;
denn kaum hatten sich die Preußen wieder entfernt, so kamen die

Hiäne, die dieß Land zerfleischt! Er war es, der seinen fürstlichen Wohlthäter mit grimmiger Wuth zernichtet! Solche Menschen sind Deutschlands
ärgste Feinde gewesen." ꝛc. ꝛc. „Das Betragen der Franzosen in der Pfalz."
S. 489. u. ff.

Franzosen herangesprengt. Am folgenden Tage erschien wieder eine starke Abtheilung Republikaner in Dürkheim. Selbst in den Stuben und Kammern der Häuser suchten sie Futter auf, und schleppten, was sie fanden, mit Schmähungen und Drohungen fort. Am 23. April nahmen drei französische Husaren einer armen Wittwe in Leistadt, welche drei Kinder zu ernähren hatte, ihre Kuh. Die Frau lief mit Jammern und Weinen den Räubern nach und flehete um Barmherzigkeit für sich und ihre darbenden Kinder. Sie wurde aber von den Husaren verfolgt und flüchtete sich in ein Haus, um Schutz zu finden. Die Verfolger schlugen die Fenster ein und einer schoß seinen Carabiner in die Stube los, wo mehrere Weiber und Kinder laut aufschrieen, ohne jedoch von der Kugel getroffen worden zu seyn. Die Unholden verlangten jetzt 6 Franken für ihren Raub. Die Wittwe brachte das Geld. Dessen ungeachtet führten die unbarmherzigen Räuber die Kuh mit fort nach Dürkheim. Dort wurde sie jedoch auf Befehl des Commandanten der flehenden Wittwe wieder zugestellt. An jenem Tage hatten dieselben Husaren einer anderen armen Frau ihre Geiß hinweggenommen, und dieselbe einem Krämer für Kaffee und Zucker verkauft.

Während des Monats Mai verbrannten die Franzosen die Schlösser zu Friedelsheim und Rupertsberg. Auch schändeten und verwüsteten sie die katholische Kirche zu Pfeffingen. Sie zerschlugen die Fenster, die Orgel, die Kanzel, die Stühle, warfen die Heiligenbilder vom Hochaltare herab, zerfetzten die Gemälde und verstümmelten das große Cruzifix. In gleicher Weise zerstörten sie auch die Fenster, Kanzel, Stühle in der Kirchhofskapelle der Protestanten zu Dürkheim. Auf diesem Kirchhofe gruben sie ein kleines Kind, das erst seit einigen Tagen beerdiget war, wieder heraus. „Sie schändeten dann eine Frau von St. Grethen und wollten noch andere nothzüchtigen, die aber den Klauen dieser Tiger glücklicherweise entwischten.‟ Am 22. Mai zog eine große Abtheilung Republikaner in Dürkheim ein. Vor der Stadt gab es noch einige Plänkeleien. Nachmittags 3 Uhr verließen sie wieder die Stadt. Unser Tagebuchführer bemerkte hiebei wörtlich: „Endlich befreite uns der Herr von diesen Thrannen und aus der Sclaverei, in welcher wir 4 Monate und 22 Tage geschmachtet hatten. Wenn diese noch 8 Tage gedauert, so wären wir alle verhungert; denn diese Räuber holten alles Gemüse aus den Gärten; hieben die

Fruchtbäume nieder und zerstörten alles Futter und Getreide auf dem Felde und verdarben die Weinberge." .... „Ich muß gestehen, daß die Meisten dieser Franzosen wilder waren, als die grimmigsten Thiere. Aber man traf unter denselben auch rechtschaffene Männer an, deren Zahl jedoch klein war. Diesen Letzteren habe ich Vieles zu verdanken, indem sie mich oft aus Gefahren retteten." [709])

Während des größeren Theiles des Feldzuges vom Jahre 1794 hielten sich die feindlichen Truppen in den umliegenden fürstlichen Waldungen auf, welche hiedurch auf die bedauerlichste Weise verheert und zerstört und sohin dem geflüchteten Fürsten unberechenbarer Schaden zugefügt wurde. Vergebens hoffte derselbe, wie mehrere andere beraubte Reichsstände, in Folge des allerhöchsten Hofdekrets vom 1. September 1792 und des darauf erfolgten Reichsgutachtens vom 22. März 1793, und des betreffenden kaiserlichen Ratifications-Dekrets vom 30. des folgenden Monats, auf eine vollständige Entschädigung bei dem abzuschließenden Frieden. [710]) Allein nicht nur diese Entschädigung, sondern das ganze Fürstenthum sammt vielen anderen Besitzungen gieng, nach erduldeten unzähligen Kriegsdrangsalen und Ausplünderungen im Strudel der Revolution für immer dem alten Stamme der Leininger verloren.

In der Grafschaft Falkenstein, deren Bewohner ihre Treue und Anhänglichkeit zu dem Hause Habsburg und ihrer alten Verfassung eben so tapfer als opferwillig bewiesen hatten, richteten die Republikaner schon in den letzten Tagen des Jahres 1793 die schrecklichsten Verheerungen an. Entnehmen wir einer amtlichen Bekanntmachung die betreffende Schilderung: „Am 31. Dezember 1793 überfiel der allgemeine Feind der Menschheit die Falkensteinischen Unterthanen mit der äußersten Wuth. [711]) Wehrlose Greise, Weiber und unschuldige Kinder warfen sich auf die Kniee und fleheten um Schonung, um Mitleid, um Menschlichkeit. Aber kalt und gefühllos blieben die Unmenschen, stießen mit Härte die Flehenden von sich und begannen mit Jubel und Hohngelächter das gräuliche

---

[709]) Tagebuch von Beaufort. — In den ersten Tagen des August 1794 ließen die Republikaner 100 Wagen Salz aus der kurpfälzischen Saline bei Dürkheim nach Landau abführen. — [710]) Fürstlich Leiningische Darstellung a. a. O. — [711]) Im Originale steht der 21. Dez. 1793, was wohl ein Druckfehler ist.

Werk der Verwüstung. Der Bürger und Landmann waren in diesen Gemeinden das Ziel der französischen Unholden. Erst plünderten sie die Scheunen, die Böden, die Fruchtkammern und Vorräthe; dann drangen sie in die Ställe, schleppten das Vieh auf die Straßen, schlachteten selbes vor den Häusern und im Angesichte der jammernden Eigenthümer. Geräthschaften von einigem Werthe luden sie auf die mitgebrachten Wagen. Was unbeweglich und zum Fortführen zu zerbrechlich war, zerschlugen sie gänzlich in Stücke. Was sie an Eßwaaren nicht wegbringen konnten, verwüsteten sie mit Muthwillen. Den Wein, den sie nicht tranken, ließen sie auslaufen und zerschmetterten die Fässer. Alle Gattungen von Leinwand packten sie zusammen. Alles baare Geld forderten sie mit gezücktem Dolche oder mit gespannten Pistolen ab. Sie zerrissen und verbrannten Contrakte und Schuldscheine. Zum Beschlusse des räuberischen Besuches rissen sie den armen Unterthanen, den Männern und Weibern, den Mädchen und Jungen, die Kleider vom Leibe. Da standen sie — die Beraubten — nun, versunken in das tiefste Elend, ohne Geld, ohne Brod, ohne Betten, ohne Kleidung, und sahen mit thränendem Auge den Unmenschen nach, wie sie jubelnd mit der geplünderten Habe davon zogen."…. „Sehen wir mit Wehmuth auf die verheerten Felder und Saaten unserer Falkensteiner Mitunterthanen, und auf ihren unbeschreiblichen Jammer zurück. Eure Brüder sind elend! — elend in unbeschreiblichem Grade. Ihr Obdach ist der Himmel; ihr Lager die Ruinen ihrer Hütten; ihre Kleidung Lumpen und Fetzen; ihre Nahrung erbetteltes Schimmelbrod. Die armen Menschen in ihren vorigen Wohlstand zu setzen, werden Jahrfünfzige erfordert… Aber lindern ihr Elend, verringern ihren Kummer, decken ihre Blöße, stillen ihren Hunger, trocknen ihre Thränen, können wir alle von unserem Ueberflusse." ꝛc. ꝛc. [712])

---

[712]) „Aufruf an alle Menschenfreunde zur Unterstützung der verunglückten Falkensteiner." Freyburg, den 12. Febr. 1794. — Die Grafschaft zählte damals folgende katholische Pfarreien in der jetzigen Rheinpfalz: 1. Winnweiler; 2. Börrstadt; 3. Gerbach; 4. Höringen, und 5. Ilbesheim. Durch Entschließung der k. k. Landesregierung zu Freiburg vom 4. Oktober 1797 wurde dort, wie im ganzen Vorderösterreich, die ewige Anbetung eingeführt, und für jene Pfarreien der 23. 24. 30. 27. und 25. Nov. hierzu bestimmt. — Von einem Müller bei Winnweiler ward damals Folgendes

§. 11. Kriegsdrangsale und Räubereien zu Kirchheim an der Eck.

Zur weiteren Veranschaulichung, wie die Republikaner in den einzelnen Gemeinden unseres Heimathlandes, während der ersten Monate des Jahres 1794, haußten, können wir uns um so weniger versagen, aus dem schon genannten Hausbuche Koch's in bemeldetem Kirchheim einen bezüglichen Auszug hier einzufügen, als wir über die Erpressungen und Drangsale in den übrigen Dörfern der Grafschaft Leiningen-Westerburg keine andere Berichte aufgefunden haben. [718])

Wir beginnen das Jahr 1794, heißt es dort, mit vielem Jammer und Herzeleid, was Mancher nicht vergessen wird bis an sein kühles Grab. Das Neujahr haben uns preußische Husaren auf ihrem Rückzuge angewünscht. Sie blieben hier nur zwei Tage. Am 3. Januar in aller Frühe zogen sie weiter abwärts. Alle Einwohner waren voll der Furcht und Angst vor den nachrückenden Franzosen. Doch hatten sich nur zwei derselben, der Schulz Hammel und Michael Frei, geflüchtet. Am genannten Tage um halb 10 Uhr sind die ersten feindlichen Jäger zu Pferd zum Thore ein-

---

berichtet: „Bei Annäherung der Franzosen wurde er freundlich erinnert, nicht auf die Ehrlichkeit jener zu vertrauen, sondern das Seinige als reicher Mann ebenfalls in Sicherheit zu bringen. Er that dieses nicht, sondern wollte den Politiker spielen. Als die Franzosen anrückten, befahl er seinem Weibe, für 20 bis 30 Personen ein gutes Mittagessen zu bereiten. Sie that's. Er selbst ging den Franzosen entgegen und redete sie freundlich an, betheuernd, wie er sich freue, daß sie als ehrliche Männer Wort gehalten und schon früher wieder gekommen seyen, als sie es versprochen. Bei ihrem Rückzuge im April vorigen Jahres hatten sie nämlich sich geäußert, binnen Jahresfrist wieder zu kommen. Er lud hierauf die Offiziere ein, bei ihm, als einem guten Patrioten, das Mittagessen zu nehmen, welches für sie bereitet sei. Dieß geschah. Nach eingenommener Mahlzeit ersuchten sie ihn, jetzt auch seine Schränke, Kisten, Mehlbehälter und Speicher zu öffnen. Als er dieß verweigerte, zählte man ihm 50 Prügel auf das Stiefgesicht, plünderte seine Mühle rein aus, und zerschlug und verwüstete Alles, was man nicht brauchen konnte. Ihn selbst aber band man auf Einen seiner Esel, und führte ihn über die Vorposten, nachdem man ihm zuvor mit Kohlen auf den Rücken die Worte geschrieben hatte: „So muß man die deutschen patriotischen Esel behandeln!" A. O. B. vom 27. Jan. 1794. — ¹¹⁹) Laut Beilage 33 haben wohl alle Gemeinden dieser Grafschaft ihre Brandschatzung bezahlt, da am 17. Juni 1794 nur noch von gefangenen Geißeln aus Hertlingshausen und vom Karlsberge die Rede ist.

geritten. Wir gingen ihnen mit der Bürgerschaft entgegen und empfingen sie voll Verlegenheit und Besorgniß. Kurz darauf sind die Volontaire und Reiter in Unzahl durch unser Dorf gezogen. Da begann das Plündern, Stehlen und Rauben. Die Preußen stellten sich hinter Grünstadt auf der Anhöhe von Asselheim und Lautersheim wieder fest. Während dreier Tage waren 400 Reiter vom 18. Regiment, und 1,000 Mann Volontäre bei uns einquartirt. In dieser Zeit wirthschafteten diese Quälgeister hier in einer Weise, welche keine Feder zu beschreiben vermag. Am dritten Tage waren die Preußen bis Oberflörsheim und Alzey zurückgezogen. Ihr linker Flügel stützte sich unterhalb Worms auf Guntersblum.

Am 4. Januar setzte der französische General der Gemeinde Grünstadt als Brandschatzung an, 100,000 Livres in baarem Gelde, 6,000 Hemden, 6,000 Paar Schuhe, 4,000 Hosen, 4,000 Westen, 3,000 Capotröcke, 3,000 Paar Strümpfe, die vorräthige Leinwand und alles Leder, dann 20,000 Leib Brod. Der General ließ sogleich bekannt machen, er werde die genaueste Hausuntersuchung veranstalten, und da, wo er die bemeldeten Gegenstände in Menge antreffen sollte, werde er die Eigenthümer gefänglich einziehen und ihre Häuser niederreißen lassen. Die Kirchheimer wären gerne der gräflichen Amtsstadt in deren Noth beigesprungen; allein auch ihre Gemeinde wurde jeden Tag von den Commissären mit neuen Forderungen belastet, und beim Säumen mit Todesstrafe bedroht. Wir konnten uns selbst nicht helfen, und gaben uns alle Mühe, daß die Auflagen ermäßiget würden. Es nützte uns aber nichts. Die kalte Antwort des Commissärs auf unser Bitten war: „Alles gehört uns — der Republik. — Wir wollen euch nichts lassen als die Augen, damit ihr euer Elend beweinen könnt!" Am 6. Jan. setzte der Commissär unserer Gemeinde 200 Centner Heu, 100 Malter Hafer, 20 Stück Ochsen, außerdem Wein, Speck und Salz an. Wir lieferten hierauf 20 Stück Rindvieh und 4 fette Schweine ab und glaubten nun, von weiteren Auflagen befreit zu seyn. Allein sobald diese Gegenstände aus dem Dorfe weggebracht waren, erhob man wieder neue Anforderungen, so daß ein jeglicher Tag seine eigene Plage hatte. Noch am 6. Januar erhielten die Müller zu Kirchheim den Befehl, alles vorräthige Mehl, bei Vermeidung militärischer Execution, nach Grünstadt abzuliefern.

Am 12. Januar ist der berüchtigte Commissär Rougemaitre

zum erften Male nach Kirchheim gekommen. Er hat uns fogleich bei Todesstrafe geboten, unfere Glocken nach Grünstadt zu schaffen. Ich machte ihm allerlei Vorstellungen dagegen, und bat ihn insbesondere, uns wenigstens eine Glocke zur Thurmuhre zu belaffen. Er gab barsch zur Antwort: „Ihr braucht keine Uhr; wenn es Nacht ist, so follt ihr schlafen gehen, und wenn es euch hungert, so follt ihr essen, wenn ihr etwas habt!" Am folgenden Tage begab ich mich mit einem anderen Bürger wegen der Glocke nach Grünstadt zum dortigen Commissäre. Derselbe versprach, uns eine zu laffen, nur follten wir Anstalten treffen, die große Glocke nach Grünstadt auf den Marktplatz zu liefern. Wir machten auch fogleich Vorkehrungen, hoben jene Glocke aus dem Joche, und stellten fie in das Schallloch des Thurmes, um zu zeigen, daß es uns Ernst wäre, dieselbe abzuliefern. In Grünstadt erhielt ich von Rougemaitre einen schriftlichen Befehl an die Juden zu Kirchheim, des Inhaltes, dieselben hätten bei Todesstrafe all ihr Gold und Silber, gemünztes wie ungemünztes, dem Commiffäre nach Grünstadt einzuliefern. Aus Angst und Furcht nahmen die Juden ihr weniges Silberzeug zusammen und trugen es nach Grünstadt. Der Commiffär war aber mit dem Ueberbrachten noch lange nicht zufrieden. Er drohte ihnen mit Stockschlägen, wenn fie nicht Mehreres herbeischaffen würden. Da diese Drohungen nichts fruchten wollten, fo ließ er die Geängstigten, trotz der kalten Witterung, in die Betzekammer zu Grünstadt werfen, wodurch fie am andern Morgen veranlaßt wurden, von der Frau Mann daselbst noch 100 Gulden zu leihen, und fie dem Commiffär zu übergeben.

Am 13. Januar erhielten wir vom genannten Rougemaitre folgenden Befehl: „Im Namen des freien Volkes! Es wird hiermit der Gemeinde Kirchheim angedeutet, bis Morgen zwei Uhr dem Commiffäre zu Grünstadt ein genaues Verzeichniß zu liefern: 1. von allen Arten Früchte, die jeder Einwohner befitzt; 2. von allen Ausgewanderten, und das Alles bei Todesstrafe." An demselben Tage haben die Volontäre von Morschheim und Kirchheimbolanden das erste — geraubte — Vieh durch unfer Dorf getrieben. Wenn man fie frug, warum fie den Bauern die Kühe weggenommen, gaben fie jedes Mal zur Antwort: „Sie haben fich gegen uns gestellt!" Die Franzosen hatten bei Morschheim von den Preußen eine Schlappe erlitten, daß ihnen darob das weitere Vorrücken verleidet ward. Sie

benahmen ſich aber beßhalb bei uns um ſo feindſeliger. Täglich
trieben ſie Ochſen und Kühe durch unſer Dorf. Wir konnten mer=
ken, daß ſie auch bald bei uns das Vieh rauben würden.

Am 14. Januar wurde uns befohlen, alle leere Säcke nach
Grünſtadt zu liefern. Den 15. Januar ritt der bekannte Rouge=
maitre durch unſern Ort und befahl dem Heinrich Jung, der drü=
ben am Thore ſtand, ſogleich zum Schulzen zu gehen und ihm zu
ſagen, daß wenn derſelbe bis morgen die Glocken nicht nach Grün=
ſtadt ſchicken würde, er ihn nach Landau ſchaffen ließe. Als Jung
mir dieſe Drohung hinterbrachte, bemerkte ich ihm, daß es mit der
Ablieferung unſerer Glocken wohl noch ſo lange Zeit hätte, bis
der Commiſſär mir ſelbſt hiezu den Befehl ertheilen dürfte. Ich
ſagte dieß nur, um Zeit zu gewinnen. Doch noch an demſelben
Tage vergruben wir in großer Angſt und Schrecken unſere Glocken.
Am anderen Tage kam Rougemaitre wieder von Dürkheim über
Kirchheim zurück. Er klopfte an meinem Fenſter und fragte mich:
ob ich die Glocken nach Grünſtadt geſchickt hätte? Ich entſchuldigte
mich ſehr unter dem Vorgeben: „Ich hätte es ſchon gerne gethan,
allein die Fuhren, Pferde, Ochſen ſeyen alle bei der Armee; ſobald
aber nur ein Geſpann zurückkommt, werde ich die Glocken ſchicken.“
Rougemaitre war damit zufrieden, und wir hatten weiteren Ver=
ſchub gewonnen.

Aber noch derſelbe Tag brachte uns eine neue Verlegenheit.
Der Kriegscommiſſär Riß von Albsheim an der Eis überſchickte uns
durch vier Gendarmen die Aufforderung einer Contribution von
3,000 Livres in Münze, 100 Paar Schuhen, 100 Hemden, 100
Leintüchern unter Androhung militäriſcher Execution, wenn wir
nicht am folgenden Tage bei ihm erſcheinen und das Geforderte be=
zahlen würden. Riß gab uns dabei das Verſprechen, daß wir von
allen ferneren Anforderungen befreit ſeyn würden, wenn wir an
ihn zahlten, denn er habe Gewaltbefehle, die uns ſchützen könnten.
Auf dieſes Verſprechen hin begaben ſich der Schullehrer Kellermann
und noch vier andere Bürger nach Albsheim, um zu ſehen, wie
ſie mit dem Commiſſäre Riß abmachen könnten, um ſich dadurch
den Rougemaitre vom Halſe zu ſchaffen. Die Abgeordneten von
Kirchheim kamen mit Riß überein, daß wenn ſie ihm 1,350 Livres
in Münze zahlen würden, ſie von Allem los ſeyn ſollten. Jene
waren froh, ein ſo günſtiges Abkommen getroffen zu haben, ſen=

beten sogleich Einen aus ihrer Mitte nach Haus, um die fragliche Summe abzuholen und sie dem Commissäre Rüß auszuzahlen.

Schon am folgenden Tage, den 17. Januar, sahen wir jenes
Versprechen und Hoffen vereitelt. Der gefürchtete Rougemaitre befahl uns in einem Rundschreiben bei Todesstrafe, 40 Malter Korn
und eben so viel Gerste, morgen auf das Commissariat in Grünstadt zu liefern, mit dem Anfügen, daß, wenn wir keine Fuhren
hätten, wir die Frucht auf Schubkarren, oder auf unsern Achseln
hinüberschaffen sollten. Am 18. Januar kam Rougemaitre mit
dem Commissäre Parrus nach Kirchheim geritten. Letzterer entfernte sich bald wieder. Rougemaitre stellte sein Pferd in meinen
Stall und ließ die Bürger mit der Schelle zusammen rufen. Ich
ahnte nichts Gutes. Er muthete mir sofort zu, mein Pferd mit
dem Seinigen zu vertauschen. Ich erwiederte: „Wie kann ich
tauschen, da Euer Pferd ein schlechtes und das Meinige ein gutes
Pferd ist, worauf mir der Graf v. Erbach schon 22 Karoline geboten hat?" Der Commissär gab mir aber zur Antwort: „Es
wird dir doch genommen!" Während dieses Gespräches versammelte sich die Gemeinde. Rougemaitre fragte mich, ob ich ein Verzeichniß über die im Dorfe vorräthigen Früchte gemacht hätte? Ich
überreichte es ihm. Hierauf verlangte er von mir zu wissen, wie
viele Kühe ich habe? Im Unwillen antwortete ich: „Geh in den
Stall und zähle sie selber!" Er erwiederte: „In deinen Stall gehe
ich nicht! Wenn du aber nur eine verhehlst, wirst du gehenkt!"
Nachdem sofort alles Vieh in der Gemeinde aufgezeichnet war, bat
ich den Commissär, er möge uns doch die Kühe nicht nehmen, denn
diese seyen ja unsere und der Soldaten Nahrung. Er sagte:
„Nein!" Hierauf fragte er wieder: „Ob ich nicht mein Pferd mit dem
seinigen vertauschen wolle?" Aus dem Aufschreiben der Früchte
und der Kühe schloß ich auf nichts Gutes. Mich einen Augenblick
besinnend, erwiederte ich jetzt schmeichelnd auf seine Frage: „Wenn
Ihr mit mir und meiner Gemeinde freundschaftlich verfahrt, so will
ich auch mit Euch mein Pferd tauschen." Er wiederholte hierauf:
„So sattle mein Pferd ab und lege den Sattel auf das deinige!"
Wir gingen in den Stall und es geschah, wie er befohlen hatte.
Ich glaubte, nun Schonung zu erfahren. Nachdem aber der Commissär wieder in meine Stube zurückgekehrt war, zog er ein

Schreiben aus der Tasche und überreichte es mir. [714]) Ich machte
dem Commissäre sofort die bittersten Vorwürfe über seine unbarm=
herzige Handlungsweise; ich bemerkte ihm, daß er ein schlechtes Amt
versehe! Aber der Unhold lachte, setzte sich auf mein Pferd und ritt
davon! Wir beschwerten uns alsbald hierüber bei dem anderen
Commissäre in Grünstadt, und schickten auch Boten nach Albsheim
zum Commissäre Riß. Dieser wurde jedoch nicht angetroffen, jener
aber gab schriftliche Ordre, daß Rougemaitre bis auf weitere Wei=
sung Einhalt thuen sollte.

Am 19. Jan. in der Frühe, kamen 10 Reiter von Herxheim am
Berg und wollten die Ausgewanderten angezeigt haben. Ich sagte, daß
ich solche hier nicht kenne. Darauf zog einer der Reiter ein Pa=
pier aus der Tasche, auf welchem der Schulz Hammel und Michael
Frey als Ausgewanderte aufgezeichnet waren. Ich ließ ihnen nun
die Häuser der beiden Bürger zeigen.

Am 22. Jan. kam der Commissär Rougemaitre mit 30 Vo=
lontären von Dürkheim nach Kirchheim. Er ließ sofort mein Haus
von denselben umstellen. Jetzt trat er in meine Stube mit der
Frage: „Warum hast du die tausend Gulden nicht nach Dürkheim
geschickt?“ Ich war ganz stolz auf das, von dem anderen Com=
missär deßhalb erhaltene Schreiben und erwiederte ihm: „Ich habe
kein Geld gehabt!“ Rougemaitre fragte weiter: „Hast du das
Vieh nach Grünstadt gebracht, und auch die Früchte in Säcke ge=
faßt!“ Nein, sagte ich! denn das sind ja reine Unmöglichkeiten,
die ihr von uns verlanget; außerdem habe ich von euerem Kame=
raden ein Schreiben in Händen, das euch Einhalt gebietet. Ich
gab ihm auf Begehren das fragliche Schreiben. Er zerriß es aber

---

[714]) Dessen ganzer Inhalt war folgender: „Im Namen der Republik
1. Es wird hiermit der Gemeinde zu Kirchheim an der Ed besohlen, Morgen
hundert Stück Vieh für das Commissariat nach Grünstadt zu liefern; 2.
Hundert Malter Spelz, vierzig Malter Gerste und dreißig Malter Korn sind
sogleich in Säcke zu fassen und auf einen einzigen Speicher zu sammeln
unter der Aufsicht einer Bürgerwacht; 3. bis Morgen um 8 Uhr frühe, soll
diese Gemeinde tausend Gulden zu Dürkheim im Ochsen dem Commissäre ein=
händigen. Werden diese drei Punkte nicht genau befolgt, so werden die vor=
nehmsten Bürger von hier nach Landau geführt und geköpft, und das Dorf
verbrannt. Kirchheim, den 29. Nivose im II. Jahre der Republik. Rouge=
maitre.“

vor meinen Augen und steckte die Fetzen in seine Tasche. Er herrschte hierauf mir barsch zu, sogleich Anstalten zu treffen, daß das Vieh abgeführt werde. Ich ließ nun die übrigen Ortsvorsteher zusammen rufen. Wir machten dem ungehaltenen Commissäre sofort alle mögliche Vorstellungen; wir sagten, daß wir ja seinen kranken Volontairen schon aufgewartet hätten; wenn er uns die Kühe nähme, so wären wir ja außer Stande, dieß ferner zu thun. Er erwiederte darauf, daß dieses nur unsere Schuldigkeit sei! Wir boten ihm hierauf zwanzig, und später dreißig Kühe an. Doch es war alles Bitten und Flehen vergebens. Der Unhold beharrte auf hundert Stück Vieh. Als wir noch immer zauderten, sagte er: „Ich will bei dir mit der Lieferung den Anfang machen." Rouge-maitre lief sodann in meinen Stall und band alles Vieh los, bis auf ein einziges Stück, um welches ihn meine Tochter flehentlich gebeten hatte. Hierauf sind der Commissär und seine Volontaire wie Kettenhunde in alle Bauernställe gelaufen, banden das Vieh, welches sie bekommen konnten, los, und trieben es davon. Die Volontaire hatten noch mehr Erbarmen, als ihr Anführer, denn sie ließen mehreren Bauern um ein geringes Trinkgeld ihre Kühe unangefochten. Die Weiber erhoben indeß wegen des unerwarteten Raubes ein großes Zetergeschrei im Dorfe. Sie kamen weinend und jammernd, mit verzausten Haaren vor den Commissär. Sie baten den Räuber, er möge doch mit ihren unmündigen Kindern Mitleid haben, diesen die unentbehrlichste Nahrung nicht entziehen, und we-nigstens jedem Hause eine Kuh zurücklassen. Sie fanden jedoch kein Gehör. Als Rougemaitre zuletzt sich vor dem Jammern nicht mehr zu helfen wußte, warf er die Schuld auf mich. Ich wurde ganz wild und rief: „Du Tyrann! Hab' ich die Kühe genommen oder hast du sie genommen? Wie steht es denn in meinen Kräften, dir hundert Stück Vieh zu geben?" Er war darauf ganz still. Ich sagte dann noch weiter zu ihm: „Ein so schlechtes Amt wollte ich nicht haben, und wenn die französische Nation mir alle Tage tausend Gulden gäbe!" Sofort wollte der Presser jetzt die angesetzten tau-send Gulden haben. Eben so verlangte er auch, daß die Frucht in Säcke gefaßt werde. Ich erwiederte ihm, daß es eine reine Un-möglichkeit sei, seiner Forderung zu genügen; das Geld müsse zuerst von allen Bürgern, Knechten und Mägden gesammelt werden. Er gab uns nun einen Tag hierzu weitere Frist.

Am anderen Tage schickten wir drei Bürger mit 700 Gulden nach Grünstadt. Wir dachten, der Commissär würde sich mit dieser Summe befriedigen lassen. Allein es war dieses Hoffen eine Täuschung. So sehr die Abgeschickten ihn auch um Nachsicht anfleheten, so kannte er dennoch keine Gnade. Rougemaitre ließ zwei der Bürger in das Blockhaus werfen, und schickte den dritten nach Kirchheim zurück, um das noch fehlende Geld zu holen. Wir legten abermals 200 Gulden zusammen, und glaubten, diese dürften genügen. Allein es half Alles nichts! Wir mußten noch 100 Gulden in Grünstadt bei der Frau Mann leihen, damit die Eingesperrten aus dem Blockhause gelassen wurden. Der Commissär hatte ihnen öfters gedroht, sie erschießen zu lassen, wenn sie das Geld nicht herbeischafften, und sie dadurch in die größte Angst und Verlegenheit versetzt, so daß sie kein Verlangen zur Nachtsuppe hatten, welche ihnen die Frau des Bettelvogtes aus Mitleiden im Blockhause angeboten hatte.

Am 25. Januar kamen unter militärischem Geleite lothringische Bauern mit Wagen nach Kirchheim, und luden die abgeforderten, obengenannten Früchte auf und führten sie weg. Am Abende des 26. Januar kam ein Lieutenant mit 30 Mann Volontaire in das Dorf und befahl, daß wir 3000 Leib Brod nach Obersülzen in das Lager der Franzosen bringen sollten, widrigenfalls er die vornehmsten Bürger nach Landau abführen und köpfen lassen würde. Derselbe ließ hierauf mit seinen Volontairen alles noch übrige Rindvieh im Orte zusammen treiben und am folgenden Tage nach Sülzen abführen. Am Nachmittage, den 29. Januar, kam ein angeblicher Commissär mit sieben Pariser Husaren, und preßte der Gemeinde wieder 66 Gulden als Brandschatzung ab.

Die französische Armee rückte immer weiter am Gebirge herauf. Am 28. Januar kam das feindliche Hauptquartier nach Grünstadt. Die Republikaner sahen wohl ein, daß sie bald noch mehr sich zurückziehen müßten, und gingen daher jeden Tag schlimmer mit uns um. Am 30. und 31. Januar waren in Kirchheim 1,500 Mann eingelagert. Da war nun Jammergeschrei im ganzen Ort! Was uns in den letzten vier Wochen noch übrig geblieben war, rissen die Eingelagerten an sich. Sie plünderten das Dorf rein aus. Selbst die Kleider rissen sie den Leuten vom Leibe herab. Endlich zogen sie sich Nachmittags am letzten Januar bis nach

Wachenheim an der Haardt zurück. An demselben Nachmittage kam
noch eine preußische Patrouille nach Kirchheim.

Jetzt hatten wir drei Tage Ruhe. Vom 3. Februar an bekamen wir jeden Tag eine bis zwei, manchmal sogar drei Patrouillen von den preußischen, rothen Husaren. In den nächsten vier
Wochen kamen die Franzosen nicht viel zu uns; aber im März ging
der Jammer und das Elend wieder von Neuem los. Die französischen Patrouillen kamen jetzt alltäglich in unsere Gemarkung,
manchmal auch in das Dorf hereingesprengt, wenn sie keine preußische Patrouille verspürten. Am 6. März nahm eine solche französische Patrouille meinem Sohne Sebastian das Pferd weg, welches
mir der Commissär Rougemaitre aufgedrungen hatte, ungeachtet dieser
mir es schriftlich gegeben, daß dasselbe mir nicht dürfe weggenommen werden. Die Bürgerschaft beschloß hierauf, daß wenn wieder
eine Patrouille käme, wir uns gefaßt auf die Gasse stellen wollten,
um ihr Achtung einzuflößen, damit sie nicht in die Häuser einfalle
und plündere.

Am Sonntage den 11. März, Nachmittags 3 Uhr, sprengte
eine französische Patrouille von 8 Mann in unser Dorf herein. Der
Abrede gemäß stellte sich die Bürgerschaft muthig auf die Gasse.
Die Folge aber war, daß die Republikaner mich, den Schulmeister
und zwei andere Bürger ergriffen und gewaltsam als Gefangene
nach Wachenheim abführten. Dort machten sie unserer Gemeinde die neue Auflage, binnen 24 Stunden 12,000 Livres,
800 Hemden, 200 Paar Schuhe, 100 Paar Stiefel und 100 Leintücher nach Wachenheim zu liefern. Ich stellte ihnen vor, daß es
rein unmöglich sei, dieser Forderung zu entsprechen, und daß, wenn sie
mich nicht nach Haus gehen ließen, sie gar Nichts bekämen. Nach
vielen Bitten und Vorstellungen wurde ich am andern Tage freigegeben. Am 13. März übersendete ich ihnen durch hiesige Bürger
1,300 Livres nebst den Quittungen über die früher an die französische Nation entrichteten Lieferungen. Die Franzosen nahmen
das Geld in Wachenheim in Empfang, stellten darüber Empfangschein aus, bemerkten aber, daß wenn die Restsumme nicht innerhalb 24 Stunden bezahlt werden sollte, die drei Geißeln nach Landau
abgeführt würden. Als die Geißeln diesen Bescheid vernommen
hatten, suchten sie durchzubrennen und kamen auch glücklich auf
Seitenwegen nach Kirchheim. Doch unterm 16. März brachte ein

Bote ein scharfes Drohschreiben hierher. [716]) Auf dieses Schreiben
schickten wir den Pressern abermals 600 Livres. Sie ertheilten
uns Quittung darüber mit der scharfen Mahnung, den Ueberrest
binnen 24 Stunden zu entrichten. Da wir hierauf nicht achteten,
kam am 22. März wieder ein eigener Bote mit folgendem Briefe:
„Ich, Agent des allgemeinen Wohlfahrtsausschusses, mit Ausleerung
der Pfalz beauftragt — kündige euch Bewohnern von Kirchheim
an der Eck an, daß ich nun müde bin, auf euch Treulose zu war=
ten. Wisset und erfahret, daß die Republik der Franken diejenigen
hart straft, welche gegen sie, oder gegen ihre Agenten meineidig sind.
Ihr wisset, daß die Geißeln, welche eure Gemeinde stellte, wie
Schurken entwischt sind, als wir sie auf ihr Ehrenwort frei herum=
gehen ließen. Ihr wisset ferner, daß ihr uns darauf versprachet,
uns zu bezahlen. Auch hierin waret ihr treulos. Hört es also:
wenn ihr uns binnen 12 Stunden die noch schuldige Summe nicht
bezahlet, und der an euch gemachten Anforderung nicht Genüge
leistet, so sollt ihr als Rebellen behandelt werden. — Wachenheim,
den 22. März 1794. Dumoulin." Dieses Schreiben versetzte uns
in die größte Angst und Verlegenheit. Wir schickten über den Rhein
zu dem leiningischen Hofrathe Brand und zu den übrigen Ausge=
wanderten der Grafschaft, und fleheten sie um Hilfe und Beistand
an; aber sie ließen uns in der Noth stecken. Wir stellten nun noch=
mals eine Sammlung unter den Dorfeinwohnern an. Jeder schoß
dazu bei, und so gelang es uns, 900 Livres zusammen zu bringen.
Wir schickten alsbald diese Summe nach Wachenheim.

Dennoch lebten wir von Tag zu Tag in der größten Angst und
Furcht. Am 20. März sind die Franzosen Morgens um halb 7 Uhr
mit aller Macht in unser Dorf hereingesprengt. Jedermann ver=

---

[716]) Dasselbe lautete: „Freiheit — Gleichheit! Franken-Republik! Wir,
Agent des allgemeinen Wohlfahrtsausschusses des Nationalconvents mit Ausleerung der Pfalz beauftragt. An die Bewohner von Kirchheim! Aus dem
Briefe, Bürger! den ihr uns schicktet, und worin ihr saget, daß ihr am 15.
März zu mir kommen und euere Contribution an mich entrichten wollet,
schloß ich, daß ihr als ehrliche Männer eurem gegebenen Worte getreu bleiben
werdet. — Ich erwarte euch unfehlbar heute Abend, indem ich im Aus-
bleibungsfalle Mittel anwenden werde, diejenigen zu strafen, welche schändlich
treuloser Weise entflohen sind. Setzet mich nicht in den Fall, furchtbar an
euch zu handeln, das ich im Falle eures Ausbleibens gewiß seyn werde.
Wachenheim, den 16. März 1794. Dumoulin."

36

kroch sich vor den Stürmern. Sie verübten jedoch keine Ungebühr. Wir stahlen sie nur etwas Schmalz. Ich hatte mich vor Angst mit meiner Frau und den Kindern in das Ofenloch versteckt. Sie ritten nach Grünstadt, und nahmen dort etliche Bürger als Geißeln gefangen. [718]) Nun hatten wir längere Zeit hindurch weniger Beunruhigung. Am 26. April ritten aber die Franzosen abermals wie's Wetter in unser Dorf. Sie nahmen meinem Knechte, der gerade in das Feld ausreiten wollte, zwei Pferde ab. Mein Sohn lief den Freibeutern nach, und bot ihnen 300 Livres an, wenn sie die Pferde wieder zurückgeben würden. Sie behandelten ihn aber ganz unmenschlich und richteten ihn mit den Säbeln so zu, daß er vier Wochen unter den Händen des Feldscherers liegen mußte.

Hierauf hat sich die Bürgerschaft verbunden, sofort Gewalt mit Gewalt zu vertreiben. Wir machten einen Schlagbaum an das Thor, um uns besser wehren zu können. Auch stellten wir Wächter auf den Thurm, um die Feinde zu beobachten. Sobald Franzosen in die Nähe kamen, wurde ein Zeichen mit der Glocke gegeben, und jeder, welcher ein Gewehr hatte, lief dann damit an die Porte. Auf diese Weise haben wir mit Hilfe der preußischen Husaren jene viermal abgehalten, in unser Dorf einzustürmen. Am 1. Mai kamen jedoch die Republikaner Morgens 5 Uhr mit zwei Kanonen, und wollten mit Gewalt in das Dorf eindringen. Zum Glücke lag eine preußische Patrouille von 13 Husaren hier. Diese schlugen sich fast eine Stunde vor dem Thore mit den Franzosen herum. Da die Anzahl der Letzteren sich immer vergrößerte, mußten sich die Preußen bis nach Albsheim an der Eis zurückziehen. Dort kam diesen jedoch ihr ganzes Regiment zu Hilfe. Sofort wurden die Franzosen wieder bis nach Kirchheim zurückgeschlagen, wo ihre Kanonen jedoch die Verfolger zurückscheuchten. Bis Abends 5 Uhr dauerte das Scharmützel. Die Bewohner von Kirchheim hatten sich alle geflüchtet, einer dahin, der andere dorthin, so daß mancher Vater nicht wußte, wo seine Frau und seine Kinder Sicherheit gefunden haben dürften.

Der Bürger Johann Bernhard hat bei diesem Ueberfalle sein

---

[718]) „Am 20. März kamen die Franzosen bis nach Grünstadt. Fast alle dortigen Bewohner hatten sich geflüchtet. Doch setzten sie eine neue Brandschatzung an, und nahmen selbst Kinder von zehn Jahren als Geißeln mit sich fort". A. O. P. vom 30. März 1794.

Leben auf eine schändliche Weise eingebüßt. Von jetzt an sind wir aber schüchtern geworden, und haben die Gewehre wieder abgelegt.

In hundert und hundert anderen Gemeinden der Rheinpfalz, haben die Bewohner Aehnliches und noch Aergeres, wie jene von Kirchheim an der Eck, von den Helden der Freiheit, Gleichheit und allgemeinen Bruderliebe, in den ersten Monaten des Schreckensjahres 1794 erlebt und erduldet, wenn es auch nicht so fleißig und getreu, wie in der Mühle von Kirchheim, aufgezeichnet ward und nacherzählt werden kann. [717]

§. 12. Beschädigungen und Verluste in der Herrschaft Blieskastel und Nassau-Saarbrücken.

Der Reichsgraf Philipp Franz von der Leyen und hohen Geroldseck entwirft ein trauriges Bild von den Bedrückungen und Beschädigungen, welche er und seine Mutter, ihre Räthe und Die= ner, namentlich in der Herrschaft Blieskastel, von den Republikanern erlitten haben, und welche die Summe einiger Millionen entziffern. Gleich bei dem Ausbruche der französischen Revolution fingen auch die Verluste dieses reichsgräflichen Hauses an, welchem damals 47 Dörfer in unserer jetzigen Rheinpfalz gehörten. [718] Unter dem Vorwande, daß die französische Reichsversammlung alle herrschaftliche und lehenrührige Rechte aufgehoben habe, wurden nach und nach ein großer Theil der vielen, in Lothringen fälligen Einkünfte verweigert und später sie sämmtlich mit Beschlage belegt. Im Februar 1793, also ehevor das deutsche Reich den Franzosen . den Krieg erklärt hatte, besetzten diese das Oberamt Blieskastel an der lothringischen Grenze und die etwas mehr davon entlegenen Aemter Oberkirchen, Münchweiler am Glane und Otterbach. Später erfolgte auch die Besetzung der bei Landau gelegenen Herrschaft Burrweiler, welche Besitzungen insgesammt Bestandtheile des deutschen Reiches waren. Gleich nach dieser ersten Besetzung wurden alle herrschaftliche Kas= sen in Beschlag genommen und ungeheure, fast unerschwingliche Lieferungen an Früchten, Heu, Stroh und Holz ꝛc. ausgeschrieben und eingetrieben. Dabei verkündete man die Freiheit und Gleichheit,

[717] Palatina. Jahrgang 1861. S. 95. u. ff. — [718] Der Graf war auch Erbtruchseß des Erzstiftes und Kurfürstenthums Trier, und im Besitze noch mehrerer anderer Herrschaften und Dörfer.

forderte den Eid auf die neue französische Verfassung, stellte sofort
Maire und Munizipalitäten an und hob somit die bisherige Re-
gierungsverfassung auf. Diese Veränderung führte für das reichs-
gräfliche Haus den Verlust aller dasigen Einkünfte herbei, welche
nunmehr von einem Schwarme Commissäre mit möglichster Strenge
zum Vortheile Frankreichs eingezogen wurden.

So groß diese Verluste waren, so mußten sie jedoch als etwas
Geringes im Vergleiche gegen die übrigen beispiellosen Mißhandlungen und Beschädigungen betrachtet werden, welche das reichsgräf-
liche Haus und die dazu gehörenden Personen und Diener zu ertragen hatten, und denen sie nicht ausweichen konnten. Seit dem
Jahre 1771 hatte der Graf Franz Karl, vermählt mit Maria
Anna von Dalberg, seinen Aufenthalt in Blieskastel gewählt. Er
führte das Schloß und viele große Gebäude, auch ein ansehnliches
Franziskaner-Kloster sammt Kirche, neu auf. Er förderte die Verlegung des Wilhelmiter Convents von Gräfenthal, und dessen Um-
wandlung in ein Chorherrn-Stift. Er erweiterte die Stadt durch die
neue Schloßbergstraße [719] Das prächtige Schloß war nicht nur
mit den kostbarsten Hausgeräthen aller Art bestellt und geschmückt,
sondern auch mit allen Kunstschätzen und Malereien, welche die alten
Stammherrn des Grafen gesammelt hatten, bereichert, und aus dem
Schönsten und Besten, was die jüngsten Jahre in der Kunstwelt
rühmten, geziert. Dasselbe umgaben auch die herrlichsten Gartenanlagen und Lustwäldchen. In der schönsten Blüthe des Alters
ward der Schöpfer dieser Herrlichkeit, der Reichsgraf Franz Karl,
am 26. September 1775, zu Grabe gerufen, ohne die so baldige
Verwüstung seines neuen Schlosses an der Blies zu ahnen. Auch
seine Wittwe hatte mit ihrem Sohne den Franzosen keine Veranlassung gegeben, ihren friedlichen Aufenthalt zu stören, und ihre
Besitzungen und Rechte zu gefährden und zu verwüsten. Noch im
Jahre 1792 ließ daher der General Kellermann, als er an der
Grenze des Oberamtes Blieskastel eine Armee zusammen zog, der
Gräfin die Unverletzbarkeit ihres Gebietes und ihres Eigenthums
zusichern, und später durch eine besondere „Sauve garde" öffentlich
beurkunden. Dessen ungeachtet, wurde auf besonderen Befehl der

---

[719] Rlg's Gesch. der Abteien und Klöster. Th. I. S. 303. Th. II.
S. 229.

Volksrepräſentanten bei der Moſelarmee zu Metz vom 11. Mai 1793, am 16. Mai 1793, höchſt unerwartet, die verwittwete Gräfin, die Perſonen ihrer nächſten Umgebung, und ein großer Theil ihrer Dienerſchaft, in Blieskaſtel durch Gendarmen gefänglich ein= gezogen und nach Metz abgeführt. [720]) Nur der Gräfin gelang es, ſich der Gewalt ihrer Häſcher zu entziehen. Dagegen wurden ſpäter auch die herrſchaftlichen Jäger von Blieskaſtel gefänglich abgeführt. Dieſes war der Beginn der unerhörteſten Gewaltthaten, die man ſich fortan im reichsgräflichen Gebiete erlaubte. Die republikaniſchen Commiſſäre mit ihren Gehilfen fielen wie Räuber über das Re= ſidenzſchloß und die übrigen herrſchaftlichen Gebäude in Blies= kaſtel und in den umliegenden Dörfern her. Aller Vorrath an Wein und Früchten, die koſtſpieligen Möbeln, das prächtige Weißzeug, vieles Silberwerk, eine ſehr anſehnliche Bibliothek, eine große Samm= lung der ausgeſuchteſten Gemälde und ſonſtigen Seltenheiten, eine Menge des geſchmackvollſten Porzellans und der ſchönſten Vaſen, alle Waffen und Gewehre, alle Wagen, unter welchen mehrere von vor= züglicher Schönheit waren, die Pferde mit dem dazu gehörigen Geſchirre, alles kleine und große Rindvieh aus der erſt kurz zuvor errichteten Schweizerei ꝛc. ꝛc., wurden weggenommen, theils verdorben und ver= wüſtet, theils nach Frankreich abgeführt. Letzteres geſchah nament= lich auch mit dem reichen Naturalien=Cabinette, welches die ver= wittwete Gräfin geſammelt hatte. [721]) Die Schlöſſer und Gebäu= lichkeiten der Herrſchaft wurden durch gewaltſame Wegnahme jeglichen inneren Zierrathes, alles Eiſens, Gitter= und Glas=Werkes, und durch den dabei mehrfach verübten Unfug, ſo zerſtört und ver=

---

[720]) Bericht aus Mannheim vom 19. Mai 1793. Die Gräfin ſoll, nach einer uns aus Blieskaſtel mitgetheilten Nachricht, ſich auf der Straße bei Gersheim in die dortige Mühle geflüchtet, und als Bäuerin verkleidet, ihren Häſchern entkommen ſeyn. Am 2. Juni 1793 erließen die Volksreprä= ſentanten bei der Moſelarmee zu Metz eine öffentliche, beſchönigende Erklä= rung, warum ſie die genannte Gräfin und den Fürſten von Saarbrücken ſammt deren Dienern gefänglich eingezogen haben. Sie befindet ſich im Kreisarchive. Z. A. Nr. 268. — Uebrigens wurden durch Dekret des Nationalconvents vom 9.—11. Mai 1793 alle Güter der deutſchen Fürſten auf dem linken Rhein= ufer mit dem Kriegsſequeſter belegt. — [721]) Die Reichsgräfin Maria Anna war Ehrenmitglied der phyſikaliſch-ökonomiſchen Geſellſchaft zu Heidelberg, deren Präſident damals der Herzog Karl II. von Zweibrücken, Direktor aber der Hofrath Medicus war.

wüstet, daß dieselben durch keine Ausbesserungen mehr in brauch=
baren Stand konnten gesetzt werden. Die zu dem Sommeraufent=
halte „Bagatelle" eingerichteten Wohnungen wurden niedergerissen
und der Erde gleich gemacht. Gleiches Schicksal war auch dem
Residenzschlosse in Blieskastel mehrmal bestimmt, und konnte nur
durch das Bitten und Flehen der am Nächsten dabei wohnenden
Bürger, deren Häuser durch den Zusammensturz der Schloßmauern
zu Grunde gegangen wären, abgewendet werden. Die mit vielen
Kosten von der verwittweten Gräfin neuerbaute Saline, wurde mit
dem vorräthigen Salze in Beschlag genommen und zum Vortheile
der Republik betrieben. Die herrschaftlichen Waldungen, alle Jagden
und Fischereien, die Gärten, und sonstige schöne Anlagen, wurden
auf die muthwilligste Weise beraubt und die kostspieligen Wasser=
leitungen zerstört, die in jenen errichteten Lusthäuschen niederge=
rissen, die Statuen in Stücke zerschlagen, die Bäume an den
Straßen und. Wegen niedergehauen, und die Brücken und Stege
abgetragen und verdorben. [132])

Durch diese fast beispiellosen Beraubungen und Verwüstungen
der reichsgräflichen Besitzungen erwuchs der Schaden zu außer=
ordentlicher Größe. Dazu kamen noch die Verluste, welche aus dem
fast gänzlichen Ruin der Unterthanen entsprangen, und die beträcht=
lichen Summen, welche man zum Unterhalt der in Gefangenschaft
abgeführten Räthe und Diener anderthalb Jahre lang verwenden
mußte, um sie vor Hunger und Krankheit zu schützen. [133]) Die
gefängliche Wegführung derselben, die dadurch erzwungene Flucht
vieler Anderer, die Plünderung der von denselben zurückgelassenen
Habschaften, das Herumirren eines Theiles derselben in der Fremde

---

[132]) Die Departements=Direktion in Metz sandte am 2. Juli 1793 zwei
ihrer Mitglieder, Purnot und Rolland, nach Blieskastel, wie nach Saarbrücken
ab, um das dortige räuberische Hausen des Commissärs Commorell und
seiner Spießgesellen zu untersuchen, und fanden es nur zu sehr gegründet.
A. Köllner's Gesch. von Saarbrücken. Saarbrücken. 1865. B. I. S. 442.
Laut Berichtes des Volksrepräsentanten Becker vom 13. Juni 1795, den wir
später hören werden, war Boutay aus Saargemünd hierbei besonders bethei=
ligt. — [133]) Der ley'sche Oberjäger Catlerfeld und noch 7 Förster, dann
der Zweibrücker Oberförster Seel von Neuhäusel, der alte Förster Lindemann
zu Mimbach nebst mehreren herzoglichen Falterknechten, wurden noch im Juni
1793 von den Franzosen aufgefangen und nach Saarbrücken abgeführt. Amt=
licher Bericht vom 18. Juni 1793. Kreisarchiv. Z. A. Nr. 268.

hat den blühenden Wohlstand nicht nur der Beamten der Herrschaft, sondern auch vieler anderen Bewohner derselben fast gänzlich zerrüttet und für immer untergraben. Kein besseres Schicksal hatten die dortigen Geistlichen. Auch diese sahen sich durch die ihnen drohende Gefahr und niedrige Behandlung genöthiget, mit Hinterlassung ihrer Habseligkeiten ihre Rettung in der Flucht zu suchen. Die Väter des heiligen Franziskus dagegen wurden, nachdem ihr Kloster ausgeplündert war, öffentlich unter militärischer Begleitung über die Grenze geführt. Rechnet man hiezu noch das namenlose Elend, welches die unglücklichen Bewohner der Herrschaft Blieskastel durch persönliche Mißhandlungen und Plünderungen aller Art, durch unerschwingliche Brandschatzungen, immerwährende Frohnarbeiten und Beifuhren, Hinwegnehmen der Früchte und des Viehes traf, so entrollt sich ein schauerliches Bild der Bedrückungen und des Elendes, in welches dieses sonst so friedliche und glückliche Ländchen schon in den ersten Jahren der fränkischen Freiheit und Gleichheit gestürzt wurde. Weitere Einzelnheiten boten sich uns keine dar. [714])

. Der Fürst Ludwig von Nassau=Saarbrücken, dessen reiches Besitzthum an der Saar sich auch in die jetzige Rheinpfalz über Enzheim, Ober=, Mittel= und Niederberbach, Reichersborn und Sengscheid ausdehnte, hatte von den Franzosen ein ebenso hartes als unverdientes Schicksal zu erdulden. Vom Anfange der mit Gräueln aller Art befleckten französischen Staatsumwälzung beobachtete derselbe gegen die Empörer ein so wohlberechnetes Benehmen, daß die erste constituirende und die zweite gesetzgebende Nationalversammlung ihm ihre deßfallsige Zufriedenheit öffentlich bezeugt hat. Er mischte sich nicht in den Aufruhr, er unterstützte nicht die Flüchtlinge und Ausgewanderten, ja er gestattete ihnen nur zum Durchmarsche ein Verweilen von höchstens 24 Stunden. Daher erhielt dieser Fürst nicht bloß von der Pariser Nationalversammlung, sondern auch von mehreren Generälen der französchen Moselarmee, von den Commandanten zu Bitsch, Saargemünd und Saarlouis, und von verschie=

---

[714]) Pro Memoria, welches der Reichsgraf Philipp am 18. Juni 1795 in Wien anfertigte, und welches am 23 Juli desselben Jahres der Reichsversammlung zu Regensburg vorgelegt wurde. — Leider konnten wir die interessante Schrift: „Die Franzosen in Saarbrücken und den deutschen Reichslanden ꝛc. von einem Augenzeugen." Frankfurt a. M., bei Behrens, 1796, in dessen Besitz früher die Zweibrücker Bibliothek war, nicht aufbringen.

tenen Departements-, Distrikts- und Munizipalitätsbeamten des
Moselbepartements, die mündliche und schriftliche Versicherung, daß
er und seine Unterthanen keinerlei Kränkung erleiden und sie und ihr
Eigenthum völlige Sicherheit genießen sollten. Allein es schien, man
wollte den Fürsten und seine Unterthanen nur mit Unbesorglichkeit
erfüllen, um den beabsichtigten Raub desto sicherer und vollständiger
ausführen zu können! [726])

Der Anfang wurde damit gemacht, daß man die fürstlichen
Unterthanen der in dem ehemaligen Herzogthume Lothringen einge-
schlossenen Reichsgraffchaft Saarwenden zum Abfalle von ihrem
angestammten Gebieter zu bewegen suchte, um diese den Franzosen
wohlgelegene deutsche Graffchaft mit Frankreich vereinigen zu können.
In dieser Absicht wurden jakobinische Sendlinge dahin geschickt,
welche die Einwohner durch Versprechungen und Drohungen bewegen
mußten, ihrem Fürsten den geleisteten Eid zu brechen und die Pariser Nationalversammlung um Vereinigung mit Frankreich zu bitten.
Die mittellosen, neuerungssüchtigen Köpfe wurden gewonnen und die
weit größere pflichttreue Bevölkerung wurde durch abgeschickte starke
Abtheilungen von sogenannten Freiwilligen entweder zur Beistimmung
oder doch zum Stillschweigen genöthiget. Auf diese hinterlistige
Art wurden dem Fürsten von Saarbrücken seine zwei Drittheile von
der Graffchaft Saarwenden bereits am 14. Februar 1793 entrissen,
ein jährliches Einkommen von fast 100,000 Gulden geraubt, alle
fürstliche Güter eingezogen und die herrschaftlichen Waldungen auf
ein ganzes Jahrhundert verwüstet.

Die vielfältigen Vorstellungen, welche der Fürst gegen diese
unverdiente Beraubung machte, hatten nicht die geringste Wirkung.
Man antwortete, die Bewohner der genannten Graffchaft hätten
sich selbst für frei erklärt, und die französische Nation müßte nach
ihren Grundsätzen solches freiwillige Vorangehen unterstützen und

---

[726]) Am 31. März 1792 traf ein Corps von 10,000 Franzosen, ein
buntes Gemisch von Linientruppen, Nationalgarden und Volontären, unter
den Generälen Ligneville und Pully, von Metz in Saarbrücken ein. Einige
Unzufriedene pflanzten schon damals einen Freiheitsbaum auf dem Marktplatze
zu St. Johann auf. Am dritten Tage erhoben sich jene Truppen wieder, um
ihren Weg über St. Ingbert und Homburg gen Trier zu nehmen. — Am
9. Jan. 1793 kam die ehemalige Kellermann'sche Legion von ihrem Zuge gen
Trier zerlumpt, zersetzt, elend und krank nach Saarbrücken.

schätzen. Dem Fürsten blieb nichts übrig, als sich auf künftigere
Verhältnisse zu trösten und in weiser Vorsicht zu verhindern, daß
die französischen Freiheitsprediger nicht auch noch seine übrigen
treuen Unterthanen zum Abfalle verleiteten. Er blieb daher mit
seiner Familie in seinem Erbe wohnen und wählte seinen Aufent=
halt auf dem fürstlichen Schlosse Neunkirchen bei Mittelberbach. [726])

Auf Anrathen seiner Aerzte entschloß sich der Fürst im Früh=
jahre 1793, während der Kampf zwischen den Franzosen und den
vereinigten Truppen bereits heftig auf dießseitigem Boden entbrannt
war, zur Wiederherstellung seiner Gesundheit ein auswärtiges Bad
zu gebrauchen, und bestimmte zu seiner deßfallsigen Abreise den
15. Mai. Von den Truppen der französischen Moselarmee umge=
ben, suchte er bei der republikanischen Generalität um die nöthigen
Pässe nach und erhielt sie ohne Beanstandung. Ganz zufällig ent=
schloß sich der Fürst, einen Tag früher abzureisen, und that dieses
am 14. des genannten Monats. Wenige Stunden nach dieser
Abreise wurde das fürstliche Schloß Neunkirchen von einer starken
Abtheilung französischer Reiter umgeben, die den Fürsten und seinen
Erbprinzen aufheben sollten. [727]) Durch einen ebenso kühnen als

---

[726]) Der Stadtrath und das Stadtgericht zu Saarbrücken und St. Johann hatten in den letzten Jahren wegen verschiedener Klagen, worunter
auch jene gegen den Regierungspräsidenten Hammerer, erhoben, die jedoch
der Fürst in Güte und Willfährigkeit zu heben suchte. Ausführlicheres hierüber in Köllner's Geschichte von Saarbrücken. B. I. S. 48. u. ff. — Am
20. Januar 1793 erschien ein Generaldekret vom Fürsten Ludwig, worin die
Leibeigenschaft seiner Unterthanen aufgehoben, der Wildstand vermindert, die
Frohngelder zur Hälfte herabgesetzt, der Kartoffel-Zehnten abgeschafft und
viele andere Beschwerden erledigt wurden. Im März 1793 war der Volksrepräsentant, Bürger Blaux, in Saarbrücken erschienen, um auch das dortige
Gebiet mit Frankreich zu vereinen, was ihm jedoch nicht glückte. A. a. O.
B. I. S. 433. Blaux betrieb seine Aufgabe auch in Zweibrücken. Er hatte
den Bürger Lacroix von Bitsch zum Sekretär. — [727]) Am 11. Mai 1793
erließen die zu Metz befindlichen Volksrepräsentanten bei der Moselarmee —
Soubrany, Maribon-Montant, Lavasseur, Maionet und Sekretär Camus —
den Befehl an verschiedene Commissäre, den Fürsten von Saarbrücken, seine
Frau und Kinder, so wie seine Räthe und Beamten, bekannt durch ihren
Haß gegen die Revolution, zu arretiren, und unter sicherem Gewahre als
Geißeln nach Paris bringen zu lassen. Das Haupt dieser Beauftragten war
Bürger Commerell, ehemaliger Abbé, jetzt Präsident des Distrikts Saar-
gemünd, welcher zu diesem Behufe schon am 12 Mai in Saarbrücken ange-

glücklichen Sprung über eine hohe Mauer rettete sich der zurückge=
bliebene Erbprinz Heinrich von der Gefangenschaft. [788]) Das ge=
nannte Schloß wurde sofort ausgeplündert und alles darin Vorge=
fundene in die französchen Festungen Metz und Saarlouis abgeführt.
Sogar die Fußböden wurden aufgerissen, die Lambrien und Oefen
abgebrochen, das Blei von den Dächern herabgeworfen, die innere
Treppe des Schlosses und alle Säle und Zimmer desselben ver=
wüstet. Alle Pferde des Fürsten sammt Chaisen und Geschirre, das
vollständige Jagdzeug, wenigstens 20,000 Gulden werth, wurde ge=
raubt und nach Frankreich geführt.

Das Loos, welches das Schloß Neunkirchen traf, ward auch
bald nachher den übrigen Besitzungen des Fürsten bereitet. Zuerst
kam die Reihe an das fürstliche Stammschloß zu Saarbrücken. Es
wurde ebenfalls rein ausgeplündert. „Kein Haufen lumpigter, aus=
gehungerter Beduinen, — sagt der Berichterstatter dieser Plünderung —
kann mit einer größeren, raubgierigeren Wuth über das Gepäck der ge=
mordeten Reisenden herfallen, als mit welcher diese Schurken über das
Eigenthum unseres Fürsten herfielen!" [789]) Die Sättel= und Ge=
wehrkammern, der Jägerhof, der Marstall, die Kutschenremisen und
die Beschließerei leerten die Räuber und führten den Raub hinweg.
Ein Gleiches geschah in dem fürstlichen Lustschlosse Ludwigsberg,
auf den Jagdhäusern Halberg und Neuhaus, und in den herr=
schaftlichen Gebäuden zu Ottweiler. Die Orangerie, Fasanerie und
die Stuterei wurden geleert und verwüstet. Alle Vorräthe an
Geld, Früchten, Wein, Holz und Steinkohlen, das kostbare Eisen=
geländer um das Residenzschloß zu Saarbrücken und in dem Schloß=
garten daselbst, alles verarbeitete und unverarbeitete Eisen auf den
herrschaftlichen Schmelzen führten die Freibeuter hinweg, alle fürst=
lichen Renten und Gefälle belegten sie mit Beschlag und erhoben
dieselben.

Neben diesen Räubereien liefen noch andere Drangsale. Die
Frau Erbprinzessin, welche den Republikanern in die Hände ge=
fallen war, wurde mit vierzig fürstlichen Beamten und Bediensteten

---

kommen war. Ebendaselbst. S. 435 — [788]) Heinrich starb als Letzter seines Stam=
mes am 27. April 1797 zu Kadolzburg. — [789]) Sehr ausführlich erzählt
von Köllner a. a. O. S. 437. u. ff.

als Geißeln gefangen nach Metz geführt, wo sie über ein Jahr lang in enger Haft vergeblich ihrer Lösung entgegen harrten. [730])

Auf diese Vergewaltigung folgten noch härtere Schläge für den unglücklichen Fürsten und sein Land und Haus. Das fürstliche Residenzschloß in Saarbrücken, und zwar zuerst derjenige Flügel desselben, worin das Archiv und die Registraturen der wichtigsten Verwaltungszweige sich befanden, wurde den Flammen preisgegeben, und nur ein Theil urkundlicher Schätze konnte durch treue Hände gerettet werden. [731]) Auch das Lustschlößchen Ludwigsberg mit allen dazu gehörigen Gebäulichkeiten, die Jagdhäuser Halberg und Neuhaus und mehrere herrschaftliche Höfe, wurden von den Republikanern angesteckt und sind abgebrannt.

Nach dem Fürsten mußten seine treuen Unterthanen die Raubsucht der Republikaner schwer empfinden. Den beiden Städten Saarbrücken und St. Johann wurde die baare Summe von einer Million Livres und die Lieferung einer großen Anzahl Betten, Decken, eines beträchtlichen Gewichtes Kupfer, Messing, Eisen angesetzt und mit unerhörter Rücksichtslosigkeit eingetrieben. [732]) Außerdem wurden sie aller Glocken beraubt und mußten noch alle vorräthige Früchte und Fourage abgeben. Da die genannten Städte an jener ungeheuren Brandschatzung einen geringen Theil von achtzehn bis zwanzigtausend Franken in französischen Kupfermünzen ausbezahlt hatten, wurden sie von dem Volksrepräsentanten bei der Rhein- und Moselarmee, Bürger Ehrmann und dessen Sekre-

---

[730]) Namentlich der geheime Rath Eichberg und der Hofcavalier v. Bertel. 2c. 2c. A. a. D. S. 436. Außer diesen Gefangenen harrten noch am 4. Okt. 1793 zwei andere Geißeln für die von Custine auferlegte Brandschatzung von 300,000 Gulden, in Besorgniß der Auslösung entgegen. Darmstädter Cabinets-Archiv. H. L. — [731]) Der Schloßbrand zu Saarbrücken hatte auf Anstiften des schon genannten Ehrmann am 7. Okt. 1793 statt. Vom 29. Sept. bis 17. Nov. lagen die Preußen fast unthätig in der Nähe der Stadt, ohne einen ernsten Angriff zu wagen, ihren bedrängten deutschen Brüdern Rettung zu bereiten. „Nach dem Abzuge der Deutschen konnten die Republikaner in ihren Mordbrennereien, Erpressungen und Räubereien in Stadt und Land ganz ungestört fortfahren." Köllner a. a. D. S. 468. — [732]) Die Hauptplünderer und Dränger in Saarbrücken waren: der General-Commissär Archier und der Volksrepräsentant Ehrmann, in den Monaten Aug. und Sept. 1793. Die Glocken ließen die Commissäre Ladoucette und Grubell vom 8. bis 13. Sept. 1793 abführen. Köllner a. a. D. S. 448. u. ff.

tair Camus, durch einen Beschluß vom 14. November 1793 genöthiget, jene Kupfermünzen mit Gold und Silber auszulösen und
überdieß 100,000 Livres zur einstweiligen Kriegssteuer zu bezahlen.

Die einzelnen Dörfer des Fürstenthums hatten kein besseres
Schicksal. Viele derselben wurden völlig ausgeplündert und andern
ihr Vieh, Früchte, Futter 2c., aus den Kirchen die heiligen Gefäße,
Geräthe und Glocken genommen. Das Plündern und Rauben war
mit Grausamkeiten aller Art verbunden, so daß bereits ganze Gemeinden ihre Wohnsitze verlassen und mit Weibern und Kindern flüchtig umherirrten. Das Elend derer, welche in den von deutschen
Truppen besetzten Gegenden Sicherheit suchten, war wohl noch unbeschreiblich groß, allein sie hatten doch das Kostbarste, das Leben,
gerettet und schwebten nicht, wie viele Andere, welche zurückgeblieben, in ständiger Lebensgefahr. Am 11. Dezember 1793, Morgens 10 Uhr, wurde das furchterregende Todesbeil, die Guillotine,
von Forbach nach Saarbrücken gebracht und vor dem Eingang des
in Schutt und Asche liegenden fürstlichen Schlosses aufgeführt. Schon
eine Stunde später mußten zwei biedere Nassauer, die Schultheißen
Jakob Lohmüller von Gütingen und Nikol. Huppert von Bübingen,
welche vom Kriegsgerichte des dort lagernden 89. Infanterieregi-
mentes zum Tode verurtheilt waren, „weil sie den Freunden der französischen Freiheit alle Kränkungen, welche in ihrer Macht standen,
— beim Einrücken der Preußen am 29. September 1793 — zugefügt hätten", ihr Leben unter diesem Mordbeile aushauchen, während Valentin Müller von Bübingen gleichem Schicksale durch die
Flucht glücklich entronnen war.

Dieß ist ein schwaches Bild des bedrängnißvollen Zustandes
in welchem sich das Fürstenthum Nassau-Saarbrücken mit seinem
Herrn und seinen Bewohnern am Ende des Jahres 1793 befunden
hat. Der Verlust derselben belief sich bereits auf viele Millionen
Gulden. Und doch war dieß nur der Anfang der Drangsale, Plünderungen und Räubereien, die in dem nächsten Jahre ihren höchsten
Gipfel erreichten. [733])

---

[733]) Siehe vorläufige Darstellung der dem Fürsten N. S. und
seinen Unterthanen von den Franzosen zugefügten Vergewaltigung und Schäden. Mannheim, 1795. Folio. — Die Prämonstratenser Abtei Wadgassen
an der Saar — gestiftet von Gisela, einer Gräfin von Nassau-Saarbrücken
im Jahre 1135 — und ihre, auf der linken Seite dieses Flusses gelegenen

Ortschaften, sind durch einen Tauschvertrag vom Jahre 1766 unter französische Hoheit mit der bedingten Einwilligung des deutschen Reiches gekommen, „daß sie ihre Rechte, Freiheiten und Besitzungen fortgenießen solle, wie sie selbige nach dem Besitzstande des westphälischen Friedens, und dessen sowohl in den Kammergerichtsurtheilen von 1726 und folgenden Jahren, als den Vergleichen von 1729 und 1759 zu Grunde gelegten Entscheidjahre 1624, unter vormaliger Reichs- — und limitirter Nassauischer Landeshoheit genossen hat." Dennoch fielen die französischen Commissäre des Distrikts Saarlouis schon am 4. Sept. 1792, von bewaffneten Soldaten begleitet, in dieses Gotteshaus ein und verübten selbst vor dem Hochaltare solche Unfuge und Gewaltthaten, daß sich der Abt Gorbier mit seinen Chorbrüdern veranlaßt fand, um sein Leben zu schützen, sich in das der Abtei gehörige Dorf Buß, welches ihr gegenüber auf dem rechten Saarufer liegt, zu flüchten. Die verlassene Abtei mit allen ihren Zubehörden wurde hierauf, ohne auf die Einsprache der Chorherrn zu achten, geplündert und verwüstet. Zu dieser Abtei gehörte das Dorf Ensheim, wo dieselbe sehr schöne, dreistöckige Probstei-Gebäude mit großem, von einer Ringmauer umschlossenen Garten, 150 Morgen Aecker und 15 Morgen Wiesen besaß. Nach einer Vorstellung, welche der genannte Abt unterm 30. Okt. 1793 von Trier aus an die Reichsversammlung zu Regensburg richtete, betrug der von den Republikanern seinem Gotteshause zugefügte Schaden an Gebäulichkeiten, Möbeln, Wein, Früchten, Gefällen über 853,924 Franken, von welchem auf die Probstei Ensheim allein 138,790 Franken, ohne den Schaden in den Waldungen, fielen. Reichstagsakten zu Regensburg a. a. O. — Das genannte Probsteigebäude zu Ensheim, sammt Garten, ist jetzt Eigenthum des Dosenfabrikanten Franz Abt.

Man bittet hier einige Druckfehler in diesem Bande, wie nachstehende, zu bessern: Seite 78. Zeile 18 und S. 258. Z. 25 Sartorius statt Satorius; S. 168. Z 11 Wiehn statt Weihn; S. 376. Z. 10 u. 25 Pascevoitsch statt Pascevvitsch; S. 400. Z. 7 Bödweiler statt Bedweiler; S. 406. Z. 12 Ehe vor statt Ehe vor; S. 442 Z. 29 Pallant statt Palland.

Inhalts-Anzeige

des

erften Bandes.

	Seite
Vorwort	III
Einleitung	1

Erster Abschnitt.

Erste Besetzung Speyer's durch die Franzosen im Jahre 1792.

		Seite
§. 1.	Beginn des Krieges zwischen den Deutschen und Franzosen .	28
§. 2.	Damalige Stimmung und Rüstungen in Speyer	37
§. 3.	Anzug und Abzug der Truppen bei Speyer und Landau . .	40
§. 4.	Weitere Mehrung und Minderung der Truppen in und um Speyer	51
§. 5.	Eroberung der Stadt Speyer durch Custine	56
§. 6.	Benehmen der Franzosen in Speyer	69

Zweiter Abschnitt.

Weitere Eroberungen und Anordnungen der Franzosen 1792.

		Seite
§. 1.	Besetzung von Worms und Brandschatzung daselbst . . .	79
§. 2.	Uebergabe von Mainz und Streifzug nach Frankfurt . . .	85
§. 3.	Einrichtungen und Aufrufe zur Verbreitung der neufränkischen Grundsätze	90
§. 4.	Umgestaltung der bisherigen Verwaltung	98
§. 5.	Einsetzung der neuen Vorstände in Worms und Speyer .	107
§. 6.	Thätigkeit der neuen Speyerer Vorstände	115
§. 7.	Briefliche Aufschlüsse über die damaligen Verhältnisse . .	123

Dritter Abschnitt.

Wirkliche Einverleibungen mit Frankreich.

Seite

§. 1. Bedenkliche Bewegungen in Bergzabern 136
§. 2. Anschluß der Bergzaberner und ihrer Umgebung an Frankreich 143
§. 3. Aufstände zu Mühlhofen, zu Ilbesheim und in der Vogtei
Wegelnburg 162
§. 4. Unruhen in Annweiler und Zweibrücken und Beilegung derselben 169
§. 5. Aufstände im Kurpfälzischen oberhalb der Queich . . . 184
§. 6. Aufstände im Amte Lemberg und Altdorf 191

Vierter Abschnitt.

Weiteres Vorgehen zur Vereinigung des besetzten
Rheingebietes mit Frankreich.

§. 1. Neue Versuche, Städte und Dörfer für den Anschluß an
Frankreich zu gewinnen 200
§. 2. Weitere Dekrete und Proclamationen zu gleichem Behufe . 210
§. 3. Absendung dreier Mitglieder des Nationalconvents n. Mainz 217
§. 4. Allgemeine Einleitung zu den Wahlen und Beeidigungen . 222
§. 5. Wahlverhandlungen in Speyer 234
§. 6. Damaliges Bemühen der Clubisten in Speyer 245
§. 7. Beeidigungs- und Wahlversuche in den fürstbischöflichen
speyerischen Aemtern 251
§. 8. Eides- und Wahlbedrängnisse im Leiningischen 264
§. 9. Eides- und Wahlbedrängnisse im Nassauer Gebiete . . . 275
§. 10. Eides- und Wahlbedrängnisse in Winnweiler 284
§. 11. Beeidigungs- und Wahlversuche im Zweibrückischen . . 289
§. 12. Der rheinisch-deutsche Nationalconvent in Mainz . . . 294

Fünfter Abschnitt.

Wiedereroberung und Vertheidigung der Rheinlande durch die Verbündeten 1793.

§. 1. Verscheuchung der Franzosen von der Nahe und Queich . 304
§. 2. Wiedereinsetzung des Stadtrathes in Speyer und Bestrafung
der Clubisten 313
§. 3. Weitere Kriegsläufte bis zur Abberufung Custine's von der
Rheinarmee 318
§. 4. Kämpfe an der Queich seit Custine's Abzuge bis zur Uebergabe von Mainz 335
§. 5. Kämpfe im Westrich während des Juli 1793 350
§. 6. Kämpfe zwischen der Queich und Lauter seit der Uebergabe
von Mainz bis zum Anfange September 1793 359

Seite

§. 7. Weitere Kämpfe an der Lauter bis zur Eroberung der dortigen Linien 370
§. 8. Kämpfe im Westrich bis zur Schlacht von Pirmasens . . 389
§. 9. Weitere Züge und Kämpfe im Westrich bis zur Schlacht von Moorlautern 398
§. 10. Neugeordnete Verwaltung des Herzogthums Zweibrücken und gleichfallsige Vorkehrungen des Speyerer Fürstbischofes . . 417

Sechster Abschnitt.

Wiederbesetzung der Rheinpfalz durch die Franzosen und Räubereien derselben.

§. 1. Rückzug der Verbündeten über die Lauter, Queich und über den Rhein 427
§. 2. Bedrückungen und Räubereien zu Speyer im Januar 1794 441
§. 3. Weitere Bedrängnisse zu Speyer im Februar und März . 456
§. 4. Fortsetzung dieser Bedrängnisse im April und Mai . . . 465
§. 5. Unbarmherziges Hausen der Franzosen in Zweibrücken . . 477
§. 6. Bedrückungen und Räubereien der Franzosen in Homburg, Kusel und deren Umgebung 488
§. 7. Bedrückungen und Räubereien der Franzosen in Neustadt, Oggersheim, Frankenthal und deren Umgebung 500
§. 8. Kriegsdrangsale und Plünderungen in Edenkoben . . . 517
§. 9. Brandschatzungen und Erpressungen zu Kaiserslautern, Otterberg, Germersheim und in deren Nachbarschaft . . . 531
§. 10. Bedrängnisse und Plünderungen in den Grafschaften Leiningen und Falkenstein 542
§. 11. Kriegsdrangsale und Räubereien zu Kirchheim an der Eck . 552
§. 12. Beschädigungen und Verluste in der Herrschaft Blieskastel und Nassau-Saarbrücken 563
Inhalts-Anzeige 574